四訂版

韓國史通論

邊 太 燮 著

三 英 社

四訂版을 내면서

이번에 본서《韓國史通論》의 4정판을 내게 된다. 이 책이 처음 발행된 것이 1986년이므로 꼭 10년만에 4정판이 나온 셈이다. 그러니까《韓國史通論》은 10년 동안에 초판에 이어 세번의 개정작업을 한 것이 된다.

이러한 빈번한 개정은 본 저자에게나 출판사에게 적지 않은 부담을 준 것이 사실이다. 그러면서도 감히 4정판까지 낸 것은 전적으로 본인의 욕심때문이었다. 본인으로서는 해마다 쏟아져 나오는 새로운 참신한 연구성과를 수용하지 않을 수 없었던 것이다.

그러나 보다 중요한 동기는 본서가 韓國通史界에서 나도 모르는 사이에 확고한 지위를 차지하게 된 점이다. 이 책은 처음 발행 후 해를 거듭할 수록 발행부수가 증가하였고 근년에는 단연 다른 개설서를 압도하게 되었다는 말을 출판사로부터 들었다. 이것은 본서가 좋건, 싫건 한국사학계에서 통사를 대표하는 책이 되었다는 말이 된다.

이 책은 4정판을 내는 사이에 거의 초판의 원형이 사라질만큼 많은 수정이 가해졌다. 기본적인 골격은 그대로 보전되었지만 각 시대, 각 부문에 걸쳐 100여 군데에 이르는 커다란 수정과 증보를 하였다. 그리고 그 개정은 언제나 새 학설, 합리적인 내용이 채용되어 본서를 참신한 책으로 만드는데 역점을 두었다.

종래 2정판·3정판에서는 원시사회에서 우리 조상들의 생활무대였던 만주지방의 舊石器와 新石器의 내용이 첨가되었고, 신석기시대의 내용은 원로학자의 구설을 신진학자의 신설로 바꾸었으며, 청동기시대에서는 처음의 君長社會說을 君長國家說로 변경하였다. 고대에서는 고조선의 이동설과 한국사에서 소홀히 다루어졌던 渤海史를 폭넓게 서술하였으며 특히 여기서는 신라와 발해의 친선관계도 아울러 논급하였다.

고려시대에서는 鄕村의 내용을 상세히 설명하고 특히 고려 후기의 정치제도와 지방제도, 그리고 軍制를 첨가하였으며, 조선시대에서는 蔭叙와 代加制를 설명하고 또한 조선 후기 서얼·중인의 지위향상과 三政의 내용을 상세히 서술하였으며, 아울러 18세기 近代史의 기반요인을 강조하였다. 특히 해방 이후사는 많은 수정을 가하였는데 여기서는 北韓史의 비중을 높인 것이 특징이었다.

이번 4정판에서는 그 밖의 문제에 대한 개정이 가해졌다. 첫째 조판부터 바꾸었는데 그것은 종래의 활판조판을 새로이 전산조판으로 하였으며, 둘째 종래 王

紀를 노출시킨 것을 이번에는 서력을 써서 시대적 감각을 느끼게 하였으며 또 역사용어를 교육부와 고고학계 제정의 용어로 바꾸었다.

또한 내용면에 있어서는 북한 관계사가 대폭 증보되었는데, 그것은 단군릉과 단군 부부인골의 문제, 평양정권의 고조선·고구려·고려 중시의 정책적 역사관 등이 설명되었으며, 일제시대 김일성의 독립운동문제, 해방 후의 김일성 독재체제의 진행, 그리고 북한 경제개발계획의 실상을 상세히 다루었다. 이와 함께 좌익계 문학운동을 첨가하여 일제시대 카프의 활동, 그리고 해방 직후의 林和·李箕永 등의 문학운동을 서술하였다.

특히 이번에는 역사에 대한 상식적인 문제도 다수 설명하여 역사 이해에 도움이 되게끔 하였다. 가령 中石器時代의 설정과 三朝鮮의 해설을 비롯하여 삼국에서 고려·조선에 이르는 稱年法의 문제, 또는 結負制를 비롯한 量田에 대한 문제 등이 그것이다. 그리고 본서에서 가장 역점을 둔 것은 한국사, 특히 해방 이후사를 암흑과 갈등의 역사라는 시각에서 발전과 희망의 과정이었다는 긍정적인 평가를 내렸는데, 이것은 본서의 기본방향을 나타낸 것이었다.

본서 《韓國史通論》은 언제나 저자의 손에서 떠나지 않고 있다. 그것은 한국사 관계 저서나 논문이 나올 때마다 참신하고 합리적인 내용은 과감히 반영하려하기 때문이다. 이제 4정판을 내면서도 이러한 개정작업은 부단히 계속될 것이다. 이것은 곧 본서를 통사계의 정상으로 남게 하는 길이 되기 때문이다.

1996년 1월 10일

可樂書齋에서 邊太燮 씀

머 리 갈

이 책은 先史時代에서 현재에 이르는 한국사의 흐름을 사회발전이라는 하나의 視角에서 서술한 通史이다. 본서의 이름을《韓國史通論》이라고 붙인 것도 이 때문이다. 필자는 여기서 한국사의 발전의 조류를 체계있게 서술해 보려고 노력하였다.

필자가 대학에서 한국사를 연구하고 강의한 지도 어언 30년이 되었다. 그 동안 필자는 韓國古代史와 高麗時代史를 주로 공부하였지만 언제나 한국사의 전반적인 발전에 대한 관심을 게을리하지 않았다. 본서는 바로 필자가 지금까지의 연구에서 얻어진 나름대로의 관점과 지식으르써 한국사를 서술한 것이라 할 수 있다.

또한 근년의 韓國史學界의 눈부신 연구성과는 한국사에 대한 새로운 이해를 불가피하게 만들고 있다. 특히 젊은 史學者들의 참신한 연구경향은 종래의 구태의연한 한국사서술에서의 탈피를 촉구하고 있는 형편이다. 이 책은 이러한 근래의 새로운 연구업적을 수용하여 革新的인 한국사의 再構成을 시도해 본 것이다.

이 책을 서술하는 데 필자가 특히 유의한 특색은 다음과 같다.

1) 본서는 한국사의 조류를 한국사회 내부의 自律的인 발전이라는 시각에서 서술하였다. 이것은 한국사의 전개에 있어서 他律的인 힘보다는 內在的인 요인이 크게 작용하였고 그것은 부단히 발전의 방향을 걷고 있었기 때문이었다. 따라서 본서에서는 정치적인 사건이나 어떤 사실의 전말보다도 사회내부의 발전과 사실에 대한 의미 부여에 중점을 두었다.

2) 이 책에서는 종래의 時代區分論에서 탈피하여 '近世'說을 도입하였다. 즉, 지금까지는 高麗·朝鮮을 中世로 규정하는 것이 정설이 되다시피 하였는데 본서는 高麗＝中世, 朝鮮＝近世로 구분하였다. 이것은 종래 高麗·朝鮮을 하나의 中世로 간주함으로써 고려·조선시기 사이의 커다란 발전의 모습이 은폐되고, 나아가 1,000년 간이나 中世가 계속되어 사회발전의 停滯 문제가 야기되기 때문이다. 그리고 이는 근래 中國史와 日本史에서 近世說이 적용되고 있는 추세와 軌를 같이하는 것이기도 하다.

3) 여기서는 古代史에 있어서 종래의 部族國家 내지 城邑國家說을 지양하고 새로이 君長社會說을 취하였다. 이 君長社會說은 근래 외국학자들이 제시한 Chiefdoms說로서 점차 우리 나라 젊은 학자들 사이에 채용되고 있는 추세에 있

다. 이것은 종래의 部族國家나 城邑國家들의 개념으로는 설명하기 어려운 고대사의 발전과정이 체계있게 해결될 수 있기 때문이다.

4) 본서는 朝鮮의 黨爭史에 대하여 이를 士林들의 朋黨政治라는 긍정적인 서술을 하였다. 근래 韓國史家들이 일제사가들의 지나친 黨爭史 강조에 대한 반성으로 이를 작게 평가하려 하면서도 정작 黨爭에 대한 근본해석은 탈피하지 못하고 있었는데, 여기서는 이를 적극적이고 긍정적인 시각에서 고찰함으로써 한국사의 내부적인 발전이 부각되도록 하였다.

5) 본서에서는 韓國近代化와 민족의 해방에 있어서 自律的인 요인을 중시하였다. 즉, 한국근대사로의 전환이 단순한 외부세력에 의한 他律的인 것이라는 관심에서 벗어나 조선 후기사회에서 싹튼 새로운 변화가 近代化의 토대가 되었음을 강조하였고, 일제 통치에 대한 한국의 光復도 한국민족의 줄기찬 항쟁의 결과가 그 기반이 되었음을 강조하였다. 이에 따라 日帝時代史도 일제의 참략사나 통치사의 입장을 버리고 한국민족이 어떻게 저항하고 대응하였나에 중점을 두었다.

본서는 필자의 연구과정에서 얻어진 하나의 道程의 산물에 불과하다. 즉, 이 책은 필자가 한국사를 연구하는 과정에서 일단 자기 정리를 하였다는 의미가 있을 따름이다. 따라서 필자에게는 이제부터 한국사에 대한 보다 深度있는 연구가 요구되며, 이것은 곧 이 책을 보다 나은 내용으로 가꾸는 길이기도 할 것이다.

1986年 2月 1日

論峴洞 書齋에서

邊 太 燮 씀

차 례

제1편 原始社會

제1장 石器時代의 문화

제2장 青銅器文化와 君長國家

제2편 古 代 社 會

제1장 初期國家의 형성

제 2 장 古代國家의 발전

제 3 장 南北國家의 발전

제 4 장 新羅後期의 사회변동

제 3 편 中 世 社 會

제 1 장 門閥貴族社會의 형성

제 2 장 貴族社會의 발전

제 4 장 高麗後期社會의 변동

제 4 편 近 世 社 會

제 1 장 兩班官僚社會의 성립과 集權體制의 확립

제 2 장 兩班官僚社會의 발전

제 3 장 士林政治와 對外抗爭

제 4 장　兩班體制의 개편

제 5 장　朝鮮後期의 社會·思想의 새 기운

제5편 近代社會

제1장 近代化의 추진

제 2 장 帝國主義侵略과 國權守護運動

제 3 장 國權恢復運動의 전개

제 6 편 現 代 社 會

제 1 장 現代社會의 성립

제 2 장 韓國史의 시련

제 3 장 韓國社會의 발전

부 록

제 1 편
原始社會

》개 관《 세계의 모든 민족과 마찬가지로 우리 나라도 처음부터 국가가 형성된 것이 아니라 원시사회의 단계를 거치지 않으면 안되었다. 대개 선사시대는 구석기시대 · 중석기시대 · 신석기시대 · 청동기시대 · 철기시대로 발전하는데, 우리 한국사도 같은 과정을 밟았던 것이다. 이러한 발전과정에 대하여 얼마 전까지만 해도 한국의 역사는 신석기시대부터 출발한다고 하였지만, 근년에는 여러 곳에서 구석기유적이 발견되어 한반도에도 구석기시대가 존재하였음이 확인되었다.

이와 같은 도구에 따른 시대의 발전은 사회조직의 변화를 초래하였다. 구석기시대에는 조잡한 뗀석기를 사용하여 나무열매를 따먹기도 하고 고기잡이와 사냥으로 동물을 잡아먹는 단순한 채집경제에 머물러 있었다. 따라서 이 때에는 생산력이 낮아 계급이 없는 평등사회를 이루고, 집단으로 떠돌아 다니는 무리사회를 이루고 있었던 것이다. 그러나 이들 한반도의 구석기인이 오늘날 한국인의 직접 조상이었다고는 할 수 없다.

오히려 현재의 한국민족의 모체가 된 것은 신석기인에서 비롯되었다. 한반도에는 빙하기가 끝나자 중석기시대를 거쳐 신석기시대가 시작되었는데, 새로운 연구결과에 의하면 그 상한을 B.C. 6,000년까지 올려잡고 있다. 신석기시대 유물의 특징은 종래의 뗀석기에서 간석기로 발전하고 새로운 토기가 출현한 것이다. 특히 토기는 신석기시대를 연구하는 데 있어서 매우 중요한 유물인데, 한반도의 신석기시대 토기는 빗살무늬토기를 중심으로 발달하였음이 특징이었다.

신석기시대에는 경제 · 생활면으로도 커다란 변화가 일어났는데, 그것은 농경이 시작되었다는 사실이었다. 이것은 구석기시대의 식량채집단계에서 식량생산단계로 발전하였음을 뜻하는 것이었다. 또한 사회조직도 변질되었으니, 종래의 무리사회에서 아직은 권력과 계급이 발생하지는 않았으나 혈연관계가 보다 확산된 부족사회로 발전한 것이다. 이 부족사회는 지배와 피지배의 관계가 없는 씨족공동체 위에 형성되었는데, 그 사회원리는 역시 평등사회였다.

오랫동안 계속된 신석기시대는 B.C. 10세기 경 청동기가 수용됨으로써 새로운 시대를 맞이하였다. 신석기시대의 빗살무늬토기인은 고아시아족이었는데 새로이 알타이 계통의 濊貊族(예맥족)이 민무늬토기와 함께 청동기문화를 가져왔던 것이다. 이 청동기문화는 琵琶形(비파형)銅劍으로 특징지워지는 것으로 중국의 그것과는 계통이 다른 북방계의 문화였다.

청동기시대에는 평등하였던 부족사회가 붕괴되고 권력을 가진 지배자가 나타나 최초의 정치사회인 君長國家가 성립하였다. 생산력이 상승함에 따라 빈부의 차가 나타나고 권력에 따른 지배와 피지배의 관계가 생겨 군장이 정치적 지배자로 등장하였던 것이다. 이러한 군장국가는 각지에서 출현하였는데, 古朝鮮·夫餘·高句麗·沃沮·東濊·三韓의 초기형태는 모두 이 단계를 경유하였던 것이다. 이 군장국가는 평등한 부족사회에서 국왕이 출현한 초기국가로 넘어가는 중간단계였으니, 철기의 사용과 함께 군장국가는 보다 발전하여 중앙에 왕이 출현하고 정식 국가가 형성되었다.

제 1 장
石器時代의 문화

I. 舊石器時代의 문화

1. 구석기유적의 발견

한반도에 인간이 처음 살기 시작한 것은 언제부터일까. 과연 한국의 역사는 언제부터 시작되었을까. 檀君神話에는 기원 전 2,333년에 단군이 처음으로 나라를 세움으로써 민족사가 출발한 것으로 되어 있으나, 이는 단순한 신화일 뿐 역사적 사실이 아니었음은 더 말할 나위가 없다. 한국의 역사가 이 때 시작된 것이 아닐 뿐 아니라 인간이 처음 살기 시작한 것은 더욱 아니다. 따라서 한국의 역사를 단군신화를 기준으로 이른바 '반만년의 유구한 역사'라 하지만 실제로는 훨씬 오래 전부터 인류의 역사는 시작된 것이다. 한국에서도 구석기유물이 출토되므로 수십만년 전부터 인류가 살고 있었음은 의심할 여지가 없다.[1)]

1960년대 초까지만 해도 한반도에서는 신석기시대만이 인정되었을 뿐, 구석기시대의 존재는 인정되지 않고 있었다. 이미 1933년에 드만강 연안인 함경북도 潼關鎭(동관진, 현재 온성군 강안리)에서 들소·털코뿔이·털코끼리(맘모스) 등 洪積世의 동물화석과 함께 사람이 가공한 것으로 보이는 몇 개의 골각기와 석기가 발견된 바 있었다.[2)] 그러나 이 구석기유적은 당시 일본 국내에서는 구석기유적이 발견되지 않았기 때문에 식민사관을 가진 일본인 학자들에 의하여 무시되고 말았다. 그들은 이 유적이 있는 언덕 우에 신석기의 유물이 흩어져 있어 그것과 섞였을 가능성이 있으므로 구석기의 유물로 속단할 수 없다고 하였다.

한국의 구석기유적에 대한 본격적인 발굴은 1960년대에 이르러 시작되었다. 1963년 웅기 屈浦里(굴포리)에서 구석기시대의 유물이 발견되었고, 1964년에

---

1) 孫寶基, 〈舊石器文化〉《한국사》 1, 국사편찬위원회, 1973.
이융조, 〈舊石器文化〉《韓國史論》 1, 국사편찬위원회, 1977.
______, 《한국 선사문화의 연구》, 평민사, 1980.
金元龍 외, 《韓國舊石器文化研究》, 한국정신문화연구원, 1981.
金元龍, 《韓國考古學研究》, 일지사, 1987.
崔茂藏, 《한국의 구석기문화》, 집문당, 1994.

2) 이 동관진유적은 德永重康·森爲三 등 두 일본인 학자가 1933년과 1935년의 두 차례에 걸쳐 발굴하였는데, 直良信夫는 이것을 한국 최초의 구석기유물이라고 하였다.
直良信夫, 〈朝鮮潼關鎭發掘舊石器時代の遺物〉《第 1 次滿蒙學術調査研究團報告》, 6－3, 1940.

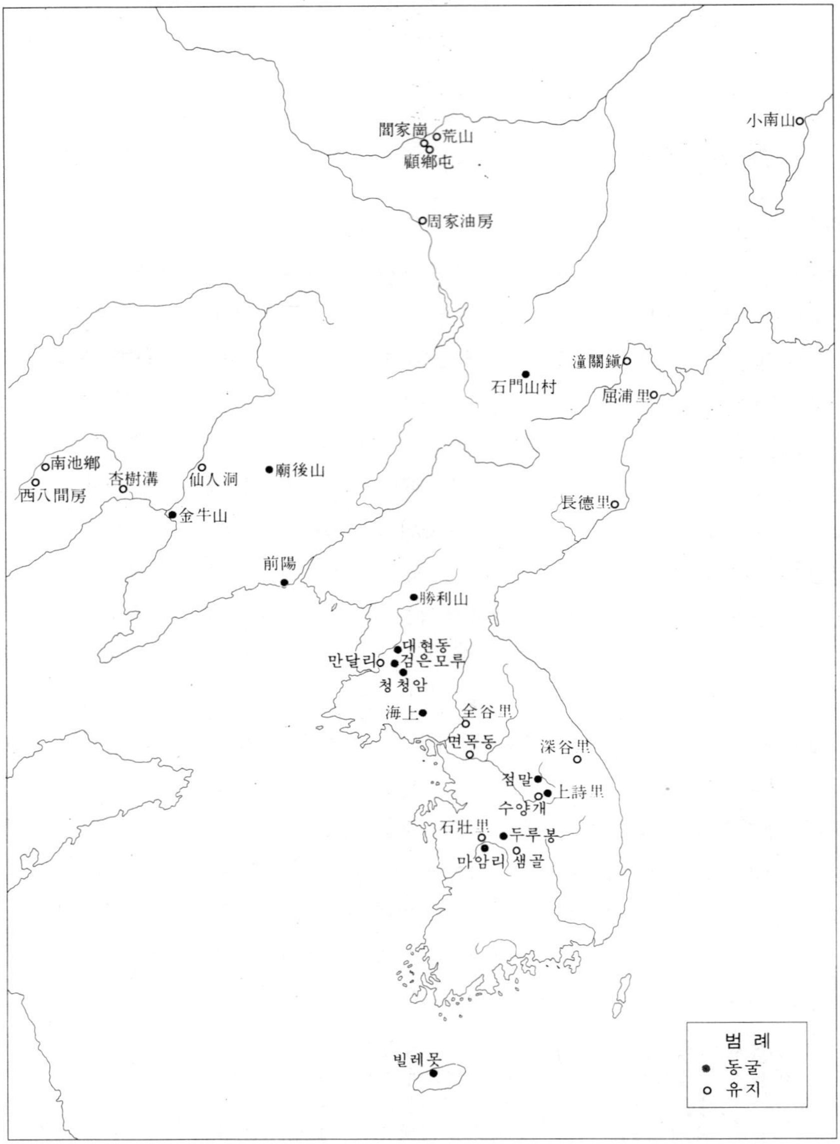

구석기시대의 유적발굴지

[자료] 한국고고학연구회, 《韓國考古學地圖》, 1984, p.12.
李亨求, 〈渤海沿岸 北東部지구(滿洲) 舊石器文化〉 《東方學志》 52, 연세대, 1986 참조.

공주 石壯里에서 역시 구석기유물이 발굴됨으로써 한국에 구석기시대의 존재가 확정되었다. 그 후 상원의 검은모루동굴·청청암동굴, 평산의 해상동굴, 덕천의 승리산동굴, 평양 용곡동굴, 제천의 점말동굴, 청원의 두루봉동굴, 연천의 전곡리, 단양 금굴 등에서 구석기유물이 발굴되어 지금까지 남북한을 통털어 50개를 헤아리는 구석기유적이라고 주장되는 곳이 있는데, 그 중에는 아직도 객관적 고증이 더 요구되는 데가 많다.

한국에서 발견된 구석기유적은 이미 구석기 전기부터 인류가 살고 있었음이 나타나고 있다. 구석기시대는 이를 전기·중기·후기로 구분하는데, 한반도에는 가장 이른 전기에 속하는 유적이 발견되었다.[3] 이 전기 구석기유적으로는 공주 석장리 유적의 아래층과 상원의 검은모루동굴, 연천 전곡리 유적, 단양 도담리 금굴, 제천 점말동굴 등이 있는데, 이 가운데 가장 오래된 것은 공주 석장리의 유적과 상원의 검은모루동굴이다.

석장리에서는 전기 구석기유적으로부터 중기를 거쳐 후기에 이르는 모든 구석기유적이 발굴되었는데, 가장 밑에 있는 제1문화층의 유물은 60~50만년 전의 전기 구석기시대의 것으로 확인되었다. 이 제1문화층은 외날찍게(Chopper) 문화층으로 그 석기들은 가장 원초형식의 직접 떼기와 잔손질이 거의 없는 거친 수법으로 만들어진 것이고 그 형태도 가장 초보적인 것이었다. 석장리에서는 그 후의 문화층도 발견되었는데 여기에서는 집터와 조각품 등이 확인되었으며, 특히 석장리의 후기 구석기층은 방사성탄소연대측정법에 의하여 약 3만년 전 및 2만년 전의 절대연대로 각각 측정되었다.[4] 상원의 검은모루동굴도 역시 60~40만년 전의 전기 구석기유적으로 여기서는 동물화석과 석기가 발굴되었는데 그 동물상은 홍적세 중기에 속하는 것이었으며, 석기는 차돌로 만든 주먹도끼·긁개·마치 등 여러번 손질하지 않고 한번 내리쳐 깨거나 때려낸 다음 손질을 하지 않은 단순한 것들이 많았다. 이와 같이 가장 오랜 구석기유적인 공주 석장리와 상원의 검은모루동굴의 유적이 60~50만년 전의 것이라 하였는 데 대하여, 근래 단양 금굴의 구석기유적 아래층은 그보다 앞선 70만년 전의 것이라는 새 학설이 제기되었다.[5]

3) 구석기시대는 최초의 古人類가 나타날 때부터 약 1만년 전까지에 걸친 긴 시기를 가리킨다. 구석기시대의 유물은 지질학적으로 新生代 第4紀 洪積世의 지층에서 발견되므로 구석기시대와 홍적세는 같은 시기로 보고 있으며, 이는 빙하기에 해당된다. 그러나 근년에는 홍적세보다 더 오래된 지층에서 구석기유적이 발견되었다 하여 그 시기를 훨씬 이전으로 올리게 되었다.

4) 孫寶基, 〈層位를 이룬 石壯里 舊石器文化〉《歷史學報》 35·36합집, 1967.
______, 〈石壯里의 전기·중기 구석기 文化層〉《韓國史研究》 7, 1972.
이융조, 〈編年(舊石器時代)〉《韓國史論》 12, 국사편찬위원회, 1983.

5) 손보기, 《한국구석기학연구의 길잡이》, 연세대출판부, 1988.

같은 전기 구석기시대의 유적이지만 좀 시기가 뒤떨어진 것으로 연천 전곡리 유적이 있다. 이 전곡리의 유적에서는 유럽 아슐리안(Acheulian)계의 주먹도끼(兩面核石器)가 출토되어 이로써 전기 구석기의 유적임을 알 수 있다. 앞의 석장리 구석기가 第1間氷期(Günz-Mindel 간빙기)의 것인 데 대하여, 이 전곡리 구석기는 그보다 뒤인 지금으로부터 약 30만년 전의 제2간빙기(Mindel-Riss 간빙기)의 것으로 추정된다.[6)]

제천의 점말동굴도 석장리 유적과 마찬가지로 전기 구석기시대로부터 후기에 이르는 오랜 기간에 걸쳐 형성된 10여개의 문화층으로 이루어져 있다.[7)] 이 밖에도 중기나 후기 구석기에 해당하는 유적이 많이 발견되었다. 특히 점말동굴을 비롯해서 두루봉동굴·청청암동굴·덕천 승리산동굴에서는 모두 더운 기후 동물의 화석이 나왔으며, 그 가운데 덕천 승리산동굴에서는 인류의 화석이 출토되어 당시의 자연환경과 인류의 형태를 밝히는 데 중요한 자료를 제공하고 있다.

한반도 밖이지만 고조선을 비롯하여 우리 민족의 옛 거주지였던 만주지방에서도 많은 구석기시대 유적이 발견되고 있다.[8)] 전기 구석기시대의 유적으로는 요하 하류의 요령성 영구현 金牛山 동굴에서 '金牛山猿人'이라 이름붙인 인류화석이 발견되고 32종의 포유동물화석과 석기·골기 등이 출토되었는데, 이것은 적어도 20만년 이전의 유적으로 보고 있다. 또 같은 시기의 유적으로 요령성 본계시의 廟後山(묘후산) 동굴에서 역시 인류화석과 포유동물 74종, 그리고 석기·골기 등과 불을 사용했던 흔적이 발견되었다. 중기 구석기시대의 유적으로는 요령성 객자현의 鴿子洞(합자동) 동굴과 해성현의 仙人洞 유지에서 인류화석과 포유동물화석, 그리고 석기·골기 등이 발견되었으며, 후기 구석기시대 유적으로는 역시 요령성 지방에서 능원현 西八間房 유지, 건평현 南池鄕 유지, 금우산 동굴 상층 유지, 금현 杏樹溝(행수구) 유지, 동구현 前陽 유지 등이 발견되었다.

---

6) 金元龍·鄭永和, 〈全谷里 아슐리안 兩面核石器文化의 豫報〉《震檀學報》 46·47합병호, 1979.
鄭永和, 〈全谷里遺蹟〉《韓國舊石器文化硏究》, 한국정신문화연구원, 1981.
이에 대하여 한편에서는 전곡리의 유적을 중기 구석기시대의 것으로 보는 견해도 있다.
손보기·한병삼·이융조, 〈한국 석기시대 문화〉《현상과 인식》 6-2, 1982.
빙하기를 귄츠(Günz)·민델(Mindel)·리스(Riss)·뷔름(Würm)으로 구분한 것은 유럽 알프스지역에서 조사된 자료를 바탕으로 한 방법이며, 귄츠 전에 도나우(Donau)빙기를 두기도 한다.

7) 손보기, 〈한국 구석기 문화의 연구－제천 점말동굴 발굴조사연구－〉《韓國史硏究》 19, 1978.
______, 〈점말동굴 발굴〉《점말동굴 발굴보고》, 1980.

8) 李亨求, 〈渤海沿岸 北·東部지구(滿洲) 舊石器文化〉《東方學志》 52, 연세대, 1986 ; 《高句麗史硏究》 Ⅰ, 연세대 국학연구원, 1987.

이들 요령성 밖에서도 몇몇 후기 구석기유적이 발견되었는데, 길림성 유수현 周家油房 유지, 길림성 조선인자치주 안도현 石門山村 동굴, 흑룡강성 하얼빈시 顧鄕屯 유지, 하얼빈 荒山 유지, 하얼빈 閻家崗(염가강) 유지, 흑룡강성 요하현 小南山 유지 등이 그것이다. 이들 만주지방의 구석기유적의 주인공은 한반도의 고대인류와 밀접한 관계를 가진 사람들로 여겨져 양자에 대한 정밀한 비교연구가 요구되고 있다.

2. 한반도의 구석기인

구석기유적의 발굴을 통하여 약 70만년 전인 전기 구석기시대로부터 한반도에 인류가 살고 있었다는 사실을 알게 되었다. 그리고 그들 인간은 전기 구석기부터 중기·후기를 거쳐 신석기시대에 이르기까지 계속 생존하였다는 것도 확인되었다. 그러나 이들 한반도의 구석기인들이 현재 우리들의 직접 조상이었느냐에 대하여는 대체로 부정적인 견해가 지배적이다. 이 점을 규명하기 위하여는 우선 구석기시대의 자연환경부터 살필 필요가 있다.

한반도에서는 높이 2,000m 이상이 되는 곳의 일부에만 빙하의 흔적이 있을 뿐 그 밖에서는 발견되지 않는 것으로 미루어 보아 한반도가 빙하의 주변지역이었음을 알 수 있지만, 역시 빙하의 영향은 적지 않게 받았을 것으로 여겨진다. 이 빙하기는 네 번의 빙기(Günz·Mindel·Riss·Würm期)와 세 번의 간빙기가 있어 그 때마다 해안선에 큰 변동이 있었고 빙기에는 중국대륙과 한반도, 일본열도가 육지로 연결되어 중국에서 한국을 거쳐 일본으로 가는 것은 쉬운 일이었다. 이러한 빙하기의 빙기와 간빙기에 따른 기후의 변화와 해변의 변동은 동식물과 인간의 이동을 불가피하게 만들어, 한반도에서는 빙기에는 북방계의 동식물이 남하하여 서식하였고 간빙기에는 남방계의 동식물이 북상하여 서식하였다. 우리 나라 구석기유적에서 북방계 동물인 털코뿔이·맘모스와 남방계 동물인 물소·원숭이의 화석이 함께 발견되는 것은 이를 나타내는 것이다.

한국의 구석기유적 가운데 검은모루동굴·점말동굴·두루봉동굴·청청암동굴·승리산동굴의 동물상은 모두 더운 기후 동물들로서 한반도의 구석기시대(홍적세)의 자연환경은 그다지 춥지 않았을 것으르 추측된다. 대체로 한반도의 홍적세는 간빙기는 덥고 습윤하였으며 빙기도 그리 춥지는 않았던 것이다. 다만 세계적으로 극심한 추위를 가져왔던 홍적세 후기의 마지막 빙기인 제4빙기(würm期) 초에는 한국에도 역시 큰 추위가 있었으니, 동관진에서 추운 동물인 털코뿔이와 털코끼리(맘모스)의 화석이 출토된 것은 이를 나타내는 것이다. 그러나 이때에도 구석기인은 엄연히 생존하고 있었는데, 그것은 동관진에서 인공을 가한 골각기와 석기가 출토된 것으로부터 알 수 있다.[9] 빙기와 간빙기 사이에는 기후가 변하여 동식물의 생태계에 변화를 가져와 어떤 種은 새로운 환경에 적응하여 살아 남았지만 어떤 종은 변화된 환경에 적응하지 못하고 지구상에서 소멸되었는데, 털코뿔이와 털코끼리가 그 예이다.

이와 같이 빙하기인 홍적세의 한반도는 비교적 따뜻하고 습윤한 기후가 계속되었고 빙기에도 그다지 춥지 않았으므로 동식물과 함께 인간이 살고 있었음은 물론이고, 큰 추위가 닥쳐온 제4빙기에도 여전히 인간이 살고 있었다. 그러나 그들이 오늘 우리 민족의 직접 조상이었다고는 생각할 수 없다. 빙하기에는 기후의 변동이 심하여 식량을 찾아 이동생활을 하였기 때문이다. 더욱이 이 시기에는 중국대륙과 한반도, 일본열도가 육지로 연결되어 있었으므로 이들의 이동생활은 대단히 심하였을 것으로 여겨진다.

한반도에 살았던 전기 구석기인은 눈두덩뼈가 두드러지고 이어졌던 턱이 앞으로 길게 나오는 등 모습은 원숭이에 가까우나 그 지능이나 연장을 만드는 것이 사람의 조상에 속하는 原人계통이었을 것이다.[10] 한국의 구석기인에 대한 연구에 중요한 자료를 제공해 주는 것이 동굴유적에서 출토된 인골이다. 사람의 뼈화석이 발견된 우리 나라 구석기시대의 동굴유적으로는 덕천의 승리산동굴, 제천의 점말동굴, 청원의 두루봉동굴, 단양의 상시동굴 등이 있다. 이 가운데 특히 덕천의 승리산동굴에서는 홍적세 중기 말 또는 후기 초로 추정되는 아래층에서 사람의 어금니 두 개와 어깨뼈 한 개가 발견되어 이를 '德川人'이라 명명하였는데, 그의 齒冠형태는 오늘날 한국인에게서는 흔히 볼 수 없는 장방형이며, 어깨뼈의 뼈마디 지수는 오늘날 한국인의 그것보다 적어 슬기사람(古人, Homo sapiens)의 특징을 가졌음이 나타났다. 또한 단양의 상시동굴에서도 같은 슬기사람의 특징을 지닌 머리뼈가 발굴되었다.[11]

이 밖에도 승리산동굴에서는 위층에서 홍적세 말기(후기 구석기시대)의 것으로 보이는 또 하나의 인골이 발견되어 이를 '승리산인'으로 명명하였다. 이 인골은 35세

9) 박영철, 〈한국 선사시대의 자연환경 연구〉《韓國史研究》 14, 1976.
한창균, 〈第四期의 地質 및 自然環境(舊石器時代)〉《韓國史論》 12, 국사편찬위원회, 1983.
박희현, 〈動物相과 植物相(舊石器時代)〉《韓國史論》 12, 국사편찬위원회, 1983.
이융조, 〈청원 두루봉 새굴·처녀굴의 자연환경 연구—식물상의 자료를 중심으로—〉《孫寶基停年紀念 考古人類學論叢》, 지식산업사, 1988.
______, 《한국의 구석기문화—두루봉 제2굴 문화》 II, 탐구당, 1994.

10) 孫寶基, 〈舊石器文化〉《한국사》 1, 국사편찬위원회, 1973.

11) 崔茂藏, 〈韓國의 舊石器文化〉《韓國石器文化研究》, 한국정신문화연구원, 1981.
이융조, 〈고구려 영토 안의 구석기문화〉《東方學志》 30, 연세대, 1982.
슬기사람은 古人에 속하고 유럽의 Neanderthalensis와 같은 인류이다.

정도의 장년 남자의 것으로 추정되는데 아래턱뼈의 모습으로 보아서는 슬기슬기사람(현생인류, Homo sapiens sapiens)에 속하지만 그 넓이가 현대 한국인보다 크고, 턱구멍이 현대 한국인보다 상당히 낮게 위치하고 있는 점이 다르다.[12] 이것을 보아도 구석기시대의 인간이 곧 오늘날 한국인의 직접 조상이었다고는 할 수 없다.[13]

3. 구석기시대의 사회와 문화

구석기인은 뗀석기〔打製石器〕와 골각기 등의 연장을 만들어 사용하였는데, 그것은 극히 단순한 것이었다. 석장리에서 발굴된 석기를 보면 처음에는 몸돌석기를 도구로 사용하였던 것이 점차 거기서 떼어낸 격지〔剝片〕를 사용하게 되었고, 그것도 처음에는 한쪽 면만 날을 만든 외날찍개였다가 뒤에 양쪽 면에 날을 만든 양날찍개가 만들어졌다. 이렇게 유치한 연장을 사용한 구석기인의 경제생활은 초보적인 식량채집단계에 머물 수밖에 없었다. 이들은 간단한 연장으로 나무열매를 따먹기도 하고 고기잡이와 사냥으로 동물을 잡아먹기도 하였다. 구석기인의 人智나 도구는 아직도 동물과 식물을 사육하거나 배양하지 못하고 자연물을 그대로 채취하는 단계에 있었던 것이다.

구석기인은 동굴에서 살거나 평지에 집을 짓고 살았다. 상원의 검은모루동굴과 제천의 점말동굴은 구석기인이 동굴을 주거로 삼았음을 나타내는 것이고, 석장리에서는 평지에 만든 집터가 발견되었다. 후기 구석기시대의 집터인 석장리 유적에서는 기둥자리·담자리 및 화덕자리〔爐地〕가 있어 당시의 집이 기둥을 세워 만든 움막집으로 그 안에서 불을 이용하여 요리도 하고 난방도 하였음을 알 수 있다. 이 집터는 동서 7.5m 남북 7m 정도의 크기로 그 안에서는 8명 내지 10명의 가족이 살았을 것으로 짐작된다.[14] 또 구석기인은 지상에 막집을 짓고 거주하였는데 후기 구석기시대의 제천군 창내유적에서는 그 넓이가 10㎡의 막집터가 발굴되어 여기서 살던 사람은 최소한 3명으로 추정되었다.[15]

12) 註 11).

13) 한편 손보기는 후기 구석기시대의 유적인 공주 석장리 집터에서 황인 몽고인종의 머리카락으로 보이는 人毛가 발견된 점을 들어 후기 구석기인들이 현재의 한국사람과 같은 계통의 사람이라 하였다.

손보기, 〈체질－형질 인류학상으로 본 겨레의 뿌리〉《韓國史論》 14, 국사편찬위원회, 1984.

박선주, 〈한국 민족 뿌리에 관한 여러 문제－그 체질적 특징을 바탕으로－〉《충북사학》 3, 충북대, 1990.

북한 학계에서도 상원의 검은모루동굴의 유적 주민들이 한민족의 원형으로 그 후 계속하여 한반도와 만주지방에서 살아왔다는 자생론을 펴고 있다.

14) 손보기, 〈石壯里의 후기 구석기시대 집자리〉《韓國史研究》 9, 1973.

이 집터에서 나온 재와 목탄을 방사성탄소연대측정법에 의하여 측정한 결과 20,830±1,880B.P.이라는 절대연대가 나왔다 한다.

구석기인의 사회조직은 매우 간단하였다. 구석기시대는 생산력이 낮아 계급이 없는 평등사회를 이루고, 집단으로 떠돌아다니는 무리생활을 하고 있었다. 구석기시대를 무리사회(群社會, Bands)라고 하는 것은 이 때문이다.[16] 이 무리사회의 기저는 가족이고, 관련된 여러 가족의 집합이 무리인데 이는 지역적인 자치집단으로서, 그 지도자는 연장자나 인지가 뛰어난 사람이 되는 것이 상례이고 아직 권력을 가진 지배자는 아니었다. 이와 같이 구석기시대의 사회조직은 공동체적 생활을 영위하는 무리사회로서 권력과 지배계급이 없는 평등사회를 이루고 있었던 것이다.

석장리 집터에서는 그들의 예술활동을 보여주는 유물도 발굴되었다. 즉, 움막집 문앞 정면에는 개모양의 石像을 세웠고 또한 고래·멧돼지 등의 조각이 있으며, 이 밖에도 자갈에 사람이나 새·사슴같은 동물을 새긴 선각화가 발견되어 소박하나마 구석기인의 솜씨를 엿보게 하였다. 이러한 입체조각은 그들의 예술뿐 아니라 어떤 신앙생활의 의미를 지니는 것으로 여겨진다. 즉, 이들 동물조각의 제작은 사냥을 주로 하는 구석기인의 주술적인 신앙과 깊은 관계에서 나온 것이다. 짐승을 잡으면서도 그들의 석상을 만들어 짐승의 번성을 비는 데서 그들의 신앙을 엿볼 수 있고, 또 이것이 그들의 토템의 상징이 되기도 하였을 것이다. 이와 같이 구석기인의 예술은 신앙과 밀접한 관계를 갖고 발달하였던 것이다.[17]

II. 新石器時代의 문화

1. 신석기시대의 유물

기나긴 빙하기(홍적세)가 끝나 1만년 전 後氷期(沖積世)가 되면 온화한 기후가 나타나고, 이에 따라 양극지방의 두꺼운 얼음이 서서히 녹으면서 해면도 점차 상승하여 오늘과 같은 해안선이 형성되어 새로운 中石器時代가 도래하였다.

15) 박희현, 〈창내의 구석기시대 막집의 구조와 복원〉《박물관기요》 6, 단국대 박물관, 1990.

16) E. R. Service, 《*Primitive Social Organization*》, 1971 ; 申瀅植(역), 《原始時代의 社會組織》, 삼지원, 1986.

17) 손보기, 〈藝術과 信仰(舊石器時代)〉《韓國史論》 12, 국사편찬위원회, 1983.
朴喜顯, 〈韓國 後期舊石器時代의 生活과 環境－石壯里 後期舊石器時代의 집자리를 中心으로－〉《白山學報》 18, 1975.
崔福奎, 〈韓國의 先史時代藝術과 그에 나타난 信仰意識－舊石器時代를 중심으로－〉《白山學報》 24, 1978.
이러한 설명에 대해서 한편에서는 당시 예술품의 판정이나 주장에 있어서는 좀더 신중을 기해야 할 것이라는 견해가 단편적인 문제제기의 형식으로 나타나고 있다.

그러니까 중석기시대는 지질학적으로는 충적세에 해당되고 온난 다습한 기후로 대체로 현재와 같은 지구상의 육지로 변한 것이다.

중석기시대의 특징은 잔석기〔細石器〕의 제작에 있다. 구석기시대에는 뗀석기를 사용하였는 데 대하여 중석기시대에는 작은 잔석기를 만들어 사용하였는데, 그것은 알맞게 다듬어진 몸돌에서 1～3㎝ 크기로 세모꼴·긴네모꼴·사다리꼴 모양의 격지나 돌날을 떼내 사용하고 특히 잔석기를 화살촉이나 창의 끝부분에 끼워 이음연장〔複合道具〕을 만들어 그 기능이 보다 높아진 것이다. 그 유적으로는 석장리 맨 위문화층, 홍천군 下花溪里 유적, 통영 上老大島 조개더미〔貝塚〕등 거의 전국적으로 분포되고 있는 실정이다.[18)]

과도기적인 중석기시대가 지나자 새로운 신석기시대가 도래하였는데, 한국의 신석기시대는 B.C. 6,000년 경부터 B.C. 1,000년 경까지 약 5,000년간 존속하였다. 신석기시대 유물의 특징은 간석기〔磨製石器〕와 토기의 출현이라 할 수 있다. 구석기인은 뗀석기만 제작하였는데 신석기시대에는 돌을 갈아서 보다 정교하게 만든 간석기가 사용되기 시작하였다. 석기는 신석기시대에 들어와서도 처음에는 뗀석기가 주류를 이루었으나 뒤로 가면서 점차 간석기가 많아지게 되었다. 처음 신석기인은 자갈에서 떼낸 격지를 양면으로 대려내서 만든 뗀석기를 사용하였으며, 신석기시대의 후기에 이르러 반달돌칼〔半月形石刀〕등 간석기가 출현하였던 것이다. 그러나 신석기시대의 뗀석기는 그 제조방법이나 종류에 있어서 구석기시대의 그것보다 진보되고 다양해졌음은 더 달할 나위가 없다.

한국의 신석기시대도 진흙을 빚어 불에 구워 만든 토기를 사용하게 되었는데, 이 토기제작은 그만큼 인지가 발달하였음을 나타내는 것이고, 그 안에 음식물이나 물을 담아 저장할 수 있어 생활의 편리를 가져오게 하였다. 특히 토기는 그 무늬나 모양의 특징에 따라 제작인의 문화계통을 잘 나타내므로 신석기시대를 연구하는 데 매우 중요한 유물로 여겨지고 있다. 한국 신석기시대 토기는 빗살무늬토기〔櫛文土器 또는 櫛目文土器〕를 대표로 하는데, 빗살무늬토기는 표면을 빗

18) 최복규, 〈한국에 있어서의 중석기문화의 존재가능성〉《白山學報》16, 백산학회, 1974.
______, 〈한국 중석기시대의 자연환경〉《강원사학》Ⅰ, 강원대, 1985.
이융조 외, 〈중석기문화〉《우리의 선사문화》, 지식산업사, 1994.
종래에는 구석기시대에서 곧 신석기시대로 넘어온다고 하였으나 근래에는 그 사이에 중석기시대를 설정하는 학설이 많아지고 있다. 이 중석기시대의 존재를 주장하는 학자는 이들 중석기인이 구석기인의 연장이드로 신석기시대에 우리 민족이 성립되었다는 기존 정설을 부정하고 있다. 그러나 중석기시대 유적의 빈곤과 연구성과의 미숙은 보다 진전된 연구를 요하고 있는 형편이다. 任孝宰가 이 시기의 것으로 보이는 제주 고산리출토의 소형 삼각형의 돌화살촉과 갈색민무늬토기조각이 신석기시대 이전의 것이지만 '古신석기'로 명명하자는 의견은 그 단적인 경우라 하겠다(1995. 3, 신석기연구회 제1회 발표회).

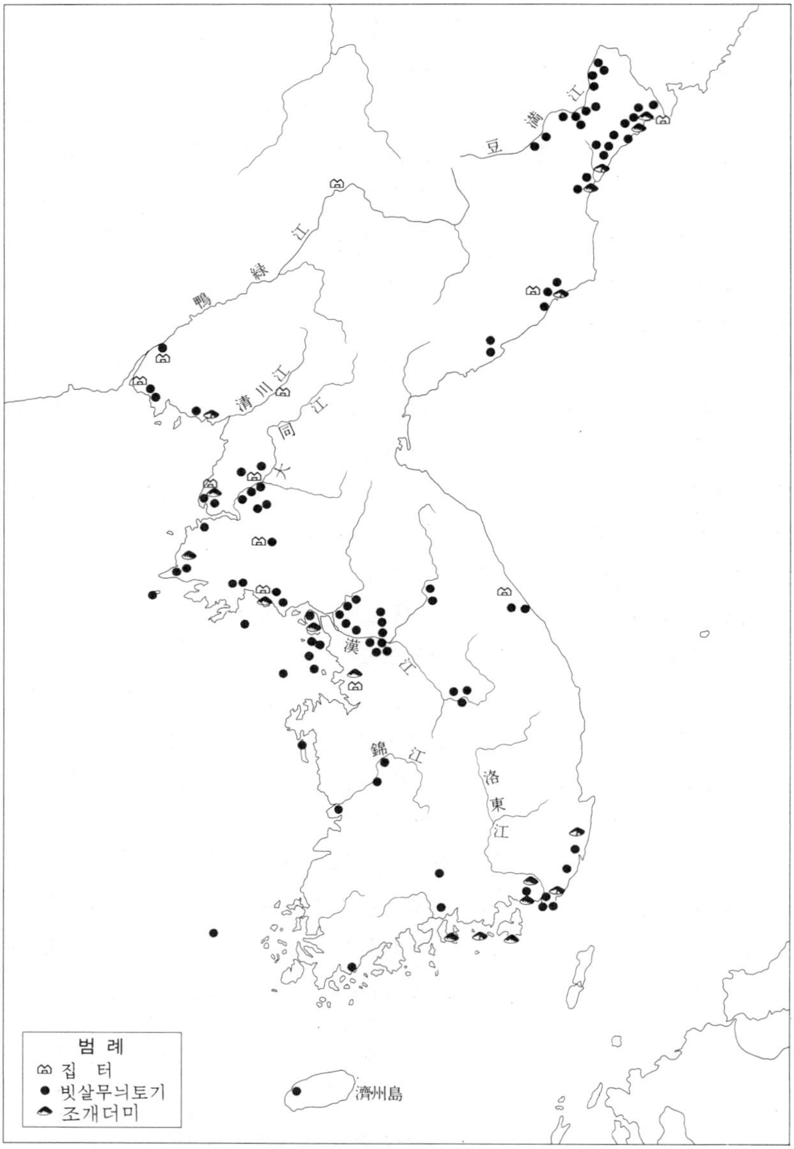

신석기시대의 유물 · 유적

[자료] 한국고고학연구회, 《韓國考古學地圖》, 1984, pp. 13~15.
한국정신문화연구원, 〈신석기시대 유물분포도〉《한국민족문화대백과사전》, 13, 1990, p. 830 참조.

으로 그은 것 같은 평행선의 무늬가 있기 때문에 빗살무늬토기 또는 기하학무늬토기라고도 불린다. 이 빗살무늬토기는 우리 나라 뿐 아니라 시베리아와 멀리 스칸디나비아 반도에까지 널리 분포되어 있어 그 문화계통의 연결을 생각하게 한다.[19)]

신석기시대는 이 빗살무늬토기를 기준으로 전기(B.C. 6,000～3,500)·중기(B.C. 3,500～2,000)·후기(B.C. 2,000～1,000)로 구분한다. 전기의 토기로는 서해안지역에서 전형적인 빗살무늬토기 I류(뾰족밑)가 주류를 이루고 있는 데 대하여, 동해안지역에서는 오산리 하층에서 구연부에만 무늬를 새긴 납작밑토기가 주류를 이루고 남해안지역에서는 부산 동삼동 조개더미에서 덧무늬토기[隆起文土器]와 이른 민무늬토기[原始無文土器]가 출트되어 아직 빗살무늬토기의 대표적 무늬인 생선뼈무늬[魚骨文]가 나타나지 않아 이 두 지역은 선빗살무늬토기라고도 부를 수 있으며 그 시기도 같은 전기지만 서해안 빗살무늬토기에 뒤떨어진다.

중기에는 서해안지역 도서지방의 조개무디에서 전형적 빗살무늬토기에 변화가 생겨 밑부문의 시문이 생략된 II류가 주류를 이루고 동해안지역(오산리 중층·굴포리 II기층)과 남해안지역(동삼동 조개무디 상층)에서는 생선뼈무늬가 성행되었다. 이에 대하여 후기에는 서해안지역(궁산리·지탑리 및 도서지방의 조개무디유적)에서는 전형적 빗살무늬토기가 퇴화되어 구연부에만 시문하게 되고, 동해안지역(오산리 상층·굴포리 후기층)과 남해안지역(동삼동 최상층)에서도 역시 퇴화되는 변화가 일어났다.[20)] 그러니까 빗살무늬토기는 동해안·남해안에 비하여 서해안지방에서 먼저 발달하고 변화하는 지역적 차이가 생긴 것이다.

한편, 만주지방의 신석기문화는 요령성 심양시의 新樂 유적에서 최고의 신석기유적이 발견되었으나 역시 그 대표적인 것은 요령성 적봉시 紅山에서 발견된 홍산문화이다. 이 홍산문화는 이 지역의 특징인 잔석기문화인데 이곳에서 출토

---

19) 이러한 사실에 의하여 종래에는 한국 빗살무늬토기 문화의 시베리아 전파설이 주장되었으나 최근에는 한국 신석기문화의 기원연대 수정과 함께 施文기술 및 토기형태의 차이가 발견됨으로써 시베리아 전파설이 비판을 받게 되었다. 따라서 한국 신석기문화의 기원 및 성립과정의 문제는 앞으로의 연구를 기다려야 할 형편이다.

白弘基, 〈江原道 東海岸의 櫛文土器文化－傳播問題를 中心으로－〉《歷史學報》 87, 1980.

任孝宰, 〈土器의 時代的 變遷過程(新石器時代)〉《韓國史論》 12, 국사편찬위원회, 1983.

20) 이 내용은 임효재의 새로운 학설에 따른 것이다. 김원룡은 이에 반하여 신석기시대를 先櫛文期·櫛文土器 I期·櫛文土器 II期로 구분하여 전기에는 빗살무늬토기가 없고 이른 민무늬토기(原始無文土器)와 덧무늬토기(隆起文土器)만이 있었다고 하였다.

金元龍, 〈新石器文化〉《韓國考古學槪說》, 일지사, 1973(第三版, 1986).

任孝宰, 〈編年(新石器時代)〉《韓國史論》 12, 국사편찬위원회, 1983.

______, 〈放射性炭素年代에 의한 韓國 新石器文化의 編年 연구〉《金哲埈華甲紀念 史學論叢》, 지식산업사, 1983.

______, 《한국 신석기문화》, 집문당, 2000.

된 칠무늬토기〔彩色土器〕는 중국 仰韶(앙소)文化 彩陶의 영향이 나타나면서 또한 납작밑토기의 북방계 요소가 함께 혼재하는 것으로 보아 신석기시대 한반도의 토기문화와 동일계통임을 알게 한다. 한국 신석기시대는 이 밑이 납작한 납작밑토기문화로 대표되는데 이 토기류는 백두산을 중심으로 한국의 동북해안 지역과 중국 동북부 흑룡강 일대, 그리고 만주 요령성 지방에 분포되어 있어 신석기 초기에는 북방계통의 납작밑토기가 이 지역 일대의 토착문화로 존재하였음을 볼 수 있다.[21)]

2. 신석기인의 출현

한국의 신석기인은 어떤 계통의 인종이었을까. 이들 신석기인이 이전의 구석기인과 연결되지 않는다는 것은 일반적인 통설이다. 그렇다면 한국의 신석기인은 빙하기가 끝난 후에 새로이 한반도에 들어와 살게 된 사람들로 보아야 할 것이다. 우리들은 당시 유물의 특징을 통하여 그 계보를 생각해 볼 수 있다.

전술한 바와 같이 신석기시대는 세 단계의 토기의 변화가 있었다. 이러한 변화는 새로운 문화의 전파에 의한 것으로 해석할 수도 있다. 즉, 동일한 사람의 토기이지만 다른 문화의 영향을 받아 그 모습이 달라졌다고 보는 것이다. 그러나 대개 토기를 비롯한 유물의 성격변화는 단순한 문화의 전파에 의한 것이 아니라 새로운 문화담당자들의 이주로 해석하는 것이 보다 일반적인 경향이다. 그렇다면 신석기시대에는 세 차례에 걸친 종족의 이동이 있었다는 의미가 된다.

한국 최고의 신석기인인 선빗살무늬토기인(이른 민무늬토기인·덧무늬토기인)은 시베리아에서 퍼져 내려온 古아시아족의 일파로 보인다. 이에 대하여 새로이 이주해 온 빗살무늬토기인도 빗살무늬토기가 시베리아 계통이고, 한국어가 알타이어족에 속하는 점으로 보아 또 다른 문화계통을 가진 고아시아족의 한 갈래로 보고 있다. 이들 선빗살무늬토기인이나 빗살무늬토기인은 강가나 바닷가에서 어로를 주로 하였던 고아시아족이라는 점에서는 같지만 각각 다른 계통에 속하고 있었던 것이다. 그러나 신석기시대 후기에는 중국계 신석기문화의 영향을 받은 퉁구스계의 종족이 만주로부터 이주해 왔다. 이들은 북중국의 채도문화와 농경문화를 수반하면서 우리 나라에 들어와 변형빗살무늬토기를 만들었던 것이다.[22)]

이와 같이 신석기시대에는 세 차례에 걸친 종족의 이주가 있었으나 그들의 혈

21) 任孝宰, 〈新石器時代 韓國과 中國遼寧地方과의 文化的 聯關性에 대하여〉《韓國上古史의 諸問題》, 한국정신문화연구원, 1987.
金敎年, 〈中國東北地方의 新石器時代文化에 대한 小論〉《韓國上古史學報》18, 한국상고사학회, 1995.

22) 金廷鶴, 〈考古學으로 본 韓國民族〉《白山學報》1, 1966;《韓國上古史研究》, 범우사, 1990.
박선주, 〈한국인의 기원과 형성〉《先史文化》4, 충북대, 1996.

통은 단절되지 않고 계승된 것으로 보인다. 즉, 새로운 종족은 선주민을 말살하지 않고 동화시킴으로써 혈통의 융합이 이루어졌으며, 이들이 바로 오늘날 한국민족 형성의 모체가 되었던 것이다. 이렇게 보면 현재의 한국민족은 그 기원이 신석기시대에서 비롯되었음을 알 수 있다. 이것은 구석기시대부터 살던 인류가 우리의 직접 조상이었다고 보는 자생론은 인정하지 않는 견해가 될 것이다.

3. 신석기인의 생활

신석기시대의 특징은 유물상으로 토기 및 간석기의 출현과 함께 경제생활면으로 구석기시대의 저급한 수렵·채집경제를 벗어나 농경과 목축에 의한 식량생산의 시작을 드는 것이 보통이다. 즉, 구석기시대에는 이동생활을 하면서 사냥·고기잡이 그리고 채집을 위주로 하였지만, 신석기시대에 들어와서는 농경과 목축을 시작하면서 정착생활을 하게 되었던 것이다. 그러나 한국의 신석기인은 처음에는 그대로 채집생활을 계속하다가 신석기시대의 후기에 가서야 농경생활을 시작하였음이 나타나고 있다.

신석기시대 전기·중기의 사람들은 아직도 고기잡이·사냥 그리고 자연물 채집생활을 영위하고 있었다. 그들이 고기잡이를 주로 하였음은 그들의 토기가 강가나 바닷가에서 많이 출토되고 있고, 또 그 유물 가운데에서 그물에 달았던 돌추(石錘)와 뼐로 만든 낚시 등이 나오는 것으로 알 수 있다. 또한 돌로 만든 화살촉이나 창 등이 발견되는 것으로 보아 이들이 수렵생활도 계속하였음을 알 수 있다. 그리고 이들은 어로나 수렵으로는 양식이 넉넉치 못하였으므로 전부터의 자연물채집도 겸하여 나무열매를 따먹기도 하였다.

그러나 신석기시대 후기에 가면 새로이 농경생활이 시작되었다. 그것은 이 때의 유적에서 땅을 일구는 데 쓰이는 돌괭이[石鍬]와 낱알이나 이삭을 따는 데 사용된 반달 돌칼, 곡식을 가는 데 사용된 갈판[碾石]이 발견되는 것으로 알 수 있고, 특히 황해도 智塔里에서는 탄화된 곡식(피 또는 조)이 출토된 예가 있다. 이러한 농경의 시작은 종래의 어로·사냥·채집 등의 식량채집단계에서 식량생산단계로의 발전으로서 매우 커다란 의미를 지닌다고 하겠다.[23)]

신석기인의 집터는 땅을 널찍이 파서 만든 움집(수혈주거)과 자연동굴이나 인공적인 동굴로 된 동굴주거의 두 가지가 있었지만, 이 가운데 움집이 보다 일반적인 주거형태였다. 수혈은 원형 또는 모가 둥근 방형의 것이 대부분인데, 중앙에는 취사와 난방을 위한 화덕이 있고 낮에 햇볕을 많이 받는 동남쪽과 서남쪽

한영희, 〈한민족의 기원〉《韓國民族의 起源과 形成》(上), 소화, 1996.

23) 崔夢龍, 〈考古學上으로 본 韓國의 食文化－漁撈와 農業을 通해 본 生業經濟－〉《李丙燾九旬紀念 韓國史學論叢》, 지식산업사, 1987.

에 출입문을 두었으며, 화덕 옆이나 출입문 부근에는 저장구덩을 만들어 음식물이나 여러 가지 도구들을 저장하였다. 움집의 크기는 대개 직경 5m, 깊이 60cm 정도이고, 면적은 18㎡ 정도로 성인 4명이 생활하기에 적당한 것이었다. 한 유적에서 발견된 집터의 수는 그리 많지 않아 신석기시대의 취락은 매우 작은 규모였음을 알 수 있다.[24)]

4. 신석기시대의 사회와 문화

한국의 신석기시대의 사회는 어떤 모습을 하고 있었을까. 한 유적에서 몇 개의 집터가 함께 발견되는 것으로 보아 그들이 취락을 이루고 살았다는 것은 알 수 있지만, 오늘의 우리 나라 고고학연구는 당시의 사회조직을 이해하기에는 너무나 부족한 형편이다. 그러므로 우리는 할 수 없이 후대에 남아 있는 전설이나 유습을 통하여 당시의 사회형태를 추측하고 또 현재의 미개사회에 대한 사회인류학적인 연구를 응용하여 복원할 수밖에 없다.

신석기시대에는 구석기시대의 무리사회(Bands)에서 일보 발전하여 部族社會(Tribes)를 이루고 있었다.[25)] 부족사회는 아직 권력과 계급이 발생하지 않은 평등사회로서 부족장은 부족을 대표하는 지도자에 불과하고 결코 지배자가 아니었다. 그러나 부족사회는 취락을 형성하여 정착적인 농경생활을 영위하고 종래의 무리에서 혈연관계가 더욱 확산된 부족으로 발전한 것이었다.[26)]

이 부족사회의 기본적인 구성단위는 氏族이었다. 씨족은 혈연에 의한 집단으로서 하나의 공동체를 이루고 있었다. 한국에도 씨족공동체의 단계가 존재하였음은 신라의 건국설화에 나타나는 六村이나 和白의 전통, 그리고 가야의 9干이나 고래로부터의 협동노동의 풍습인 두레의 유습으로 알 수 있다. 씨족공동체는 평등사회로서 모든 씨족원이 동등한 권리를 가지고 있었으며, 씨족의 중대한 일은 씨족회의에서 결정하였다.[27)] 씨족장은 씨족을 대표하였을 뿐 지배자는 아니었다. 또한 이들 씨족은 각각 폐쇄적인 독립사회를 이루고 있었으며, 점차 다른 씨족과의 族外婚을 통하여 보다 큰 집단인 부족을 형성하여 나갔다.[28)] 그러나

---

24) 金正基, 〈韓國竪穴住居址考〉(1·2)《考古學》 1·5, 한국고고학회, 1968·1974.
　　______, 〈新石器時代 住生活〉《韓國史論》 17, 국사편찬위원회, 1987.

25) E. R. Service, 《*Primitive Social Organization*》, 1971 ; 申瀅植(역), 《原始時代의 社會組織》, 삼지원, 1986.

26) 高承濟, 〈原始聚落의 形成과 展開過程〉《李瑄根古稀紀念論文集》, 1974.

27) 李丙燾, 〈古代南堂考〉《서울大論文集》 人文社會科學 1, 1954 ; 《韓國古代史研究》, 박영사, 1976.

28) 씨족의 족외혼에 의해서 태어난 사람은 母系의 씨족에 속하게 되었으므로 신석기시대에서는 모계사회가 존재하였다. 한국 신석기시대의 족외혼은 東濊의 '同姓不婚'의 풍습에서 찾아지며, 모계사회의 존재는 고구려의 데릴사위 풍습으로 추측할 수 있다. 崔在錫, 〈韓國 古代 家族에 있어서의 母系·父系의 問題〉《韓國社會學》 4, 1968.

부족사회 역시 씨족사회와 마찬가지로 지배·피지배의 관계가 발생하지 않은 평등사회를 이루고 있었음은 동일하였다.

신석기인들은 아직 자연의 영향을 강하게 받았으므로 그에 대한 신앙이 두드러지게 되었다. 우선 이들은 산이나 물과 같은 모든 자연물이나 천둥·번개와 같은 자연현상에 영혼이 머물러 있다고 하는 애니미즘(Animism)의 신앙을 가지고 있었다. 이 애니미즘은 여러 자연물을 숭배하는 신앙형태로 표현되었으며, 그 가운데에서도 특히 인간생활에 절대적인 영향을 미치는 태양에 대한 숭배가 으뜸이 되었다. 한국 고대사에 나타나는 日神에 대한 제사나 天帝子의 설화는 태양 또는 그 존재처인 하늘을 숭배하는 사상이 나타나 있는 것이었다.[29]

또한 신석기시대에는 사람이 죽어도 그 영혼은 없어지지 않는다는 영혼불멸의 사상이 있었으며, 인간과 영혼의 사이를 연결시켜 주는 주술사로서의 무당의 존재를 인정하는 샤머니즘(Shamanism)이 널리 유행하였다. 특히 이 샤머니즘은 주술적인 방법으로 악귀를 물리쳐 씨족원을 환난으로부터 구제한다는 의미를 가진 것으로, 한국에서는 고조선의 檀君이나 삼한의 天君, 신라의 次次雄 등에서 주술사의 모습이 발견된다.[30] 한편 이 시기에는 자기 씨족의 기원을 특정의 동·식물과 연결시켜 이를 숭배하는 토테미즘(Totemism)이 존재하였다. 단군신화에 보이는 곰토템이 가장 대표적인 예이며, 이 밖에 호랑이·말·닭 등이 토템으로 숭배되었을 것으로 추측된다.[31]

한국 신석기시대의 예술은 빗살무늬토기로 대표된다. 이는 반란형의 토기에 무늬를 새겨 넣은 것으로 그 외형이나 빗살무늬·생선뼈무늬·번개무늬 등 100 종류 이상의 각종 문양형식은 당시 사람들의 미적 감각을 잘 표현하고 있다. 또한 목걸이·팔찌 등으로 보이는 유물들이 출토되는 것으로부터 신석기시대에 이미 장신구가 제작되었음을 알 수 있다. 이 밖에 동삼동 조개더미 유적에서는 큰 조개껍질에 세 개의 구멍을 뚫어 만든 조개껍데기 가면이 발견되기도 하였다.[32]

29) 孫晋泰, 〈光明에 대한 信仰과 太陽崇拜의 一起因〉《朝鮮民族文化의 硏究》, 을유문화사, 1948.

한편 黃龍渾은 한국의 신석기문화에 애니미즘이나 태양숭배사상이 존재하였음을 밝힐 수 있는 어떠한 고고학적 자료 내지는 문헌사학적·민속학적 자료도 발견되지 않았음을 들어 한국의 애니미즘·태양숭배사상의 존재설이 일반적인 가능성을 하나의 사실로 정립해 놓은 것에 불과하다고 이를 부정하였다.

黃龍渾, 〈藝術과 信仰(新石器時代)〉《韓國史論》 12, 국사편찬위원회, 1983.

30) 金烈圭, 《韓國神話와 巫俗硏究》, 일조각, 1977.

31) 李萬烈, 〈韓國古代에 있어서의 토테미즘的 要素에 대하여〉《李海南華甲紀念 史學論叢》, 1970.

32) 동삼동 유적지에서 발견된 조개껍데기 가면에 대해서 金元龍은 어린아이들의 장난감이라 하였고, 이융조는 상징적인 의미를 가진 예술품이라 하여 이견을 보이고 있다. 金元龍, 《原始美術》, 동화출판사, 1980.

그러나 신석기시대 예술의 가장 큰 특징은 당시 사람들의 주술적 신앙과 밀접한 관계를 가지고 있다는 점이다. 웅기 서포항 유적에서 출토된 護身符는 그 대표적인 것으로 이것은 짐승의 뿔이나 뼈로 사람·말·뱀 등의 형태를 상징적으로 표현하고 있다. 여기서는 조형예술의 아름다움은 발견할 수 없지만 신앙의 대상을 형상화하려는 신석기인들의 의도를 엿볼 수 있다. 이 밖에 서포항·청진 농포동·부산 동삼동 등의 유적에서는 흙이나 돌·뼈 등으로 만든 조각품이 출토되었으며, 울주 盤龜臺(반구대) 유적에서는 바위그림(岩刻畫)이 발견되었다. 이들은 대단히 사실적인 방법으로 동물의 형상을 표현하고 있는데, 그 단순하면서도 힘찬 선은 당시 사람들의 놀라운 미적 수준을 보여주고 있다.[33)]

이융조, 《한국선사문화의 연구》, 평민사, 1980.

33) 黃龍渾, 〈藝術과 信仰(新石器時代)〉《韓國史論》 12, 국사편찬위원회, 1983.
安輝濬, 〈韓國의 繪畫와 美意識〉《韓國의 民族文化 : 그 傳統과 現代性》, 한국정신문화연구원, 1979 ; 《韓國繪畵의 傳統》, 문예출판사, 1988.

제 2 장
靑銅器文化와 君長國家

I. 靑銅器文化

1. 청동기문화의 성립

오랫동안 계속된 신석기시대는 B.C. 10세기 경 청동기가 들어와 사용되기 시작함으로써 새로운 시대를 맞이하였다. 청동기는 구리에 주석이 10% 이상 섞인 합금으로 만든 이기로 인류역사상 최초의 금속기이다. 이 청동기는 신석기시대의 빗살무늬토기 다음에 나타난 민무늬토기와 함께 출토되므로 이들 민무늬토기인이 처음으로 청동기를 사용하기 시작하였음을 알 수 있다.[1]

청동기유적에서 출토되는 유물은 비파형동검과 민무늬토기를 특징으로 하고 있다. 비파형동검은 중국의 동북지방과 한반도에서 출토되므로 이 지역이 하나의 문화권을 형성하고 있었음을 알 수 있다. 또 이 때의 민무늬토기는 대개 빛깔이 적갈색이고 그 모양은 밑바닥이 뾰족한 팽이형과 원통모양으로 밑바닥이 둥근 화분형이 기본을 이루었다.

빗살무늬토기에서 민무늬토기로의 교체는 종족의 교체를 의미하는 것으로 보인다. 빗살무늬토기인이 古아시아족이었음에 대하여 새로운 민무늬토기인은 알타이 계통의 濊貊族(예맥족)이었던 것이다.[2] 이것은 청동기문화가 새로이 이주해온 민무늬토기인과 함께 들어왔음을 의미한다. 그러나 빗살무늬토기와 민무늬토기는 그 유적이 서로 구별되면서도 경우에 따라서는 한데 섞여 나오기도 하는 것으로 보아 그들은 종족상으로는 서로 다르면서도 새로운 민무늬토기인이 앞의

---

1) 한국의 청동기시대는 대체로 B.C. 1,000년 경부터 B.C. 400년 경까지를 말한다. 그러나 가장 오랜 파주 옥석리 유적의 방사성탄소에 의한 연대 측정은 1차 측정의 결과가 2590±105B.P., 그리고 2차 측정결과는 2930±130B.P.라는 숫자가 나온 바 있다.

2) 일찍이 三上次男은 빗살무늬토기인은 濊人이고 민무늬토기인은 貊人(맥인)이라는 견해를 밝힌 바 있지만 金貞培는 濊와 貊이 시대적인 선후관계에 있는 것이 아니라는 점을 들어 빗살무늬토기인을 고아시아족, 민무늬토기인을 알타인계의 예맥족으로 보았다.

三上次男, 〈東北アジアの古代文化と穢人の民族的性格〉《古代東北アジア史研究》, 1966.

金貞培, 〈古朝鮮의 住民構成과 文化的 複合〉《白山學報》 12, 1972 ;《韓國民族文化의 起源》, 고려대출판부, 1973.

빗살무늬토기문화를 흡수하여 그 영향을 받았음을 알 수 있다. 이제 청동기문화를 가진 민무늬토기인이 전의 빗살무늬토기문화를 절충하면서 새로운 사회로 발전하여 나갔던 것이다.

비파형청동검은 검신의 윤곽이 굴곡되어 마치 만돌린모양의 독특한 형태를 이룬 것으로 만주 요령지방을 중심으로 집중적으로 출토되었는데,[3] 이것이 몇개 밖에는 안 되지만 한반도에서도 발견되어 같은 청동기문화권을 이루었음을 알게 한다. 이 독특한 형식의 비파형동검이나 많은 꼭지 거친무늬거울〔多鈕粗文鏡〕이 중국에서는 출토되지 않고 만주와 한반도에서만 발견되므로 이것이 남부 시베리아 계통과 연결된 북방식 청동기문화임을 알 수 있고, 따라서 한국 최초의 청동기문화는 만주지방의 영향을 받았다고 하겠다. 요령지방의 비파형동검이 B.C. 10세기 경의 것이므로 대개 이 때 한국의 청동기문화도 시작되었다고 볼 수 있다.

이 비파형동검이 발달하여 한국식으로 변형된 것이 곧 細形銅劍이다. 그런데 이 세형동검이 대동강유역에서 출토되는 것을 보아 이 지방에 비파형동검의 후신문화가 발달하였음을 알 수 있다. 세형동검은 B.C. 4~3세기의 소산으로 여기고 있는데, 이것은 중국계의 철기와 함께 출토되므로 이 때 대동강유역에는 요령지방의 북방계 청동기문화가 새로운 중국계문화와 혼합되어 한국적인 독특한 청동기문화를 형성하였음을 알게 한다.[4] 이 후기 청동기문화는 세형동검과 함께 거친무늬거울〔粗文鏡〕에서 발전한 잔무늬거울〔細文鏡〕을 동반하고 있는데, 처음에는 한국식 세형동검에서 보이는 바 한국화된 요소가 있지만 뒤에 가서는 明刀錢·鐵製利器·널무덤〔土壙墓〕 등 중국문화의 요소가 나타나게 되었다. 이와 같이 대동강 유역에서는 처음 중국 동북지방의 비파형동검에서 발달하였으면서도

---

3) 이 비파형동검은 B.C. 900년 경 요령지방의 夏家店 상층문화로 그 수준이 높았는데 이에 앞서 이미 하가점 하층문화(豊下文化)에서는 B.C. 2,000~1,500년에 보다 수준이 낮은 초기 청동기문화가 존재하였다. 이 비파형동검은 요령식동검이라고도 부르고 중국학자들은 曲刃青銅短劍이라 칭하는데, 그 제작자를 古朝鮮人으로 보는 견해와 東胡族으로 보는 견해가 대립하고 있다.

尹武炳, 〈遼寧地方의 青銅器文化〉《韓國上古史의 諸問題》, 한국정신문화연구원, 1987.

______, 《韓國青銅器文化研究》, 예경산업사, 1991.

4) 요령지방의 비파형동검이 B.C. 900년 경이므로 한반도의 청동기는 이 보다 늦은 시기였을 것으로 보이지만 동검이란 청동기문화의 완성된 형태이므로 실제 구리 단추 등 청동기의 사용은 이보다 앞섰기 때문에 대체로 B.C. 10세기의 편년설이 인정되는 형편이다.

金貞培, 〈韓國青銅器文化의 史的 考察〉《韓國史研究》 6, 1971 ; 《韓國民族文化의 起源》, 고려대출판부, 1973.

沈奉謹, 《韓國青銅器時代 文化의 理解》, 동아대출판부, 1990.

국립중앙박물관, 《韓國의 青銅器文化》, 범우사, 1992.

林炳泰, 《韓國青銅器文化의 研究》, 학연문화사, 1996.

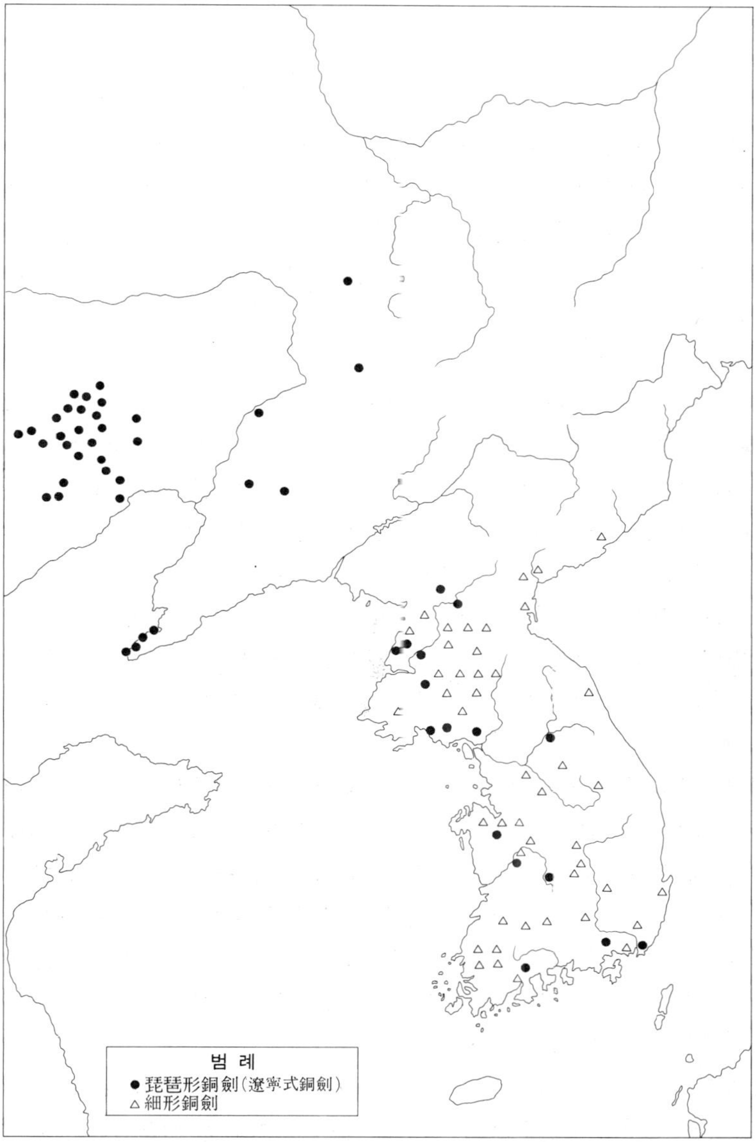

청동검 발굴지

[자료] 한국고고학연구회, 《韓國考古學地圖》, 1984, p. 22.
한국정신문화연구원, 〈청동기시대 유적분포도〉《한국민족문화대백과사전》 22, 1991, p. 123 참조.

한국의 독특한 세형동검이 나왔으나 점차 그 청동기문화는 중국화되어 변질되었던 것이다.

2. 청동기인의 생활

민무늬토기유적은 주로 야산이나 구릉지대에서 발견되어 빗살무늬유적이 강가나 바닷가에 분포되어 있는 것과 대비된다. 이것은 청동기시대의 민무늬토기인이 구릉지대에 살면서 농업을 주로 하였음을 나타내는 것으로, 신석기시대 후기에 시작된 농경이 이제 청동기시대에 들어와 주산업으로 정착되기에 이르렀던 것이다.

청동기시대에 농업이 번창하였음은 청동기유적에서 여러 가지 곡식이 나온 것으로 알 수 있다. 북한지역에서는 기장·수수·조 등이 발견되었고, 남한에서는 벼(쌀)·보리·수수·조 등이 발견되어 의외로 일찍부터 벼농사가 행하여졌음이 나타난다. 또 이들 청동기유적에서는 농구인 반달돌칼과 홈자귀〔有溝石斧, 구멍있는 돌도끼〕가 출토되고 있는데, 반달돌칼은 조·벼 등 곡식을 추수할 때 이삭을 자르는 데 사용하였고 홈자귀는 땅을 가는 데 쓰여졌다. 이러한 농구들이 우리 나라 청동기유적에서 광범하게 출토된 것은 이 때 벼농사를 비롯한 농경이 주산업이었음을 나타내는 것이다. 청동기시대의 민무늬토기가 다양한 형태로 분화된 것도 역시 당시 농경이 발달하여 곡물의 저장이 필요한 데서 나타난 현상으로 풀이된다.5)

청동기유물 중에는 청동검이나 화살촉〔青銅鏃〕 등 무기와 도끼〔青銅斧〕 등 공구가 출토되지만 농구는 발견되지 않는 것이 특징이다. 즉, 청동기시대에는 농업이 주산업이 되었지만 농구는 여전히 석기를 사용하였고 청동기로는 만들지 않았던 것이다. 청동제의 공구를 이용하여 나무를 다듬어 농구를 제작함으로써 농업발달에 도움을 주기도 하였지만 역시 청동기의 효능은 무기의 제조에 있었다. 당시 귀중한 청동기무기의 제작인은 후진적인 석기사용인을 정복하여 평화스런 신석기문화를 격동시켰던 것이다.

청동기시대의 주거형태는 신석기시대와 마찬가지로 대개 움집이었지만 이 때의 움집은 신석기시대에 비하여 보다 발달된 형태를 이루었다. 우선 움집의 깊이가 점차 얕아져 지상가옥에 가까워지고, 그 구조에 있어서는 둥근모양 대신 장방형으로 바뀌었으며 넓이도 평균 20㎡로 넓어지게 되었다. 움집의 크기는 보통 길이 5~6m, 너비 3~4m가량 되는 것이 많아 가족구성은 4~8명 정도로

---

5) 金廷鶴, 〈經濟生活(青銅器文化)〉《韓國史論》 13, 국사편찬위원회, 1983.
金秉模, 〈韓國青銅器時代의 經濟〉《韓國의 농경문화》 3, 경기대 박물관, 1991.

추산되어 부부를 중심으로 한 일부일처제의 가족용으로 보인다.[6] 화덕은 신석기 시대에는 움집 중앙에 만들었으나 이 때에 으면 대개 한쪽 구석에 만들고 저장 구덩도 움집의 한쪽 벽에서 밖으로 돌출시킨 방같은 곳에 설치하였으니, 이는 움집 공간을 넓게 이용하기 위한 것이었다. 또한 움집의 기둥을 세우는 데 초석을 이용하는 방법이 사용된 것도 주거 제조의 발달을 나타내는 것이다. 이들 움집들은 보다 넓은 지역에 많은 수가 밀집되어 커다란 취락을 이루고 있었으니, 이것으로 청동기시대에는 농경생활의 발달로 인구가 증가하고 정착생활이 안정되었음을 짐작할 수 있다.[7]

청동기유적의 대표적인 것으로는 고인돌〔支石墓〕을 들 수 있다. 이 고인돌은 당시 君長의 가족묘로 보여지며 선돌〔立石〕과 함께 거석문화로 알려져 있다. 우리 나라의 고인돌은 네 개의 굄돌을 세워서 장방형의 돌방〔石室〕을 만들고 그 위에 거대하고 평평한 돌을 뚜껑돌〔蓋石〕로 얹어놓은 형태가 전형적인 것이며, 이 밖에 변형고인돌로서 매장시설인 돌방을 지하에 두고 뚜껑돌을 땅위에 올려놓은 것도 있었다.[8]

청동기시대의 묘제에는 고인돌 외에 돌널무덤〔石棺墓〕이 있는데 이것은 지하에 판석으로 상자모양의 석관을 만들어 시체를 매장하는 것이었다. 또 매우 드물기는 하지만 청동기시대의 것으로 보이는 돌무지무덤〔積石塚〕과 독무덤〔甕棺墓〕이 발견되기도 하였다.[9]

II. 君長國家

1. 군장국가의 성립

청동기시대의 정치조직은 군장국가로 특징지워진다. 신석기시대의 평등하였던

6) 그러나 파주 옥석리에서는 길이 15.7m, 너비 3.7m로 내부면적이 58㎡나 되어 17명의 대가족이 살 수 있는 유적도 발견되었다.

7) 金正基, 〈韓國竪穴住居址考〉(1·2)《考古學》 1·5, 한국고고학회, 1968·1974.
崔夢龍, 〈住居生活(青銅器文化)〉《韓國史論》 13, 국사편찬위원회, 1983.

8) 종래에는 한국의 고인돌을 북방식인 탁자형과 남방식인 바둑판형으로 나누어 왔는데, 근래에는 한국 고인돌의 전형적인 형태는 탁자형이며, 바둑판형은 돌방을 지하에 두고 뚜껑돌 밑에 몇개의 굄돌을 받친 것과 아예 굄돌없이 뚜껑돌만 놓은 개석식(무지석식)의 변형고인돌이라는 해석이 나오고 있다.
韓炳三, 〈墓制(青銅器文化)〉《한국사》 1, 국사편찬위원회, 1973

9) 고인돌에 대하여 박희현은 그것이 청동기시대에 앞서 신석기시대부터 축조되기 시작하였고 또 계급사회가 아니라 공동체의 성격을 유지한 사회에서 발생하였다고 하였다.
박희현, 〈한국의 고인돌 문화에 대한 한 고찰—그 上限 연대를 중심으로—〉《韓國史研究》 46, 1984.

부족사회는 청동기시대로 넘어오면 재산상 빈부의 차이가 나타나고 지배・피지배의 관계가 생겨 부와 권력을 가진 君長의 출현을 보게 되고 여기에 군장국가가 성립하게 되었다.

청동기시대에는 비록 청동기로 농구를 만들지는 않았으나 청동제공구를 이용하여 보다 정교한 농구를 제조하고, 또 농경생활의 정착에 따라 생산력의 상승을 보게 되었다. 따라서 종래의 재산상의 공유는 이제 새로운 재분배에 의하여 빈부의 차이를 낳게 되었다. 또한 청동제무기의 사용은 부족간의 전쟁을 야기시켜 새로운 예속관계를 초래하였다. 여기서 종래의 평등하였던 부족사회는 붕괴되고 지도자로서의 부족장이 권력을 가진 지배자로서의 군장으로 변질하였으니, 이를 표시하는 것이 바로 고인돌이다.

고인돌은 군장의 가족묘인데 그것은 자못 거대한 것이었다. 이러한 거대한 고인돌을 축조할 수 있었다는 것은 그 안에 매장된 주인공이 상당한 권력을 소유하고 있었음을 의미하는 것이다. 고인돌의 뚜껑돌 중에는 그 무게가 70톤에 이르는 것도 있는데, 이것을 운반하려면 상당한 수의 인력을 동원해야 했을 것이기 때문이다. 특히 고인돌이 한 곳에 3・4개, 많을 때는 수십 개가 무리를 이루고 있고, 때로는 일직선으로 나열되고 있는 것을 보면 군장들이 오랫동안 세습적으로 대를 이었음을 알 수 있다.

이 고인돌의 주인공인 군장들은 경제적인 부를 가졌고 청동제무기를 사용하여 이웃 부족을 예속시켜 커다란 권력을 지닌 정치적 지배자로 등장하였다. 〈魏志〉 東夷傳에는 이들 지배자를 '君長'이라 하고 그들이 지배하는 소국을 '國'으로 쓰고 있어 이를 군장국가로 볼 수 있다.[10] 이 군장국가는 평등한 부족사회에서 정

---

10) 金哲埈은 이를 '部族國家'라 한 데 대하여 李基白・千寬宇는 '城邑國家'라 하였다. 그러나 근년에 와서는 E. R. Service의 Chiefdoms 개념을 적용한 새로운 용어가 사용되기 시작하였는데, 金貞培의 '君長社會', 이융조・崔夢龍의 '族長社會', 李鍾旭의 '村落(酋長)社會' 등이 그것이다. 그러나 실제로 〈위지〉 동이전에 엄연히 '君長'・'國'의 용어가 나오고 근래 다시 Service의 이론에 비판론이 제기되기도 하며, 또 국가형성의 시기를 올리는 추세에 따라 본서에서는 군장국가설을 취하게 되었다.
金哲埈, 〈韓國古代國家發達史〉《韓國民族文化史大系》 I, 고려대, 1964.
李基白, 《韓國史新論》, 일조각, 1976.
千寬宇, 〈三韓의 國家形成〉《韓國學報》 2, 일지사, 1976.
金貞培, 〈君長社會의 發展過程試論〉《百濟文化》 12, 공주사대, 1979 ; 《韓國古代의 國家起源과 形成》, 고려대출판부, 1986.
이융조, 〈양평 앙덕리 고인돌 발굴보고〉《韓國史硏究》 11, 1975.
崔夢龍, 〈全南地方 支石墓社會와 階級의 發生〉《韓國史硏究》 35, 1981.
全京秀, 〈신진화론과 국가형성론－인류학이론의 올바른 적용을 위하여－〉《韓國史論》 19, 서울대, 1988.
李鍾旭, 〈韓國의 酋長社會〉《韓國上古史學報》 17, 한국상고사학회, 1994.

복적인 영토국가인 초기국가로 넘어가는 중간단계에 위치하는 것이다. 군장은 권력을 가진 정치적 지배자라는 점에서 국가형태의 시초라 할 수 있고 따라서 옛 기록에서 '國'이라 표현하였지만 뒤에 '王'을 칭하는 정식 국가단계에는 이르지 못하였던 것이다.

2. 북방지역의 군장국가

군장에 의하여 지배되는 정치적 사회는 만주와 한반도에 걸쳐 각지에서 출현하였다. 후대의 모습이 기록되어 있는 古朝鮮·夫餘·高句麗·沃沮·東濊·三韓 등의 초기형태도 모두 이 단계를 경유하였음은 물론이다. 이들 군장국가의 성립은 지역에 따라 시간적 차이가 있으나 일찍부터 청동기문화를 수용한 북쪽 지방에서 먼저 그 모습이 나타났을 것으로 추측된다.

이러한 사실은 〈위지〉 동이전에 서술된 내용에서 엿볼 수 있다. 〈위지〉 동이전은 기원 후 3세기 경의 기록인데, 일부 후진사회에서는 아직도 군장국가의 모습이 남아 있지만 고조선·부여·고구려 등 북쪽의 선진사회는 이미 군장국가에서 정식 국가형태로 넘어가고 있었다. 그러나 이들도 그 초기단계에 군장국가를 경유하였던 것은 두 말할 나위가 없다. 실제로 이들에 대한 《史記》 朝鮮傳이나 〈위지〉 동이전의 기록을 보면 그 안에 군장국가의 모습이 남아있는 것을 발견하게 된다.[11)]

고조선의 건국시조인 檀君王儉(단군왕검)은 실제로는 대동강유역의 평양에 자리잡고 있었던 소국의 군장을 가리키는 칭호였다. 또 衛氏朝鮮에서 右渠王(우거왕)에게 간언을 하였으나 받아들여지지 않자 民 2,000여 호를 데리고 辰國으로 내려간 朝鮮相 歷谿卿(역계경)이나 한 무제의 침략으로 왕검성이 함락되었을 때 주화파로 尼谿相(이계상) 參의 이름이 나오는데, 이들 역계경과 이계상과 같이 지명(부족장)에다 卿·相으로 호칭되는 사람은 종래의 독립적인 군장이었을 것이다. 그러므로 고조선도 국가형태가 성립하기 이전에는 여러 개의 군장국가로

---

11) 《사기》 조선전에는 고조선에 관한 내용이 실려있고, 〈위지〉 동이전에는 부여·고구려·옥저·동예·삼한의 내용이 기록되어 있다. 그러나 《사기》 조선전은 衛滿이 조선에 들어와 準王을 내쫓고 건국한 사실이나 우거왕 때 한무제가 침략하여 고조선을 멸망시킨 사실 등 중국의 동방침략이라는 측면에서 서술하였는 데 대하여, 〈위지〉 동이전은 부여·고구려 등 우리 민족의 토착적인 제도·법속 등을 그대로 기록하였다는 점에 가치가 있다. 〈위지〉 동이전의 내용은 《後漢書》 동이전의 그것과 비슷한데, 오히려 〈위지〉가 《후한서》보다 먼저 편찬되었기 때문에 1차 사료의 위치에 있음을 주의할 필요가 있다. 〈魏志〉란 《三國志》 魏書를 줄여 부르는 이름이다.
鄭璟喜, 〈檀君社會와 靑銅器文化〉《韓國學報》 23, 일지사, 1981 ; 《韓國古代文化社會研究》, 일지사, 1990.
李淸圭, 〈청동기를 통해 본 고조선〉《국사관논총》 42, 국사편찬위원회, 1993.

존재하였음을 알 수 있다.

부여에는 馬加·牛加·猪加(저가)·狗加 등의 大加가 있고 이들 諸加는 따로 이 四出道를 다스렸는데 큰 것은 수천 家, 작은 것은 수백 家가 되었다고 한다. 그리고 전쟁이 일어나면 제가가 스스로 독립하여 싸우고 그 밑의 下戶들로 하여금 모두 양식을 날라오도록 하였다고 하니, 이들 제가의 원초적인 모습은 역시 군장으로 보인다. 뒤의 일이지만 3세기 초에 부여왕 簡位居에게 적자가 없고 얼자(서자)인 麻余만 있었는데 간위거가 죽자 제가가 함께 마여를 왕으로 세웠다고 한 것은 국왕이 출현한 후에도 제가의 세력이 여전히 강대하였음을 나타내는 것이다. 또 부여의 옛 풍속에 수재나 한재가 있어 5곡이 잘 익지 않으면 국왕에게 책임을 물어 왕을 갈거나 죽였다는 것도 국왕권의 미확립을 보여주는 것이다. 이와 같이 부여의 초기 모습은 군장인 대가들이 강력한 세력을 가지고 독립적인 정치사회를 이루고 있었고, 이것은 국왕이 출현한 초기국가 단계에도 여전히 유지되었던 것이다.[12)]

고구려에서는 국왕이 출현한 후에도 대가들이 스스로 使者·皂衣(조의)·先人 등의 관리를 두었다고 하였는데, 이 대가가 곧 종래의 군장이었다. 고구려에 있었던 貫那·桓那·朱那·藻那(조나)·椽那(연나) 등의 '那'는 이들 대가들의 독립된 군장국가를 가리키는 것이다. 고구려의 5部인 桂婁部·消奴部·絶奴部·順奴部·灌奴部는 이들 那 가운데 국가형성 후 주력을 이룬 군장국가들로서 중국인이 那를 奴라고 비하해 표현한 것이다. 고구려에서 범죄자가 있으면 제가가 평의하여 이를 사형에 처하고 그 처자를 노비로 삼았다는 것도 종래 군장국가의 유풍을 나타내는 것이며, 〈위지〉에 나타나는 최고관직인 相加도 각 부족의 장인 대가 가운데서 선출된 대표자로 여겨진다.[13)]

이와 같이 북방지역의 선진사회로 일찍부터 초기국가로 발전하였던 고조선·부여·고구려 등도 처음에는 여러 개의 독립적인 군장에 의하여 다스려진 소국 단계가 있었던 것이다.

3. 동해안지역의 군장국가

함경도 및 강원도 북부의 동해안지방에 위치한 옥저와 동예는 우리 나라 군장

---

12) 金哲埈, 〈魏志 東夷傳에 나타난 韓國古代社會의 性格〉《韓國文化史論》, 지식산업사, 1976.
　盧泰敦, 〈扶餘國의 境域과 그 變遷〉《國史館論叢》 4, 국사편찬위원회, 1989.
13) 金光洙, 〈高句麗 前半期의 「加」階級〉《建大史學》 6, 1982.
　盧泰敦, 〈高句麗 초기의 聚嫂婚에 관한 一考察〉《金哲埈華甲紀念 史學論叢》, 지식산업사, 1983.

국가 가운데 가장 후진사회를 이루고 있었다. 이 지방은 동해안에 치우쳐 있어 선진 금속문화의 영향이 적었을 뿐 아니라, 일찍부터 한 군현과 고구려의 정치적 압박 및 경제적 수탈에 의하여 그 성장이 저지되었던 것이다. 원래 이 지역에는 한 군현이 설치되어 있었고 A.D. 1세기에 군현세력이 축출되자 다시 고구려에 예속됨으로써 오랫동안 군장국가의 단계를 벗어나지 못하였다. 따라서 〈위지〉 동이전에 나타난 옥저·동예에 대한 서술은 전형적인 군장국가의 모습을 보여주는 것이다.

〈위지〉 동이전에 의하면 옥저에는 大君王이 없고 읍락마다 長帥(장수)가 있어 스스로 三老라 하고 자기 읍락을 다스렸다 하였으니 이들 장수가 곧 군장이었을 것이다. 그러나 옥저에는 여러 장수 가운데 沃沮縣侯의 세력이 가장 강대하여 초기국가로 발전할 수 있는 중심세력이 되었으나, 한 군현의 분리정책과 고구려의 압박으로 그 성장이 저지되어 정식 국가형태를 갖추지 못한 채 결국 고구려에 편입되고 말았던 것이다.14)

이러한 상황은 동예도 마찬가지였다. 동예에도 大君長이 없고 侯·邑君·三老 등이 있어 하호를 다스렸다 하였으니, 이것도 각 읍락에 독립적인 세력이 있었음을 말하는 것이다. 그러나 동예에는 不耐濊侯國이라는 중심세력이 성장하고 있었다. 즉, 동예의 불내예후국은 功曹·主簿 등의 諸曹라는 관리를 둘 만큼 정치기구를 마련하고 국가형태를 갖추기 시작하였던 것이다. 245년에 魏의 樂浪太守와 帶方太守의 공격을 받고 불내예후 등이 항복하자 247년에 그를 불내예왕에 봉하였다는 사실에서 동예가 점차 초기국가로 넘어가고 있는 것을 알 수 있지만 아직도 완전한 국가형태를 갖추지는 못하였던 것이다.

동예에서는 산천을 중시하여 각기 영역이 있어 함부로 침범하지 못하였으며, 만약 읍락을 서로 침범하면 그 벌로서 生口(노비)와 우마를 변상케 하는 責禍(책화)의 법속이 있었다 한다. 이것도 읍락마다 각기 장수가 있어 그들이 독립적으로 읍락을 다스리는 군장국가 단계의 모습을 나타내는 것이다. 이와 같이 동해안지역의 옥저와 동예에서는 각각 옥저현후와 불내예후가 중심세력으로 대두하였지만 아직도 대군왕이 없고 읍락마다 독립적인 장수가 자치하는 군장국가의 단계에 있었음을 알 수 있다.15)

---

14) 1958년 평양에서 B.C. 1세기 경의 夫租薉君墓가 발견되었는데, 그 안에 '夫租薉君' 印이 출토되어 이것이 옥저군장의 무덤임이 밝혀졌다. 그런데 옥저군장인 부조예군이 평양에서 살다가 죽은 이유는 토착인 족장을 그 토착지역과 차단시켜 세력이 성장하는 것을 막으려는 한 군현의 정책 때문이었다.
金基興, 〈夫租薉君에 대한 고찰－漢의 對土着勢力 施策의 一例－〉《韓國史論》 12, 서울대, 1985.

15) 李丙燾, 〈沃沮와 東濊〉《韓國古代史研究》, 박영사, 1976.

4. 남방지역의 군장국가

한강 이남지역에는 韓族의 辰國이 성장하고 있었다. 진국은 B.C. 2세기경 위씨조선의 방해로 漢과의 교통이 저지되었고, 한 군현이 설치된 후에는 그들의 토착사회에 대한 분리정책으로 정치적 발전에 제약을 받았지만 남방의 여러 군장국가 가운데 중심세력으로 대외관계를 주도하고 있었다. 그 후 진국은 북쪽에서 내려온 유이민에 의해 철기문화가 보급되면서 사회가 보다 발전하여 지역에 따라 馬韓·辰韓·弁韓 등의 연맹체들이 나타나게 되었다. 그러나 실제로 삼한은 臣智니, 邑借니 하는 장수에 의하여 다스려지는 70여 개의 소국으로 나뉘어 있었으며, 이들 소국들은 바로 군장국가의 모습을 하고 있었던 것이다.

〈위지〉에 의하면 마한은 대략 50여 국으로 나뉘어 있었고 그 가운데 대국은 만여家, 소국은 수천家로 총 10여만 戶였는데 辰王이 目支國을 다스렸지만 여러 소국에도 각각 장수가 있어 큰 것은 신지라 하고, 그 다음은 읍차라 하였다 한다(韓傳). 또한 弁辰韓은 모두 24개 국으로서 대국은 4·5천 가, 소국은 6·7백 가로 총 4·5만 호였는데, 이들 국에는 각각 渠帥(거수)가 있어 세력이 큰 것은 신지라 하고 작은 것은 차례로 險側(험측)·樊濊(번예)·殺奚(살해)·읍차 등으로 불렀다 한다(弁辰傳). 여기서 장수 또는 거수에 의하여 다스려졌다는 70여 개의 '國'이 바로 독립적인 군장국가이다.[16] 다만 목지국의 군장이 진왕의 위치에 있었다는 것은 삼한이 군장국가에서 점차 국가단계로 넘어가고 있음을 나타내는 것이다.

〈위지〉 동이전에는 이들 삼한 70여국의 군장국가에서 점차 유력한 정치세력이 대두하고 있음이 나타나 있는데, 辰王은 그러한 중심세력의 하나로 보인다. 원래 진국에는 진왕이 있었다고 하지만 그는 상징적인 존재로서 주로 종교행사나 전쟁 때의 통솔자의 역할을 하였을 따름이었다. 그러나 진왕은 마한의 한 나라인 목지국을 다스리면서 스스로는 왕이 되지 못하고 여러 소국에 받드려져 진왕이 되어 삼한의 땅을 아우르고 세세로 계승하였다는 것을 보면 목지국이 삼한의 중심세력이었음을 알 수 있다. 그러니까 목지국은 삼한의 여러 소국 가운데 한 나라였으나, 그 신지가 진왕으로 받들어져 세세로 계승할 만큼 우세한 정치적 세력을 이루고 있었던 것이다.[17] 그러나 목지국은 끝내 연맹장의 위치에 머

16) 千寬宇, 〈三韓의 國家形成 -「三韓攷」 第3部 -〉(上·下)《韓國學報》 2·3, 일지사, 1976.
______, 《古朝鮮史·三韓史硏究》, 일조각, 1995.
金貞培, 〈三韓社會의 '國'의 解釋問題〉《韓國史硏究》 26, 1979 ; 《韓國古代의 國家起源과 形成》, 고려대출판부, 1986.

17) 盧重國, 〈目支國에 대한 一考察〉《백제논총》 2, 백제문화개발연구원, 1990.
목지국의 위치에 대하여는 李丙燾의 稷山說, 金貞培의 益山說, 千寬宇의 인천설 등이

물고 통일적인 국가형태로는 발전하지 못한 것으로 보인다.

목지국 외에도 伯濟國 · 斯盧國 · 狗邪國(구야국) 등이 삼한지역의 중심세력으로 대두하고 있었다. 백제국은 마한 50여 국 가운데 하나로 한강유역에 자리잡은 군장국가였고, 사로국은 진한 12개 국 가운데 하나로 경주평야에서 성장한 군장국가였는데 이들이 마침내 초기국가인 백제 · 신라로 각각 발전하였다.[18] 다만 낙동강 하류지역인 변한의 유력한 군장국가였던 구야국은 변한 12개국의 중심이 되었으나 신라 · 백제의 틈바구니에 끼어 발전이 저지되어 끝내 국가형태를 이루지 못하였다.

마한 · 진한 · 변한 등의 삼한은 중심세력에 의한 연맹체의 구별로 보인다. 즉, 마한은 목지국의 진왕이 맹주가 되었고, 진한은 사로국, 변한은 本(金官)加耶가 중심세력이었던 연맹체의 단계를 나타낸 것이다. 그러나 이 가운데 백제국이 마한을 정복하고 사로국이 이웃의 여러 소국을 병합하여 마침내 百濟 · 新羅라는 초기국가로 발전하였던 것이다.

5. 군장국가의 정치구조와 문화

군장국가는 최초의 정치적 사회로서 권력을 가진 군장이 각각 그 지역을 지배하였다. 그러나 이 때는 아직도 군장의 정치력은 미약하고 지배조직도 갖춰지지 못하여 정식 국가형태를 이루지 못하고 있었다. 학자에 따라 이 시대를 君長國家 대신 君長社會라고 보는 이유도 바로 여기에 있었던 것이다.

이 군장국가의 모습은 지역에 따라 다르게 표현되어 있다. 부여에서는 大加가 다스리는 사출도로 서술되어 있는 데 비하여 고구려는 那(奴)라 하였고, 옥저에는 읍락마다 장수가 있고, 동예에서는 후 · 읍군 · 삼로라는 거수가 하호를 통솔하였다고 하였으며, 삼한에는 신지 · 읍차가 자치하는 총 70여 국이 분립되어 있었다 한다.

그러나 이들 군장국가의 정치구조는 대체로 비슷하였다. 청동기를 가지고 고인돌을 축조할 수 있었던 군장이 그 지역의 지배자로 대두하고 이에 알맞는 소박한 정치조직을 만들었던 것이다. 〈위지〉 동이전에서 '國'이라 칭하여진 것은 이 때문이었다. 이들 소국의 군장은 大加(제가) 또는 거수 · 장수라고 칭하여지

있다.
李丙燾, 〈三韓問題의 新考察〉《震檀學報》 1~8, 1934~1937.
金貞培, 〈三韓位置에 대한 從來說과 文化性格의 檢討〉《史學硏究》 20, 1963.
千寬宇, 〈目支國考〉《韓國史硏究》 24, 1979.

18) 千寬宇, 〈三韓의 成立過程 -「三韓攷」 第 1 部-〉《史學硏究》 26, 1976.
李鍾旭, 《新羅國家形成史硏究》, 일조각, 1982.
李賢惠, 《三韓社會形成過程硏究》, 일조각, 1984.

며, 아직은 왕의 단계에는 이르지 못하였으나 단위 정치제를 형성하고 이를 지배하였다. 고구려에서 대가가 스스로 사자·조의·선인 등 관리를 두고 동예의 불내예후가 공조·주부 등 제조를 두었다는 것은 군장국가에도 그 나름의 정치조직이 있었음을 나타내는 것이다. 특히 삼한에 있었던 70여 국의 모습은 이들 군장국가의 정치구조를 엿보는 데 커다란 도움이 된다. 삼한의 국은 마한의 대국이 만여 가, 소국이 수천 가이고, 변진한의 대국이 4·5천 가, 소국이 6·7백 가라 한 것으로 보아 평균 2·3천 호의 크기였다.[19] 이것은 위씨조선의 역계경이 민 2,000호를 데리고 남하한 것과 상통하는 것이다. 삼한의 '國'은 그 규모로 보아도 역시 2·3천 호 정도의 군장국가의 모습으로 보아야 할 것이다.

삼한의 여러 국은 읍락으로 구성되어 있고 그 가운데 정치적 중심이 되는 대읍락이 바로 國邑으로 여기에 군장이 있었다.[20] 옥저와 동예에는 아직도 각 읍락마다 삼로라 칭하는 거수가 있을 뿐이고 국읍의 성립은 없었는데, 중심세력인 옥저현후와 불내예후에서 점차 이러한 정치적 중심의 형성이 보이기 시작하였다. 한편 삼한의 小國에는 정치적 통치자인 거수가 있는 국읍 옆에 天君이 제사를 받드는 蘇塗(소도)라는 별읍이 있었다. 소도에는 큰 나무를 세우고 거기에다 방울과 북을 걸어 신성지역임을 표시하였는데, 여기서는 천군이 제사장으로서 농경예식과 종교의례를 주관하였다. 그러나 이들 종교적인 천군은 군장의 정치권력이 강화됨에 따라 점차 그에 예속되는 지위로 떨어졌다.[21]

군장국가에는 지배자인 군장 밑에 피지배자인 하호가 광범하게 존재하고 있었다. 동예에서는 후·읍군·삼로라 칭하는 거수들이 하호를 다스렸다고 하였는데, 이 밖의 지역에서도 일반민을 하호라 칭하였다. 하호란 중국인이 동이족의 하층인을 가리킨 용어로서 이는 촌락에서 농업에 종사하는 양인신분의 소유자를 말하였다. 이들 하호는 이전의 부족원의 후신으로 농업에 종사하면서 군장에 대하여 조세와 力役을 부담하였으니 부여에서 전쟁이 일어나 대가가 독립적으로 싸울 때 하호가 양식을 날라다 주었다는 것은 이를 나타내는 것이다.[22]

---

19) 金杜珍, 〈馬韓社會의 構造와 性格〉《마한·백제문화》 12, 원광대, 1990.
白南郁, 〈三韓社會의 大小國의 문제〉《朴永錫華甲紀念 韓國史學論叢》 上, 1992.

20) 李賢惠, 〈三韓의 「國邑」과 그 成長에 대하여〉《歷史學報》 69, 1976 ; 《三韓社會形成過程硏究》, 일조각, 1984.
權五榮, 〈三韓 國邑의 기능과 내부구조〉《釜山史學》 28, 부산사학회, 1995.

21) 金貞培, 〈蘇塗의 政治史的 意味〉《歷史學報》 79, 1978 ; 《韓國古代의 國家起源과 形成》, 고려대출판부, 1986.
金杜珍, 〈三韓 別邑社會의 蘇塗信仰〉《韓國古代의 國家와 社會》, 일조각, 1985.
洪潤植, 〈馬韓社會에서의 天君의 위치〉《朴永錫華甲紀念 韓國史學論叢》 上, 1992.

22) 洪承基, 〈1－3世紀의 「民」의 存在形態에 대한 一考察－所謂 「下戶」의 實體와 관련하여－〉《歷史學報》 63, 1974.

군장국가의 주산업은 농업이었으므로 가을에 추수를 감사하는 제천행사가 행해졌다. 부여의 迎鼓(영고), 고구려의 東盟, 동예의 舞天, 삼한의 十月祭 등이 그것이었다. 이 때에는 온나라 사람들이 모여 연일 음식과 술을 먹고 노래와 춤을 즐겼는데, 이것은 씨족공동체의 유풍으로 족제적인 성격을 지닌 것이었다. 삼한에서는 또한 씨를 뿌리고 난 후 5월에도 풍년을 기원하는 행사를 하였으니 이것은 모두 농경사회의 종교적인 제천행사였다.[23]

23) 崔光植, 〈韓國古代의 祭天儀禮〉《國史館論叢》13, 국사편찬위원회, 1990.

제 2 편
古 代 社 會

》개 관《 석기시대의 평등하였던 원시사회는 청동기를 사용함에 따라 빈부의 차가 나타나 지배·피지배의 관계가 생기고, 여기서 최초의 계급사회인 군장국가가 출현하였으나, 이들 군장국가는 아직도 지배기구를 제대로 갖춘 국가의 형태를 이르지는 못하였다. 군장국가 중에는 이미 청동기시대 말기부터 국가형태를 이룬 곳도 있기는 하였지만 역시 대부분의 군장국가는 鐵器를 사용하게 된 후에 初期國家의 단계로 넘어갔던 것이다.

우리 나라는 각지에서 우세한 군장국가가 주위의 여러 소국을 병합하여 몇개의 초기국가가 성립되었는데, 그 가운데 선진지역인 고조선·부여·고구려가 먼저 국가형태를 이루었고, 옥저·동예·삼한 등 후진지역에서는 오랫동안 군장국가의 단계를 벗어나지 못하고 있다가 점차 그 내부에서 중심세력이 대두하여 삼한지역에서는 마침내 백제국과 사로국을 중심으로 百濟·新羅의 국가가 각각 출현하게 되었다. 다만 변한지방은 여러 소국이 연맹체를 이루었을 뿐 초기국가를 형성하는데는 실패하고 말았다.

그러나 이들 초기국가 가운데서도 고조선은 한 무제의 침략을 받아 멸망하고, 부여는 고구려에 병합됨으로써 결국 고구려·백제·신라만이 古代國家의 체제를 갖추는 데 성공하였다. 고대국가는 초기국가의 발전된 형태로 독립적인 大加들이 중앙관료의 지위로 편제되고, 미약하였던 국왕권이 강화되어 보다 조직화된 정치체제를 정비하게 되었던 것이다.

고대국가로 발전한 고구려·백제·신라는 내부적인 성장을 이룩하고, 이를 기반으로 하여 상호간의 싸움을 전개하였다. 처음 삼국상쟁의 주도권은 중국세력과의 싸움을 통하여 국력을 축적한 고구려가 잡았지만 결국 착실한 국력신장을 이룩하고 대중국외교에 성공한 신라가 백제·고구려를 붕괴시켜 삼국통일을 성취하였다. 이 삼국통일은 하나의 민족국가 형성의 출발점이 되었고, 보다 개방된 사회조직과 차원 높은 민족문화로 발전시키는 계기가 되었다는 점에서 그 의의가 컸다.

신라의 삼국통일은 그 영토가 대동강과 원산 이남에 그쳐 고구려의 영토였던 만주지방을 상실하였다는 점에 아쉬움이 있었다. 그러나 만주지방에는 곧 고구려의 유민이 渤海를 건국함으로써 남쪽의 신라와 함께 남북국가의 형성을 보게 되었다. 뒤에 발해가 멸망함으로써 한국민족의 역사에서 이탈하여 신라만이 그 주류를 이루게 되었지만, 후삼국을 통일한 高麗가 발해의 유민을 포섭 흡수함으로써 민족의 재통일이 완수되었다고 할 수 있겠다.

제 1 장
初期國家의 형성

I. 國家의 성립

1. 철기의 사용

청동기의 사용은 최초의 계급사회인 군장국가를 출현케 하였는데, 이들 군장국가 중에는 청동기시대 말기에 이르러 보다 발전적 국가형태로 넘어가는 곳도 있었다. 일찍부터 군장국가를 이룩한 고조선은 청동기문화가 성숙하자 초기국가의 단계로 들어갔던 것이다. 그러나 역시 군장국가에서 정식 국가단계로 진전하는 데 결정적인 역할을 한 것은 바로 鐵器의 사용이었다. 이와 같은 철기의 전래에 따라 우리 나라는 철기가 상용되기 시작함으로써 각지에서 보다 강력한 정치조직체인 국가가 성립되기에 이르렀던 것이다.

우리 나라에서 철기가 사용되기 시작한 것은 B.C. 4세기 경이었다. 이 때 중국의 戰國時代에 출현한 철기문화가 한국에도 들어왔던 것이다. 이 철기문화는 압록강 중류와 청천강 상류를 거쳐 대동강 유역으로 들어왔는데, 그것은 철기와 함께 전국시대 燕의 화폐인 明刀錢이 이 지역에서 출토되는 점에서 알 수 있다. 이들 철기문화의 소유자가 해안선을 타고 온 것이 아니라 고구려가 자리잡은 輯安(현 集安市) 지방에서 압록강을 건너 대동강 유역으로 들어왔다는 사실은 주목되는 것으로 뒤에 위만의 이주와 연관지울 수 있는 것이다.

중국에서 수입된 철기문화는 한국에 들어오자 곧 토착문화로 수용되었다. 그것은 우리 나라 각지에서 철기를 만드는 거푸집〔鎔范〕이 다수 출토되는 점에서 알 수 있다.[1] 그러나 처음 철기가 들어온 초기에는 역시 전부터의 청동기가 많이 사용되지 않을 수 없었다. 철기문화의 유적에서 철제유물과 함께 청동기가 많이 출토되는 것은 이를 나타내는 것이다. 그런데 이 때의 청동기 중에는 중국의 그것과는 다른 독특한 형식의 세형동검과 잔무늬거울이 주류를 이루고 있는데, 특히 세형동검은 祖形이 만주 요령성의 비파형동검이지만 청천강 이남의 한반도에서만 발견되어 이 지역이 요령 청동기문화의 영향을 받으면서도 독특한 문화를 이루고 있었음을 알게 한다.[2]

---

1) 金元龍, 〈加平馬場里冶鐵住居地〉《歷史學報》 50·51합집, 1971.

초기 철기시대에는 여전히 청동기의 이용이 많았지만 한 군현이 설치된 B.C. 1세기 경부터는 철기의 사용이 본격화되었다. 이 때 철기로는 무기와 농기를 제작하였는데, 이것은 청동기시대에 청동으로 무기만을 만들었던 것과 다른 점이다. 철제의 무기로는 검·창·화살촉 등이 있고, 농구로는 철로 만든 낫·괭이·보습 등이 있다. 이들 철기인은 종래의 청동무기보다 예리한 철제무기를 사용함으로써 보다 과감한 정복사업을 전개할 수 있었고, 또한 철제농구의 사용으로 생산력이 보다 증가되어 지배자의 부의 축적이 확대되었다.[3)]

2. 국가의 형성

철기의 사용은 각지에서 국가형태의 출현을 가져오게 하였다. 우리 나라 각지에 분포하였던 군장국가는 내부적으로 사회경제적 발전에 의하여 보다 강력한 권력을 가진 지배자의 출현을 가져오고, 외부적으로는 정복사업의 전개에 따라 영토가 확대되었으니, 여기 나타난 것이 국왕에 의하여 지배된 國家라는 정치적 단계였다. 즉, 수많은 군장국가 가운데 강력한 중심세력이 이웃의 다른 군장국가를 정복·종속시켜 각지에서 몇개의 初期國家가 출현하였는데, 그것은 특히 일찍부터 청동기와 철기를 사용하였던 북쪽지방으로부터 전개되어 나갔던 것이다.

이 초기국가는 종래의 군장국가에 비하여 보다 발전된 정치사회를 이루고 있었다. 초기국가는 정복사업에 의한 영토의 확대를 전제로 하여, 이 넓은 영토국가를 통치하기 위한 정치조직의 정비를 특징으로 하였다. 이에 따라 초기국가는 중앙에 권력을 가진 국왕의 출현이 요구되고, 정비된 국가체제와 그에 따른 관료의 구성이 필요하였다. 따라서 초기국가는 군장국가와 동일한 계급사회이지만 보다 영토가 확대되고 왕권이 강화되며 지배기구가 조직화된 정치형태라 할 수 있다.

이와 같이 초기국가는 여러 군장국가 가운데 강력한 大君長이 국왕으로 대두하여 국가형태를 갖춘 것이지만, 한편으로는 아직도 종래의 군장세력의 자주적 성격이 잔존하여 이들은 중앙정부의 고위관리로 전신하는 동시에 자기 부족에서의 지배적인 위치를 계속 유지하고 있었다. 따라서 초기국가의 국왕은 때에 따

---

2) 金元龍, 〈十二台營子의 靑銅短劍墓－韓國靑銅器文化의 起源問題－〉《歷史學報》 16, 1961.
金貞培, 〈韓國 靑銅器文化의 史的 考察〉《韓國史研究》 6, 1971 ; 《韓國民族文化의 起源》, 고려대출판부, 1973.

3) 金貞培, 〈韓國의 鐵器文化〉《韓國史研究》 16, 1977 ; 《韓國古代의 國家起源과 形成》, 고려대출판부, 1986.
韓永熙, 〈住居生活(鐵器時代)〉《韓國史論》 13, 국사편찬위원회, 1983.
金基雄, 〈墓制(鐵器時代)〉《韓國史論》 13, 국사편찬위원회, 1983.

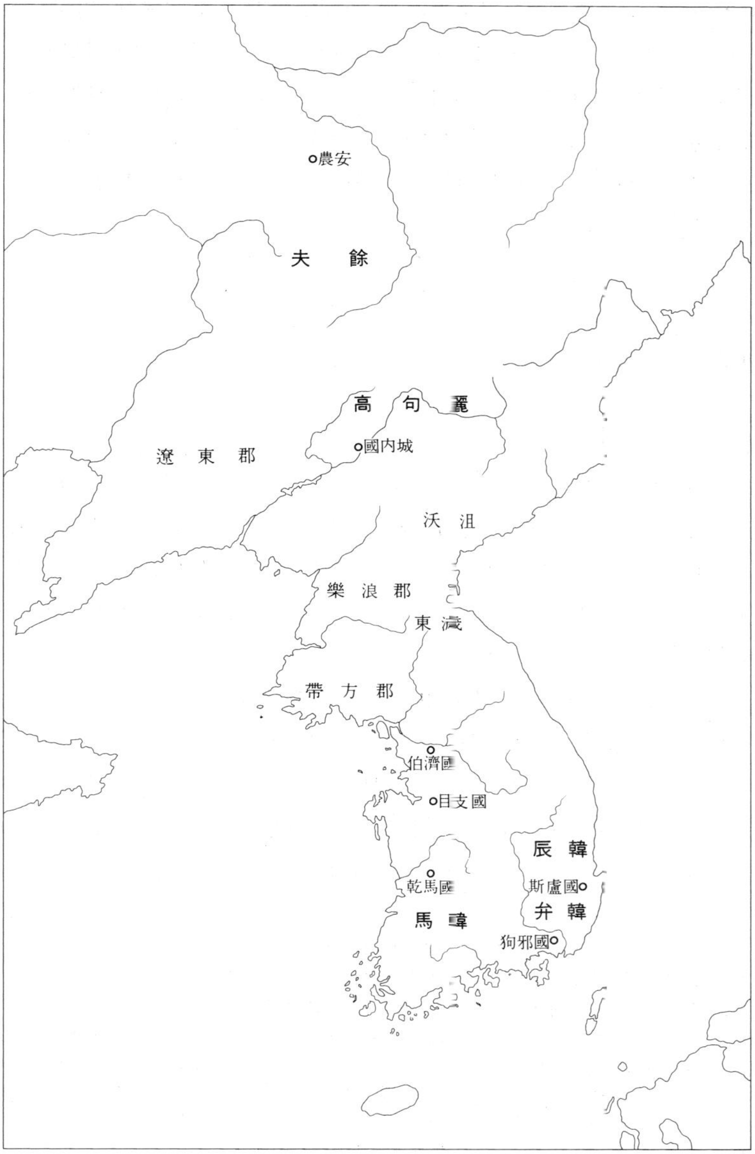

국가형성기의 형세

라 이들 족적 기반을 가진 군장세력의 견제를 받기도 하였던 것이다. 이러한 세력관계는 완전한 국가형태를 갖춘 古代國家로 발전할 때까지 계속되었다.[4)]

4) 金貞培, 〈國家起源의 諸理論과 그 適用問題〉《歷史學報》 94·95 합집, 1982 ; 《韓國

우리 나라는 각지에 여러 초기국가가 성립되었는데, 그 가운데 가장 먼저 국가형태를 갖춘 것은 고조선이었고, 이어서 부여·고구려가 초기국가단계로 발전하였다. 특히 남쪽의 삼한에서는 군장국가인 伯濟國과 斯盧國이 각각 초기국가인 百濟와 新羅로 넘어가는 데 성공하였다. 우리 나라의 역사는 이제 군장국가에서 정식 국가단계로 발전하였으니, 이들은 초기국가를 거쳐 다음 고대국가로 넘어갔던 것이다.

II. 古朝鮮과 漢郡縣

1. 초기국가 고조선

우리 나라에서 가장 먼저 국가형태를 갖춘 것은 대동강 유역에 자리잡은 고조선이었다.[5] 이 곳은 이미 청동기시대에 성숙한 군장국가를 이루고 있었으니, 그것은 檀君朝鮮의 건국건설로부터 알 수 있다. 단군신화에 대한 기록은 고려후기 一然이 지은 《三國遺事》가 처음이지만 그 신화는 고대로부터 古記의 내용이었을 것으로 짐작된다.[6]

옛날 하늘의 天帝인 桓因의 서자 桓雄이 弘益人間의 뜻을 품고 무리 삼천을 이끌고 태백산에 내려와 神市를 베풀고, 風伯·雨師·雲師를 거느리면서 곡식·수명·질병·형률·선악 등 무릇 인간 360여 가지 일을 다스렸는데, 이 때 여자가 된 곰과 혼인하여 아이를 낳으니 그가 단군왕검이며, 단군왕검은 B.C. 2,333년에 조선을 건국하였다 한다. 이 단군신화는 하늘의 자손임을 내세워 자기

古代의 國家起源과 形成》, 고려대출판부, 1986.
李鍾旭, 〈韓國初期國家의 形成·發展段階〉《韓國史硏究》 67, 1989.
______, 〈韓國初期國家 形成·發展의 原動力〉《震檀學報》 78, 1994.

5) 古朝鮮이란 정식 국호가 아니라 편의상 쓰는 용어이며, 정식 국호는 '朝鮮'이다. 일연의 《삼국유사》에 '古朝鮮'이란 용어가 나오고 또 뒤의 李氏朝鮮과 구별하기 위하여 古朝鮮이라 쓰고 있다. 고조선은 위만침탈 이전의 국가를 가리키기도 하고 또한 衛氏朝鮮까지도 포함시켜 범칭하기도 한다.
李鍾旭, 《古朝鮮史硏究》, 일조각, 1993.
千寬宇, 《古朝鮮史·三韓史硏究》, 일조각, 1995.

6) 단군신화의 내용은 《삼국유사》 이후 고려후기의 李承休의 《帝王韻記》, 조선초기 權擥(람)의 《應製詩》註, 《世宗實錄》 지리지 등에 이어져 나온다. 고조선에 대한 사서로는 이 밖에 《桓檀古記》·《檀奇古史》·《揆園史話》 등이 있으나, 일반 사학계에서는 대개 조선후기 이후 날조된 僞書로 보는 데 대하여 재야 사학자들 중에는 이를 그대로 인정하여 고조선의 연원을 올려잡고 있는 실정이다.
조인성, 〈在野史書僞書論－『檀奇古史』·『桓檀古記』·『揆園史話』를 중심으로－〉《단군과 고조선사》, 사계절, 2000.

부족의 우월성을 내세우고, 이미 농경생활을 영위하며 형옥을 다스리는 지배조직이 있었음을 나타낸다.[7] 이 고조선을 건설하였다는 단군왕검이란 실제로는 당시 군장의 칭호였는데, 이 고조선의 군장국가는 점차 인접한 군장국가들을 아울러 대동강에서 요하지방에까지 확대되면서 최초의 국가단계로 넘어가게 되었던 것이다.

고조선의 정치적 중심지를 대동강 유역으로 본 종래의 전통설에 대하여 근래에는 만주의 요령지방으로 보는 견해가 대두되고 있다. 그것은 先秦時代의 중국 사료인 《管子》에 '조선'이란 명칭이 처음으로 나오는데, 여기서 조선이 8,000리 밖에 있다고 하였고, 또 중국 고대의 지리서인 《山海經》에서도 조선의 위치를 '列陽'(列水의 북이란 뜻)의 동쪽이라고 하였는데, 열수를 지금의 난하로 비정하여 조선=요령설이 주장되었다. 특히 《管子》에서 말한 '發朝鮮'을 조선의 등장시기로 보아 B.C. 7세기 이전에 조선이 일어났다고 하였는데, 이것은 대릉하 유역(요령성)에서 출토되는 비파형동검이 B.C. 9세기경 출현한 사실로 뒷받침된다는 것이다.[8]

그러나 위씨조선의 수도 왕검성이 함락되고 漢이 설치한 樂浪郡의 郡治와 그 관하인 조선현이 대동강 유역임은 부정할 수 없는 사실이다. 이에 따라 고조선 이동설이 제기되어 처음 요령지방에 있었던 중심지가 뒤에 대동강 유역으로 옮겨졌다는 것이다. 즉, 고조선은 燕의 전성시대인 B.C. 4세기 말, 3세기 초 사이에 연의 장수 秦開의 공격으로 서방 2,000여리를 빼앗겨 滿潘(번)汗으로 경계를 삼았다 하였으므로, 이 때 요령지방에서 대동강유역으로 옮겼을 것으로 생각하

---

7) 李丙燾, 〈檀君神話의 解釋과 阿斯達問題〉《韓國古代史研究》, 박영사, 1976.
金載元, 《檀君神話의 新研究》, 정음사, 1947(신판, 탐구당, 1976).
尹乃鉉, 〈古朝鮮의 社會性格〉《韓國古代의 國家와 社會》, 일조각, 1985.
______, 《韓國古代史論》, 일지사, 1986.
노태돈, 〈단군과 고조선사에 대한 이해〉《단군과 고조선사》, 사계절, 2000.

8) 徐榮洙, 〈古朝鮮의 위치와 강역〉《韓國史市民講座》 2, 일조각, 1988.
盧泰敦, 〈古朝鮮 중심지의 변천에 대한 연구〉《韓國史論》 23, 서울대, 1990.
李鍾旭은 《古朝鮮史研究》에서 고조선의 村落(酋長)社會時期를 B.C. 15~12세기, 小國時期를 B.C. 12~9세기로 보았다.
북한 사학계는 지금까지 고조선 요령성설을 취하여 《조선전사》(1979·1991년 간행)에서는 왕검성이 요령성 유하 하류에 있었다고 하였다. 그러나 근년에는 평양에서 단군릉이 발견되고 여기서 단군 부부의 인골이 발굴되었다고 주장하여 왕검성이 평양에 있는 것처럼 말하고 있어 혼란이 생긴다. 이것은 북한의 서울인 평양이 고조선 및 고구려의 도읍으로 그 전통을 이었다는 정치적 의식에서 비롯된 것이지만 왕검성=요령성설에 대한 해명이 요구된다. 아마 고조선의 세력이 평양에서 요령성까지 확대된 것으로 이해하는 것 같다. 또한 1994년 평양에 거대한 단군릉을 조성하였는데, 이는 조선초기에 箕子墓와 함께 있었던 것으로 진짜 단군릉이라는 확증은 없는 것이다.

는 것이다. 이러한 사실은 요령지방에서 출토된 비파형동검을 조형으로 한 세형동검이 B.C. 3세기 초부터 대동강유역 일대에서 나타나는 점으로 그 연계성이 증명되어 가능성이 높다고 하겠다. 이것은 초기의 고조선 중심지는 요령지방이었지만 뒤에 대동강 유역으로 옮겨왔다는 견해인데 상당히 설득력이 있다.

고조선이 초기국가 형태로 발전한 것은 청동기시대 말기인 B.C. 5~4세기 경으로 생각된다. 〈위지〉 동이전에 인용되어 있는 《魏略》에 따르면 이미 B.C. 4세기 이전부터 조선에서 '王'을 칭하기 시작하였다고 하였기 때문이다. 즉, 周가 쇠약해져 연이 왕을 칭하고 동쪽을 침공하려 하자 朝鮮侯가 역시 스스로 왕을 칭하고 군사를 일으켜 오히려 연을 치려다가 大夫인 禮가 만류하여 그만두었다 한다. 그 뒤에 조선왕의 자손들이 더욱 교만해지자 연은 장군 진개를 보내 조선의 서방 2,000여리를 공략하고 만번한으로 경계를 삼았다 하였는데, 진개가 조선을 침공한 것이 B.C. 4세기 말이니만큼 처음 조선에서 왕을 칭한 것은 B.C. 4세기 이전으로 보인다. 조선왕이 왕을 칭하였을 뿐 아니라 그 자손들이 왕위를 세습하였고, 연을 치려할 만큼 국력이 강성하였으며, 大夫라는 관직이 있는 것을 보아도 이 시기를 초기국가의 단계로 볼 수 있을 것이다.

고조선은 연의 공략으로 일시 쇠약해졌지만 B.C. 3세기 후엽까지도 否王·準王이 차례로 왕위에 올랐다. 이 때 요동지방에서 秦·漢 교체기의 혼란을 피하여 조선으로 유입해오는 자가 많았는데, 그 가운데 衛滿이라는 사람이 있어 준왕은 그에게 변방을 지키게 하였다. 그러나 그는 유이민세력을 기반으로 자기 세력을 확대하여 마침내 준왕을 축출하고 스스로 왕이 되었으니(B.C. 194~180), 이로써 고조선은 새로운 시기로 넘어가게 되었다.

2. 위씨조선

준왕의 왕조에 대하여는 箕子의 동래에 의해서 건국된 기자조선이라는 전설이 있지만 이것이 중국계의 식민지가 아니라 조선인의 토착적인 왕조였다는 사실은 의심할 여지가 없다.[9] 이 준왕의 왕조에 대신하여 들어선 위씨조선도 역시 토착인의 국가였음은 다를 바가 없었다. 연왕 盧綰(노관)이 한에 반하여 흉노로 망명할 때 위만도 그 무리 1,000여 명을 이끌고 조선에 들어왔는데, 그를 연인이

9) 李丙燾, 〈「箕子朝鮮」의 正體와 所謂 '箕子八條教'에 대한 新考察〉《韓國古代史研究》, 박영사, 1976.
千寬宇, 〈箕子攷〉《東方學志》 15, 연세대, 1974.
기자전설은 중국사서인 《尙書大全》과 《史記》 宋微子世家, 그리고 《漢書》 지리지 등에 있는데, 그 내용은 殷末의 성현인 기자가 조선에 가서 왕이 되고 이른바 '기자의 8조교'로 교화시켰다는 것이지만 역사적 사실이 아니었음은 더 말할 나위가 없다.

라 하여 위씨조선을 중국인의 식민정권으로 보는 견해도 있지만 그가 입국할 때 상투를 틀고 조선인의 옷을 입은 것으로 보아 연 지방에 살던 조선인임에 틀림 없다.[10] 또한 준왕이 그를 신임하여 博士에 임명하고 서변을 방어케 한 사실이나, 그가 정권을 빼앗은 후 국호를 전과 같이 '조선'이라 한 것도 역시 그가 조선인이었기 때문이라 생각된다. 준왕의 왕조에 이어 위씨조선도 함께 고조선에 포함시키는 견해가 있는 것은 이런 까닭이다.

이와 같이 위씨조선은 준왕의 고조선과 마찬가지로 조선인의 토착국가였지만 여기에는 역시 燕에서 망명해 온 한인계의 유이민이 많았다. 右渠王(우거왕) 때의 장군이었던 王唊(왕협)은 한인으로 추측되는데, 이는 전쟁이나 기술계통에 한인의 지식이 이용되었음을 나타내는 것이다. 이리하여 위씨조선은 중국의 선진적인 철기문화를 수용하여 보다 발달한 사회를 이룩하고 국력이 강성하였다.[11]

위씨조선이 발달한 국가형태를 갖추고 있었다는 것은 중국에 대한 꿋꿋한 대립적 태도에서 엿볼 수 있다. 위씨조선은 강력한 국력을 가지고 정복사업을 전개하여 이웃의 眞番(한강이북·황해도)·臨屯(함경남도) 지방을 복속시켜 광대한 영토국가를 이룩하고 남방의 辰國이 漢과 직접 교역하는 것을 막아 동방무역의 이득을 독점하려 하였다. 이에 당시 정복사업에 열중하였던 한 무제는 동방에서의 경제적 이익을 추구하는 동시에 위씨조선이 흉노와 연결되는 것을 우려하여 그의 제거를 기도하게 되었다. 이에 한 무제는 압록강 중류지방에 있던 濊君 南閭(남려)가 28만口를 인솔하고 위씨조선의 예속에서 벗어나 한에 내속을 청하자 (B.C. 128), 이곳에 蒼海郡(창해군)을 설치하였다가 토착인의 반항에 못견디어 수년 후에 폐지하고 말았다. 그러나 그 후에도 위씨조선이 한에 대하여 강경한 대립을 거듭함에 따라 한 무제는 마침내 수륙 양면으로 대군을 보내 조선을 침략하여 왔다(B.C. 109). 이 때 바다로 들어온 군사만도 5만이었다 하니 그 군세

---

10) 위씨조선의 관리들의 성분을 분석하여도 토착적인 조선인이 많았음이 나타난다. 그것은 우거왕 때의 관리인 朝鮮相 歷谿卿과 朝鮮相 路人, 相 韓陰, 尼谿相 參 등이 조선인으로 보여지기 때문이다. 三上次男은 조선상 노인, 상 한음, 장군 왕협은 중국계의 유이민이고 이계상 삼만이 토착인이라 하였는데, 이에 대하여 이병도는 조선상 노인, 이계상 삼은 조선인이고 상 한음은 준왕의 친족이라 하였다.

三上次男, 〈古代の西北朝鮮と衛氏朝鮮の政治社會的性格〉《中國古代史の諸問題》, 1954 ;《古代東北アジア史硏究》, 1966.

李丙燾, 〈衛氏朝鮮興亡考〉《서울대論文集》 人文社會科學 4, 1956.

11) 金貞培, 〈衛滿朝鮮의 國家的 性格〉《史叢》 21·22 합집, 고려대, 1977 ;《韓國古代의 國家起源과 形成》, 고려대출판부, 1986.

崔夢龍, 〈韓國古代國家形成에 대한 一考察－衛滿朝鮮의 例－〉《金哲埈華甲紀念 史學論叢》, 지식산업사, 1983.

고조선을 檀君朝鮮·箕子朝鮮·衛滿朝鮮의 3조선으로 치고 있지만 실제 역사적 사실로는 위만조선과 그에 선행된 否王·準王의 고조선뿐이다.

가 대단하였음을 알 수 있다. 조선군은 한의 대군을 맞이하여 1년 동안이나 버티다가 결국 주화파들의 항복과 우거왕의 피살로 왕검성이 함락되고 위씨조선은 멸망하였다(B.C. 108). 이와 같은 위씨조선의 한에 대한 대립적인 태도나 한의 대군에 대한 끈질긴 대항은 그의 국력이 만만치 않았음을 나타내는 것이다.

이러한 위씨조선의 발달은 그에 따른 정치조직의 정비를 수반하는 것이었다. 위씨조선의 정치조직은 당시의 관직으로 엿볼 수 있는데, 이 때 관리의 이름으로는 우거왕에게 간언하다가 받아들여지지 않자 민 2,000여호를 데리고 진국으로 간 朝鮮相 歷谿卿(역계경)과 왕검성 포위 때 항복한 朝鮮相 路人, 相 韓陰, 尼谿相(이계상) 參, 將軍 王唊(왕협), 그리고 이 때 끝까지 항전한 大臣 成己 등이 보인다. 이들 朝鮮相·相·將軍·大臣의 명칭으로 관직의 분화가 엿보이는데, 조선상·상이 어떤 관직이었는냐는 분명치 않으나 아마도 조선상은 최고관직인 듯하고 상은 중국식의 卿相의 의미로 보여진다. 특히 장군이라는 군사전문직의 존재는 그만큼 중앙정치조직이 정비되어 있었음을 짐작케 하는 것이다.[12)]

3. 한군현과 정치사회의 발전

우리 나라에서 가장 먼저 초기국가로 넘어갔던 고조선은 한의 침략으로 멸망하고 말았다. 위씨조선 후기에는 이미 고대국가라고 할 만큼 강성한 국가를 이루었던 고조선이 외족의 침략으로 무너지고 만 것은 아까운 일이다. 그러나 반면 고조선지역에 설치된 한의 군현은 우리 민족을 자각시켜 오히려 정치사회의 발전을 초래하였다.

한은 위씨조선을 넘어뜨린 후 이 지역에 樂浪郡·眞番郡·臨屯郡·玄菟郡(현도군)의 4군을 설치하고, 군 밑에 현을 두어 한인 군태수와 현령을 보내 식민통치를 실시하였다. 한의 군현통치는 낙랑군을 중심으로 이루어졌는데, 여기에는 관리뿐 아니라 한의 상인까지 진출하여 동방의 경제적 이득을 추구하였다. 이들은 4군 안에서 조세를 수탈하였을 뿐 아니라 변한의 철을 교역하거나 진한의 목재를 베어오게도 하였으니, 이러한 사실은 〈위지〉 동이전의 韓傳에 인용된《魏略》 기사의 廉斯鑡(염사치) 사화에서 알 수 있다. 즉, 王莽(왕망)의 地皇年間(A.D. 20~23)에 진한의 右渠帥(우거수)인 염사치가 낙랑의 토지가 기름지고 인민이 잘 산다는 말을 듣고 그 곳에 투항하러 가다가 밭 가운데서 새를 쫓는 한 남자를 만났는데, 그가 말하기를 "우리들 漢人 1,500명이 재목을 벌채하다가 韓人에게 붙잡혀 노비로 된 지 3년이 된다."고 하니 염사치는 그 노비를 데리고 낙랑군에 이르렀다. 그는 통역이 되어 낙랑의 큰 배를 타고 다시 진한에 가서 협박

12) 金光洙, 〈古朝鮮 官名의 系統的 理解〉《歷史教育》 56, 1994.

하여 한인 생존자 1,000명을 얻었으나 500명은 이미 죽었으므로 그 대신 진한인 15,000명과 변한포 15,000필을 받아 낙랑으로 돌아가니 낙랑에서는 그를 표창하여 冠幘(관책)과 田宅을 주었다는 내용이다. 우리는 이 사화로부터 漢人들이 마한의 목재를 구하려 하였다는 사실과 함께 韓의 거수(읍락의 군장)들이 한 군현의 관작과 의책을 탐함으로써 한 군현의 토착사회 분열정책이 성공하고 있었음을 알 수 있다.[補]

그러나 한 군현의 정치적·경제적 지배는 우리 토착인들의 자각을 일으켜 한의 지배에 대한 반항운동이 일어나게 되었다. 이러한 반항은 특히 한 군현의 변두리에서 두드러져 4군 설치 후 20여년만에 진번·임둔의 두 군이 폐하여지고 그 일부 지역은 가까운 낙랑·현도군에 합해졌다(B.C. 82). 그 후 몇년도 못가서 현도군마저 그곳에 살던 濊人(예인)들의 반항에 의해서 만주의 흥경지방으로 쫓겨가게 되고 그 관할하에 있던 임둔 옛땅이 다시 낙랑군에 예속되면서 변군에 東部都尉와 南部都尉가 설치되었다(B.C. 75). 중국에서 왕망이 타도되고 후한이 세워진 동란기인 A.D. 30년에는 낙랑군의 토호인 王調가 漢人太守 劉憲을 죽이고 독립세력을 일으키려 하였다가 7년만에 낙랑태수 王遵에 의하여 평정되었으며, 이 때 동부도위와 남부도위가 철폐되었다. 그 후 후한 말에 요동지방에 있었던 公孫氏가 남쪽의 辰國을 견제하기 위하여 진번 옛땅에 帶方郡을 설치하였는데, 이것도 고구려의 공격을 받아 낙랑군과 함께 소멸되고 말았다(A.D. 313).[13]

이와 같은 중국군현에 대한 반항운동은 토착사회의 정치력을 발전시키는 요인이 되었다. 중국의 군현정치는 이민족에 대한 식민지 지배이면서도 토착적인 군장국가의 國邑體制를 인정하여 원주민사회는 어느 정도의 자율성이 확보될 수 있었으므로 이 사이의 자기성장은 군현에 대한 반란으로 나타나게 되었다.[14] 전

補) 〈三韓의 朝貢貿易에 대한－考察－漢代樂浪郡의 교역형태와 관련하여－〉《歷史學報》 162, 1999.

13) 한 군현의 위치에 대하여는 만주지방에 있었다는 민족주의사가의 在北說과 주로 한반도에 있었다는 실증사가의 在南說이 대립하고 있는데, 현재는 재남설이 유력하다. 재북설의 대표적인 사람은 申采浩·鄭寅普이고 재남설의 대표적인 사람은 李丙燾이다.

북한의 《조선전사》에서는 고조선의 도읍 왕검성이 요하유역에 있었다하고 따라서 낙랑군도 요령성에 있었다는 재북설을 취하고 있다.

李丙燾, 〈樂浪郡考〉《韓國古代史研究》, 박영사, 1976.

______, 〈眞番郡考〉《史學雜誌》 40-5, 1929 ; 《韓國古代史研究》, 박영사, 1976.

______, 〈玄菟郡及臨屯郡考〉《史學雜誌》 41-4·5, 1930 ; 동 개제 〈玄菟郡考〉 및 〈臨屯郡考〉《韓國古代史研究》, 박영사, 1976.

14) 權五重, 〈樂浪郡의 民에 대하여〉《東亞研究》 6, 서강대, 1985.

______, 〈樂浪郡과 그 周邊의 官府〉《東亞史의 比較研究》, 일조각, 1987.

______, 《樂浪郡研究》, 일조각, 1992.

기한 바 A.D. 30년에 토착인 왕조는 봉기하여 한인태수 유헌을 죽이고 대장군·낙랑태수를 자칭하였던 사건은 바로 이를 나타낸 것이며, 이러한 움직임은 낙랑군 중심지에서도 일어났으나 특히 변군지방이 더욱 심하였다. 고구려·옥저·동예·진국(삼한) 지역에서 군현 축출을 위한 정치력의 결집은 군장국가의 내부적 발전을 촉진하고 초기국가 성립의 계기를 마련하였다. 중국군현이 토착인 거수들에게 관작이나 印綬(인수)·衣幘(의책)을 주는 등 회유적인 분리책으로 내부적 성장을 저지하려 하였음에도 불구하고 토착민들의 정치적 자각은 변군지방의 정치·사회를 발전시키는 원동력이 되었던 것이다.

한의 군현은 우리 나라 사회와 문화의 향상에도 영향을 끼쳤다. 중국군현 가운데 특히 낙랑군에서는 한인 관리와 상인들에 의해서 한문화의 발달을 보게 되었으니, 이른바 樂浪文化가 그것이다.[15] 이 낙랑문화는 한인의 문화이고 고조선인과는 무관한 것이었으나 이들 한인의 문화와 생활양식은 점차 고조선인에게 영향을 주었고 또 주변지역의 거수들은 한의 관작·인수·의책을 받아 그것을 흠모하기에 이르렀다. 고조선 때에는 이른바 기자의 八條敎라고 전하는 8조의 法禁 밖에 없었던 것이 군현시대에는 60여조로 늘어났다는 것은 그만큼 사회조직이 복잡하여졌음을 나타내는 것이다.

이제 우리 고대사회는 중국군현을 통하여 한문화의 영향을 받음으로써 문화향상과 사회발전을 이룰 수 있었고, 군현에 대한 반항운동에서 비롯된 정치적 자각은 아직 군장국가단계에 머물러 있던 주변지역에서 초기국가가 발생할 수 있는 계기를 마련하게 되었던 것이다.

III. 初期國家의 확대

1. 초기국가 부여

부여는 만주 송화강 유역의 넓은 평야지대에서 성장하여 고조선에 이어 두번째로 초기국가를 형성하였다. 부여라는 이름은 B.C. 4세기 경의 모습을 기록하고 있는 것으로 보이는《史記》에 처음으로 나타나는데, 이 시기의 부여는 아직 군장국가의 단계였으며 B.C. 2~1세기 경에야 국가형태를 갖추었을 것으로 추측된다.[16] 그것은 A.D. 9년 중국에서 왕망이 新을 세운 후 策命使를 外夷君長

15) 金元龍,〈樂浪文化의 歷史的 位置〉《韓國文化의 起源》, 탐구당, 1976.

16)《삼국유사》북부여조에는 B.C. 59년에 부여가 건국되었다는 전설이 실려 있다.《사기》·〈위지〉등 중국측 사료에는 '夫餘'라고 기록되어 있는데,《三國史記》·《三國遺事》등 국내기록은 대개 '扶餘'라고 쓰고 있다.

들에게 보내 王을 侯로 강칭케 하고 새 인수를 수여할 때 부여도 고구려와 함께 그 대상에 포함된 사실에서도 확인된다. 즉, 당시 부여는 이미 초기국가의 단계로 발전하여 '왕'을 칭하고 있었던 것이다.

《후한서》 동이전의 기록 가운데 A.D. 49년 부여왕이 후한에 사신을 보내자 후한 光武帝가 두터이 보답하여 이후 매년 사신을 보내게 되었다고 하는 것은 이 때도 부여가 여전히 왕을 칭하였고 더 나아가 중국과 교섭할 정도로 성장하여 있었음을 나타내는 것이다. 또한 A.D. 111년에는 부여왕이 步騎 7·8천을 보내 낙랑군을 공략하여 吏民을 살상할 만큼 그 국력이 강력하였다.

〈위지〉 동이전에 기록되어 있는 부여의 정치형태는 그것이 초기국가의 단계임을 나타내고 있다. 그 기록에 의하면 부여에는 세습적인 국왕이 존재하여 궁실을 짓고 있었으며, 국왕의 장사에는 玉匣(옥갑)을 쓰고 많을 때는 100여 명이나 殉葬할 만큼 왕권이 강하였음을 알 수가 있다. 그러나 다른 한편으로는 군장의 후신인 제가들의 세력이 아직도 강하게 남아 있었으니, 3세기 초 簡位居의 얼자 麻余의 즉위과정에서 보듯이 왕위의 세습은 적자에게 한하는 것이었고 그렇지 않을 경우에는 제가들이 합의하여 국왕을 추대하였던 것이다. 부여의 옛풍습에 물과 가뭄이 고르지 못하여 5곡이 잘 영글지 않으면 그 책임을 국왕에게 물어 대가들이 왕을 바꾸거나 죽이는 것을 결정하였다는 것도 역시 군장국가의 유습을 보여주는 것이다.

부여에서는 국왕 밑에 마가·우가·저가·구가와 大使者·使者 등의 관리가 있었다. 이 가운데 제가는 종래의 군장계열이 중앙의 대관으로 변한 것이고, 대사자·사자는 고구려의 태대사자·대사자·소사자와 마찬가지로 국왕직속의 관리를 말하는 것이다. 제가는 따로이 4出道를 다스려 큰 것은 수천 가, 작은 것은 수백 가에 이르렀다 하였는데, 이것은 종래의 군장들이 아직도 독립적인 세력을 유지하고 있었음을 나타내는 것이다. 부여는 비록 세습적인 국왕이 존재하고 종래의 군장들을 중앙관리로 흡수하였지만 아직도 대가들은 본래의 자기 부족을 다스리는 위치에 있었던 것이다.

부여에는 읍락에 豪民이 있어 하호를 노복과 같이 다스리고, 전쟁이 일어나면 제가들이 스스로 싸우고 하호들은 식량을 날라다 주었다 한다. 이것 역시 제가들이 종래의 군장의 후신으로서 군장국가의 유제를 간직하고 있었음을 나타낸다. 부여의 사회구성은 대소 군장의 후신인 대가 또는 호민이 지배층으로 존재하고 하호가 국민의 기저를 이루고 있었다. 이들 하호는 읍락에 거주하며 일반농업에 종사하는 농민으로 조세와 부역을 담당하였을 뿐 아니라 전쟁이 일어나면 제가들에 인솔되어 출전하지 않으면 안되었다.

부여는 북쪽의 유목민족과 남쪽의 고구려 사이에 끼어 압박을 받았으므로 중국과의 연결을 통하여 국가의 유지와 왕권의 신장을 도모하였다. 그러나 결국 3세기에는 鮮卑族인 慕容廆(모용외)의 침략을 받아 국왕 依慮가 자살하였고, 다시 慕容皝(모용황)의 침입으로 국왕 玄 등 5만 여명이 포로로 잡혀가는 비운을 맞이하였다. 그 후 고구려에 의지하여 겨우 국맥을 이어가던 부여는 드디어 고구려에게 항복함으로써 초기국가단계에서 멸망하고 말았던 것이다(494).[17)]

2. 초기국가 고구려

압록강 중류 동가강유역에 자리잡은 고구려는 부여와 함께 일찍부터 선진사회를 이루고 있었다. 고구려의 건국전설을 보면 B.C. 37년에 朱蒙이 부여에서 내려와 압록강 중류지방에 나라를 세웠다 하였는데, 실제로도 고구려는 B.C. 1세기 경에는 초기국가를 이룩한 듯하다.[18)] 이 지방에 설치되었던 현도군이 B.C. 75년에 만주로 쫓겨간 것도 고구려의 세력이 성장한 결과로 풀이된다. 전술한 바 A.D. 9년에 왕망이 부여·고구려에 책명사를 보내 왕을 후로 내려 부르도록 한 사실이나, A.D. 12년 고구려가 新의 명을 듣지 않자 왕망이 嚴尤(엄우)를 시켜 고구려후 騶(추)를 치게 한 사실로 미루어 보아 고구려의 세력이 자못 강성하였음을 알 수 있다. 이에 A.D. 1세기 후엽인 太祖王 때에는 정복사업을 활발히 하여 동으로 옥저를 복속시키고, 남으로 청천강까지 그 영토를 확대하여 커다란 영토국가를 이룩하였다.

원래 고구려에는 貫那·桓那·椽那 등 여러 那가 존재하고 있었으니 5部로 칭하여지는 桂婁部·消奴部·絶奴部·順奴部·灌奴部 등도 이 那의 별칭으로 보인다.[19)] 이들 여러 '나'는 종래의 군장국가를 가리키는 것으로 고구려가 국가

17) 李丙燾, 〈夫餘考〉《韓國古代史硏究》, 박영사, 1976.
　金貞培의 연구에 의하면 부여가 멸망한 후 북부여지방에 豆莫婁國이 세워져 그를 계승하였다가 8세기에 멸망하였다 한다.
　金貞培, 〈豆莫婁國硏究－夫餘史의 連結과 관련하여〉《國史館論叢》 29, 국사편찬위원회, 1991.

18) 李基白, 〈高句麗의 國家形成問題〉《韓國古代의 國家와 社會》, 일조각, 1985.
　池炳穆, 〈高句麗成立過程考〉《白山學報》 34, 1987.
　《후한서》 동이전 濊條에 의하면 B.C. 128년에 濊君 南閭가 우거왕에 반하여 28만 口를 데리고 요동에 내속하자 한 무제는 그 땅에 창해군을 두었다가 곧 파하였다 한다. 이것으로 보아 B.C. 2세기에 고구려가 성장한 압록강 중류의 예맥사회에는 남려라는 정치집단이 있었음을 알 수 있다.

19) 盧泰敦, 〈三國時代의 「部」에 關한 硏究－成立과 構造를 中心으로－〉《韓國史論》 2, 서울대, 1975.
　______, 〈朱蒙의 出自傳承과 桂婁部의 起源〉《한국고대사논총》 5, 한국고대사연구소, 1993.
　余昊奎, 〈高句麗初期 那部統治體制의 成立과 運營〉《韓國史論》 27, 서울대, 1992.

형태를 갖추기 전에는 이들 那라 하는 군장국가가 분립되어 있다가 B.C. 1세기 경에 이 가운데서 가장 강력하였던 계루부에서 대군장이 나오고, 다른 나들을 예속시켜 초기국가로 발전하였던 것이다.

고구려의 정치조직은 국왕 밑에 여러 관직이 설치되어 있었는데, 초기국가 고구려의 중앙관제를 기록한 〈위지〉 동이전에는 相加・對盧・沛者(패자)・古雛加(고추가)・主簿・優台(우태)・丞(승)・使者・皂衣(조의)・先人 등의 관직명이 보인다. 상가는 각 부의 장인 대가 중에서 선출된 대표자로 보이며, 실제로 국왕 직속의 우두머리는 대로 또는 패자로서 대로가 있을 때에는 패자를 두지 않고 패자가 있을 때에는 대로를 두지 않았다는 것을 보면 이들이 국정을 관장하는 수상이었을 것이다.[20]

고구려에서는 5부의 대가도 각기 사자・조의・선인 등의 관리를 두었다 한다. 이것은 종래의 독립적인 군장들이 초기국가르 넘어간 후에도 여전히 자치권의 일부를 인정받고 있었음을 나타내는 것이다. 이와 같이 고구려는 계루부에서 나온 국왕에 의하여 국가형태를 이룩하였으나 종래의 부족적 군장국가의 유제는 그대로 남아 있었던 것이다.

고구려의 사회구성은 부여와 마찬가지로 국왕과 대가・관리 및 호민들이 상부계층을 이루고, 이에 대하여 하호라는 일반 농민층이 광범하게 존재하여 사회의 기저를 형성하고 있었다. 이들 상부계층으로서 농경에 종사하지 않고 坐食하는 자가 만 여 口나 되었는데, 하호는 이들에게 식량과 魚鹽을 멀리서부터 가져와 공급하였다 한다.

3. 백제・신라의 국가형성

百濟는 마한의 한 군장국가였던 伯濟國이 성장하여 이룩한 초기국가이다. 백제국은 한강 유역에 자리잡아 북쪽에서 내려온 유이민에 의하여 일찍부터 철기문화를 수용하고 사회의 발전이 빨랐으므로 삼한의 여러 소국 가운데 우세세력이 되었던 것이다. 이리하여 백제국은 이웃의 여러 군장국가를 아울러 기원 전후에는 백제라는 초기국가의 형태를 이루었다.[21]

---

20) 金哲埈, 〈高句麗・新羅의 官階組織의 成立過程〉《李丙燾華甲紀念論叢》, 일조각, 1956 ;《韓國古代社會硏究》, 지식산업사, 1975.
盧重國, 〈高句麗國相考－初期의 政治體制와 關聯하여－〉(上・下)《韓國學報》 16・17, 일지사, 1979.
李鍾旭, 〈高句麗初期의 左・右輔와 國相〉《全海宗華甲紀念 史學論叢》, 일조각, 1979.

21) 李丙燾, 〈百濟의 建國問題와 馬韓中心勢力의 變動〉《震檀學報》 6, 1936 ;《韓國古代史硏究》, 박영사, 1976.
李鍾旭, 〈百濟의 國家形成〉《大丘史學》 11, 대구사학회, 1976.
양기서, 〈百濟史에서의 部와 部體制〉《韓國古代史硏究》 17, 한국고대사학회, 2000.

《三國史記》에 실려있는 백제의 건국전설에 의하면 B.C. 18년 朱蒙의 아들 溫祚(온조)가 남쪽으로 내려와 河南 慰禮城에 도읍을 정하고 나라를 세우니 이것이 곧 백제였다고 한다. 이것은 하나의 건국전설로서 그대로가 역사적 사실은 아니지만 당시 삼한의 정세로 보아 기원 전후에 한강유역의 백제국이 주변 군장국가의 중심세력으로 성장하여 이웃의 여러 소국을 정복하고 초기국가로 발전하였을 가능성은 충분히 있다. 온조왕 때에 이미 한강 유역을 중심으로 하여 북쪽으로는 예성강, 동쪽으로는 춘천지방, 남쪽으로는 직산지방에까지 영역이 확대되어 있었으니, 이 때 여러 차례에 걸쳐 말갈(동예)의 침략을 격퇴하고 또 마한을 공멸시켰다는 《삼국사기》의 기록은 바로 이러한 사실을 나타내고 있는 것이다.[22]

진한 12개국 가운데 경주평야에 자리잡은 斯盧國도 역시 군장국가의 하나였다. 원래 경주평야에는 6村이 있었는데, 이들이 하나의 소국인 사로국이라는 군장국가를 형성하였던 것이다.[23] 사로국은 비록 한반도의 동남쪽에 치우쳐 있었으나 북쪽의 유이민들로부터 선진적인 문화를 받아들였고, 이 지역의 布와 鐵을 낙랑군과 교역하여 낙랑의 무기와 농구를 들여다가 선진사회를 이루는 데 성공함으로써 인접 소국을 병합하여 기원 후 1세기 후엽에는 국가형태를 이룰 수 있었던 것이다.

《삼국사기》에 실려있는 신라의 건국전설에 의하면 B.C. 57년에 朴赫居世가 6村長의 추대를 받아 왕위에 오르고 나라를 세웠는데, 이것이 곧 신라였다 한다. 이것은 물론 하나의 전설이므로 그대로를 역사적 사실로서 받아들일 수는 없겠지만, 이는 박혁거세가 B.C. 1세기에 사로국의 군장으로서 진한연맹의 맹주에 오른 것을 나타낸 것이 아닌가 생각된다. 나아가 이 사로국은 《삼국사기》에 나타나는 바와 같이 이웃의 여러 소국을 정복하여 A.D. 1세기 말경에는 초기국가의 단계로 넘어갔던 것이다.[24]

盧重國, 〈百濟國의 成立과 發展〉《震檀學報》 60, 1985.
姜珉植, 〈百濟의 國家形成過程에 대한 一考察〉《한국상고사학보》 12, 1993.

22) 李基東, 〈百濟國의 成長과 馬韓併合〉《백제논총》 2, 백제문화개발연구원, 1990.
종래에는 《삼국사기》의 초기기사를 허구라 하여 불신하던 것이 일반적인 경향이었는데 근래에 와서는 이를 일단 긍정적으로 받아들이면서 엄격한 사료상의 검토를 가하는 추세로 바뀌고 있다.

23) 李炯佑, 〈斯盧國의 성장과 주변 小國〉《國史館論叢》 21, 국사편찬위원회, 1991.
李明植, 〈斯盧國考〉《黃鍾東停年紀念 史學論叢》, 1994.

24) 李鍾旭은 《삼국사기》 신라본기의 奈勿王 이전 기록을 중심으로 인류학적인 관점에서 신라초기의 정치적 발전을 정리하여, B.C. 2세기 말경에 사로 6촌의 통합에 의하여 하나의 정치단체인 소국 사로국이 형성되었고, B.C. 1세기 후반에는 사로국이 주변 소국들의 연합체인 진한연맹체의 맹주국이 되었으며, A.D. 1세기 후반부터는 점차 주변 소국들에 대한 정복사업을 시작하여 3세기 말경에 이르면 진한소국을 모두 통합한 국가로서의 신라가 완성되었다고 하였다.
李鍾旭, 《新羅國家形成史研究》, 일조각, 1982.

Ⅳ. 初期國家의 사회와 문화

1. 초기국가의 사회

초기국가는 군장국가가 발전하여 나타난 최초의 국가형태이다. 초기국가란 정복적인 영토국가로서 이를 지배하기 위하여 중앙에 국왕이 출현하고 국가조직이 성립한 것이다. 우리 나라에서는 여러 군장국가 가운데 우세한 군장국가가 주위의 소국을 정복하여 광대한 영토를 형성하였으며, 이 넓은 영토국가를 통치하기 위하여 정치조직의 정비가 이루어졌다.

따라서 초기국가의 가장 큰 특징은 국왕의 출현과 국가체제의 정비, 그리고 영토의 확대라 할 수 있다. 종래에는 수많은 독립된 군장국가가 분립되고 이를 일원적으로 통치하는 중심세력이 없었는데, 초기국가에 이르러서는 비록 미숙하나마 중앙집권적인 권력을 가진 국왕이 나타나 여러 군장국가를 통합하고 이를 지배하였던 것이다. 이 때 국왕은 확대된 영토를 통치하는 데 필요한 지배기구를 갖추고 관료를 두어 일원적인 국가체제를 이룩하였다. 우리가 고조선·부여·고구려나 백제·신라를 초기국가로 보는 이유도 이들 여러 나라에 국왕이 출현하고 일원적인 지배체제가 성립하였기 때문이다.

그러나 초기국가의 또 하나의 특징은 아직도 종래의 군장세력이 잔존하고 있었다는 사실이다. 초기국가에서는 군장들이 중앙정부의 관리로 변신하였으나 그들은 여전히 자기 부족을 지배하는 권한을 계속 유지하고 있었다. 이것은 고조선의 歷谿卿이나 尼谿相 參 등의 예나 부여·고구려의 大加들의 모습으로 알 수 있다. 초기국가에서 이들 여러 대가들에 의하여 국왕권이 제약을 받은 것은 이 때문이었다.[25] 그러나 초기국가가 발전하여 그대국가로 넘어가는 과정에서 국왕권이 강화되는 반면 이들 대가의 지위는 점차 약화의 길을 걷게 되었다.

초기국가의 사회구성은 국왕을 비롯한 대가 등 지배층과 일반 국민인 하호 및 노비 등 피지배층으로 이루어져 있었다. 지배층은 국왕이 나온 유력한 군장국가의 귀족이나 일반 군장국가의 우두머리인 대가들로 구성되었는데, 고구려에서 왕족인 계루부의 귀족과 전왕족인 소노부 및 왕비족인 절노부의 適統大人은 모두 古雛加(고추가)를 칭하였다고 한 것은 종래의 군장국가 중에서도 유력한 부족의 귀족이 우대되고 일반 군장과 구별되었음을 나타내는 것이다. 그러나 이들 대가들은 여전히 부족적인 전통을 유지하면서 중앙정치에 참여하여 국왕과 함께 지배계층으로 행세하였다.

25) 金光洙, 〈高句麗 前半期의 「加」 階級〉《建大史學》 6, 1982.

초기국가에서도 국민의 기저를 이룬 것은 하호였다. 하호는 종래의 부족사회의 氏族員의 후신으로 군장국가에 이르러 군장의 지배를 받은 일반 농민들이었다. 이들은 초기국가에 이르러 아직도 대가들의 자치적인 통솔을 받았는데, 그것은 부여에서 제가들이 독립하여 싸울 때 하호들이 양식을 날라다 주었다는 사실로 알 수 있다. 이들 하호는 농업을 중심으로 한 생산담당자로서 양인신분이었는데, 초기국가가 발전함에 따라 점차 대가의 지배에서 이탈하여 국왕 통치하의 국민화의 길을 밟았던 것이다.[26]

2. 초기국가의 문화

초기국가는 국가를 지배하기 위하여 그에 알맞는 법률을 제정하였다. 《漢書》 지리지에는 고조선에 8조의 법금이 있었다고 하였는데, 그 내용은 다만 3조만이 전하고 있다.[27]

1. 사람을 죽인자는 즉시 사형에 처한다(相殺 以當時償殺).
2. 남을 상해한 자는 곡물로 배상한다(相傷 以穀償).
3. 남의 물건을 훔친 자는 노비로 삼고, 스스로 재물을 내고 죄를 면하려는 자는 1인당 50 만전을 내야 한다(相盜 男沒入爲其家奴 女子爲婢 欲自贖者 人五十萬).

이것은 살인·상해·절도에 관한 법률인데, 이에 계속하여 부인들이 貞信하여 음란하지 않았다 한 것을 보면 간음을 금하는 또 하나의 1조가 들어 있었던 것 같다.

부여에도 고조선과 비슷한 법속이 있었다. 즉, 〈위지〉 동이전에 살인자는 사형에 처하고 그 가족을 노비로 삼으며, 도둑질한 자는 12배의 배상을 하고, 간음을 한 자는 사형에 처하였다 한다. 특히 부인의 투기를 미워하여 이를 사형에 처한 후 시체를 나라 남쪽의 산위에 버려 썩게 하였는데, 만약 여자의 집에서 시체를 가져가려면 소와 말을 주어야 했다 한다.

이 고조선·부여의 법속은 대체로 비슷한 내용인데, 이것은 종래의 군장국가로부터 시작되어 초기국가에 이르러 정착된 것으로 보인다. 〈위지〉 동이전에 의하면 고구려에는 감옥은 없으나 죄를 범하면 제가들이 평의하여 이를 사형에 처하고 처자를 노비로 삼았다고 한 것을 보면, 그것이 초기국가 단계의 사실이었

26) 洪承基, 〈1－3世紀「民」의 存在形態에 대한 考察－所謂「下戶」의 實體와 관련하여－〉《歷史學報》 63, 1974.

27) 이 법금은 《한서》 지리지에 기자의 팔조교라 되어 있으나 그것이 고조선 고유의 법률이었음은 의심할 여지가 없다.
李丙燾, 〈所謂「箕子八條敎」問題〉《韓國古代史硏究》, 박영사, 1976.

음을 알게 한다. 또 《魏略》에는 고구려에서도 부여와 같이 도둑질한 자는 12배를 배상케 하였다 하니, 이러한 법률은 초기국가시대의 공통된 내용으로 짐작된다.

초기국가시대에는 종래의 족제적인 종교에서 벗어나 새로이 국가적인 종교가 대두하였다. 군장국가의 祭天行事가 이제는 국가적인 행사로 바뀐 것이 이를 나타낸다. 〈위지〉 동이전에 서술된 부여의 迎鼓는 '國中大會'로서 이 때는 형옥을 그만두고 죄인을 풀어주었다고 하였으니, 이것이 초기국가시대의 국가행사였음을 알 수 있다. 또한 고구려의 東盟도 역시 〈위지〉 동이전에 '국중대회'라 하였는데, 동맹이란 고구려의 시조인 東明(주몽)을 뜻하는 것으로 이미 초기국가단계에서 고구려가 시조신을 받드는 국가행사를 치루었음을 나타낸다. 고구려에서 국왕이 선조를 제사하는 宗廟를 세우고 시조를 제사한 것도 이와 같은 초기국가의 종교로 넘어갔음을 뜻하는 것이다.[28)]

초기국가시대에는 국왕에 대한 순장의 풍습이 일반화되었다. 부여에는 사람이 죽으면 厚葬을 하고 순장의 풍습이 있어 많을 때는 100명을 넘었다고 하였는데, 이는 국왕에 대한 사실로 보여진다. 순장은 부여뿐 아니라 고구려·신라에서도 행해졌고, 특히 신라는 6세기 초인 502년(지증왕 3)에 비로소 순장을 금할 정도로 늦게까지 존속하였다. 이러한 후장과 순장은 죽은 조상이 현세와 똑같은 生을 계속한다는 생각에서 나온 조상숭배의 신앙으로 이전부터 내려온 풍습이 초기국가단계에 이르러 보다 확대된 것이었다.[29)]

---

28) 최광식, 《고대한국의 국가와 제사》, 한길사, 1994.

29) 김기흥, 〈한국 殉葬制의 역사적 성격〉《건대사학》 8, 1993.
邊太燮, 〈韓國古代의 繼世思想과 祖上崇拜信仰〉(上·下)《歷史教育》 3·4, 1958·1959.

제 ② 장
古代國家의 발전

Ⅰ. 古代國家의 성립

1. 고대국가로의 발전

우리 나라 각지에 성장한 정치세력 가운데 초기국가를 형성하는 데 성공한 것은 고조선·부여·고구려·백제·신라였다. 옥저의 중심세력인 沃沮縣侯나 동예의 不耐濊侯國, 그리고 삼한의 目支國과 狗邪國은 국가형태로 발전하지 못한 채 소멸하고 말았다. 그러나 초기국가를 이룬 이들 여러 나라도 모두 순조롭게 발전을 거듭한 것은 아니었다. 고조선은 한의 침략으로 멸망하였고, 부여는 인접한 고구려에 병합됨으로써 마침내 고구려·백제·신라만 남아 고대국가로 발전할 수 있었던 것이다.

고대국가란 초기국가의 발전된 형태로 왕권의 강화와 중앙집권적인 정치체제의 성립을 지표로 하는 것이다. 초기국가에서는 국가형태는 이루어졌지만 아직 국왕권이 미약하고 종래의 군장세력이 잔존하고 있었는 데 대하여, 이제는 중앙의 국왕권이 세습에 의하여 절대화되고 지방의 군장세력은 국왕권 밑에 편입되어 그 독립성을 상실하게 되었던 것이다. 또한 고대국가의 특징은 밖으로 정복사업을 전개하여 광대한 영토국가를 이룩하는 데 있다. 초기국가의 형성도 이웃의 여러 소국을 정복하여 복속시키면서 이룩되었으나, 이제 고대국가는 강력한 국왕권과 집권적인 정치력을 바탕으로 활발한 정복사업을 전개하여 보다 넓은 영토를 확대할 수 있었던 것이다.

따라서 고대국가는 이제 정복에 의해서 확보한 넓은 영토를 통치하기 위하여 강력한 왕권을 중심으로 정비된 중앙집권적 통치조직의 편성을 필요로 하게 되어 관료제가 마련되어 갔다. 이렇게 보면 고대국가는 안으로는 왕권의 강화 및 국가조직의 정비와 밖으로는 정복사업의 전개에 따른 영토의 확장을 그 특징으로 하는 것이었으며, 우리 나라에서는 삼국에 이르러 이러한 고대국가의 완성을 보게 되는 것이다.[1)]

---

1) 金貞培, 〈韓國古代國家의 起源論〉《白山學報》 14, 1973 ; 《韓國古代의 國家起源과 形成》, 고려대출판부, 1986.

2. 고구려의 발전

B.C. 1세기경 초기국가를 이룩한 고구려는 그 후 더욱 발전하여 A.D. 1세기 후엽에 이르면 고대국가를 형성하게 되었다. 이 때 고구려는 밖으로 부여 및 중국세력과 끊임없이 대립하는 가운데 영토의 확장을 도모하고 안으로는 국가체제의 정비를 이룩하였던 것이다.

《삼국사기》의 기록에 의하면 B.C. 6년(琉璃王 14)에 부여왕 帶素가 고구려에 사신을 보내 質子를 요구하였으나, 고구려가 이를 거부하자 군사 5만을 이끌고 쳐들어 왔다가 헛되이 되돌아 갔으며, A.D. 13년(유리왕 32)에도 부여군이 침입하였지만 왕자 無恤(무휼)의 요격으로 섬멸되었다고 한다.[2] 21년(대무신왕 4)에는 오히려 고구려가 부여를 공격하여 이듬해에 부여왕을 죽이고 돌아오기도 하였다. 또한 고구려는 중국세력과도 대립하면서 국세를 신장시켰다. B.C. 75년에는 현도군을 만주의 홍경·노성 방면으로 쫓아냈고, A.D. 1세기 초에는 新의 왕망과 충돌하였으며, 49년(모본왕 2)에는 후한의 北平·漁陽·上谷·太原을 습격하였으니, 이 때 고구려의 세력이 요서지방에까지 미쳤음을 알 수 있다.

그러나 고구려가 정복사업을 보다 활발히 하고 국가체제를 정비하여 고대국가로서의 모습을 갖추게 된 것은 A.D. 1세기 후엽인 태조왕(53~146) 때였다. 태조왕은 지금까지 중국과 충돌하면서 축적된 국력을 바탕으로 본격적인 영토확장을 꾀하였다. 우선 태조왕 4년(56)에는 옥저를 복속시켜 함흥지방을 확보하였고, 2세기에 들어서는 요동진출을 도모하였다. 이리하여 왕 53년(105)에는 요동을 공격하여 여섯 현을 탈취하였고, 왕 69년(121)에는 현도군과 요동군을 공격하여 요동태수 蔡諷을 죽이고 2,000여명을 죽이거나 사로잡았으며, 이 해 말부터 이듬해에 걸쳐 왕이 스스로 1만 여騎를 거느리고 현도성을 포위 공격하였으나 부여군의 방해로 실패하였다. 이러한 고구려의 요동진출은 그 후 차대왕(146~165)·신대왕(165~179) 때에도 계속되었으며 신대왕 8년(172)에는 한의 대군이 쳐들어오자 國相 明臨答夫가 굳게 성을 지키다가 퇴각하는 적군을 坐原에서 섬멸하였다.

태조왕대에는 이와 같은 대외적 발전과 함께 대내적으로는 국가체제의 정비가 이루어졌다. 이 때 계루부 高氏의 왕위계승권이 확립되어 왕권이 강화되고 중앙집권적인 관료체제가 마련되기 시작하였다. 태조왕대가 고구려의 대내외적 발전의 일대 전환기였음은 그의 칭호가 시조격인 太祖王 또는 國祖王이었다는 사실에서도 알 수 있다.

盧泰敦, 〈國家의 成立과 發達〉《韓國史研究入門》, 지식산업사, 1981.
韓國古代史研究會, 《한국고대국가의 형성》, 민음사, 1990.

2) 金龍善, 〈高句麗琉璃王考〉《歷史學報》 87, 1980.

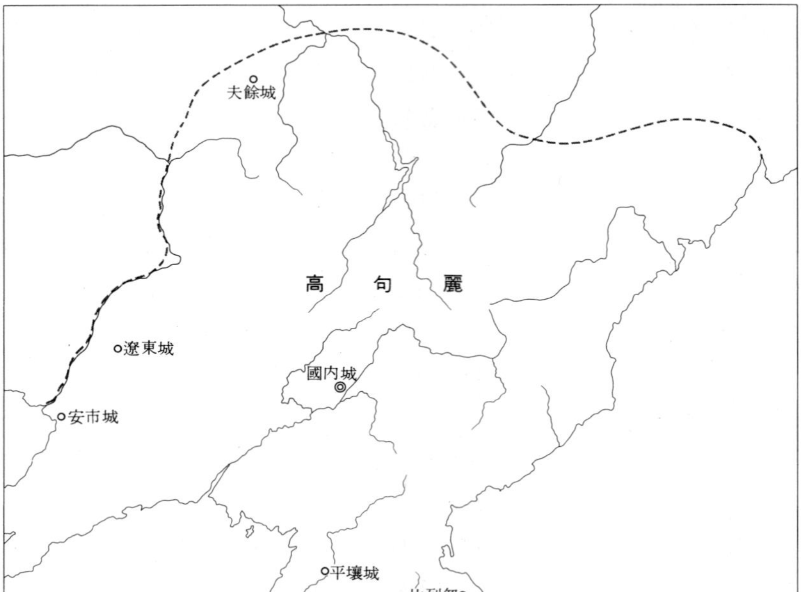

삼국의 정립(A.D. 4세기경)

이러한 국가체제의 정비는 그 후 보다 진전되었다. 신대왕 다음의 고국천왕(179~197) 때에는 부족적인 전통을 가졌던 5부가 방위를 표시하는 행정적인 5부로 개편되었다. 즉, 종래의 족제적인 계루부·절노부·순노부·관노부·소노부가 각각 행정적인 내부〔黃部〕·북부〔後部〕·동부〔左部〕·남부〔前部〕·서부〔右部〕로 바뀌었으니,[3] 이는 중앙집권체제가 강화되었음을 나타내는 것이다. 또 이 때에는 왕위계승이 지금까지의 형제상속에서 부자상속으로 바뀌었으니 이것은 연장자를 족장으로 뽑던 종래의 유제를 청산한 것으로서 역시 왕권이 보다 강화되었음을 뜻하는 것이다. 구족장 세력이 아닌 乙巴素를 국상으로 기용한 것이나 관곡을 대여하는 賑貸法(진대법)을 실시한 것 등도 이 때 고구려가 강력한 중앙집권정치를 시행하였음을 표시하는 것이다.

그 후 고구려는 중국세력과의 대립을 통하여 더욱 국세를 신장시켰다. 동천왕(227~248)은 중국이 魏·吳·蜀의 3국으로 분립하자 이들의 대립관계를 이용하여 吳와 친교를 맺었고 왕 16년(242)에는 중국과 낙랑을 연결하는 西安平을 공격하였다가 위나라 장수 毌丘儉(관구검)의 반격을 받아 오히려 수도까지 함락되는 고초를 겪기도 하였다. 그러나 미천왕(300~331)은 그 뒤 중국이 북방민족들의 침입을 받아 5胡 16國의 혼란기로 접어들게 되자 끝내 서안평을 점령하였고, 이어 낙랑군을 공략하여 우리 나라 안의 중국세력을 완전히 축출하는 데 성공하였다(313).

고국원왕(331~371) 때에는 前燕과 백제의 침입을 받아 큰 타격을 입었지만 소수림왕(371~384) 때 국가체제를 정비하여 국력을 비약시킬 수 있는 토대를 마련하였다. 즉, 소수림왕 2년(372)에는 불교를 받아들이고 太學을 설립하였으며, 이듬해에는 律令을 반포하기에 이르렀다 불교의 수용은 고대국가의 사상적 통일에 기여하였고 태학의 설립은 유학의 보급과 문화향상에 영향을 끼쳤으며, 율령의 반포는 국가체제의 정비를 가져오게 하였다.[4] 이로써 고구려는 중앙집권적 고대국가로서 더욱 발전할 수 있는 기틀을 마련하였던 것이다.

3. 백제의 발전

마한의 한 군장국가인 백제국으로부터 발전하여 기원 전후에 초기국가를 형성한 백제는 한 군현의 압박으로 정치발전에 제약을 받기도 하였지만 이에 대항하면서 성장하여 3세기 중엽에 이르러 고대국가를 이룩하였다. 후한의 桓帝(146~167)·靈帝(167~189) 말기에 韓·濊의 세력이 강성하여 한 군현이 이를 제어

3) 〈위지〉 동이전 고구려전에는 5족명만이 보이는데, 《후한서》 동이전 고구려전의 唐章懷太子註에는 방위로 표시된 5부의 별칭이 나타나 있다.

4) 盧重國, 〈高句麗律令에 관한 一試論〉《東方學志》 21, 연세대, 1979.

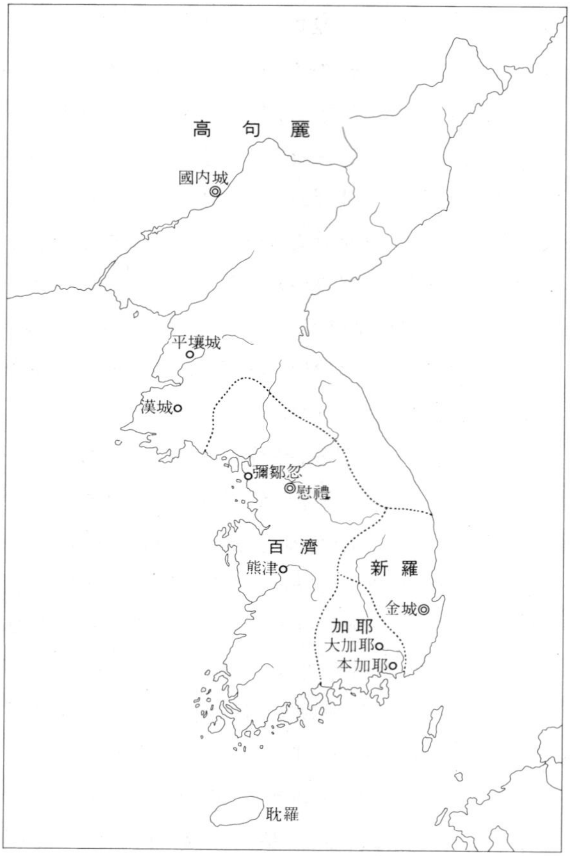

백제의 전성(4세기 후반)

하지 못하였기 때문에 백성들이 韓地로 유입하였다는 〈위지〉 동이전의 기록은 백제가 2세기 후엽에 한 군현의 대항세력으로서 상당히 강력해졌음을 나타내는 것이다.[5)]

이리하여 3세기 중엽인 고이왕(234~286) 때에 이르면 대외적으로 정복사업을 더욱 활발히 하고 대내적으로 국가체제를 정비하여 고대국가로 발전하였다. 고이왕 13년(246)에 낙랑군과 대방군을 공격하여 대방태수를 전사시킨 일이 있었는데, 이것은 백제가 한의 군현에 대항하면서 그 국력을 발전시켜 나갔음을 나타내는 것이다. 280년 이후 몇차례에 걸쳐 西晋에 사신을 파견한 것도 역시

5) 李鍾旭, 〈百濟王國의 成長〉《大丘史學》 12·13 합집, 대구사학회, 1977.
앞 장에서 인용한 廉斯鑡의 사화는 A.D. 1세기경 마한지역에 대한 낙랑의 토착세력 분리정책의 일면을 보여주는 것이다. 그러나 이 사화의 내용을 뒤집어 생각해 보면 이 때 마한지역에 만만치 않은 정치세력이 존재하였고, 이것이 바로 백제였음을 쉽게 알 수 있다.

백제가 고대국가로 성장하였음을 뜻하는 것이다.

또한 고이왕 때에는 내부적인 지배체제를 정비하였으니, 왕 27년(260)에 관제를 정하여 6佐平과 16官品을 설치하고[6] 관리의 服色을 제정하였으며, 왕 29년(262)에는 법령을 내려 관리로서 재물을 받은 자와 도둑질한 자는 장물의 3배를 배상하고 종신금고에 처하게 하였다. 이러한 일련의 정치제도의 개혁은 백제가 전제왕권의 기반을 확립하고 중앙집권적인 지배체제를 정비하려는 표현으로 보인다.[7] 이에 백제는 3세기 중엽인 고이왕대에 이르러 광대한 정복국가를 이루고 고대국가의 체제를 완비하였던 것이다. 《周書》나 《隋書》에서 백제시조로 표현된 仇台(구이)는 바로 이 古爾(古尔 : 고이)에 해당하는 것으로 고이왕대에 백제의 시조적인 발전이 있었음을 나타내는 것이다.

백제는 4세기 후반인 근초고왕(346~375)에 이르러 비약적인 발전을 이룩하여 그의 전성시대를 맞이하였다. 즉, 근초고왕은 밖으로 활발한 정복사업을 전개하여 국토를 크게 확장하였으니, 남으로 마한의 나머지 땅을 정복하여 남해안까지 진출하고, 북으로는 고구려를 쳐서 고국원왕을 전사케 하였다. 나아가 東晋·倭와 교섭하였는데, 이 때 백제인의 해외진출은 눈부신 것이었다.[8] 또한 안으로는 고대국가의 체제를 강화하였으니, 부자상속에 의한 왕위계승이 확정된 것이나,[9] 또 박사 高興으로 하여금 국사인 《書記》를 편찬케 한 것 등은 왕권의 강화를 나타내는 것이다. 이러한 백제의 발전은 그의 아들 근구수왕(375~384) 때에 이르러 더욱 촉진되었고, 이어 384년(침류왕 1)에는 東晋으로부터 불교를 받아들여 고대국가의 사상적 기반을 이룩하였다.

4. 신라의 발전

신라는 군장국가인 사로국이 기원 후 1세기 후엽에 이르러 국가형태를 갖춘 나라이다. 《삼국사기》에 기록된 건국전설에는 B.C. 57년 朴赫居世에 의하여 건

6) 盧重國은 고이왕 27년의 관제정비를 후대(泗沘시대)의 사실이 소급되어 기록되어 있는 것으로 보았지만 《삼국사기》 찬자가 후대의 사실을 부회할 정도로 고이왕대에는 그 이전과 다른 큰 변화가 있었을 것이라 하여 역시 고이왕대에 주목하고 있다.
盧重國, 〈百濟王室의 南遷과 支配勢力의 變遷〉《韓國史論》 4, 서울대, 1978.

7) 盧重國, 〈解氏와 扶餘氏의 王室交替와 初期百濟의 成長〉《金哲埈華甲紀念 史學論叢》, 지식산업사, 1983.
______, 《百濟政治史研究》, 일조각, 1988.

8) 중국의 《宋書》·《梁書》에는 이 때 백제가 요서지방을 점유하였다는 기록이 있어 이를 인정하는 견해와 부정하는 견해가 대립하고 있는데, 金庠基는 전자에 속한다.
金庠基, 〈百濟의 遼西經略에 對하여〉《白山學報》 3, 1967 ; 《東方史論叢》, 서울대출판부, 1974.

9) 李基白, 〈百濟王位繼承考〉《歷史學報》 11, 1959.

국된 것으로 되어 있지만 실제로 초기국가의 모습을 갖게 된 것은 삼국 가운데 가장 늦은 1세기 말 경으로 추측된다. 이것은 신라가 1세기 후엽에 안으로 국가체제를 갖추고 밖으로 영토를 확장한 사실로 알 수 있다.

《삼국사기》에는 A.D. 32년(유리왕 9)에 6부의 이름을 고치고 17官等을 설치하였다 한다. 이것은 종래의 사로 6촌을 행정구역인 6부로 개편한 것이고, 또 당시에 17관등이 모두 갖추어지지는 않았다 하더라도 그의 모체가 되는 관명이 이미 이 때부터 만들어져 나갔음을 의미한다.[10] 따라서 유리왕 9년은 바로 신라의 중앙관제가 공식적으로 만들어지기 시작하고 지방제도도 지역적인 행정구역으로 개편되는 시기로 볼 수 있다.

신라는 또한 밖으로 이웃의 여러 소국을 병합하여 영토국가를 이룩하였다. 원래 사로국은 진한의 여러 소국 가운데 그 세력이 가장 강성하여 맹주의 위치에 있었는데 1세기 후반부터는 주변 소국들을 정복하여 나가기 시작하였다. 즉, 탈해왕(57～80) 때에는 居道가 于尸(우시)山國(지금 영해)과 居柒(거칠)山國(지금 동래)을 정복하였고, 파사왕(80～112) 때에는 音汁(음즙)伐國(지금 안강)과 比只國(비지국, 지금 창녕)·多伐國(지금 대구)·草八國(지금 합천 초계) 및 屈阿火村(지금 울산)을 병합하였으며, 悉直(실직, 지금 삼척)·押督(지금 경산) 두 나라가 항복하여 옴으로써 그 영토를 확장시켰던 것이다.[11]

이러한 신라가 마침내 고대국가체제를 갖춘 것은 내물왕대(356～402)였다. 이 때에 신라는 낙동강유역까지 영토를 확보하였고 내부적으로는 국가체제의 일대 정비를 이루었다. 즉, 내물왕 때부터는 朴·昔·金의 3姓交立의 체제가 없어지고 김씨가 왕위를 독점 세습하였으며, 지금까지의 尼師今(계승자의 뜻) 대신에 麻立干(마루한 : 大首長의 뜻)이란 왕호를 사용하게 된 것 등은 왕권이 강화되었음을 뜻하는 것이다.[12] 또한 내물왕 22년(377)과 27년(382)에는 고구려 사신의

---

10) 李鍾旭,《新羅國家形成史硏究》, 일조각, 1982.
李炯佑,《新羅初期 國家成長史 硏究》, 영남대출판부, 2000.

11) 文璟鉉,〈新羅國 形成過程의 硏究〉《新羅史硏究》, 경북대출판부, 1983.
근래에는《삼국사기》의 초기기록을 긍정적으로 보는 견해가 일반화되고 있는데, 신라 초기의 王代記를 어떻게 보아야 하는가에 대한 논문으로는 다음의 것들이 있다.
金哲埈,〈新羅 上古世系와 그 紀年〉《歷史學報》 17·18 합집, 1962 ;《韓國古代社會硏究》, 지식산업사, 1975.
金光洙,〈新羅 上古世系의 再構成試圖〉《東洋學》 3, 단국대, 1973.
李仁哲,〈新羅 上古世系의 新解釋〉《淸溪史學》 4, 한국정신문화연구원, 1987.

12) 麻立干의 칭호는《삼국사기》에는 19대 눌지왕 때부터 사용한 것처럼 쓰여있으나《삼국유사》는 17대 내물왕부터 사용한 것으로 되어 있다. 신라의 왕호는 1대 혁거세는 居西干(貴人의 뜻), 2대 남해는 次次雄(무당의 뜻), 3대 유리왕부터는 尼師今이라 칭하다가 내물왕부터 麻立干이 되었으며 22대 지증왕 때부터 정식 王을 칭하게 되었다.

안내로 前秦에 사신을 보냈는데, 특히 왕 27년에 파견된 신라 사신 衛頭가 전진 왕 苻堅이 "卿이 海東의 형편이 옛과 같이 않다고 말한 것은 무엇을 뜻하느냐" 라고 묻자, "이는 마치 중국에서 시대가 변하고 명호가 바뀌는 것과 같으니 지금 어찌 옛과 같을 수 있으리오"[13]라고 대답한 것을 보아 이 때 신라가 커다란 전환이 있었음을 추측할 수 있다.

이 때까지는 신라가 국가적 발전을 이룩하기 위해서 고구려의 정치·군사·외교적 도움이 필요하였지만, 이제는 고구려의 간섭이 오히려 국가발전의 장애 요인으로 작용하게 되자 눌지왕(417~458) 때에 이르면 고구려의 압력을 배제하기 위하여 백제와 동맹관계를 체결하였는데, 이로부터 신라의 자주적인 발전이 시작되었다. 이 때 왕위의 부자상속제가 확립되었고 다음 자비왕(458~479) 때 서울의 坊里 이름을 정하였으며, 소지왕(479~500) 때 처음으로 사방에 郵驛을 두고 역로를 수리하며 또 서울에 시장을 개설하여 사방의 貨物을 교역케 했는데, 이것들은 모두 중앙집권적 고대국가가 발전하여 가는 과정을 보여주는 것이다. 이리하여 신라는 지증왕(500~514) 이후 6세기에는 비약적으로 발전하여 삼국을 통일할 수 있는 기반을 마련하였다.

5. 가야연맹

낙동강 하류지방에는 변한 12국이 있어 진왕의 지배를 받지 않고 독립된 정치세력을 이루었으니 이들이 바로 加耶諸國이다. 이 소국들은 연맹관계를 이루고 있었는데, 처음에는 김해지방의 구야국이 중심이 되었으니 이것이 뒤에 首露를 시조로 받드는 本加耶로 발전하였다.[14] 본가야는 김해 조개무디의 발굴에서 나타나듯 우세한 철기문화와 벼농사에 의해서 주위의 소국들보다 발달된 사회를 이룩하고 있었으므로 가야연맹의 맹주가 될 수 있었던 것이다.[15]

그러나 4세기 말부터 5세기 초에 걸쳐 가야연맹 내부의 세력관계에 변동이 일어났다. 그것은 이 때 廣開土王의 고구려군이 남부지방에 쳐내려와 백제·가

13) 이 기사는 《太平御覽》에 실려있는 秦書에 나오는 것인데, 《삼국사기》 신라본기에는 전년인 내물왕 26년조에 들어 있다.

14) 《삼국유사》에 남아 있는 《駕洛國記》에는 본가야의 시조 수로왕의 설화가 실려있다. 이에 의하면 후한 光武帝 18년(A.D. 42) 駕洛의 9干이 무리를 이끌고 龜旨峰에 올라 〈龜旨歌〉를 부르며 수로왕을 맞아 가야를 건국했다고 하였다. 이것은 9개 촌장이 회합하여 전체를 통솔하는 군장을 받드는 군장국가의 출현을 나타낸 것으로 해석된다. 본가야는 金官加耶라고도 한다.

15) 李丙燾, 〈加羅諸國의 聯盟體〉《韓國古代史硏究》, 박영사, 1976.
金廷鶴, 〈伽倻의 國家形成〉《가야문화》 1, 가야문화연구원, 1988.
金泰植, 〈15세기 후반 大加耶의 발전에 대한 硏究〉《韓國史論》 12, 서울대, 1985.
古寧加耶의 위치에 대하여는 진주설과 상주군 함창읍설이 있다.

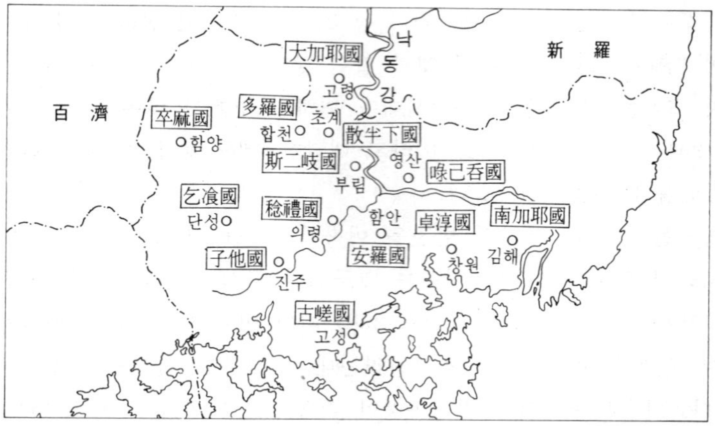

후기 가야 13국

야지방에 커다란 타격을 입혔고 또 신라가 낙동강 동부지역의 가야소국을 병합하였기 때문이었다. 가야는 지금까지 6가야연맹으로 알려져 있지만 근래의 연구에 의하면 초기에는 12개 소국이었지만 그 가운데 낙동강 동부의 가야소국이 멸망한 반면 후기에는 낙동강 서안에 13개 소국이 나타나고 그 맹주도 본가야에서 고령지방의 大加耶로 바뀌었다 한다.16)

가야연맹은 낙동강 하류의 비옥한 평야에서 일찍부터 벼농사를 짓고 또 북쪽의 한 군현과 남쪽의 왜 및 이웃의 韓社會와 교역할 수 있는 유리한 경제적 조건으로 급속한 사회발전을 이루었으나, 반면 이웃 세력의 압력으로 정치적 불안에 처하지 않을 수 없었다. 즉, 가야에는 일찍부터 백제와 왜의 세력이 압박을 가하였고, 특히 400년에는 고구려군이 신라에 침입해 왜군을 추격하면서 가야에까지 침범한 일이 있었던 것이다.17) 이러한 정치적 불안이 가야로 하여금 중앙집권적인 통일국가를 이룩하지 못하고 연맹형태에 머물게 한 요인이 되어 가야연맹은 결국 새로이 비약한 신라에 의하여 멸망될 수밖에 없었다. 즉, 본가야가

16) 文璟鉉, 〈伽耶史의 新考察－大伽耶問題를 中心으로－〉《新羅史硏究》, 경북대출판부, 1983.
尹錫曉, 《伽耶史》, 민족문화사, 1990.
千寬宇, 《伽耶史硏究》, 일조각, 1991.
盧重國, 〈大伽耶의 政治社會構造〉《伽耶史硏究》, 한국고대사연구회, 1995.
金泰植, 《伽耶聯盟史》, 일조각, 1993.

17) 종래 일본학자들은 가야연맹에 일본세력이 침투하여 소위 任那日本府가 설치되었다는 남한경영론을 주장하였으나, 근래 한국학자 사이에는 오히려 삼국이 일본열도에 分國을 설치하였다는 일본열도경영설이 제기되고 있다. 당시 남한에 왜병이 들어온 것은 사실이지만 일본부의 존재는 인정하지 않는 것이 일반적인 경향이다.
千寬宇, 〈復元伽耶史〉《文學과 知性》 28・29・31, 1977・1978.
金鉉球, 《任那日本府硏究》, 일조각, 1993.

신라 법흥왕의 침략을 받아 멸망하고(532), 이어서 대가야마저 신라 진흥왕에게 정복됨으로써(562) 가야연맹은 신라에 병합되고 말았다.[18]

II. 古代國家의 발전

1. 고구려의 전성

안으로 고대국가의 체제를 정비한 고구려·백제·신라는 이를 기반으로 하여 밖으로의 발전을 도모하였으므로 이것이 곧 삼국의 상호 항쟁으로 나타났다. 삼국의 상호 투쟁은 고구려의 廣開土王이 즉우한 4세기 말쿠터 시작되었는데, 이는 삼국으로 하여금 각각 내부적 발전을 촉진하는 자극제가 되었다. 그리고 처음 삼국상쟁의 주도권을 잡은 것은 중국세력과의 싸움에서 국력을 축적한 고구려였다.

고구려는 태조왕대에 고대국가를 완성하고 이어서 소수림왕대에 국가적 토대를 견고히 하였는데, 광개토왕·장수왕대에 이르면 국토를 크게 확대하여 그 전성기를 맞이하였다. 광개토왕(391～413)은 특히 활발한 정복사업을 전개하여 영토를 크게 넓혔으니, 그것은 지금 통구에 남아있는 거대한 광개토왕릉비로부터 알 수 있다.[19] 이 비는 그가 죽은 후 공적을 적어 세운 것으로, 이에 의하면 그는 서쪽으로 後燕(慕容氏)를 격파하여 오랫동안의 숙원이던 요동 진출을 이룩하였고, 동북으로 肅愼(숙신)을 복속시켜 만주당을 차지하였으며, 남쪽으로 백제를 정벌하여 임진강까지, 중부지역으로는 한강 상류까지 진출하였고 또한 왜의 침입을 받은 신라를 도와 가야연맹에까지 군사를 보내 왜군을 무찌르는 등 일생동안 64城, 1,400村을 공파하였다 한다.[20] 이리하여 고구려는 요동을 비롯한 만

---

18) 朱甫暾,〈加耶滅亡問題에 대한 一考察－新羅의 膨脹과 關聯하여－〉《慶北史學》4, 경북대, 1982.
金泰植,〈6세기 전반 加耶南部諸國의 소멸과정 고찰〉《韓國古代史研究》1, 한국고대사연구회, 1988.
______,〈6세기 중엽 加耶의 멸망에 대한 연구〉《韓國古代史論叢》4, 한국고대사회연구소, 1992.

19) 광개토왕비문의 내용은《삼국사기》본기와 약간의 차이가 있다. 예를 들면《삼국사기》에는 광개토왕의 즉위년을 392년이라 하였으나 광대토왕비문에는 391년에 즉위한 것으로 되어 있어 1년의 차이가 있고, 광태토왕의 정복사업의 내용에 있어서도 많은 차이가 보이는데 이럴 경우에는 대체로 비문 쪽을 따르는 것이 일반적이다.

20) 광개토왕이 백제를 크게 정토한 것은 왕 6년(396)으로 광개토왕비문에는 이 때 공파한 58성의 이름이 나오는데, 그 가운데 하나인 古牟婁城이 中原 高句麗碑文에는 충주지방에 대한 고구려의 전진기지로 그 이름이 보이고, 또 다른 하나인 阿且城이 남한강 상류의 영춘지방으로 비정되고 있음을 미루어 보아 이들 58성의 대부분이 중부지역에 있었음을 알 수 있다.

주지방의 주인공이 되었고, 남쪽으로는 백제를 공격하고 신라를 원조하여 그 판도가 한강 상류(강원도 남부)까지 이르게 되었다.[21)]

광개토왕릉비에는 그의 시호를 '國岡上廣開土境平安好太王'이라 하였는데, 이는 그의 정복사업에 따른 국토의 개척을 기념하는 명칭인 것이다. 또한 이 때 永樂이라는 연호를 사용하고 있으니, 이는 우리 나라 최초의 연호라 할 것으로 '太王'의 호칭과 함께 대국의식의 표현이라 할 수 있다.

광개토왕의 위업을 계승하여 고구려로 하여금 전성기를 맞이하게 한 이는 장수왕이었다. 장수왕(413~491)은 그 시호와 같이 98세까지 장수한 왕으로 재위기간만도 78년이나 되는데, 이 동안 내외로 국력을 크게 신장시켰다. 그는 수도를 통구의 國內城에서 대동강유역인 평양으로 옮겼으니(왕 15년, 427), 이로써 고구려는 대동강유역의 풍요한 경제적 부를 향유하고 과거 고조선 및 낙랑군의 문화적 유산을 차지하여 정치·경제·문화면에 비약적 발전을 도모할 수 있는 기반을 마련하였고, 대외적으로는 서해를 통하여 중국의 남북양조와 교통하는 한편 남쪽으로 백제·신라 방면으로 진출하는 데 유리한 조건을 갖추게 되었다.[22)]

평양천도 후 고구려는 중국의 남북조와 두루 교통하여 그의 압력을 배제하면서 남하정책을 강행하여 백제와 신라를 압박하였다. 장수왕 21년(433)에 백제와 신라가 동맹관계를 맺은 것은 이러한 고구려의 남하정책에 대한 반작용이었다. 내물왕 때부터 고구려의 군사적인 도움을 받아 온 신라는[23)] 점차 고구려 세력으로부터 이탈하기 위해서 백제와의 공동관계를 필요로 하였지만, 정작 고구려의

광개토왕비문에 대한 해석에 있어 논란의 소지가 되는 것도 바로 이 광개토왕 6년의 백제 원정 기사이다. 즉, 비문에는 "百殘·新羅 舊是屬民 由來朝貢 而倭以辛卯年來渡海破百殘□□新羅 以爲臣民"이라 되어 있는데, 일본학자들은 辛卯年 '渡海'의 주체를 倭로 보아 이른바 남한경영설을 주장하였고 국내에서는 그것을 고구려로 보는 설(鄭杜熙)과 백제로 보는 설(千寬宇)이 있으며, 한편에서는 이 기사의 일부를 비를 발견하였을 당시에 일본군참모본부가 고의로 조작하였을 것이라는 주장도 제기되었다(李進熙).

鄭杜熙, 〈廣開土王陵碑文 辛卯年記事의 再檢討〉《歷史學報》 82, 1979.
千寬宇, 〈廣開土王陵碑文 再論〉《全海宗華甲紀念 史學論叢》, 일조각, 1979.
李進熙, 〈廣開土王陵碑の研究〉, 吉川弘文館, 1972.

21) 李丙燾, 〈廣開土王의 雄略〉《韓國古代史研究》, 박영사, 1976.
朴性鳳, 〈廣開土好太王朝 高句麗南進의 性格〉《韓國史研究》 27, 1979.
______, 《高句麗 南進經營史의 研究》, 백산자료원, 1995.
李仁哲, 《고구려의 대외정복 연구》, 백산자료원, 2000.

22) 徐永大, 〈高句麗 平壤遷都의 動機－王權 및 中央集權的 支配體制의 強化과정과 관련하여－〉《韓國文化》 2, 서울대, 1981.

23) 당시 신라에 고구려군이 주둔하고 있었음은 中原高句麗碑(장수왕 69년 건립추정)에 "新羅土內幢主下部拔位使者錦奴"라는 구절로부터 확인된다. 즉, 이것은 신라령 내에 고구려 下部 출신으로 拔位使者의 관등을 가진 고구려인 幢主(부대장)가 있었음을 보여주는 것이다.

고구려의 전성(5세기)

침략 위협을 직접적으로 받은 것은 백제였다. 이에 백제는 472년(개로왕 18) 중국의 北魏에 사신을 보내 도움을 청하였으나 아무런 효과를 얻지 못하고 결국 고구려의 공격을 받게 되었다. 고구려는 475년(장수왕 63) 3만의 대군을 보내 백제를 공격하여 서울 漢城(慰禮城)을 함락시키고 개로왕을 붙잡아 죽이니 이에 백제는 서울을 남쪽의 熊津(지금 공주)으로 옮기게 되었다. 이리하여 고구려의 영토는 남으로 더욱 확대되어 죽령·조령 일대로부터 남양만을 연결하는 선까지 뻗치게 되었다.[24] 특히 다음 문자왕 때인 494년에는 북쪽 부여까지 정복함으로써 5세기 말에는 고구려가 한반도의 대부분과 요동지방 및 만주까지를 차지한

24) 《삼국사기》 지리지에 죽령 이남의 영주·봉화·순흥·예안, 그리고 동해안의 울진·평해·영덕 등이 고구려의 군현으로 되어 있었으므로 그 남쪽 경계선을 알 수 있다.

일대제국을 형성하였던 것이다.

2. 백제의 중흥

3세기 중엽에 고대국가를 성립시키고 일찍이 근초고왕의 전성기를 맞이하였던 백제는 5세기에 들어와 이웃 고구려가 강성하여짐에 따라 상대적으로 쇠락의 길을 걷게 되었다. 우선 고구려 장수왕의 공격에 의한 한성 함락과 웅진 남천은 백제에게 커다란 시련을 안겨준 것으로 무엇보다도 한강유역의 상실은 백제로서는 큰 타격이 아닐 수 없었다. 또한 왕권의 실추와 眞氏·解氏 등 왕비족의 창궐은 백제의 내부적 정치를 불안정하게 만들어 이 때부터 백제는 다난한 시기를 겪게 되었다.

이러한 때에 백제의 부흥을 꾀한 이는 동성왕(479~501)이었다. 그는 신라의 왕족인 伊伐湌 比智의 딸을 왕비로 받아들였는데(493), 이것은 고구려의 침략에 대한 백제·신라의 동맹관계를 굳게 하고 또 종래의 외척세력을 배제하여 왕권의 강화를 도모하려는 의도에서였다. 그가 새로이 燕氏·苩(백)氏·沙氏 등 웅진지방 부근의 토착세력을 등용한 것도 이들 신흥세력을 기반으로 왕권을 회복하기 위한 것이었다.[25] 이 때 백제의 국력이 내외로 크게 신장되고 있었음은 무령왕(501~523)이 중국 남조의 梁에 사신을 보내 국교를 강화하고[26] 양으로부터 寧東大將軍의 관작을 받은 것에서 엿볼 수 있다.[27]

그러나 백제가 본격적인 중흥의 기반을 마련한 것은 성왕(523~554) 때의 일이다. 성왕은 협착한 웅진에서 광대한 벌판인 泗沘(사비, 지금 부여)로 수도를 옮기고 국호를 南扶餘라 고쳤으니(왕 16년, 538), 이로써 백제는 안으로는 경제적 발전을 도모하고 밖으로 해외의 여러 나라와 교통하는 데 유리한 조건을 갖추게 되었다. 과연 성왕은 산업을 일으키고 불교를 진흥시키는 한편 중국의 남조와

---

25) 盧重國, 〈百濟王室의 南遷과 支配勢力의 變遷〉《韓國史論》 4, 서울대, 1978.
李基白, 〈熊津時代 百濟의 貴族勢力〉《百濟硏究》 9, 충남대, 1978.
梁起錫, 〈熊津時代의 百濟支配層硏究－王權强化政策과 關聯하여－〉《史學志》 14, 단국대, 1980.

26) 李基白, 〈百濟史上의 武寧王〉《武寧王陵》, 문화재관리국, 1973.
盧重國, 〈百濟武寧王代의 集權力强化와 經濟基盤의 擴大〉《무령왕릉의 연구현황과 제문제》, 공주대, 1991.

27) 1972년 공주 송산리에서 발견된 무령왕릉의 誌石에는 "寧東大將軍 百濟斯摩王 年六十二歲 癸卯年 五月丙戌朔 七日壬辰崩…"이라 하여 梁에서 영동대장군을 책봉받았음을 기록하고 있지만, 천자가 죽었을 때 쓰는 '崩'이라는 글자를 써서 그 주체의식이 나타나고 있다. '斯摩王'이란 생전에 사용된 諱(휘)이며, 사후에 주어진 시호인 '무령왕'이라는 표현은 보이지 않는다.
李丙燾, 〈百濟武寧王陵出土誌石에 대하여〉《學術院論文集》, 人文社會科學篇 11, 1972.

교통하여 그 문물을 수입하였으며, 나아가 왜와도 우호를 두터이 하여 불교 등 여러 문물을 전해 주었다. 이 때 백제는 22部의 중앙관서가 확대 정비되고 수도의 5部, 지방의 5方制가 갖추어져 국가체제가 강화되었다.[28]

또한 성왕은 이렇게 신장된 국력을 바탕으로 대외적인 중흥을 꾀하여 고구려에 빼앗겼던 한강 하류의 6郡을 신라와 협동작전으로 탈환하였다(왕 29년, 551). 이리하여 백제는 오랫동안의 숙원을 달성할 수 있었으나 곧 동맹국인 신라의 배신으로 한강유역의 땅을 다시 상실하는 비운을 맞이하였다(왕 31년, 553). 신라의 배신행위에 분격한 성왕은 이듬해 친히 군사를 이끌고 신라를 치다가 管山城(지금 옥천)에서 전사하니, 이로써 백제의 중흥은 큰 타격을 입게 되었다. 이 때부터 삼국의 관계는 반전하여, 백제는 이제 고구려와 연결하여 어제의 동맹국이었던 신라를 적으로 삼아 치열한 싸움을 계속하게 되었다.

3. 신라의 비약

고구려・백제보다 후진적인 사회였던 신라가 비약적인 발전을 시작한 것은 6세기에 들어선 지증왕대(500~514)부터였다. 이 때 신라는 농업이 크게 발달하였으니, 왕 3년(502)에 外官에게 명하여 농사를 권장케 하고 처음으로 牛耕을 시작하였으며, 또한 수리사업을 활발히 진행하였다.[29] 이러한 농업생산력의 급격한 상승이 신라사회의 비약적 발전의 토대가 되었다.

이와 같은 지증왕대의 발전은 정치체제의 정비로 구체화되었다. 즉, 왕 4년(503)에 국호를 '新羅'로 정하고 왕호는 마립간에서 중국식인 '王'으로 바꾸었는데, 이러한 신라의 한식화는 그만큼 고도의 중국문화와 정치제도가 수입되었음을 나타내는 것이다. 이 밖에 州郡의 제도를 정하고 異斯夫를 悉直州(지금 삼척)의 軍主로 삼았다는 것이나(왕 6년, 505), 원시적인 풍습인 순장을 금하고(502) 서울에 東市를 설치한 것은(509) 신라사회의 발전을 보여주는 것이다.

다음 법흥왕대(514~540)에는 법령을 반포하고 처음으로 百官公服의 차례를 제정하였으며(왕 7년, 520), 眞骨 귀족회의의 대표자로서 上大等제도를 설치하는

28) 盧重國, 〈泗沘時代 百濟支配體制의 變遷〉《韓沽劤停年紀念 史學論叢》, 지식산업사, 1981.
______, 《百濟政治史硏究》, 일조각, 1988.

29) 5・6세기에 신라는 수리사업이 발달하여 농업생산의 대발전기를 이루었다. 즉, 신라는 4・5세기까지는 麥類가 주작물이었지만 그 이후부터는 벼의 재배가 일반화되었던 것이다.
李春寧, 《李朝農業技術史》, 한국연구원, 1964
李基白, 〈永川 菁堤碑 貞元修治記의 考察〉《考古美術》 102, 한국미술사학회, 1969 ; 《新羅政治社會史硏究》, 일조각, 1974.

등(왕 18년, 531) 이제 신라는 법제적인 고대국가체제로 발전하게 되었다. 이 때 처음으로 '建元'이라는 연호를 사용한 것도(왕 23년, 536) 신라의 국가발전을 나타내는 것이다. 연호의 사용은 중국문화의 채용을 뜻하는 동시에 중국과 대등한 국가라는 의식의 표현이기도 하였다. 또한 법흥왕 14년(527)에는 불교를 공인하여 집권적인 고대국가의 사상적인 통일을 이루었다. 이러한 신라의 국가체제정비는 그 후의 삼국통일과 전제왕권확립의 기반이 되었던 것이다.[30]

이와 같이 내부적인 발전을 이룩한 신라는 이를 기반으로 하여 대외적인 발전을 도모하였다. 이미 지증왕 때 于山國(지금 울릉도)을 복속시켰고(왕 13년, 512), 법흥왕 때에는 김해의 본가야를 병합하여 낙동강 하류 지역으로 진출하였다(왕 19년, 532). 그러나 신라로 하여금 비약적인 대외 발전을 이루게 한 이는 진흥왕(540~576)이었다. 그는 異斯夫·居柒夫(거칠부) 등 중신의 보필을 받아 안으로는 《國史》를 편찬하고(왕 6년, 545) 연호를 '開國'이라 하였으며(왕 12년, 551), 불교를 흥륭시키고 음악을 일으키며 花郎徒를 제도화하는 등 내치에 힘쓰는 한편, 밖으로 정복사업에 착수하였다. 즉, 그는 소백산맥을 넘어 고구려가 차지하고 있던 단양의 赤城을 점령하더니,[31] 왕 12년(551)에는 백제 성왕과 연맹하여 고구려를 쳐서 한강상류지역의 10군을 점유하였고, 2년 후에는 백제가 점유한 한강 하류지역마저 탈취하여 중부지방을 모두 독차지하였다. 이어 그는 가야제국의 정복에 손을 대어 함안의 阿羅加耶, 창녕의 非火加耶를 합병하고 마침내 고령의 대가야를 정벌함으로써 낙동강유역을 모두 확보하였다(왕 23, 562).[32] 그 후 진흥왕은 해안선을 따라 동북방면으로 북상하여 함흥평야까지 점령하였으니, 이와 같은 정복사업은 지금 昌寧·北漢山·黃草嶺·磨雲嶺에 남아 있는 네 개의 순수비를 통해서 알 수 있다.[33] 그만큼 신라의 북방 경계선이 북상 확대되었던 것이다.

진흥왕의 영토확장 가운데 특히 한강유역의 점령은 신라로 하여금 대고구려·백

30) 李鍾恒, 〈新羅法興王代의 建元의 背景에 대하여〉《韓國學論叢》 1, 국민대, 1979.
盧重國, 〈法興王代의 國家體制 強化〉《統一期의 新羅社會研究》, 동국대, 1987.

31) 단양 적성비가 발견되기 전에는 신라가 소백산맥 이북으로 진출한 시기를 진흥왕 12년으로 알고 있었는데, 신라의 단양 점령이 그에 몇년 앞서 이루어졌음이 이 비문을 통해 밝혀졌다. 즉, 이 비문에 나타난 阿干(6위) 比次夫가 《삼국사기》에는 진흥왕 12년(551) 신라가 고구려를 쳐서 죽령 이북의 10군을 빼앗을 때 大阿湌(5위)으로 출전하고 있음을 보아 이 비가 진흥왕 12년 이전에 세워졌음을 알 수 있는 것이다.
邊太燮, 〈丹陽眞興王拓境碑의 建立年代와 性格〉《史學誌》 12, 단국대, 1978.
鄭求福, 〈丹陽新羅赤城碑內容에 대한 一考〉《史學誌》 12, 단국대, 1978.

32) 李永植, 〈신라와 가야제국의 전쟁과 외교〉《新羅의 對外關係史研究－신라문화재학술발표회 논문집》 15, 신라문화선양회, 1994.

33) 李丙燾, 〈眞興大王의 偉業〉《韓國古代史研究》, 박영사, 1976.
盧鏞弼, 《新羅眞興王巡狩碑研究》, 일조각, 1996.

신라의 전성(6세기 후반)

제전에 있어서 대단히 유리한 조건을 마련케 하였다. 신라는 한강유역의 인적·물적 자원을 획득하였을 뿐 아니라 이 곳에 北漢山州를 설치하여 군사적인 요지로 삼았으며, 남양만에는 黨項城(당항성)을 쌓아 바다를 통하여 직접 중국의 남북조와 외교관계를 맺을 수 있었던 것이다. 따라서 진흥왕의 한강유역 점유는 삼국통일을 위한 중요한 발판을 마련한 것이라고 하겠다.[34]

---

34) 李昊榮, 〈高句麗·新羅의 漢江流域進出 問題〉《史學志》 18, 단국대, 1984.
申瀅植, 〈新羅의 發展과 漢江〉《韓國史硏究》 77, 1992.

III. 古代國家의 對外關係와 濟·麗의 붕괴

1. 삼국의 대외관계

고구려·백제·신라의 삼국이 고대국가로 발전하여 상호 항쟁한 시기는 중국대륙에서 후한 이후 삼국·남북조의 분열기를 거쳐 통일제국인 隋·唐에 이르는 시기에 해당하였다. 따라서 이 때의 삼국 사이의 力關係는 중국세력의 消長과 불가분의 관계를 맺고 있었다. 중국세력의 변동과 이들에 대한 삼국의 외교관계가 삼국 사이의 세력관계에 커다란 영향을 끼쳤던 것이다.[35)]

삼국의 대중국관계는 朝貢의 형식을 띠었다. 고구려가 A.D. 32년(대무신왕 15)에 후한에 사신을 보내 조공을 바치니 후한의 光武帝가 왕호를 회복시켜 주었다는《삼국사기》의 기록으로 보아 고구려는 일찍부터 중국과 조공 및 封册의 관계를 맺고 있었음을 알 수 있다. 이러한 중국에 대한 조공과 책봉은 그 후 백제·신라도 마찬가지였다. 그러나 처음의 삼국의 대중국관계는 정식 조공이 아니라 단순한 입조에 불과하였던 것이 뒤에 남북조 시대에 이르러 정기적인 조공관계로 발전하게 되었다. 삼국은 남북조의 여러 나라에 함께 사신을 보냈으나 특히 고구려와 北魏, 백제와 宋, 그리고 신라와 陳 사이의 관계가 가장 밀접하였다.[36)]

삼국의 조공관계는 형식적으로 중국의 중화사상을 충족시키는 것이었으나 그것은 어디까지나 삼국의 이익과 입장에서 전개된 것이었다.[37)] 즉, 삼국은 조공관계를 통하여 중국세력을 이용하였고, 특히 선진문물을 수용하여 정치·문화적인 이익을 얻을 수 있었던 것이다. 그러나 남북조에 대한 삼국의 대중국관계는 서로가 통일왕조를 이루지 못하고 있었다는 점에서 상보적 역할을 이루었는데, 이제 중국측에 통일제국인 수·당이 성립함으로써 삼국의 대중국정책도 큰 변동을 일으키지 않을 수 없었다.

2. 고구려의 수·당과의 싸움

5세기에 한반도 및 요동·만주지역에 걸친 대제국을 건설하고 삼국의 주도적 위치를 유지하고 있었던 고구려는 6세기 후반에 들면서 남쪽으로는 신흥세력인 신라에 밀리어 한강유역을 상실하고, 북으로는 중국대륙을 통일한 수와 충돌하

35) 盧重國,〈高句麗·百濟·新羅 사이의 力關係變化에 대한 一考察〉《東方學志》23, 연세대, 1981 ;《高句麗史硏究》I, 연세대 국학연구원, 1987.

36) 申瀅植,〈三國의 對中關係〉《韓國古代史의 新硏究》, 일조각, 1984.

37) 全海宗,〈韓中朝貢關係考〉《東洋史學硏究》1, 1966 ;《韓中關係史硏究》, 일조각, 1970.

게 되었다. 일찍이 고구려의 장수왕은 당시 중국이 남북조로 분리되어 있는 것을 이용하여 북조의 北魏·東魏·北齊·北周 등과 차례로 통교하는 한편 바다를 통하여 남조의 東晋·宋·齊·梁·陳 등에도 사신을 보내 친선을 도모함으로써 중국세력을 견제하고, 북방으로부터의 위협을 예방하는 데 성공하였다.[38] 그러나 수가 남북조를 통일하고(589), 신라가 한강유역을 차지한 후 수와 직접적인 외교관계를 맺음으로써 고구려와 중국왕조와의 친선관계는 더 이상 유지되지 못하게 되었던 것이다.

고구려와 수의 대립은 고구려로 하여금 신흥세력인 북방의 突厥(돌궐)과 연결케 하였다. 이리하여 고구려는 전략적으로 중요한 지점인 수의 요서지방을 먼저 공격하였다(598년, 영양왕 9). 이에 분노한 수 文帝는 수륙 30만의 대군을 동원하여 고구려를 공격하였지만 육군은 큰 홍수와 질병을 만났고 수군은 서해상에서 폭풍을 만나 헛되이 퇴군하지 않을 수 없었다. 그러나 문제의 뒤를 이어 즉위한 煬帝(양제)는 친히 100여만의 대군을 이끌고 대대적인 침략을 강행하기에 이르렀다(612년, 영양왕 23). 이 때 수의 육군은 고구려의 전방요지인 요동성(지금 요양)을 포위 공격하였으나 고구려군의 완강한 방어에 의하여 실패하였으며, 수군도 대동강을 거슬러 올라와 평양성을 치다가 크게 패배하였다. 이에 초조해진 양제는 별동대 30만으로 하여금 직접 평양성을 치게 하였지만 고구려의 명장 乙支文德의 유도작전에 말려 압록강과 薩水(살수, 지금 청천강)를 건너 평양성 가까이까지 깊이 들어왔다가 지치고 굶주리게 되어 헛되이 철수하던 중 살수에서 고구려군의 공격을 받아 전멸하고 말았다. 이 싸움에서 수는 막대한 피해를 입었고, 이로 말미암아 내란이 일어나 마침내 멸망하였다.

수의 뒤를 이은 唐은 처음에는 고구려와의 화친을 꾀하여 서로 사신을 파견하고 포로를 교환하기도 하였다. 그러나 당 태종이 즉위하면서 세계제국을 건설하려는 야심으로 주위의 여러 나라를 침략하고 고구려에게도 압력을 가하였다. 이에 불안을 느낀 고구려는 국경선에 千里長城을 쌓았는데, 이는 북의 夫餘城(지금 농안 부근)에서 남의 卑沙城(지금 발해만 부근)에 이르는 방어선이었다.

이러한 가운데 당과의 관계를 자극한 사건이 일어났으니, 그것은 고구려에서 일어난 淵蓋蘇文의 정변과 그에 따른 대외정책의 강경화였다. 즉, 당시 장성 축조의 감독을 맡고 있던 연개소문이 군사를 이끌고 평양으로 들어가 영류왕과 자

38) 徐榮洙, 〈三國과 南北朝 交涉의 性格〉《東洋學》 11, 단국대, 1981.
李龍範, 〈高句麗의 膨脹主義와 中國과의 關係〉《古代韓中關係史의 研究》, 삼지원, 1987.
盧泰敦, 〈5~6世紀 東아시아의 國際情勢와 高句麗의 對外關係〉《東方學志》 44, 연세대, 1984 ; 《高句麗史研究》 I, 연세대 국학연구원, 1987.

기에게 반대하는 대신들을 모두 죽이고 보장왕을 세우는 동시에 스스로 大莫離支가 되어 무단적인 독재정치를 실시하였던 것이다(642). 그는 실권을 장악한 후 강력한 대외정책을 펴서 신라와 당에 강경히 대응하였다. 이 해에 백제군이 신라를 쳐서 나·제 국경의 요충인 大耶城(지금 합천)을 비롯한 40여 성을 빼앗자 신라는 고구려에 金春秋를 보내 구원을 요청하였는데, 연개소문은 이를 듣지 않고 오히려 한강유역의 반환을 요구하면서 김춘추를 오랫동안 가두어 두었으며, 또한 신라에 대한 공격을 중지하라는 당의 요구를 거절하였다. 이에 당 태종은 연개소문의 국왕살해를 문책한다는 구실을 내세워 고구려를 공격하기에 이르렀다.[39]

645년(보장왕 5) 당 태종은 친히 수륙대군을 이끌고 고구려에 쳐들어와 요하를 건너 요동성 등 몇개 성을 점령하고, 이어 安市城(지금 영성자)을 포위 공격하였다. 그러나 안시성은 험준한 요세일 뿐 아니라 성주[40]와 군민이 힘을 합쳐 용감히 싸웠으므로 당군은 60여 일이나 집요한 공격을 계속하였지만 끝내 함락시키지 못하고 철수하지 않을 수 없었다.

이와 같이 고구려는 중국의 통일제국인 수·당의 거듭된 침입을 막아내는 데 성공하였다. 이러한 이민족의 침략에 대한 고구려의 승리는 굳센 항쟁의 결과로 나타난 것이었다. 특히 고구려의 수·당군 격퇴는 당사자인 고구려뿐 아니라 백제·신라의 존립까지도 구원한 셈이었다. 이렇게 볼 때 고구려의 중국과의 싸움은 민족보위의 방파제적인 의의를 지녔다고 할 수 있겠다.[41]

3. 백제의 멸망

고구려가 중국과의 싸움에 전념하고 있는 동안 백제는 계속해서 신라를 공격하였다. 성왕이 관산성에서 신라군에 의하여 전사한 이후 계속된 이 공세는 의자왕(641~660)이 즉위하면서 보다 격렬해져 신라의 大耶城을 비롯한 40여 성을 탈취하였을 뿐 아니라 고구려와 함께 당항성을 공격하여 신라의 대당교통로를 끊으려 하였다.

백제와 고구려의 협공을 받아 위기에 처한 신라는 당과의 연결을 도모하였다. 앞서 고구려에 구원을 청하였다가 연개소문에게 거절을 당하였던 김춘추가 이번

39) 田美姬, 〈淵蓋蘇文의 執權과 그 政權의 性格〉《李基白古稀紀念 韓國史學論叢》上, 일조각, 1994.

40) 당시 안시성의 성주는 우리 나라나 중국의 정사에는 그 이름이 보이지 않지만, 宋浚吉의 《同春堂先生別集》이나 朴趾源의 《熱河日記》 등 야사에 楊萬春이라고 전하고 있다.

41) 李丙燾, 〈高句麗 對隋唐抗戰〉《韓國古代史研究》, 박영사, 1976.
국방부 전사편찬위원회, 《高句麗 對隋·唐戰爭史》, 1991.
姜性文, 〈麗隋·麗唐戰爭 原因考〉《國史館論叢》69, 1996.

에는 당으로 건너가 나·당 간의 동맹관계를 맺고(648, 진덕여왕 2) 당과 함께 백제를 정벌한 다음 고구려를 남북으로 협공할 계획을 세웠던 것이다. 2년 후에는 김춘추의 맏아들인 金法敏(뒤의 문무왕)을 당에 보내 진덕여왕이 손수 비단에 수를 놓은 〈太平頌〉(唐의 鴻業을 찬양한 글)을 바치고, 그 후에도 계속 사신을 파견하여 당군의 출동을 재촉하였다.

마침내 신라와 당이 백제를 공격한 것은 660년(신라 무열왕 7, 백제 의자왕 20)이었다. 당은 蘇定方으로 하여금 13만의 대군을 거느리고 산동반도로부터 서해를 건너 백제를 향하게 하였고, 신라는 金庾信이 5만의 군사를 이끌고 백제를 공격하였다. 그러나 백제는 이들 연합군의 공격을 막을 만한 태세를 갖추지 못하고 있었다. 그것은 이미 오랫동안 계속된 신라와의 전쟁으로 국력이 소모되었을 뿐 아니라, 처음에는 '海東曾子'라는 칭송을 받았던 의자왕이 점차 환락에 젖어 정치를 그르치고 귀족층과 유리되어 결속이 이루어지지 않았기 때문이었다. 백제의 좌평 成忠과 충신 興首 등이 왕의 비행을 간언하다가 옥사하거나 유배된 것도 이러한 집권층의 내분을 표시하는 것이었다.[42] 더욱이 나·당 연합군의 침입에 대한 방어대책마저도 의논이 합일되지 못하고 있었다.

이러는 사이에 신라군은 炭峴(지금 대전 동쪽)을 넘어 黃山(지금 연산)에 이르렀고, 당군은 白江(금강 하류)에 들어와 그 좌안에 상륙하였다. 이 탄현과 백강은 사비성을 지키는 요충으로 성충·홍수 등이 견수를 건의한 바 있는데 이곳이 무너짐에 따라 전세는 이미 기울어지게 되었다.[43] 다만 백제장군 階伯이 결사대 5천을 이끌고 황산벌에서 김유신의 신라군을 네 차례나 격퇴하였으나 중과부적으로 결국 패하고 말았다. 또한 당군을 방어하던 백강 연안의 백제군도 대패하여 당군은 강을 거슬러 올라와 신라의 육군과 합세하여 사비성을 공략하였다. 이 때 의자왕은 태자 孝와 함께 북쪽 웅진성(지금 공주)으로 피하고 둘째 아들 泰가 스스로 왕이 되어 싸웠으나 셋째 아들 隆이 항복하여 성민의 전의가 크게 떨어짐에 따라 泰도 따라 항복하여 사비성이 함락되었다. 이에 의자왕도 웅진으로부터 내항하여 백제는 결국 멸망하고 말았다(660, 의자왕 20). 이 때 당장 소정방은 의자왕 이하 태자·대신 등을 포로로 하여 당으로 개선하고, 백제 땅에는 웅진 등 5都督府를 두어 劉仁願으로 하여금 군사를 이끌고 사비성에 주둔케 하였다.

그러나 백제가 멸망한 뒤에도 백제인들의 부흥운동이 치열하게 전개되어 당군

42) 金周成, 〈義慈王代 政治勢力의 動向과 百濟滅亡〉《百濟研究》 19, 충남대, 1988.
43) 洪思俊, 〈炭峴考〉《歷史學報》 35·36 합집, 1967.
鄭永鎬, 〈金庾信의 百濟攻擊路研究〉《史學志》 6, 단국대, 1972.

을 괴롭혔다. 즉, 왕족 福信과 승 道琛(도침) 등이 周留城(지금 한산)에서 군사를 일으키니 黑齒常之가 웅거한 任存城(지금 대흥) 등 200여성이 호응하여 그 기세가 드높았다. 이 때 복신 등은 일본에 가있던 왕자 豊을 맞이하여 왕을 삼고 사비성을 포위하여 여기 주둔해 있던 당군과 신라군을 공격하였다. 그러나 신라와 당의 원군이 증파되자 복신 등은 사비성에서 물러나 임존성에 웅거하였는데, 이곳에서 복신이 도침을 죽이고 풍이 또 복신을 죽이는 등 내분이 일어나 부흥운동은 위기에 봉착하였다. 이 기회를 틈타 신라와 당군이 부흥군의 본거지인 주류성을 함락시키고 마침내 최후의 거점인 임존성도 함락시켰던 것이다(663).[44]

4. 고구려의 멸망

백제를 멸망시킨 후 신라와 당은 곧바로 고구려에 대한 공격을 서둘었다. 당은 백제를 멸망시킨 이듬해(661) 소정방·契苾何力(계필하력) 등으로 수륙대군을 이끌고 고구려를 공격케 하였고, 신라는 이들에게 군사와 군량을 보급하였다. 이 때 당의 수군은 대동강을 거슬러 올라가 고구려의 수도 평양성을 포위하고 6·7개월 동안 공격하였으나 연개소문의 강력한 반항에 부딪쳐 참패당하고 철수하지 않을 수 없었다. 한편 육군도 압록강에서 연개소문의 아들 男生이 거느린 고구려군에게 저지되었고, 김유신이 이끈 신라군은 혹독한 추위와 고구려군의 저항을 무릅쓰고 평양성 가까이 진격하였으나 소정방의 수군이 철수하자 역시 되돌아오게 되었다.

이와 같이 고구려는 나·당군의 침입을 막아내는 데 성공하였으나 거듭되는 외환으로 국력이 소모되고 또 연개소문의 독재정치에 대한 국민의 불평이 높아지고 있었다. 또 밖으로는 고구려의 지배하에 있던 거란족과 말갈족이 당에 복속하게 되어 요동 방위선이 점차 약화됨으로써 대당항쟁에서 불리하게 되었다. 이 때 마침 고구려의 집권층 사이에서 내분이 일어났다. 그것은 665년 연개소문이 죽고 장자 男生이 대막리지가 되어 정권을 잡자 두 동생 男建·男産이 힘을 합쳐 남생을 몰아내고 남건이 스스로 대막리지가 되니, 이에 남생은 옛서울인 국내성(지금 통구)으로 달아나 당에 원군을 청하였던 것이다. 또한 같은 해에 연개소문의 동생 淵淨土가 12城을 들어 신라에 투항함으로써 고구려는 자체분열로 약화의 길을 걷게 되었다.

당은 이를 기회로 재차 고구려를 침략하였다(667, 보장왕 26). 이 때 李世勣(적)이 이끈 당군은 新城(지금 심양 부근)·부여성(지금 농안 부근)을 비롯한 요동방면의 여러 성들을 함락시킨 후 압록강을 건너 평양성을 포위하였다. 신라도

44) 崔孝軾, 〈百濟의 滅亡과 復興運動〉《統一期의 新羅社會 硏究》, 동국대, 1987.

또한 金仁問이 대군을 거느리고 평양에 이르러 당군과 합세하였다. 나·당연합군의 공격을 받은 평양성의 고구려군은 분전하였으나 결국 지탱하지 못하고 성이 함락되어 고구려는 멸망하고 말았다(668, 보장왕 27).

당은 평양에 安東都護府를 두고 薛仁貴로 하여금 2만의 군사를 거느리고 지키게 하였다. 그러나 고구려 유민들은 곳곳에서 국가부흥운동을 일으켰다.[45] 특히 劍牟岑(검모잠)은 보장왕의 서자인 安勝을 왕으로 받들고 漢城(지금 재령)을 근거지로 부흥을 도모하고, 백제·고구려 멸망 후 당과 적대관계에 있던 신라에 사람을 보내어 원조를 청하였다(670). 신라는 안승을 金馬渚(금마저, 지금 익산)에 있게 하고 고구려왕에 봉하더니, 뒤에 報德王으로 임명하여 고구려 유민을 모아 당의 세력을 축출하는 데 이용하였다.

이와 같이 고구려·백제·신라의 삼국은 신라와 당의 연합작전으로 백제와 고구려가 차례로 붕괴되어 통일신라로 귀착되었다. 그러나 단주지방에서는 고구려의 유민들이 발해를 세웠으므로, 이제 우리 민족은 남북국가의 병립을 보게 되었던 것이다.

Ⅳ. 古代國家의 政治構造와 社會

1. 고대국가의 사회성격

고구려·백제·신라의 삼국은 처음 군장국가로부터 초기국가를 거쳐 마침내 고대국가로 발전한 나라이다. 고대국가의 특징은 강력한 왕권 아래 중앙집권적인 정치조직을 갖추고, 이를 바탕으로 밖으로 정복사업을 전개하여 광대한 영토국가를 이룩하는 데 있었다. 전형적인 고대국가인 삼국은 강력한 왕권을 지닌 국왕이 종래의 군장세력을 정치기구 속에 편입시켜 전제정치를 실시하였다. 즉, 고구려·백제·신라는 모두 국왕을 정점으로 조직화된 지배체제를 편성하여 중앙집권적인 정치를 행하였으니, 王京에 사는 중앙귀족과 병합된 족장세력을 하나의 단일적인 관등조직 안에 편성하고 국무를 분담한 여러 관부를 설치하였으며, 전국을 다스리는 지방제도를 군사적인 성격으로 조직하였던 것이다.[46]

한편 군장세력은 종래의 족적인 독립성을 상실하고 고대국가의 관리로 편입되었지만 이들은 이 과정에서 국왕권과 결합하여 귀족신분을 보장받았다. 즉, 삼국

---

45) 金甲周, 〈高句麗의 滅亡과 復興運動〉《統一期의 新羅社會 硏究》, 동국대, 1987.

46) 申瀅植, 〈'三國史記'를 통해 본 三國社會〉《韓國古代史의 新硏究》, 일조각, 1984.
金瑛河, 〈韓國 古代社會의 政治構造〉《韓國古代史硏究》 8. 韓國史의 時代區分, 신서원, 1995.

에서도 왕족을 비롯하여 종래의 군장 등 지배적인 족장세력이 중앙귀족으로 재편성되어 정치권력을 독점하고 토지·노비 등 재산을 소유하며, 사회적인 여러 특권을 향유하였다. 이들 귀족은 王京에 거주하는 지배신분으로서 정치·경제·문화의 담당세력이 되었던 것이다.

이들 왕족과 귀족 등 지배층은 그들의 정치적·경제적·사회적 특권을 독점하기 위하여 자기들 귀족층에 유리한 율령을 제정하고, 신분의 엄격한 구분을 요구하였다. 그러므로 삼국시대에는 엄격한 신분제도가 유지되어 귀족·평민·천민의 신분적 차이가 엄하게 구별되었던 것이다. 이렇게 볼 때 삼국시대는 왕족·귀족 등의 신분층이 정치·사회·경제 등 모든 면의 지배적 지위를 독점한 신분사회였다고 할 수 있겠다.

그러나 이 시기에 가장 광범하게 존재한 것은 농민층이었다. 이들 농민은 신분적으로는 평민으로 각기 자기 소유의 토지를 경작하는 자영농민이었다. 국가는 이들 농민을 수취의 대상으로 삼아 조세와 貢賦·力役을 부과하였다. 즉, 중앙정부는 지방의 토착적인 村主를 매개로 사람의 수와 호를 기준으로 포와 곡식을 징수하였고, 또 築城·築堤 등의 부역에 동원하였다.

이 밖에 천민층도 상당히 많이 존재하였다. 그것은 전쟁포로나 정복민을 노비로 삼거나 부곡과 같은 특수지역에 집단적으로 거주케 하였기 때문이었다.[47] 국왕은 직접 많은 노비를 소유하고 宮內府의 수공업에 종사케 하였으며, 고관귀족이나 장군에게도 포로를 주어 노비로 삼게 하였던 것이다.

2. 고구려의 정치와 사회

고구려가 고대국가로 발전한 이후에는 강력한 왕권 아래 정비된 정치조직이 편성되었다. 우선 고대국가 고구려에서는 계루부의 高氏가 세습적으로 왕위에 올랐을 뿐 아니라 형제상속에서 부자상속제로 발전하여 왕권이 보다 공고하여졌다. 이제 고구려는 왕족인 고씨가 대대로 왕위를 계승하여 대외발전의 중핵이 되었으니, 지금 남아있는 광개토왕비나 將軍塚 등 왕릉의 거대함은 당시 왕권이 강력하였음을 보여주는 것이다.

한편 종래 5부족의 족장들은 귀족으로 전화하여 고위관직에 임명되고 정치에 참여하였다. 이 가운데 왕족인 계루부가 제1귀족의 지위에 있었음은 물론이고, 이 밖에도 전 왕족 소노부와 왕비족인 절노부(明臨氏)의 大人(대가의 후신)들이 고추가의 존칭을 받고 귀족신분의 중심을 이루었다. 이와 같이 고구려에서는 국

47) 韓沽劤, 〈古代國家成長過程에 있어서의 對服屬民施策－其人制起源說에 對한 檢討에 붙여서－〉(上·下)《歷史學報》 12·13, 1960 ; 《其人制硏究》, 일지사, 1992.
金龍德, 〈鄕·所·部曲攷〉《白樂濬還甲紀念 國學論叢》, 1955.

고구려 관등조직의 변천

관등	魏志	周書	隋書	唐書	翰苑
1	相加	大對盧	太大兄	大對盧	大對盧(吐捽)
2	對盧	太大兄	大兄	鬱折	太大兄(莫何羅支)
3	沛者	大兄	小兄	太大使者	鬱折(主簿)
4	古雛加	小兄	對盧	皂衣頭大兄	太大使者(謁奢)
5	主簿	意俟奢	意俟奢	大使者	皂衣頭大兄(中裏皂衣頭大兄)
6	優台	烏拙	烏拙	大兄	大使者(大奢)
7	丞	太大使者	太大使者	上位使者	大兄(纈支)
8	使者	大使者	大使者	諸兄	拔位使者(儒奢)
9	皂衣	小使者	小使者	小使者	上位使者(乙奢)
10	先人	褥奢	褥奢	過節	小兄(失支)
11		翳屬	翳屬	先人	諸兄(翳屬)
12		仙人	仙人	古雛大加	過節
13		褥薩			不節
14					先人

왕과 귀족이 연합하여 정치를 주도해 나갔던 것이다.

고구려는 삼국 가운데 가장 먼저 정비된 관등조직을 성립시켰다. 이미 초기국가 때 〈위지〉 동이전에 기록되어 있듯이 相加 등 10개의 관등이 마련되어 있었고, 그 후 고대국가로 발전하면서 보다 조직화된 관등체계로 편제되었다. 고구려의 관등조직은 〈위지〉 이후 시간이 흐름에 따라 《周書》의 13관등, 《隋書》의 12관등, 《唐書》의 12관등, 《翰苑》의 14관등으로 점차 정비되어 갔는데,[48] 이 관등은 초기국가 때 종래의 대가들의 부족적 전통의 일부를 인정해 주었던 것을 고대국가에 들어와 이들 대가의 세력을 왕권 아래 통합하면서 분화·정비시킨 것이다.

고구려 관등조직에서는 '兄'과 '使者'의 명칭을 중심으로 관등이 분화되어 있는 것이 특징적으로 나타난다. 즉, 《한원》에 기록된 14관등 가운데는 太大兄·皂(조)衣頭大兄·大兄·小兄·諸兄 등 '형'의 계열과 太大使者·大使者·拔位使者·上位使者 등 '사자'의 계열이 추가되고 있다. '형'은 연장자 내지는 가부장적 족장의 뜻을 가진 것으로 종래의 족장세력이 집권적인 왕권 아래 통합·편제되는 과정에서 각기 그들의 족적 기반의 차이에 따라 개편된 것이고, '사자'는

48) 고구려의 관등을 기록한 〈위지〉·《주서》·《수서》·《당서》·《한원》 등은 관등의 수가 다르고 또 그 명칭과 순서에도 서로 차이가 있다. 그러나 《한원》 蕃夷部 高麗條 雍氏註의 《高麗記》에 보이는 14관등이 고구려 후기의 완성된 모습일 것이다.

원래 조부를 거두어 들이는 사람의 뜻을 가진 것으로 이것은 행정적인 관리출신이 그들의 지위에 따라 여러 관등으로 분화·편제된 것이었다. 이와 같이 처음에는 각기 성격이 다른 두 개의 계열이 고대국가에서는 하나의 관등체계 안에 통합·편제되었던 것이다.[49]

고구려의 중앙정치제도는 관부 및 관직명에 대한 기록이 없는데, 이것은 관등이 곧 관직의 의미를 가졌기 때문으로 보인다. 다만 大對盧가 수상으로서 국사를 총괄하였고,[50] 또 그는 귀족들에 의해서 선출되었다 하니 귀족들의 합좌제도가 있었음을 알 수 있다. 이는 고대국가에서 왕권이 강화되었지만 여전히 귀족들의 합좌정치가 이루어졌고, 따라서 당시의 정치가 귀족연합적 성격을 띠고 있었음을 말해 준다. 또 제 5관등인 조의두대형 이상만이 국가의 기밀사무에 참여하고 장군이 될 수 있었다는 것은 귀족들 사이에도 신분의 구별이 있었고, 최고계층의 귀족들이 정치와 군사의 실권을 장악하였음을 나타내는 것이다.[51] 고구려 후기에 莫離支 또는 大莫離支라는 관직명이 보이는데, 이는 1品官에 비할 최고관직으로 정권과 군권을 함께 가진 존재로 전제정치를 한 연개소문과 그 아들들이 대유한 바 있다.

고구려는 전국에 걸쳐 지방행정조직을 정비하고 중앙집권적인 통치를 하였다. 왕경은 고대국가의 초기단계에 해당하는 고국천왕(179~197) 때에 이미 종래의 부족적인 전통을 가진 5부가 행정적인 성격의 것으로 변질되었다. 전국은 내·동·서·남·북의 5부로 나누고 각 부는 褥薩(욕살)이라고 불리는 지방장관이 大城에 머물면서 다스렸다. 각 부에는 여러 城이 달려있어 각기 處閭近支 또는 道使라고 불리우는 성주에 의하여 통치되었는데, 이것이 뒤에 중국식으로 바뀌어 郡이라고 칭하여졌다. 이들 욕살이나 처려근지 등 지방장관은 모두 중앙정부로부터 파견되었고, 그 임무는 행정과 군사를 함께 겸하고 있었으므로 고대국가의 지방제도가 중앙집권적이며 군사적 조직이었음을 알 수 있다. 또한 수도인 평양성 이외에 국내성(지금 통구)과 한성(지금 재령)의 別都를 두어 3京을 삼았

49) 金哲埈, 〈高句麗·新羅의 官階組織의 成立課程〉《李丙燾華甲紀念論叢》, 일조각, 1956 ; 《韓國古代社會硏究》, 지식산업사, 1975.

50) 대대로는 제1관등이면서 동시에 수상의 관직을 나타낸다. 이것은 백제의 佐平이나 신라의 伊伐湌 등이 관등과 관직을 함께 나타내는 것과 같다. 삼국초기에는 관등과 관직이 미분화된 상태였으나 점차 양자가 구분되어 갔던 것이다. 또한 《삼국사기》에는 고구려의 최고관직으로 막리지란 직명이 나오고 있는데, 이는 대대로의 별칭으로 보인다. 따라서 大莫離支·太大莫離支 등 막리지의 비상위는 역시 大對盧·太大對盧와 상응하는 것이다.

51) 盧重國, 〈高句麗國相考〉(上·下)《韓國學報》 16·17, 일지사, 1979.
李鍾旭, 〈高句麗 初期의 中央政府組織〉《東方學志》 33, 연세대, 1982.
琴京淑, 〈高句麗 初期의 中央政治構造〉《韓國史硏究》 86, 1994.
余昊奎, 《1~4세기 고구려 政治體制 硏究》, 서울대박사학위논문, 1997.

는데, 이들 3경은 정치적·문화적 중심지의 성격을 지닌 것이지만 한편으로는 각 지방을 감시·견제하는 기능도 가지고 있었다.[註]

고구려의 사회구조를 보면 왕족인 고씨와 5부 출신의 귀족들이 지배계층으로서 연합하여 정치를 주도하였다. 합좌제도의 존재나 최고계층의 귀족들이 정치와 군사의 실권을 장악하고 있었음은 바로 이러한 귀족연합 정치의 모습을 반영하는 것이었다. 한편 이들 귀족들은 국가를 보전하고 자신들의 지위를 유지하기 위해 율령을 제정하였고, 또 반역자나 패군자·살인자는 죽이고, 남의 물건을 훔친 자는 12배로 배상하도록 하며, 우마를 죽인 자는 노비를 삼는 등 엄한 형법을 만들어 사회질서를 유지해 나갔다.[52]

고구려의 일반국민은 대체로 농민들이었다. 당시의 농민은 단양 적성비에 보이는 고구려의 이른바 佃舍法(전사법)으로부터 집단적인 공동경작을 하였던 모습도 나타나지만[53] 자기 토지를 경작하는 자영농민이 역시 일반적인 형태였다. 정부는 이들에게 조세·공부·요역을 부과하였는데, 稅로서는 사람의 기준으로 포 5필과 곡 5석을 징수하였고, 조는 호를 3등분으로 구분하여 각각 1석·7두·5두씩을 내게 하였다. 이 때 人頭稅가 戶租에 비하여 월등하게 무거웠던 것은 사람을 중심으로 수세를 한 고대사회의 일면을 보여주는 것이다. 또한 평양성 성벽석각에 나타나는 바와 같이 長安城을 축성할 때 국민의 부역을 징벌한 것이나, 광개토왕비문에 나오는 바와 같이 守墓人 烟戶를 편성하여 노동력을 제공케 한 것처럼 고구려의 일반국민들은 요역도 함께 부담하고 있었다.[54]

한편 이들 농민 가운데는 토지를 잃고 몰락하는 자가 생기기도 하였는데, 3년에 한번 세를 내고 그것도 10명이 합하여 細布 한 필을 납부하였다는 遊人은 바로 일반농민보다 가난한 고용농민으로 짐작된다. 춘궁기에 곡식을 빌려 주었다가 추수기에 걷어들이는 진대법이 행하여진 것도 이러한 빈민을 위한 시책이었을 것이다.[55]

3. 백제의 정치와 사회

백제에서는 왕족인 扶餘氏와 沙氏·燕氏·劦氏·解氏·眞氏·國氏·木氏·

註) 盧泰敦, 〈5～7세기 고구려의 지방제도〉《韓國古代史論叢》8, 가라국사적개발연구원, 1996.

52) 盧重國, 〈高句麗律令에 關한 一試論〉《東方學志》21, 연세대, 1979;《高句麗史研究》Ⅰ, 연세대 국학연구원, 1987.
韓容根, 〈三國時代의 刑律研究〉《東文燮華甲紀念 史學論叢》, 신서원, 1989.

53) 《삼국사기》素那傳에는 신라 阿達城의 백성들이 麻田을 공동으로 경작하고 있어 신라에서도 집단적인 공동경작이 행하여졌음을 볼 수 있다.

54) 金賢淑, 〈廣開土王碑를 통해 본 高句麗 守墓人의 社會的性格〉《韓國史研究》65, 1989.

55) 김기흥, 《삼국 및 통일신라 세제의 연구》, 역사비평사, 1991.

苩氏(백씨) 등 이른바 '大姓八族'이 지배세력의 중심을 이루고 정치를 주도하였다.[56] 이 가운데서도 처음 한성시대에는 북방으로부터의 유이민 계통인 진씨와 해씨가 왕비족이 되어 부여씨와 함께 정치의 중심세력을 이루다가 남천한 뒤에는 토착세력인 나머지 성씨들이 대두하였는데, 이들 귀족들은 왕족과 연합하여 귀족정치를 하였다.[57] 백제 귀족정치의 모습은 政事巖에서 귀족들이 재상을 선거하는 제도가 있었다는 데서 알 수 있다.

백제는 삼국 가운데 가장 먼저 정비된 정치조직을 갖추었다. 그것은 처음 백제의 지배집단이 북쪽으로부터 내려와 토착적인 기반이 미약했기 때문에 강력한 지배조직의 구성이 필요하였고, 또한 중국과의 교역이 활발하여 일찍부터 중국의 발달된 정치제도를 수용할 수 있었기 때문이었다. 260년(고이왕 27)에 제정한 6佐平·16官品의 제도가 그것이다.

이 관등제도는 우선 그 명칭이 한식으로 되어 있고 자못 조직적인 점이 엿보인다. 즉, 16관품이 佐平 및 '率'계열, '德'계열, 武名계열의 세 단계로 구성되고 이들은 각기 紫色·緋色·靑色의 공복을 입어 구별되었다. 이러한 관품의 3구분과 그에 따른 복색의 차이는 백제에서도 신분에 의한 관등의 차별이 있었음을 나타내는 것으로 생각된다. 이들 여러 신분의 관리들이 하나의 관등조직 안에 편입되어 있는 것은 중앙집권체제가 정립되었음을 보여주는 것이다.

백제의 6좌평·16관품

관품	계열	복색
1품 佐平(內臣·內頭·內法·衛士·朝廷·兵官)	佐平	紫色
2품 達率, 3품 恩率, 4품 德率, 5품 扞率, 6품 奈率	率	
7품 將德, 8품 施德, 9품 固德, 10품 季德, 11품 對德	德	緋色
12품 文督, 13품 武督, 14품 佐軍, 15품 振武, 16품 剋虞	武名	靑色

중앙의 정치기구는 6좌평제를 기본으로 하였다. 백제는 이미 한성 시대에 內臣·內頭·內法·衛士·朝廷·兵官의 여섯 부서가 나뉘어져 국무를 분담하였고, 제1관품인 좌평이 그 장관이 되었다. 그러나 후기에는 점차 국무가 복잡해

56) 백제의 '大姓八族'은 《隋書》에 처음 나타나며, 《北史》·《翰苑》·《通典》·《新唐書》 등에 기록되어 있는데 사서마다 약간의 차이가 있지만 《통전》의 것이 가장 정확한 것으로 인정되고 있다.
李弘稙, 〈百濟人名考〉《서울大論文集》 人文社會科學 1, 1954 ; 《韓國古代史의 硏究》, 신구문화사, 1971.

57) 盧重國, 〈百濟王室의 南遷과 支配勢力의 變遷〉《韓國史論》 4, 서울대, 1978.
梁起錫, 〈熊津時代의 百濟支配層硏究〉《史學志》 14, 단국대, 1980.

져서 6좌평 이외에 다시 내관 12部, 외관 10部의 22部가 증치되었다. 6좌평제는 그것이 곧 중국의 6典制는 아니더라도 그것을 모방한 것으로 보이며, 또 22부의 명칭에도 周禮를 본뜬 6官의 이름이 사용된 것으로 보아 백제의 중앙관제가 중국제도에서 큰 영향을 받았음이 나타난다.[58)]

백제도 지방제도를 정비하여 전국을 중앙집권적인 지배체제 안에 편입시켰다. 백제 초기 한성시대에는 전국에 22檐魯(담로)를 두어 국왕의 자제 및 왕족을 보내 다스리게 한 미숙한 지방제도였으나, 후기에 가서는 점차 정비된 통치체제가 마련되었다.[59)] 왕경은 上(동)·前(남)·中·下(서)·後(북)의 5部로 나누었는데, 이것은 고구려의 5부가 본래 부족제 위에 성립되었다가 뒤에 행정구획으로 변질된 것과는 달리 처음부터 방위칭으로 되어 그만큼 족적기반이 미약하였음을 말해 준다.[60)] 이들 각 부에는 500명의 군대를 두었고 또 부 아래에는 5巷이 달려 있어 모두 25항이 두어졌다.

지방은 전국을 5方으로 나누고 각 방마다 方城을 두어 다스렸다. 즉, 전국을 중방(古沙城)·동방(得安城)·남방(久知下城)·서방(刀先城)·북방(熊津城)으로 구분하고, 방성에는 달솔로서 임명된 方領이 700~1,200명의 군대를 통솔하면서 방을 다스렸다. 방 아래에는 郡를 두었는데, 큰 방에는 10군, 작은 방에는 6·7군이 있었으며, 각 군은 덕솔로서 임명된 郡將 3인이 다스렸다. 백제는 전국에 37군·200성이 있었다 하니, 군 아래에 성이라는 하부구조가 있었던 것 같다.

---

58) 李鍾旭, 〈百濟의 佐平〉《震檀學報》 45, 1978.
　______, 〈百濟 泗沘時代의 中央政府組織〉《백제연구》 21, 충남대, 1990.
　盧重國, 〈泗沘時代 百濟支配體制의 變遷〉《韓右劤停年紀念 史學論叢》, 지식산업사, 1981.
　박현숙, 〈백제 泗沘時代의 지방통치체제연구〉《韓國史學報》 1, 고려사학회, 1996.
　李基東, 《百濟史研究》, 일조각, 1996.
　408년(전지왕 4)에는 6좌평 위에 수상인 上佐平이 설치되고 있다. 또한 《일본서기》에는 上佐平과 더불어 中佐平·小佐平도 나오고 있다.

59) 盧重國, 〈漢城時代 百濟의 地方統治制－檐魯體制를 中心으로－〉《邊太燮華甲紀念 史學論叢》, 삼영사, 1985.
　______, 《百濟政治史研究》, 일조각, 1988.
　金英心, 〈5~6세기 百濟의 地方統治體制〉《韓國史論》 22, 서울대, 1990.
　______, 《百濟 地方統治體制研究》, 서울대박사학위논문, 1997.
　______, 〈百濟의 城村과 地方統治〉《百濟研究》 28, 충남대, 1998.

60) 백제의 국가형성이 토착세력의 자연적인 발전에 의한 것이 아니라 유이민집단에 의해서 지배층이 형성되었고, 두번의 천도로 말미암아 족제적인 성격이 희박하게 될 수밖에 없었지만 그렇다고 해서 족적 유제가 전혀 없었다고는 볼 수 없다. 특히 熊津·泗沘時代에 토착적인 재지세력을 귀족으로 흡수하여 정권의 밑받침으로 삼았던 만큼 중앙의 지배집단과 토착적인 귀족 사이의 연합된 사회조직이 이루어졌으리라 짐작된다. 그것은 백제의 관등과 복색에 구분이 있었던 것에서 신분과 족적 유제의 관계를 엿볼 수 있기 때문이다.

이와 같이 백제는 왕경과 지방을 군사적인 행정조직으로 편성하였던 것이다.

앞에서도 언급한 바와 같이 백제사회의 지배층은 왕족인 부여씨와 8성의 귀족으로 이루어져 있었으며, 이들이 연합하여 백제의 정치를 주도하였다. 처음 백제의 지배층은 왕족을 비롯한 북쪽에서 내려온 유이민이 중심이 되었으나 점차 토착세력의 협력이 요구되어 웅진지방의 연씨·백씨·사씨 등을 등용하기에 이르렀다. 백제에도 귀족들의 합좌제도가 있었음은 선거에 의하여 재상을 뽑은 정사암의 이야기로부터 알 수 있고, 또한 16관품이 평면적으로 나뉘어 있는 것이 아니라 세 계열로 구성되어 각각 복색을 달리하였다는 사실은 귀족들 사이에도 신분적인 구별이 있었음을 나타내는 것이다. 이들 지배계층은 역시 엄한 형법을 제정하여 사회체제의 유지에 힘썼는데, 그것은 살인자·반역자·퇴군자 등은 참하고 부인으로 간음한 자는 남편집의 노비로 삼았으며, 남의 물건을 훔친 자는 유형에 처하는 한편 2배로 배상케 한 것으로 알 수 있다.[61]

백제의 농민들도 수취의 대상으로 되어 역시 조세·공부·요역을 부담하였다.[62] 조세와 공부는 고구려와 마찬가지로 포와 곡으로 받았지만 매년 풍흉에 따라 차등을 두었다 한다. 또한 백제 후기의 궁내관부인 내관 12部에 穀部·肉部·馬部·刀部·藥部·木部 등 수공업관계의 관부가 많은 것으로 보아 왕궁 소속의 천민工匠이 다수 존재하였음을 알 수 있다.

4. 신라의 정치와 사회

신라는 김씨왕족이 왕위를 세습하고 왕권이 강하였으나, 이 밖에도 전왕족이자 中古의 왕비족인 박씨족이 최고의 귀족으로서 존재하여 고구려의 古雛加와 葛文王에 임명되었다. 이들 왕족과 귀족들은 聖骨·眞骨 등 소위 골품의 폐쇄적인 신분제에 의해서 정치적·사회적 특권을 독점하였다.

신라관등제도는 6세기 초 법흥왕 때 17관등으로 완성되었다. 그런데 이 관등명칭에 湌(干)이나 舍(마루)·知와 같은 족장적 의미를 간직한 것이 많은 것으로 보아 종래 여러 종류의 족장명칭이 고대국가에 이르러 하나의 관등체제에 편제되었음을 알 수 있다. 또한 신라의 17관등은 일원적인 관등조직이지만 그것이 평면적인 구성이 아니라 그 안에 몇 개의 획선이 그어져 있는 것은 신분제도와의 연관 때문인 것으로 보인다.[63] 즉, 신라의 관등조직은 골품제도와 관련을

61) 權兌遠, 〈百濟의 社會風俗과 服飾에 관한 考察〉《韓國社會風俗史硏究》, 경인문화사, 1980.
盧重國, 〈百濟律令에 대하여〉《百濟硏究》 17, 충남대, 1986.
申瀅植, 〈「三國史記」에 나타난 百濟社會의 性格 –「三國史記」 本紀의 分析을 중심으로–〉《百濟硏究》 17, 충남대, 1986.

62) 梁起錫, 〈百濟의 稅制〉《百濟硏究》 18, 충남대, 1987.

신라의 골품과 관등·관직(통일기 포함)

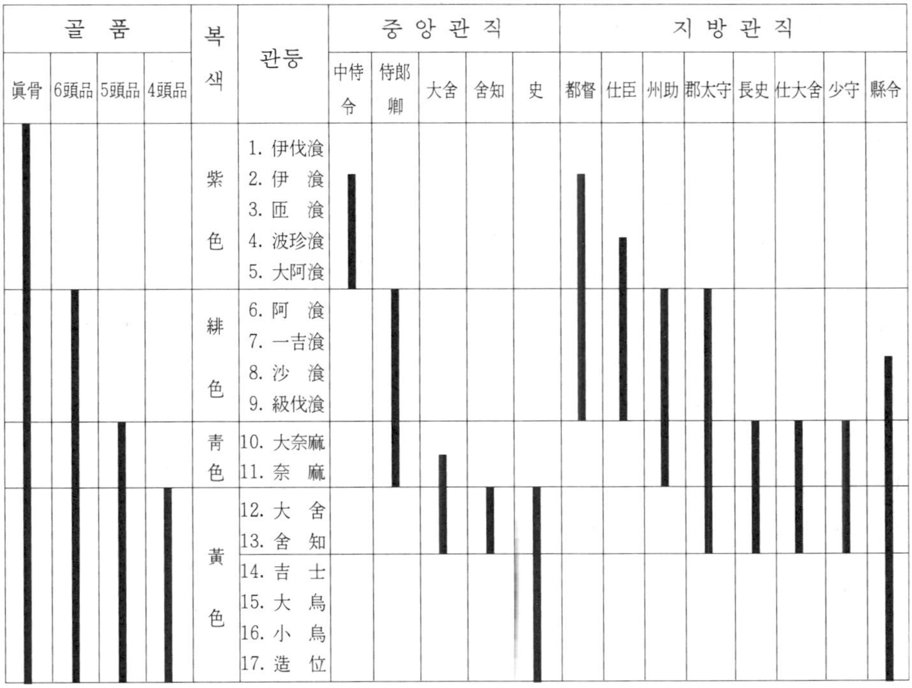

맺고 편성되어 진골은 제 1관등인 伊伐飡(이벌찬)까지 승진할 수 있었지만, 6頭品은 제 6위 阿飡까지, 5 두품은 제 10위 大奈麻까지, 4 두품은 제 12위 大舍까지밖에 올라가지 못하도록 제한되어 있었다. 이 때 6 두품은 아찬에서 더 이상 승진할 수 없기 때문에 4 重阿飡까지의 重位가 마련되었고, 5 두품의 경우에도 大奈麻에 9 重奈麻가 설치되어 신분에 따라 제한된 관등을 넘지 않고도 승진을 계속할 수 있는 방로가 마련되어 있었다.[64] 즉, 신라사회는 골품에 따른 관등의 제한을 중위제로써 보완하였던 것이다.

신라의 중앙정치제도는 고대국가로 발전함에 따라 점차 정비·확대되었다. 제일 먼저 516 년(법흥왕 3)에 兵部가 설치되었으니 이것은 신라 초기에 大輔(이벌찬·이찬)가 정무와 군사를 나누어 관장한 데서 알 수 있는 바 군사기능의 중요

63) 金哲埈, 〈高句麗·新羅의 官階組織의 成立過程〉《李丙燾華甲紀念論叢》, 일조각, 1956 ;《韓國古代社會研究》, 지식산업사, 1975.
申東河, 〈韓國古代國家의 官等制와 身分制〉《同大論叢》 13, 동덕여대, 1983.

64) 邊太燮, 〈新羅官等의 性格〉《歷史教育》 1, 1956.
徐毅植, 《新羅上代 '干'層의 形成·分化重位制》, 서울대박사학위논문, 1994.
《삼국사기》에는 제11 관등인 나마에도 7 중나마의 중위가 설치된 것으로 되어 있지만, 중위제의 성격으로 보아 이것은 오류일 것이다.

성에서 나온 것이다.[65] 531년(법흥왕 18)에 국사를 총괄하는 上大等이 설치되었는데, 이는 행정적인 기능보다도 진골귀족 출신의 대신인 大等들의 대표자로서 귀족회의를 주재하고 귀족세력을 대변하는 성격이 강한 것이었다.[66] 그러나 점차 정무를 담당한 중앙관부가 설치되어 감에 따라 국왕권이 강화되고, 여기서 귀족세력의 대표자인 상대등과 전제화된 국왕권과의 조화가 이루어지게 되었다. 565년(진흥왕 26)에는 정무의 중심기관으로 稟主(품주, 租主)가 설치되었는데, 국무가 복잡해짐에 따라 점차 여러 관부가 분화 증치되었다. 진평왕(579~632) 때 位和府(관등을 관장)와 調府(공부 관장)·禮部(의례 담당)가 설치되고, 651년(진덕여왕 5)에는 기존의 품주가 국가의 기밀사무를 맡은 執事部와 재정을 관장한 倉部로 분화되기에 이르렀다. 이 집사부는 국왕 밑의 중추기구로 되고 그 장관인 中侍가 왕권의 방파제적인 지위에 놓이게 되었는데, 이러한 중앙관부의 정비는 왕권의 강화와 직결되는 것이었다.[67]

지방제도는 먼저 왕경을 及梁·沙梁·本彼·牟梁·漢祇·習比의 6部로 편성하였는데, 이는 종래의 부족적 전통을 행정적인 조직으로 개편한 것이었다. 그러나 진흥왕순수비 등 中古의 기록에서 인명 앞에 반드시 그 사람의 소속 부명을 적는 것으로 보아 그 때까지도 아직 종래의 족제적 전통이 남아 있었음을 알 수 있다.[68] 이들 6부 소속의 왕경인은 17관등의 京位를 가짐으로써 外位를 갖는 촌주 등 지방유력자와 구별되었다.

전국에는 小京과 州·郡·村의 제도를 실시하였다. 즉, 514년(지증왕 15)에 阿尸村(지금 함안)에 소경을 설치한 데 이어 557년(진흥왕 18)에는 國原(지금 충

65) 申瀅植, 〈新羅兵部令考〉《歷史學報》 61, 1974 ; 《韓國古代史의 新研究》, 일조각, 1984.
趙榮濟, 〈新羅上古 伊湌·伊伐湌에 대한 一考察〉《釜山史學》 7, 부산사학회, 1983.

66) 李基白, 〈上大等考〉《歷史學報》 19, 1962 ; 《新羅政治社會史研究》, 일조각, 1974.

67) 李基白, 〈稟主考〉《李相佰華甲紀念論叢》, 1964 ; 《新羅政治社會史研究》, 일조각, 1974.
______, 〈新羅 執事部의 成立〉《震檀學報》 25·26·27 합병호, 1964 ; 《新羅政治社會史研究》, 일조각, 1974.
李泳鎬, 〈新羅 執事部의 設置와 中侍〉《國史館論叢》 69, 국사편찬위원회, 1996.
李仁哲, 《新羅政治制度史研究》, 일조각, 1993.

68) 李明植, 〈新羅의 統治組織〉《新羅政治史研究》, 형설출판사, 1992.
네 개의 眞興王巡狩碑를 비롯하여 근년에 발견된 단양 적성비나 울진 鳳坪新羅碑, 영일 冷水里新羅碑 등 금석문에는 及梁部를 喙部(훼부, 탁부, 돌부), 沙梁部를 沙喙部로 표기하고 있다. 그런데 이들 금석문에도 6부 전체가 나오지 않고 거의 모두가 이들 두 부만 보이는 것으로 보아 신라 지배층은 훼부와 사훼부를 중심으로 구성되었음을 짐작할 수 있다. 다만 진흥왕비와 울진비에 몇 명의 본피부 출신이 보이고 울진비에 하나의 岑喙部(모량부)출신이 보일 뿐이다.
李文基, 〈新羅中古의 六部에 관한 一考察〉《歷史教育論集》 Ⅰ, 경북대, 1980.
文暻鉉, 〈上中古期 新羅六部의 史的考察〉《국사관논총》 45, 국사편찬위원회, 1993.
全德在, 《新羅六部體制研究》, 일조각, 1996.
李鍾旭, 〈新羅上代의 王京六部〉《歷史學報》 161, 1999.

주)에, 639년(선덕여왕 8)에는 何瑟(슬)羅(지금 강릉)에 각기 소경을 설치하여 그 장관을 仕臣이라 불렀다. 이 소경은 왕경을 모방한 지방의 특수행정구역으로 정치적·문화적 중심지의 성격이 강하였다.[69] 州는 505년(지증왕 6)에 처음으로 悉直州(지금 삼척)가 설치된 후 진흥왕대(540～576)까지 沙伐州(上州)·新州(北漢山州)·比斯伐州(下州)·比列忽州를 합하여 5주가 성립되었는데, 그 장관은 軍主라 칭하였고 州治도 군략상의 필요에 따라 이동하여 신라의 주가 아직 행정구획이기 보다도 군사적 성격을 띠었음을 알 수 있다.[70] 州 밑에는 군이 있어 幢主(당주)가 파견되었으며, 또 아래의 촌(성)에는 道使가 파견되었는데, 이들 군·촌(성)도 군사적 성격이 강한 행정구역이었다.[71]

따라서 신라의 군사조직은 지방제도와 밀접하게 연결되어 있었다. 즉, 신라에는 大幢을 비롯한 6停의 군단이 편성되었는데, 이것은 왕경과 5주의 주치 부근에 배치된 6개 부대로 그 중에서도 왕경부근에 설치된 대당이 가장 중심이 되었다.[72] 이 밖에도 모병에 의해서 誓幢(서당)을 편성하여 군사력을 강화하였다.

신라의 사회체제는 골품제도에 의해서 짜여진 엄격한 신분사회를 이루고 있었다.[73] 골품제도는 왕경 안의 왕족·귀족 및 고대국가의 팽창과정에서 병합된 지방의 족장세력을 통합·편제하는 과정에서 그들의 지위에 따라 골품의 등급을 달리하여 정한 것이다. 원래 신라의 골품제도는 성골과 진골 등 2개의 '骨'과 6두품에서 1두품에 이르는 6개의 '頭品'이 합하여 모두 8개의 등급으로 나누어졌다. 이 가운데 성골과 진골은 왕족으로서 처음에는 성골만이 왕이 되었지만 진덕여왕 이후 성골은 소멸하고, 무열왕부터는 진골에서 왕이 나오게 되었다.[74]

---

69) 林炳泰, 〈新羅 小京考〉《歷史學報》 35·36 합집, 1967.
70) 申瀅植, 〈新羅軍主考〉《白山學報》 19, 1975 ; 《韓國古代史의 新研究》, 일조각, 1984.
姜鳳龍, 〈新羅中古期 州制의 형성과 운영〉《韓國史論》 16, 서울대, 1987.
李銖勳, 〈新羅中古期 州의 構造와 性格〉《釜大史學》 12, 1988.
71) 李宇泰, 〈新羅의 村과 村主－三國時代를 중심으로－〉《韓國史論》 7, 서울대, 1981.
李銖勳, 〈新羅中古期 郡의 形態와 城(村)〉《古代研究》 1, 고대연구회, 1988.
______, 〈新羅村落의 성격〉《韓國文化研究》 6, 부산대, 1993.
全德在, 〈新羅 州郡制의 成立背景研究〉《韓國史論》 22, 서울대, 1990.
金在弘, 〈新羅 中古期의 村制와 지방사회구조〉《韓國史研究》 72, 1991.
朱甫暾, 《新羅 地方統治體制의 整備過程과 村落》, 신서원, 1998.
72) 李仁哲, 〈新羅骨品體制社會의 兵制〉《韓國學報》 54, 일지사, 1989.
姜鳳龍, 《新羅地方統治體制研究》, 서울대박사학위논문, 1994.
李文基, 《新羅兵制史研究》, 일조각, 1997.
73) 申東河, 〈新羅骨品制의 形成過程〉《韓國史論》 5, 서울대, 1979.
李鍾旭, 〈新羅 中古時代의 骨品制〉《歷史學報》 99·100 합집, 1983.
李基東, 《新羅骨品社會와 花郎徒》, 한국연구원, 1980.
尹善泰, 〈新羅 骨品制의 構造와 基盤〉《韓國史論》 30, 서울대, 1993.
74) 성골과 진골의 차이는 분명하지 않다. 母系·妻系의 중요성을 강조하여 모계가 왕비

진골은 김씨왕족 및 전왕족이면서 중고의 왕비족인 박씨, 그리고 새로 복속된 본가야의 왕족인 신김씨(김유신 가문) 등이 포함되었는데, 이들은 제 1신분으로서 정치적 특권을 받고 우대되었다. 진골 아래에는 6두품 이하 1두품까지의 신분등급이 있었는데, 이들은 사로국을 형성하였던 6촌과 뒤에 신라에 복속된 족장의 후예들이 그 세력의 정도에 따라 등급을 달리하여 편성된 것이지만 모두 왕경에 살면서 중앙의 관리가 된 특수신분이라는 점에서는 다름이 없었다. 그러나 골품제도는 시간이 흐름에 따라 아래서부터 붕괴되어 통일 후에는 하위 골품인 3두품 이하가 소멸되고, 진골·6두품·5두품·4두품만이 남게 되었으며, 그나마도 4두품은 거의 평민(백성)과 동질화되어 있었다.

이들 골품은 그들의 혈통·가문의 존비에 따라 결정된 것인데, 이로부터 정치적 진출이나 일상생활에 있어서 신분의 차이가 발생하였다. 전술한 바와 같이 골품은 우선 관등 임명에 차이가 있어 진골만이 최고관등까지 오를 수 있었고, 6두품 이하는 골품에 따라서 관등의 상한선이 각각 정해져 있었다. 이러한 관등의 제한은 곧 관직의 제한으로 나타났다. 즉, 신라에서는 모든 관부의 장관(中侍·令)은 대아찬 이상만이 될 수 있었으므로 자연히 진골만으로 임명될 수밖에 없었고, 차관(侍郎·卿)은 아찬～나마의 관등에 자격이 있었으므로 6두품·5두품에서 임명되었으며, 그 아래 하급관리인 大舍·舍知·史는 4두품 가운데서 임명되었다. 또한 일상생활에서도 골품에 따른 차이가 있었으니, 屋舍의 室의 길이와 넓이가 진골은 24척을 넘지 못하고, 6두품은 21척, 5두품은 18척, 4두품은 15척을 넘지 못하도록 제한되었으며, 이 밖에 車騎의 자재와 장식, 일상생활의 용기까지도 골품에 따라 각기 다르게 규정되었다.[75] 이러한 골품제도는 신라사회가 엄격한 신분사회였으며, 특히 그것이 제 1신분인 진골을 중심으로 운영되고 있었음을 나타내는 것이다.

신라정치의 주도권을 잡고 있는 진골귀족들이 국사를 회의하는 제도가 和白이었다. 화백은 진골출신의 고관인 大等들이 합좌하여 국가의 중대한 일을 회의 결정하는 모임이었다. 여기서는 만장일치의 원칙이 적용되었으며, 이 화백회의

족인 박씨이어야 성골이 될 수 있다는 설(今西龍·三品彰英), 김춘추가 加耶系 金氏(김유신의 妹)와 통혼했기 때문에 이 때부터 진골로 강등되었다는 설(末松保和), 진평왕 때 왕실의 소가족집단이 자신을 구별하기 위해서 성골임을 주장하였다는 설(李基東) 등이 있고, 아예 성골의 존재를 부정하는 설(池內宏)까지 제시되고 있는 형편이다. 이와 관련하여 신라에는 왕·왕비의 父, 왕의 外祖 등을 葛文王에 봉하거나 추봉하는 제도가 있었다.

徐毅植, 〈新羅上代의 王位繼承과 聖骨〉《韓國史研究》 86, 1994.

75) 공복은 대아찬 이상은 紫色, 급찬 이상은 緋色, 대나마·나마는 青色, 그리고 대사 이하는 黃色으로 관등에 따라 구분하였는데 그 기반이 골품에 있었음은 두말할 나위가 없다.

의 주재자가 바로 上大等이었다. 이러한 화백제도와 상대등의 존재는 왕권의 전제화가 진행되면서도 꾸준히 귀족연합적인 정치가 이루어지고 있었음을 나타내는 것이다.

신라의 花郞徒 역시 이들 진골귀족을 중심으로 청소년집단을 조직하여 군사적인 기능을 띠게 한 것이었다. 화랑도는 씨족사회의 촌락공동체에 있던 청소년조직을 팽창해 가는 고대국가에 알맞게 개편한 것이었으니, 결국 삼국상쟁에 필요한 인재를 양성하기 위하여 종래의 청소년들의 공동체적 유제를 새로이 재조직한 제도라 할 수 있다. 이 화랑도는 진골출신의 화랑 한명을 중심으로 수백명의 郎徒가 모여 하나의 화랑집단을 형성하였다. 이들은 무술과 도의를 닦고 명산대천을 두루 찾아다니면서 시가와 음악을 즐기며 인격을 도야하고, 나라에 대한 충성심을 양성하였다. 이 때 화랑도가 연마한 도의는 圓光法師가 제정한 事君以忠(충으로 군주를 섬긴다.)·事親以孝(효로써 어버이를 섬긴다.)·交友以信(신의로써 동무와 벗을 삼는다.)·臨戰無退(전쟁에 임하여 후퇴하지 않는다.)·殺生有擇(살생을 함부로 하지 않는다.)의 이른바 世俗5戒로서, 충·효·신은 유교사상, 살생을 삼가는 것은 불교사상을 반영하고, 임전무퇴는 정복적인 고대국가의 지표였지만 여기서 특히 강조된 것은 국가에 대한 충성이었다. 무술을 닦고 충성심으로 단결된 화랑도가 삼국상쟁의 선두에 서서 신라통일의 원동력이 되었던 것은 김유신이나 斯多含·官昌 같은 화랑의 용전이 말해주고 있다.[76)]

신라에서는 농민들이 자기 스스로의 토지를 소유하고 경작하였다. 그 대신 국가에 대하여 조세·공부·요역을 부담하였다. 특히 신라에는 일찍부터 품주라는 稅를 관장한 관부가 설치되고, 이것이 진덕여왕 때 집사부와 창부로 분화되었으며, 다시 진평왕 때 공부를 관장하는 조부가 설치된 것을 보아 전국적인 조세행정이 체계화되어 있었음을 알 수 있다. 또한 536년(법흥왕 23)에 영천의 菁堤(청제)를 수리할 때 7,000명의 농민들을 동원하였고, 591년(진평왕 13)에 南山新城을 쌓을 때 200여 개의 작업집단을 편성한 것은 일반농민이 부역에 동원되었음을 나타내는 것이다.[77)]

---

76) 李基東, 〈新羅 花郎徒의 起源에 대한 一考察〉《歷史學報》 69, 1976 ;《新羅骨品制社會와 花郎徒》, 한국연구원, 1980.
______, 〈新羅 花郎徒의 社會學的 考察〉《歷史學報》 82, 1979, 《新羅骨品制社會와 花郎徒》, 한국연구원, 1980.
崔在錫, 〈新羅의 花郎과 花郎集團〉《韓國古代社會史硏究》, 일지사, 1987.
金正坤, 〈花郎道와 世俗五戒〉《정신문화연구》 13-1, 한국정신문화연구원, 1990.

77) 李基白, 〈永川 菁堤碑의 丙辰築堤記〉《考古美術》 106·107 합호, 한국미술사학회, 1970 ;《新羅政治社會史硏究》, 일조각, 1974.
秦弘燮, 〈南山 新城碑의 綜合的 考察〉《歷史學報》 26, 1965.

V. 古代國家의 문화

1. 불교의 수용

삼국시대에는 天神·日月神·地神 등 잡신을 모시는 종래의 샤머니즘이 널리 행하여졌으나, 고대국가로 발전한 뒤에는 새로이 왕족의 시조신을 국가신으로 받드는 경향이 나타났다. 고구려에서는 시조인 주몽신(登高神)과 주몽의 母神(부여신)이 국가적인 제사의 대상이 되었고, 백제에서는 먼 조상인 동명신과 仇台神(구이신 ; 고이왕)을 제사하였으며, 신라에서는 시조 혁거세신에 이어 지증왕 때에는 새로이 김씨왕족의 시조를 제사하는 神宮을 세웠다. 이러한 경향은 왕권의 강화에 따른 것으로, 고대국가의 왕실은 그들의 시조신을 국가신으로 받들으므로써 자신의 권위를 높이려 하였던 것이다.[78] 그러나 이웃의 여러 소국들을 정복하여 넓은 영토와 많은 백성을 확보한 고대국가로서는 종래의 폐쇄적인 원시종교로는 이를 일원적으로 다스릴 수 없었으므로 확대된 영역을 통일적으로 지도할 수 있는 국가적 종교를 요구하게 되었으니, 이것이 불교의 수용으로 나타났다.

불교는 삼국이 고대국가로 발전하여 있던 시기에 전래되었다. 고구려에는 372년(소수림왕 2)에 前秦에서 승 順道가 불상과 불경을 전하였고, 백제는 384년(침류왕 1)에 東晋으로부터 호승 摩羅難陀(마라난타)가 불교를 전하였다. 신라는 이보다 늦은 눌지왕(417~458) 때 고구려로부터 승 墨胡子가 一善(지금 선산)지방 毛禮의 집에 들어와 전도한 뒤 소지왕(479~500) 때 다시 고구려에서 승 阿道가 와서 전도하였으나, 527년(법흥왕 14)에 異次頓의 순교가 있은 후에야 비로소 공인되었다. 고구려와 백제의 경우는 전진이나 동진의 국가적 사절을 통해 불교가 전래되었고 따라서 왕실의 환영을 받으면서 수용되었지만, 신라에서는 민간으로부터 전도가 시작되었고 또 종래의 강한 민간신앙과 보수적인 귀족세력의 반대로 100여년간 박해를 받은 뒤 수용될 수 있었던 것이다.[79]

李宇泰, 〈永州 菁堤碑를 통해 본 菁堤의 築造와 修治〉《邊太燮華甲紀念 史學論叢》, 삼영사, 1985.

78) 邊太燮, 〈廟制의 變遷을 通하여 본 新羅社會의 發展過程〉《歷史教育》 8, 1964.
최광식, 《고대한국의 국가와 제사》, 한길사, 1994.

79) 李基白, 〈三國時代 佛教 受容과 그 社會的 意義〉《歷史學報》 6, 1954 ; 《新羅思想研究》, 일조각, 1986.
李箕永, 〈佛教受容의 原初形態〉《韓國民族思想史大系》 2, 古代篇, 고려대, 1973.
李丙燾, 〈新羅佛教의 浸透過程과 異次頓殉教問題의 新考察〉《學術院論文集》 人文社會科學篇 14, 1975 ; 《韓國古代史研究》, 박영사, 1976.
南希淑, 〈新羅 法興王代 佛教受容과 그 主導勢力〉《韓國史論》 25, 서울대, 1991.

삼국의 불교수용은 왕실을 통하여 이루어졌음이 공통적인 특징이다. 고구려와 백제는 물론이고 신라의 경우도 귀족세력의 반대에도 불구하고 국왕의 강력한 의지에 의하여 공인되었던 것이다.[80] 이와 같이 삼국의 왕실이 불교수용에 적극적이었던 것은 종래의 원시종교나 시조신을 대신하여 불교가 고대국가통치의 일원적인 사상적 지주로서의 역할을 할 수 있었기 때문이었다. 따라서 불교를 수용한 왕실이 다시 이를 진흥시키는 데 힘써서 많은 사찰을 건립하고 토지를 기진하여 국가불교로 발전시켰을 것은 당연한 일이었다.

왕실의 불교장려는 불교로 하여금 호국신앙의 성격을 띠게 하였다. 삼국시대에 호국사상을 대표하는《仁王經》이 널리 읽혔고, 이에 따라 仁王會라는 百座講會가 열려 국가의 평안을 빌었음은 이를 나타내는 것이다.[81] 백제 무왕이 王興寺를 지은 것이나 신라 진흥왕이 皇龍寺를 짓고 그 후 대규모의 9층탑을 만든 것도 국가보호의 동기에서 나온 것이었다.[82] 원광의 세속 5계에서 국가에 대한 충성과 전쟁에서의 무퇴를 강조한 것도 역시 이러한 호국적 성격에서 연유한 것이었다.

고구려 불교는 대승불교인 三論宗이 크게 발달하였는데, 僧朗은 중국에 가서 중국 삼론종의 3대조가 되었고, 慧灌과 道澄은 일본에 삼론학을 전하였다. 그러나 고구려 말기에는 涅槃宗(열반종)이 홍하여 普德은 이를 백제에 전하고 신라 불교에도 영향을 주었다.[83]

백제에서도 謙益이 인도에 가서 구법하고 돌아와 백제 戒律宗의 시조가 되었고, 말기에는 고구려로부터 전래된 열반종이 유행하였다. 특히 백제는 일본에 불교를 전하는 데 커다란 역할을 하였으니, 성왕 때 怒唎斯致契(노리사치계)는 불상과 불경 등을 일본에 전하였고, 무왕 때 觀勒(관륵)은 불교와 천문지리·曆本·遁甲方術에 관한 책을 전하였다.[84]

---

80) 李基白,〈新羅 初期佛教와 貴族勢力〉《震檀學報》40, 1975 ;《新羅思想史硏究》, 일조각, 1986.
辛鍾遠,《新羅初期佛教史硏究》, 민족사, 1992.

81) 李箕永,〈仁王般若經과 護國佛教〉《東洋學》5, 단국대, 1975.

82) 李基白,〈皇龍寺와 그 創建〉《新羅時代의 國家佛敎와 儒教》, 한국연구원, 1978 ;《新羅思想史硏究》, 일조각, 1986.

83) 金東華,〈高句麗時代의 佛教思想〉《亞細亞硏究》Ⅱ-1, 고려대, 1959 ;《三國時代의 佛教思想》, 민족문화사, 1987.
安啓賢,〈高句麗佛教의 展開〉《韓國思想》7, 한국사상연구회, 1964.
金煐泰,〈高句麗의 佛教思想-初傳 性格을 中心으로-〉《朴吉眞華甲紀念 韓國佛教思想史》, 원불교사상연구원, 1975.

84) 金東華,〈百濟時代의 佛教思想〉《亞細亞硏究》Ⅴ-1, 고려대, 1962 ;《三國時代의 佛教思想》, 민족문화사, 1987.
洪潤植,〈百濟佛教〉《朴吉眞華甲紀念 韓國佛教思想史》, 원불교사상연구원, 1975.
金煐泰,〈百濟 佛教信仰의 特性〉《百濟의 宗教와 思想》, 충청남도, 1994.

신라 불교는 고구려와 백제의 영향을 받으면서 성장하였다. 551년(진흥왕 12)에는 고구려의 승려 惠亮(혜량)이 신라에 와서 國統이 되어 교단을 조직하였고, 진평왕 때는 수에서 돌아온 원광이 成實宗·열반종을 전하였으며, 특히 慈藏은 계율종을 개창하고 대국통이 되어 신라 불교를 총관하였다.[85] 이와 같이 신라가 국가에서 불교교단을 조직하고 국통 아래 州統·郡統 등 僧官을 설치한 것은 국가불교의 성격을 나타낸 것이다.[86]

2. 유학의 발달

우리 나라는 중국대륙과 접하여 일찍부터 발달된 한문화의 영향을 받았다. 대체로 고조선을 거쳐 한 군현 시대에 이르는 사이에 한문화가 전래되었고, 그들의 문자인 한자가 사용되기 시작하였다. 삼국시대에 내려오면 한문화는 더욱 보급되어 한자사용에 따른 漢學이 일어나고 유학이 발달하게 되었다.[87]

고구려에서는 일찍부터 한자를 사용하였으며, 특히 372년(소수림왕 2)에 太學을 세워 귀족 자제를 교육하였기 때문에 유학이 발달하였다. 후기에는 지방 각처에 扃堂(경당)이란 사학이 만들어져 평민 자제들에게도 경전과 궁술을 가르쳤다.[88] 《구당서》에 의하면 고구려에서는 5경을 비롯한 《사기》·《玉篇》·《文選》 등 유교경전과 사서·문학서 등이 널리 읽혔다 한다. 현재 통구에 있는 광개토왕비문과 충북의 중원고구려비문은 당시 고구려인의 한자사용이 얼마나 세련되어 있었는가를 보여준다. 한문의 사용은 국가적인 국사편찬사업으로 이어져 고구려에서는 국초에 《留記》 100권이 편찬되었고, 600년(영양왕 11)에 태학박사 李文眞이 이를 개수하여 《新集》 5권을 지었다.[89]

백제도 일찍부터 한학이 발달하였음은 4세기 중엽인 근초고왕(346~375) 때 박사 高興으로 하여금 국사인 《書記》를 편찬케 하였고, 또 이 무렵 阿直岐(아직기)와 박사 王仁을 일본에 보내 한학을 전한 것으로부터 알 수 있다. 또 박사의

85) 金東華, 〈新羅時代의 佛敎思想〉《亞細亞硏究》 Ⅵ-1·Ⅵ-2·Ⅶ-1, 고려대, 1962~1964 ; 《三國時代의 佛敎思想》, 민족문화사, 1987.
金煐泰, 《新羅佛敎硏究》, 민족문화사, 1987.
李基白, 〈新羅時代의 佛敎와 國家〉《歷史學報》 111, 1986.

86) 李弘植, 〈新羅僧官制와 佛敎政策의 諸問題〉《白性郁頌壽紀念 佛敎學論文集》, 1959 ; 《韓國古代史의 硏究》, 신구문화사, 1971.
蔡尙植, 〈慈藏의 교단정비와 僧官制〉《佛敎文化硏究》 4, 1995.

87) 金忠烈, 〈三國時代의 儒敎와 儒學〉《高麗儒學史》, 고려대출판부, 1984.

88) 李基白, 〈高句麗의 扃堂〉《歷史學報》 35·36 합집, 1967.
李文遠, 〈儒敎思想과 古代敎育－高句麗 扃堂의 敎育內容－〉《韓國精神文化硏究院報告論叢》 81-1, 1981.

89) 李基東, 〈古代國家의 歷史認識〉《韓國史論》 6, 국사편찬위원회, 1979.
趙仁成, 〈三國 및 統一新羅의 歷史敍述〉《韓國史學史의 硏究》, 을유문화사, 1985.

존재는 곧 교육기관이 있었음을 말해주는 것이며, 《구당서》에 의하면 백제에서 5경과 子·史 등의 서적이 널리 읽혔다 한다. 개로왕이 고구려의 위협을 호소하면서 北魏에 보낸 국서가 《魏書》에 실려있는데 자못 명문이었으며, 또한 부여에서 발견된 砂宅智積碑文은 노장사상을 세련된 문장으로 표현하고 있어 당시 한학의 높은 수준을 알려준다.[90] 백제의 국사편찬은 전술한 바와 같이 고흥이 《書記》를 편찬하였고, 또 일본의 사서인 《일본서기》에 《百濟記》·《百濟本記》·《百濟新撰》 등 백제 사서의 이름이 나오는 것으로 보아[91] 매우 활발하였음을 알 수 있다.

신라는 고구려나 백제에 비하여 한문의 사용이 늦었지만 지증왕 때부터 급속히 확산되어 중국식의 왕호와 국호를 칭하고 喪服制와 주군명을 정하였으며, 법흥왕 때에는 율령을 반포하고 불교를 공인하기에 이르렀다. 지금까지 전하는 진흥왕의 단양 적성비와 네개의 순수비문은 당시 신라인의 한문실력을 보여주고 있다. 특히 신라에서는 한자의 音과 訓을 빌어 吏讀(이두)로써 노래한 鄕歌 문학이 발달하여 진평왕 때 薯童(서동)이 지은 〈薯童謠〉와 融天師가 지은 〈彗(혜)星歌〉가 《삼국유사》에 남아 있는데,[92] 이는 그만큼 한자사용이 소화되고 있었다는 증거가 될 것이다.[93] 한편 원광의 세속 5계가 유교덕목에서 나온 것이고, 경주 石丈寺 뒤에서 발견된 壬申誓記石에는 신라의 젊은이가 《詩經》·《尙書》·《禮記》·《春秋傳》 등 유교경전을 읽었던 사실이 나타나 있어 당시 유학의 발달을 엿보게 한다.[94] 또한 신라에서도 545년(진흥왕 6)에 거칠부에게 명하여 《국사》를 편찬케 하였다.

---

90) 洪思俊, 〈百濟 砂宅智積碑에 對하여〉《歷史學報》 6, 1954.

91) 丁仲煥, 〈日本書紀에 引用된 百濟三書에 對하여〉《亞細亞學報》 10, 아세아학술연구소, 1972.

92) 金根洙, 〈吏讀研究〉《亞細亞研究》 4-1, 고려대, 1961.
李基文, 〈吏讀의 起源에 대한 一考察〉《震檀學報》 52, 1981.

93) 이 향가에 앞서 한국 고대의 시가로 전하는 것으로는 〈公無渡河歌〉·〈黃鳥歌〉(고구려)·〈龜旨歌〉(가야) 등이 있었는데, 이들은 우리 나라 최초의 시가로 보인다.

94) 李丙燾, 〈壬申誓記石에 대하여〉《서울大論文集》 人文社會科學 5, 1957 ; 《韓國古代史研究》, 박영사, 1976.
임신서기석은 화랑 두명이 《시경》·《상서》·《예기》·《춘추전》을 익히고 국가에 대한 忠道를 실천하겠다는 맹세의 내용을 우리 말 식의 문체로 기록한 것으로 당시 화랑도의 사상 및 한자사용에 대한 연구에 있어서 중요한 자료가 되고 있다. 그 전문은 다음과 같다.

壬申年六月十六日 二人並誓記 天前誓 今自
三年以後 忠道執持 過失无誓 若此事失
天大罪得誓 若國不安 大亂世 可容
行誓之 又別先辛未年七月廿二日 大誓
詩尙書禮傳 倫得 誓三年

3. 예술의 흥륭

삼국의 예술은 전통적인 소박성을 바탕으로 진취적인 고대국가의 생동감 있는 건강미가 가미된 것이었다. 그것은 고구려 벽화의 힘찬 기상이나 신라 토기의 소박한 모습에 잘 나타나 있다. 그러면서도 삼국의 예술은 발달된 중국문화의 영향을 받아 점차 세련되고, 불교의 수용으로 그 사상적인 폭이 넓어지고 있었다.

고구려의 예술은 고분문화로 대표된다. 고구려의 고분은 통구와 평안남도 지방에 많이 남아 있는데, 처음에는 주로 석총이 만들어지다가 점차 토총이 주류를 이루었다. 석총으로는 통구에 남아 있는 將軍塚이 유명한데, 이것은 석재를 계단식으로 7층까지 쌓아올린 거대한 분묘로서 근처에 있는 大王陵이 광대토왕릉인데 대하여 이는 장수왕릉으로 추정되고 있다.[95]

토총은 석재로 널방〔玄室〕을 만들고 그 위에 흙으로 봉토를 덮은 분묘로 석총과는 달리 그 안에 벽화가 있는 경우가 많다. 이 토총 가운데 대표적인 것이 통구의 舞踊塚과 용강의 雙楹塚(쌍영총)이다. 특히 쌍영총은 널방 입구 양쪽에 세운 8각 돌기둥이나 천정의 구조, 그림으로 나타낸 네 귀퉁이의 기둥, 두공·동량 등에서 고구려 귀족의 가옥양식을 보여주고 있다. 고구려의 벽화는 통구·평양·안악 등의 고분에서 발견되어 그림의 소재에 따라 무용총·각저총·수렵총 등의 이름이 붙여졌는데, 특히 강서군 우현리 大墓의 4神圖는 가장 우수한 벽화로서 생동하는 힘이 넘치고 있다.[96]

고구려의 불교미술은 지금에 전하는 延嘉 7年銘 金銅如來立像(국립박물관 소장)을 보아 알 수 있는데, 그것은 고구려의 독특한 개성이 강하게 표현되고 있다. 다만 현존하는 고구려 사찰과 탑파가 없는 것이 아까운 점이다.[97]

백제의 예술은 불교미술을 중심으로 발달하였다. 백제의 건축물로는 익산의 彌勒寺址 석탑과 부여의 定林寺址 5층석탑이 가장 유명하다. 전자는 목조탑의 양식을 모방한 거대한 석탑이고, 후자 역시 목조탑의 형식을 많이 보존하고 있으면서 특히 균형이 잘 잡히고 아름답게 만들어진 걸작품이다. 불상으로는 서산의 磨崖(마애)三尊石佛과 공주 출토의 金銅菩薩(보살)立像이 있는데, 이들은 엷은 미소를 띠고 온화한 얼굴을 하고 있는 것이 특징적이다. 특히 1993년에는 능산리의 건물터에서 金銅龍鳳蓬萊山 향로 등 다양한 유물이 발굴되어 당시 백제

95) 종래에는 장군총을 광개토왕릉으로 보았으나 근래는 이를 장수왕릉으로 보는 견해가 우세하다.

96) 金元龍, 〈高句麗의 壁畵古墳〉《韓國壁畵古墳》, 일지사, 1980.

97) 秦弘燮, 〈三國時代 高句麗美術이 百濟·新羅에 끼친 影響〉《三國時代의 美術文化》, 동화출판사, 1976.
金元龍, 《韓國美術史硏究》, 일지사, 1987.

공예의 수준을 보여주고 있다.

백제의 고분도 많이 남아 있는데, 서울 강동구 석촌동의 고분으로 대표되는 초기의 양식은 고구려의 영향을 많이 받고 있다.[98] 웅진시대에도 고구려계통의 굴식 돌방무덤〔橫穴式 石室墳〕이 만들어졌지만 한편에서는 중국 남조의 영향을 받아 무령왕릉과 같은 벽돌무덤이 만들어지기도 하였다. 공주고분이 아직도 소박하고 고졸스러운 데 비하여 사비시대에는 부여 능산리 돌방고분에서 보여지듯이 규모는 작지만 축조기술이 세련되어 있었다. 백제고분에도 고구려와 같이 벽화가 그려졌는데, 지금 남아 있는 공주 송산리 6호분과 부여 능산리고분의 4신도는 백제미술의 면모를 나타내고 있다.[99] 한편 무령왕릉에서는 무덤의 주인공에 대한 기록인 誌石과 함께 金冠飾 등 많은 부장품이 출토되어 당시 공예술의 발달을 엿보게 한다.

신라의 예술은 원시사회의 소박한 전통이 남아 있었으나 고구려와 백제의 영향을 받으면서 점차 발달하여 삼국시대 말기에 와서는 자못 조화된 미가 나타나게 되었으니, 고분에서 출토된 금관과 장신구로 대표되는 공예품의 세련된 솜씨가 이를 말해준다. 신라의 건축물로는 경주의 芬皇寺石塔(模塼塔)과 瞻星臺가 있다. 분황사석탑은 지금 3층만 남아 있지만 아랫층에 仁王像·石獅子 등의 세련된 조각품이 새겨져 있으며, 동양 최고의 천문대인 첨성대는 균형잡힌 곡선미가 건축술의 발달을 나타내고 있다. 또한 신라에는 거대한 사찰인 황룡사가 건립되었지만 지금은 그 유지만 살필 수 있을 따름이고, 특히 백제의 阿非知가 건축하였다는 황룡사 9층목탑은 자못 거대한 것이었는데 뒷날 몽고의 침입 때 불타 없어졌다.

신라의 고분은 거대한 돌무지 덧널무덤〔積石木槨墳〕이 중심을 이루었다. 고구려와 백제의 굴식고분이 도굴을 당하기 쉬웠는 데 비하여 신라의 돌무지고분은 그 구조상 도굴되지 않고 금관을 비롯하여 금띠·금팔찌·금귀고리 및 여러 가지 유리제품 등 많은 부장품을 간직하여 공예품의 보고를 이루고 있다. 이들 신라고분은 그 안에서 출토된 부장물에 따라 금관총·金鈴塚·瑞鳳塚·天馬塚 등으로 이름이 붙여져 있다.

한편 경북 순흥의 於宿墓에서는 신라시대의 벽화가 발견되었고, 최근에 역시

---

98) 任孝宰, 〈石村洞 百濟 初期古墳의 性格〉《考古美術》 129·130 합호, 한국미술사학회, 1976.
　姜仁求, 《百濟古墳研究》, 일지사, 1977.
　______, 《三國時代 墳丘墓研究》, 영남대출판부, 1984.
　李南奭, 《百濟 石室墳研究》, 학연문화사, 1995
99) 金元龍, 〈百濟의 壁畵古墳〉《韓國壁畵古墳》, 일지사, 1980.
　문화재관리국, 《武寧王陵》, 1974.

순흥에서 599년(진평왕 21)의 것으로 추정되는 벽화고분 1기가 발굴되어 본격적인 조사를 기다리고 있다.[100] 또 벽화는 아니지만 천마총에서는 자작나무 껍질로 만든 말다래(障泥)에 神獸를 그린 天馬圖가 나와 돌무지무덤에서 남기 어려운 벽화의 아쉬움을 덜어주었다.

4. 삼국문화의 일본 전수

삼국의 발달된 문화가 일본에 전파되어 그들의 고대문화 성립과 발전에 큰 영향을 끼쳤다는 것은 역사적으로 중요한 사실이다. 삼국은 대륙으로부터 중국문화를 받아들여 이를 소화·흡수하고 개성있는 스스로의 문화를 수립한 후 이것을 다시 일본에 전수하는 역할을 하였던 것이다. 이 때의 문화동류는 단순한 대륙문화의 전달이 아니라 삼국의 독자적인 문화를 전해준 것이고 또 삼국인의 직접적 진출에 따른 것으로 그것이 일본의 고대국가 성립과 고대문화 발전에 결정적인 역할을 하였다는 점에 커다란 의의가 있는 것이다.[101]

한반도의 거주민은 이미 선사시대로부터 일본지역에 활발히 진출하여 일본의 정치와 문화에 큰 영향을 끼쳤으니, 그것은 고고학적인 유적과 유물의 성격이 서로 연결되고 있는 점으로 증명된다. 그러나 한국의 학술·사상·기술이 직접적으로 일본에 전수되어 그들의 고대문화를 한 차원 높은 단계로 올리는 데 큰 역할을 한 것은 역시 삼국의 문화였다. 삼국은 그들 사이에서도 서로 문화의 교류를 하였지만 한편으로는 그들의 개성있는 문화를 각각 일본에 전수한 공급원이 되었던 것이다.

삼국문화의 일본전수에서 가장 커다란 역할을 한 것은 백제였다. 그것은 백제가 삼국 가운데 가장 일본과 지리적·정치적으로 연결되어 친선관계가 유지되었기 때문이었다. 일찍이 4세기 중엽인 근초고왕 때 阿直岐가 일본에 사신으로 가서 일본의 태자에게 한자를 가르쳤고, 이어 박사 王仁이 건너가 《논어》와 천자문을 전하고 經史를 가르쳤다. 이에 일본의 한학열이 점점 왕성해져 근구수왕대에는 일본에서 백제인 학자를 초빙하기에 이르렀는데, 이 때 백제에서는 유학뿐 아니라 도자기·직조·도화 등의 기술까지도 전수하였다. 백제의 남천 후에는 문화의 전수가 보다 활발하여져서 무령왕은 5경박사 段楊爾와 高安茂를 일본

100) 이로써 남한지역에는 신라벽화 2개를 비롯해서 백제벽화 2개, 그리고 고령 고아동 고분의 가야벽화 등 모두 5개의 고분벽화가 발견된 셈이다.
김기웅, 《고분》, 대원사, 1991.
崔秉鉉, 《新羅古墳硏究》, 일지사, 1992.

101) 일본학자들은 삼국의 대륙문화 전파를 인정하면서도 그것은 단순히 삼국이 중국문화를 그대로 옮겨준 것에 불과하다는 입장을 취하고 있다.

에 보냈고, 이어 성왕도 5경박사 · 易博士 · 曆博士 · 醫博士 등을 보내 일본인들에게 유학 및 여러 학술과 기술을 가르치도록 하였다. 특히 성왕은 노리사치계를 보내 처음으로 일본에 불교를 전하였고, 무왕 때에는 관륵을 보내어 曆 · 천문지리 · 둔갑방술의 책을 전하였는데, 그는 뒤에 일본의 僧正에 올라 일본 불교의 기둥이 되었다. 이와 같이 백제는 유교 · 불교를 비롯하여 의약 · 천문지리 · 음양오행 및 공예미술 등 여러 가지 학문과 기술을 일본에 전하여 飛鳥(아스카)文化 형성의 원동력이 되었던 것이다.102)

고구려는 일본과의 지리적 · 정치적 관계가 소원했던 까닭에 백제만큼 빈번한 교섭은 없었지만 역시 승려를 통하여 문화면에 적지 않은 영향을 주었다. 영양왕 때 일본에 건너간 惠慈는 聖德太子의 스승이 되었고, 曇徵(담징)은 5경과 회화를 비롯하여 지묵 · 맷돌의 제조방법까지 가르쳤는데 法隆寺의 금당벽화도 그의 작품으로 전해지고 있다. 또한 영류왕 때 건너간 慧灌(혜관)은 일본 삼론종의 시조가 되었고, 역시 이 때 道澄(도징)도 일본에 가서 삼론을 강하여 일본 불교에 크게 기여하였다.103)

신라는 일본과 지리상으로 가장 가까웠으나 군사적 대립이 잦아 문화전수는 그리 활발하지 못하였다. 그러나 신라에서는 조선술과 築堤術을 일본에 전하였으며, 이 밖에 도자기 제조술과 의약 · 불상 등을 전하여 일본의 문화발달에 적지 않은 영향을 주었다.

---

102) 李弘稙, 〈日本에 傳授된 百濟文化〉《韓國思想》 9, 한국사상연구회, 1968 ; 《韓國古代史의 硏究》, 신구문화사, 1971.
李丙燾, 〈百濟學術 및 技術의 日本傳播〉《百濟硏究》 2, 충남대, 1971 ; 《韓國古代史硏究》, 박영사, 1976.
上田正昭, 〈百濟와 飛鳥文化〉《백제연구》 21, 충남대, 1990.

103) 金基雄, 〈日本의 古墳文化를 통하여 본 韓國文化의 日本傳播〉《韓國史論》 16, 국사편찬위원회, 1986.
洪潤植, 〈古代日本佛敎에서의 三國佛敎의 역할〉《國史館論叢》 24, 국사편찬위원회, 1991.

제 3 장
南北國家의 발전

Ⅰ. 南北國家의 성립

1. 신라의 삼국통일

7세기 후엽 한국사에는 커다란 전환이 전개되고 있었는데, 그것은 반도 안에서의 신라의 삼국통일과 만주에서의 발해의 건국이었다. 이제 한국의 고대사회는 삼국시대에서 통일신라와 발해의 남북국시대로 넘어가게 되었는데, 이는 같은 고대사회이지만 그 안에는 역사의 발전이 내포되고 있었다.

신라는 당의 힘을 빌어 백제와 고구려를 넘어뜨렸으나, 그것이 곧 삼국통일을 가져온 것은 아니었다. 당이 백제·고구려의 옛땅을 차지하여 군대를 주둔시키고 그의 영토로 삼을 뿐 아니라 나아가 신라마저도 지배하에 넣으려는 야심을 드러냈기 때문이었다. 신라는 이제 삼국통일을 완수하기 위해서 다시금 반도 안의 당군을 축출하여야 하는 과제를 안게 되었던 것이다.

당은 백제를 멸망시킨 후 그 땅에 다섯 개의 都督府를 설치하였다가 다시 이를 개편하여 웅진도독부 하나만을 남기고 그 아래 7주·52현을 두어 당의 영토로 삼았다. 그리고 사비성에는 당장 劉仁願이 1만의 군사를 거느리고 머물러 있다가 그 후 劉仁軌(궤)가 웅진도독으로 임명되어 주둔군을 총관하였다. 이 때 신라도 역시 사비성에 군대를 주둔시키고 당군과 연합하여 백제의 부흥운동을 진압하였는데, 장차 당의 원조를 받아 고구려를 정복해야 할 신라로서는 어쩔 수 없는 일이기도 하였다.

그런데 당은 신라를 鷄林大都督府로 삼고 신라왕을 계림주대도독으로 임명하기에 이르렀는데(663년, 문무왕 3), 이는 형식상이나마 신라를 당의 한 도독주로 삼으려는 의도를 드러낸 것이었다. 뿐만 아니라 당은 이듬해 의자왕의 아들 扶餘隆을 웅진도독으로 임명하였고(664) 또한 그를 신라의 문무왕과 함께 웅진 就利山(금강 북안의 鷲尾山)에서 會盟하여 화친을 다짐케 하였으니(665), 이것은 백제의 부흥운동에 대하여 유민을 무마하기 위한 것이기도 하였지만 동시에 신라로 하여금 백제 옛땅에 대한 지배권을 포기하도록 하려는 저의에서 나온 것이었다.[1)]

고구려가 멸망하자 당은 그 땅에 아홉 개의 도독부를 설치하고 그 밑에 42주·100현을 소속케 하였으며, 이어 평양에 安東都護府를 두었다(668). 이 안동도호부는 그 명칭으로 보아 고구려 땅에 설치된 도독부만이 아니라 백제 및 신라 땅에 설치된 모든 도독부를 총관한다는 의미를 가진 것이므로, 이는 곧 한반도에 대한 당의 완전한 지배를 의도하는 것이었다 지금까지 삼국통일을 위해 싸워온 신라로서는 결국 백제·고구려와 동등한 입장으로 당의 지배 속에 놓이게 된 것이니, 신라가 당군 축출을 위해 통일전쟁을 전개하게 된 것은 당연한 일이었다.

신라는 고구려를 멸망시킨 직후부터 공공연한 대당항쟁을 시작하였다. 우선 신라는 백제 옛땅을 수복하기 위해서 고구려의 왕족 安勝(보장왕의 서자)의 귀순을 받아들여 金馬渚(지금 익산)에 있게 하고 고구려왕(뒤에 報德王으로 개칭)을 삼아(670년, 문무왕 10) 고구려의 부흥군을 대당항쟁에 이용하려 하였다. 동시에 신라는 백제 옛땅을 경략하기 시작하여 장군 品日 등이 거느린 신라군이 당군 및 부여륭의 백제군이 웅거한 82성을 공취하였고(670), 이듬해에는 사비성을 함락시켜 여기에 所夫里州를 설치하고 직속령으로 삼음으로써 이제 백제 옛땅을 완전히 지배하게 되었다.[2)]

그러나 신라가 백제 옛땅을 점령한 뒤에도 당군의 침략이 격화되어 신라는 치열한 대당항쟁을 전개하지 않으면 안되었다. 672년(문무왕 12) 당의 高侃(간) 등이 대군을 이끌고 침략하자 신라군은 이를 맞아 잘 싸웠고, 특히 675년에는 당장 薛仁貴의 침공을 격파하여 적 1,400명을 죽이고 다수의 병선·전마를 얻었다. 이어 당장 李謹行의 20만 대군을 買肖城(지금 양주)에서 크게 격멸하여 전마 3만필과 많은 병기를 노획하는 큰 전과를 거두었고, 이듬해에는 당의 수군을 금강하류 伎伐浦(기벌포)에서 격파하였다. 이리하여 한반도 안의 당군의 세력은 위축되어 결국 안동도호부를 평양에서 요동성(지금 요양)으로 옮겨 한반도로부터 물러나게 되었다(676, 문무왕 16).[3)] 이로써 신라는 반도 안에서의 지배권을 확립하고 삼국통일을 이룩하게 되었다.

신라의 삼국통일은 비록 그것이 대동강과 원산만 이남에 한정된 불완전한 것이었지만 우리 역사상 커다란 의미를 지니는 중요한 사건이었다. 지금까지 혈통·

---

1) 方香淑, 〈百濟故土에 대한 당의 支配體制〉《李基白古稀紀念 韓國史學論叢》 上, 일조각, 1994.

2) 盧重國, 〈統一期 新羅의 百濟故地 支配〉《韓國古代史研究》 Ⅰ, 한국고대사연구회, 1988.
金壽泰, 〈統一期 新羅의 高句麗 遺民支配〉《李基白古稀紀念 韓國史學論叢》 上, 일조각, 1994.

3) 金世圭, 〈新羅의 唐勢力逐出〉《統一期의 新羅社會 研究》, 동국대, 1987.
國防軍史研究所 편, 〈나·당 전쟁〉《韓民族戰爭通史》 Ⅰ, 古代編, 1994.

언어·문화를 같이 하면서도 각각 다른 국가체제 속에 들어 있던 우리 민족이 신라의 삼국통일로 하나의 국가 안에 통합됨으로써 민족국가 형성의 기반을 마련하였던 것이다.[4] 이제 우리 한국사는 통일신라에 의하여 하나의 민족국가로 출발하여 그 사회와 문화를 한 단계 높이 발전시키게 되었으며, 특히 신라가 당의 침략을 격퇴하여 반도 안에서의 지배권을 쟁취한 것은 한국사의 자주적 발전을 이룩하는 원동력이 되었다는 점에서 높이 평가해야 할 것이다.[5]

2. 발해의 건국

통일신라의 영토가 대동강과 원산만 이남에 한정되어 불완전한 민족통일에 그쳤지만, 이 때 그 북쪽 만주지방에는 고구려유민에 의하여 *渤海*가 건국됨으로써 이제 우리 민족은 남북국가의 형세를 이루게 되었다.

발해는 고구려의 舊將 大祚榮이 만주지방에 세운 나라이다.[6] 대조영은 고구려가 멸망한 뒤 營州(지금 조양)로 옮겨살고 있었는데, 거란인 李盡忠이 영주를 점령하고 당에 반기를 들자 그도 고구려 유민을 이끌고 동쪽으로 가서 東牟山(지금 길림성 돈화)을 근거로 하여 나라를 세우고 震國이라 하였으니(698), 이것이 곧 발해의 건국이다. 발해는 중국 북쪽에 있는 돌궐과 연결하여 당의 세력을 견

---

4) 고구려·백제·신라는 치열한 상쟁을 전개하였으나 모두 같은 계통의 종족이라는 의식을 가지고 있었으니 그것은 같은 언어권에 속하여 대화가 통하였기 때문이었다. 이와 같이 삼국은 모두 한국민족의 국가였으므로 통일 후 신라는 '一統三韓'이라고 하였던 것이다.
邊太燮, 〈三國統一의 民族史的 意味－一統三韓 意識과 관련하여－〉《新羅文化》 2, 동국대, 1985.

5) 李昊榮, 〈新羅三國統一에 관한 再檢討〉《史學志》 15, 단국대, 1981.
金相鉉, 〈三國統一의 精神的 基盤〉《新羅文化》 2, 동국대, 1985.
申瀅植, 〈三國統一의 歷史的 性格〉《韓國史硏究》 61·62 합집, 1988.
______, 《統一新羅史硏究》, 삼지원, 1990.
북한의 역사학계는 신라의 민족통일을 인정하지 않고 따라서 '통일신라'라는 말 대신 '후기신라'라는 말을 쓰고 있다. 이것은 신라가 자주적이 못되고 외세를 이용하여 백제·고구려를 멸망시켰고, 또 고구려의 옛땅을 모두 병합하지 못하였기 때문이라 하지만, 그 근저에는 북쪽에 위치한 고구려·고려 위주의 의식이 표출된 것이다. 뒤의 고려에 의하여 최초의 민족통일이 이루어졌다고 주장하여 남쪽의 신라의 법통을 부정하고 대신 고조선·고구려·고려로 이어지는 북쪽의 계속성을 내세우고 있다. 그러나 신라가 당군을 이용한 것은 당시의 국제적 역학관계에 따라 불가피한 행동이었고, 일단 백제·고구려를 멸망시킨 후에는 감연히 당군을 한반도에서 축출하는 데 힘을 썼으며, 또 백제의 전역과 고구려 옛땅의 일부나마 병합하는 데 성공하였고, 더욱이 만주지방에 고구려의 유민에 의하여 발해가 건국되었기 때문에 삼국통일의 미비가 어느 정도 보완되었다고 하겠으므로 신라의 삼국통일은 그 의의를 크게 평가해야 할 것 같다.

6) 대조영이 어느 민족인가에 대하여 《구당서》와 《신당서》의 서술이 다르지만 역시 고구려의 유민으로 보는 것이 정설로 되어 있다.

제하고 713년에는 당과도 외교관계를 맺으면서 점차 영토를 확장시켜 송화강 유역의 만주평야에서 한반도의 동북부에 걸치는 옛 고구려 땅의 대부분을 회복하였다.

발해 국민의 기저가 된 것은 본래부터 만주지방에 살던 말갈족이었다. 이들 말갈족은 고구려가 이 지방을 지배할 때 그 통치를 받고 있었는데, 이제 발해가 세워짐에 따라 다시 이에 예속되었던 것이다. 그러나 발해의 지배층은 고구려인을 주축으로 하였고 또한 많은 고구려인이 말갈인과 함께 섞여살고 있었다.[7] 발해 무왕 때 일본에 보낸 국서에 '復高麗之舊居 有扶餘遺俗'이라 한 것이나 스스로를 '高麗國'이라 칭한 것은[8] 발해가 고구려의 계승의식을 가지고 있었음을 나타내는 것이다.[9]

3. 남북국가의 관계

통일신라와 발해는 똑같이 7세기 후엽부터 10세기 전기에 걸쳐 대동강과 원산만을 잇는 국경성을 사이에 두고 한반도와 만주지방에 남북국의 형세를 이루며 존재하였던 왕조이다. 통일신라는 물론이고 발해도 고구려 유민이 중심이 되어 건국한 나라이므로 양국은 모두 한국민족의 국가라는 점에 다름이 없었으며, 여기에 이들을 남북국으로 보는 까닭이 있다.[10] 비록 통일신라의 지배권이 한반도에 국한되어 불완전한 민족통일일 수밖에 없었지만 옛 고구려의 영역인 만주지방에 고구려 유민에 의하여 발해가 세워짐으로써 한국민족의 역사는 그대로 만주와 한반도를 무대로 계속되었던 것이다.

그러나 신라와 발해의 관계는 반드시 친선관계만을 유지하였던 것은 아니었다. 양국은 다른 어느 나라의 경우와 마찬가지로 국제적 역관계 및 국내사정에

---

7) 李龍範,〈渤海王國의 社會構成과 高句麗遺裔〉(上·下)《東國大論文集》10·11, 1972;《中世 滿洲·蒙古史의 硏究》, 동화출판사, 1988.
權五重,〈靺鞨의 種族系統에 관한 試論〉《震檀學報》49, 1980.
盧泰敦,〈渤海建國의 背景〉《大丘史學》19, 대구사학회, 1981.
______,〈渤海國의 住民構成과 渤海人의 族源〉《韓國古代의 國家와 社會》, 일조각, 1985.
宋基豪,〈大祚榮의 出自와 발해의 건국과정〉《아시아文化》7, 한림대, 1991.
발해를 보는 견해는 고구려 중심으로 보는 한국측관점과 말갈중심으로 보는 중국측관점으로 대립되고 있으나 역시 지배층이 고구려족이고 피지배층이 말갈족인 이중구조로 보는 것이 옳을 것 같다.

8)《續日本紀》10, 聖武紀, 神龜 5년 정월조.
《續日本紀》21, 淳仁紀, 天平寶字 3년 정월조.

9) 盧泰敦,〈對渤海 日本國書에서 云謂된「高麗舊記」에 대하여〉《邊太燮華甲紀念 史學論叢》, 삼영사, 1985.

10) 신라와 발해의 병립을 남북국이라고 부른 것은 실학자 柳得恭의《渤海考》序가 처음이다. 이것으로 실학자들이 이미 발해를 한국민족의 국가로 보았음을 알 수 있다. 이미 고려 후기에 李承休도《帝王韻記》에서 발해를 우리 민족의 국가로 본 바 있다.

따라 친선과 대립을 교차적으로 행하였던 것이다. 발해는 건국직후인 700년에 대조영이 신라에 사신을 보냈고, 신라는 대조영에게 제5품인 대아찬의 관등을 주

남북국시대

어 친선관계가 시작되었다. 그 후 732년에 일어난 당과 발해전쟁에 당의 요청으로 신라군이 발해의 남쪽 경계를 공격하다가 실패한 사건이 있었지만, 신라는 790년(원성왕 6)과 812년(헌덕왕 4)에 발해에 사신을 파견하여 교섭이 유지되었다. 《신당서》에 기록된 발해의 주요 대외교통로 중에 당·거란·일본과 함께 신라로 가는 길인 '新羅道'가 포함되어 있고, 또 《古今郡國志》에 의하면 신라의 국경도시인 泉井郡(지금 덕원)에서 발해의 東京 龍原府까지 39개의 驛이 개설되어 있었음이 확인되므로 발해와 신라 사이에는 상설적인 교류가 상당히 빈번히 진행되고 있었음이 확실하다.[11)]

그러나 당 중심의 국제질서 속의 양국의 대당의존외교는 상호간의 대립관계를 벗어나게 되었다. 897년 당에 간 발해의 사신이 신라사신보다 웃자리에 앉을 것을 요청하였다가 거절당한 爭長事件이 일어났고, 906년에는 신라의 崔彦撝가 발해의 烏光贊보다 唐賓科의 등제석차가 앞서자 때마침 당의 사신으로 온 오광찬의 아버지인 재상 烏炤度(오소도)가 아들의 석차를 올려달라고 청하였다가 역시 거절당한 등제서열사건이 있었는데, 이는 양국이 대립의식을 나타낸 것이었다.

그러나 발해는 멸망기에 다시 신라와 친선관계를 맺고 외교적인 교섭을 벌였다. 즉, 거란의 공격을 받은 발해는 911년경 신라에 사신을 보내어 結援을 요청하였고 신라는 이를 수락하였으니, 이러한 사실은 양국이 같은 운명공동체라는 의식을 가지고 있었기 때문이었다. 새로이 건국한 고려도 발해와 혼인관계를 맺었고 발해가 멸망한 후 왕족과 귀족 등 고구려 계통의 지배층이 고려로 귀부하자 고려 태조는 이들 발해 유민을 받아들여 후대하였으며, 특히 발해국의 왕자인 大光顯에게는 王繼라는 성명을 주고 발해 왕실의 제사를 받들게 하였음은 이들이 동족의식을 가지고 있었기 때문이었다.

이와 같이 신라·발해의 남북국사가 다같이 우리 민족사의 일부분임에도 불구하고 후대에는 신라사가 한국사의 정통이 되고 발해사는 주류에서 벗어난 것으로 인식되고 말았다. 이는 신라가 삼국통일의 주인공으로 한국민족융합의 중심체가 되었고 그 역사가 다시 고려로 계승되었는 데 반하여, 발해는 이민족인 말갈인을 국민의 기저로 삼았으며 이에 따라 발해가 멸망한 후 그의 정치적·문화

---

11) 韓圭哲, 〈新羅와 渤海의 政治的 交涉過程－南北國의 사신파견을 중심으로－〉《韓國史研究》 43, 1983.
______, 《渤海의 대외관계사》, 신서원, 1994.
宋基豪, 〈발해에 대한 신라의 양면적 인식과 그 배경〉《韓國史論》 19, 서울대, 1988.
______, 〈東아시아 國際關係 속의 渤海와 新羅〉《韓國史市民講座》 5, 일조각, 1989.
______, 《渤海의 歷史的 發展過程과 國家位相》, 서울대박사학위논문, 1995.
金恩國, 〈新羅道를 통해 본 渤海와 新羅關係〉《白山學報》 52, 白瀅植回甲紀念論叢, 1999.

적 유산이 계승되지 못하였다는 사실에서 연유한 것이다.[12] 이렇게 보면 발해의 멸망은 비록 그 지배층이 고려에 흡수됨으로써 민족의 통일이라는 의미를 갖기도 하는 것이지만, 반면 만주지방을 한국민족의 역사무대에서 떠나게 한 결과를 초래하였다는 점에 아쉬움이 있는 것이었다.

II. 統一新羅의 발전과 政治·經濟

1. 통일신라의 발전

삼국을 통일한 신라는 정치·사회·경제·문화 등 모든 면에 걸쳐 비약적인 발전을 이룩하였는데, 그것은 고구려·백제 및 당과 항쟁하던 정력을 모두 안으로 쏟을 수 있는 여유가 생겼기 때문이었다. 이제 신라는 확대된 영토와 인구를 지배하면서 국력을 신장시키고 정치적 발전을 도모했던 것이다. 삼국통일이 신라의 발전에 있어서 획기적인 계기가 되었음은 당연한 것으로 《삼국사기》와 《삼국유사》에서 무열왕 이후를 각각 '中代'·'下古'라 하여 이전과 구별하는 이유도 여기에 있다.[13] 신라사는 무열왕 이후 중대, 또는 하고라는 새로운 시대의 출발점이 된 것이다.

신라사의 시대구분

	1 22. 朴赫居世－智證王	23. 28. 法興王－眞德女王	29. 36. 武烈王－惠恭王	37. 56. 宣德王－敬順王
삼국사기	上	代	中 代	下 代
삼국유사	上 古	中 古	下	古

신라의 통일 이후에 들어서 나타난 커다란 변화는 무열왕계의 왕통이 계속되고 전제왕권이 확립된 점이었다.[14] 즉, 진골출신이지만 김유신의 후원을 받아 상대등 毗曇(비담)의 반란을 진압하고 또 상대등 閼川(알천)을 억누르고 실력으로

12) 李佑成, 〈三國史記의 構成과 高麗王朝의 正統意識〉《震檀學報》 38, 1974.

13) 이에 대해서 申瀅植은 신라사를 왕통에 의한 구분이 아니라 사회발전과정에 따라 시기를 구분할 것을 전제하여 신라를 다섯 시기로 구분하였다. 이에 의하면 무열왕 때가 아닌 31대 신문왕 때가 민족문화융성기로서 신라 발전의 획기적인 계기로 나타나 있다. 申瀅植, 〈新羅史의 時代區分－三國史記 內容分析을 中心으로－〉《韓國史研究》 18, 1977.

14) 申瀅植, 〈武烈王權의 成立과 活動〉《韓國史論叢》 2, 성신여대, 1977 ; 《韓國古代史의 新研究》, 일조각, 1984.
______, 〈新羅中代 專制王權의 特質〉《國史館論叢》 20, 국사편찬위원회, 1990.
李明植, 〈新羅中代의 專制王化過程〉《大丘史學》 38, 1989 ; 《新羅政治史研究》, 형설출판사, 1992.

왕위에 오른 태종무열왕(김춘추, 654~661)은 대고구려·백제전의 과정에서 전제정치를 감행하였는데, 이후 계속해서 그 직계자손이 왕위에 올라 왕권의 전제화를 진행시켜 나갔던 것이다.[補] 특히 문무왕(661~681)을 이은 신문왕(681~692)은 장인 金欽突(김흠돌)의 모역사건을 진압한 것을 계기로 병부령 軍官 등 많은 귀족들을 숙청하여 전제왕권을 확립하는 데 성공하였다. 이 때 중앙의 정치기구와 군제가 정비되고, 9주·5소경의 지방제도가 조직된 것도 이러한 맥락에서 이루어진 것이었다.

성덕왕(702~737)을 거쳐 경덕왕(742~765) 때에 이르면 전제왕권이 더욱 안정되고 통일신라는 극성기를 이루게 되었다. 경덕왕이 부왕인 성덕왕의 위업을 기리기 위해 거대한 聖德大王神鍾을 주조하기 시작한 것은 당시의 강력한 왕권을 반영하는 것이다. 이 때 관부와 지명을 한식으로 고치고 佛國寺와 石窟庵을 창건한 것도 당시 신라의 정치력과 문화 역량의 발전을 과시한 것이었다.

무열왕계의 중대왕권을 잘 나타낸 것이 혜공왕(765~780) 때 처음으로 만들어진 5廟制이다. 중대왕실의 마지막 왕인 혜공왕은 미추왕을 김성 시조로 삼고 태종무열왕·문무왕을 백제·고구려를 평정한 공덕으로 '世世不毁之宗'(세세로 바꾸지 않는 祖宗)으로 하였으며, 여기에 祖 성덕왕과 父 경덕왕의 親廟를 합하여 5묘를 정하였으니, 이는 중대에 있어서 直祖 관념이 표출된 것이었다.[15] 이제 중대에는 무열왕계에 의한 전제왕권이 확립되고 이를 바탕으로 정치적 안정을 기할 수 있었던 것이다.

2. 정치제도의 정비

삼국을 통일한 신라는 확대된 영토와 인구를 통치하기 위하여 보다 정비된 정치제도를 필요로 하였다. 이에 중대에는 중앙의 정치기구가 확대되고 지방행정조직도 재편성되는 조치가 취하여지게 되었다.

통일 후 중앙관제는 종래의 중요 행정기구인 執事部를 중심으로 운영되었지만 새로이 右理方府(667)·例作府(686) 등의 관부가 설치되고, 기존의 각 관부에도 많은 관원이 증치되었다. 이에 따라 신라의 정치기구는 이부에 해당하는 位和府, 호부에 해당하는 倉部와 예부 및 병부, 그리고 형부에 해당하는 좌이방부·우이방부, 공부에 해당하는 工匠府·예작부 등이 설치됨으로써 6전조직의 체제를 갖추었는데, 이는 신라 정치제도의 진전을 보여주는 것이다. 또한 집사부도 하대에 가면 執事省으로 승격되고 그 장관도 中侍에서 侍中으로 격상되기에 이르렀으니

補) 金壽泰, 《新羅中代政治史研究》, 일조각, 1996.

15) 邊太燮, 〈廟制의 變遷을 통하여 본 新羅社會의 發展過程〉《歷史敎育》 8, 1964.

(829년, 홍덕왕 4)[16] 이것은 집사성이 점차 여러 관부를 총관하게끔 기능이 확대된 데서 생긴 변화였다. 이에 따라 통일신라의 중앙정치기구는 집사성 중심으로 확대 정비되어서 운영되었던 것이다.

통일신라의 주요 관부

관 부 명	관 장 사 무	관 부 명	관 장 사 무
執事省	국가기밀사무	司正府	관리감찰
兵 部	군 사	例作府	토목영선
禮 部	의 례	船 府	선 박
倉 部	재 정	領客府	외빈접대
調 府	공 부	位和府	관리관등
乘 府	마 정	理方府	형 률

그러나 이러한 당제의 모방에도 불구하고 신라의 정치제도는 독자적인 특수성을 간직하고 있었다. 당의 최고관부인 3省을 본떠서 집사성을 마련하고 그 장관을 시중이라 하였으나, 신라에서는 단일성으로 그칠 수밖에 없었고 시중의 지위도 낮았으니, 이는 전통적인 상대등의 제도가 존재하였기 때문이었으며, 집사성이 국무총괄의 기능이 약한 것도 이 때문이었다.[17] 또 중앙관직도 당의 6전조직을 모범으로 하였지만 그대로 실시되지 못하였으니, 가령 관리의 관등을 관장한 位和府의 기능이 당제의 이부와 큰 차이가 있었음은 그 두드러진 예였다. 신라의 관부는 그 격에 따라 '省' 다음에 '部'와 '府'를 구별하여 설치하였는데, 골품제의 제약에 따라 관리인사의 일이 적었던 신라에서는 격이 낮은 위화부로 충분하였던 것이다. 이와 같은 신라정치제도의 특성은 귀족세력의 대표인 상대등과 병부 위주의 전통적인 권력구조의 지속과 당제를 그대로 채용할 수 없었던 신라사회의 미숙성에 그 원인이 있었다. 시중은 1인이었으나 기타 관부의 장관은 대개 2인이었는데, 이것은 그들이 정치적 존재로 정책결정에 참여하고 실무는 차관인 侍郎·卿 등 이하 관에게 맡겨져 있었다.

16) 中侍를 侍中으로 개칭한 것은 그에 앞서 747년(경덕왕 6)에 이루어졌다.
17) 李基白은 집사부가 여러 관부를 거느리는 최고기관이라 하였는데, 申瀅植은 집사부의 관원 수가 중앙의 모든 관부를 관장하기에는 너무나 부족한 것이고 또 실제로 집사부의 侍中을 거쳐 兵部令이 된 일은 있지만 병부령을 거쳐 시중이 된 경우는 없음을 들어 당시의 모든 중앙관부가 집사부의 지휘를 받는 것이 아니라 직접 왕과 연결되어 있는 것으로 보았다. 신라에서는 대체로 시중→병부령→상대등으로 진급하는 것이 통례로 되어 있었다.
李基白, 〈新羅下代의 執事省〉《新羅政治社會史研究》, 일조각, 1964.
申瀅植, 〈新羅의 統治構造〉《新羅史》, 이대출판부, 1985.
李明植, 〈新羅品階 및 中央官制研究〉《大丘史學》 15·16 합집, 대구사학회, 1978 ; 《新羅政治史研究》, 형설출판사, 1992.
李仁哲, 《新羅政治制度史研究》, 일지사, 1994.

한편 삼국통일로 확대된 영역을 지배하기 위해서는 새로운 지방행정조직의 정비가 필요하였다. 이에 신라는 685년(신문왕 5)에 9州·5小京의 지방제도를 마련하였다. 9주는 신라의 경내와 옛 백제땅 그리고 옛 고구려땅 남부에 각각 3주씩을 두어 9주로 완성하였다고는 하지만, 실제로는 통일전 신라의 5주를 바탕으로 백제와 가야지역에 4주를 설치하여 9주로 만들고, 새로 편입된 고구려의 옛 땅을 북방의 주에 포함시킨 것이었다.[18] 그리고 주의 장관은 661년(문무왕 1)에 軍主에서 摠管으로 고쳐지고 785년(원성왕 1)에 다시 都督으로 개칭되었는데, 이것은 당제를 모방하여 종래의 군사적인 성격에서 민정장관의 성격으로 바뀌어졌음을 나타내는 것이다.[19]

주 밑에는 郡·縣을 설치하였는데, 이것은 통일전의 군과 촌(성)을 개편한 것으로《삼국사기》지리지에 의하면 전국에 군현이 120군·305현이 있었다 한다. 군에는 장관으로 郡太守가 있고 현에는 縣令 또는 少守가 있었는데, 이들 외관은 모두 중앙에서 파견된 관리로서 통일신라의 지방제도가 중앙집권적이었음을 나타낸다. 특히 주와 군에는 감찰의 임무를 가진 外司正이 설치되어 중앙집권적 성격을 더욱 강화하였다.[20]

통일신라의 9州·5小京

9 주	개 정 명 칭	주치(현지명)	군	현	5 소경(현지명)
沙伐州	尙 州	상 주	10	31	
歃良州	良 州	양 산	12	40	金官京(김해)
菁 州	康 州	진 주	11	30	
漢山州	漢 州	광 주	28	49	中原京(충주)
首若州	朔 州	춘 천	12	26	北原京(원주)
河西州	溟 州	강 릉	9	26	
熊川州	熊 州	공 주	13	29	西原京(청주)
完山州	全 州	전 주	10	31	南原京(남원)
武珍州	武 州	광 주	15	43	
계	9		120	305	5

* 領屬郡縣 수는《삼국사기》지리지에 따른 것이다. 그러나《삼국사기》신라본기, 경덕왕 16년조에는 117군·293현으로 그 수효가 다르게 기록되어 있다.

18) 옛 고구려 땅에 漢山州(漢州)·首若州(朔州)·河西州(溟州)의 3주가 설치된 것으로 되어 있지만 이 지역에는 이미 통일 전에도 新州(北漢山州)·比列忽州(牛首州)·悉直州가 설치되어 있었고, 주치도 각각 광주·춘천·강릉으로 일치하기 때문에 이들 3주는 통일 후에 새로이 설치된 것으로 볼 수 없다. 다만 이 3주의 관할지역이 다소 북상하였을 따름이었다.

19) 申瀅植,〈新羅軍主考〉《白山學報》19, 1975 ;《韓國古代史의 新硏究》, 일조각, 1984.

20) 李文基,〈統一新羅의 地方官制硏究〉《국사관논총》20, 국사편찬위원회, 1990.

소경은 이미 통일전에 설치된 國原小京(지금 충주)을 비롯하여 문무왕 때 北原小京(지금 원주)·金官小京(지금 김해)이 설치되었고, 다시 신문왕 때 西原小京(지금 청주)·南原小京(지금 남원)이 설치되었으며, 경덕왕 때에는 종래의 국원소경이 中原小京으로 개칭됨으로써 5소경으로 완성되었다. 5소경은 그 명칭이나 위치를 보아 중·동·서·남·북의 방향에 맞추어 설치되었음을 알 수 있다. 이것은 金城(지금 경주)이 동쪽에 치우쳐 있는 결함을 보충하는 동시에 지방세력을 감시·견제하는 역할을 담당하였다. 즉, 소경에는 정복한 국가의 귀족들을 강제로 이주시켜 살게 하였는데,[21] 그들을 감시할 필요에서 중앙의 귀족을 보내 이를 통제케 하였던 것이다. 따라서 신라의 5소경은 행정구획의 의미보다도 정치적 또는 문화적인 필요에 의해서 설치된 것임을 알 수 있다.

주·군·현과 5소경 밑에는 일반적으로 村이라 불리는 작은 행정구역이 존재하였다. 이 촌은 자연촌이 아니라 몇 개의 자연촌이 합쳐서 이루어진 행정적인 지역촌이었다. 이 행정촌에는 그 지방의 토착인 유력자를 村主로 삼아 자치케 하였는데, 이들 촌주들은 중앙에서 파견된 현령의 통제를 받았다.[22]

일본 正倉院에서 발견된 신라장적에 의하면 서원경 부근의 네개 촌의 인구·토지면적 등이 실려있는데, 여기에는 한 촌에만 촌주가 있어 이들 네 촌은 자연촌이었음이 나타나며, 그 중의 하나인 沙害漸村의 경우 호수는 10호이고, 인구수는 142명(남 64, 여 78)인데 그 가운데 9명의 노비가 있었으며, 토지는 논이 총 102結 2負(그 중 호구에 주어진 것이 94결 2부 4속), 밭이 총 62결 10부 △속(모두 호구에 주어짐), 소 22두, 말 25두, 뽕나무 1,004주 등을 소유하여 한 촌락의 모습을 엿볼 수 있다.[23]

신라에는 특수행정조직으로 部曲이 존재하였는데, 그것은 일반 군현과 달리 소국의 정복과정에서 이루어진 피정복자집단이나 전쟁포로의 집단거주지를 재편성한 것으로 그 주민은 천민으로 여겨졌다. 또한 주·군·현에도 토착인으로 吏

---

21) 다만 금관소경을 東原京이라 칭하지 않은 것은 왕경이 동경성의 위치에 있으므로 피한 것 같다.

중원소경에는 強首·于勒과 金生이 있었고, 남원소경에는 고구려인 樂師와 승 法鏡이 있었던 점으로 보아 중원에는 가야의 귀족, 남원에는 고구려의 귀족들이 옮겨살고 있었음을 알 수 있다.

林炳泰, 〈新羅小京考〉《歷史學報》 35·36 합집, 1967.

22) 일본 정창원에서 발견된 신라장적에 의하면 서원경 부근의 4개 촌 가운데 촌주에게 준 村主位畓은 1개 촌 밖에 없으므로 촌주는 4개 자연촌 가운데 한 곳에만 있었음을 알 수 있다.

23) 李鍾旭, 〈新羅帳籍을 통하여 본 統一新羅의 村落支配體制〉《歷史學報》 86, 1980.

李宇泰, 〈新羅 '村落文書'의 村域에 대한 一考察〉《金哲埈華甲紀念 史學論叢》, 지식산업사, 1983.

李仁哲, 《新羅村落社會研究》, 일지사, 1996.

를 임명하여 외관을 보좌하도록 하였는데, 이들 토착세력을 통제하기 위하여 그들을 상경시켜 관부의 일을 맡아보게 하는 上守吏 제도를 마련하였다.

3. 군사조직의 재편성

신라의 군사력은 통일전쟁을 수행하는 과정에서 급격히 팽창하였는데, 삼국통일이 완료되자 군사조직의 재편성이 필요하게 되었다. 그리고 이 재편성에 있어서 중요한 방향이 된 것은 전제왕권의 밑받침이 되는 중앙군의 강화였다. 이렇게 개편된 새로운 중앙의 군사조직이 바로 9誓幢(서당)이었다.

서당이란 모병에 의해서 조직된 군대로서 이미 통일 전부터 있어왔는데 통일 후인 신문왕 때 9서당으로 완성되었으니, 이들은 왕경에 주둔하면서 국왕에 직속된 특수부대의 성격을 띠고 있었다. 9서당은 통일 후 고구려·백제·말갈 등

9서당의 구성

서당명	옷깃색	구성 국민	설치 연대
緣衿誓幢	緣紫色	신라인	583년(진평왕 5) 서당, 613년 개칭
紫衿誓幢	紫緣色	신라인	625년(진평왕 47) 郎幢, 677년(문무왕 17) 개칭
白衿誓幢	白靑色	백제인	672년(문무왕 12)
緋衿誓幢	緋　色	신라인	672년(문무왕 12) 長槍幢, 693년(효소왕 2) 개칭
黃衿誓幢	黃赤色	고구려인	683년(신문왕 3)
黑衿誓幢	黑赤色	말갈인	683년(신문왕 3)
碧衿誓幢	碧黃色	報德城民(고구려인)	686년(신문왕 6)
赤衿誓幢	赤黑色	報德城民(고구려인)	686년(신문왕 6)
靑衿誓幢	靑白色	百濟殘民(백제반란민)	687년(신문왕 7)

10정과 소재지

정 명(옷깃색)		소 재 지	현 지 명
音里火停	(靑色衿)	尙州 靑驍縣	경북 상주
古良夫里停	(靑色衿)	熊州 靑正縣	충남 청양
居斯勿停	(靑色衿)	全州 靑雄縣	전북 임실
參良火停	(黑色衿)	良州 玄驍縣	경북 달성
召參停	(黑色衿)	康州 玄武縣	경남 함안
未多夫里停	(黑色衿)	武州 玄雄縣	전남 나주
南川停	(黃色衿)	漢州 黃武縣	경기 이천
骨乃斤停	(黃色衿)	漢州 黃驍縣	경기 여주
伐力川停	(綠色衿)	朔州 綠驍縣	강원 홍천
伊火兮停	(綠色衿)	溟州 綠武縣	경북 청송

피정복민까지도 포함하여 편성되었는데, 이들은 衿(금, 옷깃)의 색깔에 따라 부대명칭을 구별하였다. 이와 같이 옷깃색에 의하여 부대의 명칭을 정한 것은 9서당이 국왕의 직속된 일원적인 군사조직이었음을 나타내는 것이다. 이리하여 통일신라에서는 종래의 大幢(6停의 하나로 왕경군)에 대신하여 9서당이 대표적인 군사조직이 되었고, 또 그 만큼 왕권의 강화가 이룩되었던 것이다.

중앙군의 핵심이 된 것이 9서당인 데 대하여 지방군의 중심을 이룬 것은 10停이었다. 10정은 9주에 각각 하나씩 설치되고 다만 국방상 요지인 漢州에만 2정을 두었는데, 이는 통일신라의 주가 군사적인 조직과 결합되고 있었음을 나타내는 것이다. 이 밖에도 康州·全州·漢州·朔州·溟州 등 5주에 설치된 지방군인 5州誓와 국경지대에 배치된 3邊守幢 등 여러 군대가 있었다.[24]

4. 토지제도의 개편

신라의 귀족들은 통일전쟁의 과정에서 많은 전쟁노비와 食邑을 받아 경제적 부를 확대할 수 있었다. 또한 이들은 관직에 따라 祿邑을 받았는데 그것은 그 토지에서 나오는 조세뿐 아니라 백성들의 부역까지도 징발할 수 있는 것이었다.[25] 그러나 통일 이후 중대의 전제왕권은 이들 귀족의 경제력을 억제하기 위한 정책을 강행하였는데, 687년(신문왕 7)에 관리들에게 官僚田을 주고, 689년에는 녹읍을 폐지하는 대신 歲租를 차등있게 지급하였다. 이와 같은 녹읍의 폐지와 관료전 및 세조의 지급은 중앙정부가 귀족들의 직접적인 백성 지배를 배제하기 위한 조치였다. 이에 귀족들이 강력히 반발하여 757년(경덕왕 16)에는 다시 녹읍이 복구되고 관료전과 세조가 폐지되었는데, 신라 후기의 귀족들이 막대한 부를 축적하고 사치스런 향락생활을 누릴 수 있었던 것도 이러한 경제적 기반을 가졌기 때문이었다.

한편 일반 백성들에게는 丁田을 지급하고 대신 국가에 조를 바치게 하였다. 722년(성덕왕 21) 처음으로 백성들에게 정전을 주었다는 기록은 이를 말하는 것이다. 755년(경덕왕 14)에 작성한 것으로 보이는 정창원 신라장적에 나오는 '烟(연)受有畓·田'은 농민들이 호별로 경작하는 토지로서 바로 이 정전을 말하는

24) 李明植, 〈新羅 統一期의 軍事組織〉《韓國古代史硏究》 1, 한국고대사연구회, 1988.
金侖禹, 〈新羅十停과 所在地名 變遷考〉《慶州史學》 7, 동국대, 1988.
李仁哲, 〈新羅의 軍事組織과 그 運營實態〉《軍史》 28, 국방군사연구소, 1994.

25) 姜晋哲, 〈新羅의 祿邑에 대하여〉《李弘稙回甲紀念 韓國史學論叢》, 신구문화사, 1969 ; 《韓國中世土地所有硏究》, 일조각, 1989.
李喜寬, 〈新羅의 祿邑〉《한국상고사학보》 3, 한국상고사학회, 1990.
李景植, 〈新羅時期 祿邑制의 施行과 그 推移〉《歷史敎育》 72, 1999.
全德在, 〈新羅時代 祿邑의 性格〉《韓國古代史論叢》 10, 한국고대사연구소, 2000.

신라장적에 나타난 호구 · 토지

촌 명	호구		토지				
	호	인구	종목	官謨田畓	內視令畓	연수유전답	麻田
沙害漸村	10	남 64	답	4결	4결	94결 2부 4속*	
		여 78	전			62결 10부△속	1결 9부
薩下知村	15	남 47	답	3결 66부 7속		59결 98부 2속	
		여 78	전			119결 5부 8속	△
□村	8	남 37	답	3결		68결 67부	
		여 32	전			58결 7부 1속	1결 △부
西原京 □村	10	남 46	답	3결 20부		25결 99부	
		여 60	전	1결		76결 19부	1결 8부
계	43	442	답 전	14결 86부	4결	답 248결 66부 6속 전 315결 41부 9속	(3결 17부)

* 이 가운데에는 村主位畓 19結 20負가 포함되어 있다.

것으로 여겨진다.[26] 그러나 이들 정전이나 연수유답은 국가에서 지급하였다고는 하지만 王土思想에 따른 것으로 실제로는 농민이 원래부터 소유하고 경작하던 토지에 대한 권리를 국가로부터 인정받고 그 대신 국가에 대해서 조를 납부하는 방식을 취한 것으로 생각된다. 신라의 농민들은 조상으로부터 물려받은 토지를 정전의 이름으로 경작하고 대신 조를 납부하는 자영농민이 대부분이었던 것이다.[27]

신라장적에는 연수유답 이외에 官謨畓(관모답)·內視令畓·村主位畓 등의 명칭이 나오고 있다. 관모답은 그 소출이 국가에 들어가는 관유지이고,[28] 내시령답은 내시령이라는 관리에게 할당된 관료전이며 촌주위답은 촌주에게 할당된 토지였는데, 이들 토지는 모두 촌민에 의하여 경작되었다. 그러니까 촌민들은 자기

26) 정전, 즉 장적의 '烟受有田·畓'을 국가에서 농민에게 급여한 전·답으로 보아 정전제의 실시를 당의 균전제의 모방으로 보려는 견해가 있다(崔吉成·兼若逸之). 그러나 이 '연수유전·답'이 국유지를 농민에게 분급한 것이 아니라 촌락 농민들이 이전부터 소유하고 있던 토지를 법제적으로 추인한 것이라는 점과 그 면적이 촌락마다 매 丁당 평균에 있어 매우 커다란 차이가 난다는 점으로 보아 위의 균전제설을 부정하는 견해가 있는 바(旗田巍·姜晋哲) 후자의 견해에 보다 설득력이 있다.

兼若逸之, 〈新羅「均田成册」의 硏究－이른바 民政(村落)文書의 分析을 중심으로－〉《韓國史硏究》 23, 1979.

姜晋哲, 〈新羅統一期의 土地制度－高麗 田柴科制度의 理解를 위하여－〉《高麗土地制度史硏究》, 고려대출판부, 1980.

李仁哲, 〈新羅帳籍의 烟受有田·畓과 農民의 社會經濟的 形便〉《國史館論叢》 62, 1995.

27) 李佑成, 〈新羅時代의 王土思想과 公田〉《趙明基華甲紀念 佛敎史學論叢》, 1965 ; 《韓國中世社會硏究》, 일조각, 1991.

28) 李喜寬, 〈統一新羅時代의 村主位田·畓과 村主勢力의 成長〉《國史館論叢》 39, 1992.

______, 〈統一新羅 土地制度의 特質〉《新羅文化》 13, 동국대, 1996.

의 연수유답을 경작하여 수확을 걷어들이는 대가로 이들 토지를 공동경작하였으니 일종의 요역인 셈이었다.[29] 그러므로 통일신라시대의 농민들은 자영농민으로서 독립적으로 연수유답을 소유·경작하는 한편, 촌에 할당된 공유지를 공동체적인 노동으로 경작하는 전통적 유제에 의한 요역을 부담하고 있었던 것이다.[30]

이 신라장적은 서원경(지금의 청주) 부근의 네개 자연촌의 대장인데, 여기에는 結負制에 따른 토지 면적[31] 이외에 또한 烟數(호수)·인구수·우마수, 그리고 뽕나무·잣나무·호도나무의 수까지 기록하고 특히 그의 3년마다의 변동상황도 쓰여있어 정부가 농민들의 조세와 요역부과의 자료로 파악하였음을 알 수 있다. 戶는 人丁의 다소에 따라 上上戶에서 下下戶까지 9등급으로 나누었고, 인구는 남녀별·연령별로 구분하여 파악하는 등 자못 상세한 내용이었는데, 여기에 나타난 신라 후기 촌락의 모습은 영세화되는 것으로 보여진다. 이 때 4개 촌은 호구 43개에 총인구는 442명(남 194, 여 248)인데, 이 가운데 노비 25명이 포함되고 있으며, 소 53두, 말 61두, 뽕나무 4,249주 등의 재산을 소유하고 있었다.

III. 統一新羅의 문화

1. 유학의 발달

통일신라는 그의 확대된 사회적 기반과 경제생활의 안정을 토대로 하고 새로 편입된 고구려·백제의 문화를 융합하여 하나의 민족문화를 확립하는 데 성공하였다. 또한 盛唐의 문화를 중심으로 한 외래문화를 흡수·가미함으로써 보다 다양하고 세련된 문화를 발전시켜 나갈 수 있었다. 이러한 통일신라의 문화진흥 가운데 가장 두드러진 것이 유학의 발달이었다.

통일신라 때 유학이 발달하였음은 유교경전을 가르치는 교육기관의 정비를 보아 알 수 있다. 682년(신문왕 2)에 國學을 설치하였는데,[32] 여기서는 교과를 3

29) 李鍾旭, 〈新羅帳籍을 통하여 본 統一新羅의 村落支配體制〉《歷史學報》 86, 1980.
李喜寬, 〈新羅村落帳籍에 보이는 村의 性格〉《李基白古稀紀念 韓國史學論叢》 上, 일조각, 1994.
______, 《統一新羅 土地制度硏究》, 일조각, 1999.

30) 김기홍, 《삼국 및 통일신라 세제의 연구》, 역사비평사, 1991.

31) 결부제는 신라 이래 고려·조선에 이어온 우리 나라 고유의 토지면적제도인데, 원래는 생산량에서 기원하였으나 토지면적량의 단위가 되었다. 1결은 100부이고 1부는 10속이다.
李宇泰, 〈新羅時代의 結負制〉《泰東古典硏究》 5, 태동고전연구소, 1989.
李仁在, 〈新羅統一期의 結負制〉《東方學志》 101, 연세대, 1998.

32) 국학의 창설은 651년(진덕여왕 5) 경의 일이며, 682년은 국학이 재편성되어 제도가 완비된 연대로 보인다. 경덕왕 때에는 太學監이라고 고쳤다가 776년(혜공왕 12)에

과로 나누고 박사와 조교를 두어 교육을 담당케 하였다. 이 때 가르친 교과내용은 《論語》·《孝經》을 공통과목으로 하고 각각 《禮記》·《周易》·《左傳》·《毛詩》,《尙書》·《文選》 3과를 전공과목으로 삼았으므로 유학이 진흥된 것은 당연한 일이었다. 또 788년(원성왕 4)에는 국학에 讀書 3品科라는 관리 채용시험의 제도를 마련하고 독서의 성적에 따라 3등급으로 나누어 인재를 등용하였는데, 그 과목은 위에 열거한 국학의 교과내용과 5經·3史·諸子百家의 서 등이었다. 이 독서 3품과의 설치는 종래 골품위주의 관리등용을 지양하고, 유학의 교양에 따른 능력위주의 제도를 마련하려 한 것이었지만 골품제도가 강고하게 유지되었던 신라에서는 제 기능을 발휘하지 못하고 말았다.

국학의 설치와 독서 3품과의 실시는 유학의 발달과 많은 유학자의 배출을 가능하게 하였다. 통일직후의 대표적인 유학자로는 強首와 薛聰을 들 수 있는데, 강수는 외교문서의 작성에 능하였고,[33] 설총은 元曉의 아들로서 經史에 널리 통하고 문장에 능하였다 한다. 특히 설총은 한자의 뜻과 음을 따서 우리말을 표현하는 吏讀(이두)를 정리하였고, 그가 신문왕에게 말한 〈花王戒〉에는 군주에게 도덕정치를 요구하는 유교사상이 나타나 있다.

통일신라의 전성기인 성덕왕 때에는 진골귀족인 金大問이 《鷄林雜傳》·《高僧傳》·《花郎世記》·《樂本》·《漢山記》 등을 저술하였는데, 이것들은 지금 남아 있지 않지만 그 책 이름으로 보아 신라의 역사와 지리·풍토에 관한 내용들을 정리한 것임을 알 수 있다. 이와 같이 당시의 신라인이 자기 문화를 의식할 수 있었던 것은 신라의 문화가 당의 것을 모방하는 단계에서 이미 벗어날 만큼 성장해 있었기 때문이었다.[34]

한편 신라 하대에는 도당유학이 활발해져 당의 賓貢科에 합격해서 그 곳에서 관리로 임명된 사람도 많았으므로 유명한 유학자가 많이 배출되었다.[35] 그 중 대표적인 학자가 金雲卿·金可紀 및 崔致遠이었는데, 특히 최치원은 당에서 급제하고 여러 관직을 역임한 후 귀국하여 진성여왕에게 시무책 10여조를 올려

다시 국학으로 환원하였다.

33) 李基白, 〈強首와 그의 思想〉《文化批評》 1-3, 1969 ; 《新羅思想史研究》, 일조각, 1986.

34) 李基白, 〈金大問과 그의 史學〉《歷史學報》 77, 1978 ; 《韓國史學의 方向》, 일조각, 1978.

1989년 《花郎世紀》의 필사본이 공개되어 그 진위가 학계의 논쟁으로 제기되었는데, 만약 이것이 진본이라면 신라사 연구의 귀중한 자료가 될 것이다.

35) 申瀅植, 〈新羅의 對唐交涉에 나타난 宿衛에 대한 一考察〉《歷史教育》 8, 1964 ; 《韓國古代史의 新研究》, 일조각, 1984.

______, 〈宿衛學生考－羅末麗初의 知識人의 動向에 대한 一齣－〉《歷史教育》 11·12 합집, 1969 ; 《韓國古代史의 新研究》, 일조각, 1984.

정치의 혼란을 시정하려 하였으나 뜻대로 되지 않자 벼슬을 버리고 합천 海印寺에서 여생을 보내면서 많은 저술을 남기었다. 그의 저술로는 《中山覆簣(복기)集》5권, 《桂苑筆耕》12권, 《帝王年代曆》1권, 《文集》30권 등이 있었으나 지금은 《계원필경》과 朗慧和尙碑 등 비문만이 남아 있다.

그런데 이들 유학자 중에는 6두품 출신이 많은 것이 특징적으로 나타난다. 강수와 설총이 6두품이었고, 최치원과 崔承祐·崔彦撝 등이 역시 그러하였다. 6두품 출신들은 국학에 입학하거나 도당하여 유학하고 유학자가 되는 사람이 특히 많았던 것이다. 이는 6두품 출신들이 골품사회의 신분제약을 학문적 능력에 의하여 극복하려 하였고, 진골귀족들로서도 이들을 행정적인 실무에 이용하기 위해서 이들의 수학을 뒷받침해 주었기 때문이다. 그러나 주로 6 두품 출신에 의해 담당된 신라의 유교는 결국 골품제를 비판하고 사회의 모순을 개혁하려는 방향으로 나타나게 되었다. 따라서 신라 후기의 유교는 진골중심의 신라사회에 대하여 비판하고 도전하는 사상적 기반이 되었던 것이다.[36)]

2. 향가문학의 발달

유학이 주로 귀족사회에서 발달하였는 데 대하여 신라의 시가인 향가는 일반 민간에도 퍼져 있었다. 향가는 이미 통일 전부터 만들어졌으나 통일신라에 들어와 더욱 발달하였는데, 특히 승려와 화랑들 사이에서 많은 작품이 나와 종교적인 색채를 띤 것이 많았다.[37)]

통일기의 원효도 향가를 만들어 유명하였는데, 그의 작품인 〈無碍(애)歌〉는 당시 민간에 널리 불려졌다 한다. 그러나 이들 향가는 대부분이 전하지 않고 다만 《삼국유사》에 실린 14수와 《均如傳》에 실려있는 普賢十願歌 11수 등[38)] 모두 25수가 전해지고 있어 이를 통해서 그 문학세계를 엿볼 수 있다. 진성여왕 때에 각간 魏弘과 大矩(구)和尙이 향가를 수집하여 《三代目》을 지었지만 이 책도 역시 남아 있지 않다.

《삼국유사》에 실려있는 14수는 통일전의 작품인 〈薯童謠〉·〈彗星歌〉와 통일 이후의 작품이 12수이다. 이 가운데는 효소왕 때 낭도 得烏가 화랑 竹旨를 사모하여 지은 〈慕竹旨郎歌〉와 경덕왕 때 승려인 忠談師가 화랑 耆婆郎(기파랑)을 찬양한 〈讚耆婆郎歌〉를 비롯해서 廣德·月明師·永才 등 승려의 작품이 대부분

36) 李基白, 〈新羅統一期 및 高麗初期의 儒教的 政治理念〉《大東文化硏究》 6·7 합집, 성균관대, 1970 ; 《新羅思想史硏究》, 일조각, 1986.

37) 梁柱東, 《朝鮮古歌硏究》, 박문서관, 1943.
金烈圭·鄭然粲·李在銑, 《鄕歌의 語文學的 硏究》, 서강대, 1972.
金完鎭, 《鄕歌解讀法硏究》, 서울대출판부, 1980.

38) 《균여전》에 실려있는 보현십원가는 고려 초기의 작품으로 알려져 있다.

을 이루고 있어 향가가 화랑 또는 승려와 밀접한 관계가 있었음을 알 수 있다. 또한 내용에 있어서 월명사가 지은 〈兜率歌〉(도솔가)에는 미륵의 자비를 비는 신앙심이 그려져 있고, 그의 〈祭亡妹歌〉에는 위의 〈모죽지랑가〉·〈찬기파랑가〉와 함께 죽은 사람을 사모하고 그리워하는 서정시적인 성격이 담겨있다. 또 광덕이 지은 것으로 보이는 〈願往生歌〉는 제목 그대로 서방정토에 왕생하기를 기원하는 것이며, 이 밖에 希明의 〈千手大悲歌〉(1명 禱千手觀音歌) 등에서도 불교적인 성격이 강하게 나타나 있다.[39)]

3. 불교의 흥륭

삼국시대에 전래된 불교는 통일신라에 들어와 미증유의 융성을 보았다. 이 때 불교는 敎學의 면에서 한층 발달하여 사상체계로서 성립되었고, 신앙의 면에서도 일반 민중에까지 널리 확산되어 사회의 지배이념이 되었던 것이다.

통일신라시대의 불교는 당으로부터 전래된 여러 종파가 심화되어 활발한 발달을 이루었다. 신라에서는 많은 도당유학승이 건너가 당에서 여러 불법을 배워 귀국하여 불교 홍륭에 힘썼는데, 慈藏·義湘·圓測 등은 그 대표적인 승려였다. 특히 慧超(혜초)는 당에서 멀리 인도·서역지방까지 순례하여 유명한 《往五天竺(천축)國傳》이란 기행문을 저술하였다.[40)]

이들 도당유학승에 의한 불교 종파는 신라에 들어와 더욱 발달을 이루었다. 이 시기의 불교종파는 戒律宗·涅槃宗·法性宗·華嚴宗·法相宗 등 敎宗의 5宗, 즉 5敎의 성립을 보았는데,[41)] 이 가운데 가장 대표적인 종파는 화엄종과 법상종이었다.

화엄종은 圓融, 즉 조화의 사상을 제시함으로써 지배층과 피지배층의 대립이나 지배층 내부의 분열을 지양하고 이를 하나의 질서 속에 포함시킬 수 있는 사상적 기반이 되었으므로, 이는 지배층인 진골귀족의 환영을 받았고, 특히 통일

---

39) 金東旭, 〈新羅鄕歌의 佛敎文學的 考察〉《白性郁頌壽紀念 佛敎學論文集》, 1959 ; 《韓國歌謠의 硏究》, 을유문화사, 1961.
張珍昊, 《新羅鄕歌의 硏究》, 형설출판사, 1993.

40) 천축국은 인도를 말하는데, 이 《왕오천축국전》은 전하지 않다가 우연히 20세기 초에 프랑스 학자 뻴리오(Pelliot)가 중국 甘肅省 敦煌(돈황)에서 그 중 2권을 발견하여 귀중한 자료가 되었다.
金煐泰, 〈新羅僧 慧超에 대하여〉《伽山學報》 3, 가산불교문화연구원, 1994.

41) 金映遂, 〈五敎兩宗에 對하여〉《震檀學派》 8, 1937.
이에 대하여 趙明基·安啓賢·金煐泰 등은 통일신라시대 종파의 성립을 부정하는 견해를 제시하였지만 아직도 金映遂의 5교설이 일반적으로 받아들여지고 있다.
金煐泰, 〈五敎九山에 대하여〉《佛敎學報》 16, 동국대, 1979.
鄭炳三, 〈統一期 新羅佛敎界의 동향〉《許善道停年紀念 韓國史學論叢》, 아세아문화사, 1992.

후에는 전제왕권 강화의 이념적 도구로 사용됨으로써 크게 발전할 수 있었다.[42] '海東華嚴의 初祖'라 불리우는 의상(625~702)은 당에 유학하여 중국화엄의 제 2 조인 智儼에게서 수학하고 돌아와 신라 화엄종을 개창하였다. 뒤에 중국 화엄의 제 3 조가 된 法藏이 지엄의 문하에서 의상과 동문수학하여 지엄이 법장을 文持, 의상을 義持라 하여 대비시키고 있으며, 의상이 귀국한 뒤에도 이 두 사람의 교류가 계속되었다는 사실은 당시 신라의 화엄학이 중국과 같은 수준에 있었음을 나타내는 것이다. 의상은 제자의 양성과 교세의 확장에도 힘을 기울여 화엄종은 크게 번창하였고, 고려 초의 균여에게로 이어지는 그의 법맥은 신라 화엄종의 주류를 형성하였다.[43]

신라 법상종의 가장 대표적인 승려로는 원측을 꼽을 수 있다. 원측(613~696)은 당에 들어가 玄奘(현장)에게서 新唯識學을 배워 법상종 승려로서의 확고한 지위를 굳혔고, 현장의 제자인 窺基(규기)와 교리상으로 대립하여 규기의 慈恩學派에 대해서 西明學派를 성립시켰다. 원측의 사상은 유식학뿐 아니라 다른 여러 사상들을 널리 섭렵하여 이들을 포용하려는 입장에 있었던 것으로[44] 중국에서는 자은학파로부터 이단시되고 배척을 받았지만 티벳불교에 지대한 영향을 주었다. 원측이 주로 중국에서 활동하였기 때문에 한국 불교에 미친 영향은 제한적일 수밖에 없었으나, 이 원측의 유식학은 道證을 거쳐 太賢에 이르러 집대성되어 법상종의 성립을 보았다.[45] 신라의 법상종은 경덕왕대에는 화엄종과 대립할 정도로 크게 성장하였지만 이후 화엄종에 눌리어 크게 빛을 보지 못하다가 고려 중기에 가서야 귀족불교로서 부흥하게 된다.

이와 같이 의상과 원측·태현 등에 의해서 화엄종과 법상종이 각기 독자적으

---

42) 金相鉉, 〈新羅 中代 專制王權과 華嚴宗〉《東方學志》 44, 연세대, 1984.

43) 김두진, 《義湘》, 민음사, 1995.
金知見, 〈新羅華嚴學의 系譜와 思想〉《學術院論文集》 人文社會科學篇 12, 1973.
金相鉉, 〈新羅 華嚴學僧의 系譜와 그 活動〉《新羅文化》 1, 동국대, 1984.
______, 《新羅華嚴思想史硏究》, 민족사, 1991.
高翊晋, 《韓國古代佛敎思想史》, 동국대출판부, 1989.

44) 유식학은 4 세기경 인도의 無着·世親에 의해서 완성된 것으로 중국에는 남북조시대에 소개되었는데 이 때의 유식학은 구유식학이라 하고, 당초의 현장에 의해서 인도로부터 새로이 전래된 유식학을 신유식학이라 한다. 원측은 현장에게서 신유식학을 배웠지만 구유식학을 포용하였을 뿐 아니라 널리 大·小乘의 여러 사상들을 섭렵하여 융합적인 사상체계를 성립시켰던 것이니, 이는 당시 신라 불교의 통불교적인 학풍과도 관련이 있는 것이었다. 그의 저술인 《深解密經疏》 진본이 근래 중국에서 발견되었다.

45) 金南允, 〈新羅中代 法相宗의 成立과 信仰〉《韓國史論》 11, 서울대, 1984.
신라 법상종의 성립시기에 대해서는 이설이 있다. 즉, 文明大는 8 세기 전기에 도징에 의해서 법상종이 성립한 것으로 보고 있다.
文明大, 〈新羅 法相宗(瑜伽宗)의 成立問題와 그 美術〉(上·下)《歷史學報》 62·63, 1974.
李 萬, 〈新羅道證의 唯識思想〉《伽山學報》 13, 가산불교문화연구원, 1994.

로 발전하였지만 이 시기의 불교계의 전체적인 분위기는 원효의 和諍(화쟁)思想 또는 통불교사상으로 특징지워진다.[46] 원효(617~686)는 敎判에 있어서 《화엄경》을 최고의 경전으로 보았고, 이 교판이 중국 화엄종의 법장에게 직접적인 영향을 주었다는 사실 때문에 화엄종의 승려로 간주되기도 하지만 실제로는 어느 한 종파에도 구애되지 않는 융합적인 입장이었다.[47] 즉, 그는 《화엄경》뿐 아니라 《열반경》·《法華經》·《無量壽經》·《中觀論》·《三論》·《成唯識論》 등 주요 경론에 대한 宗要와 論·疏를 지어 각각의 근본정신과 세부적인 절목을 정리하였고, 특히 《大乘起信論疏》와 《十門和諍論》에서는 화쟁사상을 제시하여 서로 모순·대립하는 것처럼 보이는 각 경전의 불교사상을 하나의 원리로써 회통시키려 하였다. 이 같은 원효의 불교는 이후 신라의 승려들에게 계승되어 신라 불교의 중요한 전통이 되었다.

원효의 화쟁사상은 불교의 종합화를 추구하였을 뿐 아니라 불교의 민중화를 주장하였다. 원효는 인간은 모두 평등하다는 기본원칙 위에서 화쟁을 주장하였으므로 그것은 지배자를 중심으로 한 화합이 아니라 민중을 중심으로 한 화합의 사상이었다. 따라서 원효가 민중불교라 할 수 있는 淨土信仰을 널리 전도한 것은 자연스러운 일이었다. 정토신앙이란 어려운 불교경전을 이해하지 못하여도 다만 염불만으로 서방정토에 왕생할 수 있다는 단순한 신앙이었고, 또한 현세의 고해에서 벗어나 내세에 극락왕생하기를 비는 내세신앙이었기 때문에 무지하고 가난한 민중들에게 크게 환영을 받았다. 신라의 정토신앙은 통일 전에 이미 발생하였는데, 이것이 통일 후 특히 원효에 의해서 크게 성행하게 되었던 것이다.

원효는 불교 교학의 면에서 높은 경지에 도달하였을 뿐 아니라 실제 생활에 있어서도 불교의 대중화에 노력하여 전국을 돌아다니면서 정토신앙을 전파하였다. 이 때 원효는 '南無阿彌陀佛(나무아미타불)'이라는 염불만 외면 누구나 극락에 왕생할 수 있다고 가르쳤는데, 그의 정토신앙은 인간이 모두 평등하다는 기본원칙 위에 서 있는 것이 특징이었다.[48] 이러한 원효의 사상은 그가 6두품 출

---

46) 趙明基, 〈元曉의 和諍〉《新羅佛教의 理念과 歷史》, 신태양사, 1962.
金雲學, 〈元曉의 和諍思想〉《佛教學報》 15, 동국대, 1978.
李鍾益, 〈元曉의 「十門和諍論」研究〉《元曉研究論叢－그 哲學과 人間의 모든 것－》, 국토통일원, 1987.

47) 南東信, 〈元曉의 教判論과 그 佛教史的 位置〉《韓國史論》 20, 서울대, 1988.
李箕永, 〈元曉思想研究〉 I, 한국불교연구원, 1994.
______, 〈元曉思想의 特徵과 意義〉《震檀學報》 78, 1994.

48) 安啓賢, 〈元曉의 彌陀淨土往生思想〉(上·下)《歷史學報》 16·21, 1961·1963 ; 《新羅淨土思想史研究》, 현음사, 1987.
______, 〈元曉의 彌勒淨土往生思想〉《歷史學報》 17·18 합집, 1962 ; 《新羅淨土思想史研究》, 현음사, 1987.

신으로서 가지고 있었던 진골체제에 대한 현실적인 불만도 반영하였으리라고 보여진다.

그러나 이 시기의 정토신앙은 원효 또는 어떤 특정 종파에 의한 것이 아니라 전불교적인 현상이었다. 화엄종의 본찰인 浮石寺의 금당이 淨土經의 하나인《무량수경》에서 이름붙인 無量壽殿이고, 그 안에는 화엄종의 주불인 毘盧遮那佛(비로자나불)이 모셔진 것이 아니라 정토신앙의 阿彌陀佛이 모셔져 있는 것은 그의 한 예이다.[49] 또 일반 민중뿐 아니라 왕실로부터 노비에 이르기까지 모두가 정토신앙을 가지고 있었으니, 정토신앙은 당시 모든 신라인들의 생활의 일부가 되었던 것이다.[50]

이 밖에도 통일신라시대에는 불교 대중화를 위해서 占察法會가 행해졌으며,[51] 정토신앙과 결부된 불교의식이 행해지기도 하였다.[52] 정토신앙 이외에 觀音信仰이 신봉되었고[53] 또한 密敎도 전래되었으니,[54] 이것 역시 이 시기의 불교 대중화의 한 현상이다.

4. 미술의 발달

삼국을 통일한 후의 신라는 사회가 안정되고 진골귀족들에 의한 예술생활이 활기를 띠게 됨에 따라 특히 미술방면에 괄목할 만한 발달을 이룩하였다. 이 때의 미술은 불교미술을 중심으로 발달하였는데, 이들 미술품들은 사실적인 기법에 생동감이 있고 조화의 미가 가미된 것이 특징이었다.

통일신라의 미술을 대표하는 것은 佛國寺와 石窟庵이다. 이 둘은 신라문화의 만개기인 경덕왕 때 재상 金大城이 만들기 시작하여 혜공왕 때 완성되었다. 불

---

49) 金英美,〈統一新羅時代 阿彌陀信仰의 歷史的 性格〉《韓國史硏究》 50·51 합집, 1985.
______,〈元曉의 阿彌陀信仰과 淨土觀〉《가산학보》 2, 가산불교문화연구원, 1993.
______,《新羅佛敎思想史硏究》, 민족사, 1994.

50) 李基白,〈新羅 淨土信仰의 두 類型〉《歷史學報》 99·100 합집, 1983.
金煐泰,〈新羅의 彌陀思想〉《佛敎學報》 12, 동국대, 1975;《三國遺事所傳의 新羅佛敎思想硏究》, 1979.

51) 金煐泰,〈占察法會와 眞表의 敎法硏究〉《佛敎學報》 9, 동국대, 1970.

52) 金文經,〈儀式을 통한 佛敎의 大衆化運動〉《史學志》 4, 단국대, 1970.
洪潤植,〈統一新羅의 信仰儀禮〉《朴吉眞華甲紀念 韓國佛敎思想史》, 원불교사상연구원, 1975.
______,〈韓國 佛敎儀式에 나타난 淨土信仰〉《佛敎學報》 13, 동국대, 1976.

53) 洪承基,〈觀音信仰과 新羅社會〉《湖南文化硏究》 8, 전남대, 1976.
金煐泰,〈新羅의 觀音思想〉《佛敎學報》 13, 동국대, 1976;《三國遺事所傳의 新羅佛敎思想硏究》, 1979.
鄭柄朝,〈義湘의 觀音信仰〉《東國思想》 10·11 합집, 동국대, 1978.

54) 朴泰和,〈新羅時代의 密敎傳來考〉《趙明基華甲紀念 佛敎史學論叢》, 1965.
文明大,〈新羅 神印宗의 硏究—新羅密敎와 統一新羅社會—〉《震檀學報》 41, 1976.

국사는 원래 대규모의 사찰이었으나 임진왜란 때 목조건물은 모두 불타없어졌고 다만 석조물과 기단이 남아 있어 신라미술의 높은 수준을 보여주고 있다. 그 중에서도 정문으로 올라가는 白雲橋·青雲橋의 돌계단과 정문 옆에 있는 泛影樓(범영루)의 쌍석주는 건축술의 발달을 보여주며, 대웅전 앞 좌우에 서 있는 釋迦塔과 多寶塔은 세련된 아름다움을 보이고 있다. 특히 석가탑은 3층으로 된 석탑으로 간소하고도 장중한 맛이 아름답기 그지없으며, 다보탑은 복잡하면서도 화려한 형태미와 조화된 균형감이 신라미술의 정화를 이루고 있다.[55)]

석굴암은 중국의 석굴사원들과 같이 자연암석을 이용한 것이 아니라 화강암으로 쌓아 만든 인조의 석굴이란 점에 특색이 있다. 이것은 장방형의 전실과 원형의 후실(본실)로 이루어져 있는데, 특히 후실 천정은 도음(Dome)형으로 돌을 쌓아올려 역학적인 안정감을 보여주므로 당시 건축기술의 발달을 짐작케 한다. 후실에는 중앙에 본존불상을 앉히고 둘레의 벽에 11面觀音과 4菩薩(보살)·10羅漢 등을 배치하였으며, 전실에는 金剛力士와 仁王 등을 양각하였는데, 그 조각솜씨의 뛰어남과 전체적인 조화의 미는 석굴암이 신라미술의 극치임을 말해 주고 있다.[56)]

불국사와 석굴암 이외에도 신라의 불교미술은 여러 방면으로 발달하여 수많은 불상·석등·범종 등이 제작되었다. 불상으로는 甘山寺의 석불과 掘佛寺의 4면석불, 그리고 불국사의 노사불·미륵불 등이 유명하다.[57)] 석등으로는 불국사의 석등과 法住寺의 쌍사자석등, 화엄사의 대석등 등이 남아 있어 그 면모를 엿보게 한다.[58)] 또한 범종의 주조가 유행하였는데, 지금에 전하는 것은 奉德寺大鐘(일명 성덕대왕 신종)과 上院寺鐘으로 그 형식이 독특하고 무늬의 조각솜씨가 뛰어났다.[59)]

고분은 통일신라시대에 들어오면 그 양식이 변하여 종러의 돌무지무덤 대신

---

55) 高裕燮, 《韓國塔婆의 硏究》, 을유문화사, 1948
鄭永鎬, 〈韓國石塔의 特殊樣式考察〉(上·下)《檀國大論文集》 3·4, 1969·1970.
黃壽永, 《불국사와 석굴암》, 세종대왕기념사업회, 1979.
張忠植, 《新羅石塔硏究》, 일지사, 1987.

56) 黃壽永, 〈石窟庵의 創建과 沿革〉《歷史教育》 8, 1964.
文明大, 〈韓國石窟寺院의 硏究〉《歷史學報》 38, 1968.

57) 황수영, 《불탑과 불상》, 세종대왕기념사업회, 1974.
文明大, 〈新羅 法相宗(瑜伽宗)의 成立問題와 그 美術－甘山寺 彌勒菩薩像 및 阿彌陀佛像과 그 銘文을 中心으로－〉(上·下)《歷史學報》 62·63, 1974.
金理那, 〈慶州 掘佛寺址의 四面石佛에 대하여〉《震檀學報》 39, 1975 ; 《韓國古代佛教彫刻史硏究》, 일조각, 1989.

58) 秦弘燮, 〈韓國의 石燈〉《文化財》 2, 문화재관리국, 1966.

59) 洪思俊, 〈奉德寺梵鐘小考〉《考古美術》 19·20 합집, 고고미술동인회, 1962.
______, 〈新羅鐘形考〉《李弘稙回甲紀念 韓國史論叢》, 신구문화사, 1969.

새로이 굴식 돌방무덤〔橫穴式 石室墳〕이 만들어졌는데, 이는 분묘제작이 전보다 세련되었음을 나타내는 것이다. 뿐만 아니라 이제는 무덤의 봉토 주위에 둘레돌〔護石〕을 쌓고 그 둘레돌에 12支神像을 조각하는 양식이 생겼으니[60] 그 대표적인 것이 김유신묘와 성덕왕릉·掛陵(원성왕릉으로 추정)이다. 특히 성덕왕릉과 괘릉은 12지신상뿐 아니라 문무인석과 석사자까지도 갖춘 통일신라의 대표적인 분묘형태였다.[61]

Ⅳ. 渤海의 발전과 社會·文化

1. 발해의 발전

발해를 건국한 대조영(高王, 699∼719)이 당 세력을 견제하면서 나라의 기틀을 잡아 2대 무왕(大武藝, 719∼737)은 이를 기반으로 하여 국력을 크게 신장시켰다. 무왕은 즉위하자 仁安이라는 독자적인 연호를 사용하고 일본에 사신을 보내는 한편 당과는 대립관계를 취하였다. 즉, 당이 송화강과 흑룡강의 합류지역에 있던 黑水部靺鞨(말갈)에 도독부를 설치하고 長史라는 관리를 보내 통치하려 하자 무왕은 흑수부를 치는 한편 張文休로 하여금 해군을 이끌고 산동성 등주를 공격하여 刺史(자사)를 죽이기에 이르렀다(732). 이에 당은 신라와 함께 양면으로 발해를 공격하였지만 큰 추위와 눈으로 헛되이 물러가고 말았다(733). 이 때 발해는 만주의 대부분과 연해주에 이르는 커다란 판도를 이룩하고 있었다.[62]

다음 문왕(大欽茂, 737∼794) 때에도 대외적인 발전에 힘을 쓰는 한편 처음으로 당과 화친을 맺고 그의 발달된 제도 문물을 수입하여 내치에서 볼 만한 업적을 이룩하였다. 대조영은 처음 東牟山(길림성 돈화의 城山子山城)에 거처하다가 곧 산성 아래 평지인 永勝유적에 도읍을 정하였는데, 이 산성과 영승유적이 문헌에 나오는 '舊國'인 바 문왕은 국도를 이곳에서 中京 顯德府(지금 화룡 西古城)로 옮기고, 다시 上京 龍泉府(길림성 東京城)로 옮겼다가 또 東京 龍原府(지금 혼춘)로 옮겼는데, 이것은 발해의 국력이 북쪽과 동쪽으로 신장된 데 연유한 것이었다. 지금까지 당이 발해에 대하여 '渤海郡王'이라 하던 봉작명을 '渤海國王'으로 승격시킨 것은 그의 국제적 지위가 그만큼 승격한 까닭이었다. 발해의 국도는 그 후 5대 성왕(794∼795) 때 다시 상경으로 환도하여 멸망할 때까지 변함이 없었다.[63]

---

60) 姜友邦, 〈新羅 十二支像의 分析과 解釋－新羅十二支像의 Metamorphose〉《佛教美術》 1, 동국대, 1973.

61) 邊英燮, 〈掛陵考〉《梨大史苑》 12, 1975.

62) 宋基豪, 《渤海政治史研究》, 일조각, 1995.

발해가 가장 융성한 것은 10대 선왕(大仁秀, 818~830) 때였다. 이 때 발해는 유학생을 당에 보내 성당의 문화와 제도를 섭취하고, 또 대규모의 영토경영을 꾀하여 대부분의 말갈족을 복속시키고 요동지방에 대한 당의 지배력이 약화된 틈을 타서 요하유역까지 진출하여 요동지역에 대한 지배권을 획득하였다. 이리하여 발해의 영역은 북으로 흑룡강, 동으로 연해주, 서로 요동, 남으로 영흥지방에 이르는 광대한 판도로 확장하였다. 발해의 지방제도가 5京·15府·62州로 정비된 것도 이러한 영역확대에 따른 결과였다. 이에 발해는 중국사가들로부터 '海東盛國'의 칭호를 받기에 이르렀던 것이다.

그러나 선왕 이후 발해의 국세는 기울어져 안으로 정치가 혼란해지고 밖으로 거란의 압력을 받다가 마침내 15대왕인 大諲譔(대인전) 대 거란의 침략으로 국도 상경이 함락되면서 곧 멸망하고 말았다(926). 이에 지배층이던 고구려계통 사람들은 대거 고려로 귀속하고 국민의 대부분을 이루었던 말갈인은 여진족의 이름으로 여러 부족의 할거상태에 놓이게 되었다.[64]

2. 발해의 정치와 사회

발해의 지배층은 고구려의 유민들로 구성되고 있었다. 발해를 건국한 대조영이 고구려인으로 보이는 것은 《삼국유사》에 실려있는 新羅古記와 《帝王韻記》에 명기된 것으로 짐작할 수 있고, 또 지배층에 고구려의 왕족인 高氏가 절대 다수를 점하고 있으며, 727년 일본에 보낸 국서에서 "고구려의 옛땅을 수복하고, 부여의 유속을 이어받았다."라는 구절이 있어 발해의 지배층이 옛 고구려인으로 충당된 것을 알 수 있다. 발해의 국왕은 집권적인 전제정치를 행한 것 같으니, 그것은 발해의 국왕들이 독자적인 연호를 사용한 것으로 짐작할 수 있다. 즉, 고왕은 天統, 무왕은 仁安, 문왕은 大興, 성왕은 中興, 선왕은 建興 등 연호를 사용한 것은 국내에서 왕권의 강화를 표시하는 동시에 당과는 대등한 국가의식의 표현으로 볼 수 있다.

발해는 당의 제도를 본떠 정비된 정치제도를 마련하였다. 즉, 당의 3성·6부제를 모방하여 政堂省·宣詔省·中臺省의 3성과 忠部(이부)·仁部(호부)·義部(예부)·智部(병부)·禮部(형부)·信部(공부)의 6부를 두었다. 그러나 발해의 중앙관제는 당의 제도를 모방하면서도 한편으로는 그 명칭이 유교적으로 雅化되

63) 宋基豪, 〈발해 文王代의 개혁과 사회변동〉《한국고대사연구》 6, 1992.
　　______, 〈발해의 초기도읍지와 천도과정〉《權兌遠停年紀念 論叢》, 1994.

64) 발해가 멸망하자 거란은 이곳에 東丹國을 세웠다가 2년 뒤인 928년에 발해인을 요동지방으로 강제 이주시켰는데, 이들 일부가 遼·金에 저항하면서 定安國·興遼國·大渤海國 등을 세워 부흥운동을 일으켰으며, 유민 일부는 고려로 귀부하여 한국사의 일부를 이루기도 하였다.

어 있는 것이 그와 다를 뿐 아니라 그 권력구조에도 차이가 있었으니, 정당성(상서성)의 장관인 大內相이 선조성(문하성)의 장관인 左相과 중대성(중서성)의 장관인 右相을 통할하였던 것이다. 최고 관부인 정당성의 '政堂'이란 명칭은 정사를 의논하는 합좌기관의 뜻을 가진 것으로 보아 이곳에서 귀족들이 국가의 중대사를 회의 결정하였을 것이다.

발해는 또한 지방제도를 정비하여 5경·15부·62주의 제도를 마련하였다. 즉, 국도인 상경(지금 길림성 동경성)을 비롯하여 중경(지금 길림성 화룡)·동경(지금 길림성 혼춘)·남경(지금 북청)·서경(지금 길림성 임강)의 5경을 두고 상경을 중심으로 하여 5道의 교통망을 정비하였으니,[65] 이것은 부여의 4출도의 전통과 관련이 있는 것으로 생각된다. 지방행정의 중심적 위치를 차지한 것은 15부(장관은 都督)였는데 그 밑에는 62주(장관은 刺史)와 100여개의 현(장관은 縣丞)이 달려 있었으며, 지방행정의 가장 말단에 있는 촌락은 토착인 유력자인 首領에 의하여 다스려졌다.[66]

발해의 사회계층은 고구려계통사람으로 충당된 지배층과 토착적인 말갈인으로 구성된 피지배층으로 나눌 수 있다.[67] 지배층은 왕족인 大氏를 비롯하여 귀족인 高氏(고구려의 왕족) 등 거의 고구려계통의 사람들이었다.[68] 말갈인들은 소수가 지배층에 편입되는 경우도 있었지만 대부분 종래부터 촌락에 거주해온 농민들이었다. 만주지방에서는 목축이나 수렵 등도 하였지만 역시 기본이 되는 생산활동은 농업이었으므로 말갈인의 대부분은 농민이었던 것이다. 이들 촌락의 말갈인은 촌장인 수령을 통하여 국가의 지배를 받았다. 발해의 지배층인 고구려 귀족

65) 5道는 당나라와의 朝貢道·營州道, 거란과의 契丹道, 일본과의 日本道, 그리고 신라와의 新羅道였다.

66) 方學鳳, 〈발해의 5京에 대하여〉《歷史敎育》 53, 1993.
金鍾圓, 〈渤海의 首領에 대하여-地方統治制度와 關聯하여-〉《全海宗華甲紀念 史學論叢》, 일조각, 1979.

67) 李龍範, 〈渤海王國의 形成과 高句麗遺族〉(上·下)《東國大論文集》 10·11, 1972·1973 ;《中世東北亞細亞史硏究》, 아세아문화사, 1976.
盧泰敦, 〈渤海國의 住民構成과 渤海人의 族源〉《韓國古代의 國家와 社會》, 일조각, 1985.
林相先, 〈渤海建國 參與集團의 硏究〉《국사관논총》 42, 국사편찬위원회, 1993.
한규철, 〈渤海國의 주민구성〉《韓國史學報》 1, 고려사학회, 1996.
盧泰敦은 발해국의 주민구성은 이른 시기부터 土人과 말갈인의 이중구조였으며, 이들이 발해 멸망 후 발해인과 여진인으로 이어졌는데 앞의 토인, 즉 발해인은 고구려인을 중심으로 해서 고구려화되었던 일부 말갈인이 이에 융합되어 형성된 족속이라 하였다.

68) 일본에 파견된 발해의 正使 85명 중 만주식 성명을 가진 자는 6명밖에 안되고 그 밖은 모두 한식 성명을 가졌으며, 그 가운데 高氏가 26명이나 되었다. 이로부터 발해의 지배층이 고구려계통이고 특히 고구려 왕족인 고씨가 단연 주류를 이루고 있었음을 알 수 있다. 또 소수이지만 말갈인도 지배층에 포함되고 있었음이 나타나 있다.

은 전통적인 말갈사회의 내부조직을 그대로 보존하면서 이를 중앙집권적 통치체제 안에 연결하는 방법을 썼던 것이다.

3. 발해의 문화

발해는 문왕 때 당과 외교관계를 맺은 후 그의 문화를 받아들여 자못 발달한 문화의 꽃을 피웠다. 발해의 사신과 상인, 그리고 유학생과 유학승이 당에 왕래하면서 성당의 문물 제도를 들여왔던 것이다. 그러나 발해의 문화는 당의 문화를 전통적인 고구려문화의 토대 위에 재구성한 것이기 때문에 거기에는 또한 고구려적인 요소가 강하게 나타나게 되었다. 이것은 발해가 고구려의 옛땅에 서있고 또 그 지배층에 옛고구려인이 많았기 때문에 당연한 현상이라 하겠다.

발해에서는 유학이 상당히 발달하였는데, 그것은 당에 간 유학생과 당의 賓貢科에 급제하는 사람이 있는 것으로부터 알 수 있다. 발해의 6부명이 유교적인 이름으로 雅化된 것도 역시 발해의 유교가 자못 발달하여 있었음을 말해주는 것이다. 근래 돈화에서 발견된 貞惠公主墓誌와 중경터(화룡)에서 발견된 貞孝公主墓誌는[69] 세련된 騈儷體(변려체)로 쓰여져 있어 발해가 한문사용에 능숙했음을 나타내고 있다.

또한 발해의 불교도 자못 융성하였다.[70] 그것은 발해의 유학승이 당에 왕래하였고 또 실제로 상경 동경성에서 발견된 10여개의 절터에서 불상·석등·연꽃무늬와당 등 불교유물이 출토되는 것으로 미루어보아 알 수 있다. 이러한 발해의 불교는 문왕(대흠무)의 존호가 大興寶曆孝感金輪經法大王이라는 불교식이었다는 사실에서 알 수 있는 바(金輪·聖法은 불교용어임) 고구려계 귀족의 신봉으로 널리 성행하였을 것이며, 따라서 고구려의 불교를 계승하였을 것으로 보인다. 발해의 절터는 모두 40군데 정도 확인되었는데, 이들이 주로 상경 등 5경에 집중되어 있어 불교가 지배자를 중심으로 전파되었음을 알 수 있다. 승려로는 釋仁貞(?~815)·釋貞素(?~828)가 유명하고, 불교종파는 관음신앙과 法華信仰이 유행하였다.

발해의 미술은 발해가 가장 오랫동안 도성으로 사용하였던 상경의 도성지에서 발견된 유적과 유물을 통하여 엿볼 수 있다. 상경은 당의 수도인 長安城을 모방

---

69) 宋基豪, 〈渤海 貞惠公主墓碑의 고증에 대하여〉《韓國文化》 2, 서울대, 1981.
______, 〈渤海의 「多人葬」에 대한 연구〉《韓國史論》 11, 서울대, 1984.
鄭仁甲, 〈渤海 貞孝公主 무덤 管見〉《白山學報》 28, 1984.
방학봉, 〈발해 정효공주무덤과 하남툰무덤에 대하여〉《한국학보》 72, 일지사, 1993.

70) 宋基豪, 〈渤海佛教의 展開過程과 몇가지 特徵〉《이지관화갑기념논총 한국불교문화사상사》 상, 1992.

하여 외성 안의 북쪽 중앙에 皇城(내성)을 쌓고 그 남문에서 외성 남문까지 직선으로 낸 朱雀大路를 중심으로 하여 좌우에 여러 條坊을 나누었다. 황성 안에는 다섯 개의 궁전지가 남아 있는데, 그 가운데에서 온돌장치를 한 것이 발견되었으니 이는 고구려의 전통을 이은 것이었다.

발해의 고분은 흙무덤·돌무덤·벽돌무덤 등이 있는데, 흙무덤은 발해 건국 이전부터 유행하여 발해초기까지 지속된 토착적 양식이고, 돌무덤은 고구려적인 것으로 돌방봉토무덤〔石室封土墳〕이 주류를 이루는데 정혜공주묘가 대표적이다. 정혜공주는 3대 문왕의 둘째딸이고 정효공주는 넷째딸인데, 정혜공주 무덤양식은 완전히 고구려식 돌방봉토무덤으로 천정도 고구려무덤에서 특징적인 각을 줄여 쌓는 고임천정〔抹角天井〕이었으며, 정효공주묘도 역시 같은 고임천정으로 만들어 고구려 요소가 있었다는 증거가 된다. 이것은 상경성부근(영안현)의 三陵 2호고분이 역시 그 양식이 돌방무덤이며 고임천정으로 되어 정혜공주묘와 같이 고구려양식이었다는 점과 같다. 특히 정효공주묘와 삼릉 2호고분의 무덤칸에는 벽화가 화려하게 그려져 있는 것이 특징적이었다. 벽돌무덤은 당나라의 영향을 받은 것으로 발해중기 이후 왕실에서 일부 받아들여졌지만 그 숫자는 적었다.[71]

상경과 동경 등에서는 여러 사원지가 발견되고 여기서 많은 불상이 출토되어 당시의 뛰어난 조각솜씨를 엿볼 수 있다. 상경성의 사원지에서 완전한 형태의 석등도 발견되었는데, 8각의 기단 위에 엔타시스의 竿石(간석)이 있고 이 간석과 역시 8각으로 된 불주머니돌(火舍石)에는 여러 가지 문양의 조각이 있어 발해의 석조미술을 대표하고 있는 바, 이 석등의 제작이 웅건한 것과 또 8각형의 양식은 고구려적인 색채를 띤 것이다. 또한 궁전지와 사원지에서 발견된 와당·塼 등의 문양이 소박하고 직선적인 것도 역시 고구려적인 성격에서 나온 것이다. 동경 용원부의 유지 발굴에서 출토된 二佛並座石佛 등이 고구려의 불상제작 기술을 이어받았고, 또 같은 동경의 西寺 터에서도 같은 양식의 불상과 함께 고구려의 와당이 출토되어 주목을 끌었다. 이것은 상경지 부근의 발해 고분이 고구려 계통과 흡사한 굴식 돌방무덤의 구조를 이루고 있는 것과 함께 발해문화가 고구려 문화의 성격을 잇고 있음을 나타내는 것이다.

---

71) 崔茂藏(역), 《高句麗·渤海文化－中國 考古學者의 發掘報告書－》, 집문당, 1982.
徐炳國, 《발해 발해인》, 일념, 1990.
송기호, 《발해를 찾아서》, 솔출판사, 1993.
연변대학 출판부 편저, 《발해사연구》 1·2·3, 서울대출판부, 1993.
김정배 외, 《러시아 연해주 발해유역》, 대륙연구소, 1994.

제 4 장
新羅後期의 사회변동

I. 骨品社會의 동요

1. 진골귀족의 자기항쟁

통일 후 중대왕권에 의한 전제정치로 정치·경제·사회·문화 모든 면에 걸쳐 전성기를 이루었던 신라도 하대에 들어서면서 점차 기울어지기 시작하였는데, 그것은 진골귀족의 내부 분열로 왕위쟁탈전이 계속되었기 때문이었다. '하대'는 37대 선덕왕(780~785)으로부터 56대 경순왕(927~935) 때까지를 가리키는데, 하대의 155년 동안 20명의 왕이 교체된 것은 이 시기의 정치적 혼란을 단적으로 보여주는 것이다.

신라의 정치적 혼란은 이미 중대의 마지막 왕인 혜공왕(765~780) 때부터 시작되었다.[1] 768년(혜공왕 4)에 大恭의 난이 일어나 전국의 96角干이 서로 싸웠다고 한 것은 중대의 집권적인 왕권이 약화되었음을 보여준다. 이 난은 진압되었지만 결국 혜공왕은 이찬 金志貞의 반란을 계기로 하여 군사를 일으킨 상대등 金良相과 이찬 金敬信에 의하여 피살되고 김양상이 왕위에 오르니 이가 선덕왕이다. 선덕왕은 내물왕의 10세손이라 하였으니 이로써 무열왕 직계의 중대왕실은 단절되고 말았다.[2] 선덕왕 뒤에는 내물왕의 12손이라 한 김경신이 왕위에 올라 원성왕(785~798)이 되고, 그 후에는 도두 원성왕계에서 왕위를 계승하였던 것이다.

헌덕왕(809~826) 때에는 웅주(지금 공주)에서 金憲昌의 난이 일어났다(822, 왕 14년). 그것은 김헌창의 아버지 金周元이 무열왕의 직계손으로 선덕왕에 이어 왕위에 올라야 하였지만 원성왕(김경신)이 비상수단으로 즉위한 데 대한 불만으로 폭발한 것이었다.[3] 웅진도독으로 나가 있던 김헌창은 웅주를 근거로 반란을 일으켜 국호를 長安, 연호를 慶雲이라 하고 한 때 기세를 떨쳤으나, 왕군에

---

1) 李基白, 〈新羅 惠恭王代의 政治的 變革〉《社會科學》 2, 성균관대, 1958 ; 《新羅政治社會史硏究》, 일조각, 1974.
2) 李基東, 〈新羅 奈勿王系의 血緣意識〉《歷史學報》 53·54 합집, 1972.
3) 金貞淑, 〈金周元世系의 成立과 그 變遷〉《白山學報》 28, 백산학회, 1984.
李明植, 〈新羅下代 金周元系의 政治的 立場〉《大丘史學》 26, 대구사학회, 1984.

게 진압되었으며, 왕 17년(825)에는 헌창의 아들 梵文(범문)이 또다시 漢山에 도읍을 정하고 나라를 세우려다가 역시 실패하였다.

이러한 왕위싸움은 흥덕왕(826～836)이 죽은 후 보다 치열해졌다. 흥덕왕은 아들이 없는데다 후계자를 지정하지 않고 사망함으로써 사촌동생 金均貞이 왕궁으로 들어가 왕이 되려 하였으나, 김균정의 조카 金悌隆(제륭)이 무력으로 그를 내쫓고 왕위에 올라 희강왕이 되었다(836). 그러나 얼마 안되어 희강왕을 즉위케 한 상대등 金明이 다시 군사를 일으켜 희강왕을 스스로 목매 죽게 하고 왕이 되니 민애왕이다(838). 이 때 淸海鎭 大使인 張保皐(고)에 의지하고 있었던 김균정의 아들 金祐徵(우징)이 장보고의 원조를 받아 민애왕을 죽이고 왕위에 올라 신무왕이 되었다(839). 이와 같이 신라 하대에는 같은 진골귀족 사이에 왕위를 둘러싼 자기 항쟁이 치열하게 전개되어 정치와 사회는 혼란을 더해 갔던 것이다.[4]

2. 골품제의 붕괴

진골귀족의 왕위 쟁탈싸움은 그들 진골 내부의 분열을 뜻하는 것이었다. 원래 진골귀족들은 혈연적인 유대를 갖고 이해관계를 같이 하는 운명공동체를 이루고 있었으므로 이들 사이에는 아무런 분열이 일어나지 않았다. 그러나 삼국통일 후의 사회발전은 이들의 유대를 이완시켜 족당의 분립을 가져오게 하였다. 같은 김씨왕족이지만 이제는 족당에 따라 서로 대립하고 왕위를 둘러싼 싸움을 벌이게 되었던 것이다.[5]

신라사회의 발전은 출생으로써 결정된 골품에 대신하여 점차 능력을 중요시하게끔 바뀌어갔다. 이제는 골품만으로 정치적·사회적 출세가 자동적으로 주어지는 것이 아니라 그의 실력에 의해서 좌우되는 사회로 변해간 것이다. 이것은 신라 말까지 골품제가 유지됨으로써 그 한계가 있었지만 전반적인 사회발전의 방향이었다. 진골귀족들의 왕위싸움이 그의 신분조건보다 경제력과 사병의 무력에 의지하였음은 이를 나타내는 것이다.

---

4) 吳 星, 〈新羅 元聖王系의 王位交替〉《全海宗華甲紀念 史學論叢》, 일조각, 1979.
尹炳喜, 〈新羅下代 均貞系의 王位繼承과 金陽〉《歷史學報》 96, 1982.
李基東, 〈新羅下代의 王位繼承과 政治過程〉《歷史學報》 85, 1980 ; 《新羅骨品社會와 花郎徒》, 한국연구원, 1980.

5) 金哲埈, 〈新羅 貴族勢力의 基盤〉《人文科學》 7, 연세대, 1962 ; 《韓國古代社會研究》, 지식산업사, 1975.
邊太燮, 〈廟制의 變遷을 통하여 본 新羅社會의 發展過程〉《歷史教育》 8, 1964.
徐毅植, 〈新羅骨品制의 構造와 그 變化〉《韓國 古代·中世의 支配體制와 農民》, 金容燮停年紀念 韓國史學論叢, 지식산업사, 1997
李基東, 《新羅社會史研究》, 일조각, 1997.

그렇지 않아도 신라의 골품제는 후기에 내려올수록 점차 붕괴되는 과정을 밟고 있었다. 이미 통일기에 聖骨이 없어졌고 그 후에는 1두품·2두품·3두품이 사라졌으며, 신라 하대에는 4두품도 백성(평민)과 거의 같은 지위로 전락하고 있었다. 사회의 발전은 골품제도를 아래로부터 해체해 갔던 것이다. 다만 정권을 잡고 있던 진골귀족들의 폐쇄적인 이익추구로 상위골품인 진골과 6두품만이 어느 정도 그 위치를 계속 유지했을 따름이었다.

이와 같은 골품제의 붕괴는 사회의 발전에 따른 것이었다. 신라사회의 개방과 확대는 고대적이며 혈연적인 골품제도의 존속을 더 이상 허용하지 않았던 것이며, 또 6두품 계열의 진골귀족에 대한 도전은 골품제의 해체를 촉진시키는 요인이 되었다.[6]

6두품 계열은 신라사회에서 지배층의 일익을 담당하고 있었다. 비록 관등이 대아찬 이상에 오르지 못하고 관직도 관부의 장관은 되지 못하였으나 執事省의 侍郎 등 관부의 차관에 임명되어 비교적 우대를 받고 있었다. 이들은 국학에 들어가 교육을 받고 또 도당유학생이 되어 유교지식을 쌓아 국가의 정책결정에 참여하거나 행정적 실무를 담당하였으며, 文翰機構에 참여하여 국왕의 近侍的 역할을 하기도 하였다.[7] 그러나 진골체제 하에서 6두품의 활동은 언제나 제약을 받아야 했다. 따라서 유교지식을 갖고 능력이 있는 6두품 출신들, 특히 도당유학으로 발전된 중국의 정치체제를 직접 보고온 그들이 현실에 불만을 품고 신라체제에 대해서 비판을 가한 것은 당연한 일이었다. 6두품 출신인 崔致遠이 정계를 등지고 유랑생활을 한 것도 이 때문이었다.[8]

그러나 역시 진골체제에 대한 6두품 계열의 반항에도 한계가 있었다. 그것은 6두품이 결국 진골체제에 기생하는 지배층의 일부였기 때문이었다. 따라서 그들의 진골체제에 대한 비판은 소극적이었고 그 행동도 제한적일 수밖에 없었다. 이에 비하여 진골체제에 대해서 보다 적극적으로 도전한 것은 지방호족들이었다. 신라 후기에 지방에서 새로이 대두한 호족들은 신라의 기성질서에 대하여 정면으로 도전함으로써 진골체제를 더 이상 유지할 수 없게 하였다. 이러한 6두품과 지방호족의 대두에 의하여 결국 진골체제는 해체되었고, 이것은 곧 신라사회의 붕괴를 뜻하는 것이었다.

---

6) 李基白,〈新羅 六頭品 研究〉《省谷論叢》2, 1971 ;《新羅政治社會史研究》, 일조각, 1974. 全基雄,〈新羅末期 政治社會의 動搖와 六頭品知識人〉《韓國古代史研究》7, 신서원, 1994;《羅末麗初의 政治社會와 文人知識層》, 혜안, 1996.

7) 李基東,〈羅末麗初 近侍機構와 文翰機構의 擴張 - 中世的 側近政治의 志向 -〉《歷史學報》77, 1978.

8) 李在云,〈崔致遠의 生涯研究〉《全州史學》3, 전주대, 1995.

II. 地方勢力의 대두와 後三國

1. 호족의 대두

신라 하대에는 6두품 계층이 성장하고 있었으나 역시 주목되는 새로운 현상은 지방세력의 대두였다. 지금까지 신라의 정치무대는 왕경이었고 지배세력은 중앙의 진골귀족이나 6두품에 한하였으며, 지방에서는 중앙집권력의 침투로 독자적인 세력이 성장할 수 없었다. 그러나 신라 하대에는 중앙 진골귀족들의 자기항쟁으로 지방에 대한 통제력이 약화되어 지방세력이 성장할 수 있게 되었다. 당시 신라는 농업생산력의 발달을 위하여 수리산업을 활발히 추진하였고 또 경제기반의 확대를 위하여 새로이 예성강 이북지역에 대한 국토개발사업을 적극적으로 추진하였는데, 이러한 지방개발사업에 따른 경제력의 상승은 지방세력의 성장에 커다란 밑받침이 되었다.

새로이 대두한 호족에는 두 가지 유형이 있었는데, 하나는 토착적인 지방세력이 성장한 것이고, 다른 하나는 지방에 내려간 중앙귀족들이 호족화한 것이었다. 토착적인 지방세력이란 전부터 지방의 村主로 촌락민을 통제하였던 유력자들 가운데 중앙정부의 집권력이 미치지 못하자 점차 자립하여 세력을 확장시켜 나간 지방세력을 말한다.[9] 또한 신라 후기에는 진골이나 6두품의 중앙귀족들이 지방으로 내려가 호족이 되기도 하고 또 外官으로 부임한 귀족이 중앙정치의 혼란을 틈타 그대로 그 곳에 눌러앉는 경우도 허다하였다.

신라 후기의 지방세력으로 또 하나 중요한 존재는 軍鎭 세력이었다. 이것은 신라 하대 호족의 두 유형 가운데 후자에 포함시킬 수 있는 것으로 북방의 국경선을 지키기 위해 설치된 浿江鎭(패강진, 지금 평산)과 남해의 淸海鎭(지금 완도)의 세력이 가장 대표적인 것이었다. 특히 청해진은 흥덕왕 3년(828) 장보고가 완도에 설치하여 1만의 군대로 해적을 토벌하였을 뿐 아니라 당 및 일본과 활발한 무역을 하였던 곳이었다.[10] 이들 군진은 형식상으로는 중앙정부에 예속된 군대였지만 중앙집권력이 약화된 신라말에는 사병적인 지방세력으로 전화되었던 것이다.

이들 지방세력은 중앙정부의 통제에서 벗어나 자립하고 그 지방의 백성들을 지배하였다. 이들은 스스로 城主 또는 將軍이라 칭하며 군사력을 가지고 그 지

9) 金周成, 〈新羅下代의 地方官司와 村主〉《韓國史硏究》 41, 1983.

10) 李基白, 〈新羅 私兵考〉《歷史學報》 9, 1957 ; 《新羅政治社會史硏究》, 일조각, 1974.
李基東, 〈新羅下代의 浿江鎭〉《韓國學報》 4, 일지사, 1976 ; 《新羅骨品制社會와 花郞徒》, 한국연구원, 1980.

방의 행정을 장악하고 조세·부역을 징수하였다.[11] 이리하여 이들 호족은 지방의 막대한 농장과 사병을 배경으로 독자적인 세력권을 형성하고 과거에 지방행정에 참여한 경험을 살려 신라 중앙제도를 모방하여 새로운 官班制를 이룩하기도 하였다.[12] 이제 지방호족들은 종래의 군현을 대신하여 그 지방을 지배하는 존재가 되었으며, 진골체제를 해체하고 신라왕조를 붕괴시키는 결정적인 역할을 담당하였던 것이다.

2. 농민봉기와 후삼국

신라 하대의 혼란은 진성여왕(887~897) 때에 이르러 극도에 달하였다. 중앙귀족들은 정치적으로 부패하고 사치와 향락에 젖어 있었으며, 이에 따라 국가재정은 궁핍해지고 지방에 대한 위령도 제대로 미치지 못하게 되었다. 최치원이 진성여왕에게 10여조의 시무책을 건의한 것도 이러한 혼란을 수습하려는 의도에서였다.

이러한 혼란은 마침내 진성여왕 3년(889)에 전국적인 민란이 일어나게 하였다. 중앙정부의 지방통제가 약화되어 주현으 조세가 수송되지 못하고 국가재정이 어려워지자 여왕은 관리를 파견하여 조세를 독촉하니, 곳곳에서 농민이 봉기하기에 이른 것이다. 이들 반란농민은 草賊이라 하여 조세를 거부하고 정부에 반항하였을 뿐 아니라 떼를 지어 지방관아를 습격하기도 하였다.

이러한 농민봉기는 이미 중앙정부의 위령이 지방에까지 파급되지 못하고 각지에서 호족이 자립하여 있었던 현실 위에서 나타난 것이었다. 따라서 지방호족들 사이에는 이들 초적을 이용하여 그 세력을 확대하려는 자가 생겼다. 그 대표적인 것이 상주를 근거로 하여 일어난 元宗과 哀奴였으며, 그 후 北原(지금 원주)의 梁吉, 竹州(지금 죽산)의 箕萱(기훤), 完山州(지금 전주)의 甄萱(견훤), 그리고 양길의 부하인 弓裔(궁예) 등이 일어났다. 이들 반란군은 각지의 농민봉기를 이용하여 세력을 확대하여 군웅할거의 형세를 이루었다.

이들 반란군 중에서 정권을 수립하는 단계까지 이른 것은 견훤과 궁예였다.[13]

---

11) 尹熙勉, 〈新羅下代의 城主·將軍－眞寶城主 洪術과 載岩城將軍 善弼을 中心으로－〉《韓國史研究》 39, 1982.
金甲童, 《羅末麗初의 豪族과 社會變動研究》, 고려대출판부, 1990.
李純根, 《新羅末 地方勢力의 構成에 관한 研究》, 서울대박사학위논문, 1992.
崔根泳, 《統一新羅時代의 地方勢力研究》 증보판, 신서원, 1993.
鄭清柱, 《新羅末·高麗初 豪族研究》, 일조각, 1996.

12) 金光洙, 〈羅末麗初의 豪族과 官班〉《韓國史研究》 23, 1979.
李純根, 〈羅末麗初 地方勢力의 構成形態에 관한 一研究〉《韓國史研究》 67, 1989.

13) 金哲埈, 〈後三國時代의 支配勢力의 性格에 對하여〉《李相佰回甲紀念論叢》, 1964 ; 《韓國古代社會研究》, 지식산업사, 1975.

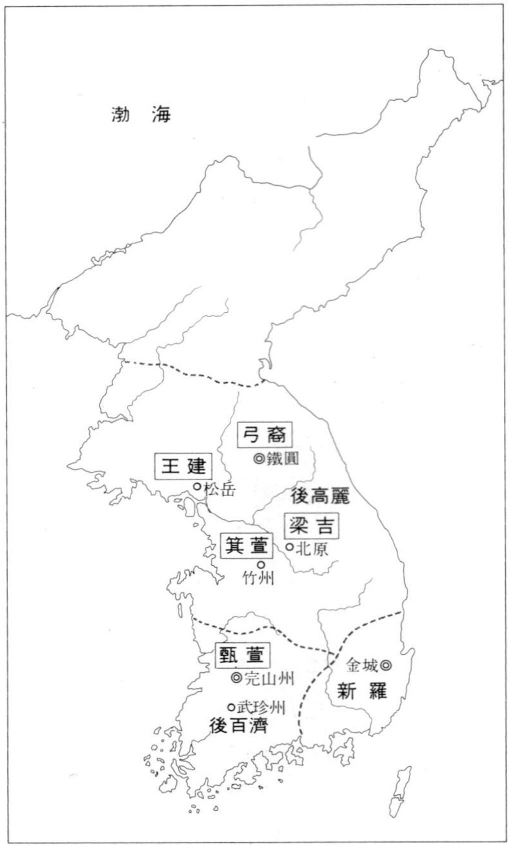

후삼국의 분립

견훤은 본래 상주지방의 농민의 아들이었으나 신라군에 들어가 서남해 방면의 裨將(비장)이 되었는데, 각지에서 반란이 일어나자 자기 예하의 군대를 이끌고 자립하여 武珍州(지금 광주)를 취하고 다시 完山州에 이르러 後百濟를 건국하였다(892, 진성여왕 6).[14] 궁예는 신라의 왕자로서 일찍이 중이 되었는데, 각지에서 반란이 일어나자 양길의 부하가 되었다가 오히려 양길을 넘어뜨리고 松岳(지금 개성)을 근거로 後高麗를 건국하였다(901, 효공왕 5). 이 때 견훤과 궁예가 백제와 고구려의 부흥을 표방하고 국호를 각각 후백제와 후고려(후고구려)라고 칭한

崔根泳, 〈後三國 成立背景에 관한 硏究〉《국사관논총》 26, 국사편찬위원회, 1991.
申虎澈, 〈豪族勢力의 成長과 後三國의 鼎立〉《韓國古代史硏究》 7, 신서원, 1994.

14) 金庠基, 〈甄萱의 家鄕에 대하여〉《李丙岐頌壽紀念論文集》, 1966 ; 《東方史論叢》, 서울대출판부, 1974.
申虎澈, 〈甄萱의 出身과 社會的 進出〉《東亞硏究》 17, 서강대, 1989.
______, 《後百濟甄萱政權硏究》, 일조각, 1993.

것은 전라도·충남지방의 백제유민과 경기·강원 이북지방의 고구려유민에 대한 신라정부의 차별대우에서 비롯된 반감을 이용하기 위한 것이었다. 이에 신라와 후백제·후고려의 후삼국이 정립하게 되었던 것이다.

견훤은 그 후 서남지방 각지의 호응을 얻어 전라도·충청남도의 대부분을 점유하고 900년(효공왕 4)에 정식으로 후백제왕을 칭하며 관직을 설치하여 국가의 체제를 갖추었다.[15] 이로부터 견훤은 남중국의 吳越에 사신을 보내고 또 일본과도 교통하는 등 활발한 외교활동을 전개하면서 신라에 대한 공격을 서둘렀다. 그는 901년에 大耶城(지금 합천)을 공격하고 계속하여 신라의 여러 성을 빼앗았는데, 마침내 927년(경애왕 4)에는 신라의 서울에까지 쳐들어와 경애왕을 죽이고 재물 보화를 약탈하는 무자비한 공략을 감행하였다.

궁예는 904년(효공왕 8)에 국호를 摩震으로 고치고 연호를 武泰로 정하며, 廣評省·兵部·大龍部(뒤의 倉部)·內奉省 등 정비된 정부관계를 마련하였는데, 최고의 정무기관은 광평성으로 그 장관을 匡治奈(광치나, 뒤에 시중이라 개칭)라 하였다. 이듬해에는 도읍을 鐵圓(지금 철원)으로 옮기고 연호를 聖冊으로 고쳤으며, 911년(효공왕 15)에는 국호를 泰封, 연호를 水德萬歲(뒤에 다시 政開로 개정)로 개칭하였다. 궁예도 중국에 여러번 사신을 보내 친선관계를 맺으면서 신라에 대하여 침략을 계속하고 또 후백제의 배후인 전라남도 서남해안의 수십 여 군현을 점령하는 등 그 세력이 강대하였다.[16]

이러한 후삼국의 정립으로 신라는 다만 왕경 부근의 경상도 일대를 지배할 따름이었으며, 시간이 흐름에 따라 그것마저도 위협을 받기에 이르렀다. 궁예의 태봉은 918년 王建에 의하여 고려로 교체되었는데, 927년(경애왕 4) 견훤이 대군을 이끌고 신라의 서울을 습격하여 경애왕을 죽이고 대신 경순왕을 세운 후 돌아간 사건이 일어났을 때 고려 태조(왕건)는 사신을 보내 신라왕을 위로하는 동시에 친히 군대를 이끌고 후백제군을 公山(지금 대구 동북쪽)에서 요격하였다. 여기서 비록 고려군은 패하였지만 이를 계기로 고려와 신라는 친선관계를 맺게 되었고, 931년에는 신라 경순왕의 초청으로 고려 태조가 직접 신라의 서울을 방문하기까지 하였던 것이다.

---

15) 《삼국사기》에는 견훤이 진성여왕 6년(892)에 完山州에서 立都한 것으로 되어 있으나 사실은 이 때 武珍州에 도읍을 정하였다가 효공왕 4년(900)에 완산주로 옮긴 것으로 보인다.
朴漢卨, 〈後三國의 成立過程〉《高麗建國의 硏究》, 고려대박사학위논문, 1986.

16) 李貞信, 〈弓裔政權의 成立과 變遷〉《鄭在覺古稀紀念 東洋學論叢》, 고려원, 1984.
崔圭成, 〈弓裔政權의 支持勢力〉《東國史學》 19·20 합집, 동국대, 1986.
李在範, 《後三國時代 弓裔政權의 硏究》, 성균관대박사학위논문, 1991.
趙仁成, 〈弓裔의 勢力形成과 建國〉《震檀學報》 75, 1993.

마침내 신라는 935년(경순왕 9)에 나라를 들어 고려에 귀부하였다. 신라로서는 더 이상 국가를 보전할 능력이 없었기 때문이었으며, 또한 신라에 적대적인 후백제의 압박이 신라의 귀족들에게 커다란 위협이 되었을 것이다. 군신회의의 결정에 따라 신라가 고려에 합병됨으로써 신라의 역사는 막을 내리게 되었다. 그리고 이듬해에는 후백제마저 고려에 병합되니(936),[17] 이로써 후삼국의 재통일이 이룩되었던 것이다.

III. 思想界의 변화

1. 선종의 대두

신라 하대에 있어서 사상계의 변화로 가장 중요한 것은 불교에서의 禪宗의 등장이었다. 선종은 혜공왕 때 神行이 당에서 北宗禪을 들여왔고 그 후 헌덕왕 때 道義가 역시 당에서 南宗禪을 전래하였는데, 신라의 9山은 이 도의가 迦智山派(장흥 寶林寺)를 연 후부터 성립하기 시작하여 신라말에 利嚴이 須彌山派(해주 廣照寺)를 개창함으로써 완성되었다. 이와 같이 신라 하대에는 각지에 禪門 9山이 차례로 성립되어 종래의 教宗을 대신해서 크게 유행하였던 것이다.[18]

이 때 선종이 유행할 수 있었던 것은 그의 민중적이며 혁신적인 성격 때문이었다. 교종이 불교경전에 의지한 학문적인 종파로서 주로 귀족층에게 받아들여진 데 대하여, 선종은 不立文字, 즉 문자를 통하지 않고 선(靜思)을 통하여 불성을 깨달을 수 있다는 주장이었으므로 그것은 단순한 일반민중에게 가까워질 수 있었다. 또한 교종이 전통적인 권위를 내세웠는 데 반하여 선종은 신라사회의 모순에 대한 개혁을 주장하였으므로 이는 혼란한 신라 하대 사회에서 크게 환영을 받았던 것이다.

이 때 선종이 당시 지방에서 새로이 대두한 호족들의 종교로 받아들여진 것은 당연한 일이었다. 우선 진골귀족의 몰락자나 6두품 이하의 하급귀족 및 중앙진출이 불가능하였던 지방호족 출신이 선종의 승려가 되었다. 聖住山派의 개조 無

17) 朴敬子, 〈甄萱의 勢力과 對王建關係〉《淑大史論》 11·12 합집, 1982.
申虎澈, 〈後百濟의 支配勢力에 대한 分析－특히 後百濟의 멸망과 관련하여－〉《李丙燾九旬紀念 韓國史學論叢》, 지식산업사, 1987.

18) 崔柄憲, 〈新羅下代 禪宗九山派의 成立－崔致遠의 四山碑銘을 中心으로－〉《韓國史研究》 7, 1972.
______, 〈羅末麗初 禪宗의 社會的 性格〉《史學硏究》 25, 1975.
추만호, 《나말여초 선종사상사연구》, 이론과 실천사, 1992.
鄭性本, 《新羅禪宗의 研究》, 민족사, 1995.
金煐泰, 〈九山禪門의 成立과 그 性格에 대하여〉《普照思想》 9, 보조사상연구원, 1995.

신라 하대의 9산 선문

9 산	개 조	출 신	소 재
迦智山派	道 義	北漢郡人	전남 장흥 迦智山 寶林寺
實相山派	洪 陟		전북 남원 智異山 實相寺
桐裏山派	惠 哲	京師人	전남 곡성 泰安寺
鳳林山派	玄 昱	東溟冠族	경남 창원 鳳林寺
師子山派	道 允	累葉豪族	강원 영월 興寧寺
闍崛山派	梵 日	慶州金氏(金周元 자손?)	강원 강릉 五臺山 崛山寺
聖住山派	無 染	慶州金氏(6두품으로 강등)	충남 보령 聖住寺
曦陽山派	道 憲	金氏 王都人	경북 문경 鳳巖寺
須彌山派	利 嚴	慶州金氏	황해 해주 首陽山 廣照寺

[자료] 崔柄憲,〈新羅下代 禪宗九山派의 成立〉《韓國史硏究》 7, 1972, p. 105.

染과 實相山派의 제 2 조 秀澈은 진골에서 떨어져 나오고 있던 신분이었고, 師子山派의 개조 道允은 황해도 봉산 지방의 전통적인 호족가문 출신이었으며 성주산파의 大通은 황주, 桐裏山派의 개조 惠哲은 영주 지방의 호족 출신이었다. 그러므로 이들 선문을 창설하는 데 지방의 호족들이 후원을 하였으니,[19] 예를 들면 강릉의 사굴산파가 명주 호족인 金順式(王順式)의 후원을 받았고, 해주의 수미산파는 송악 호족인 왕건의 후원을 받았던 것이다. 이는 불립문자의 선종이 소박한 호족들의 체질에 맞았고, 전통적인 권위주의에 대항하는 혁신성은 중앙집권적인 신라왕조에 반항하여 일어나는 호족들의 사상적 기반이 될 수 있었기 때문이었다. 이와 같이 신라 하대에는 지방세력을 사회적 기반으로 하면서 각처에서 선문이 일어나고, 그것은 불우한 민중들의 호응을 받아 일세를 풍미하게 되었던 것이다.

2. 유교정치사상의 대두와 사상의 복합화

신라 하대에는 선종이 지방호족의 후원을 받으면서 유행하였을 뿐 아니라 또한 유교가 새로이 정치이념의 기능을 하면서 부각되었다. 즉, 신라후엽에는 최치원을 비롯한 도당유학생 출신의 유학자가 배출되어 골품체제를 비판하고 중앙집권적인 유교정치의 실현을 주장하는 새로운 유교정치사상이 대두하였다.[20]

신라에서는 6두품 출신이 국학에서 유학을 공부하고 국가정치의 행정적 기능을 담당하여 전제왕권의 밑바침이 되었다. 특히 이들은 도당유학생이 되어 당의

19) 崔柄憲,〈新羅末 金海地方의 豪族勢力과 禪宗〉《韓國史論》 4, 서울대, 1978.
秋萬鎬,〈羅末禪師들과 社會諸勢力과의 關係〉《史叢》 30, 고려대, 1986.
20) 李基白,〈新羅骨品制下의 儒敎的 政治理念〉《新羅時代의 國家佛敎와 儒敎》, 한국연구원, 1978.

선진문물과 기술을 습득해 옴으로써 신라문화의 질을 높이는 데 큰 역할을 하였으나, 반면 폐쇄적인 진골체제 하에서의 신분적인 제약은 그들로 하여금 신라사회의 모순을 실감케 하였다.[21] 따라서 이들 6두품 출신의 문인층은 당에서 배워 온 유교정치사상을 가지고 고대적인 골품제에서 벗어나 새로운 중앙집권적인 정치체제의 실현을 요구하기에 이르렀다. 최치원이 올린 시무책은 이러한 신라사회의 모순을 극복하기 위한 합리적인 유교정치의 실행을 요구한 것이었다. 비록 이들이 주장한 유교정치사상이 신라에서는 실현되지 못하여 최치원은 지방으로 내려가 은거하였지만, 그 문인에 이르러서는 崔承祐(우)가 견훤을 위하여 일하였고, 崔彦撝가 고려 태조 밑에서 활동한 것에서 엿볼 수 있는 것과 같이 새로운 중세국가 건설의 방향을 제시하는 단계에까지 이르렀던 것이다.[22]

이러한 6두품을 중심으로 한 유학의 진흥은 지방호족의 학문적 소양을 높이는 요인이 되었다. 중앙의 몰락한 진골이나 6두품 출신의 문인계층이 자신의 이상이나 뜻을 펼 수 없어 서울을 등지고 지방호족으로 전신하는 사람이 많았기 때문이었다. 더욱이 지방에서 개창된 선문의 선승들이 불교사상뿐 아니라 유교사상에도 상당한 이해를 가지고 있었으므로 그들을 통하여 지방문화가 크게 일어날 수 있었다. 이들 지방호족은 선종을 후원하였을 뿐 아니라 또한 그들 자제를 사원이나 지방학교에서 교육시킴으로써 유교정치사상이 지방사회에까지 확산케 되었던 것이다.[23]

이러한 현상은 신라 하대에 儒佛의 결합을 초래하였다. 지방호족들은 선종에 귀의하는 동시에 유학에 대한 지식을 겸하였으므로 양자가 결합할 수 있었던 것이다. 당대의 지식인들은 유학자이면서도 선종을 이해하고 포용함으로써 유교와 불교를 결합시켜 갔으니, 최치원과 최언위가 많은 선승들의 비명을 지은 것도 그들이 유교적 입장에서 불교를 이해하였음을 나타내는 것이다. 반면 선승들도 역시 불교뿐 아니라 유학에 대한 지식이 깊었으니, 여기서도 신라 후엽에 유불의 결합이 이루어졌음을 엿볼 수 있다.

당시의 선승들도 불교사상·유교사상뿐 아니라 노장사상이나 풍수도참사상에

21) 申瀅植, 〈宿衛學生考〉《歷史教育》 11·12, 1969 ; 《韓國古代史의 新研究》, 일조각, 1984.
朴東伯, 〈新羅下代의 羅唐關係〉《馬山大論文集》 4, 1982.
權悳永, 《古代韓中外交史—遣唐使研究》, 일조각, 1997.

22) 金哲埈, 〈韓國古代社會의 性格과 羅末麗初의 轉換期〉《韓國史時代區分論》, 을유문화사, 1970 ; 《韓國古代社會研究》, 지식산업사, 1975.
______, 〈韓國古代政治의 性格과 中世政治思想의 成立過程〉《東方學志》 10, 연세대, 1969 ; 《韓國古代社會研究》, 지식산업사, 1975.

23) 金光洙, 〈羅末麗初의 地方學校問題〉《韓國史研究》 7, 1972.

도 상당한 이해를 가지고 있었다. 그것은 성주산파의 무염과 대통 및 희양산파의 兢讓(긍양)[24] 등이 九流(유가·도가·음양가류 등)나 제자백가에 능통했다는 비문으로 알 수 있다. 특히 동리산파의 제2조인 道詵은 풍수설에 능통하여 참위서인 《道詵秘記》를 저술하였다. 이 선승들의 풍수사상은 당시의 호족에게 받아들여지고 있었는데, 도선이 송악지방의 왕씨와 연결되어 고려건국을 예언한 것은 그 좋은 예였다.[25]

이와 같이 신라 하대에는 선종이 유행하고 유교가 새로운 정치이념으로 대두하였으며, 이들 유·불과 풍수도참사상이 결합되는 사상계의 변화가 나타났다.[26] 이러한 사상계의 변화는 중앙의 6두품 계층과 지방호족의 대두 등 신라 후엽의 사회변동 위에 전개된 것이었다. 이에 따라 새로이 대두한 사상은 고대적인 신라사회의 진골체제를 극복하고 보다 합리적인 중세사회로의 방향을 제시하는 정신적 기능을 하였다. 이제 신라 후엽에는 사회적으로나 사상적으로 고대적인 성격에서 벗어나 중세적인 단계로 넘어가는 양상이 대두하고 있었던 것이다.

---

24) 曦陽山派의 개조는 智證國師 道憲이라는 것이 통설인데, 金煐泰는 靜眞國師 兢讓으로 보고 있다.
金煐泰, 〈曦陽山禪派의 成立과 그 法系에 대하여〉《韓國佛教學》 4, 1979.

25) 崔柄憲, 〈道詵의 生涯와 羅末麗初의 風水地理說〉《韓國史研究》 11, 1975.

26) 金英美, 〈新羅下代 儒佛一致論과 그 의의〉《白山學報》 52, 申瀅植回甲紀念論叢, 1999.

제 3 편
中 世 社 會

》개 관《　골품제 위에 성립되었던 신라사회는 하대에 이르러 내부적 모순이 격화되면서 붕괴되어갔다. 새로이 6두품 계열이 대두하여 진골 중심의 정치사회에 도전한 것이다. 특히 지방에서는 호족이 새로운 세력으로 등장하여 정치의 표면에 나서게 되었다.

이들 새로운 세력인 6두품과 호족은 고대적인 신라사회에 대한 개혁을 주도하였다. 이들의 사상적 기반은 선종과 유교였다. 즉, 6두품과 호족들은 보수적인 귀족들의 교종에 대신하여 혁신적 민중불교인 禪門 9山과 결합하였고, 특히 새로운 정치사상으로 유교를 받아들임으로써 사회개혁의 방향을 제시하였다.

후삼국의 분열은 이러한 호족세력의 대두에 따른 결과였다. 그리고 송악지방의 호족출신인 王建에 의한 고려왕조의 성립은 이들 신흥세력의 승리를 뜻하는 것이라 할 수 있다. 이렇게 보면 고려왕조의 개창은 하나의 역성혁명일 뿐 아니라 새로운 호족세력에 의한 고대적 체제의 극복이라 하겠다.

진골중심의 폐쇄적 사회인 신라왕조를 고대적 성격으로 규정지을 때, 새로운 지방세력인 호족의 성장은 확실히 中世的인 요소로 보아 좋을 것이다.

특히 이들이 종래의 교종에 대신하여 혁신적인 선종을 받아들이고 또한 유교적인 정치이념을 새로이 채용한 것은 중세적 사상의 성립을 의미하는 것이다. 그러므로 고려사회의 출발은 단순한 왕조의 교체를 넘어 고대에서 중세로의 커다란 사회적 변화를 초래한 것이라 할 수 있다.

특히 나말 여초에 나타난 농민의 지위향상은 새로운 사회의 표징이었다. 신라 후기 농업생산력의 증대에 따른 농민의 성장, 그 가운데서도 民田을 소유한 자영농민의 성장은 종래 신라의 공동체적 국가파악을 극복하고 고려 초에 '取民有度'의 합리적인 수취제도를 실시케 하였다. 후삼국 혼란기의 농민반란에 따른 농민의식의 상승 또한 농민의 지위향상에 커다란 역할을 하였다.

이와 같이 호족세력 위에 성립한 새로운 고려사회는 고려왕조의 중앙집권화정책에 따라 점차 변화하여갔다. 지방의 호족들이 중앙정치에 참여하여 귀족들이 정치・경제・사회・문화의 주인공이 됨으로써 고려사회는 문벌귀족사회의 성격을 띠게 되었다.

그러나 고려 중기에 일어난 武臣亂은 고려사의 흐름에 있어서 하나의 분수령을 이루는 커다란 사건이었다. 무신란의 발생과 무신정권의 성립은 문신귀족정치를 붕괴시키고 새로운 사회로의 전환을 가져오게 하였다. 그러나 100년간 계속된 무신집권기는 집권무신 내부의 분열과 몽고의 침략으로 막을 내리고 이어서 몽고간섭기에는 새로이 權門世族이 사회의 지배세력으로 등장하였다.

고려 후기에는 이들 권문세족에 대한 새로운 세력이 또다시 대두하고 있었으니 그것은 新興士大夫 계층이었다. 이들은 보수적인 권문세족에 대립하여 개혁정치를 주장하였지만 아직 세력기반이 확고하지 못한 그들로서는 성공할 수 없었다. 그러나 이들 신흥사대부는 李成桂와 결탁함으로써 마침내 威化島回軍를 계기로 정권을 잡고 조선건국의 주역이 되었던 것이다.

제 1 장
門閥貴族社會의 형성

Ⅰ. 高麗의 건국과 集權化政策

1. 고려의 건국

왕건은 송악(지금 개성)지방의 호족으로 본래 穴口鎭(지금 강화도)을 비롯한 해상세력과 밀접한 관계를 가지고 있었다. 그가 궁예의 휘하에 들어가 수군을 이끌고 서남해 방면으로부터 후백제 지역을 공략하여 진도·錦城(지금 나주)을 점령한 것은 그러한 해상활동의 경험에서 나온 것이었다.[1] 전공으로 궁예의 신임을 얻어 廣評省侍中까지 올랐던 왕건은 서서히 자기 세력을 확장시켜 나갔다.

태봉의 궁예는 신라의 진골 중심의 정치제도에서 벗어나 널리 여러 신하들의 평의에 의하여 정치를 한다는 구상으로 광평성을 중심으로 한 새로운 관제를 마련하고, 또 스스로를 미륵불이라 부르면서 개혁정치에 의한 이상국가를 만들려 하였으나 지나친 미신적 불교와 참위사상에 빠져 민심을 잃게 되었다.[2] 특히 궁예의 취약점은 호족으로서의 토착기반이 없다는 데 있었다. 이에 송악지방의 호족인 왕건이 마침내 궁예를 몰아내고 새 왕조를 개창하기에 이르렀던 것이다(918).

왕건은 국호를 高麗라고 칭하였는데, 이것은 궁예와 마찬가지로 고구려를 계승한다는 뜻에서 나온 것이었다. 또한 이는 종래의 신라에 대하여 혁명적인 새 왕조를 건설하겠다는 의지의 표현이기도 하였다. 왕건은 이듬해 국도를 철원에서 자기 고향인 송악으로 옮겨 開京이라 불렀다. 송악지방의 호족출신인 왕건에게는 이 곳에 토착적인 기반이 있기 때문이었다. 그가 건국 초의 불안정한 시기에 후삼국을 통일할 수 있었던 것도 바로 출신지인 송악지방의 정치적·경제적·군사적 기반 위에서 가능하였던 것이었다.[3]

당시 신라는 내부적인 정치의 혼란과 밖으로부터 후백제의 침략을 받아 더 이상 국맥을 유지하지 못하고 나라를 들어 고려에 귀부하였다(935). 이것은 앞서

---

1) 朴漢卨, 〈王建世系의 貿易活動에 대하여〉《史叢》 10, 고려대, 1965.
2) 申虎澈, 〈弓裔의 政治的 性格—특히 佛教와의 관계를 中心으로—〉《韓國學報》 29, 일지사, 1982.
3) 河炫綱, 〈高麗太祖와 開城〉《李弘稙華甲紀念 韓國史學論叢》, 신구문화사, 1969.
______, 〈高麗建國의 經緯와 그 性格〉《韓國中世史研究》, 일조각, 1988.

927년(경애왕 4)에 견훤이 신라의 서울을 공격하여 왕을 죽이고 돌아갈 때 왕건이 신라를 도와 견훤과 싸워준 친신라정책이 주효한 것이었다. 이제 고려는 전왕조인 신라의 전통과 권위를 계승함으로써 정통왕조의 지위를 얻게 되었다.

후백제는 이미 934년(고려 태조 17) 運州(지금 홍성)에서 고려에게 패배하여 웅진(지금 공주) 이북의 30여 성을 빼앗기는 등 큰 타격을 받았다. 그런데 이듬해에는 내부에서 부자간에 불화가 생기어 견훤이 그의 아들 神劒에 의하여 金山寺(김제)에 유폐되는 일이 일어났다. 이러한 내분을 틈타 태조는 대군을 이끌고 신검군을 선산에서 대파하여 그의 항복을 받으니[4] 이에 후삼국의 통일을 보게 되었다(936, 태조 19).[5]

2. 태조의 호족통제

고려는 신라와 후백제를 병합함으로써 통일왕조를 이룩하였으나, 전국에 고려의 중앙정치력이 미친 것은 아니었다. 아직도 지방에는 전과 다름 없이 독자적 무력과 경제적 기반을 가진 호족들이 분립하여 큰 세력을 지녔으며, 태조가 호족들에게 官階를 수여하고 本貫制에 입각한 土姓을 分定하며 공신에 책정한 것은 이 때문이었다.[6] 태조가 즉위한 그 해 왕의 측근인물인 馬軍將軍 桓宣吉의 반역이 일어나고, 이어서 다시 마군장군 伊昕巖(이흔암)의 모역이 발생한 것은 이 때의 정국의 불안정을 나타낸 것이었다. 그러므로 태조의 가장 긴급한 과제는 이들 지방의 호족세력과 중앙의 공신세력을 중앙집권체제 안에 편제하여 왕권을 강화하는 것이었다.

처음 태조는 이들 자치적인 호족세력을 회유하여 자기의 기반 속에 흡수하려 하였다. 아직 확고한 세력을 갖지 못한 고려왕조로서는 독자적 세력을 가진 호족들의 지원이 필요하였기 때문이었다. 태조는 건국하자 곧 이어 여러 도의 호

---

4) 文柄憲,〈後百濟의 興亡考〉《百濟文化》1, 공주사대, 1967.
金甲童,〈高麗太祖 王建과 後百濟神劍의 전투〉《朴秉國停年紀念 史學論叢》, 1994.

5) 文暻鉉,《高麗太祖의 後三國統一硏究》, 형설출판사, 1987.
북한에서는 신라의 민족통일을 인정하지 않고 대신 고려의 후삼국통일과 발해유민의 융합으로 이 때 최초의 진정한 민족통일이 이루워졌다고 주장하고 있는데, 여기에는 고구려·고려의 전통을 이었다는 평양정권의 의도가 깔려 있으며 남쪽의 신라통일의 정통을 평가절하하고 있다. 근래 남북통일에 관하여 '고려연방제'의 이름을 내걸고 있는 것도 이와 맥락을 같이 하는 것이다.

6) 태조 원년에 책봉한 개국공신은 1등공신이 궁예를 타도하고 왕건을 추대하는 데 주체세력이 되었던 洪儒·裵玄慶·申崇謙·卜智謙 등 4명이고 2등공신 7명, 3등공신 2,000명이었는데,《고려사》문종 8년조에는 태조공신이 3,200명이라고 되어 있다.
金光洙,〈高麗太祖의 三韓功臣〉《史學志》7, 단국대, 1973.
朴天植,〈三韓 壁上功臣의 硏究 Ⅰ〉《全羅文化論叢》2, 전북대, 1988.
蔡雄錫,《高麗時代의 國家와 地方社會－本貫制의 施行과 地方支配秩序》, 서울대 출판부, 2000.

족들에게 사절을 보내 '重幣 卑辭'(예물을 두터이 하고 말을 정중히 함)로써 친화의 뜻을 표하고 귀부하여 오는 호족에게 특별한 대우를 하여 주었다. 이들 각 지방의 유력한 호족의 딸을 왕비로 맞아들인 혼인정책은 이러한 의도에서 나온 것이었다.[7] 태조에게는 29왕비가 있었는데, 이들은 정주 柳氏, 평산 朴氏, 충주 劉氏 등 전국의 20여 호족들과의 정략결혼에 따른 것이었다. 한편 호족에게 王氏姓을 사여하여 한 집안과 같은 관계를 맺은 것도 그러한 정책의 일환이었다. 즉, 명주장군 金順式에게 왕씨를 사성하였는데, 이는 유력호족과 擬制家族的인 관계를 맺음으로써 유대를 강화하려는 데 그 의도가 있었던 것이다.

이러한 통혼정책은 실제로 국왕의 세력을 공고히 하는 데 큰 효과를 거두었다. 그러나 태조는 보다 적극적으로 중앙집권화정책을 추진하였으니, 우선 태봉의 관제를 답습하여 광평성을 비롯한 여러 정치기구를 설치하고 여기에 개국공신계열과 지방 호족세력을 중앙관리로 등용하여 왕조권력 안에 편입시켰다. 이로 인하여 처음에는 정부기구 밖에서 정치권력을 행사하던 공신과 호족들이 점차 관직을 가진 관료의 지위로 전환하게 되었다.

태조 23년(940)에 실시한 役分田의 분급도 이러한 중앙집권정책의 일환이었다. 이 때 여러 신하들에게 性行의 선악과 공로의 대소에 따라 토지를 차등있게 나누어 주었는데, 이는 태조가 후삼국을 통일한 후 그에 대한 충성도를 기준으로 논공행상을 한 토지급여였다. 분급된 역분전은 개국공신과 중앙관리의 경제기반이 되었지만 한편으로는 그들이 이 토지를 매개로 해서 고려의 위계체제 안에 편성되는 결과를 초래하였다.

또한 건국 초에는 아직도 지방에 外官이 파견되지 못하였고, 지방호족이 중앙의 통제력 아래 들어오지 않고 있었다. 이에 태조는 지방호족의 자제들을 뽑아 인질로 서울에 머물게 하는 其人制度를 실시하였다. 또 신라의 마지막 왕인 경순왕(金傅)을 신라의 옛서울 경주의 事審官에 임명한 데서 비롯하여 공신이나 고관들을 자기 고향의 사심관으로 삼아 副戶長 이하의 향리직을 임명할 수 있도록 하고 그 지방의 치안통제를 책임지게 하였으니, 이것은 모두 중앙집권정책의 일환이었다. 이러한 기인제도와 사심관제도로 말미암아 호족의 자제가 중앙관리로 화하고 지방호족도 중앙정부의 간접적인 통제를 받게 되었으니, 이는 모두 호족세력을 회유·통제하기 위한 제도였던 것이다.[8]

---

7) 河炫綱, 〈高麗前期의 王室婚姻에 對하여〉《梨大史苑》 7, 1968 ; 《韓國中世史研究》, 일조각, 1988.
鄭容淑, 〈高麗初期 婚姻政策의 추이와 王室族內婚의 성립〉《韓國學報》 37, 일지사, 1984 ; 《高麗王室族內婚研究》, 새문사, 1988.
______, 《고려시대의 后妃》, 민음사, 1992.

태조가 그의 만년에 신하로서 지켜야 할 규범으로서 《政誡》 1권과 《誡百寮書》 8편을 지어 중외에 반포한 것도 왕권의 안정을 도모한 것이었다. 이것은 중앙관료와 지방 호족세력에게 군주에 대한 신하의 도리를 규정하여 중앙집권화의 정신적 기반으로 삼으려 한 것이었다. 태조가 〈訓要 10條〉를 만들어 그 자손들에게 군주로서 지켜야 할 교훈을 남긴 것은 이에 대응한 것이라 할 수 있다.[9)]

3. 집권화정책의 전개

건국초 국가기반을 확립하기 위한 태조의 노력에도 불구하고 아직도 왕권은 독자적 세력을 가진 호족들의 존재로 말미암아 불안정하였다. 그리고 그것은 태조의 죽음과 함께 노정되었다. 혜종 2년(945) 왕위계승을 둘러싸고 일어난 王規의 난이 그것이었다.

왕규는 광주의 호족으로서 그의 두 딸을 태조에게 바치어 제15비와 제16비가 되었고 16비에서 廣州院君을 낳았는데, 다시 혜종에게도 한 딸을 납비하여 왕실과 중첩되는 외척관계를 맺고 있었다. 왕규는 혜종의 두 아우 堯(뒤의 정종)와 昭(뒤의 광종)를 꺼리어 혜종에게 중상하였으나 왕이 듣지 않자 왕을 해치고 외손 광주원군을 왕위에 올리고자 하였다. 이에 혜종은 불의의 변을 두려워하여 언제나 사람을 의심하고 甲士로써 신변을 호위케 하였다. 그가 즉위한 지 2년만에 병으로 돌아가자 서경의 鎭將 王式廉과 결탁한 왕제 요가 왕규를 제거하고 왕위에 오르니 이가 정종이었다.[10)]

그러나 정종(945~949) 때에도 왕권이 안정된 것은 아니었다.[11)] 여기에는 언

---

8) 김아네스, 〈高麗太祖代의 地方支配體制〉《高麗太祖의 國家經營》, 서울대출판부, 1996.
金成俊, 〈其人의 性格에 對한 考察〉(上·下)《歷史學報》 10·11, 1958·1959.
韓沽劤, 〈麗代의 其人選上規制〉《歷史學報》 14, 1961 ; 《其人制研究》, 일지사, 1992.
李純根, 〈高麗時代 事審官의 機能과 性格〉《高麗史의 諸問題》, 삼영사, 1986.

9) 河炫綱, 〈高麗太祖의 內外政策의 樹立背景과 그 性格〉《東方學志》 54·55·56 합집, 연세대, 1987.
黃善榮, 《高麗初期 王權研究》, 동아대출판부, 1988.

10) 河炫綱은 혜종의 왕위를 노린 것이 王規가 아니라 오히려 堯와 昭 등 두 왕제라고 하였다. 또한 혜종이 죽을 때 왕규가 혜종의 후견인인 朴述熙를 유배보내 죽였다는 《고려사》의 기록도 사실은 요가 왕규와 박술희를 모두 제거한 것으로 해석하고 있다.
河炫綱, 〈惠宗代의 政變〉《史學研究》 20, 1968.
______, 〈惠宗·定宗代의 政治變動〉《韓國中世史研究》, 일조각, 1988.
姜喜雄, 〈高麗惠宗期 王位繼承亂의 新解釋〉《韓國學報》 7, 일지사, 1977.
李鍾旭, 〈高麗初 940年代의 王位繼承戰과 그 政治的 性格〉《高麗光宗研究》, 일조각, 1981.

11) 고려의 稱元法은 《고려사》에서 踰年稱元法을 적용하여 전왕 서거의 해, 즉 신왕 즉위의 해를 '즉위년', 이듬해를 원년(1년)으로 삼았다. 그러나 실제로 고려는 삼국시대와 같이 薨年稱元法, 즉 즉위년 칭년을 사용하여 전왕이 서거한 해, 즉 신왕 즉위의 해를 원년으로 삼았기 때문에 《고려사》와 금석문 사이에는 1년의 차이가 나는 경

제나 외척세력과 개국공신세력의 위협이 도사리고 있었던 것이다. 따라서 정종은 이들 도전세력을 제거하기 위하여 힘쓰는 한편 이들의 세력기반인 개경에서 벗어나기 위하여 서경천도를 추진하였다. 이 때 표면적으로는 풍수도참을 구실로 하였으나 실제로는 왕식렴의 서경세력을 이용하여 개경을 기반으로 한 훈신세력으로부터 벗어나려는 데 그 본의가 있었다.[12] 이 천도계획은 왕이 갑자기 병으로 돌아감으로써 실현되지 못하였는데, 이것은 이 때까지도 왕권이 불안정한 상태에 있었음을 말해 주는 것이다.

고려 왕조의 왕권강화에 획기적인 공적을 세운 것은 광종(949~975)이었다. 광종은 즉위 후 얼마 동안은 온건한 방법으로 호족세력을 무마하면서 왕권의 안정을 도모하였으나, 어느 정도 자신의 기반이 마련되자 서서히 호족세력을 억압하기 시작하였다. 우선 왕 7년(956)에 노비의 신분을 조사하여 본래 양인이었던 자를 방양케 하는 奴婢按檢法을 실시하였다. 이로써 호족들이 차지하였던 많은 노비가 해방되어 그들의 경제적·군사적 기반이 약화되고, 반면 양인의 수가 확보됨으로써 국가의 수입이 증가하였다.[13] 9년(958)에는 後周에서 귀화한 雙冀(쌍기)의 건의에 따라 과거제도를 실시하여 신진관리를 채용하였으니, 이로써 개국공신계열의 훈신이 타격을 받고 대신 새 관료를 밑받침으로 한 왕권의 강화를 보게 되었다.[14] 이어 11년(960)에 백관 공복을 제정하여 모든 관리들이 등급에 따라 각각 紫衫(자삼)·丹衫·緋衫·綠衫을 입도록 구분하였는데, 이러한 官階主義의 실시는 왕권확립의 표징이라 할 수 있다.[15]

이러한 억압정책에 대하여 호족들의 불만이 커지자 광종은 직접 훈신에 대한 숙청작업에 나서게 되었다. 왕 11년(960) 大相 俊弘, 佐丞 王同 등을 모역죄로 제거한 것을 시작으로 개국공신계열의 舊臣·宿將들을 무자비하게 숙청하였던

우가 있다. 가령 945년은 혜종이 죽고 정종이 즉위한 해인데 《고려사》에서는 혜종 2년 및 정종 즉위년으로 쓰고 있는 것이다.

12) 河炫綱, 〈高麗西京考〉《歷史學報》 35·36 합집, 1967 ; 《高麗地方制度의 硏究》, 한국연구원, 1978 ; 《韓國中世史硏究》, 일조각, 1988.
愈炳基, 〈光宗代의 王權強化와 統治體制에 대한 一考〉《全州史學》 3, 전주대, 1995.

13) 洪承基, 〈高麗前期 奴婢政策에 대한 一考察—國王과 貴族의 政治的 利害와 이에 따른 奴婢에 대한 입장의 차이—〉《震檀學報》 51, 1981 ; 《高麗貴族社會와 奴婢》, 일조각, 1983.

14) 金龍德, 〈高麗光宗朝의 科擧制度問題〉《中央大論文集》 4, 1959.
姜喜雄, 〈高麗初 科擧制度의 導入에 관한 小考〉《韓國의 傳統과 變遷》, 고려대, 1973.
성종 때 최승로는 왕에게 올린 상서에서 광종이 쌍기를 중용하면서 문사에 대한 恩禮가 지나쳐 非才가 함부로 승진하여 한 해가 지나기 전에 문득 卿相이 되었다고 비난하고 있지만, 실제로는 광종이 왕권을 강화하기 위하여 기성 기반이 없는 귀화인 쌍기를 통하여 신진세력을 과감하게 등용하였던 것이다.

15) 申虎澈, 〈高麗光宗代의 公服制度〉《高麗光宗硏究》, 일조각, 1981.

것이다. 또한 이 해에는 內軍을 掌衛部로 개편하여 侍衛軍을 크게 강화하였는데, 이는 숙청작업을 단행하기 위한 무력기반이었다.[16] 이 훈신숙청에 대하여 훗날 최승로는 성종에게 올리는 상서에서 혹독한 비판을 가하였지만, 이것은 호족세력의 억압과 왕권의 확립을 위해서는 불가피한 작업이었던 것이다.

광종의 왕권강화를 위한 의지는 그가 재위 중에 光德·峻豊(준풍) 등 독자적인 연호를 만들어 쓰고 개경을 皇都, 서경을 西都라 하였으며 스스로 황제의 칭호를 사용한 데서 나타난다.[17] 이러한 호족세력의 억제를 위한 광종의 여러 가지 시책에 의하여 건국 초의 불안정한 왕권이 안정되고 중앙집권화가 진전되었던 것이다.

광종의 개혁정치에 참여한 주도세력은 개국공신계열에 대립된 군소호족들이었다. 이들은 과거를 통하여 관계에 진출한 신진관리를 비롯하여 쌍기 등 중국의 귀화인으로 가문의 기반이 없는 사람들이었다. 광종은 이들 비공신 계열을 관료로 등용하여 개혁정치를 추진하고 왕권의 전제화를 꾀했던 것이다.[18]

이러한 광종의 왕권강화정책은 불교측으로부터도 지원을 받고 있었다. 광종은 당대의 고승인 균여로 하여금 歸法寺를 창건하여 화엄종을 통합케 하였고, 나아가 法眼宗과 天台學을 통한 교·선의 통합을 모색하였으니, 이는 불교사상의 통합을 통하여 집권적인 왕권의 강화를 도모하고 귀법사를 중심으로 개혁정치를 성원해 줄 사회적 지지세력을 얻기 위해서였다.[19]

4. 집권체제의 확립

고려 왕조가 중앙집권적인 정치체제를 마련하고 국가의 기반을 확립한 것은 성종대(981～997)의 일이었다. 광종이 건국 초기의 불안정한 왕권을 극복하기 위해서 과단성있는 계획을 단행하여 중앙집권체제의 기반을 마련하였지만 그것

---

16) 李基白, 〈高麗京軍考〉《李丙燾華甲紀念論叢》, 일조각, 1956 ; 《高麗兵制史硏究》, 일조각, 1968.

17) 驪州 高達寺 元宗大師 惠眞塔碑(《朝鮮金石總覽》上) 陰記에는 광종 22년의 사실을 기록하면서 '皇帝陛下 詔曰…'이라 하여 광종에 대해서 황제가 사용하는 陛下·詔 등의 용어를 쓰고 있다.

18) 金塘澤, 〈崔承老의 上書文에 보이는 光宗代의 '後生'과 景宗元年 田柴料〉《高麗光宗硏究》, 일조각, 1981.
吳 星, 〈高麗 光宗代의 科擧合格者〉《高麗光宗硏究》, 일조각, 1981.
全基雄, 〈高麗 光宗代의 文臣官僚層과 「後生讒賊」〉《釜大史學》 9, 부산대, 1985.

19) 金龍善, 〈光宗의 改革과 歸法寺〉《高麗光宗硏究》, 일조각, 1981.
金杜珍, 〈均如의 "性相融會"思想〉《歷史學報》 90, 1981 ; 《均如華嚴思想硏究》, 한국연구원, 1981.
金杜珍은 균여가 화엄사상의 입장에서 法相宗을 융합시키려는 性相融會思想이 광종대 전제정치의 이데올로기로 기능하였다고 하였다.

은 완전한 것이 못되었다. 광종이 죽고 경종이 즉위하자 광종대 개혁정치의 주역들이 제거되고 공신 계열의 반동정치가 행하여졌던 것이다.

그러나 중앙집권화정책의 전개는 경종대에도 그대로 계속되지 않을 수 없었다. 이 때 일부 구신들이 執政이란 관직을 가지고 실권을 장악하고 정치를 행하였지만 역시 그들 개국공신 계열의 세력은 약화되고 있었다. 이러한 집권정치의 표현이 경종 원년(976)의 田柴科의 제정이었다. 이 때 모든 관리에게 등급에 따라 토지를 차등있게 나누어줌으로써 중앙관료들의 경제적 기반을 마련해 주는 동시에 그들을 중앙집권체제 내에 편입시켰던 것이다.[20]

이러한 고려 초기의 중앙집권화정책의 전개는 마침내 성종대에 이르러 일단락을 보게 되었다. 성종은 유신인 최승로의 보필을 받아 유교를 정치이념으로 삼고, 당제를 채용하여 내외의 정치제도를 정비하여 중앙집권체제를 확립하였다. 성종은 원년(982)에 최승로가 올린 〈시무 28조〉를 채택하여 실행함으로써 유교정치에 따른 국가기반의 정립을 이룩하였던 것이다.[21] 또한 성종 원년에는 당제에 따라 중앙관제를 제정하여 3省·6部를 설치하고 집권정치를 실행할 수 있는 정치기구를 마련하였다. 이어 다음 해에는 전국에 12牧을 설치하여 처음으로 중앙으로부터 외관을 파견하였으니, 이제 지방의 자치적인 호족은 중앙정부의 통제하에 들어가게 되었다.[22] 이 때 鄕職이 개정되어 堂大等이 戶長으로 바뀌고, 兵部가 司兵, 倉部가 司倉으로 각각 개정된 것은 이들 호족들이 외관의 보좌역인 향리의 지위로 격하되었음을 나타내는 것이다.

성종은 한편 지방호족을 중앙관료로 등용하여 집권체제 안에 흡수하려 하였다. 즉, 성종은 호족의 자제들을 뽑아 개경의 학교에서 교육시키고 과거를 통해 관리로 채용하였으니, 이는 성종이 교육정책을 통하여 지방호족을 중앙관료화시켜 나갔음을 나타내는 것이다. 이리하여 지방의 호족들은 지방관 밑의 향리로 떨어지거나 아니면 유교적 교양을 지닌 중앙의 관료로 전신하여 중앙집권체제에

20) 金塘澤, 〈崔承老의 上書文에 보이는 光宗代의 '後生'과 景宗元年 田柴科〉《高麗光宗研究》, 일조각, 1981.
全基雄, 〈高麗 景宗代의 政治構造와 始定田柴科의 성립기반〉《震檀學報》 59, 1985.

21) 金哲埈, 〈崔承老의 時務二十八條〉《趙明基華甲紀念 佛教史學論叢》, 1965 ; 《韓國古代社會研究》, 지식산업사, 1975.
河炫綱, 〈高麗初期 崔承老의 政治思想研究〉《梨大史苑》 12, 1975.
李基白 외, 《崔承老 上書文研究》, 일조각, 1993.

22) 성종 2년의 12목 설치 이전에도 외관이 전혀 파견되지 않았던 것은 아니다. 군사적으로 중요한 兩界 지방과 남부의 요충지에는 여초부터 중앙에서 관리가 파견되었다. 그러나 거의 모든 주현에는 수령이 파견되지 못하고 다만 중앙정부의 使者인 今有·租藏 등이 조부를 걷어들이는 일을 하였을 뿐이었다.
邊太燮, 〈高麗初期의 地方制度〉《韓國史研究》 57, 1987.

편입되었다.[23)]

특히 성종의 유교정치의 실시는 고려 왕조의 기반을 확립하는 데 커다란 효과를 거두었다. 유교는 원래 군주의 학문으로서 군신의 관계를 명백히 하여 통치자의 중앙집권체제의 강화를 위한 이념이 되었으므로 집권정치에 유리한 사상적 기반이 되었다. 유교정치는 다른 한편으로는 재상정치의 실현을 요구함으로써 고려 귀족제도의 밑받침이 되었던 것이다.

II. 貴族社會의 성립

1. 귀족사회의 형성

성종 때 중앙집권적인 국가체제가 확립됨에 따라 사회적인 지배세력이 형성되어 갔다. 이들은 지방호족출신으로 중앙관료가 된 계열과 신라 6두품 계통의 유학자들이었다. 고려 초기에 각지에서 커다란 영향력을 행사하였던 호족들은 이제 종래의 독자적 지위를 상실하고 수령을 보좌하는 향리로 격하되거나 아니면 중앙의 정치무대로 진출하여 중앙관료로 변신하였다. 또한 최승로 등 신라 6두품 계통의 유학자도 성종의 숭유정책에 힘입어 정치의 주도적 역할을 담당하게 되었다.[24)]

이들 지배세력은 성종 이후 점차 그 기반이 닦아져 하나의 사회계층으로 정착되어 갔다. 그 자신뿐 아니라 자손들도 중앙의 정치에 참여하여 대대로 계승된 하나의 문벌을 이루게 되었던 것이다. 이들은 과거에 합격하거나 아니면 蔭敍를 통하여 관리가 되어 정치·사회적인 특권을 차지하였으므로 귀족이라 불러 좋을 것이다. 고려를 門閥貴族社會라고 부르는 이유도 여기에 있다.[25)] 이들 귀족가문

---

23) 嚴成鎔, 〈高麗初期 王權과 地方豪族의 身分變化－'豪族聯合政權'說에 대한 檢討－〉《高麗史의 諸問題》, 삼영사, 1986.

24) 李基白, 〈高麗成宗代의 政治的 支配勢力－慶州·羅州地方 출신의 儒學者들과 近畿地方 출신의 豪族系 官僚들－〉《湖南文化硏究》 6, 전남대, 1974.

25) 고려사회를 귀족사회로 규정하는 통설에 대하여 朴菖熙는 M. Weber의 家產官僚制 개념을 인용하여 관료제설을 주장한 바 있다. 그러나 이에 대하여 金毅圭·李基白·邊太燮·朴龍雲 등이 반론을 제기하였고, 오늘날 학계에서는 대체로 고려귀족사회설을 받아들이고 있다.
朴菖熙, 〈高麗時代 '官僚制'에 대한 考察〉《歷史學報》 58, 1973.
金毅圭, 〈高麗官人社會의 性格에 대한 試考〉《歷史學報》 58, 1973.
邊太燮, 〈高麗貴族社會의 歷史性〉《韓國史의 再照明》, 독서신문사, 1975 ;《韓國史의 省察》, 삼영사, 1978.
朴龍雲, 〈高麗家產官僚制說과 貴族社會說에 대한 檢討〉《史叢》 21·22 합집, 고려대, 1977 ;《高麗時代臺諫制度硏究》, 일지사, 1980.

은 왕실이나 자기들 귀족상호 간에 혼인관계를 맺음으로써 그들의 폐쇄적인 귀족신분의 유지에 힘썼다.

이렇게 보면 고려는 정치체제상으로는 중앙집권적이지만 지배세력은 귀족적 존재였다고 할 수 있다. 그런데 중앙집권체제가 종래의 분권적 호족세력에 대한 왕권강화의 제도적 기반이 되는 것임에 반하여 문벌귀족의 존재는 오히려 국왕의 전제화를 견제하기 때문에 이 두 가지는 서로 상반되는 요소이다. 따라서 고려의 중앙집권적인 귀족사회의 성립은 국왕과 귀족들 사이에 권력의 조화를 이룬 것이며, 또 이것은 왕권의 강화와 함께 재상정치의 실행을 표방한 유교정치를 실현하는 데 유리한 체제였다.

2. 귀족정치의 발전

성종 때 중앙집권체제를 확립하고 안정된 국가기반을 다련한 고려는 이 때부터 지배체제와 사회구조를 정비하기 시작하여 현종(1009~1031)을 거쳐 문종(1046~1083) 때에 이르러서는 최종적인 완성을 이룩하였다. 이 시기에 고려는 세 차례에 걸친 契丹의 침입과 뒤이은 女眞의 압력에 시달렸지만 내부적으로는 국가체제가 정비되어 귀족정치의 발전을 보게 되었던 것이다.

우선 성종 때 3성·6부의 정부조직과 中樞院·三司 등의 중요기구가 설치되었고, 목종 때 여러 관서가 증설되었으며, 현종 때 都兵馬使가 성립됨으로써 중앙관제가 완성되었다. 지방제도 역시 성종 때 처음으로 12목이 설치된 이후 현종 9년(1018)에 京畿가 설치되고, 군현제가 완성되었으며, 주·부·군·현의 향리의 수가 정하여졌다. 군사조직도 성종 때 6衛가 형성되었다가 목종 때 다시 2軍이 설치됨으로써 중앙군제의 완성을 보았으니 이는 지배조직의 정비를 나타내는 것이었다.

성종에서 문종에 이르는 동안에는 경제제도 또한 정비되어갔다. 경종 때 처음 제정된 전시과는 목종 원년(998)에 이르면 달서 성종 때 마련된 새 관제를 기준으로 하여 18科로 구분된 전시과로 개정되고, 그것은 다시 문종 30년(1076)에 최종적인 전시과로 고쳐지기에 이르렀다. 또한 1024년(현종 15)에는 자식이 없는 군인의 처에게 口分田이 지급되었고, 1049년(문종 3)에는 兩班功蔭田柴法이 제정되었으며, 1054년에는 3등으로 나누어진 田品制가 실시되고, 1069년(문종 23)에는 量田의 보수가 정하여져서 경제제도의 정비를 보게 되었다.

李基白, 《高麗貴族社會의 形成》, 일조각, 1990.

이상의 논문들을 묶어 정리한 것이 金毅圭(편), 《高麗社會의 貴族制說과 官僚制論》, 지식산업사, 1985이다.

한편 성종은 숭유정책을 썼으므로 이 때부터 문풍이 일어나고 유학의 발달을 보게 되었다. 즉, 성종 11년(992)에 國子監을 설치하였고, 12목에 경학박사와 의학박사를 보내 지방교육을 담당케 하였으며, 또 문관들에게 매월 詩賦를 지어 바치게 하는 文臣月課制를 실시하였으므로 유학이 크게 진흥되었다. 덕종(1031~1034) 때 국자감시를 시행하기 시작하고, 정종(1034~1046) 때에는 많은 유교 경전과 역사서적을 간행하였으며, 문종은 학문진흥에 힘써 각종 서적이 간행되어 인쇄문화가 발달하였을 뿐 아니라 이 때에는 崔冲의 文憲公徒 등 12徒의 사학이 일어나 유학의 진흥을 초래하였다.

불교는 성종이 燃燈會·八關會를 폐지하여 타격을 받았지만 곧 현종이 이를 부활시키고, 불력으로 국가의 안태를 빌기 위하여 대장경의 간행에 착수하였다. 정종 때에는 승려가 백성들의 복을 빌기 위하여 거리를 순행하면서 般若經(반야경)을 독송하는 經行의 의식이 행하여지고 度僧의 제도로 4子 중 한 아들의 출가를 허용하였는데, 특히 문종은 거대한 사찰인 興王寺를 짓고 셋째 아들인 煦(구, 大覺國師 義天)를 출가시키는 등 불교에 대한 두터운 신앙을 가졌으므로 불교가 크게 흥륭하였다. 이와 같이 성종에서 문종에 이르는 사이에는 유학과 불교가 모두 진흥되었는데, 이는 靑磁로 대표되는 미술 공예와 함께 귀족문화로서 발달한 것이었다.

또한 성종에서 현종을 거쳐 문종에 이르는 사이에 사회구조가 정착되어 귀족사회가 발달하였다. 즉, 성종 때 국가체제가 확립됨에 따라 사회적인 지배세력이 정착되어 갔는데 이들이 문벌귀족이었다. 이러한 귀족사회는 문종대에 이르러 절정기를 맞이하였으니, 이 때 고려는 정치·경제·문화·사회 등 모든 면에 걸쳐 황금기를 이루었던 것이다.

제 2 장
貴族社會의 발전

Ⅰ. 貴族社會의 支配體制

1. 중앙의 정치제도

고려는 성종 때 집권체제가 확립되어 국가기반의 안정을 이루었다. 이 때부터 고려의 정치제도와 사회구조가 정비되기 시작해서 현종을 거쳐 문종대에 이르러서는 최종적인 완성을 보게 되었다.

고려의 중앙정치제도는 성종 때 당제를 채용한 3성·6부제를 중심으로 하는 것이었다. 건국 초부터 성종에 이르기까지는 태봉의 관제를 답습하여 廣評省·內奉省·徇軍部·兵部를 근간으로 한 정치제도를 사용하였다. 광평성은 최고의 정무기관으로 그의 장관인 시중이 수상이 되었고, 내봉성은 왕명을 받들어 실천하는 행정기구였으며, 순군부는 병마의 통수권을 가진 기관인 데 대하여 병부는 단순한 군사행정기구였다.[1] 또한 태조는 새로이 內議省을 설치하여 유교적인 고문역할을 담당하고 文翰의 기능을 갖게 하였다. 그러나 집권체제가 정비된 성종 때에는 초기의 태봉유제를 버리고 당제를 모방한 3성체제를 마련하였던 것이다.

고려의 정치제도는 당제를 많이 본땄으나 또한 송제도 받아들이는 한편 고려 독자적인 제도도 섞여 있었다. 즉, 당제에 다라 3성과 6부를 설치하고 송제를 채용하여 中樞院〔樞密院〕과 三司를 두었으며, 이 밖에 都兵馬使와 式目都監은 고려 자체의 필요에 의해서 만든 것이었다. 이와 같이 고려의 지배체제는 당제와 송제, 그리고 고려의 독자적인 세 계통으로 구성된 여러 정치기구가 운용의 조화를 이루고 있었으니, 이것이 고려정치체제의 특수성이라 할 수 있다.[2]

---

1) 李基白은 고려 초의 광평성이 호족세력의 국가정책 결정기관이며, 순군부는 호족들의 군사력과 연결된 협의체적인 군통수부라 하여 이들을 호족세력을 대변하는 기관으로 보았다. 그러나 실제로는 광평성은 공식적인 정부기관으로서 최고의 정무기구였고, 순군부도 군부에 선령하는 군사지휘부로서 모두 왕권의 기반이 되었던 것이다.
李基白, 〈貴族的 政治機構의 成立〉《한국사》 5, 국사편찬위원회, 1975.
邊太燮, 〈高麗初期의 政治制度〉《韓沽劤停年紀念 史學論叢》, 지식산업사, 1981.
鄭景鉉, 〈高麗太祖代의 徇軍部에 대하여〉《韓國學報》 48, 일지사, 1987.
崔圭成, 〈廣評省考〉《金昌洙華甲紀念 史學論叢》, 범우사, 1992.

2) 邊太燮, 〈高麗의 政治體制와 權力構造〉《韓國學報》 4, 일지사, 1976 ; 《韓國史의 省察》, 삼영사, 1978.

고려의 중앙관제

관 부	장 관(품질)	직 능
中書門下省	門下侍中(종 1)	百揆 庶務를 총괄
尙 書 省	左·右僕射(정 2)	6부를 관할
吏部	尙書(정 3)	文選·勳封의 정사를 관장
兵部	〃	武選·軍務·儀衛·郵驛의 정사를 관장
戶部	〃	호구·공부·錢粮의 정사를 관장
刑部	〃	法律·詞訟·詳讞의 정사를 관장
禮部	〃	예의·제향·조회·교빙·학교·과거
工部	〃	山澤·工匠·營造의 정사를 관장
三 司	判事(재신 겸)	전곡의 출납·회계 사무를 관장
中 樞 院	判院事(종 2)	왕명출납·숙위·軍機의 정사를 관장
御 史 臺	判事(정 3)	時政論執·풍속교정·규찰·탄핵
翰 林 院	判院事(재신 겸)	왕명 제찬
史 館	監修國史(시중 겸)	시정의 기록을 관장
國 子 監	祭酒(종 3)	유학·敎誨의 일을 담당
都 兵 馬 使	判事(재신 겸)	국방·군사문제 회의 기관
式 目 都 監	判事(재신 겸)	법제·격식문제 회의 기관

고려 정치기구의 중심이 된 것은 3성·6부의 정부조직이었다. 3성은 원래 中書省(內史省)·門下省·尙書省의 셋을 말하는 것이지만, 고려에서는 중서성과 문하성이 합하여 中書門下省이란 단일기구를 이루고 그 장관인 문하시중이 수상이 되었으며, 정치의 최고관부로서 宰府라고 불리었다.[3] 중서문하성의 관직은 2품 이상의 宰臣(省宰 또는 宰相)과 3품 이하의 郞舍(省郎 또는 諫官)로 구분되었는데, 재신은 백관을 통령하고 정책을 의논·결정하였고, 낭사는 諫諍(간쟁)과 封駁·署經 등의 임무를 맡고 있었다. 이에 대하여 상서성은 3성의 하나라고는 하지만 실제로는 중서문하성에서 결정된 정책을 집행하는 실무기관에 불과하였으며, 그 장관인 상서령은 실직이 아니었고 실질적인 장관이라 할 수 있는 僕射(복야)는 재상에 포함되지 못하였다.[4]

3) 李泰鎭, 〈高麗宰府의 成立〉《震檀學報》 56, 1972.
邊太燮, 〈高麗의 中書門下省에 대하여〉《歷史敎育》 10, 1967 ; 《高麗政治制度史硏究》, 일조각, 1971.

4) 邊太燮, 〈高麗時代 中央政治機構의 行政體系－尙書省 機構를 중심으로－〉《歷史學報》 47, 1970 ; 《高麗政治制度史硏究》, 일조각, 1971.
______, 〈高麗宰相考－3省의 權力關係를 중심으로－〉《歷史學報》 35·36 합집, 1967 ; 《高麗政治制度史硏究》, 일조각, 1971.
申守楨, 《高麗前期 宰相制度硏究》, 성신여대박사학위논문, 1997.
李貞薰, 〈高麗前期 三省制와 政事堂〉《韓國史硏究》 104, 1999.
朴龍雲, 《고려시대 中書門下省宰臣 연구》, 일지사, 2000.

상서성에는 6부가 예속되어 각각 국무를 분담하였는데 그것은 吏·兵·戶·刑·禮·工의 순서로 고려의 독자적인 구성이었다.[5] 6부에는 각각 정 3품의 상서가 장관이 되어 이들이 尙書都省의 좌우복야의 통솔을 받게 되어 있었지만, 실제로는 수상(문하시중)·亞相(2宰) 등 중서문하성의 재신들이 6부의 판사를 겸임하고, 상서 위에서 각 부를 관할하는 제도가 있었으니, 이것도 상서성이 중서문하성에 예속되어 있었음을 나타내는 것이다. 또 당의 6부에는 각기 4司의 屬司가 딸려 모두 24사의 방대한 조직을 이르고 있었으나, 고려의 6부는 이부의 考功司와 형부의 都官 등 두 속사만이 있을 뿐 單司制를 원칙으로 한 단순한 체제를 이루고 있었다.

중서문하성과 함께 고려의 중요한 정치기구를 이룬 것이 중추원(추밀원)이었다. 중추원은 중서문하성을 宰府라 하는 데 대하여 樞府라고 불리어 함께 재추 또는 양부의 칭호를 갖는 권력기구였다. 여기서는 2품 이상의 추밀(추신)이 軍機를 관장하고 3품의 承宣은 왕명을 출납하는 일을 맡았다. 고려는 중추원과 함께 송제에 따라 삼사를 만들었으나 그것은 하나의 재정회계기관에 불과하고 그 기능이나 지위가 낮은 형편이었다.[6]

고려의 양대 정치기구인 중서문하성과 중추원의 양부 고관인 재추들이 모여 국가의 중대사를 협의·결정하는 합좌기구가 도병마사와 식목도감이었다. 도병마사는 대외적인 국방·군사 문제를 관장하였고, 식목도감은 대내적인 법제·격식 문제를 다루는 회의기관으로 역시 유력한 권력기구였는데, 이들은 중국의 제도와는 다른 고려의 독자적인 기구였다. 특히 도병마사는 고려 후기에 이르러 都評議使司로 개칭되면서 전기의 중서문하성에 대신하여 국가의 모든 정무를 관장하는 최고기구로 발전하여 都堂이라 불리었다.[7]

이 밖에 중요한 관부로 時政를 論執하여 백관을 규찰·탄핵하는 御史臺가 있었다. 어사대는 중서문하성의 낭사와 함께 臺諫 또는 省臺라고도 불리어 국왕을 시종하면서 언관의 역할을 담당하였다. 특히 대간에는 署經의 권한이 있었는데, 그것은 관리의 임명이나 법의 개폐 등에 있어서 그 타당성 여부를 심사하여 서

---

5) 고려의 6부는 周官에 따른 이·호·예·병·형·공의 순서가 아니라 이·병·호·형·예·공의 순이었음이 특징적이다. 이러한 제도는 조선 초기까지 계속되었다.

6) 邊太燮,〈高麗의 中樞院〉《震檀學報》41, 1976.
______,〈高麗의 三司〉《歷史教育》17, 1975.
朴龍雲,〈高麗의 中樞院硏究〉《韓國史硏究》12, 1976.

7) 金甲童,〈高麗時代의 都兵馬使〉《歷史學報》141, 1994.
邊太燮,〈高麗都堂考〉《歷史教育》11·12 합집, 1969 ;《高麗政治制度史硏究》, 일조각, 1971.
______,〈高麗의 式目都監〉《歷史教育》15, 1973.

명하는 제도로서 왕권의 전제성을 규제하는 데 큰 몫을 하였다.[8)]

이와 같은 중앙집권적인 고려의 정치제도는 왕권에 유리한 것이었다. 특히 6부가 왕에게 직주하는 제도는 국왕으로 하여금 정부기구를 통할하는 권한을 갖게 하였다. 그러나 고려의 정치권력은 귀족들이 독점하고 있는 양부의 재추에게 집중되었고, 대간의 간언과 서경도 이들 귀족관리들의 커다란 권한이었다. 이는 고려의 정치제도가 국왕과 귀족 사이의 권력의 조화 위에 이루어지고 있었음을 나타내는 것이다.

2. 지방행정조직

고려의 지방제도는 郡縣制度를 근간으로 하여 중앙에서 외관을 파견하는 중앙집권적 체제를 이루고 있었다. 건국 초기에는 지방에 수령이 파견되지 못하고 다만 今有·租藏이라는 조세를 관장하는 使者를 두었을 뿐 호족들의 자치에 맡겨져 있다가 983년(성종 2)에 이르러 12목이 설치되고 처음으로 지방관이 파견되었는데, 그 후 몇차례의 치폐를 거듭한 뒤 1018년(현종 9)에 4都護·8牧·56知州郡事·28鎭將·20縣令의 외관조직으로 개편되면서 지방제도의 정비가 일단락되었다.

고려시대에는 전국에 약 500여개의 군현이 존재하였지만 모든 군현에 외관이 파견된 것은 아니었다. 《고려사》 지리지에 의하면 고려 전기에는 수령이 파견된 主縣이 130개였는 데 대하여 수령이 파견되지 않은 屬縣은 373개나 되었으니, 아직도 중앙통치력의 지방침투가 불완전하였음을 알 수 있다. 이들 속현들은 수령이 설치된 주현에 예속되어 중앙의 간접지배를 받는 행정체계를 이루었던 것이다.[9)] 고려 중기 이후에 많은 속현에 監務를 증치한 것은 이러한 취약점을 보충하려는 의도의 표현이었다.[10)]

---

8) 金龍德, 〈高麗時代의 署經에 대하여〉《李丙燾華甲紀念論叢》, 일조각, 1956 ; 《韓國制度史研究》, 일조각, 1983.
 宋春永, 〈高麗 御史臺에 관한 一研究〉《大丘史學》 3, 대구사학회, 1971.
 朴龍雲, 《高麗時代 臺諫制度研究》, 일지사, 1980.
 鄭鎭禹, 〈高麗前期의 王權制約－諫諍·封駁을 중심으로－〉《人文科學論集》 2, 청주대, 1983.

9) 邊太燮, 〈高麗前期의 外官制－地方機構의 行政體系－〉《韓國史研究》 2, 1968 ; 《高麗政治制度史研究》, 일조각, 1971.
 ______, 〈高麗時代 地方制度의 構造〉《國史館論叢》 1, 국사편찬위원회, 1989.
 金潤坤, 《高麗郡縣制度의 研究》, 경북대 박사학위논문, 1983.
 李羲權, 〈高麗의 郡縣制度와 地方統治政策〉《高麗史의 諸問題》, 삼영사, 1986.
 李惠玉, 〈高麗時代의 守令制度研究〉《梨大史苑》 21, 1985.
 尹京鎭, 〈高麗 郡縣制의 構造와 運營〉《서울대 박사학위 논문》, 2000.

10) 元昌愛, 〈高麗中·後期 監務增置와 地方制度의 變遷〉《淸溪史學》 1, 한국정신문화연구원, 1984.
 李仁宰, 〈高麗中·後期 地方制改革과 監務〉《外大史學》 3, 1990.

이와 같이 고려는 중앙정부에서 여러 군현 중 외관이 파견된 주현에 직첩하는 행정체계를 이루고, 주현으로 하여금 속현을 관할케 하였다. 그러나 주현의 수가 또한 적지 않아 이들을 일률적으로 통제하기가 곤란하였으므로 몇개의 큰 군현을 界首官으로 삼아 제한된 기능에서나마 중간기구의 역할을 하도록 하였다. 즉, 14개의 경・도호부・목이 계수관으로서 관내의 일반 군현을 통할하여 鄕貢의 선상이나 外獄囚의 추검 등을 맡게 하였던 것이다.[11] 그러므로 같은 군현이라 하지만 고려의 군현제는 계수관과 일반 주현, 그리고 속현의 누층적 구성이었음을 알 수 있다.[12]

그러나 점차 속현에 대한 외관의 증파로 주현의 수가 많아지자 지금까지의 계수관에 의한 군현통제는 너무나 허술하여 효과적인 방법이 될 수 없었으므로 보다 짜여진 지방제도의 편성이 필요하게 되었다. 이에 고려중기부터는 계수관에 대신하여 중앙정부와 군현 사이의 중간기구르서 5道・兩界의 설치를 보게 되었다. 즉, 북부지방에는 양계, 남부지방에는 5도를 설치하고, 양계에는 兵馬使, 5도에는 按察使를 각각 파견하여 道(界)내의 군현을 통할하는 상부행정구획으로 삼았다. 북부지방은 국방상 필요에서 일찍부터 군사적인 양계병마사가 설치되고 군현도 防禦使州와 鎭으로 구성된데 대하여 남부지방은 좀 늦은 예종 때부터 민사행정기구인 5도 안찰사가 설치되고 그 밑의 군현도 일반적인 주・부・군・현이 마련되어 차이가 있었다. 이로써 전기의 중간기구의 미숙성을 극복하고 고려의 지방제도가 완비되었던 것이다. 그러나 아직도 중간기구가 지역에 따라 道와 界의 차이가 있고 또 京畿는 開城府에서 직접 통치하는 등 전국의 지배방식이 일원화되지 못한 점은 당시 속현의 광범한 존재와 함께 고려지방제도의 미숙성을 나타내는 것이라 할 수 있다.[13]

---

11) 경・도호부・목의 계수관 중에서도 경이 가장 으뜸의 행정구획이었는데, 이 경은 수도인 開京이 아니라 西京・東京・南京의 3경을 뜻하였으며, 그 가운데서도 서경의 지위가 가장 높았다.
尹武炳, 〈高麗時代 州府郡縣의 領屬關係와 界首官〉《歷史學報》 17・18 합집, 1962.
河炫綱, 〈高麗西京考〉《歷史學報》 35・36 합집, 1967

12) 邊太燮, 〈高麗時代 地方制度의 構造〉《國史館論叢》 Ⅰ, 국사편찬위원회, 1989.

13) 邊太燮, 〈高麗按察使考〉《歷史學報》 40, 1968 ; 《高麗政治制度史研究》, 일조각, 1971.
______, 〈高麗兩界의 支配組織〉《高麗政治制度史研究》, 일조각, 1971.
______, 〈高麗時代 京畿의 統治制〉《高麗政治制度史研究》, 일조각, 1971.
朴龍雲, 《고려시대 開京 연구》, 일지사, 1996.
河炫綱, 《高麗地方制度의 研究》, 한국연구원, 1978.
金南奎, 〈高麗 兩界兵馬使에 대하여〉《李弘稙回甲紀念 韓國史學論叢》, 신구문화사, 1969 ; 《高麗兩界地方史研究》, 새문사, 1989.
白相起, 〈高麗朝 地方行政體制에 있어서 按察使制에 관한 研究〉《社會科學研究》 14-2, 영남대, 1995.

군현에는 그 지방출신이 호장·부호장 등 향리에 임명되어 수령 밑에서 말단 행정을 담당하였다.[14] 향리는 주현뿐 아니라 외관이 없는 속현이나 部曲에도 설

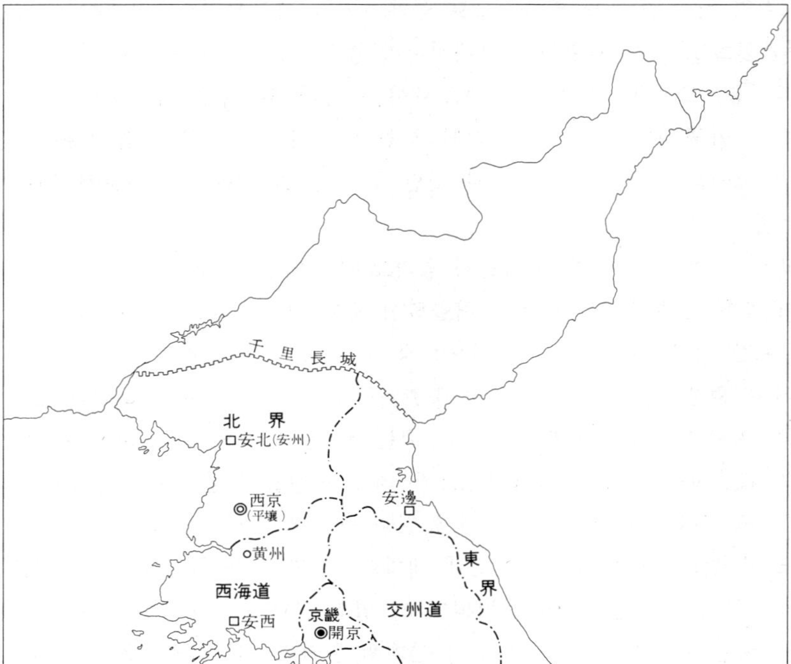

고려의 지방제도

14) 처음 고려 전기에는 '長吏'라 칭하다가 중기 이후 '鄕吏'라고 칭하여졌으며 그저 '外

치되었는데, 이들은 원래 호족출신으로 邑司에서 조세·부역·소송 등 행정사무를 맡았으므로 비록 수령의 보좌역이었지만 실권이 커서 때에 따라 백성을 침탈하는 등 그 폐단이 많았다.[15] 이에 고려 왕조는 이들 향리의 세력을 억제하기 위하여 그 지방출신의 중앙고관을 事審官으르 임명하여 향리를 통제케 하고, 또 향리 자제를 其人으로 삼아 상경 숙위케 하는 방법을 취하였다. 따라서 고려시대의 향리는 지방호족의 지위에서 점차 하락의 길을 걷게 되었던 것이다.[16]

고려에서는 주·부·군·현과 별도로 鄕 部曲·所 등의 특수행정조직을 두고 있었다. 이들 향·부곡·소의 주민들은 국학의 입학이나 과거의 응시를 금하는 등 일반 군현의 주민에 비하여 차별대우를 받았다.[17] 향·부곡에는 농민들이 거주하였는 데 대하여 소는 국가에서 필요로 하는 금·은·동·철·종이·먹·도자기 등 특정 공납품을 만들어 바치는 공장들의 집단거주지였다. 향·부곡·소에도 일반 군현과 같이 부곡리 등의 外吏가 있었고, 군현에서 부곡으로 강등

吏'라고도 불려졌다. 이들 外吏는 주·부·군·현뿐 아니라 향·부곡·소나 津·驛에도 있었는데, 주·부·군·현 향리의 우두머리를 '戶長'이라 한 데 대하여 鄕·部曲·所·津·驛吏는 '長'이라고만 불렀다.

朴敬子, 〈高麗鄕吏制度의 成立〉《歷史學報》 63, 1974 ; 《高麗時代 鄕吏研究》, 숙명여대 박사학위논문, 1987.

趙榮濟, 〈高麗前期 鄕吏制度에 대한 一考－制度上의 變化를 中心으로－〉《釜山史學》 6, 부산사학회, 1982.

李純根, 〈高麗初 鄕吏制의 成立과 實施〉《金哲埈華甲紀念 史學論叢》, 지식산업사, 1983.

李勛相, 〈高麗中期 鄕吏制度의 變化에 대한 一考察〉《東亞研究》 6, 서강대, 1985.

朴敬子, 〈高麗鄕吏의 經濟的基盤〉《國史館論叢》, 국사편찬위원회, 1992.

15) 주·부·군·현에는 그 고을 행정기구인 州司·府司·郡司·縣司 등이 있었는데, 이들을 통털어 邑司라 불렀다. 읍사는 수령이 있는 主縣뿐 아니라 수령이 없는 속현에도 설치되었고, 또 부곡 등에도 설치되고 있었다.

16) 李純根, 〈高麗時代 事審官의 機能과 性格〉《高麗史의 諸問題》, 삼영사, 1986.

洪承基, 〈高麗後期 事審官制度의 運用과 鄕吏의 中央進出〉《東亞研究》 17, 서강대, 1989.

李光麟, 〈其人制度의 變遷에 對하여〉《學林》 3, 연세대, 1954.

金成俊, 〈其人의 性格에 대한 考察〉上, 《歷史學報》 10, 1958 ; 《韓國中世政治法制史研究》, 일조각, 1985.

17) 金龍德, 〈鄕·所·部曲攷〉《白樂濬華甲紀念 國學論叢》, 1955.

______, 〈部曲의 規模 및 部曲人의 身分에 對하여〉(上·下)《歷史學報》 88·89, 1980·1981.

朴宗基, 〈高麗 部曲制의 構造와 性格－收取體系의 運營을 中心으로－〉《韓國史論》 10, 서울대, 1984.

______, 〈高麗의 部曲吏〉《高麗史의 諸問題》, 삼영사, 1986.

______, 《高麗時代 部曲制研究》, 서울대출판부, 1990.

金炫榮, 〈고려시기의 所에 대한 재검토〉《韓國史論》 15, 서울대, 1986.

부곡민의 신분에 대해서는 천민으로 보는 견해가 지금까지의 정설이었는데 李佑成이 이를 부정하고 部曲＝良人說을 제창한 이후 李樹健·金龍德(1980년 논문) 등이 이에 동조하고 있으며, 또 良人賤役으로 보는 朴宗基의 절충설이 제기되기도 하였다.

되기도 하고 반대로 부곡에서 군현으로 승격하기도 하였으나, 대체로는 그 규모가 작은 편이었다. 향·부곡은 이미 신라시대부터 존재하였고, 소는 고려에 들어와 발생하여 이들은 고려일대를 통하여 전국적으로 존재하였지만 후기로 갈수록 점차 소멸되는 추세에 있었다.

고려시대의 가장 말단행정조직은 村이었다. 주·부·군·현에는 대체로 몇개의 촌이 딸려 있었는데 대하여 향·부곡·소는 1촌인 경우가 많았으며, 큰 부곡에만 몇 촌이 있었다. 이들 촌에는 외관이 파견되지 않고 그 곳 유력자인 村長·村正 등이 자치를 하였다. 이 촌장이 있는 촌은 몇개의 자연촌이 합하여 하나의 행정촌을 구성한 것으로 1村 1姓의 원칙으로 姓貫이 존재하였는데, 이들이 곧 지방사회의 지배층을 이루었다. 중앙정부는 군현을 통하여 말단의 촌을 지배하고 조세를 수취하는 행정체계를 편성하였던 것이다.[18)]

고려 鄕村社會의 지배세력은 토착적인 戶長 등 長吏層이었다. 이들은 비록 수령의 파견으로 그들의 지위가 떨어졌으나 역시 지방사회에서는 커다란 세력을 유지하고 있었다. 중앙 고관이 자기 출신지의 사심관으로 임명되어 발언권을 행사하고 있었으나, 이들 중앙관이 자기 지방의 재지세력으로 존재하지는 못하였다. 고려 전기에 중앙관리가 죄를 범하면 氏族에서 제명하여 본관으로 귀향하는 벌을 주었으니, 이것은 중앙관직이 권력의 발원지로 지방 축출은 치명적인 타격이었음을 뜻하는 것이었다.[19)] 그것은 결국 장리층이 지방세력의 중추적 위치에 있었음을 표시하는 것이 될 것이다.

이들 장리들은 읍사에서 행정·조세·사법 등 행정적인 공적직능을 행사하였으나 또한 지방유력자로 향촌사회의 자치적 기능도 아울러 관여하고 있었다. 고려시대에는 신라시대 이래 불상·종·석탑 등을 조성하거나 法會에서의 대규모적인 노동력 및 경제력 제공 등 불교신앙활동을 벌여온 香徒가 있었는데, 이들은 점차 지방자치단체로 변신하고 호장들의 지도를 받은 것은 이러한 사실을 나타내는 것이었다.[20)] 향촌에는 土姓을 가진 각 성씨 집단의 대표들이 읍사조직에

---

18) 高承濟, 《韓國村落社會史硏究》, 일지사, 1977.
朴宗基, 〈高麗時代 村落의 機能과 構造〉《震檀學報》 64, 1987.
具山祐, 〈高麗前期 鄕村支配體制의 成立〉《韓國史論》 20, 서울대, 1988.
______, 〈중세의 지역촌과 자연촌〉《역사비평》 계간 28, 역사문제연구소, 1995.
______, 《高麗前期 鄕村支配體制》, 부산대박사학위논문, 1995.
李佑成, 〈高麗時代의 村落과 百姓〉《韓國中世社會硏究》, 일조각, 1991.
朴恩卿, 《高麗時代 鄕村社會硏究》, 일조각, 1996.

19) 文炯萬, 〈麗代 '歸鄕'考〉《歷史學報》 23, 1964.

20) 李泰鎭, 〈醴泉 開心寺石塔記의 分析-高麗前期 香徒의 一例-〉《歷史學報》 53·54 합집, 1972.
향도는 신라시대 김유신의 화랑도를 龍華香徒라 칭한 것이 처음으로 불상·석탑

참여하고 지방재지세력으로 주도적 활동을 하고 있었다.

3. 군사조직

중앙집권적인 통치체제는 군사조직의 정비에도 나타났다. 고려 초기의 자치적인 지방호족의 사병은 고려가 집권체제를 확립함에 따라 점차 중앙정부에 직속된 국군의 일부로 편입되었다. 이리하여 중앙에는 2軍·6衛의 京軍이 성립되고 지방에는 州縣軍이 편성되었다.

중앙군은 2군과 6위의 8개 부대로 편성되었다. 2군은 국왕의 친위대인 鷹揚軍·龍虎軍으로 이를 近仗(근장)이라고도 불러 6위보다 우위에 있었다. 6위는 左右衛·神虎衛·興威衛·金吾衛·千牛衛·監門衛를 말하는 데, 그 중 핵심이 되는 것은 좌우·신호·흥위의 3위로서 이들은 개경의 경비뿐 아니라 국경방어의 임무까지 맡은 경군의 주력부대였다. 금오위는 경찰, 천우위는 의장, 감문위는 궁성문의 수위를 맡았다.[21]

2군·6위에는 모두 45개의 領이 딸려 있었다. 영은 1,000명의 군인으로 조직된 부대였으므로 고려의 경군은 모두 45,000명이 되는 셈이다. 그러나 평상시는 결원이 많아 이보다 훨씬 적었고, 비상시에는 그 수가 증가하여 오히려 이보다 많은 편이었다. 이 영은 병종에 따라 保勝·精勇·役領·常領·海領 등으로 구분되었는데, 그 가운데 보승·정용이 핵심 전투병종으로 주력부대인 좌우·신호·흥위 등 3위에 소속되었다. 그러나 전쟁시에는 따로이 중·전·후·좌·우군의 5군을 조직하여 출정하였는데, 여기에는 이들 좌우·신호·흥위 등 3위의 32령이 주축이 되었다.

2군·6위의 부대장은 정3품의 상장군으로 그 가운데 가장 서열이 높은 응양군 상장군은 班主가 되어 상장군과 대장군(부지휘관, 종 3품)으로 구성된 무신의 합좌기관인 重房의 의장이 되었다. 1,000명으로 구성된 각 영의 부대장은 정 4품의 장군으로 그들도 역시 합좌기관인 장군방을 구성하였다. 영 밑에는 200명의 군인으로 구성된 대대가 있어 郎將(정 5품)이 지휘관이 되었고, 그 아래에는

제조 등 불교신앙 활동이 주가 되었으며, 고려초기에는 호장들이 이끈 지방사회의 공동체의 기능을 가졌음은 개심사 석탑건립에도 나타난다.

蔡雄錫,〈高麗時代 香徒의 社會的 性格과 變化〉《國史館論叢》 2, 국사편찬위원회, 1989.

______,《高麗時代의 國家와 地方社會》, 서울대출판부, 2000.

21) 李基白,〈高麗京軍考〉《李丙燾華甲紀念論叢》, 일조각, 1956 ;《高麗兵制史研究》, 일조각, 1968.

洪元基,〈高麗 二軍·六衛制의 性格〉《韓國史研究》 68, 1990.

鄭景鉉,〈高麗前期 京軍의 軍營〉《韓國史論》 23, 서울대, 1990.

______,《高麗前期 二軍六衛制研究》, 서울대박사학위논문, 1992.

고려의 군사제도

구분			부대	임무
중앙	경군	2군	鷹揚軍(1領)	…국왕의 친위대
			龍虎軍(2領)	
		6위	左右衛(13領)	…개경 · 변방의 방비
			神虎衛(7領)	
			興威衛(12領)	
			金吾衛(7領)	… 경찰
			千牛衛(2領)	… 의장
			監門衛(1領)	… 궁성수비
지방	주현군	5도	保 勝	…치안 · 방비
			精 勇	
			一品軍	…노동부대
		양계	抄 軍	…城 · 鎭의 상비병
			左 軍	
			右 軍	

50명의 伍(오)와 25명의 隊가 편성되고 각각 伍尉(校尉, 정 9품)와 隊正이 지휘관이 되었다.

2군 · 6위의 경군은 특정한 軍班氏族에서 충당된 전문적인 직업군인과 일반 농민으로 번상 복역하는 농민군으로 2중적 구성을 이루고 있었다. 군반씨족은 군역을 세습하는 대신 그에 대한 반대급부로 군인전을 지급받아 생활기반으로 삼았으며, 농민군은 평상시에는 농업생산에 종사하면서 교대로 상경하여 군역을 치렀는데 그 대가로 자기 경작지의 면세혜택을 받았다.[22] 그러니까 군반씨족의 직업군인은 서울에 살면서 군인전의 수조권으로 생계를 이었는데 대하여 지방에서 번상 입역한 농민군은 자기 토지의 면세로 보상을 받은 것이다. 이 밖에도

22) 고려 군인의 성분에 대해서는 상반된 견해가 있다. 李基白은 고려의 군인을 군적에 실린 특정한 군반씨족 출신이라 하였는데, 이에 대하여 姜晋哲은 軍戶에 편성된 농민이 부병제에 따라 군인이 되었다고 하였다. 그러나 근래에는 양자의 복합적인 구성이 었다는 설이 제기된 바 설득력이 있다고 하겠다.

姜晋哲, 〈高麗初期의 軍人田〉《淑明女大論文集》 3, 1963 ; 《高麗土地制度史研究》, 고려대출판부, 1980.

李基白, 〈高麗軍班制下의 軍人〉《高麗兵制史研究》, 일조각, 1968.

吳英善, 《高麗前期 軍人層의 二元的 構成에 관한 硏究》, 서울대 석사학위논문, 1981.

張東翼, 〈高麗前期의 選軍〉《高麗史의 諸問題》, 삼영사, 1986.

鄭龍範, 〈高麗初期 選軍制의 運營과 變質〉《釜大史學》 17, 1993.

洪元基, 〈高麗初期 京軍의 二元的構成論에 대하여〉《李基白古稀紀念 韓國史學論叢》 上, 일조각, 1994.

金鍾洙, 〈高麗時代 府兵制의 運營과 그 原則〉《歷史教育》 73, 2000.

選軍으로 보충군을 모병하는 제도도 있어서 군인신분은 다양하였다.

지방에는 주현군이 있었는데, 그 조직은 경기·5도와 양계 사이에 차이가 있었다. 경기·5도의 주현군은 외관이 설치된 주현을 중심으로 軍事道로 편성되어 일정한 수의 보승·정용·一品軍이 정해져 있었다. 이들 주현군의 군인은 자기 토지의 농경에 종사하면서 지방의 방수와 군사훈련 및 노역에 종사하였다. 주현군은 일정한 군영에 주둔하지 않은 예비군적인 존재로 서울이나 양계로 분번 입역하기도 하였다.[23)]

양계는 국경지대였으므로 남부의 주현과는 다른 상비적인 방수군인 州鎭軍으로 편성되었다. 이들 주진군은 抄軍·左軍·右軍 등으로 구성되고, 중랑장·낭장 등 장교가 지휘하였는데, 그 중의 최고 지휘관을 都領이라 불러 그 지역의 토호 출신으로 임명되었다. 이들 주진군은 양계의 토착인을 중심으로 편성되고 일부는 5도에서 교대로 방수하러간 군인(州鎭入居軍人)이었는데, 주·진의 성내에 주둔하면서 항상 전투태세를 갖춘 상비적인 전투부대였던 것이다. 양계의 주·진에는 따로 중앙에서 파견된 防禦使와 鎭使·鎭將이 있었는데, 이들은 자기 주·진의 주진군을 총괄할 뿐 아니라 민사적인 행정도 담당하고 위의 병마사의 지휘를 받고 있었다. 이와 같이 양계의 주진군은 상비적인 방수군인 점에 경기·5도의 예비군적인 주현군과 질적인 차이가 있었다.[24)]

4. 교육·과거제도

고려의 지배체제를 운영하기 위한 인적자원은 교육제도와 과거제도를 통해서 공급되었다. 고려는 중앙집권적인 정치의 실행자인 관리를 양성하기 위해서 중앙과 지방에 학교를 세우고, 여기서 수업한 사람을 과거를 통하여 관리로 선발하였으니, 이 교육과 과거제도는 고려의 통치체제를 유지하는 제도적 기반이 되었던 것이다.

고려는 유교를 정치이념으로 삼았으므로 유교교육을 받은 관리의 양성이 필요

---

23) 주현군은 전투·방수부대인 보승·정용과 노동부대인 1品軍과 2品軍·3品軍의 품군으로 구성되었는데, 이들 주현군이 서울·양계로 번상 입역하였다는 견해와 경군·주진군과는 별도로 자기 지방에만 있었다는 양설이 있다. 姜晋哲이 전자의 설이고 李基白이 후자의 설이다.
 姜晋哲, 〈高麗初期의 軍人田〉《淑明女大論文集》 3, 1963 ; 《高麗土地制度史研究》, 고려대출판부, 1980.
 李基白, 〈高麗州縣軍考〉《歷史學報》 29, 1965 ; 〈高麗兵制史研究〉, 일조각, 1968.

24) 李基白, 〈高麗 兩界의 州鎭軍〉《高麗兵制史研究》, 일조각, 1968.
 趙仁成, 〈高麗 兩界 州鎭의 防戍軍과 州鎭軍〉《高麗光宗研究》, 일조각, 1981.
 金南奎, 〈高麗兩界의 都領에 대하여〉《慶南大學論文集》 4, 1977 ; 《高麗兩界地方史研究》, 새문사, 1989.

하였다. 이미 태조 때 개경과 서경에 학교를 세웠지만 992년(성종 11)에 중앙에 정식으로 國子監을 설치함으로써 교육제도의 기반이 확립되었다.[25] 국자감은 당제를 채용한 일종의 종합대학으로 國子學·太學·四門學 및 律學·書學·算學으로 구성되었다. 국자학은 문무관 3품 이상, 태학은 5품 이상, 사문학은 7품 이상의 자제에게 각각 입학자격이 주어졌고, 여기서는 모두 유학을 교육하였다. 이에 대하여 율·서·산학 등의 雜學에는 8품 이하의 자제와 서인이 입학하였다. 잡학에 대한 유학의 우위와 입학자격의 제한규정은 고려의 유교적 귀족사회의 모습을 나타내는 것이다.[補]

국자감의 구성[26]

학부명	학문분야	입학자격	정 원
國子學	유학	3품 이상 자제	300명
太 學	〃	5품 이상 자제	300명
四門學	〃	7품 이상 자제	300명
律 學	법률학	8품 이하·서인	
書 學	서 학	〃	
算 學	산 학	〃	

성종은 지방호족의 자제들에 대한 교육에도 큰 관심을 갖고 그들을 상경시켜 수업하도록 하였다. 이것은 성종의 중앙집권화 정책에 따라 지방호족을 중앙관료화 하려는 데 그 의도가 있었다. 987년(성종 6)에는 경학박사와 의학박사 각 1명씩을 12목에 파견하여 지방 자제를 교육케 하였고, 1003년(예종 6)에는 3경·10도의 박사·師長으로 하여금 생도의 습업을 장려케 하였으며, 1127년(인종 5)에는 각 주에 鄕學을 세워 널리 교도케 하였으니, 이로써 고려의 鄕校가 지방교육의 중심으로 확대되었다.[27] 이러한 고려의 지방교육에 대한 열성은 지방의 호족

25) 국자감에 대하여는 이미 고려초부터 설치되고 성종 때는 그 제도가 정비된 것으로 이해하는 것이 통설이다. 《고려사》에 태조 13년에 서경에 학교를 세웠다고만 기록되고 있지만 이 때 개경에도 있었을 것은 당연하다고 보는 것이다.
宋春永, 〈高麗時代의 西京學校〉《大丘史學》 28, 대구사학회, 1985.
辛虎雄, 〈高麗前期의 教育政策과 官學〉《關東史學》 1, 관동대, 1982.
朴天植, 〈高麗前期의 國子監 沿革考〉《全北史學》 6, 전북대, 1982.
申千湜, 《高麗教育史研究》, 경인문화사, 1995.
朴贊洙, 《高麗時代 教育制度研究》, 고려대박사학위논문, 1992.

補) 宋春永, 《高麗時代 雜教育研究》, 형설, 1998.

26) 이 국자감의 구성내용은 인종대(1122-1146)에 제정된 學式에 따른 것이다. 국자학·태학·사문학은 입학자격에 차이가 있다고 하였지만 실제로는 동일한 유학교육부로 함께 수업을 하였으며, 정원도 도합 900명이나 되지만 실제로는 60~70명 정도이고 고려말에 가서 100명 정도가 되었다.
朴贊洙, 〈高麗前期의 國子監改革〉《國史館論叢》 21, 국사편찬위원회, 1991.
閔丙河, 《韓國中世教育制度史研究》, 성균관대출판부, 1992.

자제들을 과거를 통해 중앙관료로 편입하기 위한 것이었다.

이들 교육기관에서 유교적 교양을 쌓은 사람들은 과거를 통해 관리로 선발되었다. 처음 광종은 훈신을 억제하고 왕권을 강화하기 위하여 과거제를 실시하였는데, 이 때 과거에 합격한 사람들이 관리로 등용됨으로써 중앙집권정치의 실행자가 되었다. 고려의 과거제도는 製述業(科)·明經業(科)·雜業(科)의 셋으로 나누어졌다. 제술업은 詩·賦·頌(송)·策 등의 문학으로 시험하고, 명경업은 詩·書·易·春秋 등 유교경전으로 시험하였다. 이들은 모두가 문신을 선발하기 위한 것이었지만 제술업이 보다 중시되어 과거라 하면 통상 제술업을 지칭하고 그 합격자를 중용하여 특히 우대하였다. 이에 대하여 잡업은 의학·천문·음양지리 및 율학·서학·산학 등 기술관시험으로 그리 중시되지 않았다. 이 밖에 무반을 선발하는 武科는 예종 때 잠깐 실시되었으나 문신들의 반대에 부딪혀 폐지되었다가 고려 멸망 직전인 공양왕 때 비로소 정식으로 실시되었다.[28] 이러한 고려의 과거제도는 문예를 존중하는 문신위주의 선발방법으로서 무반과 잡학을 경시하는 풍조를 나타내는 것이었다.[29]

처음 과거는 중앙관리의 자제인 국자감생과 지방출신인 鄕貢이 직접 본 과거에 응할 수 있었으나, 점차 규정이 정비되어 중기에는 예비시험인 국자감시를 거쳐 본시험인 禮部試를 치르도록 법제화되었다. 국자감시는 司馬試 또는 進士試라고도 하였는데, 응시자격은 중앙의 일반 국학생과 12徒生, 그리고 지방의 계수관시에서 선발된 향공이 중심을 이루었으며, 일단 여기 합격하면 진사의 칭호를 일컫게 되고 본시험에 나갈 수 있는 자격을 얻게 되었다.[30] 본시험인 예부

---

27) 고려시대에 처음 '鄕校'라는 명칭이 나오는 것은 인종 7년(1129) 金守雌가 쓴 〈幸學記〉에서이며, 지금까지 고려의 향교가 처음 설치된 것은 인종대라는 견해가 일반적이었으나 이미 그 이전부터 설치되었다고 보는 것이 옳을 것 같다.
朴贊洙, 〈高麗時代의 鄕校〉《韓國史硏究》 42 1983.
宋春永, 〈高麗時代 鄕校의 變遷史的 考察〉《歷史敎育》 41, 1987.
______, 〈高麗時代의 鄕校敎育政策〉《歷史敎育論集》 11, 경북대, 1987.

28) 申千湜, 〈高麗時代 武科와 武學〉《軍史》 7, 국방부전사편찬위원회, 1983.

29) 曺佐鎬, 〈麗代의 科擧制度〉《歷史學報》 10, 1958;《韓國科擧制度史硏究》, 범우사, 1996.
許興植, 《高麗科擧制度史硏究》, 일조각, 1981.
李成茂, 〈韓國의 科擧制와 그 特性－高麗 朝鮮初期를 中心으로－〉《科擧》, 일조각, 1981.
朴龍雲, 〈高麗時代 科擧의 考試와 體系에 대한 檢討〉《韓國史硏究》 61·62 합집, 일조각, 1988.

30) 許興植은 국자감시가 국학생들이 응시한 예비시험이라 하였는 데 대하여 申千湜, 柳浩錫은 국자감에의 입학자격시험이라 하여 그 견해가 다르다.
許興植, 〈高麗의 國子監試와 이를 통한 身分流動〉《韓國史硏究》 12, 1976 ;《高麗科擧制度史硏究》, 일조각, 1981.
申千湜, 〈高麗中期敎育理念과 國子監運營－睿宗의 敎育改革을 中心으로－〉《高麗敎育史硏究》, 경인문화사, 1995.

시는 보통 東堂試라고 칭하여,[31] 국자감시에 합격한 진사가 응시자의 주축을 이루었지만 예종 이후에는 진사도 국자감에서 3년 이상 수학기간을 거쳐야 응시할 수 있게 함으로써 齋生이 증가하였다.

과거제도는 관리를 채용하기 위해서 실시된 것이지만 과거에 급제하였다고 해서 모두가 관리로 임명된 것은 아니었다. 합격인원에 비해서 관직의 수가 적었기 때문이었다. 따라서 과거의 성적과 출신문벌이 관직 임명에 크게 작용하였다. 귀족가문의 급제자가 좋은 관직을 보임받고 승진하는 데에도 유리하였음은 두말할 나위가 없다.

또한 고려시대에는 과거를 통해서만 관리로 등용된 것이 아니라 蔭敍라 하여 고관의 자제는 자동적으로 관리가 될 수 있는 제도가 있었다. 즉, 5품 이상의 벼슬을 하면 그 아들 하나를 관리로 들여보낼 수 있는 특권이 부여되었으니, 이는 고려 귀족사회의 밑받침이 되었다. 고려시대에는 이 음서제가 일반화되어 귀족의 자제들은 음서를 통해 관리로 임명되는 현상이 두드러졌다. 이들 음서출신자는 관품이나 관직 승진에 제한이 없었을 뿐 아니라 오히려 대부분이 5품 이상의 관직에 오르고 재상에 진출하는 사람도 많은 편이었다.[32] 바로 이 음서제도와 功蔭田柴科가 모두 5품 이상의 고관에게만 적용되었다는 점이 고려사회를 귀족사회로 규정하는 데 있어서 중요한 근거가 되는 것이다.

II. 貴族社會의 經濟制度

1. 田柴科體制

고려의 토지제도는 전시과체제를 근간으로 하였으며, 지배층을 중심으로 토지가 분배되었다. 전시과란 문무백관으로부터 府兵·閑人에 이르기까지 무릇 국가의 관직이나 직역을 담당하는 사람들에게 그들의 지위에 따라 田土와 柴地를 차등있게 나누어 준 토지제도를 말한다.

柳浩錫, 〈高麗時代의 國子監試에 대한 再檢討〉《歷史學報》 103, 1984.

31) 고려시대에는 본시험을 예부시라 하고 曺佐鎬는 이를 東堂監試라고도 하였다고 한데 대하여 朴龍雲은 본시험을 東堂試라고만 칭하고 동당감시는 이 동당시와 예비고시인 감시의 합성용어로 보아 차이가 있다.

32) 朴龍雲, 〈高麗時代 蔭敍制의 實際와 그 機能〉(上·下)《韓國史硏究》 36·37, 1982 ; 《高麗時代 蔭敍制와 科擧制硏究》, 일지사, 1990.

盧明鎬, 〈高麗時의 承蔭血族과 貴族層의 蔭敍機會〉《金哲埈華甲紀念 史學論叢》, 지식산업사, 1983.

許興植, 〈高麗의 科擧와 門蔭制度와의 比較〉《韓國史硏究》 27, 1979 ; 《高麗科擧制度史硏究》, 일조각, 1981.

金龍善, 《高麗蔭敍制度硏究》, 일조각, 1991.

처음 940년(태조 23)에 역분전을 분급하였는데, 이것은 후삼국 통일 후의 논공행상적인 토지급여로 朝臣·군사에게 관계를 논하지 않고, 성행의 선악과 공로의 대소에 따라 토지를 차등있게 나누어 준 것이었다.[33] 이를 모체로 하여 976년(경종 1)에 처음으로 전시과가 설정되었는데, 이것도 단일적인 기준에 의한 것이 아니라 광종 때 제정된 바 있는 4색 공복을 기준으로 다시 문반·무반·잡업으로 나누어 8개의 표에 의한 다원적인 구성이었고, 또한 官品 이외에 人品까지도 고려하는 미숙한 것이었다. 이 始定田柴科는 4색공복에 의한 구별에 관품의 고하가 반영되었지만 여기에는 아직도 인품이 병용되었다는 점에 그 한계가 있었던 것이다.[34]

이것이 마침내 관직을 기준으로 하여 하나의 체계로 정비된 것이 998년(목종 1)에 개정된 改定田柴科였으니, 이것은 관직의 고하에 따라 1科에서 18과로 나누어 토지를 분급한 것이었다. 제 1 과는 田 100결, 柴 70결로 내사령·시중이 받았고, 제18과는 전 20결로 令史·書史 등이 받았으며, 그 밑의 限外科는 전 17결로 그 이하의 사람들에게 지급되었다. 여기서 종래의 인품이라는 막연한 기준이 지양되고 관직에 따라 토지를 분급한 것은 관료체제의 확립을 의미하는 것이다. 이 때 散官은 현직자에 비하여 몇 과를 낮추어 급여한 것은 현직주의의 표현이며, 또 무관이 같은 품계의 문관에 비해 적은 전시를 받게 된 것은 문신귀족사회의 면모를 나타낸 것이었다.

고려의 전시과는 1076년(문종 30)에 이르러 更定田柴科로서 다시 재편성되었다. 이 때도 18과로 나누어 지급한 것은 이전과 다름이 없으나, 이제는 한외과가 없어지고 토지의 지급액수가 전체적으로 감소되었다. 즉, 제1과는 전 100결, 시 50결로 중서령·상서령·문하시중이 해당되었고, 차례로 차등을 두어 제18과는 전 17결로 한인·잡류에게 지급되었는데, 이 때는 한외과가 없어짐으로써 그 수급대상이 모두 과내로 편입되었다. 특히 이 때에는 개정전시과에서 2·3과의 차등을 받았던 산관이 지급대상에서 완전히 제외되었으며, 무관에 대한 차별대우가 시정되어 종래 개정전시과에서 제5과였던 상장군이 여기서는 제3과로 올라 같은 정 3품 문관인 6상서 보다도 오히려 1과가 높은 대우를 받게 되었다. 문종 때 경정된 이 전시과는 최종적인 형태로서 고려토지제도의 완성을 뜻하는 것이었다.

전시과는 직역에 대한 반대급부로서 지급된 토지였으므로 그것은 토지 그 자체를 준 것이 아니라 그 토지에 대한 수조권을 지급한 것에 불과하였다.[35] 그리

33) 姜晋哲, 〈建國 직후의 상태와 役分田의 設置〉《高麗土地制度史硏究》, 고려대출판부, 1980.

黃善榮, 〈高麗初期 役分田의 成立〉《한국중세사연구》 4, 1997.

34) 全基雄, 〈高麗景宗代의 政治構造와 始定田柴科의 성립기반〉《震檀學報》 59, 1985.

고 그 수조권도 문종 때에 이르러서는 직역에 종사하고 있는 기간에 한하여 지급하였고, 그 관직을 그만두면 국가에 반납하게 하였다. 즉, 경종 때의 시정전시과에서 산관은 현직과 마찬가지로 토지를 받아 죽은 후에 반납케 되었으나, 목종 전시과에서는 몇 과만 낮추었을 뿐 역시 그대로 토지를 지급하고, 문종전시과에서는 산관은 완전히 토지지급에서 제외되었으므로 그 관직을 그만두면 회수되었던 것이다.[36]

전시과에 비하여 공음전시는 사적 지배의 성격이 농후하였다. 공음전시는 본래 국가에 대한 공훈이 있는 공신에게 주었던 것이지만 문종 때 5품 이상의 모든 관리에게 지급하도록 제도화되었다.[37] 이 공음전시는 전시과와는 달리 자손에게 세습이 허용되었으니, 이는 5품 이상의 고관 자제에게 음서의 혜택을 준 것과 함께 관인신분의 보호를 위한 시책으로 고려귀족의 경제적 기반이 되었다.

5품 이상 관리의 자손이 공음전시를 받을 수 있었던 것에 대응하여 6품 이하 관리의 자제에게는 閑人田을 지급하였다. 고려시대에는 6품 이하 양반의 자제로서 관직을 얻지 못한 사람들을 한인이라 불렀는데, 이들에게 관인신분의 유지를 위하여 한인전을 주었던 것이다.[38] 그리고 자손이 없는 하급관리와 군인 유가족에게는 口分田을 지급하여 생활대책을 마련해 주었다.[39]

한편 이들 관인신분 이외에 직역을 부담하는 향리·군인·樂工·工匠 등에게도 토지를 지급하였다. 향리에게 분급한 外役田과 군인에게 지급한 군인전 등이 이러한 직역에 대한 대가였다.[40] 이와 같이 고려왕조는 모든 관리와 향리·군인

35) 전시과 체제에서의 토지 분급을 수조권의 지급으로 보는 것이 일반적이나, 최근에는 피급자의 소유지에 면조권을 지급한 것이라는 견해가 제기되고 있다. 이에 따르면 《高麗史》 식화지의 토지지급규정은 면조지의 상한을 책정한 것으로 설명된다.
金琪燮, 〈高麗前期農民의 土地所有와 田柴科의 性格〉《韓國史論》 17, 서울대, 1987.

36) 따라서 《高麗史》 식화지 전제 서문의 "모든 관리는 토지를 받고 죽은 후에 관에 반납하였다"는 기사는 초기의 전시과를 말한 것이라 하겠다.

37) 이에 대해서 근래 '5品'을 관품의 5품을 말하는 것이 아니라 전체 관리를 편의상 5등급으로 구분하였다는 의미로 보아 모든 관리에게 공음전시가 지급되었다는 견해가 제시되었다.
朴菖熙, 〈高麗의 「兩班功蔭田」의 해석에 대한 再檢討〉《韓國文化硏究院論叢》 22, 이화여대, 1973.
金東洙, 〈高麗의 兩班功蔭田柴法의 解釋에 대한 再論〉《全南大論文集》 26, 1981.
朴天植, 〈高麗史 食貨志, "功蔭田柴"의 檢討〉《全北史學》 7, 전북대, 1983.
金龍善, 〈高麗 功蔭田柴의 지급 대상과 그 時期〉《震檀學報》 59, 1985.

38) 文喆永, 〈高麗時代의 閑人과 閑人田〉《韓國史論》 18, 서울대, 1988.
李佑成, 〈閑人·白丁의 新解釋〉《歷史學報》 19, 1962 ; 《韓國中世社會硏究》, 일조각, 1991.
이에 대해서도 朴菖熙의 이설이 있다.
朴菖熙, 〈閑人田論에 대한 再檢討〉《韓國文化硏究院論叢》 27, 이화여대, 1976.

39) 李景植, 〈高麗時期의 兩班口分田과 柴地〉《歷史敎育》 44, 1988.

40) 姜晋哲, 〈高麗初期의 軍人田〉《淑明女大論文集》 3, 1963 ; 《高麗土地制度史硏究》, 고려대출판부, 1980.

등 국가에 봉사하는 사람들에게 반대급부로 토지를 지급하는 정책을 취하였던 것이다.

왕실은 그 경비를 충당하기 위하여 內莊田을 소유하였다. 이 내장전은 莊 또는 處라 불리어 특정한 행정구획을 이루고 관리되었음이 특색이었다. 이 밖에 중앙과 지방의 각 관아에는 公廨(해)田이 지급되어 경비를 충당케 하였고 사원에는 사원전이 지급되었다.[41]

고려시대에는 전시과체제하의 여러 토지와는 달리 토지만이 아니라 人丁에 대한 지배가 허용된 食邑이 왕실이나 공신들에게 수여되었다. 식읍은 封土와 封戶가 함께 수여되어 봉토의 전조뿐 아니라 봉호의 공부·역역까지 수취하여 식읍주의 수입은 대단한 것이었다. 그러나 식읍이라 하더라도 식읍주의 私領地가 아니어서 상속이 허용되지 않고 국가의 행정체계 안에 존재하였다.[42]

관인에게는 토지와 더불어 현물로 祿俸이 지급되었다. 1076년(문종 30)에 제정된 文武班祿은 제1과 400석(중서령·상서령·문하시중)으로부터 제47과 10석(國學學正 등)으로 구성되었고, 인종조에는 제1과 400석(문하시중·중서령)에서 제28과 10석(祕書正字 등)으로 변경되었으며, 外官祿도 문종조에 270석에서 13석 5두까지 16과로 되었다가 인종조에는 200석에서 13석 5두까지 14과로 나누어 지급되었다. 이들 녹봉은 직접 곡식으로 지급되어 실질적인 생활기반이 되었다.[43]

2. 民田의 분포

고려의 토지제도가 전시과체제를 근간으로 한다는 것은 관인층에 대한 토지급여의 입장에서 말하는 것이다. 왕실이나 관청 등 공공기관이나 직역을 담당한 관리·향리·군인들에게 그들의 경비를 충당하고 생활을 영위하기 위한 토지를 지급한 것이 전시과체제라 할 수 있다. 그러나 실제로 고려에는 일반농민이 소

李仁哲, 〈高麗前期 京軍의 構成과 軍人田의 支給對象〉《정신문화연구》 58, 한국정신문화연구원, 1995.

41) 安秉佑, 〈高麗前期 地方官衙公廨田의 설치와 운영〉《이재룡환력기념 한국사논총》, 1990.

______, 《高麗前期 財政構造研究》, 서울대박사학위논문, 1994.

李炳熙, 〈高麗前期 寺院田의 分給과 經營〉《韓國史論》 18, 서울대, 1988.

柳正秀, 〈高麗 寺院田研究〉《中央史論》 7, 중앙대, 1991.

42) 河炫綱, 〈高麗食邑考〉《歷史學報》 26, 1965 ; 《韓國中世史研究》, 일조각, 1988.

朴春植, 〈羅末麗初의 食邑에 대한 一考察〉《史叢》 32, 고려대, 1987.

李景植, 〈古代·中世의 食邑制의 構造와 展開〉《孫寶基停年紀念 韓國史學論叢》, 1988.

43) 李熙德, 〈高麗祿俸制의 研究〉《李弘稙回甲紀念 韓國史學論叢》, 신구문화사, 1969.

崔貞煥, 〈高麗祿俸制의 成立 過程〉《大丘史學》 15·16 합집, 대구사학회, 1978.

______, 《高麗·朝鮮時代 祿俸制研究》, 경북대출판부, 1991.

유한 토지인 民田이 광범하게 존재하고 있었다.

보통 白丁이라고 불렸던 고려의 농민들은 조상 대대로 물려받은 토지를 경작하며 생계를 유지하였다. 이 토지는 농민 사유의 경작지로 마음대로 매매도 할 수 있었다. 농민들은 개간과 매입에 의하여 이 민전의 확대를 도모하였다. 전국의 대부분의 토지는 이러한 농민들의 사유지인 민전으로 이루어져 있었던 것이다.

그러나 고려왕조는 이러한 민전을 公田이라 불렀다. 그리하여 국가는 농민에게서 수확의 10분의 1을 租로 거두어 들였다. 즉, 토지국유의 원칙에 의하여 실제로는 농민의 사유에 속하는 민전을 농민에게 급여하는 형식을 취하여 공전으로 여기고 거기서 조를 수취하였던 것이다.[44] 농민은 이러한 조를 부담함으로써 현실적으로 그들의 사유에 속하는 개별적인 보유지에 대해서 국가로부터 법제적인 공인을 얻게 된 셈이었다. 고려시대에 농민에게 균등하게 토지를 분급하는 균전제도가 실시되었다는 견해는 이러한 공전제를 염두에 둔 데서 나온 것이다.[45]

고려의 대부분의 토지는 이러한 농민의 사유지인 민전이었다. 고려는 이들 민전에서 나오는 조와 농민이 부담하는 역을 통하여 경제적 기반을 유지할 수 있었다. 즉, 고려는 민전의 소유자인 농민으로부터 생산액의 10분의 1에 해당하는 조를 걷어들이고 또 그들에게서 요역과 공부를 징수하여 국가재정을 꾸려나갔던 것이다. 따라서 민전이 세력있는 귀족들에 의하여 겸병되어 農莊으로 화하는 것은 농민층의 분해를 초래하고 국가수입의 기반을 붕괴시키는 것이었다. 그리고 이러한 현상은 귀족정치기에 진행되어 농민의 토지에서의 이탈을 초래하고 유민화하는 계기가 되었던 것이다.

3. 고려의 토지소유관계

고려의 토지제도는 소유관계에 따라 공전과 사전으로 구분하였으니 왕실 소속의 내장전이나 관청의 땅인 공해전과 같은 국·공유지는 공전에 속하였고, 일반 농민이 조상대대로 이어받아 소유하고 있는 민전은 사전이라 하였다. 그러나 민

---

44) 李成茂, 〈公田·私田·民田의 槪念－高麗·朝鮮初期를 中心으로－〉《韓沽劤停年紀念史學論叢》, 지식산업사, 1981.
安秉佑, 〈高麗時代 民田의 經營〉《韓國 古代·中世의 支配體制와 農民》 金容燮停年紀念 韓國史學論叢, 지식산업사, 1997.
河泰奎, 〈高麗時代 民田의 性格과 國家의 把握〉《全北史學》 19·20, 全北大, 1997.

45) 《고려사》 식화지, 전제 서문에는 고려의 전제가 대개 당제를 모방했다고 하였으므로 이로부터 고려시대에 균전제가 시행되었다고 보는 견해가 있었으나, 근래에 와서는 민전의 광범한 존재를 근거로 하여 균전제설에 반대하는 학설이 지배적이다.
李佑成, 〈高麗의 永業田〉《歷史學報》 28, 1965 ; 《韓國中世社會硏究》, 일조각, 1991.
姜晋哲, 〈田柴科體制에 관련된 諸問題－均田制施行與否에 관한 問題－〉《高麗土地制度史硏究》, 고려대출판부, 1980.

전도 국가에 대하여 10분의 1의 조세를 납부하였으므로 이를 또한 공전이라고도 불렀으니, 이것은 모든 토지가 국유라는 관념에서 나온 것이었다. 그러니까 농민의 사유지인 민전은 소유권상으로는 사전이지만 수조권상으로는 공전이 된 셈이었다.[46)]

고려왕조는 전시과에 의해서 직역을 담당한 관리·향리·군인 등에게 그 직역에 대한 반대급부로서 토지를 분급하였는데, 그것은 민전의 수조권을 준 것이었다. 이들 전시과의 과전이나 공음전, 그리고 외역전·군인전 등은 사전이라 불리어지나 실은 토지의 소유권을 준 것이 아니고 다만 민전에서 국가에 납부하는 조세의 수조권만을 이양한 데 불과하였다. 민전의 소유자는 10분의 1 조세를 국가에 바치는 대신 관리·향리·군인에게 납부하였을 따름이었다.

이와 같이 고려시대에는 공전·사전을 구분하면서도 모든 토지가 국유라는 관념을 가지고 농민의 사유지인 민전에서도 조세를 받아 이를 공전이라 칭하였다. 그러나 고려의 토지제도는 현실적으로 사유의 성격이 강하였다는 사실을 유의할 필요가 있다. 원래 고려의 토지국유제란 고대로부터의 王土思想에서 나온 산물에 불과하고 실제로는 사적 지배가 강하였던 것이다. 가령 고려의 과전은 그 자체로서는 세습이 허용된 것이 아니었으나 현실적으로는 그 아들이 다시 관리가 됨으로써 세습적으로 보유되기 마련이었고, 특히 공음전은 법제적으로 자손에게 상속이 허용된 永業田으로 사유지와 다를 바가 없었다.[47)] 향리의 외역전과 군인의 군인전도 그 역의 세습에 의해서 역시 자손에게 상속할 수 있는 영업전이었다. 더욱이 공전이라 일컬어지는 민전의 실체가 일반농민이 조상 대대로 물려받은 사유지였음은 고려시대 토지소유관계의 실상을 표시한 것이 될 것이다.

4. 수취제도와 漕運

고려의 경제적 기반이 된 수취제도는 토지제도와 연결되어 성립되었다. 고려는 농업을 위주로 하는 사회였기 때문에 국가가 국민으로부터 수취하는 것은 대체로 토지를 매개로 하였다. 국가에 대한 농민들의 부담은 보통 조세·공부·요

---

46) 朴鍾進, 〈高麗初 公田·私田의 性格에 대한 재검토－顯宗代 '義倉租收取規定'의 해석을 중심으로－〉《韓國學報》 37, 일지사, 1984.
洪承基, 〈高麗時代 私田에 대한 一考察〉《李丙燾九旬紀念 韓國史論叢》, 지식산업사, 1987.
金琪燮, 〈高麗前期農民의 土地所有와 田柴科의 性格〉《韓國史論》 17, 서울대, 1987.
盧明鎬, 〈田柴科體制下 白丁農民層의 土地所有〉《韓國史論》 23, 서울대, 1990.
尹漢宅, 《高麗前期 私田研究》, 고려대출판부, 1995.
金玉根, 《高麗財政史研究》, 일조각, 1996.

47) 李佑成, 〈高麗의 永業田〉《歷史學報》 28, 1965 ; 《韓國中世社會研究》, 일조각, 1991.

역의 세 가지로서 이것이 고려왕조의 주요 재원이 되었던 것이다.

조세는 토지를 통하여 수취하였으니 국가는 토지를 소유한 국민으로부터 일정한 수취율의 조세를 받아들였다. 고려시대의 사유지인 민전의 조세율은 수확의 10분의 1이 원칙이었다. 민전의 소유자는 10분의 1의 조세를 국가에 납부하였는데, 이것이 일반 공전인 경우는 직접 국고에 들어가 국가의 재원이 되었고, 만약 여기에 과전이나 공음전이 설정되었을 경우는 수조권자인 관리에게 귀속되었다.

일반농민은 조상으로부터 내려받은 민전을 경작하며 생활을 유지하였으나, 민전을 소유하지 못한 영세농민은 할 수 없이 佃戶(전호)로서 귀족·양반관리의 광대한 사전이나[48] 왕실소속의 토지 및 공해전·屯田 등 국가 공유지를 소작하였다. 귀족이나 양반관리는 자기의 사전을 노비를 부려 직영하기도 하였지만 전호제 경영을 할 때는 병작으로 수확량의 2분의 1을 받아들였다. 이에 대하여 왕실의 토지나 공해전·둔전의 공전에서는 4분의 1을 내게 하였는데, 이러한 토지는 척박한 곳이 많았기 때문에 전호의 실질적 부담은 사전의 2분의 1과 별 차이가 없었다.

고려시대의 조세부과의 표준은 이미 신라 때부터 채용되고 있었던 結負制였다.[49] 결부제는 원래 곡물의 생산량을 표시하는 계량법으로 1握을 1把(한줌)라 하고 10파는 1束(한단), 10속을 1負(한짐), 100부를 1結이라 하였는데, 결국은 그러한 수확량을 산출하는 토지면적을 의미하게 되었다. 고려는 십일세법을 채택하여 1결에서 생산량의 10분의 1인 2석(30두)을 내게 하였으므로 1결의 산출량은 20석(300두)이 되는 셈이었다. 이에 따라 사전의 소작은 1결에 10석, 공전의 소작은 5석을 조세로 내어 농민의 부담이 컸다.[50]

48) 민전이란 보통 일반 농민이 소유한 토지를 말하였으나 실제로는 귀족이나 양반관리가 보다 광대한 토지를 조상으로부터 물려받아 소유하고 있었으니, 이것도 민전의 범주에 들어갔음은 두말할 나위가 없다.
李榮薰, 〈高麗佃戶考〉《歷史學報》 161, 1999.

49) 金載珍, 〈田結制硏究〉《慶北大論文集》 2, 1957.
李宗峯, 〈高麗前期의 結負制〉《釜山史學》 29, 부산사학회, 1995.

50) 고려시대는 같은 1결이라도 토지의 비척에 따라 田品을 上等田·中等田·下等田으로 구분하여 조액에 차이가 있었다. 또 고려시대의 조율에 대해서는 아직도 이설이 분분하다. 姜晋哲은 《고려사》 식화지 전제 조세조의 성종 11년 判에 나오는 '公田租 四分取一'의 규정으로부터 공전(국유지)의 조율은 4분의 1이고 사전(사유지)의 조율은 2분의 1이라 하였으나, 金容燮과 李成茂는 공전의 개념을 구분하여 왕토사상에 의한 공전, 즉 민전에서는 10분의 1, 국유지로서의 공전에서는 4분의 1의 수조율이 원칙이었다고 하였다. 근래에는 민전을 비롯한 공전에서는 전세로서 10분 1을 내게 하였고, 사전의 소작에서는 2분의 1, 공전(왕실의 莊·處, 공해전, 둔전)의 소작에서는 4분의 1을 내게 하였다는 견해가 일반적이다.
姜晋哲, 〈高麗前期의 公田·私田과 그의 差率收租에 대하여〉《歷史學報》 29, 1965.
李成茂, 〈公田·私田·民田의 槪念－高麗·朝鮮初期를 中心으로－〉《韓沽劤停年紀念史學論叢》, 지식산업사, 1981.

공부는 지방에서 布나 토산물 등 현물을 납부하는 수취제도였다. 여기에는 매년 일정한 공물을 바치는 常貢과 필요에 따라 임시로 공납케 하는 別貢의 구별이 있었다. 상공은 미리 정하여진 공물의 종류와 액수를 각 주현에 할당하여 매년 헌납케 하였으며, 이에 따라 각 주현은 이 곡물을 가가호호에 배분하여 수취하였다. 이 때 가호는 人丁의 다소로써 편성된 9等戶의 등급에 따라 차등있게 공물을 납부하였다. 그러나 이러한 상공보다도 임시적인 별공에 따른 관리들의 가렴주구가 심하여 공부는 농민들의 부담 가운데 큰 비중을 차지하였다. 천민집단인 향·부곡에 사는 주민들은 대개 농민들이었으므로 토지의 조세를 납부하였는 데 대하여 所는 대체로 금·은·동·철·종이·자기 등 수공업에 종사하는 사람들의 거주지였으므로 그들이 헌납하는 제품도 일종의 공부라 할 수 있겠다.[51]

요역은 국가가 국민들의 노동력을 수취하는 제도였다. 16세로부터 60세까지의 남자는 丁이라 하여 입역의 의무를 가졌다. 대체로 농민들의 요역이란 성곽·관아·제방의 축조, 도로의 개수 등 토목공사에 노동력을 동원하는 것이었다. 요역도 공부와 같이 인정의 다소에 따른 호제의 등급을 기준으로 삼아 징수하였으니, 이들은 때에 따라 貢役으로 결합되기도 하였다.[52]

지방에서 수취한 조세는 漕運(조운)을 통하여 개경으로 운반되어 국가재정에 사용되었다. 당시의 수송수단이 바다나 하천 등 수로에 의지할 수밖에 없었던 것은 육상교통로가 발달하지 못하였던 까닭이었다. 고려시대에도 육상교통기관으로 국가에서 운영하는 驛站(참)의 제도가 있어 전국에 22道를 설치하고 여기에 총 525개의 역을 두었지만 이것은 공문의 전달, 관물의 운송 그리고 출장관리의 왕복과 숙박 등을 담당케 하였을 뿐 방대한 곡물의 수송수단으로는 이용되지 못하였던 것이다.[53]

고려시대에 조운을 위하여 각지의 세곡을 수납·보관·운송하는 조창은 모두 13개(처음에는 12개)가 있었다. 이들 13조창은 내륙의 한강연안과 경상도·전라

金容燮, 〈高麗前期의 田品制〉《韓沽劤停年紀念 史學論叢》, 지식산업사, 1981.
______, 《韓國中世農業史硏究》, 지식산업사, 2000.
金載名, 〈高麗時代 什一租에 관한 一考察〉《淸溪史學》 2, 한국정신문화연구원, 1985.
51) 徐明禧, 〈高麗時代「鐵所」에 대한 硏究〉《韓國史硏究》 69, 1990.
徐聖鎬, 《高麗前期 手工業硏究》, 서울대박사학위논문, 1997.
52) 李惠玉, 〈高麗時代 貢賦制의 一硏究〉《韓國史硏究》 31, 1980.
______, 〈高麗時代 三稅制에 대한 一考察〉《梨大史苑》 18·19 합집, 1982.
李貞熙, 〈高麗時代 徭役의 運營과 그 實態〉《釜大史學》 8, 부산대, 1984.
金載名, 〈高麗時代의 雜貢과 常徭〉《청계사학》 8, 한국정신문화연구원, 1991.
______, 《高麗 稅役制度史硏究》, 한국정신문화연구원 박사학위논문, 1994.
朴鍾進, 〈高麗時期 徭役의 徵發構造〉《울산사학》 5, 울산대, 1992.
______, 《고려시기 재정운영과 조세제도》, 서울대출판부, 2000.
53) 劉善浩, 〈高麗時代 驛의 運營에 관한 硏究〉《서울산업대논문집》 31, 1990.
______, 《高麗時代 郵驛에 관한 硏究》, 단국대박사학위논문, 1992.

도·충청도·서해도 연안 등 모두 남부 5도에만 있었는데, 그것은 국방지대인 양계의 조세는 개경으로 보내지 않고 현지의 경비로 조달하였기 때문이다. 이들 조창에서 수합한 세곡을 조선에 실어 개경의 京倉에 운반케 하는 조운은 고려의 국가재정의 근원이 되었다.[54)]

III. 貴族社會의 社會構造

1. 귀족사회의 성격

고려사회는 귀족사회로 규정되고 있다. 이것은 문벌귀족이 지배층으로서 정치·경제·사회·문화 등 모든 면에 걸쳐 고려사회의 주도적 역할을 담당하였기 때문이다. 즉, 고려의 귀족은 宰樞를 중심으로 한 관직을 차지하여 정치권력을 장악하고 과전·공음전 등 막대한 토지를 점유하여 경제적 부를 축적하였으며, 사회적으로도 제1신분으로 여러 가지 특권을 누리면서 불교·유교·예술 등 문화면의 주역을 담당하였던 것이다.

이들 문벌귀족들은 이러한 신분사회를 유지하기 위하여 그들 상호간에 폐쇄적인 혼인관계를 맺었다. 우선 귀족들은 최고의 가문인 왕실과의 통혼을 열망하였는데, 그것은 왕실의 외척이 됨으로써 가문의 격을 높일 뿐 아니라 권력에 접근할 수 있었기 때문이었다. 또한 왕실과는 통혼을 못하더라도 家格이 높은 귀족들 상호간에 중첩되는 혼인관계를 맺어 폐쇄적인 통혼권을 형성하였다.

고려의 대표적인 귀족가문은 안산 김씨와 인주(慶源) 이씨였다. 안산 김씨는 金殷傅(부)의 가문으로서 현종부터 문종 때까지 왕실의 외척이 되었고, 인주 이씨는 李子淵의 가문으로 안산 김씨에 이어 문종부터 인종 때까지 외척이 되어 정권을 독점하였다. 이 밖에도 崔冲의 해주 최씨, 尹瓘의 파평 윤씨, 金富軾의 경주 김씨 등이 고려의 이름있는 문벌귀족이었다.[55)]

이들 문벌귀족은 재추 양부의 정부요직을 차지하여 정치권력을 독점하였다. 문벌귀족의 자제들은 과거를 통하거나 아니면 음서에 의하여 관리에 임명되고

---

54) 孫弘烈, 〈高麗漕運考〉《史叢》 21·22 합집, 고려대, 1977.
崔完基, 〈高麗朝의 稅穀運送〉《韓國史研究》 34, 1981.
金載名, 〈高麗時代의 京倉〉《淸溪史學》 4, 한국정신문화연구원, 1987.

55) 朴龍雲, 〈高麗時代의 海州崔氏와 坡平尹氏 家門 分析〉《白山學報》 23, 1977.
______, 〈高麗時代의 定安任氏·鐵原崔氏·孔岩許氏 家門 分析〉《韓國史論叢》 3, 성신여대, 1978.
黃雲龍, 《高麗 閥族에 관한 研究》, 친학사, 1978.
李萬烈, 〈高麗時代 慶源李氏 家門의 展開過程〉《韓國學報》 21, 일지사, 1980.
金連玉, 〈高麗時代 慶州金氏의 家系〉《淑大史論》 11·12 합집, 1982.

가문을 배경으로 중요 관직을 따라 재상까지 승진할 수 있었다. 같은 과거합격자라도 명문귀족의 자제들은 臺諫·承宣 등 淸要職에 임명되고 그 출세가 빨랐던 것이다. 고려를 귀족사회라고 하는 것은 이들 귀족가문이 정치를 움직이는 주도세력이 되었기 때문이었다.[56]

문벌귀족은 엄격한 신분사회의 유지에 힘썼는데 그것은 그들의 특권적 지위를 지키기 위해서였다. 그러나 귀족정치기에는 지방호족의 자제들이 과거를 통하여 신진관료로 진출하고 보수적인 문벌가문에 대립하였을 뿐 아니라 그들 자신도 몇대 후에는 귀족가문으로 화하였다. 이리하여 폐쇄적인 귀족사회도 부단히 변동을 계속하였으니, 이는 앞으로 새로운 사회로의 발전을 제시하는 것이었다.

이와 같이 고려는 일부 특권신분인 문벌귀족이 지배세력이 되어 폐쇄적인 귀족사회를 이루고 있었으나, 이것은 신라의 카스트적인 골품사회에 비하면 훨씬 개방적인 것이었다. 신라에 있어서는 극소수의 진골귀족만이 대아찬 이상의 관등에 올라 정권에 참여할 수 있었는 데 대하여 고려에서는 비교적 폭넓은 귀족가문이 존재하여 보다 개방적인 사회로 발전하였던 것이다. 비록 아직도 문벌이 존중되어 출신가문에 따라 정치적 출세와 사회적 진출에 차별이 있었지만 이제는 그 가문의 수가 전 시대에 비해 확대되었고 또 혼인이나 과거를 통하여 새로이 귀족가문으로 성장하는 현상도 나타나게 되었다. 이것은 고려사회가 신라사회에 비하여 확실히 일보 전진하였음을 말해주는 것이다.

2. 사회신분의 구성

고려는 신분사회로서 가문에 따른 신분이 중요시되어 이것이 사회계층을 구분하는 기본조건이 되었다. 고려의 사회계층인 귀족이나 양인·천민 등의 구분도 신분적 차이에 의해서 이루어진 것으로 이는 그의 정치적·경제적·사회적 지위를 결정하는 요인이 되었다. 특히 지배층인 문벌귀족들의 특권을 독점하기 위한 폐쇄적인 사회정책은 신분제도의 엄격한 유지를 요구하였다.

고려시대의 사회신분은 귀족과 하급관리, 그리고 양인과 천민으로 구성되어 있었다. 귀족과 하급관리가 지배층인 데 대하여 양인과 천민은 피지배층이었다. 이들 네 개의 계층은 그 자손이 대대로 신분을 세습하였고, 신분 사이에 구별이 엄격하였다.

---

56) 邊太燮, 〈高麗의 貴族社會〉《史學硏究》 13, 1962 ; 《韓國史의 省察》, 삼영사, 1978.
金毅圭(편), 《高麗社會의 貴族制說과 官僚制論》, 지식산업사, 1985.
金龍善, 《高麗蔭敍制度硏究》, 한국연구원, 1987.
南仁國, 〈高麗前期 政治勢力의 性分과 그 存在樣態〉《國史館論叢》 61, 국사편찬위원회, 1995.

귀족은 최고귀족이라 할 수 있는 왕실을 정점으로 문벌이 좋은 일부 특권신분으로 이루어졌다. 고려시대에는 양반관리가 문반과 무반의 관직을 차지하였으나, 귀족이란 그들 품관 전체를 의미하는 것이 아니고 그들 관리 가운데 문벌이 좋고 고위관직에 오른 일부 특권층만을 가리켰다. 고려에서는 음서와 공음전시의 특권이 5품관 이상에게만 부여되고 있었으므로 이들 고관이 바로 귀족층에 포함될 수 있는 사람들이었다. 이와 같이 제1신분은 양반귀족이었지만 고려시대에는 문반이 우대되고 무반은 천시되었으므로, 이들은 자연히 문반중심으로 이루어졌고 무반은 그 일부 만이 귀족층에 포함되었을 따름이었다.[57]

같은 지배층이지만 양반귀족에 포함되지 못한 중간계층은 하급관리들이었다. 하급관리란 실무적인 사무를 보는 문무반 6품 이하의 관리와 중앙 각 관서의 서리, 궁중의 잡일을 맡은 內僚職인 南班, 그리고 무반의 하급장교들이 포함되었다.[58] 지방의 토착세력인 향리도 역시 지방관을 보좌하는 지배기구의 말단조직의 일원으로서 여기에 포함되었다. 이들 하급관리는 국가의 정치권력을 잡은 양반귀족에 대하여 실무적인 행정을 담당한 사람들이다.

양인은 일반 주·부·군·현에 거주하며 농업에 종사하는 농민층이 주류를 이루었다. 고려에서는 이들을 보통 白丁이라고 불렀는데, 이들 백정농민은 국가에 대하여 조세·공부·요역의 부담을 지니고 있었다. 고려에서는 일반 백성들이 軍人戶·驛戶 등과 같이 국가에 대하여 일정한 직역을 지는 丁戶와 그것을 부담하지 않은 白丁戶로 구분되었는데, 이들 백정은 직역을 지지 않은 대신 자기 민전을 경작하면서 조부를 부담한 것이다.[59] 이 밖에 상인과 수공업자는 농민보다도 천시되었으나 역시 양인에 속하여 貢役의 의무를 지고 있었다. 이들 양인

---

57) 고려시대의 兩班이란 용어는 조선의 그것이 넓은 계층을 가리켰는데 대하여 문무반의 현직관리 자체를 가리켰다는 데 차이가 있다.
邊太燮, 〈高麗朝의 文班과 武班〉《史學硏究》 11, 1961 ; 《高麗政治制度史硏究》, 일조각, 1971.
朴龍雲, 〈高麗前期 文班과 武班의 身分問題〉《韓國史硏究》 21·22 합집, 1978.

58) 曺佐鎬, 〈麗代南班考〉《東國史學》 5, 동국대, 1957.
李丙燾, 〈高麗南班考〉《서울大論文集》 人文社會科學 12, 1966.
金光洙, 〈高麗時代의 胥吏職〉《韓國史硏究》 4, 1969.
洪承基, 〈高麗時代의 雜類〉《歷史學報》 57, 1973.
고려의 서리직은 귀족양반의 자제가 음서로 입사할 때 받기도 하고, 또 그 위의 품관으로 승진하는 것이 보통이었으므로 조선의 그것과는 다른 특성이 있다. 이것은 조선시대에는 환관이 內侍가 된데 대하여 고려시대에는 양반이 내시가 된 차이와 비슷하다.
金昌洙, 〈麗代 內侍의 身分〉《東國史學》 11, 동국대, 1969.
朴漢男, 〈高麗內侍와 門閥貴族의 形成關係〉《首善論集》 8, 성균관대, 1984.

59) 洪承基, 〈高麗時代의 農民과 國家〉《한국사시민강좌》 6, 일조각, 1990.
고려시대의 백정은 조선시대의 천인과는 달리 일반농민인 점에 차이가 있다.

층은 국민의 대부분을 이루었고 그 가운데서도 농민이 가장 광범한 존재였다.

천민계층은 천민과 노비로 구성되었다. 천민은 특수행정구역인 향·부곡·소에 사는 사람들로 일반 주현에 사는 양인에 비해서 천시되었다. 향과 부곡의 천민은 농업에 종사하는 것은 일반 양인 백정과 다름이 없었지만 특수행정구역에 거주하였으므로 천시되었고, 소의 주민은 수공업에 종사하여 역시 천민으로 간주되었다. 이 밖에 육지의 교통요지에 설치된 驛과 숙박시설인 館, 그리고 수상의 교통요지에 설치된 津의 주민들도 모두 천민으로 여겨졌다.

천민 중에서도 사회의 최하층에 놓여 가장 천대를 받은 계층이 노비였다. 노비에는 국가에 속하는 공노비와 개인에 속하는 사노비가 있었다. 공노비는 궁중과 중앙 및 지방의 관청에서 잡역에 종사하는 供役奴婢와 따로 농경에 종사하는 外居奴婢가 있었는데, 외거노비는 농경에서 얻어진 수입 가운데 규정된 액수를 관부에 납부하고 그 나머지로 생계를 꾸려갔다. 사노비는 귀족 등 私人이나 사원의 소유로 직접 주인집의 종으로 살면서 잡일을 돌보는 率居(솔거)奴婢와 주인과 따로 살며 농업에 종사하면서 주인에게 身貢을 바치는 외거노비가 있었다. 이 가운데 외거노비는 주인의 토지뿐만 아니라 다른 사람의 토지도 소작하였고, 나아가 자신의 토지를 소유하면서 부를 추적할 수 있는 독립경제를 이루고 있었다.[60] 이들 노비들은 국가로부터 별종의 취급을 받은 천민으로 교육이나 과거 응시, 관리임명의 자격이 없었을 뿐 아니라 혼인에 있어서도 제약을 받아 원칙상 같은 노비 사이의 同色婚만이 인정되었다. 만약 良賤交婚일 경우에는 '一賤則賤'(부모가운데 하나만 노비라도 노비가 됨)의 원칙에 따라 모두 천민이 되고 부모가 모두 노비일 경우는 어머니의 소유주 쪽에 귀속되었다. 노비 외에 유기장이나 수렵 등의 천업에 종사하는 禾尺(楊水尺)과 광대인 才人 등도 천민의 대우를 받았다.

고려의 신분제도는 엄격하여 조상의 사회신분이 그대로 자손들에게 세습되었다. 그러나 고려시대에는 이와 함께 사회계층의 변동이 부단히 일어나고 있었다. 천민집단인 향·부곡·소가 점차 일반 군현으로 승격하여 그 주민들이 양인화되어 갔고, 외거노비 가운데 재산을 축적하여 신분적으로 양인으로 상승하는 자가 증가하였다. 그러나 무엇보다도 중요한 사실은 향리 출신들이 과거를 통하여 문반관리로 진출한 점이었다. 고려에서는 양인 이상이면 누구나 과거를 볼 수 있는 자격이 부여되었지만 현실적으로 농민들의 자제가 과거에 응시하는 경우는 극히 적었고, 다만 지방의 향리 자제들이 급제하는 경우가 많았다. 이들 향리의

60) 洪承基, 《高麗 貴族社會와 奴婢》, 일조각, 1983.
李在範, 〈高麗奴婢의 法制的 地位〉《국사관논총》 17, 국사편찬위원회, 1990.

자제가 과거에 합격하여 관리에 등용되고 그의 능력에 따라 고위관직에 승진하면서 신진관리로 되었으니, 이들은 폐쇄적인 고려의 귀족사회를 개방케 하고 보수적인 정치풍토를 쇄신하는 역할을 담당하였다. 이들 신진관리도 몇 대가 계속하면 다시 귀족가문으로 행세하게 되었지만, 고려의 향리세력은 언제나 중앙의 혁신적인 신진관리의 공급원이 되었던 것이다.[補] 이 밖에 고려시대에는 군인에서 장교로 진급하는 예가 많았으므로 일반농민이 군인을 통하여 무반으로 출세함으로써 신분변동의 요인이 되기도 하였다. 이렇게 보면 고려는 엄격한 신분사회로 신분의 세습이 지켜졌지만, 그 안에서는 부단히 사회계층의 변동이 일어남으로써 사회발전의 요인이 되었던 것이다.[61]

3. 사회정책과 시설

고려시대 국민의 거의 대부분은 농민이었는데, 이들 농민의 생활은 대체로 가난하였다. 그것은 토지가 척박하여 생산량이 적었을 뿐 아니라 농민에 대한 국가의 수취가 과중하였기 때문이었다. 농민은 사유지인 민전에서도 10분의 1의 전세를 내었을 뿐 아니라 佃戶(소작농)인 경우는 공전에서 수확량의 4분의 1을 내었고, 사전에서는 2분의 1이라는 높은 조세를 납부해야 했다. 또한 이들은 무거운 공부・요역을 부담하지 않으면 안되었다.

그러나 무엇보다도 무서운 것은 관리들의 불법적인 가렴주구였다. 농민들은 양반관리나 향리들에 의하여 가혹한 수탈의 대상이 되었고, 귀족・권력가에게 토지를 빼앗기는 일이 많았다. 이리하여 농민들은 자기의 민전을 잃고 타인의 토지를 경작하는 전호로 전락하거나 고향을 떠나 유민화하는 현상이 일어나게 되었다.

이러한 농민의 몰락은 유교정치이념에서의 위민정치에 어긋날 뿐 아니라 무엇보다도 국가경제의 파탄을 초래하였다. 그것은 고려왕조의 경제기반이 농업생산 위에 성립되었으므로 농민의 토지이탈은 국가수취의 세원을 감소시키는 결과를 초래하였기 때문이었다. 따라서 고려는 권농정책을 써서 농업을 장려하고 농민생활의 안정을 도모하였다. 성종 때부터 圜丘(원구 : 천자가 하늘에 제사하는 곳)에서 祈穀의 예를 행하고, 왕이 籍田을 친히 갈아 농사의 모범을 보이며, 社稷을 세워 地神과 5곡의 신을 제사지낸 것도 이러한 권농정책에 따른 것이었다.

고려는 농민을 보호하기 위하여 여러 가지 방법을 강구하였다. 국가는 귀족들

補) 李樹健, 〈高麗時代 支配勢力과 鄕吏〉《啓明史學》 8, 1997.

61) 李基白, 〈高麗時代 身分의 世襲과 變動〉《民族과 歷史》, 일조각, 1971.
許興植, 〈高麗의 國子監試와 이를 통한 身分流動〉《韓國史硏究》 12, 1976 ; 《高麗科擧制度史硏究》, 일조각, 1981.

의 토지겸병을 억제하고 농민이 토지로부터 이탈하거나 권세가의 노비로 전락하는 것을 막았다. 성종은 백성을 사역하는 데에는 때를 가려야한다 하여 지방관에게 영을 내려 농기에는 농민을 잡역에 동원하지 못하게 하였고, 免災法을 만들어 水旱·蟲霜으로 전답의 재해가 4分(4할) 이상인 때에는 조를 면하고, 6푼 이상인 때에는 조·포를, 7푼 이상인 때에는 조·포·역을 모두 면제하도록 하였다. 경종 때 고리대를 억제하기 위하여 미·포의 이자율을 정한 바 있었는데, 성종은 母(본전)와 子(이자)가 서로 같은 액수에 달하면 그 이상 더 이자를 취하지 못하도록 하였다.[62]

고려는 화폐를 만들어 유통의 편리를 도모케 하였다. 고려의 화폐는 물품화폐와 금속화폐의 두 가지가 있었는데, 물품화폐는 베와 쌀이었지만 쌀에 비하여 베〔布貨〕가 운반이 쉽고 가치의 안전성이 높았으므로 점차 많이 쓰이게 되었다. 금속화폐는 996년(성종 15)에 처음으로 鐵錢을 주조하여 사용케 하였으나 활발하게 유통되지 못하였으며, 1102년(숙종 7)에 海東通寶를 주조하고 또 고액화폐로서 은으로 만든 銀甁(은병, 일명 濶口라 칭함)을 만들어 사용케 하였으나, 고려사회의 경제적 미숙은 유통경제의 활성화를 이룩하지 못하게 하였다.[63]

또한 농민생활을 안정시키기 위하여 여러 가지 시설을 마련하였다. 성종 때에는 태조 때부터 설치된 빈민구제기관인 黑倉을 보다 확장하여 각 州·府에 義倉을 베풀어 미곡을 저장하였다가 흉년에 빈민을 구제케 하였으며, 또한 개경·서경과 12목에 물가조절기관인 常平倉을 설치하여 곡포의 값이 내렸을 때 사들였다가 값이 오르면 싸게 내어파는 제도를 마련하였다. 이 밖에 고려에는 빈민과 여행자의 구호를 위한 濟危寶가 마련되었고, 개경 동서에 구료기관으로 大悲院이 설치되어 무의탁자의 치료와 부양을 담당하였으며, 또한 惠民局을 두어 빈민의 시약을 맡게 하였다.[64]

---

62) 徐吉洙, 〈高麗時代의 貸借關係 및 利子에 관한 硏究〉《國際大論文集》 9, 1981.
63) 金柄夏, 〈高麗時代의 貨幣流通〉《慶熙史學》 3, 경희대, 1972.
蔡雄錫, 〈高麗前期 貨幣流通의 기반〉《韓國文化》 9, 서울대, 1988.
64) 林基形, 〈義倉攷－高句麗及高麗時代를 中心으로－〉《歷史學硏究》 II, 전남대, 1964.
朴鍾進, 〈高麗前期 義倉制度의 構造와 性格〉《高麗史의 諸問題》, 삼영사, 1986.
朴杰淳, 〈高麗前期 賑恤政策〉(1·II)《湖西史學》 12·13, 호서사학회, 1984·1985.
孫弘烈, 〈高麗時代의 醫療制度〉《歷史敎育》 29, 1981.
______, 《韓國中世의 醫療制度硏究》, 수서원 1988.

Ⅳ. 貴族社會의 文化

1. 국가불교의 성격

고려는 불교가 극성하여 가히 불교국가라 할 만 하였다. 유교가 고려의 정치이념이 되었는 데 대하여 불교는 정신계의 지도이념이 되어 현실생활에 큰 영향을 주었다. 고려시대에는 풍수도참사상이 풍미하여 위정자나 국민 사이에 널리 유행되었지만[65] 신앙으로서는 역시 불교가 크게 융성하였다. 그러므로 불교는 고려시대의 문화·사상 가운데 가장 중요한 위치를 차지하였다.

이와 같이 고려시대에 불교가 발달한 것은 왕실·귀족들의 두터운 보호를 받았기 때문이었다. 왕실·귀족들은 불교가 국가나 개인의 현재생활에 행복과 이익을 준다고 믿고 열심히 숭상하였다. 고려의 불교가 현세구복적이며 호국적인 성격을 띤 것은 이 때문이었다. 고려의 지배층인 왕실·귀족이 국가를 비보하고 國利民福을 가져다 주는 불교를 옹호하여 국교로 삼았음은 당연한 일이었다.[66]

고려의 숭불정책은 이미 태조 때부터 실시되었다. 태조는 10훈요의 제1조에서 "우리 국가의 대업은 필연코 諸佛의 호위에 의지한 것이다. 그러므로 선·교의 사원을 세워 住持를 보내 焚修케 하고 각기 그 業을 닦게 하라."고 하여 그 자손들에게 불교국가의 방향을 제시하였다.[67] 이리하여 태조는 개경에 法王寺·王輪寺·興國寺 등 10사를 지었고, 그 후 문종 때에는 2,800간이 넘는 대사찰인 興王寺를 건립하여 한창 때는 개경에만도 70개의 불사가 즐비할 정도로 불교왕국의 면모를 이루었다.

불법이 국가를 비보한다는 사상은 사원의 건립 뿐 아니라 각종 불교행사의 실시로도 나타났다. 고려에서는 정월 15일(뒤에는 2월 15일)의 燃燈會와 11월 15일의 八關會가 가장 커다란 불교행사였는데, 이것은 군신이 가무와 음주로 함께 즐기며 諸佛과 천지신명에 제사하여 국가와 왕실의 태평을 기원하는 것이었다.[68] 또한 고려에서는 호국경전인 《인왕경》을 독송하는 仁王道場(도량)이 설치되어

---

65) 李丙燾, 《高麗時代의 硏究》, 을유문화사, 1948.

66) 洪庭植, 〈高麗佛教思想의 護國的 展開〉(Ⅰ)《佛教學報》 14, 동국대, 1977.
高翊晋, 〈高麗佛教思想의 護國的 展開〉(Ⅱ)《佛教學報》 14, 동국대, 1977.

67) 韓基汶, 〈太祖의 佛教政策－創建寺院을 중심으로－〉《大丘史學》 22, 대구사학회, 1983.
金煐泰, 〈高麗 開國初의 佛教思想〉《韓國史論》 18, 국사편찬위원회, 1988.

68) 安啓賢, 〈八關會攷〉《東國史學》 4, 동국대, 1956.
______, 〈燃燈會攷〉《白性郁頌壽紀念 佛教學論文集》, 1959.
金炯佑, 〈高麗代 燃燈會硏究〉《國史館論叢》 55, 국사편찬위원회, 1994.

국가의 태안을 빌었는데, 이 때에는 승공양으 불사인 飯僧이 행하여졌다.[69] 현종 때의 대장경 간행이 외적 침입을 불력의 도움으로 물리치려는 데 있었던 것도 고려의 불교행사가 국가호위에 큰 목적이 있었음을 나타내는 것이다.[70]

고려시대의 국가불교의 성격은 불교계에도 국가가 관할하는 僧科制度를 마련한 것으로 알 수 있다. 즉, 고려는 승려에게도 과거를 치러 이에 급제한 자에게 법계를 주었는데 이것이 승과였다. 승과는 종파에 따라 敎宗選과 禪宗選으로 나누어졌는데, 급제자에게는 다같이 大德이란 최초의 법계를 주었고 이들이 승진하면 교종은 僧統, 선종은 大禪師라는 최고의 호를 주었다. 또한 고려는 고승으로 하여금 國師·王師를 삼아 신앙면에 있어서 국가·왕실의 고문역할을 담당케 하였는데 이들은 승려로서 국가로부터 받을 수 있는 최고의 영직이었다.[71]

이와 같은 불교에 대한 국가적 뒷받침은 사원에 대한 경제적 후원에도 나타났다. 국가는 사원을 건립하였을 뿐 아니라 이에 부수한 토지를 지급하고 면세의 특전을 부여하였다. 이 사원전은 왕실·귀족의 토지 희사와 농민들의 투탁에 의하여 더욱 확대되어 갔다.[72] 또한 고려는 승려에게 역의 의무를 면제해 주었기 때문에 백성들이 다투어 출가하여 승려의 수가 증가하였다. 특히 왕실이나 귀족 출신으로 승려가 되는 경우도 많았는데, 이것은 고려시대 불교의 귀족성에서 나온 현상이었다.

2. 天台宗의 성립

고려 초기의 불교계는 신라 불교를 그대로 계승하여 화엄종을 중심으로 한 교종과 9산선문의 선종이 대립하고 있었다. 그뿐 아니라 화엄종 내에서도 南岳派

---

69) 李箕永, 〈仁王般若經과 護國佛敎〉《東洋學》 5 단국대, 1975.
李載昌, 〈麗代飯僧攷〉《佛敎學報》 1, 동국대, 1963.

70) 고려의 대장경 간행은 현종 때 시작하고 문종 때 완성하여 6,000여권의 대장경이 조판되었고, 그 후 선종 때 대각국사 의천이 宋·遼·日本으로부터 불서를 사들여 속장경 4,700여권을 간행하였다.

71) 安啓賢, 〈高麗僧官考〉《東國史學》 5, 동국대, 1957.
李載昌, 〈高麗佛敎의 僧科·僧錄司制度〉《朴吉眞華甲紀念 韓國佛敎思想史》, 원불교사상연구원, 1975.
許興植, 〈高麗時代 國師·王師制度와 그 機能〉《歷史學報》 67, 1975 ; 《高麗佛敎史研究》, 일조각, 1986.
______, 〈高麗佛敎界의 組織과 行政制度〉《李丙燾九旬紀念 韓國史論叢》, 지식산업사, 1987.
僧科는 大選이라고도 하여 중요시 되었다.

72) 劉敎聖, 〈高麗 寺院經濟의 性格〉《白性郁頌壽紀念 佛敎學論文集》, 1959.
李載昌, 《高麗 寺院經濟의 研究》, 아세아문화사, 1976.
李相瑄, 〈高麗寺院經濟에 대한 考察〉《崇實史學》 1, 숭전대, 1983.

와 北岳派가 분열되어 있었고, 선종은 각 지방의 호족세력과 연결된 채 각기 독립된 교단세력을 형성하여 심한 분파상을 보이고 있었다. 그리고 이러한 불교계의 분열은 단순히 교리상의 문제에서만이 아니라 당시 정치세력의 분열과도 밀접한 관계를 맺으면서 전개되었던 것이다.

국초 이래의 호족세력을 억압하고 왕권을 강화한 광종은 정치세력의 분열을 해결하고 국가적 안정을 도모하기 위한 하나의 방편으로서 불교계의 정비에 관심을 기울였다. 즉, 교종과 선종 내부의 분열을 교종은 교종대로, 선종은 선종대로 각각 통합한 뒤 다시 교·선의 대립을 극복함으로써 전체 불교계의 통합을 꾀하였던 것이다. 먼저 교종의 경우는 화엄종 북악파의 균여를 후원해서 통합을 이루는 한편,[73] 선종은 당시 중국에서 선종을 중심으로 교종을 흡수하려는 사상체계로서 나타난 法眼宗을 수입하여 이를 중심으로 각 지방의 선문들을 정리하였다.[74] 그리고 더 나아가 이 법안종과 더불어 천태학을 융성시킴으로써 교·선의 대립을 극복하고자 하였다.

천태학은 삼국시대에 이미 우리 나라에 전래하였지만 그다지 중시되지 못하다가 고려 광종대에 이르러 부각되었는데, 이것은 교종의 입장에서 선종을 흡수하려는 사상체계로서 교종인 화엄종과 선종의 절충적인 성격을 띠고 있었다.[75] 따라서 광종대의 교·선통합은 천태학과 법안종이 서로 보완하는 입장에서 추구되었던 것이다. 그러나 광종 사후에 광종대의 개혁정치를 주도했던 사람들이 모두 제거됨으로써 천태학과 법안종도 쇠퇴하여 종파로서 성립하지 못하고 다만 그 융합사상이 뒤에 義天이 천태종을 개창할 때에 밑거름이 되었다.[76]

정치적으로 중앙집권적인 지배체제가 확립되고 문벌귀족에 의한 귀족사회가 만개하는 고려 중기에는 보수적인 귀족불교인 法相宗이 융성하여 화엄종과 양립하였고, 따라서 선종은 제3종단으로 밀려나게 되었다. 이 때 화엄종은 고려왕실과, 법상종은 당시 최대의 문벌귀족인 인주 이씨와 각각 연결되어 첨예하게 대

---

73) 金龍善, 〈光宗의 改革과 歸法寺〉《高麗光宗硏究》, 일조각, 1981.
金杜珍, 《均如華嚴思想硏究－性相融會思想－》, 일조각, 1983.
金杜珍은 균여의 사상을 '性相融會'로 특징짓고 광종대의 불교정책에 있어서 그의 역할을 교종 내에서의 華嚴宗(性)과 法相宗(相)의 통합에 있는 것으로 보고 있다.

74) 金杜珍, 〈高麗光宗代 法眼宗의 登場과 그 性格〉《韓國史學》 4, 한국정신문화연구원, 1983.

75) 金哲埈, 〈高麗初의 天台學 硏究－諦觀과 義通－〉《東西文化》 2, 계명대, 1968 ; 《韓國古代社會硏究》, 지식산업사, 1975.
金相鉉, 〈高麗初期의 天台學과 그 史的 意義〉《韓國天台思想硏究》, 동국대, 1983.
金杜珍, 〈諦觀의 天台思想〉《韓國學論叢》 6, 국민대, 1984.
李逢春, 〈高麗 天台宗의 成立과 그 展開〉《한국사론》 20, 한국사연구회, 1990.

76) 許興植, 〈高麗前期 佛教界와 天台宗의 形成過程〉《韓國學報》 11, 일지사, 1978 ; 同改題 〈天台宗의 形成過程과 所屬寺院〉《高麗佛教史硏究》, 일조각, 1986.

립하고 있었는데,[77] 화엄종측에서 의천이 등장하여 법상종을 융합하고 나아가 선종까지도 통합하려는 운동을 전개하였다. 의천은 우선 균여의 화엄학이 실천의 문제를 떠나 지나치게 관념화되어 있음을 비판하고 '教觀兼修'를 주장하여 화엄교단을 정비하였다.[78] 이를 위해서 의천은 신라화엄학의 전통을 재인식하였고, 특히 원효의 통합불교를 크게 평가하였다. 다음에는 법상종을 융합하기 위해서 '性相兼學'의 논리를 제시하고 주로 교리적인 면에서 법상종을 압도하여 이를 화엄종에 끌어들이려 하였다.

또 의천은 교·선의 통합에도 관심을 가져 광종사후에 침체하였던 천태학을 부흥시켜 천태종을 개창하고 이를 중심으로 선종을 포섭하였다.[79] 천태학은 고려 초기에도 교·선 통합에 이용된 바 있는데, 그것은 온갖 잡념을 정지하고 지혜로써 사물을 관조하는 止觀을 중시하여 二 실천수행법이 선종의 그것과 비슷하였지만 기본적으로는 《法華經》을 正宗으로 삼는 통일적이고 지적인 종파로서 왕권우위의 중앙집권적 귀족사회에 적합한 이념체계를 제공할 수 있었던 것이다. 따라서 의천의 교·선통합은 중국 화엄학에서의 '교선일치'에 의한 것이 아니라 천태종의 '교관겸수'를 채용하였다는 점에 특징이 있었다.

그러나 의천의 교·선 통합은 교리적인 측면에서의 완전한 통합이라기 보다는 다만 교단의 통합에 그쳤고 법상종을 의식한 정치적 통합의 성격이 짙었다. 이 때문에 의천이 죽자 천태종은 곧 쇠퇴하고 선종은 다시 독립하였으며, 화엄종은 균여파와 의천파로 분열되었다.[80]

3. 유학의 발달

고려시대는 유교가 정치이념으로 채용되어 크게 발달하였다. 광종이 과거제도를 실시하고 성종이 유신 최승로의 보필을 받아 숭유정책을 실시하였으니 유교는 정치의 사상체계로 성립되고 학문적으로도 크게 발달하게 되었다. 특히 지배

77) 崔柄憲, 〈高麗中期 玄化寺의 創建과 法相宗의 隆盛〉《韓沽劤停年紀念 史學論叢》, 지식산업사, 1981.
金南允, 〈고려중기 불교와 法相宗〉《韓國史論》 23, 서울대, 1992.

78) 崔柄憲, 〈高麗時代 華嚴學의 變遷－均如派와 義天派의 對立을 중심으로－〉《韓國史研究》 30, 1980.
______, 〈大覺國師義天의 華嚴思想研究〉《한국사학》 11, 한국정신문화연구원, 1990.

79) 洪庭植, 〈高麗 天台宗 개립과 義天〉《朴吉眞華甲紀念 韓國佛教思想史》, 원불교사상연구원, 1974.
李載昌, 〈大覺國師 義天의 天台宗 開立〉《韓國天台思想研究》, 동국대, 1983.

80) 따라서 한국불교에 있어서 教·禪 통합의 문제는 고려 후기 知訥의 출현을 기다린 이후에 해결되었으며, 의천의 귀족불교로서의 한계성 역시 지눌 단계에 가서야 극복될 수 있었던 것이다.

층인 귀족이 문신들로 구성되고 문치주의를 표방함에 따라 숭문의 풍조는 더하였던 것이다.[81]

고려의 유학은 귀족정치의 전성기인 문종(1046~1083) 때 크게 융성하였다. 이 때 '海東孔子'의 칭을 받은 崔沖이 9齋學堂을 세우니 이것이 사학의 효시가 되었다. 최충의 9재학당은 뒤에 그의 시호를 따라 文憲公徒라 불리었는데, 이를 본보기로 해서 차례로 11개나 되는 私塾이 성립되어 이들을 12徒라 하였다. 사학의 설립자는 대개 문종 때의 유신으로 知貢擧(과거고시관)의 경력을 가졌던 사람이 많았으므로 과거시험을 준비하는 귀족의 자제들이 다투어 입학하여 경학·사학·문예 등을 공부하였다.[82]

이러한 사학의 융성은 상대적으로 관학인 국자감의 쇠퇴를 가져왔다. 귀족의 자제들이 명성높은 사학에만 몰려 국자감 교육이 유명무실하게 되었기 때문이었다. 이에 새로이 관학의 진흥을 꾀하려는 움직임이 나타나게 되었다. 숙종(1095~1105)은 국자감에 書籍舖(포)를 두어 도서를 출판케 하였고, 다음 예종(1105~1122)은 국학에 7齋라는 전문강좌를 두어 관학의 부흥을 도모하는 한편 일종의 장학재단인 養賢庫를 설치하여 관학의 경제기반을 강화하였으며, 또 궁내에 淸讌閣(청연각)과 寶文閣이라는 학문연구소를 두어 유학의 발달을 촉진시켰다. 또한 인종(1122~1146)은 학제를 상정하여 개경에 京師 6學(국자학·태학·사문학·율학·서학·산학)의 제도를 정하고 지방에는 각 주현에 鄕學을 세워 관학기관을 정비하였다.[83]

7재의 구성

재 명	전문과목	학문분야	정원(1109→1119)
麗 澤 齋	周 易	유 학	70명→60명
待 聘 齋	尙 書		
經 德 齋	手 詩		
求 仁 齋	周 禮		
服 膺 齋	戴 禮		
養 正 齋	春 秋		
講 藝 齋	武 藝	무 학	8명→17명 [84]

81) 李基白, 〈新羅統一期 및 高麗初期의 儒敎的 政治理念〉《大東文化硏究》 6·7 합집, 성균관대, 1970.

82) 朴晴湖, 〈高麗時代의 儒敎發達과 十二徒의 功績〉《史叢》 2, 고려대, 1957.
朴贊洙, 〈私學十二徒의 變遷〉《許善道停年紀念 韓國史學論叢》, 1992.
申千湜, 〈高麗時代 私學十二徒에 對한 硏究〉《高麗敎育史硏究》, 경인문화사, 1995.
지공거는 과거합격자인 門生들에 의하여 座主로 섬겨져 양자는 두터운 관계를 유지하였다.

고려가 유교를 정치이념으로 채용함으로써 신라의 종교적 관념에서 벗어나 새로이 지적이고 합리적인 사상체계가 성립하였으나, 이는 확실히 하나의 전진을 의미하는 것이었다. 이리하여 유학은 귀족사회의 발달과 함께 귀족문화의 중심을 이루면서 융성하였다. 그러나 고려의 유학자들은 과거준비에만 급급함으로써 유학의 이론이나 사상면에서 폭넓은 연구는 이루어지지 못하였다. 이에 詞章學·訓詁學(훈고학)에 치중한 고려의 유학자들은 유교가 현실생활을 중심으로 하는 것인 데 대하여 불교는 정신생활을 지배하는 것이라 하여 불교를 배척하지 않았으니, 이는 고려시대 유학의 특징으로 지적되는 것이다. 더욱이 중기 이후 귀족사회가 발달함에 따라 유학은 시문을 주로 한 귀족취향의 보수적인 경향으로 떨어지는 폐단을 초래하였다.[85]

4. 예술의 발달

귀족사회의 발전은 호화로운 예술문화의 난숙을 가져오게 하였다. 귀족들은 그들의 사치생활을 충족시키기 위하여 여러 가지 예술작품을 만들어 즐겼으므로 예술면에서 비상한 발달을 이루게 되었던 것이다. 그러나 이 때의 예술이란 일반 서민생활과는 거리가 먼 귀족취향의 것이었다.

고려예술의 대표적인 것은 자기였다. 고려자기는 원래 신라토기의 전통에서 나온 것이지만 특히 宋磁의 영향을 받아 발달하였는데, 귀족사회의 전성기인 11세기에는 고려자기의 독특한 미를 완성하게 되었다. 고려자기는 청자가 가장 유명하였는데, 그 특색은 한국의 가을하늘을 연상케 하는 아름다운 비취색에다 雲鶴·모란·국화·연꽃 등의 무늬를 넣어 병·항아리·硯滴(연적) 등의 우아한 형태를 만든 것이었다. 처음에는 그릇 표면이 양각 또는 음각을 하여 무늬를 새기는 단순한 양식이 사용되었지만 점차 무늬를 음각하여 초벌구이를 한 다음 그 안에 백토 또는 흑토를 메우고 유약을 발라 구워내는 象嵌(상감)青磁로 발전하였다. 이 상감청자는 고려인이 창안한 특수한 수법으로 고려자기의 정수를 이루는 것이었다.[86] 1123년(인종 1) 고려에 왔던 송나라 사신 徐兢(긍)이 쓴《고려

---

83) 申千湜,〈高麗中期 教育政策과 國子監 運營－仁宗代의 學式을 중심으로－〉《高麗教育史研究》, 경인문화사, 1995.

84) 무학재는 1133년(인종 11)에 무과와 함께 없어졌다. 따라서 예종의 무학·무과의 설치는 결국 문신들의 반대에 의하여 폐지되어 고려시대 구반의 지위를 떨어뜨리는 결과를 초래하였다.

85) 李熙德,〈高麗時代 儒教의 實踐倫理〉《韓國史研究》 10, 1974 ;《高麗儒教政治思想의 研究》, 일조각, 1984.

86) 崔淳雨,《高麗陶磁》, 동화출판사, 1975.
高裕燮·秦弘燮,《高麗青磁》, 삼성미술문화재단, 1977.
李基白,〈高麗의 文化와 磁器〉《韓國學報》 14, 일지사, 1979.

도경》에 고려청자의 우수함은 서술하면서 진작 상감청자에 관한 내용이 없었지만 이미 그 이전부터 제작되었음은 확실한 사실이다.

귀족문화의 발달은 서화와 음악에도 나타났다. 서예는 王羲(희)之體와 歐陽詢體(구양순체)가 문신귀족들에게 환영을 받았는데, 문종 때의 柳伸과 인종 때의 승려 坦然, 고종 때의 崔瑀가 명필로서 신라의 金生과 더불어 '神品 4賢'이라 일컬어졌다. 회화도 왕실과 귀족들의 취미생활로 자못 발달하였는데, 〈禮成江圖〉를 그린 인종 때의 李寧과 그 아들 李光弼이 유명하였다.[87] 음악 역시 왕실·귀족들의 향락생활의 소산으로 발달하였는데, 雅樂은 송으로부터 수입된 大晟樂(대성악)이 궁중음악으로 발달한 것이고, 唐樂은 문종 때 송에서 들어온 중국의 속악이며, 鄕樂은 신라시대 이래의 고유음악이 중국 음악의 영향을 받아 발달한 것으로 〈動動〉·〈翰林別曲〉·〈大同江〉 등의 곡이 유명하였다.[88]

이와 같이 고려청자와 금속공예 등의 귀족예술이 호화롭고 정교하였는데 대하여 건축·조각 등의 불교예술은 신라시대에 비하여 뒤떨어졌다. 고려시대의 석탑은 신라의 모형을 그대로 계승하였으나 그 예술성은 퇴보된 감이 있었다. 그 가운데 경기도 개풍의 玄化寺 7층석탑은 고려의 독특한 형태로 나타난 것이고, 오대산의 월정사 9층석탑은 송대 석탑의 영향을 받아 8각으로 된 것이었다. 불상은 영풍 부석사의 아미타여래상이 신라양식을 계승한 걸작품으로 꼽히지만 그 외의 것은 볼만 한 것이 없었으니, 유명한 논산의 灌燭寺 미륵불도 거대하기는 하지만 균형이 잡히지 않아 미술적 가치가 적었다.

Ⅴ. 貴族社會의 對外政策

1. 고려 대외정책의 특성

고려시대는 이민족의 침입이 유달리 잦았던 시기이다. 이것은 당시에 대륙정세가 불안정하여 계속해서 그 파도가 고려에 미쳐왔기 때문이었다. 이에 따라 고려는 몇차례에 걸친 이민족의 침략을 받았으며 그에 대응한 대외정책은 시대적인 특성을 갖지 않을 수 없었다.

고려가 건국된 10세기 초엽부터 멸망한 14세기 후엽까지 대륙에서는 북방민족이 대두하여 군사적·정치적으로 커다란 활약을 전개하였다. 즉, 이 시기에는

87) 高裕燮, 〈高麗畵跡에 관하여〉《震檀學報》 3, 1935.
88) 李惠求, 〈高麗大晟樂의 變遷〉《史學會志》 10, 연세대, 1965.
車柱環, 《唐樂研究》, 범학, 1976.
安芳松, 《韓國音樂史論攷》, 영남대출판부, 1995.

북방의 유목민족인 契丹·女眞 그리고 蒙古 등이 차례로 일어나 중원의 한족을 압박하고 대륙의 지배권을 장악하였던 것이다. 이러한 북방민족의 등장은 종래 중국을 주축으로 움직이던 동아시아의 국제적인 역관계에 변동을 일으켜 고려도 그 영향을 받게 되었다.[89]

고려는 건국 이후 5代로부터 송에 이르기까지 중국의 역대왕조와 친선관계를 유지하였으며, 특히 송과는 문화적·경제적으로 밀접한 유대를 맺었다. 이에 반하여 북방민족인 거란이나 여진·몽고에 대하여는 이들을 야만시하고 대립정책을 견지하였다. 이러한 고려의 대외정책은 한인왕조인 송이 굳건하여 동아시아의 국제정국이 균형을 이루고 있을 동안에는 아무런 변동이 일어나지 않았다. 그러나 거란·여진·몽고 등 북방민족이 일어나 文弱한 송을 압박하고 중원에 진출함에 이르러 고려의 전통적인 외교정책은 차질을 빚게 되었다. 고려가 계속하여 이들 북방민족의 침입을 받은 것은 이 때문이었다.

이들 북방민족의 압력에 대한 고려의 대응은 그때그때의 지배층의 체질에 따라 양상을 달리하였다. 처음 거란의 압박에 대하여는 건국 초기의 강건한 자주적 의식을 밑받침으로 굳건한 항쟁을 계속하여 실효를 거둘 수 있었다. 그러나 12세기에 들어 문신귀족정치가 난숙하자 이들은 金(여진)에 대하여 유약한 사대주의를 채택하여 강화를 맺기에 이르렀다. 13세기에 몽고가 침입하였을 때는 무신정권이 집권하고 있었으므로 항쟁의 결의를 고수하고 강화도로 천도하여 항전을 계속하였다. 이러한 고려의 대외정책의 추진은 당시 국제정세의 변화보다는 내부에 있어서 위정자들의 체질 및 이해관계와 보다 밀접한 관계를 지니고 전개되었다.

2. 거란에 대한 항쟁

고려가 건국된 10세기 초엽에는 대륙에서도 커다란 변동이 일어나고 있었다. 중국에서는 5대의 혼란이 송에 의해서 수습되었고, 북방에서는 발해가 멸망하고 거란이 강성해졌다. 이 때 고려는 한인왕조인 송에 대하여는 친선정책을 썼으나 북방민족인 거란에 대하여는 배척정책을 취하였으므로 거란과 충돌을 일으키게 된 것은 필연적인 일이었다.[90]

---

89) 全海宗, 〈中國과 韓國〉《東方學志》 9, 연세대, 1968 ; 《韓中關係史硏究》, 일조각, 1970.
盧啓鉉, 《高麗外交史》, 갑인출판사, 1994.

90) 李基白, 〈高麗初에 있어서의 五代와의 關係〉《韓國文化硏究院論叢》 1, 이화여대, 1959.
崔在城, 《韓民族戰爭通史》 II, 高麗時代篇, 국방군사연구소, 1993.

고려의 거란에 대한 배척은 건국 초부터 일관된 것이었다. 그것은 거란이 중국 5대의 혼란기에 장성을 넘어 중국의 燕雲 16州를 침략하였고, 당시 고려인들이 동족의식을 가지고 있던 발해를 멸망시켰으며, 고려에도 압력을 가하였기 때문이었다. 따라서 태조 25년(942)에 거란이 사신을 보내 낙타 50필을 바치자 태조는 "거란은 발해와의 옛 동맹을 저버리고 하루아침에 공멸한 무도의 나라이므로 교빙할 수 없다."하여 사신은 섬으로 유배하고 낙타는 개경의 萬夫橋 밑에 붙들어매어 굶어죽게 하였다. 그리고 태조는 발해의 유민을 받아들이고 북진정책을 강행하여 청천강까지 국경을 확장시켰다.[補]

이러한 태조의 북진정책과 반거란정책은 그 후의 역대왕에게도 계승되었다. 정종은 북방개척을 위하여 서경천도를 계획하는 동시에 光軍司를 설치하고, 광군 30만을 조직하여 거란의 침입에 대비하였다. 또한 정종과 광종은 청천강 넘어 압록강 사이에 여러 城鎭을 쌓아 북방에 대한 경계를 엄히 하였다. 특히 광종 때에는 발해 유민들이 일찍이 고구려가 흥기하였던 압록강 중류지역에 定安國을 세워 송 및 고려와 통교하면서 거란에 적대하였으니 고려에 대한 거란의 침입은 곧 오고야 말 사실이었다.[91)]

거란의 제1차 침입은 993년(성종 12)에 있었다. 거란은 먼저 압록강 중류지역의 정안국을 멸망시키고(986) 압록강 하류의 여진족을 경략하여 來遠城을 쌓은 후(991) 고려에 대한 침략을 시작하였다. 이 때 거란은 동경유수 蕭遜寧(소손녕)이 군사를 이끌고 고려의 서북변에 쳐들어왔는데, 中軍使로 출정한 徐熙가 소손녕과 담판을 하여 송과의 관계를 끊고 거란에 적대하지 않는다는 조건으로 거란군을 철수시키고 오히려 압록강 동쪽의 여진의 옛땅을 차지할 수 있는 권리를 얻게 되었다.

거란군이 철수하자 고려는 압록강 이동의 여진을 토벌하고 이곳에 여러 성을 쌓아 이른바 江東 6州를 소유케 되었으니, 이로써 고려의 국경이 처음으로 압록강에 이르렀다. 거란은 고려가 강동 6주를 점령하고 군사적 기점으로 삼은 데 불만을 갖고 그의 할양을 요구하였으나 거절당하자 드디어 1010년(현종 1) 康兆의 정변을 구실로 재차 침입해 왔다. 이 때 西北面都巡檢使 강조는 목종의 모후 千秋太后와 金致陽이 불륜의 관계를 맺고 왕위까지 엿보자 군사를 일으켜 김치양 일파와 함께 목종까지 시해하고 현종을 영립하였으니, 거란의 성종은 강조의 죄를 묻는다는 구실로 친히 40만 대군을 이끌고 쳐들어왔던 것이다. 이에 楊

補) 朴玉杰,《高麗時代의 歸化人硏究》, 국학자료원, 1996.

91) 姜大良,〈高麗初期의 對契丹關係〉《史海》 Ⅰ, 한국사연구회, 1948.
李龍範,〈高麗와 契丹과의 關係〉《東洋史》 7, 단국대, 1977.
_____,〈契丹貿易考〉《東洋史學》 3, 동국대, 1955;《韓滿交流史硏究》, 1989.

規가 興化鎭에서 거란군을 맞아 잘 싸웠으나 강조가 통주에서 패배하여 포로가 되고 개경까지 함락되어 현종은 나주로 피난하지 않을 수 없었다. 그러나 거란은 다만 고려왕의 친조를 조건으로 별다른 소득없이 철군하였으니, 이는 아직도 항복하지 않은 북계의 서경·홍화진 등 제성의 군사력을 두려워 하였기 때문이었다.

그 후 거란은 약조를 지키지 않는 고려에게 현종의 입조를 독촉하였으나 고려는 왕의 병을 칭하여 회피하였다. 이에 거란은 본래의 목적인 강동 6주의 반환을 강요하였지만 역시 거절당하자 마침내 1018년(현종 9) 蕭排押(소배압)으로 하여금 10만의 대군을 이끌고 제 3 차 침입을 감행하였다. 그러나 상원수 姜邯贊이 홍화진에서 내침하는 거란군을 맞이하여 크게 무찌르고 퇴각하는 적군을 귀주에서 다시 섬멸하니 거란의 침입은 완전히 실패하고 말았다.

이와 같이 거란은 몇차례의 침략에서 참패만을 당하고 그들의 목적인 강동 6주의 반환에는 실패하였다. 이에 1019년에는 거란과 고려 사이에 화약이 체결되어 평화관계가 유지되게 되었다. 그러나 고려는 북방에 대한 경계를 강화할 필요를 느끼고 전란이 끝나자 강감찬의 건의에 따라 개경에 羅城(개경 전체의 外城)을 축조하였고(1029년, 현종 20 완성), 그 후 덕종 2년(1033)부터 국경선에 장성을 쌓기 시작하여 1044년(靖宗 10)에 완공하였으니 이것이 千里長城이다.

3. 여진과의 관계

고려가 많은 인력과 경비를 쓰면서 대규모의 천리장성을 축조한 것은 거란 뿐 아니라 여진에 대한 대비에도 그 목적이 있었다. 그것은 11세기 후엽부터 북만주에 있는 여진 完顔部가 점차 강성해져서 여러 부족을 통합하고 고려에 압력을 가하여 왔기 때문이었다. 원래 여진족은 발해의 일부를 이루던 말갈의 유족으로 문화수준이 낮아 아직 통일된 국가를 이루지 못하고 각지에 흩어져 살면서 고려에 대하여는 부모의 나라로 섬기며 공물을 바치기도 하고 때로는 변경을 침구하기도 하였다. 고려는 공물을 바치는 여진족에 대하여는 식량·철제농구 등을 주어 회유하고, 반면 침구하는 자에 대하여는 무력으로 응징하는 정책을 취하였다. 또한 고려에 귀순한 여진인에게는 가옥과 토지를 주어 일반 민호에 편입시켰다. 그런데 여진족에 통일세력이 나타나 오히려 고려에 압박을 가하니 그 관계에 변화가 생기게 되었던 것이다.[92]

---

92) 金光洙, 〈高麗建國期의 浿西豪族과 對女眞關係〉《史叢》 21·22 합집, 고려대, 1977.
崔圭成, 〈高麗初期의 女眞關係와 北方政策〉《東國史學》 15·16 합집, 동국대, 1981.
朴漢男, 《高麗의 對金外交政策硏究》, 성균관대 박사학위논문, 1994.

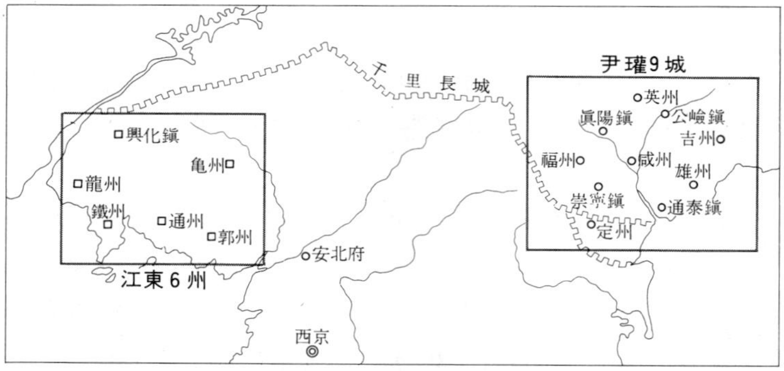

강동 6주와 윤관 9성

완안부에 의하여 통일된 여진은 1104년(숙종 9) 고려에 복속하였던 여진족을 토벌하여 함흥을 아우르고 도망가는 자를 쫓아 定州關(지금 정평)에 이르렀다. 고려는 林幹과 尹瓘으로 이들을 치게 하였으나 모두 패배하였다. 여진의 기병을 고려의 보병으로는 대적할 수 없었기 때문이었다. 이에 고려는 윤관의 건의에 따라 기병을 주축으로 한 別武班을 조직하여 神騎軍(기병)·神步軍(보병)·降魔軍(승병)을 편성하고 여진과의 싸움에 대비하였다.

마침내 1107년(예종 2)에 윤관에 의한 여진정벌이 단행되었다. 이 때 윤관은 17만의 대군을 이끌고 정주관을 출발하여 함흥평야를 점령하고 그 지역에 9성을 쌓아 군사를 주둔시키니 이에 고려의 국경은 크게 북쪽으로 진출하게 되었다.[93] 그러나 여진은 실지를 회복하기 위하여 빈번하게 침구하는 한편 사신을 보내 환부를 애원하였으며, 또 고려 조정 안에서도 윤관의 공로를 시기하는 사람들이 있어 마침내 1109년 9성을 여진에게 돌려주었다.

이후 여진의 阿骨打(아구타)가 세력을 크게 확장하여 스스로 황제를 칭하여 金을 건국하고(1115) 遼를 멸망시킴에 이르러(1126) 고려에 대하여도 사대의 예

93) 羅滿洙, 〈高麗前期 對女眞政策과 尹瓘의 北征〉《軍史》 7, 국방부 전사편찬위원회, 1983.

9성의 위치에 대하여는 함흥평야 일대라는 종래의 설에 대하여 근래 金九鎭·方東仁 등이 公嶮鎭의 위치를 내세워 멀리 두만강 넘어 만주에까지 설치되었다는 신설을 주장하고 있어 주목된다.

金九鎭, 〈公嶮鎭과 先春嶺碑〉《白山學報》 21, 1976.

______, 〈尹瓘九城의 範圍와 朝鮮六鎭의 開拓〉《史叢》 21·22 합집, 고려대, 1977.

方東仁, 〈尹瓘九城再考〉《白山學報》 21, 1976.

______, 〈高麗의 北東地方境域에 關한 硏究－特히 尹瓘의 九城設置範圍를 中心으로－〉《嶺東文化》 1, 관동대, 1980.

한편 종래의 설을 대표하는 연구는 다음과 같은 것이 있다.

尹武炳, 〈吉州城과 公嶮鎭〉《歷史學報》 10, 1958.

를 취하도록 강요해왔다. 이에 고려는 1126년(인종 4) 권신 李資謙이 중신들의 반대를 무릅쓰고 금에 대해 上表 稱臣할 것을 결정하였다. 초기에는 강건한 기개로 거란의 침입에 항전을 다하였던 고려가 이제는 문신귀족들의 정치권력 유지를 위하여 여진족에게 굴복하는 결과를 초래하였던 것이다.

4. 송과의 관계

고려는 건국 이후 5대의 여러 중국 왕조와 교빙하였는데 宋이 중국을 통일하자 이와 친선관계를 계속 유지하였다. 그러나 고려와 송의 친선관계는 북방민족인 거란과 여진의 흥기로 방해를 받게 되었다. 거란의 침입으로 강화를 맺게 되자 송과의 교빙은 끊어지지 않을 수 없었고 다만 비공식적인 상인의 내왕만이 있었을 따름이었다.

그러나 문종 때에는 거란의 세력이 쇠약해졌으므로 다시 송과의 국교가 재개되었다. 고려는 송의 선진문물을 수입하려는 욕구가 많았고, 송도 고려를 통하여 거란을 견제하려는 의도에서 양국의 통교가 다시 열리게 되었던 것이다. 그러나 이와 같은 친선관계도 12세기 초엽에 여진족이 흥기하여 金을 건국하면서 다시 변모하게 되었다. 송은 금과 손을 잡고 숙적인 遼를 공격하여 멸망시키는 데는 성공하였지만 얼마 안가서 이번에는 오히려 금의 침공을 받게 되었다. 이 때 송의 국도 汴京(변경)이 함락되고 남은 왕족이 강남으로 피신하여 남송을 세워 명맥을 유지하게 되니 고려와 송사이의 통교는 약화되지 않을 수 없었다.

송이 고려와의 친선관계를 도모한 목적은 거란·여진족의 침입에 대하여 고려의 군사력을 빌리려는 데 있었으나, 고려는 중립의 태도를 취하여 이에 휘말려들지 않으려 하였다. 일찍이 송이 거란을 토벌하기 위해서 고려에 원군을 청한 일이 있으나 고려는 이를 받아들이지 않았으며, 또 송이 금의 침공을 받았을 때 고려에 사신을 보내 군사를 일으켜 줄 것을 간청하였고, 강남으로 옮긴 후에도 국도가 함락될 때 포로가 된 徽宗·欽宗의 구출을 부탁하였으나 역시 고려는 이를 거절하였다. 고려는 친송정책을 취하면서도 당시의 국제정세로 보아 군사적 개입을 회피하는 중립의 태도를 견지하였던 것이다.

송의 고려에 대한 외교가 정치적·군사적 목적에 있었는 데 반하여 고려의 대송외교는 문화적·경제적 목적에 주안점이 있었다. 고려는 송과의 관계를 통하여 그들의 선진문물을 수입하는 데 힘썼던 것이다. 즉, 고려는 사신과 학생·승려를 송에 파견하여 그들의 발달된 유학·불교·예술 등을 받아들였으니, 이에 따라 고려의 유학·불교가 심화되고 송 板本의 전래로 고려의 인쇄술이 발달하였으며, 송자의 영향으로 고려자기가 나타나게 되었던 것이다. 송의 아악인 大晟

樂이 고려에 수입된 것도 이 때의 일이었다.

고려는 공적인 사신과 사적인 상인의 왕래로 송과의 교역을 활발히 하였다. 고려는 송의 선진문화를 흠모하였고 또 귀족들의 욕구를 충족시키기 위하여 송에서 서적·비단·자기·약재·차·향료 등을 수입하였으며, 반대로 금·은·동·인삼·나전칠기·화문석 등을 수출하였다. 이 때의 碧瀾渡(벽란도)는 송의 상인 뿐 아니라 멀리 大食國(아라비아)의 상인까지도 출입하는 국제항구로 성황을 이루었다.[94]

94) 金庠基, 〈麗宋貿易小考〉《震檀學報》 7, 1937 ; 《東方文化交流史論攷》, 을유문화사, 1948.
羅鍾宇, 〈高麗時代의 對宋關係〉《圓光史學》 3, 원광대, 1984.
全海宗, 〈高麗와 宋과의 交流〉《國史館論叢》 8, 국사편찬위원회, 1989.

제 3 장
武臣亂과 武臣政權

I. 貴族社會의 동요와 武臣亂

1. 귀족정치의 전개

고려 귀족사회는 문종(1046~1083) 때 전성기를 이루고 이는 그 후 1세기 동안 계속되었다. 이 사이에 귀족정치가 전개되었는데, 그 절정은 숙종·예종대에 이루어졌다.

숙종(1095~1105)은 유약한 헌종에 뒤이어 생질인 漢山侯 昀(윤)을 받들려 한 외척 李資義를 무력으로 주륙하고 양위를 받아 즉위하였는데,[1] 호문의 왕으로서 국자감에 書籍舖(서적포)를 두고 책을 인쇄 출판하여 문화를 발달시키는 동시에 불사를 자주 행하여 불교의 홍륭에도 힘썼다. 大覺國師 義天이 천태종을 창립하여 인주 이씨와 연결된 법상종을 억누르고 불교계를 통합하려 한 것도 숙종의 후원에 힘입은 것이었다. 또한 이 때 鑄錢官을 두어 銀甁(병)과 海東通寶 등 화폐를 주조하고 사용케 하였으니, 이는 산업의 발달에 따른 필요에서 생긴 일이었다.

다음 예종(1105~1122)은 밖으로 여진정벌에 힘쓰는 한편 안으로 문화발전에 정력을 기울였다.[2] 그는 사학의 융성으로 위축된 관학을 진흥시키기 위하여 국학에 7재를 설치하고 국학의 재정적 기반을 확고히 하고자 양현고를 두었으며, 대규모의 교사를 신축하는 등 국학 발전에 노력하였다. 이 때의 7재에는 武學齋가 그 하나를 구성하고 있었으니, 이는 문무양학을 함께 일으키려는 의도로서 당시의 무인세력의 상승을 기반으로 나타난 현상이었다. 또한 예종은 궁내에 청연각과 보문각이라는 학문연구기관을 설치하여 학사들로 하여금 경사와 기타 고전을 연구 회강케 하였으므로 문풍이 크게 일어나고 유학이 발달하게 되었다. 왕 8년(1113)에 禮儀詳定所를 설치하여 예의·격식 등 유교적인 제도를 정한 것도 여기서 나온 것이었다. 예종은 또한 내치에도 힘을 기울였으니 당시 유망하는 백성들이 많았으므로 조세를 면제해 주고 또 속현에 監務를 두어 유민을

1) 南仁國, 〈高麗 肅宗의 卽位過程과 王權強化〉《歷史敎育論集》 5, 경북대, 1983.
2) 南仁國, 〈高麗 睿宗代 支配勢力의 構成과 動向〉《歷史敎育論集》 13·14 합집, 경북대, 1990.

안무케 하였으며, 권농책을 써서 진전의 개간을 장려하고 救濟都監과 惠民局을 설치하여 백성들의 진휼과 시료를 담당케 하였다.

그러나 숙종·예종을 이은 인종·의종대에는 이미 귀족정치가 기울어지고 있었다. 인종(1122~1146)도 숭문호학의 왕으로 교육과 유학진흥에 힘썼다. 그는 식목도감으로 하여금 학교의 학제를 상정케 하였으니, 중앙에는 경사 6학의 제도를 마련하여 국자감의 내용을 보완하고, 지방에도 각 주현에 향학을 세워 지방교육을 담당케 하였다. 특히 왕이 당시의 학자들이 중국의 역사는 잘 알지만 정작 우리 나라의 역사를 모르는 것을 개탄하여 金富軾에게 명하여《삼국사기》를 편찬케 한 것은 유명한 일이다. 인종이 내치에도 큰 관심을 가졌음은 왕 5년(1127)에 내린 유신의 교에서 勸農 力田으로 백성들의 식량을 넉넉히 하고, 정해진 租調 이외의 횡렴을 금하여 백성들을 어루만져 도망치 않게 하고, 관리들로 하여금 침탈치 못하게 하는 등 국민생활의 안정을 도모한 것으로 알 수 있다. 또 9년(1131)에는 동·서대비원과 제위보를 갱신하여 백성의 어려움을 구제하였다.

그러나 인종대에는 이자겸의 난과 묘청의 난이 일어나 정치가 혼란하였을 뿐 아니라 과중한 토목공사로 백성들에게 괴로움을 주었다. 즉, 이자겸의 난으로 불타버린 滿月臺를 재건하기 위하여 큰 역사를 일으켰고, 태안에 掘浦 운하를 개착하다가 중단하였으며 또 碧骨堤를 수축하였다가 무당의 말을 쫓아 다시 무너뜨렸던 것이다. 이리하여 인종대에는 많은 농민이 유민으로 떠돌아다닐 뿐 아니라 도적으로 화하여 반항운동을 일으키기에 이르렀다.

이러한 실정은 의종(1146~1170) 때에 이르러 극도에 달하였다. 의종대에는 처음으로 생원시를 시행하기 시작하고, 崔允儀로 하여금 고금의 조종헌장을 모으고 당제를 두루 채취하여《古今詳定禮》를 짓게 하였는데, 이로써 역대의 예제가 갖추어졌다. 그는 호문의 군주였지만 경학보다는 문학을 좋아하고 시 짓기를 즐겨 군소문인배 및 宦寺(환시)들과 어울려 亭臺를 유행하면서 唱和를 일삼았다. 특히 그는 여러 이궁·정대를 짓고 유흥을 즐겨 국비가 낭비되고 백성들의 생활을 도탄에 떨어지게 하였으니, 이러한 실정이 마침내 무신반란을 촉발하고야 말았던 것이다.[3)]

2. 귀족사회의 붕괴

귀족사회의 전성기인 문종 이후 의종대에 이르는 귀족정치의 전개는 점차 귀

3) 河炫綱,〈高麗毅宗代의 性格〉《東方學志》26, 연세대, 1981;《韓國中世史硏究》, 일조각, 1988.

족사회 내부에 모순이 축적되어 가는 과정이기도 하였다. 문벌귀족들은 과거와 음서를 통하여 관직을 독점하고 정치권력을 장악하였을 뿐 아니라, 관직에 따른 전시과나 공음전 외에도 賜田을 받고, 특히 권력에 의한 불법적인 토지의 탈점을 통하여 막대한 사전을 겸병하였다. 이러한 정치권력과 경제력의 특권적 확대는 이를 둘러싼 지배층 내부의 분열을 야기시켰던 것이다.

귀족사회의 모순으로 나타난 지배세력의 내부분열은 전통적인 문벌귀족과 지방출신의 신진관료세력 사이의 대립으로 나타났다. 인주 이씨 등 보수적인 집권세력에 도전하는 지방향리출신의 신진관료가 대두하여 양자의 항쟁이 일어나게 되었던 것이다. 그리고 그 구체적 사건이 인종 때 일어난 李資謙의 난과 妙淸의 난이었다.[4]

이자겸은 고려 전기의 최고의 귀족문벌인 인주 이씨로서 예종의 外舅(외구, 외할아버지)가 되어 정치적 실권을 장악하고 있었다. 그는 인종이 즉위하자 예종의 동생인 帶方公 俌(보)를 왕위를 찬탈하려 하였다는 죄목으로 제거하고, 이와 함께 韓安仁·文公美·李永 등을 이 음모에 가담하였다는 이유로 처형하였다. 이것은 이자겸 일파가 그들에게 도전하여 오는 지방출신의 신진관료세력을 제거하기 위한 정치적 책동이었다.[5]

그러나 이자겸에 대한 반대세력이 완전히 소멸된 것은 아니었다. 이자겸은 권세를 탐하여 인종에게도 그의 두 딸을 왕비로 들여보내고 마침내는 인종을 폐하고 스스로 왕이 되려는 야심을 품기에까지 이르렀다. 이에 1126년(인종 4) 金粲(찬)·安甫麟 등 국왕의 측근세력이 이자겸을 제거하려 거사하였으니, 이들은 문벌귀족에 반대하여 왕권을 옹호하려는 세력으로서 신진관료들과 맥락을 같이하는 사람들이었다. 그러나 이 거사는 이자겸의 일당인 拓(척)俊京의 군사행동으로 인하여 실패로 돌아갔다. 그 후 이자겸은 인종을 살해하려는 등 횡포를 다하였으나, 척준경과 반목하게 됨으로써 도리어 척준경에 의해서 축출되고 말았다. 이자겸이 제거됨으로써 인주 이씨는 몰락하였으니, 이는 고려 전기의 귀족사회가 붕괴되는 발단이 되었다.[6]

---

4) 朴性鳳, 〈高麗仁宗朝의 兩亂과 貴族社會의 推移〉《高麗史의 諸問題》, 삼영사, 1986.

5) E. J. Shultz, 〈韓安仁派의 登場과 그 役割－12世紀 高麗政治史의 展開에 나타나는 몇 가지 特徵－〉《歷史學報》 99·100 합집, 1983.

盧明鎬, 〈李資謙一派와 韓安仁一派의 族黨勢力－高麗中期 親屬들의 政治勢力化 樣態－〉《韓國史論》 17, 서울대, 1987.

南仁國, 〈高麗 仁宗代 政治支配勢力의 成分과 動向〉《歷史教育論集》 15, 경북대, 1990.

6) 金潤坤, 〈李資謙의 勢力基盤에 對하여〉《大丘史學》 10, 대구사학회, 1976.

李萬烈, 〈高麗 慶源李氏 家門의 展開過程〉《韓國學報》 21, 일지사, 1980.

이자겸에 이어 또 묘청이 난을 일으켰는데, 이것도 개경의 문벌귀족에 대립한 지방신진세력의 반항운동이었다. 이자겸의 난 때 궁궐이 불타버려 개경은 황폐해지고 어수선한 분위기였는데, 이 때 고려는 밖으로 金에 대한 사대의 예를 취하게 되어 (1126, 인종 4) 백성들은 허탈에 젖게 되었다. 이러한 내외의 정세를 정치적으로 이용하여 개경의 문벌귀족을 넘어뜨리고 새로운 혁신정치를 도모하려 한 것이 묘청·白壽翰·鄭知常 등 서경세력이었다.

이들은 개경의 地德이 쇠하였고 서경의 지덕은 왕성하므로 서경에 천도하면 천하를 가히 아우를 수 있고, 금도 스스로 와서 항복하며 해외의 모든 나라가 조공을 바칠 것이라 하였다. 이리하여 이들은 서경의 명당이라는 곳에 大花宮을 짓고 稱帝 建元을 내세우며 금국정벌까지 주장하였다. 이것은 당시 고려사회를 풍미하던 풍수지리설을 이용하여 사대적인 개경의 문벌귀족정치를 벗어나 서경에서 자주적인 혁신정치를 실행해 보려는 의도에서였다. 묘청의 서경천도론은 오랫동안의 문벌정치로 약화된 왕권을 부흥시키려는 인종에게는 받아들여졌지만 김부식을 중심으로 한 개경파 문벌귀족들이 이를 미신행위로 공박하고 강력히 반대함으로써 실행할 수 없게 되었다. 이에 묘청 등은 마침내 서경에서 반란을 일으켜(1135, 인종 12) 국호를 大爲, 연호를 天開라 하고 스스로를 天遣忠義軍이라 칭하였으니, 여기에도 그들의 자주적인 의식이 나타나 있었다. 그러나 이 거사는 결국 문벌귀족의 대표인 김부식이 이끈 관군의 토벌로 1년만에 진압되고 말았다.[7)]

이와 같이 귀족사회의 모순은 지배세력의 내부적 분열을 일으켜 이자겸의 난과 묘청의 난으로 표면화되었다. 이 양란은 일단 수습되기는 하였으나 그렇다고 귀족사회의 모순이 해결된 것은 아니었다. 이리하여 고려귀족사회는 그 근저로부터 동요하고 점차 붕괴의 길을 걷게 되었던 것이다.

3. 무신란의 발생

고려 귀족사회는 결국 1170년(의종 24)에 일어난 무신란에 의해서 붕괴되었다. 귀족사회의 내부적 모순으로 폭발한 이자겸의 난과 묘청의 난은 귀족정치

7) 《고려사》 열전에는 묘청이 반역전에 편입되고 부정적으로 서술되고 있으나, 申采浩·李丙燾는 그를 자주적인 개혁정치의 주인공으로서 긍정적인 평가를 내리고 있으며, 반면 김부식은 보수적이며 사대적인 문벌귀족의 대표자로 간주되고 있다.
申采浩, 〈朝鮮歷史上 一千年來 第一大事件〉《朝鮮史硏究草》, 1929; 《丹齋 申采浩全集》 下, 형설출판사, 1972.
李丙燾, 〈仁宗朝의 西京遷都運動과 및 그 叛亂〉《高麗時代의 硏究》, 을유문화사, 1948.
金南奎, 〈高麗 仁宗代의 西京遷都運動과 西京叛亂에 대한 一考察〉《慶大史論》 1, 경남대, 1985 ; 《高麗兩界地方史硏究》, 새문사, 1989.

몰락의 단적인 표현이었는데, 이제 무신란의 발생과 무신정권의 성립은 귀족사회의 결정적 파국을 초래하였던 것이다.

무신란 발생의 요인은 전술한 바와 같이 귀족사회 내부의 모순에 있었다. 고려의 귀족정치가 성숙함에 따라 문벌귀족들은 정치적 권력을 독점하고 대토지를 확대하여 특권적 지위를 향유하였는데, 이를 놓고 귀족들 사이에 치열한 자기항쟁이 전개되었으며, 특히 기성문벌귀족에 대한 지방출신 신진관료들의 도전이 치열하였다. 이러한 지배세력 내부의 권력다툼으로 귀족사회는 동요되었으니, 이것이 무신란 발생의 조건이 되었던 것이다.

그러나 무신란 발생의 직접적인 동기는 귀족정권의 대무신정책의 모순에 있었다. 고려는 양반제도를 만들어 문반과 무반을 하나의 관계체계 안에 일원적으로 편성하고 법제적으로는 동등하게 대우하도록 하였으나, 실제에 있어서 崇文 賤武의 정책에 따라 문반에 비해서 무반에 대한 차별이 심하였다. 귀족은 문반직을 가지고 정치권력을 차지하였고 심지어는 군대를 지휘·통솔하는 병마권까지도 장악하여 무반은 다만 문신귀족정권을 보호하는 호위병의 지위로 떨어져 있었던 것이다.

그러나 이러한 차별대우에도 불구하고 무신들은 서서히 그의 지위를 상승시켜 나갔다. 양반이라 하는 법제적 지위를 근거로 하고 거란·여진과의 전쟁을 통해 현실적인 세력을 축적하여 나갔던 것이다. 1076년(문종 30)에 갱정된 전시과에서 무반에 대한 대우가 좋아진 것이나, 1109년(예종 4)에 무학재가 설치된 것은 이러한 추세를 반영한 것이었다. 귀족정권의 천무정책에도 불구하고 무반의 현실적인 지위의 상승이 무신란을 일으켜 무신정권을 세울 수 있는 기반이 되었던 것이다.[8)]

또한 문신귀족정권에 대한 군인들의 불만도 무신봉기의 한 요인이 되었다. 고려의 군인들은 일반 농민층으로 충당되는 것이 보통이었다. 그런데 문신귀족들이 농민의 토지를 겸병함으로써 농민의 생활은 곤궁하게 되었고, 또한 이들 군인들은 여러 가지 잡역에 혹사당하였으며, 자기들에게 지급된 군인전마저 귀족들에게 빼앗겨 불만이 커졌던 것이다. 이러한 군인들의 처지가 자기들의 직접 상관인 무신들의 불평과 결합되어 귀족정권 타도에 동원되도록 하였던 것이다.[9)]

---

8) 邊太燮, 〈高麗朝의 文班과 武班〉《史學硏究》 11, 1961;《高麗政治制度史硏究》, 일조각, 1971.
______, 〈高麗武班硏究〉《亞細亞硏究》 Ⅷ－1, 고려대, 1965;《高麗政治制度史硏究》, 일조각, 1971.
黃秉晟, 〈高麗 毅宗代의 政治實態와 武臣亂〉《朴性鳳回甲紀念論叢》, 경희대, 1987.
金塘澤, 〈高麗 毅宗代의 정치적 상황과 武臣亂〉《震檀學報》 75, 1993.

이와 같은 사정은 마침내 1170년(의종 24)의 무신란으로 폭발되었다. 태평호문의 군주라 일컬어지던 의종이 문신들과 함께 普賢院에 놀러갔을 때 호위한 무신 鄭仲夫·李義方·李高 등이 쿠데타를 일으켜 문신들을 살해하고 의종을 폐한 후 왕제인 명종을 옹립하였다. 이리하여 무신들은 스스로 정부의 요직을 차지하고 정권을 잡아 무신정권을 수립하였던 것이다.[10]

이렇게 보면 무신란의 발생과 무신정권의 출현은 결코 우발적인 사건이 아니고 문신귀족정치의 누적된 모순에 따른 필연적인 결과였음을 알 수 있다. 이에 따라 지금까지의 귀족사회는 붕괴되고 새로이 무신정권이 성립되어 정치적·경제적·사회적으로 커다란 변화가 일어났으니, 무신란은 고려사의 일대 전환점이 되었다고 할 수 있다.

II. 武臣政權의 성립

1. 무신정권의 전개

1170년(의종 24) 정중부 등이 일으킨 무신란에 의하여 수립된 무신정권은 1270년(원종 11) 林衍(임연) 부자가 몰락할 때까지 꼭 100년간 계속되었다. 이 동안 무신들은 초월적인 권력을 가진 武人執政을 정점으로 정부의 요직을 차지하고 정권을 독점하였다. 그러나 무신정권은 시간이 지남에 따라 그 성격이 변화하였으므로 이를 형성기와 확립기, 그리고 붕괴기의 세 시기로 나눌 수 있다.[11]

처음 무신정권의 형성기는 정중부가 무신란을 일으켰을 때부터 1196년(명종 26) 崔忠獻이 李義旼(민)을 제거하고 집권할 때까지를 말한다. 이 때는 아직 무신정권의 기반이 확립되지 못하여 무인집정의 지위가 불안정하였고, 무신정치는 무신세력의 집합체인 重房을 중심으로 이루어졌다. 따라서 종래의 문신세력의

---

9) 李基白, 〈高麗 軍班制下의 軍人〉《高麗兵制史硏究》, 일조각, 1968.

10) 무신의 반란은 이미 1014년(현종 5)에 상장군 金訓과 崔質이 일으킨 바 있다. 즉, 이 때 문관들이 京軍永業田을 빼앗아 녹봉에 충당하려 하고 또 문관직을 갖지 못하게 하자 김훈·최질이 제위군인을 이끌고 반란을 일으켜 정권을 잡았던 것이다. 그러나 이 무인정권은 4개월도 계속되지 못하고 붕괴되었는데 이것은 당시의 무인세력이 아직 성장하지 못하고 있었기 때문이다.

11) 金塘澤, 《高麗武人政權硏究》, 새문사, 1987.
閔丙河, 《高麗武臣政權硏究》, 성균관대출판부, 1990.
'무신란'·'무신정권'에 대하여 '무인란'·'무인정권'이란 용어가 함께 쓰여지고 있는데, 양자는 약간의 차이가 있다. 그것은 文臣이 문반관직을 가진 사람인데 대하여 文人은 관직대유 여하에 관계없이 '文'과 관계 있는 사람인 것과 같이 무신은 무반관직을 가진 사람이고 무인은 그냥 武士를 가리킨 것이다.

반항이 일어났고, 이와 맥락을 같이하는 교종계통 승려들의 반란이 발생하였으며, 무신 상호 간에도 치열한 정권다툼이 전거되었다.

1173년(명종 4)에는 동북면방마사 金甫當(보당)이 의종의 복위를 꾀하여 거병하였다가 실패하였는데, 이것은 무신정권에 대한 문신세력의 반항이었다. 이듬해에도 서경유수 趙位寵(총)이 서북면지방민의 불만을 이용하여 정중부정권의 타도를 부르짖고 서경에서 난을 일으켰지만 역시 진압되었다. 또한 이듬해에는 歸法寺 등의 승도 2,000여명이 반란을 일으켰는데, 이것은 왕실·귀족의 비호를 받고 있었던 교종계통의 사원세력이 무신정권에 반발한 것이었다. 명종 초에는 불안정한 무신정권을 전복하려는 이러한 반무신란이 계속 일어났던 것이다.[12)]

또한 이 때에는 무신정권의 대표자인 무인집정 사이에서도 내분이 일어나 쉴 새 없이 정권이 교체되었다. 처음 무신란을 일으켜 함께 정권을 잡았던 정중부·이의방·이고 사이에 분열이 생겨 1171년(명종 1)에 이의방이 이고를 주살하더니, 1174년(4년)에는 정중부가 이의방을 제거하고 단독으로 정권을 차지하였다. 그러나 정중부도 1179년(명종 9)에 장군 慶大升에게 죽임을 당하였고,[13)] 1183년(13년) 경대승이 병사하자 이번에는 이의민이 집권하였지만 그도 1196년(명종 26)에 최충헌에게 숙청되고 말았던 것이다.[14)]

이와 같이 명종조에는 아직도 무신정권의 기반이 확립되지 못하고 정권을 잡은 무인집정이 잇달아 바뀌었는데, 이러한 혼란은 결국 최충헌이 집권함으로써 수습되었다. 즉, 최충헌은 과단성있는 전제정치로 무신정권의 안정을 다짐으로써 崔瑀(怡)·沆(항)·竩(의)에 이르는 4대 62년 간 최씨정권이 계속되었으니, 이 기간을 무신정권의 확립기라고 할 수 있다.[15)] 이 때에는 敎定都監이라는 독자적인 정치기구를 만들고 막대한 사병을 조직하여 자신의 무력기반으로 삼는 등 자체적인 권력기반을 확립하여 전형적인 무신정권의 형태를 갖추었다. 이것은 형성기의 무인집정이 공식적인 정부관직의 권위를 필요로 하고 중방을 통하

12) 종래 김보당의 난과 조위총의 난은 똑같이 무신정권에 대한 문신들의 반란으로 규정지어왔으나 실제에 있어서는 김보당의 난이 전형적인 구문신계의 반무신란인 데 반하여, 조위총의 난은 무신인 조위총이 서북계인의 불만을 이용하여 일으킨 이의방 등 집권무인에 대한 반란인 점에서 차이가 있다.
邊太燮, 〈武臣政權期의 反武臣亂의 性格－金甫當의 난과 趙位寵의 난을 중심으로－〉《韓國史研究》 19, 1978.
黃秉晟, 〈金甫當亂의 一性格〉《韓國史研究》 49, 1985.

13) 金塘澤, 〈慶大升의 執權을 통해 본 武臣亂〉《한국사 전환기의 문제들》, 지식산업사, 1993.

14) 金塘澤, 〈李義旼政權의 性格〉《歷史學報》 83, 1979; 《高麗武人政權研究》, 새문사, 1987.
金皓東, 〈李義旼政權의 재조명〉《慶大史論》 7, 경남대, 1994.

15) 林允卿, 〈崔忠獻政權의 成立과 그 性格〉《梨大史苑》 20, 1983.
李慶喜, 〈崔忠獻家門 研究〉《釜山女大史學》 5, 1987.

여 무인정치를 시행하였으며, 아직도 왕조의 부병이나 조직화되지 못한 門客·家僮의 사적 무력에 의지하였던 것에 비하여 커다란 변화였다. 최충헌이 명종을 폐하고 신종·희종·강종·고종을 세우는 등 마음대로 국왕을 폐립하는 초월적인 권력을 행사할 수 있었던 것도 이와 같은 독자적인 권력기반을 가지고 있었던 때문이었다.[16]

이에 따라 최씨정권기에는 전과 달리 일반무신들의 옹호가 필요없게 되어 오히려 무신과 중방을 억압하고 문신을 보호하는 역현상이 일어나게 되었다. 최충헌은 그의 독재정권을 유지하는 데 조금이라도 방해가 되는 무신은 가차없이 제거하였고, 중방무신들의 권위를 무시하였다. 반면 최충헌은 무신정권에 위험이 없는 무력한 문인들을 등용하여 그들의 행정적인 능력을 이용하였으니, 李奎報가 발탁된 것도 이 때의 일이었다.[17]

최충헌은 또한 무단정치로 당시 빈발하였던 민란을 진압하는 동시에 사원세력의 반항을 억압하였다. 무신정권에 대한 승도의 반란은 무신란 직후부터 일어나기 시작하여 최충헌 집권 후에 특히 심해졌는데, 이들은 국초 이래 왕실의 비호를 받고 문신귀족들과 연결되었던 귀법사 등 敎宗 계통의 사원세력으로 무신정권에 대립하는 복고적인 항쟁을 일으켰다. 이에 최씨정권은 무력에 의한 탄압으로 이들 사원세력을 억압하는 동시에 교종을 대신하여 선종사원과의 연결을 도모하였다.[18]

그러나 1258년(고종 45) 최의가 金俊·임연 등에 의하여 제거됨으로써 4대에 걸친 최씨정권도 무너지고, 이제 무신정권은 붕괴기로 접어들게 되었다.[19] 처음 김준이 무인집정이 되어 정권을 잡았으나 1268년(원종 9) 임연에게 빼앗기고,

---

16) 金塘澤, 〈高麗 崔氏武人政權과 國王〉《韓國學報》 42, 일지사, 1986; 《高麗武人政權研究》, 새문사, 1987.

17) 李佑成, 〈高麗武臣執權下의 文人知識層의 動向〉《嶺南大文理大學報》 8·9·10 합집, 1977.
張叔卿, 〈高麗 武人政權下 文士의 動態와 性格〉《韓國史研究》 34, 1981.
南仁國, 〈崔氏政權下 文臣地位의 變化〉《大丘史學》 22, 대구사학회, 1983.
金毅圭, 〈高麗武臣執權期와 文臣〉《國史館論叢》 31, 국사편찬위원회, 1992.

18) 閔賢九, 〈月南寺址 眞覺國師碑의 陰記에 대한 一考察－高麗 武臣政權과 曹溪宗－〉《震檀學報》 36, 1973.
鄭鎭禹, 〈高麗武臣政權과 僧徒와의 對立〉《淸大史林》 4·5 합집, 청주대, 1985.
秦星圭, 〈崔氏武臣政權과 禪宗〉《불교연구》 6·7, 1990.
金光植, 〈高麗武人政權과 佛敎界〉, 민족사, 1995.

19) 鄭修芽, 〈金俊勢力의 形成과 그 向背－崔氏武人政權의 崩壞와 관련하여－〉《東亞研究》 6, 서강대, 1985; 《高麗武人政權研究》, 서강대출판부, 1995.
成鳳鉉, 〈林衍政權에 관한 硏究〉《湖西史學》 16, 충남대, 1988.
崔元洙, 〈林氏武人政權의 成立과 崩壞〉《高麗武人政權研究》, 서강대출판부, 1995.
申虎澈 外, 《林衍·林衍政權研究》, 충북대출판부, 1997.

이것이 다시 그의 아들 林惟茂에게 전하였는데, 이러는 사이에 무신정권도 점차 약화의 길을 걸었던 것이다. 김준과 임연·임유무 부자도 무인집정의 지위를 표시하는 敎定別監이 되어 무인정치를 계속하였던 것만은 사실이지만 이제는 독자적인 집정기구와 무력장치로서의 사병집단, 그리고 이를 유지하기 위한 경제기반이 약화되어 무인집정의 지위도 불안정해졌던 것이다.

이와 같이 김준·임연정권은 자체 기반이 약화되어 스스로 무너져 가고 있었지만, 이를 붕괴시킨 결정적 요인이 되었던 것은 밖으로부터의 압력이었다. 당시 몽고의 간섭이 무신정권의 존속을 불가능하게 하였던 것이다. 몽고는 항몽의 주동자인 무신정권을 무너뜨리려 하였고, 고려국왕도 무인정치로 약화된 왕권의 회복을 꾀하며 몽고와 결합하였다. 1270년(원종 11) 몽고세력의 옹호를 받은 국왕이 강화도에서 개경으로의 환도를 명하였으나 임유무가 이를 듣지 않자 洪文奎·宋松禮 등이 임유무일당을 주륙하였으니 이에 왕정이 복구되고 100년 간 계속된 무신정권은 종언을 고하게 되었다.[20]

2. 무신정권의 지배기구

무신란 이후에도 3성·6부의 공식적인 정부기구는 그대로 존속하였고, 많은 문신들이 이들 관부의 관직에 임명되고 있었다. 그러나 무신정권은 독자적인 지배기구를 통하여 무인정치를 행하였으므로 종래의 정부기구는 형식적인 존재일 뿐으로 무력하기 그지없었다. 따라서 무신집권기에는 비록 문신이 최고의 정치기구인 중서문하성의 재신에 임명되었다 하더라도 그의 실질적인 권력은 보잘 것 없었고 오히려 낮은 관직을 가진 무인집정이 초월적인 실권을 행사하였다.

처음 무신들이 정권을 행사한 곳은 중방이었다. 무인정치의 초기에는 아직도 독자적인 지배기구를 형성하지 못하고 종래 최고회의기관인 중방을 통해서 정치를 실행하였다. 이 때에는 무신정권의 제1인자인 무인집정의 지위가 확고하지 못하였기 때문에 무신세력의 집중기관인 중방을 이용하지 않을 수 없었고, 일반 무인들도 중방을 통하여 무신정권에 참여하였으니, 중방은 모든 무신들의 연합정권기구와 같은 구실을 하였던 것이다.[21]

그러나 최충헌이 집권하여 무신정권의 확립기에 접어들면서 독재정치를 실행할 수 있는 독립된 지배기구가 성립되었다. 최충헌은 희종에 의해서 晋康侯에 책봉되고 興寧府(뒤에 晋康府·晋陽府로 개칭)를 세웠는데, 이는 무신정치의 형식

20) 邊太燮, 〈高麗後期의 武班에 대하여〉《서울대論文集》 人文社會科學 12, 1966;《高麗政治制度史硏究》, 일조각, 1971.
金塘澤, 〈林衍政權과 高麗의 開京還都〉《李基白古稀紀念 韓國史學論叢》 上, 일조각, 1994.

21) 羅滿洙, 〈高麗 明宗代 重房政治와 國王〉《國史館論叢》 31, 국사편찬위원회, 1992.

적인 공인을 뜻하는 것이었다.[22] 그러나 실제로 최씨정권의 최고 집정부의 기능을 한 것은 교정도감이었다. 최충헌이 교정도감을 설치한 후 모든 무인집정은 이를 통하여 국가의 서무를 관장하고 정령을 내렸던 것이다. 즉, 교정도감은 내외의 중요 국사를 관장하고 조세를 징수하며 관리를 감찰하는 등 무신정권의 중추적인 정청으로서 막강한 권력을 행사하였다. 최씨정권 및 김준·임연·임유무 등 무인집정들은 모두 이 교정도감의 장관인 교정별감이 되었으니, 교정별감은 무인정치기구의 최고직으로서 무인집정의 표시가 되었다.[23]

최씨정권기에는 교정도감 외에 독자적인 인사행정기구인 政房이 두어졌다. 정방은 최우가 관리의 인사를 처리하기 위하여 자기 집에 설치한 것으로 이것은 문무관의 인사를 관장하는 이부·병부 등의 공적기관을 초월하여 독자적인 인사권을 행사하였다.[24] 또한 최우는 문인들의 숙위기관인 書房을 두어 문사의 전문적 지식으로 고문역할을 담당케 하였다.

한편 최씨정권은 그의 정권을 보호하기 위한 무력장치로서 사병을 조직하였다. 처음 정중부 등은 무신란을 일으킬 때 국가의 공병인 부병을 이용하였으나, 무신정권을 수립한 후에는 자신을 보호하기 위해서 자기 집에 무장한 문객과 가동을 양성하였으니, 이것은 사병집단의 선구가 되었다. 뒤에 경대승은 100명의 결사대를 사제에 유숙케 하고 이를 都房이라 불렀는데, 이는 사병집단을 조직화한 것이었다. 이 도방은 최씨정권에 그대로 계승되어 최충헌은 이를 6番으로 나누어 교대로 숙위케 하였고, 최항 때에 이르러서는 이것이 36번으로 확장되었으니, 막대한 사병조직이 갖추어져 있었음을 알 수 있다.[25]

도방과 함께 최씨정권의 무력기반이 된 것은 三別抄였다. 삼별초란 처음 최우가 나라 안에 도적이 많아 이를 막기 위하여 夜別抄를 둔 데서 비롯하여 그 수가 많아지자 이를 좌별초와 우별초로 나누었는데, 그 후 몽고군에 포로가 되었다가 도망해 온 자들로 神義軍을 편성함에 따라 이루어진 것이었다. 이들 삼별초는 대몽항전에서 커다란 공훈을 세웠고, 무인집정의 두터운 총애를 받아 그

---

22) 金翰奎, 〈高麗崔氏政權의 晋陽府〉《東亞硏究》 17, 서강대, 1989.

23) 金庠基, 〈高麗武人政治機構考〉《東方文化交流史論攷》, 을유문화사, 1948.
金潤坤, 〈高麗武臣政權時代의 敎定都監〉《嶺南大文理大學報》 11, 1978.
교정도감의 우두머리인 교정별감은 역대 무인집정의 기본직이었다. 처음 최충헌과 최우가 교정별감직을 가졌다는 기사는 없지만 그 후 최항·최의 그리고 김준, 임연·임유무는 집정이 될 때 어김없이 이 특수직을 띠었다.

24) 金成俊, 〈高麗政房考〉《史學硏究》 13, 1962; 《韓國中世政治法制史硏究》, 일조각, 1985.
金昌鉉, 《고려후기 政房연구》, 고려대박사학위논문, 1996.

25) 鄭杜熙, 〈高麗武臣執權期의 武士集團〉《韓國學報》 8, 일지사, 1977.
柳昌圭, 〈崔氏武人政權下의 都房의 설치와 그 向方〉《東亞硏究》 6, 서강대, 1985; 《高麗武人政權硏究》, 서강대출판부, 1995.

수족으로 이용되기도 하였다. 이들은 국고에서 지출되는 녹봉을 받으면서 군대와 경찰 등의 공적인 임무를 띠었으므로 순수한 사병집단인 도방과는 달리 공병의 성격을 가졌지만, 실제에 있어서는 도방과 함께 무신정권의 특수혜택을 누리면서 사병 노릇을 하였던 것이다.[26)]

무신정권이 그의 독자적인 지배기구와 막대한 사병집단을 유지하기 위하여는 자체적인 경제기반이 필요하였다. 이에 집권무인들은 대토지를 겸병하고 남의 田租를 탈취하여 막대한 경제력을 축적하였다. 특히 최씨정권은 진주지방을 食邑으로 받아 그 전조를 거두어 막대한 미곡을 저장하였으니, 그것은 당시 경상도에 저축한 쌀이 50여만석이나 되었다는 사실로부터 알 수 있다. 최씨정권은 이러한 사적인 경제력을 축적함으로써 독자적인 권력기구를 유지할 수 있었던 것이다.

3. 농민·천민의 난

무신란 후에는 무신정권을 타도하기 위한 문신계의 반항과 이와 연결된 사원세력의 항쟁, 그리고 정권을 탈취하기 위한 무인 상호간의 분쟁이 치열하게 전개되었을 뿐 아니라 또한 농민과 천민의 봉기가 계속해서 일어났다. 이들 농민과 천민의 봉기는 양반관리들의 정치적 반란과는 달리 사회경제적인 모순에 의한 하층민들의 반항이었으므로 민란이라 할 수 있다. 무신란으로 정권을 잡은 무인들이 토지를 겸병함으로써 농민들은 민전을 빼앗기고 또한 지방관리의 가렴주구로 생활이 곤궁해져 전국 각지에서 민란이 광범하게 발생하였던 것이다.

농민의 동요는 이미 무신란 이전부터 싹트고 있었다. 문신귀족들의 토지점탈과 농민에 대한 과중한 수취는 농민들로 하여금 유민으로 떠돌아다니게 하였으며, 이들은 때로 도적이 되기도 하였다. 그런데 무신란 후의 집권무인들은 보다 과중한 수탈을 감행하여 농민생활이 더욱 곤궁하여졌으므로 농민들은 무신 상호간의 정권다툼으로 통제력이 약화된 틈을 타서 봉기하기에 이르렀던 것이다.

무신정권기의 민란은 명종·신종대의 30년 간에 집중적으로 발생하였음이 특징이다.[27)] 무신정권 형성기인 명종대와 최충헌의 독재정치가 아직 자리를 잡지 못한 신종대에는 지방에 대한 통제력이 약하였으므로 민란이 일어날 수 있었던

26) 金塘澤, 〈崔氏政權과 그 軍事的基盤－都房·夜別抄·神義軍 組織의 政治的背景－〉《高麗武人政權研究》, 새문사, 1987.

27) 洪承基, 〈高麗武人政權時代의 奴婢叛亂〉《全海宗華甲紀念 史學論叢》, 일조각, 1979; 《高麗貴族社會와 奴婢》, 일조각, 1983.
金塘澤, 〈高麗武人政權초기 民亂의 性格〉《國史館論叢》 20, 국사편찬위원회, 1990.
李貞信, 《高麗武臣政權期 農民·賤民抗爭研究》, 고려대민족문화연구소, 1991.
姜晋哲, 〈武人政權治下의 農民抗爭〉《韓國社會의 歷史像》, 일지사, 1992.

것이다. 무신집권기의 민란은 처음 서북지방에서부터 시작되었는데, 그것은 이 지역이 개경에서 멀리 떨어져 있었고 또 특수한 군사지역으로 제일 먼저 무신정권에 대한 반항을 일으킬 수 있었기 때문이었다. 1172년(명종 2) 서북계의 昌州·成州·鐵州의 3주민이 수령의 탐학과 주구에 반발하여 민란을 일으킨 데서 비롯하여 1174년 서경유수 조위총의 난 때에는 많은 농민들이 참가하였고, 조위총의 난이 평정된 후에도 그 나머지 무리들이 계속해서 1179년(왕 9년)까지 민란을 일으켰던 것이다.

이들 서북계의 西賊과 더불어 남부지방에서도 南賊이라 불리는 민란이 발생하였다. 같은 민란이지만 서적이 국경지대의 군사적 조건 위에서 봉기한 데 대하여 남적은 농민생활의 불안에서 야기된 순수한 민란이라는 점에 차이가 있었다. 남도의 민란은 1176년(명종 6) 공주 鳴鶴所에서 亡伊·亡所伊가 난을 일으키면서 크게 확대되어갔다. 이들은 한 때 공주를 점령하고 관군을 무찔렀으나 정부의 회유책에 말려 항복하였고, 이듬해 다시 봉기하여 충청도의 거의 모든 군현을 점령하였지만 정부의 대대적인 토벌에 의하여 진압되고 말았다. 이 망이·망소이의 난은 농민을 주체로 하였으면서도 천민집단의 특수행정구역인 所에서 일어났다는 점에서 일반적인 농민반란에 부곡천민들의 신분해방운동이 복합된 것이라 하겠다.

그 후 1182년(명종 12)에는 충청도의 管城 (지금 옥천)과 富城(지금 서산)에서 수령의 탐학에 반항하여 농민의 반란이 일어났고, 전주에서도 군인과 관노가 반란을 일으켰다. 그러나 이 시기의 가장 대대적인 민란은 1193년(명종 23)에 시작된 경상도 일대의 남적이었다. 이 때 金沙彌는 雲門(지금 청도)에서, 孝心은 草田(지금 울산)에서 반란을 일으키고 서로 연합하여 그 세력이 경상도 전역에 확장되었으나, 이듬해 密城(지금 밀양) 싸움에서 정부군에게 패배하여 7,000여명이나 죽임을 당하고 마침내 진압되었다.[28)]

그러나 경상도 일대의 남적이 완전히 가라앉은 것은 아니었다. 1199년 (신종 2)에 명주(지금 강릉)에서 일어난 민란이 확대되어 삼척·울진을 점령하고 또 동경(지금 경주)에서도 민란이 일어나 서로 합세하였던 것이다. 이듬해에는 진주에서 공사노비의 반란이 일어났고, 陜州(지금 합천)에서 부곡민의 반란이 일어나 이들도 서로 연합전선을 전개하였는데, 여기에는 일반농민도 가담하고 있었다. 이러한 경상도 일대의 민란은 마침내 1202년(신종 5)에 경주를 중심으로 한 대규모의 민란으로 확대되었으니, 이 때 경주민들은 신라의 부흥을 내세우고 운문과 울진·초전의 반란군과 합세하여 그 기세가 자못 강성하였으나 최충헌의 과

28) 金光植, 〈雲門寺와 金沙彌亂〉《韓國學報》 54, 일지사, 1989.

감한 토벌로 이듬해 평정되었다.[29)]

무신정권기에는 농민의 봉기 뿐 아니라 천민·노비들의 반란도 함께 일어나고 있었다. 명학소의 망이·망소이의 난은 이러한 농민과 천민의 난이 연합된 형태였다. 천민과 노비 등 천민계층은 지방통제력의 약화를 틈타 신분의 해방을 꾀하여 봉기하였던 것이다. 이러한 천민반란의 가장 대표적인 것이 1198년(신종 1) 개경에서 발생한 萬積의 난이었다. 私奴 만적은 개경 북산에 공사노비들을 모아 놓고 "무신란 후 公卿大夫가 천인에서 많이 나왔으므로 우리들도 최충헌과 주인들을 죽이고 천인에서 해방되면 공경·장상이 될 수 있다."고 외치면서 대규모의 반란을 도모하였지만, 이는 중도에 발각되어 실패하고 말았다. 노비·천민은 농민과 같은 피지배층으로서 함께 시달림을 받았으므로 서로 결합하여 민란을 일으켰는데, 특히 이들은 천민신분에서의 해방을 목표로 하였다는 점에서 농민봉기와 차이가 있었다.[30)]

명종·신종 때에 집중적으로 일어났던 민란은 모두 진압되고, 그 후 최충헌의 강력한 독재정치로 무신정권이 안정되면서 그 기세가 꺽이게 되었다. 그러나 이러한 무신정권기의 민란은 그 역사적 의의가 결코 적지 않았다. 무신정권은 이들 민란의 평정에 전력을 기울이는 한편 농민을 위한 시책을 강구하지 않을 수 없었다. 정부는 난민을 위무하고 백성들의 생활을 안정시키기 위하여 권농을 하고 빼앗긴 토지를 돌려주며 조부를 감면하기도 하였던 것이다. 그러나 무엇보다도 중요한 것은 농민과 천민의 반란이 신분사회의 변화에 큰 영향을 끼쳤다는 사실이다. 즉, 무신집권기의 민란은 귀족중심의 엄격한 신분사회에서 탈피하여 새로운 사회체제로 넘어가게 한 원동력이 되었으므로 고려사회의 발전에 커다란 역할을 하였던 것이다.

4. 몽고에 대한 항쟁

최씨정권이 확립되었을 때 고려는 밖으로부터 몽고의 압박을 받아 커다란 시련을 겪게 되었다. 13세기에 들어와 동아시아의 국제정세에는 일대 변동이 일어

---

29) 金晧東, 〈高麗 武臣執權下에서의 慶州民의 動態와 新羅復興運動〉《民族文化論叢》 2·3 합집, 영남대, 1982.

30) 邊太燮, 〈萬積亂發生의 社會的 素地－武臣亂 후의 身分構成의 變質을 基盤으로－〉《史學硏究》 4, 1959;《高麗政治制度史硏究》, 일조각, 1971.
洪承基, 〈高麗武人政權時代의 奴婢叛亂〉《全海宗華甲紀念 史學論叢》, 일조각, 1979;《高麗貴族社會와 奴婢》, 일조각, 1983.
李貞信, 〈高麗時代 公州 鳴鶴所民의 蜂起에 대한 一硏究〉《韓國史硏究》 61·62 합집, 1988.
姜晋哲, 〈武人政權治下의 農民抗爭〉《韓國社會의 歷史像》, 일지사, 1992.

나고 있었으니, 그것은 몽고세력의 흥기였다. 몽고고원의 유목민족인 몽고족은 金의 세력하에 있었는데, 13세기 초엽에 鐵木眞(테무친)이라는 영웅이 나타나 여러 부족을 통일하고 1206년에는 칸(汗, 황제의 칭)의 지위에 올랐으니, 이가 곧 成吉思汗(칭기즈칸)이다. 이 때부터 몽고는 사방으로 정복사업을 전개하여 영토를 확장하고 북중국에 자리잡은 금을 침략하여 그 세력이 강성해지더니 마침내 고려와도 충돌을 일으키게 되었다.

고려가 몽고와 처음으로 접촉을 갖게 된 것은 1219년(고종 6) 江東城의 거란족을 몽고와 함께 공략하면서부터이다. 遼가 멸망한 후 거란족은 금에 복속하여 있다가 금이 쇠약해지자 독립하였지만 이번에는 몽고에 쫓기어 고려영토로 밀려와 고려군의 공격을 받고 강동성에 갇혀 있었는데, 이것을 고려와 몽고가 협공하여 패멸시켰던 것이다. 몽고는 거란을 토벌한 후 고려에 대하여 큰 은혜나 베푼듯이 과대한 공물을 요구하였는데, 특히 1221년(고종 8)에 사신으로 온 著古與(제구유)는 몽고 황태자의 지시라 하여 과중한 공물을 요구할 뿐 아니라 그 태도가 오만불손하여 고려 군신들의 분노를 샀다. 그러던 제구유가 1225년(고종 12) 고려에 왔다가 돌아가는 길에 압록강 부근에서 누구인가에 의하여 피살된 사건이 일어나자 몽고는 이를 트집잡아 고려에 침입하기에 이르렀다.[31]

몽고의 제 1 차 침입은 1231년(고종 18)에 시작되었다. 몽고의 장군 撒禮塔(살리타)가 대군을 이끌고 압록강을 건너 북계의 여러 성을 함락시키고 개경을 포위하기에 이르렀다. 고려는 몽고군의 침입을 맞아 귀주에서 朴犀(서)가 용감히 항전하였으나 수도가 포위되자 화의를 청하게 되었고, 이에 몽고군은 서북면에 達魯花赤(다루가치)를 설치한 후 철수하였다.[32]

그러나 몽고가 고려에 대하여 더욱 무리한 조공을 요구하고 고려에 파견된 몽고관리의 횡포가 심하여 고려 군신의 분노가 고조되자 최우정권은 단호히 항전할 것을 결의하고 1232년(고종 19) 강화도로 도읍을 옮겨 항몽태도를 분명히 하였다.[33] 이에 몽고는 제 2 차 침입을 단행하여 개경을 지나 한강 남쪽까지 공략하였으나 살리타가 處仁城(지금 용인)에서 金允侯에게 사살되어 철군하였다. 그 뒤에도 몽고군은 계속해서 1259년(고종 46) 강화가 맺어질 때까지 여러 차례 침

---

31) 高炳翊, 〈蒙古·高麗의 兄弟盟約의 性格〉《白山學報》 6, 1969; 《東亞交涉史의 硏究》, 서울대출판부, 1970.

32) 周采赫, 〈高麗內地의 達魯花赤 置廢에 관한 小考〉《淸大史林》 1, 청주대, 1974.

33) 한편에서는 강화천도에 대해서 그것은 일부 지배층이 정권의 보전을 위하여 몽고와의 결전을 회피한 것이라는 견해가 제시되었다. 특히 金潤坤은 당시 비등하고 있던 草賊 등 기층민들의 반정부적 동향에 주목하여 이 천도가 몽고의 침략뿐 아니라 지방의 반민들로부터 정권을 보호하기 위해서 단행된 것이라고 하였다.
金潤坤, 〈江華遷都의 背景에 關해서〉《大丘史學》 15·16 합집, 대구사학회, 1978.

입하였다.

이렇게 오랫동안에 걸쳐 몽고군의 침략이 되풀이 되었지만 고려인은 끈질긴 항쟁을 계속하여 국토를 수호하였다. 강력한 반몽정책을 견지한 최씨정권이 바다 건너 강화도에서 꿋꿋이 항전을 지휘하였고, 육지에서는 일반 민중들이 침략군에 대항하여 용감히 싸움으로써 몽고군을 격퇴할 수 있었던 것이다. 특히 무신정권은 농민들로 하여금 산성과 해도로 入保케 하는 정책을 썼으므로 이들 농민은 이 기지를 중심으로 집단적으로 농사를 지으면서 싸워 항전의 주체가 되었던 것이다.[34)]

그러나 항몽전에 변화를 초래케 한 커다란 사건이 일어났으니, 그것은 항전을 고수해 왔던 최씨정권의 붕괴였다. 1258년(고종 45) 최의가 문신 柳璥, 무신 金仁俊(뒤에 김준으로 개명) 등에 의하여 제거되자 강화파 문신들의 주장에 따라 이듬해 몽고와의 화의가 성립된 것이다. 그러나 최씨정권을 무너뜨린 무신 김준이 유경을 거세한 후 스스로 교정별감이 되어 무신정치를 계속하고 몽고와의 강화를 반대하였는데, 이는 1268년 (원종 9) 김준을 살해하고 교정별감이 된 임연에 이르러 더욱 노골화되었다. 임연은 친몽정책을 쓴 원종을 폐하고 왕제 安慶公 淐(창)을 세웠으나 1269년(원종 10) 몽고의 압력으로 곧 복귀시키지 않을 수 없었다. 임연이 죽은 후 그 아들 임유무도 반몽정책을 고수하여 1270년(원종 11) 국왕이 몽고의 세력을 업고 몽고에서 귀국하면서 강화도에서 출륙하여 개경으로 환도할 것을 명하였는데, 그는 이를 거부하고 재항쟁을 결의하였으나 반대파에 의하여 피살됨으로써 무신정권은 종식되고, 이에 따라 오랜 항몽도 끝나게 되었다.

이제 고려는 왕정을 복구하고 개경으로 환도하였지만 아직 몽고에 대한 반항이 그친 것은 아니었다. 무신정권의 무력기반으로 항몽전의 선두에 섰던 삼별초가 개경환도를 반대하고 반란을 일으켰던 것이다.[35)] 즉, 1270년(원종 11) 출륙명령이 내리자 개경환도는 곧 몽고에 대한 항복을 의미한다하여 裵仲孫이 이끈

---

34) 尹龍爀, 〈崔氏武人政權의 對蒙抗戰姿勢〉《史叢》 21·22 합집, 고려대, 1977.
______, 〈高麗의 對蒙抗爭과 江都〉《高麗史의 諸問題》, 삼영사, 1985.
______, 《高麗對蒙抗爭史研究》, 일지사, 1991.
閔賢九, 〈高麗의 對蒙抗爭과 大藏經〉《韓國學論叢》 1, 국민대, 1978.

35) 金塘澤, 〈林衍政權과 高麗의 開京還都〉《李基白古稀紀念 韓國史學論叢》 上, 일조각, 1994.
金庠基, 〈三別抄와 그의 亂에 就하야〉(1·2·3)《震檀學報》 9·10·13·, 1938·1939·1941; 《東方文化交流史論攷》, 을유문화사, 1948.
金潤坤, 〈三別抄의 對蒙抗戰과 地方郡縣民〉《東洋文化》 20·21 합집, 영남대, 1981.
尹龍爀, 〈三別抄의 蜂起와 南遷에 관하여〉《李基白古稀紀念 韓國史學論叢》 上, 일조각, 1994.

삼별초는 강화도에서 承化侯 溫을 왕으로 옹립하고 몽고세력을 등에 업은 원종의 개경정부에 반기를 들었다. 이들은 장기전을 펴기 위해서 멀리 진도로 내려가 남부지방 일대를 지배하에 넣었지만 고려와 몽고의 연합군의 토벌로 진도가 함락되자(1271) 그 일부는 金通精의 지휘하에 다시 제주도로 옮겨 항쟁을 계속하다가 1273년(원종 14)에 결국 진압되고 말았다. 이 때 삼별초군은 중앙으로 가는 조선을 붙잡아 稅米와 공물을 탈취하고 남부의 넓은 지방을 점령하여 몽고군을 습격하였으며, 한 때 일본에 협력을 요구하는 외교문서를 보내기도 하였으나 몽고군과 정부군의 합동공격으로 좌절되고 말았던 것이다.[36] 이리하여 오랫동안 계속된 대몽항쟁도 종식되고 이후 고려는 몽고의 간섭하에 들어가게 되었다.

36) 삼별초군이 1271년 진도에 있을 때 일본에 협조를 요청하는 외교문서를 보냈던 사실이 근래 일본에서 '高麗牒狀'의 고문서가 발견됨으로써 밝혀졌다.
李佑成, 〈三別抄의 遷都抗蒙運動과 對日通牒－'珍島政府'의 한 資料－〉《韓國의 歷史像》, 창작과 비평사, 1982.
尹龍爀, 〈三別抄 珍島政權의 성립과 그 전개〉《韓國史硏究》 84, 1994.

제 4 장
高麗後期社會의 변동

I. 權門世族의 집권

1. 원의 간섭

1270년(원종 11) 무신정권이 붕괴하고 왕정이 복구됨으로써 고려사회는 커다란 전환을 맞이하게 되었다. 몽고세력의 옹호로 왕권은 회복되었지만 그 대신 몽고의 간섭을 받게 되었던 것이다. 더욱이 그것은 삼별초의 난을 몽고의 도움으로 진압한 뒤 더욱 본격화되었다.

고려가 몽고에 굴복한 후 최초로 받은 시련은 일본정벌에 동원된 일이었다. 고려는 元(몽고는 1271에 국호를 元이라 개칭)의 강요에 따라 1274년(충렬왕 즉위년)과 1281년의 두차례에 걸쳐 일본원정에 필요한 군량을 공급하고 군선을 건조하였을 뿐 아니라 직접 군사를 동원하는 등 피해가 매우 컸던 것이다. 특히 두번의 출정이 모두 일본해안에서 태풍을 만나 참패하는 바람에 그 피해는 더하였다.[1)]

고려에는 원의 관청이 설치되어 내정을 간섭하였다. 원은 처음에 일본정벌을 위하여 고려에 征東行省을 설치하더니(1280, 충열왕 6), 일본정벌을 단념한 후에도 이를 존속시켜 고려통치의 관부로 삼았다. 그러나 실제로 정동행성의 장관인 丞相(승상)은 자동적으로 고려왕이 겸하였고 그 밑의 관원도 고려왕이 임명한 고려인으로 채워져 정동행성은 명의상·형식상의 존재에 불과하였고, 다만 원과 고려 사이의 의례적인 행사를 맡았을 따름이었다.[2)] 오히려 정동행성의 부속기구인 理問所가 원의 세력을 등에 업고 불법적으로 사법권을 행사하여 폐단을 일으키는 일이 많았다.

또한 지방에도 원의 관부가 설치되어 고려는 영토일부의 지배권을 상실하였다.

---

1) 李銀圭, 〈元의 日本征伐 考察－高麗와 元의 國際關係를 中心으로－〉《湖西史學》 1, 충남대, 1972
金渭顯, 〈麗元 日本征伐軍의 出征과 麗元關係〉《國史館論叢》 9, 국사편찬위원회, 1989.

2) 高柄翊, 〈麗代 征東行省의 研究〉(上·下)《歷史學報》 14·19, 1961·1962 ; 《東亞交涉史의 研究》, 서울대출판부, 1970.
張東翼, 〈征東行省의 研究〉《東方學志》 67, 연세대, 1990 ; 《高麗後期外交史研究》, 일조각, 1994.

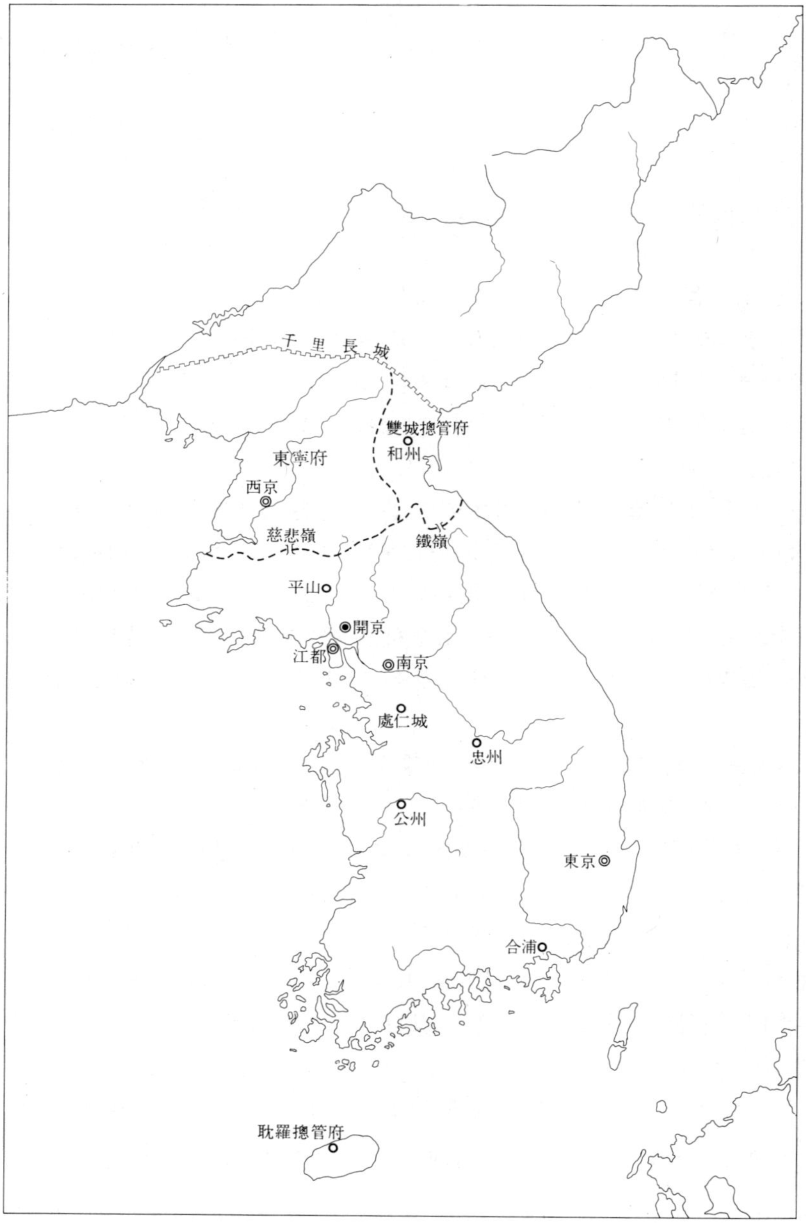

원 간섭 하의 고려

원은 이미 1258년(고종 45) 和州(지금 영흥)에 雙城摠管府를 설치하여 철령 이북의 땅을 빼앗았고, 1270년(원종 11)에는 서경에 東寧府를 설치하여 자비령 이북의 땅을 다스렸으며, 삼별초의 난을 평정한 원종 14년(1273)에는 제주도에 耽羅摠管府를 두어 일본정벌을 위한 준비로 목가장을 관장하게 하였다. 이 가운데 동녕부와 탐라총관부는 고려의 요청으로 1290년(충렬왕 16)에 반환되었으나, 쌍성총관부는 1356년(공민왕 5)에 무력으로 탈환할 때까지 존속하였다.3)

원의 간섭은 고려의 관제를 격하시키게 하였다. 1275년(충렬왕 1)에 원의 강요에 따라 전반적으로 중앙관제의 개정을 보게 되었는데, 3省·6部는 상국(원)의 제도로 참월하다 하여 중서문하성과 상서성을 합쳐 僉(첨)議府로 단일화되고, 상서 6부는 典理司·軍簿司·版圖司·典法司의 4사로 축소되었다. 또 다른 관서의 명칭도 고쳐서 추밀원은 密直司, 어사대는 監察司, 한림원은 文翰署로 각각 격하되었다.4)

또한 고려는 왕실의 용어도 격을 낮추게 되었다. 충렬왕 이후의 역대왕은 원 황실의 公主를 왕비로 받아들여 이른바 원의 駙(부)馬國이 되었으므로 황제의 칭호에 비기는 것을 피해야 했기 때문이다. 따라서 '祖' 혹은 '宗'이라 붙였던 왕의 묘호를 '王'으로, '朕'은 '孤', '陛下'는 '殿下', '太子'는 '世子'로 각각 개칭되었다.5)

고려에 대한 원의 간섭은 경제적 수탈로도 나타났다. 원은 여러 가지 명목으로 금·은·포 등 공물을 강요하고, 특히 인삼·잣·약재·매(海東靑) 등 특산물을 징구하여 고려는 많은 고통을 겪게 되었다. 따라서 농민들은 일반 조세 외에 다시 원에 대한 공물도 내게 되어 그 부담이 가중되었다. 심지어 원은 童女·宦官까지도 요구하여 고려의 고통은 이만저만한 것이 아니었다.6)

원은 고려에 대하여 그들의 법속까지도 따르도록 하였다. 고려와 원 사이에는 인적교류가 활발해져 그들의 풍습이 고려로 들어오고 반대로 고려의 풍습도 원에 영향을 끼쳤다.7) 따라서 왕실과 상류층에서는 몽고식 이름을 갖고 몽고어를 사용하였으며, 몽고식 의복과 변발이 유행하였다. 또 원은 고려에 대하여 왕족의 혈족혼을 비난하고 노비제도의 개혁을 요구하였으나 이것은 고려의 반대로 실시

3) 方東仁, 〈雙城摠管府考〉(上)《關東史學》 1, 관동대, 1982.
______, 〈東寧府置廢小考〉《關東史學》 2, 관동대, 1984.
高昌錫, 〈元代의 濟州島 牧場〉《濟州史學》 1, 제주대, 1985.

4) 우리 나라 관직은 左右職이 있을 경우 좌직을 위로 삼아 고려의 左承宣이 右承宣보다 서열이 높고, 조선의 左承旨가 右承旨보다 서열이 높았지만 몽고간섭기에는 그들 제도에 따라 우직을 좌직보다 상위로 삼았음이 특이한 점이다.

5) 왕의 묘호는 원종까지 祖·宗을 썼으나 충렬왕 이후는 '王'이라 부르고 그 위에 '忠''恭'을 붙여 자주성이 상실되었다.

6) 柳洪烈, 〈高麗의 元에 對한 貢女〉《震檀學報》 18, 1957.

7) 金渭顯, 〈麗元間의 人的交流考〉《關東史學》 20, 관동대, 1994.

되지 못하였다. 반대로 고려의 의복·음식 및 생활양식이 원나라에 영향을 끼쳐 유행하였는데, 이를 '高麗樣'이라 불렀다.

이와 같이 강화가 맺어진 후 원은 고려에 대하여 정치·경제·사회 모든 면에 걸쳐 간섭을 하여 고려가 받은 타격은 매우 컸지만, 고려의 주권은 엄연히 존속하였다. 비록 형식적으로 정동행성이 설치되었지만 고려의 국내정치는 자주적으로 수행되었던 것이다. 더욱이 외면적으로는 친원정책을 썼으나 내면적으로는 원에 대한 반감이 온존하고 있었다.[8)]

2. 권문세족의 집권

고려 후기의 지배세력은 權門世族이었다. 이들은 100년 간에 걸친 무신정권과 그 후의 대원관계가 진전되는 가운데 새로이 편성된 사회세력이었다. 무신란에 의하여 문벌귀족이 몰락하고 무신이 집권층이 되었는데, 무신정권이 붕괴된 후에는 다시 권문세족이 새로운 지배세력으로 대두하였던 것이다.

이들 권문세족은 고려전기의 문벌귀족과는 그 성분부터가 달랐다. 우선 무신정권기에 새로 부상한 무신세력이 권문세족에 편입되었다. 무인집정이었던 정중부·이의방·경대승·이의민 및 최충헌 일가는 그들 정권의 붕괴와 동시에 몰락하였지만 이 시기에 성장한 무신세력은 왕정복고 후에도 유력한 가문으로 남아 있었던 것이다. 이들 무반가문으로 권문세족이 된 대표적인 경우가 金就礪(려)의 언양 김씨와 蔡松年의 평강 채씨였다. 이와 같이 고려후기에 무반가문이 권문세족에 든 것은 고려 전기에 문벌귀족이 문반가문으로만 구성된 것과 큰 차이점이었다.

고려 후기의 권문세족이 된 또 하나의 새로운 유형은 원과의 관계를 통하여 대두한 가문이었다. 몽고어의 譯人으로 성장한 趙仁規의 평양 조씨는 그 대표적인 예였다.[9)] 鷹坊을 통하여 진출한 尹秀의 漆原 윤씨와 삼별초란과 일본정벌에서 무공을 세워 출세한 金方慶의 안동 김씨 등도 원과의 관계를 통하여 대두한 가문이었다.

이와 같이 고려 후기에는 새로이 대두한 가문이 권문세족에 편입되었지만 또한 고려 전기의 문벌귀족이 그대로 존속되기도 하였다. 즉, 인주 이씨나 정안 임

---

8) 元 간섭하의 고려에 적지 않은 정치적 영향을 준 것이 瀋王의 존재였다. 東京(지금 요양)·瀋陽 지방에는 앞서 고종 19년 洪福源이 반부한 북계인들이 산거하고 있어 원은 충렬왕 34년 전왕인 충선왕을 瀋陽王에 봉하고 이어 충선왕의 조카 延安君 暠(호)를 심왕(이후 심양왕은 그냥 심왕으로 칭해졌다)에 봉하였는데, 이 심왕당은 원의 앞잡이로 고려의 내부분열을 일으키는 원흉이 되었다.
金惠苑, 〈高麗後期 瀋(陽)王의 政治·經濟的 基盤〉《국사관논총》 49, 국사편찬위원회, 1993.

9) 閔賢九, 〈趙仁規와 그의 家門〉(上·中)《震檀學報》 42·43, 1976·1977.

씨, 경주 김씨, 파평 윤씨 등 전통있는 전기의 문벌귀족이 고려 후기에도 권문세족으로서 왕실이나 다른 권문세족과 혼인관계를 맺었는데, 이는 고려사회의 뿌리깊은 문벌관념의 영향 때문이었다. 그러나 이들 문벌귀족들은 전통적인 권위에 비하여 실질적인 정치권력은 많은 편이 못되었으니, 여기에 권문세족의 새로운 성격이 있는 것이다.

충선왕 즉위년의 하교에는 왕실과 혼인할 수 있는 '宰相之宗'이 열거되어 있는데, 여기에는 경주 김씨, 언양 김씨, 정안 임씨, 인주 이씨, 안산 김씨, 철원 최씨 등 15개 가문이 포함되어 있다. 이들은 전술한 바와 같이 전통적인 문벌귀족과 무신란 후에 새로 진출한 무신가문, 그리고 대원관계를 통하여 대두한 세력들이었다, 이들 가운데에는 당시 세력은 별로 강력하지 못하였으나 고려 전기 이래로 왕실과 혼인관계를 맺은 가문이기 때문에 포함된 경우가 있고, 반대로 상당한 실력을 가졌지만 전통적인 문벌관념에 의하여 빠진 가문도 있으나 대체로 이들 '재상지종'은 고려 후기의 지배세력인 권문세족을 가리킨 것이었다.[10)]

권문세족은 고려 후기의 지배세력으로 높은 관직을 차지하고 정치권력을 장악하였다. 이들은 양부인 첨의부(중서문하성)의 宰臣이나 밀직사(중추원)의 樞臣이 되어 都評議使司에서 합좌하여 국정을 보았다. 그러므로 고려 후기의 권문세족은 양부재추의 고위관직을 차지하고 최고 정무기관인 도당에 앉아 중요 국사를 회의 결정하는 권한을 가짐으로써 결과적으로 왕권의 약화를 초래하였던 것이다.[11)]

권문세족은 경제적으로는 대토지소유자가 되었다. 이들은 공식적으로 관리에게 수여하는 祿科田(전시과가 붕괴된 후 제정된 토지)이나 녹봉보다도 불법적인 토지 집적을 통하여 이루어진 농장을 경영하여 부를 축적하였다. 이 농장은 면세·면역의 특권을 지닌 사적 지배력이 강한 토지였는데, 권문세족은 산천을 경계로 하는 광대한 농장을 소유하였다.

이와 같이 고려 후기의 권문세족은 고위관직을 차지하고 광대한 농장을 경영하는 지배층으로 보수적인 사회세력이었다. 이들은 문화적 소양과는 거리가 멀었고 대체로 친원적인 성향을 가진 사람들이었다. 따라서 권문세족은 기성의 정치권력을 유지하고 경제기반을 존속시키기 위하여 원의 세력을 이용하고 새로운 개혁을 반대하였던 것이다.

고려 후기의 권문세족이 왕실과 혼인할 수 있는 '재상지종'이 되어 문벌을 중요시한 점은 전기의 문벌귀족과 비슷하다. 그러나 이들은 여러 면으로 종래의

10) 閔賢九, 〈高麗後期 權門世族의 成立〉《湖南文化硏究》 6, 전남대, 1974.
金塘澤, 〈忠宣王의 復位敎書에 보이는 '宰相之宗'에 대하여〉《歷史學報》 131, 1991.
金光哲, 《高麗後期 世族層硏究》, 동아대출판부, 1991.

11) 邊太燮, 〈高麗都堂考〉《歷史敎育》 11·12 합집, 1969 ; 《高麗政治制度史硏究》, 일조각, 1971.

문벌귀족과 차이점이 있었으니, 우선 무반가문이나 부원세력 등 종래의 문벌관념으로서는 도저히 생각할 수 없는 새로운 성분으로 구성되었음이 달랐다. 뿐만 아니라 문벌귀족이 가문 자체의 권위로 귀족적 특권을 누렸음에 비하여 권문세족은 현실적인 관직을 통하여 정치권력을 행사하였다는 점에 그 관료적 성향이 농후하였음을 볼 수 있다. 이제 고려의 지배세력은 가문위주의 문벌귀족에서 보다 관료적 성향이 짙은 권문세족으로 발전하여 갔던 것이다.

3. 농장의 발달

고려 후기에 권문세족의 경제적 기반이 된 것은 그들이 소유한 막대한 農莊이었다. 이들 권문세족은 정치적 실권을 차지하였을 뿐 아니라 농장을 확대하여 지배세력으로서의 물질적 토대로 삼았던 것이다.

고려의 전시과체제는 이미 귀족정치기인 12세기 초엽부터 동요하기 시작하였다. 이자겸을 비롯한 문벌귀족들이 토지를 겸병하였기 때문이었다. 이러한 현상은 무신정권이 수립됨으로써 더욱 촉진되었는데, 이 때 집권 무신들은 남의 토지를 탈취하고, 대토지를 겸병하여 전시과 체제는 유명무실하게 되고 말았다.

대토지 겸병의 추세는 무신정권이 몰락하고 몽고간섭기로 접어들면서 더 본격화되어 고려가 멸망할 때까지 계속되었다. 고려 후기의 지배세력인 권문세족들이 다투어 토지를 겸병하고 인구를 집중시켰기 때문이었다. 여기에는 왕실과 사원도 포함되어 역시 대토지소유자가 되었다.

이들 권문세족의 토지확대는 불법적 방법에 의하는 것이 일반적이었다. 개경환도 후 1271년(원종 12)에 전시과를 대신하는 녹과전을 제정하여 관리들에게 京畿 8縣의 땅을 지급하였는데, 권문세족의 토지확대는 이 공적인 녹과전에 의한 것이 아니고 그들의 권력에 의한 불법적인 탈점, 즉 약탈과 강점에 의하여 토지를 겸병하는 경우가 많았다.[12] 또한 권문세족은 賜牌를 받은 賜田에 의하여 토지를 확대하였다. 이 사패는 본래 토지·노비의 합법적인 소유를 인정하는 국가발행의 공문서이지만 이른바 '冒受賜牌'라 하여 부당하게 사패를 받은 경우가 많았고, 심지어는 사패를 받지 않고서도 받은 것처럼 사칭하여 토지를 겸병하는 사례도 적지 않았다. 이 밖에 그들의 자본을 이용한 개간으로 토지를 집적하기도 하였고, 또 가혹한 수탈에 견딜 수 없는 농민이 권문세족에 투탁하여 전호가 됨으로써 인구의 집중이 이루어지기도 하였다.[13]

12) 閔賢九, 〈高麗의 祿科田〉《歷史學報》 53·54 합집, 1972.
13) 林英正, 〈高麗末 農莊人口에 대한 一考察〉《東國史學》 13, 동국대, 1976.
李淑京, 《高麗後期 賜牌田硏究》, 서강대박사학위논문, 1997.
李仁在, 〈高麗 中·後期農莊의 田民確保와 經營〉《국사관논총》 71, 국사편찬위원회, 1996.

고려 후기의 권문세족이 겸병한 대토지는 전시과체제의 그것과 달리 면세·면역의 특권을 누려 사적 지배력이 농후하였다. 이들 대토지를 특히 농장이라 부르는 것은 이 때문이다. 즉, 농장의 소유주들은 토지소유에 따른 조세를 납부하지 않았고 농장의 전호들도 국가에 바쳐야 할 공부와 요역을 부담하지 않음으로써 不輸의 특권을 누리고 있었던 것이다.[14)]

이 농장은 전국적으로 분포하고 그 규모도 막대하였다. 수백결에 이르는 광대한 농장이 허다하였고 어떤 것은 2·3천결이나 되는 것도 있었다. 이에 고려 말기의 농장은 산천을 경계로 하여 온 주·군에 걸친 하나의 행정구역을 이루기도 하였다. 국왕이 차지한 농장은 莊·處라 불리었는데 그 수는 360개나 되었다 한다.[15)] 또한 사원도 국왕이나 권문세족의 토지기진으로 광대한 농장을 소유하였다.[16)]

이러한 농장의 발달은 국가의 토지에 대한 공권력의 약화를 초래하였다. 농장의 확대로 국가지배의 공전이 침식되어 관리들에게 녹과전을 지급할 수 없게 되었고, 노비와 농민이 농장으로 흡수됨으로써 역시 국가지배의 公民이 감소하였던 것이다. 이것은 결국 농장에 주어진 면세·면역의 특권에 의하여 국가재정이 궁핍해지는 결과를 가져왔던 것이다.

이에 국왕과 신진관료들은 권문세족이 겸병한 농장을 혁파하여 토지제도의 정비를 모색하게 되었다. 이러한 움직임은 폐정 개혁의 일환으로서 이미 충렬왕 때부터 나타나기 시작하였는데, 왕 14년(1288)의 田民辨正都監 설치와 왕 21년(1295) 洪子藩이 '便民 18事'를 건의한 것이 바로 그것이었다.[17)] 이어서 충선왕은 복위와 동시에 대대적인 재정개혁을 추진하였고, 충숙왕은 5년(1318)에 拶(찰)理辨違都監(察理辨違都監)을 설치하여 권문세족들이 점유한 전민을 본주인에게 돌려주도록 하였다.[18)] 또한 충목왕 때에는 整治都監이 설치되어 각도에 관

---

14) 宋炳基, 〈高麗時代의 農莊－12世紀 以後를 中心으로－〉《韓國史研究》 3, 1969.
姜晋哲, 〈高麗의 農莊에 대한 一研究〉《史叢》 24, 고려대, 1980 ; 《韓國中世土地所有研究》, 일조각, 1989.
魏恩淑, 〈고려후기 사적 대토지사유와 경영형태〉《한국중세사연구》 I, 한국중세사연구회, 1994.

15) 李相瑄, 〈高麗時代 莊·處에 대한 再考〉《震檀學報》 64, 1987.

16) 李載昌, 〈麗代寺院領擴大의 研究〉《佛教學報》 2, 동국대, 1964.
______, 《高麗寺院經濟의 研究》, 아세아문화사, 1976.
李炳熙, 《高麗後期 寺院經濟의 研究》, 서울대박사학위논문, 1992.
李相瑄, 《高麗時代 寺院의 社會·經濟的 位相에 관한 研究》, 고려대박사학위논문, 1992.

17) 盧鏞弼, 〈洪子藩의 「便民十八事」에 대한 研究〉《歷史學報》 102, 1984.
金光哲, 〈洪子藩研究－忠烈王代 政治와 社會의 側面－〉《慶南史學》 1, 경남사학회, 1984.

리를 보내 양전케 함으로써 권문세족이 강점한 토지를 살펴 다스리도록 하였고, 공민왕 때 辛旽(돈)은 전민변정도감을 설치하여 권문세족이 탈점한 토지와 노비를 원주인에게 돌려주게 하였다.[19] 그러나 이러한 국왕과 신흥관료들의 개혁운동은 당시 막대한 세력을 가진 권문세족의 강력한 반대에 부딪혀 번번히 좌절되었으니, 그것은 전민변정도감이 일곱번이나 설치와 폐지가 거듭된 사실로 미루어 알 수 있다. 결국 고려의 토지제도의 모순은 공양왕 때에 가서야 비로소 사전개혁으로 결실을 맺을 수 있었다.

II. 新興士大夫의 대두

1. 신흥사대부의 출현

고려 후기에는 지배세력인 권문세족에 도전하는 새로운 사회세력이 출현하였는데 이들이 바로 신흥사대부였다. 신흥사대부는 권문세족의 정치권력 독점과 농장확대에 따른 정치·경제·사회적 혼란을 시정하기 위하여 개혁정치를 주장하였다. 이리하여 고려 후기에는 보수적인 권문세족과 진보적인 신흥사대부 사이에 대립이 나타나게 되었던 것이다.

신흥사대부는 이미 최씨정권기부터 형성되기 시작하였다. 최씨정권은 정국이 안정됨에 따라 그들의 정권을 유지하기 위해 '能文能吏', 즉 학문적 교양이 높고 행정실무에 밝은 문인들을 기용하였다. 이들은 유교적 지식이 부족한 무신정권에 대하여 학문과 행정의 능력을 보충하여 주는 관료적 학자가 되었는데, 이것이 바로 신흥사대부의 원초적 모습이었다. 이들은 무신정권이 붕괴된 이후 더욱 활발히 중앙정계에 진출하여 커다란 사회세력을 형성하기에 이르렀다.[20]

이들 신흥사대부는 권문세족과 달리 그 가문이 한미하였고, 지방의 향리출신이 많았다. 고려의 향리는 후기의 사회적·경제적 변동을 겪으면서 중소지주로 성장해 있었는데, 그 자제들이 학문적 교양을 쌓고 과거를 통하여 중앙의 관리로 진출하였던 것이다. 따라서 신흥사대부는 이미 중앙정계에서 보수적 세력기반을 구축하고 있던 권문세족과 대립하지 않을 수 없었다.[21]

---

18) 朴鍾進, 〈忠宣王代의 財政改革策과 그 性格〉《韓國史論》 9, 서울대, 1983.
姜順吉, 〈忠肅王代의 察理辨違都監에 대하여〉《湖南文化硏究》 15, 전남대, 1985.

19) 閔賢九, 〈辛旽의 執權과 그 政治的 性格〉(上·下)《歷史學報》 38·40, 1968.
______, 〈整治都監의 性格〉《東方學志》 23·24 합집, 연세대, 1980.

20) 李佑成, 〈高麗朝의 「吏」에 對하여〉《歷史學報》 23, 1964 ; 《韓國中世社會硏究》, 일조각, 1991.

그러나 이미 강력한 정치권력을 장악하고 광대한 농장을 점유한 권문세족에 대하여 미약한 신흥사대부의 개혁운동은 성공하기 어려웠다. 더욱이 권문세족들이 강대한 원의 세력과 결탁하고 있는 이상 그것은 더욱 더 기대할 수 없었다. 1298년(충렬왕 24) 충선왕이 즉위하자 전반적인 관제개혁을 단행하여 정방을 폐지하고 詞林院을 설치하면서 이를 중심으로 개혁정치를 수행하였는데, 이 개혁을 주도한 사람들은 과거를 통하여 중앙정계르 진출한 지방출신의 신흥사대부들이었다. 충선왕은 보수적인 권문세족에 대하여 이들 신흥사대부와 결탁하여 개혁정치를 추진함으로써 국왕권의 강화를 모색하였던 것이다.[22] 그러나 충선왕과 신흥사대부의 개혁정치는 원과 결탁된 권문세족들의 반발로 실패하였고 충선왕도 결국 퇴위하고 말았던 것이다.[23]

신흥사대부의 개혁운동은 충목왕 때 정치드감의 개혁이 역시 실패로 돌아간 후 공민왕(1351～1374) 때에 이르러 본격화되었다. 이 때에는 신흥사대부의 세력이 자못 성장하였고 또한 대륙에서 漢族의 홍기로 원이 쇠퇴하고 있었으므로 공민왕은 이들 신흥사대부를 기반으로 개혁정치를 실행할 수 있었던 것이다. 공민왕의 개혁은 안으로 권문세족을 억압하고 밖으로 그들의 배후세력인 원을 축출하는 것이었다. 우선 공민왕은 奇轍(기철) 등 부원배들을 제거하고 정동행성의 理問所를 혁파하였으며, 쌍성총관부를 공격해서 철령 이북 땅을 회복하는 등 반원정책을 강행하는 동시에 새로이 明의 연호를 사용하고 명에 사신을 파견하여 친명정책을 뚜렷이 하였다.[24] 또한 대내적으로 권문세족을 억압하기 위한 개혁정치를 추진하였는데, 원의 간섭으로 변형된 관제를 3성·6부의 구관제로 복구하고 권문세족의 관직독점의 중심기관이었던 정방을 폐지하였다. 특히 공민왕

21) 신흥사대부에 대하여 근래에는 '新興儒臣'이라고 칭하는 것이 좋다는 견해가 제시되고 있다. 이에 의하면 원간섭기의 현실타협적인 士大夫에 대하여 충목왕대 이후에는 性理學을 받아들이고 과거에 급제한 문신관료(李齊賢·白文宝·李穀 등)들이 사회경제적 개혁을 뚜렷이 한 점에서 이와 구별하여 신흥유신으로 불러야 한다는 것이다.
高惠玲, 〈高麗後期 士大夫의 槪念과 性格〉《許善道停年紀念 韓國史學論叢》, 1992.
李益柱, 《高麗·元關係의 構造와 高麗後期 政治體制》, 서울대박사학위논문, 1996.

22) 李起男, 〈忠宣王의 改革과 詞林院의 設置〉《歷史學報》 52, 1971.
이익주, 〈충선왕 즉위년(1298)관제개편의 성격〉《14세기 고려의 정치와 사회》, 민음사, 1994.

23) 이 때 개혁정치의 실패로 충선왕은 퇴위하고 충렬왕이 복위하였지만 충렬왕 34년(1308) 충선왕이 원 무종을 옹립한 공으로 다시 왕위에 오르게 된다. 이러한 왕위의 重祚현상은 뒤에 충숙·충혜왕 부자간에도 일어났는데, 이는 당시 고려에 대한 원의 정치적 간섭을 단적으로 말해 주는 것이다.
高柄翊, 〈高麗 忠宣王의 元 武宗 擁立〉《歷史學報》 17·18 합집, 1962.
金光哲, 〈고려 충혜왕의 왕위계습〉《釜山史學》 28, 부산사학회, 1995.

24) 閔賢九, 〈高麗 恭愍王代 反元的 政治改革의 展開〉《許善道停年紀念 韓國史學論叢》, 1992.

은 그 후년에 승려인 신돈을 등용하여 과감한 개혁정치로 오랫동안의 적폐를 시정하려 하였다. 먼저 李公遂·慶千興·李壽山 등 권신들을 축출하고 대신 문벌이 낮은 사대부를 등용하였으며, 또 전민변정도감을 설치하여 권문세족이 빼앗은 전민을 원래 주인에게 돌려주고 노비로서 양민이 되고자 호소하는 자를 모두 해방시켜 주었다.[25]

이러한 공민왕과 사대부들의 대외·대내적인 개혁정치는 아직도 강력한 기성세력을 가지고 있었던 권문세족의 반발에 부딪치게 되었다. 그들 권문세족은 공민왕의 반원정책과 혁신정치로 말미암아 그들의 세력기반이 무너지는 것을 두려워하여 신돈을 제거하고 공민왕을 시해하였으니, 이로써 사대부들의 개혁운동은 또 한번 좌절되고 말았다.

2. 국제정세의 변화와 威化島回軍

고려 후기에 내부적으로 권문세족과 신흥사대부 사이의 대립이 격화되고 있을 무렵 밖으로부터의 압력도 가중되고 있었는데, 그것은 왜구 및 紅巾賊의 침입과 원·명 교체에 따른 대외관계의 변동이었다.

고려 말에는 왜구의 창궐로 심한 고통을 겪지 않으면 안되었다. 왜구는 대마도 등 일본 근해의 해적들로서 이미 고종 때부터 우리 연해에 출몰하였는데, 특히 충정왕 때부터는 거의 매년 전국 각지에 침투하였고 심지어 강화도까지 약탈을 당하여 개경에 계엄령이 내리기까지 하였다. 이 때문에 해상의 조운이 끊겨 중앙정부의 재정이 곤란하게 되었을 뿐 아니라 연해의 농민들이 약탈을 당하여 큰 피해를 입게 되었다.

고려는 왜구를 막기 위하여 일본정부와 외교적 교섭을 벌였으나 일본정부 자체가 이를 억제할 힘이 없었기 때문에 별 효과를 거두지 못하였다. 이에 고려는 국방력을 강화하고 적극적인 왜구토벌에 나섰다. 이 때 崔茂宣은 중국상인에게서 화약제조방법을 배워서 1377년(우왕 3)에 火㷁(화통)都監을 설치하고 火砲를 만들어 왕 6년(1380년) 鎭浦(금강 입구)에 침입한 왜선 500여척을 불태웠다. 또한 이 해에 李成桂는 荒山에서 왜구의 주력부대를 크게 무찔렀고, 1389년(창왕 1)에는 朴葳(위)가 전함 100척을 이끌고 왜구의 소굴인 대마도를 정벌하니 이에 그 기세가 꺾이게 되었다.[26]

---

25) 閔賢九, 〈辛旽의 執權과 그 政治的 性格〉(上·下)《歷史學報》 38·40, 1960.
朱碩煥, 〈辛旽의 執權과 失脚〉《史叢》 30, 고려대, 1986.
이병희, 〈고려말 토지겸병과 신진사대부의 동향〉《역사비평》 24, 역사비평사, 1994.
26) 孫弘烈, 〈高麗末期의 倭寇〉《史學志》 9, 단국대, 1975.
羅鍾宇, 〈高麗末期의 麗·日關係－倭寇를 中心으로－〉《全北史學》 4, 전북대, 1980.
崔炳鈺 등, 《倭寇討伐史》, 국방군사연구소, 1993.

공민왕 때는 또한 대륙으로부터 홍건적의 침입을 받았다. 공민왕이 즉위할 무렵 대륙정세는 크게 변동하여 오랫동안 세계제국을 형성하였던 원이 쇠퇴하고 각지에서 한족의 봉기가 일어나고 있었다. 홍건적은 그러한 한인 반란군의 하나로 韓山童·劉福通 등이 하북성 永平에서 일어나 북중국의 원세력을 축출하고 그 기세가 강성하였는데, 이들이 원군의 반격을 받아 그 중 한 무리가 요동으로 쫓기면서 고려를 침범하였다(1359년, 공민왕 8). 이 때 홍건적은 서경까지 다다랐으나 고려군에게 패하여 큰 피해를 입고 되돌아갔다. 1361년(공민왕 10)에 홍건적은 다시 침입하여 개경이 함락되고 왕은 福州(지금 안동)로 피난을 하기에 이르렀으나 鄭世雲·安祐·金得培·李芳實 등이 크게 무찔러 내쫓았다.

이와 같이 고려는 밖으로부터 왜구와 홍건적의 침입을 받아 큰 고통을 겪었는데, 이 때 대륙정세도 크게 변전하여 고려에 영향을 끼쳤다. 즉, 한인 반란군의 한 사람인 朱元璋이 남경에서 明을 세우고 원의 大都(지금 북경)를 함락시켜 원이 멀리 북으로 달아나 원·명의 교체가 이루어진 것이다(1368, 공민왕 17). 이에 반원정책을 추구하던 공민왕은 명에 사신을 보내고 명의 연호를 사용하여 친명정책을 쓰게 되었다.[27)]

그러나 국내에는 아직도 친원세력이 잔존하고 있었으므로 외교정책을 둘러싼 대립이 나타나게 되었다. 이 때 친명파가 공민왕을 정점으로 신진사대부로 구성되었는데 반하여 친원파는 이전부터 원과 연결되고 있었던 권문세족들이 주류를 이루고 있었다. 이러한 친원·친명의 대립 속에서 공민왕이 반대파에 의하여 시해되고 중립파인 李仁任의 추대로 우왕이 즉위하자(1374) 고려는 원과 명에 두 다리를 걸치는 양면외교를 추구하였다. 즉, 이인임 등은 우왕이 즉위하자 곧 명에 사신을 보내 그 왕위의 승인을 요청하는 한편 北元에 대하여도 사신을 파견하여 국교를 회복하였던 것이다.[28)]

그러나 우왕 때의 친원·친명 양세력의 대립관계에 커다란 변화를 초래한 사건이 일어났으니 그것은 명의 鐵嶺衛 설치문제였다.[29)] 그렇지 않아도 명은 고려가 북원과 통하는 것을 힐책하고 무리한 공물을 요구하며 고려사신을 유배하는 등 고압적인 태도를 취하여 고려조정을 분개하게 하였는데, 1388년(우왕 14)에는 원의 쌍성총관부 관할하에 있던 철령 이북의 땅을 명의 직속령으로 삼겠다고 통고하여 왔던 것이다. 이 때 정권을 잡고 있던 崔瑩은 크게 분개하여 도리어

---

27) 朴容淑, 〈恭愍王代의 對外關係〉《釜山史學》 2, 부산사학회, 1971
黃雲龍, 〈高麗 恭愍王代의 對元·明關係〉《東國史學》 14, 동국대, 1980.
28) 朴天植, 〈高麗 禑王代의 政治權力의 性格과 그 推移〉《全北史學》 4, 전북대, 1980.
高惠玲, 〈李仁任政權에 대한 一考察〉《歷史學報》 91, 1981.
29) 金龍德, 〈鐵嶺衛考〉《中央大論文集》 6, 1961;《韓國制度史硏究》, 일조각, 1983.

이 기회에 명이 차지한 요동지방까지 회복하려 하였다.

마침내 고려는 우왕 14년 최영이 8道都統使가 되고 曺敏修를 左軍都統使, 이성계를 右軍都統使로 삼아 요동정벌에 나서게 되었다. 그러나 처음부터 국내외의 정세로 보아 요동정벌이 현실적으로 불가능하다고 판단하여 출병을 반대하였던 이성계는 압록강 가운데 있는 위화도에서 회군하여 개경에 돌아왔다.[30] 이리하여 이성계 일파는 반대파인 최영 등을 제거하고 우왕을 축출하여 정치적 실권을 장악하였으니, 이것이 이성계가 고려를 넘어뜨리고 朝鮮을 건국하는 결정적인 계기가 되었던 것이다.[31]

3. 이성계의 집권

위화도회군으로 이성계 일파가 정권을 장악함으로써 권문세족은 급격히 도태되기 시작하였다. 특히 같은 회군공신이지만 권문세족에 속하였던 조민수가 회군 직후에 창왕을 옹립하여 권세를 누리다가 이성계 일파에 의하여 실각당하고, 창왕마저 신돈의 자손이라 하여 축출되자 정치적 실권은 완전히 권문세족에서 신흥사대부들의 손으로 넘어가게 되었다.[32]

정권을 잡은 신흥사대부들이 가장 먼저 착수한 것은 사전개혁이었다. 권문세족들의 물질적 기반인 사전을 혁파하여 새로운 토지제도를 제정하였던 것이다. 이 전제개혁은 이성계 일파인 趙浚과 鄭道傳 등에 의하여 추진되었는데, 공양왕이 즉위하고 이성계의 실권이 강화되면서 실천에 옮겨졌다. 먼저 전국의 토지개량에 착수하여 1390년(공양왕 2)에 완료하고 종래의 공사전적을 모두 불태워버림으로써 전제개혁의 토대를 마련하였고, 마침내 이듬해에 새 토지제도인 科田法을 공포하기에 이르렀다. 이 과전법이 시행됨으로써 종래 권문세족이 강점한 사전이 혁파되고 국가지배의 공전이 증가하였으며, 이를 기반으로 관료들에게 과전을 급여하여 신진관료층의 경제적 토대를 마련하였다.[33]

30) 요동정벌에 대한 이성계의 '4不可論'은 다음과 같다.
1. 以小逆大 2. 夏月發兵 3. 擧國遠征 倭乘其虛 4. 時方暑雨 弩弓解膠 大軍疾疫.

31) 許興植, 〈高麗末 李成桂(1335~1408)의 세력기반〉《高柄翊回甲紀念 史學論叢》, 한울, 1984.

32) 이 때 이성계 등은 '廢假立眞'을 내세워 우왕·창왕 부자를 신돈의 자손이라 하여 결국 폐출하고 살해하였는데, 이것은 그들이 정권을 잡기 위한 하나의 수단이었다. 따라서 조선시대에 편찬된 《고려사》에서도 우왕·창왕은 世家에서 떨어져 열전에 편입되어 있는 것이다.

33) 李相佰, 《李朝建國의 硏究》, 을유문화사, 1949.
金泰永, 〈科田法의 成立과 그 性格〉《韓國史硏究》 37, 1982;《朝鮮前期土地制度史硏究》, 지식산업사, 1983.
李景植, 〈高麗末의 私田捄弊策과 科田法〉《東方學志》 42, 연세대, 1984;《朝鮮前期土地制度硏究》, 일조각, 1986.

그러나 이성계 일파가 새 왕조를 개창하기 위해서는 신흥사대부 내부의 또 다른 반대에 봉착하지 않으면 안되었다. 이 때의 신흥사대부는 대개 두 파로 갈라져 있었는데, 하나는 고려왕조의 적폐를 점진적으로 개혁하려는 온건파이고, 다른 하나는 왕조 자체를 바꾸려는 역성혁명파였다. 李穡(색)·鄭夢周 등이 전자에 속하였고, 조준·정도전·南誾(은) 등이 후자에 속하였다. 그러나 군사권을 장악한 이성계가 공양왕을 옹립하고 전제개혁을 단행하여 경제적 실권까지 잡음에 따라 역성혁명파의 우세는 결정적인 것이었다. 이들은 유력한 반대자인 정몽주를 죽인 후 공양왕을 내쫓고 이성계를 추대하여 새 왕조를 개창하였으니, 이로써 고려왕조는 종말을 맞이하게 되었던 것이다(1392).

III. 政治體制의 변동

1. 중앙정치제도의 변화

고려 후기 지배층인 권문세족의 권력의 집중기관이 바로 都評議使司였다. 도평의사사는 원래 宰樞의 변방·군사문제의 회의기관인 도병마사의 후신이었다. 도병마사는 1279년(충렬왕 5) 도평의사사로 개정되었는데, 이것은 도병마사의 기능이 확대하였기 때문이었다. 고종 후년에는 도병마사가 군사적 문제뿐 아니라 민사적 문제까지도 관장하여 '都堂'의 칭을 갖게 됨으로써 정무를 널리 평의한다는 뜻의 도평의사사로 개칭한 것이다. 원의 강요에 따라 고려의 관제가 개정 격하된 것이 1275년(충렬왕 1)이었는데, 도병마사는 원의 관제와는 무관하였기 때문에 개정의 대상이 되지 않았지만 이제는 기능상으로 기구명이 적합하지 않았기 때문에 1279년에 고려 스스로의 의지에 의하여 그에 알맞는 명칭인 도평의사사로 개칭되기에 이른 것이다.[34)]

도평의사사는 재·추, 즉 재신과 추신으로 구성된 회의기관이었다. 재·추는 처음 5재·7추가 정원이었는데, 이들 재추의 수가 증가하고 여기에 직접 직사자가 아닌 재추 商議까지 포함되어 그 수가 많아지게 되었다. 고려 말에는 도당에 합좌하는 재추의 수가 7·80명이나 늘었다 하니 이제 도평의사사는 재상권의

李椋浩,〈麗末鮮初의 土地制度〉《昌原大論文集》8-2, 1986.
姜晋哲,〈高麗 末期의 私田改革과 그 成果〉《震檀學報》66, 1988 ;《韓國中世土地所有研究》, 일조각, 1989.
朴京安,《高麗後期 土地制度研究》, 혜안, 1996.

34) 邊太燮,〈高麗都堂考〉《歷史教育》11·12 합집, 1969;《高麗政治制度史研究》, 일조각, 1971.
金昌賢,〈高麗後期 都評議使司 體制의 성립과 발전〉《史學研究》54, 1997.

원천이 되었던 것이다.[35)]

처음 도병마사는 변방·군사문제에 대한 회의기관이었으나 도평의사사는 민사문제를 포함한 국가 중요사를 총괄케 되었으니, 도당의 칭은 이에서 나온 것이었다. 도평의사사는 단순한 합좌 회의기관을 넘어 직접 국무를 결정 실행하는 행정기능도 지니게 되었다. 이에 따라 도평의사사에는 행정기구가 정비되었는데, 그것은 도당에 이·예·호·형·병·공의 6色掌이 편성되고, 이는 다시 창왕 때 6房錄事로 개편되었으며, 1390년(공양왕 2)에는 6방녹사를 통할하는 사무관청인 經歷司가 설치되기에 이르렀다.

이제 고려 후기의 최고정무기관은 도당이 되었다. 도당은 중앙의 중요국무를 회의 결정하고 이를 집행하였을 뿐 아니라 지방에도 직접 명령을 내리는 최고기관이 되었다. 이에 도당은 백규를 총할하고 호령을 반포하는 곳이라고 말하게 되었다. 이러한 도당권의 강화는 6부의 기능을 무력화하여 허설이 되고 모든 백사의 행정체계를 문란케 하는 동시에 왕권마저도 약화시키는 요인이 되었다. 도당에서의 재상권의 증가는 이에 반비례하여 국왕권의 약화로 나타났던 것이다.

고려 후기에는 여러 번에 걸쳐 관제의 개정이 되풀이 되었다. 처음 1275년(충렬왕 1)에 원의 압력에 의하여 참월하다는 이유로 고려의 관제는 격하되게 되었다. 이 때 3성·6부의 명칭을 피하여 중서문하성과 상서성을 합하여 첨의부라 하고 문하시중을 中贊으로 고쳤으며, 상서 6부는 이부·예부를 합하여 전리사로 하고, 병부는 군부사, 호부는 판도사, 형부는 전법사, 그리고 공부는 폐지하여 4사로 축소시키고, 장관도 상서에서 判書로 격하 호칭되었다. 동시에 추밀원(중추원)은 밀직사로 개정되고 어사대는 감찰사로 바뀌었다.

충렬왕대의 정치제도의 변화에서 자못 중요한 것은 원의 직제에 따라 征東行省이 설치된 사실이었다. 정동행성의 정식 명칭은 征東行中書省으로, 정동이란 일본정벌을 뜻하고 행중서성은 지방파견관을 뜻하는 것인데, 그저 정동행성으로 약칭되었다. 정동행성은 처음 1280년(충렬왕 6) 원이 일본정벌을 위한 전방사령부로 고려에 설치하였는데, 일본 정벌이 실패하자 곧 폐지되었다가 다시 1283년에 설치되었다가 이것도 곧 폐지되고, 세번째로 1285년에 설치된 후 고려 말까지 존속되었다.

정동행성은 고려에 설치된 원의 기구로 고려가 원에 예속된 관계의 표징이었으나 실제로는 형식적 기구를 면치 못한 의례적인 일만 맡았을 뿐이었다. 그것은 그 장관인 승상에는 고려왕이 임명되고, 그 하부관리도 고려인으로 채워져

35) 도당 회의원의 과다한 증원은 현실적으로 도당의 의정활동을 불편케 하였으므로 이에 몇명의 재추로 禁中에 常會하여 기무를 참결케 한 제도가 마련되었으니, 이것이 內宰樞制이다.

있었으며, 실제로도 원에 賀正使를 파견하는 일 같은 의례적 기능만을 행사한 것으로 알 수 있다. 다만, 1299년(충렬왕 25) 韓希愈 사건이 발생하자 원은 濶里吉思를 정동행성의 平章政事로 임명하여 고려의 내정을 직접 간섭한 일이 있었으나, 이것도 곧 폐지되어 정동행성의 형식적 기구에는 변함이 없었다. 오히려 정동행성의 하부기구인 理問所가 사법기관으로 반원세력을 억압하고 부원세력의 부패를 방조하는 전횡을 저질러 고려인의 원성의 대상이 되었다.

1298년(충렬왕 24) 양위에 의하여 즉위한 충선왕은 여러 가지 개혁정치를 추진하였는데, 그 가운데 가장 중요한 것은 관제개혁이었다. 都僉議使司(1293년 첨의부를 개정)에 시중·복야 등만 임명하여 재신직을 줄였고, 밀직사를 光政院으로 고쳐 재신이 추신직을 겸하는 동시에 광정원사도 參知機務를 겸함으로써 재상의 지위에 오르게 하였으며, 여기에 다시 資政院이란 또 하나의 재상기구를 설치하였다. 또 이 때 종래의 4사가 6曹로 개정되어 종래의 6전체제가 복구되었다. 이 충선왕의 관제개혁은 두달만에 충선왕의 퇴위로 소멸되는 결과를 초래하였으나 종래의 '司'에 대신하여 원제에 따른 '院'이 출현하면서도 6전체제로 환원되고 시중·복야 등의 명칭에 나타나는 바와 같이 복고적인 면이 있었음이 특징이었다.[36]

고려의 정치제도는 공민왕에 이르러 또 한번 커다란 변화를 겪게 되었다. 공민왕의 개혁정치는 관제개혁에도 나타나 왕 5년(1356)에 도첨의사사를 고쳐 종래의 3성인 중서문하성·상서성으로 복구하고 상서6부제로 환원하였으며, 밀직사를 다시 추밀원으로, 감찰사를 어사대로 고쳐 옛 제도를 실시하였던 것이다. 그러나 공민왕의 반원적인 개혁정치는 아직도 대륙에서 여력을 가지고 있던 원의 압력에 의하여 왕 11년(1362) 관제의 회복으로 나타나게 되었다. 이 때 다시 도첨의부가 설치되고, 6부는 6사로 바뀌어 장관이 판서로 격하되고, 밀직사·감찰사가 재현된 것이다. 그러나 왕 18년(1369)에는 다시 많은 관제가 원형으로 개정되었으니, 도첨의부가 門下府로 개정되고 그 장관도 시중으로 개칭되었으며, 6사도 6부로 환원되고 장관이 상서로 호칭되었으며, 감찰사도 司憲府로 고쳐졌다. 단, 왕 21년(1372)에 6부가 6사로 되돌아 가고 그 밖의 제사도 11년 관제로 회귀하였으나, 문하부 체제는 그대로 존속하고 1389년(공양왕 1)에는 6사가 6조로 바뀌었으니, 이러한 거듭된 관제개정은 자주적인 원형으로의 복구와 원제에 따른 격하의 악순환이 계속된 것으로 결국은 양자의 중간적 모습으로 정

36) 이익주, 〈충선왕 즉위년(1289) '개혁정치'의 성격－관제개편을 중심으로－〉《역사와 현실》 7, 한국역사연구회, 1992.

______, 《高麗·元關係의 構造와 高麗後期政治體制》, 서울대박사학위논문, 1996.

朴宰佑, 〈高麗 忠宣王代 政治運營과 政治勢力의 動向〉《韓國史論》 29, 서울대, 1993.

착되었다고 볼 수 있다.

이러한 고려 후기의 잦은 관제개정은 정치제도의 문란을 가져오게 하였다. 더욱이 재추상의와 함께 직사가 없는 관직을 함부로 수여하여 녹봉을 축내는 사람이 증가한 것도 정치제도의 문란을 가중시켰다. 전술한 바 도당권의 강화에 따라 6부가 제 기능을 다하지 못하고 백사의 행정체계가 흐트러진 것과 함께 고려 후기 정치체제의 혼란은 고려 멸망의 하나의 요인이 되었다.

2. 지방통치제도의 발전

원래 고려의 지방제도는 여러 면에 걸쳐 많은 취약점이 있었다. 첫째 500여개의 군·현 가운데 외관이 파견된 主縣이 적고 외관이 없는 속현이 많았으며, 둘째 고려 전기에는 주현이 중앙정부와 직결되고 다만 한정된 기능에 있어서 界首官이 중간기구를 대행한 미숙한 명령체계였다. 또한 셋째로 중기 이후 중간기구로 경기·5도·양계의 8개 구획이 성립하였으나, 이것은 획일적이 못된 3원적 구별이라는 점에 문제점이 있었으며, 넷째 고려에서는 천민집단의 특수행정구획으로 향·부곡·소가 광범하게 존재하였다는 점이었다.

고려 정부의 가장 긴급한 과제는 수령이 없는 속현을 감소시켜 중앙집권화를 강화하는 것이었다. 속현의 감소는 정식 수령을 파견하여 주현화시키는 방법을 취하였는데, 그것은 청주목 관내 富城縣에 1144년(인종 22) 현령이 설치된 것과 울주 속현 東萊縣에 새로 현령이 설치된 예 등이 그것이었다. 그러나 고려의 속현에는 監務라 칭하는 현령보다 하위의 외관을 설치하는 방법이 광범하게 실시됨으로써 지방행정력의 강화를 도모하였다. 고려에서 속현에 감무를 설치하기 시작한 것은 1106년(예종 1)에 서해도의 儒州縣 등에 유민이 많이 생겨 이들을 안무키 위해 감무를 파견한 데 비롯되었는데, 그 수가 고려 일대를 통하여 총 200여개에 달하였으니 그만큼 중앙집권력의 지방침투가 강화된 것이다.[37)]

고려 전기에 군현이 중앙정부와 직결되고 한정된 기능에 있어서 계수관으로 하여금 중간기구의 역할을 담당케 한 지배체제는 중기 이후 경기·5도·양계가 착실한 중간기구로 부상함에 따라 커다란 발전을 보였다. 그러나 이러한 삼원적인 중간기구의 차이는 미숙성을 면치 못한 것으로 고려는 시간이 흐름에 따라 점차 일원화의 길을 걷게 되었다. 그리고 그것은 특수군사지역인 양계의 민사적

37) 감무는 가장 하위의 외관인데, 조선 태종대에 가서야 縣監으로서 정식 수령직이 되었다.
元昌愛, 〈高麗 中·後期 監務增置와 地方制度의 變遷〉《淸溪史學》 I, 한국정신문화연구원, 1984.
金東洙, 〈고려 중·후기의 監務파견〉《전남사학》 3, 전남대, 1989.
金秉仁, 〈高麗 睿宗代 監務의 設置背景〉《全南史學》 8, 전남대, 1994.

일반구역인 남도화로 나타났다.

春州道는 원래 동북계에 속한 지역이었는데, 인종대(1122~1146)에는 안찰사가 설치되어 남도로 전환되었다. 그 후 북계지방은 몽고군의 침입과 쌍성총관부(1258~1356) 및 동녕부(1270~1290)의 설치로 양계제도는 무너지고 말았는데, 공민왕 후년에는 江陵道에도 按廉使(안찰사의 개칭)가 설치됨으로써 남도화되었으니, 오늘의 강원도 지방이 모두 양계에서 떨어져 나간 것이다.

이제 양계는 순북계지역만 남아 서북면과 동북면에 都巡問使가 설치되기에 이르렀다. 그러나 이들 지역도 점차 민사적 행정구획으로 전환되었으니, 그것은 순북계의 방어사주 및 진으로 편성된 주진들이 일반 주현으로 개편된 것이다. 가령 동북면 和州는 방어사주였는데 1356년(공민왕 5)에 화주목이 되고 1369년 和寧府가 되었으며, 長平鎭(장평진)은 1357년에 현으로 되어 현령이 설치되었다. 또한 서북면의 龜州는 방어사주였는데 뒤에 도호부로 바뀌고 다시 定州牧으로 개편되었으며, 德州도 방어사주였다가 知州事로 바뀌었음은 양계의 방어사주 및 진이 민사적인 일반 군현으로 개편됨을 표시하는 것이다.

이와 같은 군사적인 주진제의 민사적인 군현으로의 개편은 그의 상층기구인 양계의 남도화로 귀결되었다. 1389년(공양왕 1) 대사헌 조준이 양계에도 5도와 같은 觀察使가 설치되어야 한다고 건의하여 마침내 서북면과 동북면에도 관찰사가 파견되어 5도와 똑같은 통치기구가 마련되었다. 5도에는 이미 1388년(창왕 즉위년)에 안렴사를 都觀察黜陟使(도관찰출척사)로 승격한 바 있는데, 1390년에 韓尙質이 西北面都觀察黜陟使·兼兵馬都節制使에 임명된 것은 이를 증명하는 것이다. 동북면의 기록은 보이지 않지만 이곳에도 역시 도관찰출척사가 파견되었을 것이다.[補)]

고려 말에는 경기의 통치제도에도 변화를 초래하였다. 지금까지 개성부에 의하여 통치된 경기가 양계와 같이 1390년에 좌우도로 확대 구분되고, 여기에 역시 도관찰출척사가 설치되기에 이르렀다. 이것은 지금까지 삼원적인 중간기구가 민사적인 관찰사로 일원화되었음을 나타내는 것이다. 고려의 지방제도는 이제 그 미숙성을 탈피하고 발전을 이룩한 것이다.[38)]

고려에는 향·부곡·소와 같은 천민집단의 특별행정구획이 있고, 여기에는 역시 읍사가 있어 吏가 자치를 하고 있었다. 그러나 고려 사회의 발전은 이들 부곡민의 신분을 양인화시켜 후기에는 정도전이 유배생활을 한 나주목 居平部曲과

38) 단, 고려가 멸망하기 3개월 전인 1392년(공양왕 4) 4월에 지금까지 개혁된 여러 제도가 복구되었을 때 지방중간기구도 다시 옛형태로 후퇴되면서 고려의 멸망을 맞이하였다.

補) 〈高麗後期 5道兩界의 變遷〉《한국중세사연구》 5, 한국중세사학회, 1998.

같이 일반 농촌과 차이가 없게끔 변하였다.[39] 이러한 부곡의 내부적 변질은 그를 일반 현으로 개정케 하였으니, 이에 따라 부곡은 감소되고 조선에 들어와서는 완전히 소멸되게 되었다.

고려 후기의 향촌사회는 크게 변질되고 있었다. 이제는 새로이 귀향한 양반과 토착적 향리들이 군공 등으로 添設職(첨설직)·同正職(동정직) 등을 받은 품관이 고향에서 재지기반을 마련하고 있었다. 이것은 고려 전기에 중앙관직을 가진 양반이 범죄를 지으면 자기 향리로 돌아가게 한 歸鄕刑이 이미 후기에는 더이상 의미를 상실하고 또 전기의 지방세력인 장리층이 향역 담당자로 전락되는 사실과 대조를 이루는 현상이었다.[40] 이들 유향품관들은 지방에서 세력을 신장시켜 새로이 그들의 권력기구인 留鄕所를 마련하고 있었다. 이들은 특히 고려 후기의 농업생산력의 상승에 힘입어 그들의 지위를 향상시키고 있었다. 이 때 香徒들이 불교적 색채가 아닌 지방공동체적 기능이 강화된 것도 향촌사회 변질의 또 하나의 현상이었다. 이들 향도는 지방의 소농민들이 자연촌을 단위로 조직되고 주로 會飮儀式이나 장례부조의 활동을 하였던 것이다.[41]

3. 군사제도의 변화

고려 후기에는 2군·6위의 군사제도도 붕괴되고 새로운 병제가 출현하였다. 2군·6위제는 이미 형해화되고 다만 무반의 관직체계로서 구실하였을 따름이었다. 군인전의 피탈에 따른 軍戶의 몰락은 2군·6위의 상비군 조직을 더 이상 존속할 수 없게 한 것이다. 특히 예종 때의 別武班의 설치와 무신정권기의 도방의 사병조직 및 삼별초군의 존재는 공병제 붕괴의 결정적인 요인이 되었다. 도방은 무신정권을 보위한 사병조직으로 초기에 6번 교대였으나 뒤에는 36번으로 확대되었으며, 삼별초는 경찰임무를 지닌 夜別抄가 좌·우로 나뉘고 여기 몽고와의 항쟁 때 포로로 되었다가 도망해 온 사람들로 구성된 神義軍이 합한 것으로 국

---

39) 李佑成, 〈高麗末期 羅州牧 居平部曲에 對하여－鄭道傳의 謫居生活을 通해본 部曲의 內部關係－〉《震檀學報》 29·30 합병호, 1966 ; 《高麗中世社會研究》, 일조각, 1991.

40) 朴恩卿, 〈高麗後期 地方品官勢力에 관한 연구〉《韓國史研究》 44, 1984.
______, 〈高麗 後期 鄕吏層의 變動〉《震檀學報》 64, 1987.
최종택, 〈麗末鮮初 地方品官의 成長過程〉《學林》 15, 연세대, 1993.
朴翼煥, 〈麗末鮮初 留鄕所의 지방자치적 기능과 성격변화〉《國史館論叢》 55, 국사편찬위원회, 1994.
이미 고려 후기에 유향소가 마련되었음은 그의 감독기구인 京在所가 존재한 사실로 알 수 있다. 경재소가 유향소의 서울 출장소 같은 기능을 가져 '分京在所'라고도 칭해졌는데, 1390년 제작의 戶籍文書에 '경재소'가 나온다.

41) 蔡雄錫, 〈高麗時代 香徒의 사회적 성격과 변화〉《國史館論叢》 2, 국사편찬위원회, 1989.

가 공병이었으나 최씨정권의 사은을 입어 사병화된 것이었다.

몽고간섭기의 고려 군제는 몽고의 영향을 받아 萬戶制를 기간으로 편성되었다. 만호부는 두 차례의 일본정벌의 실패로 일본의 공격에 대비키 위해 1281년(충렬왕 7) 남해안에 金州萬戶府(정식명칭은 金州等處鎭邊萬戶府, 뒤에 合浦萬戶府로 개칭)를 설치하고 이어 全羅萬戶府(全羅道鎭邊萬戶府)·耽羅萬戶府를 두어 防倭케 하였으며, 중앙에 포도와 금란을 맡은 巡軍萬戶府, 서경에 수군을 맡은 西京萬戶府(西京等處管水手軍萬戶府)를 설치하여 충렬왕 일대에 걸쳐 5만호부의 완성을 보게 되었다. 만호부는 만호·千戶·百戶와 군령기관인 鎭撫所, 행정관인 수령관 등이 있었는데, 일단 만호가 되면 원으로부터 虎符·金牌가 수여되고 아울러 세습이 허용되었다.[42)]

그러나 공민왕의 반원개혁정치는 5만호부를 폐지케 하였으나 그렇다고 만호부제 자체가 소멸된 것은 아니었다. 이제는 새로운 만호부제의 실시로 군사제도가 개편되었으니, 즉 양계인 서북면의 군사요지인 서경·안주·의주·이성(泥城)·강계와 동북면의 함주·북청·길주·갑산 등에 새 만호부가 설치된 것이다. 그리고 만호부의 최고지휘자인 만호는 예하 각 翼의 지휘자인 천호와 그 이하 백호·統主 등을 지휘하였다. 이에 반해 남도지방에는 왜구의 침입에 대비키 위하여 水軍萬戶府가 설치되고 육지에는 防戍軍이 정비되어 국방의 주력이 되었다.

고려말에는 이와 같은 만호부·방수군제와 함께 새로이 元帥制가 가미되었다. 만호부·방수군이 지방 토착인들로 조직된 데 반하여 이 원수는 중앙군의 지휘관으로 외적 침입시 출정하였는데, 여기에는 다분히 사병적 성격이 강한 것이 특색이었다. 각 도에는 3원수가 설치되고 이는 중앙의 都統使의 지휘를 받았다.

1388년의 요동정벌에는 최고지휘관으로 8도도통사와 좌·우도통사가 조직되고, 휘하에 원수제를 기반으로 3군이 구성되었다. 여기에는 8도 侍衛軍과 개경 坊里軍 등이 참전하였으나 사적 지휘체제가 바탕이 된 원수제에 의하여 이성계의 위화도 회군이 이루어질 수 있었다. 이성계가 정권을 잡자 곧 三軍都摠制府를 설치하여 자기가 삼군도총제사가 되고 사병적 성격을 지닌 원수제를 약화시킨 것은 당연한 일이었다. 이제 고려의 군사제도는 새로이 이성계 일파에 의해 집권적인 3군도총제부의 통할을 받게 된 것이다.[43)]

---

42) 崔根成, 〈高麗 萬戶府制에 관한 研究〉《關東史學》 3, 관동대, 1988.
邊東明, 〈高麗 忠烈王代의 萬戶〉《歷史學報》 121, 1989.

43) 閔賢九, 〈高麗後期의 軍制〉《高麗軍制史》, 육군본부, 1983.
吳宗祿, 〈高麗後期의 軍事指揮體系〉《國史館論叢》 24, 국사편찬위원회, 1991.
權寧國, 〈고려말 지방군제의 변화〉《한국중세사연구》 I, 한국중세사연구회, 1994.
______, 《高麗後期 軍事制度研究》, 서울대 박사학위논문, 1995.

Ⅳ. 高麗文化의 새 경향

1. 불교계의 새로운 동향

고려 후기의 지배세력은 권문세족이었으나 새로이 신흥사대부들이 대두하고 이들 사대부들에 의해서 새로운 문화의 경향이 나타나게 되었다. 고려 전기의 문신귀족에 의하여 흥륭하였던 유교·불교·예술 등이 무신정권기에 쇠퇴하고, 이는 다시 반유학적인 권문세족들의 집권으로 침체해졌지만 이들 신흥사대부의 문화적 역량에 의하여 새로운 문화가 재생하였던 것이다.

우선 무신란 후에는 불교계에 새로운 움직임이 일어났으니, 그것은 선종의 부흥과 신앙 결사운동의 전개로 특징지워졌다. 이미 무신란 이전에 의천의 천태종에 대한 종파상의 필요에서 종래의 선문 9산이 曹溪宗(선종)이라는 이름으로 결합된 바 있는데 普照國師 知訥(지눌, 1158~1210)에 이르러 크게 발전하였다.[44] 지금까지 왕실 및 문신귀족들의 비호를 받으면서 강력한 세력으로 성장해 있던 교종 중심의 불교계는 종래의 권위를 전면적으로 부정하는 무신정권에 대해서 반발하였다. 이러한 불교계의 움직임은 반무신란의 성격을 띠고 전개되었으므로 이 때문에 최씨정권이 수립되면서부터는 무신정권의 가혹한 탄압을 받아 교종교단은 급격히 쇠퇴하고, 그 대신 의천 이후 침체해 있던 선종 세력이 최씨정권과 제휴함으로써 새로이 대두하였다.[45]

무신정권과 선종의 결합은 당시 교종의 이러한 반무신적 성격에 대한 상대적인 의미에서 뿐 아니라 신라 하대에 선종이 호족들에게 환영받았던 사실과도 같은 맥락에서 이해할 수 있다. 즉, 선종은 경전을 통한 복잡한 이론적 접근을 배격하고 參禪(참선)에 의한 불교신앙을 그 중심내용으로 삼았기 때문에 소박한 무인들에게 친근감을 줄 수 있었던 것이다. 특히 선종의 혁신성은 종래의 문신귀족에 의한 기성질서를 무너뜨리고 성립한 무신정권의 성향에 알맞은 것이었다.

이 때 선종 내부에서도 새로운 바람이 불고 있었다. 보조국사 지눌이 당시 불교계의 타락을 비판하면서 새로운 불교이론을 세워 이를 바탕으로 선종위주의 불교 혁신운동을 전개하였던 것이다. 지눌의 사상은 頓悟(돈오) 漸修와 定慧雙

44) 金映遂, 《韓國曹溪宗의 成立史硏究》, 민족사, 1989.
金煐泰, 〈九山禪門形成과 曹溪宗의 展開〉《한국사론》 20, 국사편찬위원회, 1990.
지금까지 조계종의 창립자를 지눌로 보는 견해가 많았으나 그는 松廣山에 曹溪山 修禪社를 개설하여 선풍을 크게 찬양하였을 뿐이고, 조계종의 종파상은 그 이전부터 보인다고 한다.

45) 蔡尙植, 〈高麗後期 佛敎史의 전개양상과 그 경향〉《歷史敎育》 35, 1984.
許興植, 《韓國中世佛敎史硏究》, 일조각, 1994.
金光植, 《高麗武人政權과 佛敎界》, 민족사, 1995.

修로 요약할 수 있는데, 이는 인간의 마음이 곧 부처라는 사실을 먼저 깨닫고 (선 돈오) 이를 바탕으로 수련을 계속해야 하며 (후점수), 그 수행에 있어서는 定·慧를 함께 닦아야 한다(정혜 쌍수)는 것이다.[46] 지눌의 이러한 사상은 중국 화엄종에서 방계로 취급되는 李通玄의 화엄학과 역시 중국 화엄에서 선·교 통합을 주장한 圭峰 宗密의 영향을 받은 것으로 결국 선종을 위주로 해서 교종을 융합하려는 것이었다. 따라서 지눌에 의해 선·교 통합이 이루어졌는데, 앞서 의천이 천태종을 개창하여 교종을 중심으로 선종을 포섭하려는 시도가 교리적인 면에서의 완전한 통합을 이룬 것이 아니라 정책적인 통합에 그침으로써 의천 사후에 양종이 다시 분립하였던 것에 비하면 지눌의 선·교 통합은 교리적으로 한 층 발전한 것이었다.

지눌은 이러한 사상체계를 바탕으로 피폐된 당시 불교계에 대한 혁신을 도모하여 신앙결사로써 修禪社를 조직하였고, 이를 통하여 새로운 선풍을 진작하고 불교를 기층사회에 널리 확산시키려 노력하였다.[47] 지눌의 뒤를 이은 眞覺國師 慧諶(혜심)은 지눌의 종지를 더욱 발전시키는 한편 최우정권과 밀접하게 연결되어 대몽항쟁의 일익을 담당하기도 하였다.[48]

이러한 결사운동은 선종에서 뿐 아니라 천태종에서도 일어났으니, 了世(요세)에 의해서 조직된 白蓮社가 그것이었다. 수선사와 함께 무신집권기의 가장 대표적인 결사라 할 수 있는 백련사도 역시 불고계의 혁신과 기층사회의 교화에 이바지하였다. 그러나 앞의 수선사가 기층민보다는 지방의 지식인층을 주된 대상으로 하였음에 비하여 백련사는 淨土觀에 보다 충실함으로써 기층사회의 교화에 전념하였음이 특징적이었다.[49]

---

46) 李鍾益, 《高麗普照國師研究》, 동국대출판부, 1973.
吉熙星, 〈知訥의 心性論〉《歷史學報》 93, 1982.
______, 〈普照思想 理解의 解釋學的 考察〉《普照思想》 1, 보조사상연구원, 1987.
朴相國, 〈普照國師 知訥의 生涯와 著述〉《普照思想》 3, 보조사상연구원, 1989.

47) 秦星圭, 〈高麗後期 修禪社의 結社運動〉《韓國學報》 36, 일지사, 1984.
崔柄憲, 〈修禪結社의 思想史的 意義〉《普照思想》 1, 보조사상연구원, 1987.
______, 〈定慧結社의 趣旨와 創立過程〉《보조사상》 5·6 합집, 보조사상연구원, 1992.
蔡尙植, 〈고려후기 修禪結社 성립의 사회적 기반〉《한국전통문화연구》 6, 효성여대, 1990.

48) 閔賢九, 〈月南寺址 眞覺國師碑의 陰記에 대한 一考察－高麗 武臣政權과 曹溪宗－〉《震檀學報》 36, 1973.
金塘澤, 〈高麗 崔氏武人政權과 修禪社〉《歷史學研究》 X, 전남대, 1981.

49) 高翊晋, 〈圓妙了世의 白蓮結社와 그 思想的 動機〉《佛敎學報》 15, 동국대, 1978.
______, 〈圓妙國師 了世의 白蓮結社－思想的 特質을 中心으로－〉《韓國天台思想研究》, 동국대출판부, 1983.
蔡尙植, 〈高麗後期 天台宗의 白蓮社 結社〉《韓國史論》 5, 서울대, 1979.
韓基汶, 《高麗寺院의 構造와 機能》, 민족사, 1998.

선종의 부흥과 수선사·백련사 등의 결사로 특징지워지는 무신집권기의 불교는 한국 불교사에 있어서 일대 전환점을 이루었다. 종래의 교종 중심의 불교를 선종 중심으로 옮기게 하였고, 선종 자체에서도 새로운 혁신의 기풍을 갖게 되었으니, 종래의 교종과 달리 정치적이고 세속적인 성격을 벗어나 왕실 귀족에 대신하여 민중을 저변으로 한 종교로 그 기반을 확대할 수 있었던 것이다. 특히 지눌의 사상체계는 선·교 통합의 완성을 이루었을 뿐 아니라 그의 心性論은 수선사가 주로 지방의 지식인층을 대상으로 하였다는 사실과 관련하여 고려 후기에 지방 향리출신의 신흥사대부들이 性理學을 수용하는 바탕을 마련하기도 하였다.

그러나 이러한 불교계의 혁신적 기운은 몽고간섭기에 접어들면서 단절되고 말았다. 최씨정권과 밀착해 있었던 수선사는 몽고의 억압을 받아 위축되었고, 백련사는 고려왕실 및 원황실의 원찰인 妙蓮社로 변질되었으며, 이에 대신해서 균여파 화엄종과 법상종, 그리고 일연으로 대표되는 선종 가지산파가 부흥하였던 것이다.[50] 이들은 원과 고려왕실 및 당시 집권세력인 권문세족의 후원을 받으면서 막대한 농장을 소유하고 심지어는 고리대나 양주를 통해서 경제적 부를 축적하였으며, 승려는 세속화하여 그 비행이 사회적 지탄을 받기에 이르렀다. 이제 불교는 당시 혼란한 고려사회를 이끌 수 있는 정신적 이념으로서의 기능을 하지 못하였고 이것이 곧 성리학의 수용에 따른 유불교체의 요인이 되었던 것이다.

2. 性理學의 수용

고려 후기에는 신흥사대부들에 의하여 새로운 유학인 성리학이 수용되었다. 권문세족의 횡포와 불교의 폐해는 신흥사대부로 하여금 새로운 지도이념을 모색하게 하였는데, 때마침 원을 통하여 들어온 성리학은 그들의 정신적 지주가 되었던 것이다.

성리학은 송의 朱子가 완성한 것으로 종래 漢唐流의 훈고학적 유학에 대하여 우주의 근본원리와 인간의 심성문제를 철학적으로 해명하려는 신 유학이었다. 이 성리학은 송이 멸망한 후 원에서 성행하였는데, 이것이 다시 고려에 전래되었던 것이다. 고려는 이미 무신란 후 심성화된 선종의 흥륭으로 성리학 수용의 터전이 마련되어 있었으므로 그것이 용이하게 전파될 수 있었다. 이 성리학은 충렬왕 때 安珦(향)이 처음으로 소개하였고, 그 후 白頤(이)正이 직접 원에 가서 배워와 李齊賢·朴忠佐 등에게 전수하였으며, 고려 말에는 이색·李崇仁·정몽주·吉再·權近·정도전 등이 이를 발전시켰다.

50) 蔡尙植, 〈普覺國尊 一然에 대한 研究－迦智山門의 登場과 관련하여－〉《韓國史研究》 26, 1979 ; 《高麗後期佛教史研究》, 일조각, 1991.
邊東明, 〈高麗 忠烈王의 妙蓮寺 창건과 法華信仰〉《韓國史研究》 104, 1999.

고려에 수용된 초기의 성리학은 본래 송의 주자학이 원에서 한차례 걸러진 것으로 형이상학적인 측면보다도 실천적인 측권이 강조되었다. 따라서 이 때에는 우주론적인 理氣論에 대한 사변적인 면에는 별로 관심이 없었고 대신 일상생활에 관계되는 실천적 기능이 수용되어 주자의 실천덕목의 책인 《小學》이 존중되었으며, 또 예속을 바로잡기 위하여 주자가례가 채용되었다.[51)]

그러나 고려의 성리학도 점차 그의 철학적인 이기론에 대한 심도가 더해갔다. 처음 이색은 불교의 '寂'을 가지고 성리학에서 말하는 太極으로부터의 생성론과 《大學》·《中庸》에서의 '敬'까지를 포괄하려 함으로써 불교철학으로 성리학체계를 이해하려는 한계를 보이고 있고, 또 '東方理學의 祖'라고 불리는 정몽주의 저술 중에도 이론적인 배불론이나 이학에 관한 기록이 보이지 않았다. 이러던 것이 고려말 정도전의 《佛氏雜辨》에서는 본격적인 이기철학을 전개하고 있어 이러한 발전을 나타내고 있다.[52)]

성리학의 수용은 사상계의 일대전환점이 되었다. 종래의 훈고학적 유학에서 철학적인 유학으로 변화함으로써 새로운 사상체계를 이루었을 뿐 아니라 이는 유불교체의 계기를 마련하였던 것이다. 지금까지 고려의 유교는 정치이념으로 채용되어 종교로서의 불교와 공존할 수 있었으나, 이제 신유학이 형이상학적인 철학으로 변화함에 따라 양자는 충돌하지 않을 수 없게 되었다. 이에 정도전 등 성리학자는 불교를 인륜에 어긋나는 도라 하여 불교 자체를 공박함으로써 불교에서 유교로의 교체를 초래하였다. 이와 같이 고려 후기에는 성리학이 받아들여져 기존의 정신적 지주였던 불교사상이 쇠퇴하고 새로운 사상체계인 유교가 흥륭하게 되었던 것이다.[53)]

3. 역사학의 발달

고려는 이미 전기부터 유학의 발달에 따라 유교적인 역사서술체재가 정립되었으니, 그것은 편년체인 실록 편찬으로부터 비롯해서 기전체로 완결되었다. 현종 때 거란의 침입으로 많은 역사기록이 개경에서 불타버렸으므로 태조부터 목종에 이르는 《七代實錄》이 黃周亮 등에 의하여 편찬되었고, 문종 때 朴寅亮이 《古今錄》을 저술하였으며, 예종 때 洪灌이 예로부터 전해오던 《編年通載》의 속편으로

51) 文喆永, 〈麗末 新興士大夫들의 新儒學 수용과 그 특징〉《韓國文化》 3, 서울대, 1982.
邊東明, 《高麗後期 性理學受容硏究》, 일조각, 1995.
李源明, 《高麗時代 性理學受容硏究》, 국학자료원, 1997.
52) 李丙燾, 〈鄭三峯의 儒佛觀〉《白性郁頌壽紀念 佛教學論文集》, 1959.
韓永愚, 《鄭道傳思想의 硏究》, 서울대 한국문화연구소, 1973.
채상식, 〈성리학과 유불교체의 사상적 맥락〉《역사비평》 24, 역사비평사, 1994.
53) 韓沽劤, 〈麗末鮮初의 佛教政策〉《서울大論文集》 人文社會科學 6, 1957.

《속편년통재》를 지어 편년체의 역사 서술이 발달하였다. 그리고 인종 때에는 기전체인 《삼국사기》가 편찬됨으로써 역사 서술의 발전을 보게 되었던 것이다.[54]

《삼국사기》는 1145년(인종 23) 김부식이 왕명을 받아 편찬한 기전체 正史로서 현존하는 최고의 사서인데, 이는 문신귀족의 유교적 역사의식에 입각하여 서술한 것으로 고려 중기의 사풍을 대표하는 것이었다. 따라서 《삼국사기》는 종교적이며 전통적인 신라의 고대사관에 대신하여 유교사관의 합리성을 내세웠으며 당시 귀족사회의 분열과 송·금의 대립에서 오는 국내의 불안정 속에서 자기문화의 고양을 위한 자국역사의 재구성을 의도하였다는 점에서는 역사의식의 성장을 보여주는 것이지만, 역시 그것은 유교적인 문신귀족의 입장에서 서술하였다는 한계를 지니고 있었다. 종래 《삼국사기》에 대하여는 유교적인 사대사관이란 비판적 평가가 주종을 이루었으나, 근래에 이르러서는 《삼국사기》가 김부식 개인의 편찬이 아니라 모두 11명에 의한 공동작업으로 완성되어 객관적인 서술이 가능하였고 또 그의 史論에서 土風을 그대로 인정하며, 천자의 기록이라는 '本紀'라는 명칭을 붙였다는 점에 그 자주·자아의식을 높이 평가하는 경향으로 바뀌게 되었다.[55] 또한 고종 때 승려 覺訓이 왕명에 따라 편찬한 《海東高僧傳》도 역시 교종의 입장에서 편찬한 불교사라는 점에서 《삼국사기》와 그 성격을 같이 하는 것이었다.[56]

그러나 고려 후기에는 이러한 유교사관에 대항하여 한국의 고대사를 자주적인 입장에서 이해하려는 새로운 경향이 일어났으니, 그것은 무신란 후의 사회적 혼란과 대몽항쟁의 위기를 경험한 지식인들의 민족적 자주의식의 표현이었다. 고종 때 이규보가 지은 《東明王篇》과 충렬왕 때 一然이 저술한 《삼국유사》, 李承休가 쓴 《帝王韻記》 등에 자국의 역사전통에 대한 강렬한 자부의식이 나타나는 것이 그것이었다. 특히 《삼국유사》는 같은 한국고대사를 엮은 사서이지만 《삼국

---

54) 金成俊, 〈高麗七代實錄編纂과 史官〉《民族文化論集》 1, 영남대, 1981; 《韓國中世政治法制史研究》, 일조각, 1982.
申瀅植, 〈高麗前期의 歷史認識〉《韓國史學史의 研究》, 을유문화사, 1985.
鄭求福, 〈高麗時代의 歷史意識〉《한국사상사대계》 3, 한국정신문화연구원, 1991.

55) 高柄翊, 〈三國史記에 있어서의 歷史叙述〉《金載元回甲紀念論叢》, 1969; 《東亞交涉史의 研究》, 서울대출판부, 1970.
金哲埈, 〈高麗中期의 文化意識과 史學의 性格－「三國史記」의 성격에 대한 再認識－〉《韓國史研究》 9, 1973; 《韓國古代社會研究》, 지식산업사, 1975.
申瀅植, 《三國史記研究》, 일조각, 1981.
申采浩는 김부식의 《삼국사기》를 전형적인 사대사서로 혹평을 하였지만 이 책에서는 삼국의 역사를 '本紀'라 하고, 또 삼국시대에 사용한 薨年稱元法(곧 即位年稱元法)을 그대로 실어 그런 면에서는 오히려 자주성이 엿보인다.

56) 金相鉉, 〈「海東高僧傳」의 史學的 性格〉《鄭在覺古稀紀念 東洋學論叢》, 고려원, 1984.
金炯佑, 〈「海東高僧傳」에 대한 再檢討〉《南都泳華甲紀念 史學論叢》, 태학사 1984.

사기》와 그 성격이 판이하였다. 즉, 사대적인 유교사관에 입각하여 편찬한 기전체 정사인 《삼국사기》에 비하여 《삼국유사》는 불교사를 중심으로 고대의 설화와 야사를 많이 수록하고, 특히 단군을 민족의 시조로 받드는 자주의식이 간직되어 있었다.[57] 이는 《제왕운기》가 역시 우리 나라 역사를 단군으로부터 서술하였고, 또 《동명왕편》에서 동명왕을 고구려 건국의 영웅으로 추켜올려 커다란 긍지를 가지고 서사시를 지은 것과 같은 민족의식의 표현이었다.[58] 이들의 역사관은 우리 고유의 신화·전설 등 神異의 사실을 있는 그대로 씀으로써 유교적인 합리주의 사관을 비판하고, 고대사의 소박한 원형을 그대로 표출하려는 자아의식이 있었던 것이다.

한편 고려 후기에는 신흥사대부의 대두와 함께 《삼국사기》의 전통을 이은 유교사관이 다시 발달하였다. 충렬왕 때 元傅 등이 편찬한 《古今錄》과 鄭可臣이 지은 《千秋金鏡錄》, 충정왕 때 閔漬(지)가 저술한 《本朝編年綱目》, 공민왕 때 이제현이 편찬한 《史略》 등이 그것이었다. 이들 여러 사서는 유교의 합리주의 사관이 반영되어 있으며 또한 거기에는 점차 정통의식과 대의명분을 존중하는 성리학적 사관이 나타나는 새로운 경향을 띠고 있었다.[59]

4. 문학의 새 경향

고려 후기의 신흥사대부의 대두는 문학에서도 새로운 경향을 나타나게 하였다. 우선 시가에 있어서 독특한 특색이 보이게 되었으니 그것은 景幾體歌의 등장이었다. 경기체가는 宋樂 내지 宋詞의 영향을 받으면서도 전통적인 향가의 형식을 계승한 것으로 그 내용은 주로 신흥사대부계층의 생활상을 반영한 것이었

57) 金煐泰, 〈三國遺事의 體裁와 그 性格〉《東國大論文集》 13, 1974.
金泰永, 〈三國遺事에 보이는 一然의 歷史認識에 대하여〉《慶熙史學》 5, 경희대, 1974 ; 《韓國의 歷史認識》 上, 창작과 비평사, 1976.
李基白, 〈三國遺事의 史學史的 意義〉《創作과 批評》, 1976년 가을호 ; 《韓國史學의 方向》, 일조각, 1978.
鄭求福, 〈三國遺事의 史學史的 考察〉《三國遺事의 綜合的 檢討》, 한국정신문화연구원, 1987.

58) 李佑成, 〈高麗中期의 民族叙事詩〉《成均館大論文集》 7, 1962.
卓奉心, 〈「東明王篇」에 나타난 李奎報의 歷史意識〉《韓國史硏究》 44, 1983.
金哲埈, 〈李奎報 「東明王篇」의 史學史的 考察－舊三國史記資料의 分析을 중심으로－〉《東方學志》 46·47·48 합집, 연세대, 1985.
黃淳九, 《叙事詩東明王篇硏究》, 백산출판사, 1992.
邊東明, 〈「帝王韻記」 撰述과 그 史書로서의 性格〉《震檀學報》 70, 1990.

59) 金哲埈, 〈益齋 李齊賢의 史學〉《東方學志》 8, 연세대, 1967 ; 《韓國古代社會硏究》, 지식산업사, 1975.
卓奉心, 〈李齊賢의 歷史觀〉《梨花史學硏究》 17·18 합집, 이화여대, 1988.
邊東明, 〈鄭可臣과 閔漬의 史書編纂活動과 그 傾向〉《歷史學報》 130, 1991.

다. 당시의 경기체가로 〈翰林別曲〉·〈關東別曲〉·〈竹溪別曲〉 등의 작품이 남아 있는데, 이것들은 사대부들의 득의에 차고 희망에 넘친 현실생활을 노래한 것이었다.[60)]

또한 고려 후기의 새로운 시가문학으로 漁夫歌가 있었다. 어부가는 같은 사대부들의 노래이지만 경기체가가 득의에 차고 현실에 만족한 관료적 문학인 데 반하여 이것은 절세의 정취를 추구하고 한적한 인생을 스스로 즐기는 處士的 문학이었다.[61)]

고려 후기에는 이들 사대부계층의 시가에 대하여 長歌 또는 俗謠라 불리우는 민중의 노래가 유행하였는데, 그것은 작가가 분명치 않은 민요문학이었다. 이 장가의 작품으로는 〈動動〉·〈井邑詞〉·〈鄭瓜亭〉·〈處容歌〉·〈靑山別曲〉·〈雙花店〉 등이 있는 바, 이것들은 토속적이며 민중적인 감정을 대담하고 자유분방한 형식으로 읊은 노래로서 우리 나라 시가문학의 새로운 경지를 창조한 것이었다.[62)]

또한 한문학에도 볼만한 발달이 있었는데 그것은 주로 사대부들에 의하여 전개되었다. 李仁老는 《破閑集》, 崔滋는 《補閑集》, 이제현은 《櫟翁稗說 역옹패설》을 저술하였는데, 이는 일종의 수필형식의 稗(패)官文學(민간에 전하는 이야기를 문학으로 나타내는 소설)이었다. 또한 林椿의 〈麴醇(국순)傳〉, 이규보의 〈麴先生傳〉, 李穀의 〈竹夫人傳〉 등 사물을 擬人化한 설화문학이 등장하였다. 또 이 때에는 한시도 난숙하여 이인로는 자못 세련된 시를 읊어 명성을 떨쳤고, 이규보는 고구려의 건국을 노래한 《동명왕편》에서 종래의 한문학형식에 구애받지 않고 자유로운 문장체를 구사함으로써 새로운 문학세계를 추구하였다. 특히 이규보는 시와 문장에 모두 능하여 그의 저작인 《東國李相國集》은 하나의 문집체제를 갖춘 것이었다. 고려 말의 대표적인 한문학자로는 이제현·이곡·이색·이숭인·정몽주 등을 들 수 있는데, 그 중에서도 이제현과 이색은 최고봉을 이루었던 것이다.[63)]

---

60) 李明九, 〈景幾體歌의 歷史的 性格考察〉《大東文化硏究》 I, 성균관대, 1963.

61) 李佑成, 〈高麗末 朝鮮初의 漁父歌〉《成均館大論文集》 9, 1964 ; 《韓國中世社會硏究》, 일조각, 1991.

62) 李明九, 《高麗歌謠의 硏究》, 신아사, 1973.
張師勛 등, 《高麗歌謠硏究》, 정음사, 1979.
朴魯埻, 《高麗歌謠의 硏究》, 새문사, 1990.
고려가요는 대체로 《樂章歌詞》·《樂學軌範》·《時用鄕樂譜》 등 문헌에 수록되어 있다.

63) 徐首生, 《高麗朝漢文學硏究》, 형설출판사, 1971.
李炳赫, 〈程朱學 傳來와 麗末 漢文學〉《東方學志》 36·37 합집, 연세대, 1983.

5. 예술 활동

고려 후기 예술은 전반적으로 쇠퇴한 감을 준다. 전기에는 신라시대에 발달하였던 불교예술을 계승하여 자못 의욕적인 작품이 만들어졌고 또 자기를 비롯한 공예부문에서도 새로운 경지가 개척되었지만 후기에 들어와서는 예술의 주인공이었던 문벌귀족이 몰락하고, 불교에 있어서도 선풍이 성행함으로써 예술은 퇴보의 길을 걷게 되었다. 그러나 이러한 추세에도 불구하고 이 때에는 불교종풍의 변화와 함께 원 예술의 영향을 받아 조형미술의 형태와 양식에서 특색있는 작품들이 제작되었다.

고려 후기의 목조건축으로는 안동 鳳停寺의 極樂殿과 영풍 부석사의 無量壽殿 및 祖師堂, 그리고 예산 수덕사의 대웅전, 단변 석왕사의 應眞殿 등 몇 개가 남아있는데, 이들은 현존하는 목조건물 중 가장 오래된 것이다. 이 가운데서 가장 대표적인 것은 부석사의 무량수전으로 이것은 고려시대 목조건축의 일반적 양식인 柱心包 양식으로 축조되었으며, 간결하고 조화된 모습을 보여주고 있다. 한편 석왕사 응진전은 원의 영향을 받은 多包 양식의 중후하고 장엄한 건축물로서 조선시대 다포건축의 시초가 되었다.[64)]

고려 후기의 석조건축으로는 塔婆와 浮屠(부도)가 있는데, 이것들은 대체로 미적 감각이 결여되고 형식에 치우쳐 있었다. 이 때의 대표적인 석탑으로는 개풍의 경천사 10층탑(현재 경복궁에 이전)이 있고, 부도는 여주 신륵사의 普濟尊者石鐘이 있다. 경천사 10층석탑은 원 양식의 영향을 받은 이색적인 석탑형태로 조선시대 세조 때 세워진 圓覺寺塔(현재 탑골공원 소재)의 원형이 되었다. 또한 보제존자석종은 전기의 화려한 모양에서 벗어나 인도 불탑의 영향을 받은 소박한 석종형의 부도로 역시 조선시대 부도형식의 선구가 되었다.[65)]

고려시대의 서예는 신라부터 내려온 歐陽詢體가 주류를 이루었다가 후기에 이르러 원으로부터 조맹부의 松雪體가 들어와 유행하였는데, 충선왕 때의 李嵓(암)은 그 대표적인 서예가였다.

회화도 자못 발달하여 많은 작품들이 나왔으나 오늘에 전하는 것은 극히 드물다. 다만 공민왕이 그렸다는 天山大獵圖가 남아있어 당시의 화풍을 보여주는데, 그것은 원대 北畵의 영향을 받아 필치가 뚜렷하고 표현이 세밀한 점에 특색이 있었다. 또한 고려 후기에 그려진 많은 佛畫가 일본에 흘러들어가 오늘에 전하

64) 金正基, 〈高麗建築과 李朝建築〉《文化財》 1, 문화재관리국, 1965.
______, 〈고려시대 건축〉《韓國美術史》, 예술원, 1984.
金東賢, 〈浮石寺 無量壽殿과 祖師堂〉《佛敎美術》 3, 동국대, 1977.

65) 鄭永鎬, 〈高麗石塔의 様式上의 特性〉《東洋學》 6, 단국대, 1976.
______, 〈高麗 石造浮屠 硏究〉《東洋學》 10, 단국대, 1980.

고 있는데, 그 중 慧虛의 楊柳觀音像은 장엄하고 화려하여 대표적인 작품으로 여겨지고 있다. 이 밖에 사원과 고분의 벽화가 남아있으니 그 중 부석사 조사당 벽화의 사천왕상과 수덕사 대웅전 벽화의 水花圖 등이 유명하다.[66] 특히 고려 후기에는 신흥사대부들에 의하여 詩畵一致論이 유행하여 회화의 문학화가 이루어졌음이 하나의 특색이었다.

6. 기술학과 인쇄술

고려시대에는 기술학을 잡학이라 하여 천시하였는데, 이것은 숭유적인 당시 사회로서는 당연한 일이었다. 그러나 고려는 현실 생활의 필요에서 여러 가지 기술학을 일으켜 상당한 발전을 이루었다. 즉, 고려는 국자감에서 유학 이외에 율학·서학· 산학 등 잡학을 교육하였고, 과거에서도 제술업·명경업 이외에 醫·卜·지리·율·서·산 등의 잡업을 설치하였으며, 이러한 부문을 담당하는 기구로 천문·曆數를 관장한 書雲觀, 의약·치료를 담당한 太醫監 등을 두었으므로 기술학이 자못 발달하였던 것이다.

우선 고려시대에는 천문·역법이 발달하였다. 서운관에서 천문(星占)·曆數(曆 계산)·측후(천문·기상의 관측)·刻漏(시간 측정) 등의 일을 관장하여 천문관측학과 曆의 계산법이 발달한 것이다. 고려의 천문관리는 천체운행을 관측하여 그 결과가 《고려사》 천문지에 상세히 수록되어 있는데, 거기에는 과학적 가치를 가진 천문관측도 있었지만 星占을 목적으로 한 것이 많았고, 특히 天人感應說에 따라 천변을 인간행동의 훈계로 삼기 위해서 천문관측에 열심이었다.[67]

이러한 천문관측은 정확한 역계산을 위한 목적으로 이루어졌으므로 이에 따라 고려시대에는 역법이 발달하였다. 처음 고려는 통일신라 때 사용하기 시작한 당의 宣明曆을 그대로 계승하였는데, 중국에서는 이미 새 역법이 사용되었으므로 고려는 그 정확한 역 계산법을 알지 못하여 오차가 생기게 되었다. 이러한 오차를 극복하기 위해서 고려는 많은 노력을 경주하였지만 독자적인 역법을 만드는 데에는 이르지 못하였다. 충선왕 때에는 원의 授時曆을 받아들여 사용하였지만 고려의 천문관리들이 수시력의 開方術을 완전히 이해하지 못하여 日月交食의 추산법을 몰랐기 때문에 할 수 없이 선명력의 방법에 의하여 그대로 推步하니, 일

66) 黃壽永, 〈高麗佛畵－阿彌陀像과 觀經變相－〉《考古美術》 10, 고고미술동인회, 1961.
文明大, 〈浮石寺祖師堂壁畵試論〉《佛敎美術》 3, 동국대, 1977.
安輝濬, 〈고려시대의 회화〉《韓國繪畵史》, 일지사, 1980.

67) 金海榮, 〈「高麗史」 天文志의 檢討〉《慶尙史學》 2, 경상대, 1986.
李熙德, 〈高麗時代의 天文觀과 儒敎主義的 政治理念〉《韓國史硏究》 17, 1977; 《高麗儒敎政治思想의 硏究》, 일조각, 1984.
______, 《高麗時代 天文思想과 五行說 硏究》, 일조각, 2000.

월식의 추산에 오차가 심할 수밖에 없었다. 공민왕 때부터는 명의 大統曆을 사용하였지만 역시 이러한 불편은 가셔지지 않았다.[68]

의학에 있어서는 학교에 의학박사를 두고 과거에서도 의과를 실시함으로써 그 발달을 보게 되었다. 특히 고려의 의학은 궁정의술의 테두리에서 벗어나 평민을 위한 의술로 개방된 점에 커다란 의의가 있었다. 즉, 고려초까지는 의술의 혜택이 왕실이나 귀족층에 한정되었지만 963년(광종 14) 제위보를 설치하여 서민층의 치료사업을 담당케 하였던 것이다. 또 989년(성종 8)에는 내외의 문관 5품, 무관 4품 이상의 질병자에게 의관을 보내 시약 치료케 함으로써 의학발달의 기반이 마련되었다.[69] 처음 고려는 宋 의학의 영향을 받았지만 점차 전통적인 의약을 개발하여 의학의 독자적인 발전을 보게 되었으니, 金永錫의 《濟衆立效方》, 崔宗峻(준)의 《新集御醫撮(촬)要方》·《鄉藥救急方》 등 고려인에 의한 의서가 나오기에 이르렀다. 특히 1236년(고종 23)에 간행된 《향약구급방》은 현존하는 우리 나라 최고의 의서로서 그 때까지 많이 쓰이던 중국약재들을 한국산 약재, 즉 향약으로 충당하려는 데 그 의도가 있어 우리 나라 의약의 독자적 연구의 계기를 마련한 점에 가치가 있었다. 이리하여 고려 말에 이르러서는 향약의 지식은 本草學으로서의 학문적 결실을 맺게 되었고, 《三和子鄉藥方》 등 고려의 독자적인 의약서의 출현을 낳게 하였던 것이다.[70]

고려시대의 농업기술은 이미 牛耕에 의한 심경이 행하여지고 2년 3작의 輪作法이 시행되었는데, 이는 후기에 들어오면서 더욱 발달하게 되었다. 이에 고려말에는 농업생산력이 증가하고 쌀 재배도 보급되었으니, 李嵓(암)이 원의 농서인 《農桑輯要》를 소개한 것은 이를 뒷받침하는 것이었다. 특히 고려 말에는 목면이 재배되기 시작함으로써 우리 나라 의복원료에 커다란 변혁을 가져오게 하였다. 목면은 공민왕 때 文益漸이 원에서 목화씨를 들여 온 것을 그의 장인 鄭天益이 재배에 성공하여 보급되었는데, 이로써 일반 평민의 의복재료가 종래의 마포에서 무명(綿布)으로 바뀌는 일대 변화를 이루게 되었던 것이다.

고려 말에는 또한 화약의 제조법이 전래되어 화약과 화포를 사용하기 시작하였다. 고려 후기에는 왜구의 창궐을 막기 위하여 화포의 사용이 절실히 요구되었지만 원이나 명이 화약의 제조법을 비밀에 붙여 고려는 이를 알지 못하였다.

---

68) 朴星來, 〈高麗初의 曆과 年號〉《韓國學報》 10, 일지사, 1978.
69) 孫弘烈, 〈高麗時代의 醫療制度〉《歷史教育》 29, 1981.
70) 金斗鍾, 《韓國醫學史》, 탐구당, 1966.
盧正祐, 〈高麗醫學의 發展〉·〈自主醫學의 展開〉《韓國醫學史》, 고려대, 1968.
李泰鎭, 〈高麗後期의 인구증가 要因生成과 鄉藥醫術 발달〉《韓國史論》 19, 서울대, 1988.

그러나 공민왕 때 崔茂宣이 중국으로부터 그 제조법을 배워 들여와 1377년(우왕 3)에는 정식으로 화통도감을 설치하고 화약과 화포를 만들기 시작하였던 것이다. 이리하여 1380년(우왕 6) 鎭浦에 침입한 왜선 500여척을 처음으로 화통과 화포로써 격파한 이후 화약은 왜구격퇴에 큰 위력을 발휘하였다.[71]

이 시기의 인쇄술의 발달은 특히 괄목할 만한 것이었다. 고려의 인쇄술은 대장경에서 보는 바와 같이 고정식인 목판인쇄에서 이동식인 활판인쇄로 발전하였다. 즉, 1234년(고종 21)에 鑄字로써 崔允儀의《고금상정례》50권을 인쇄하였다는 기록이 있는데, 이 주자는 금속활자임이 분명하므로 그 이전부터 금속활자가 사용되었음을 추측할 수 있다. 고려의 이러한 금속활자 발명은 서양의 그것보다 200여년이나 앞선 것으로 세계 최고의 일이었다.《고금상정례》는 오늘에 전하지 않지만 다행히 1377년에 금속활자로 간행된《直指心經》이 남아있어 세계 최고의 금속활자 발명을 공인받을 수 있었다.[72] 이 금속활자의 사용은 고려 말에 더욱 활발해져 1392년(공양왕 4)에는 書籍院을 두고 주자와 인쇄를 맡게 하였다.

---

71) 許善道,〈麗末鮮初 火器의 傳來와 發達〉(上·中·下)《歷史學報》24·25·26, 1964·1965.
蔡連錫,〈火藥武器의 위력－崔茂宣과 화약무기의 탄생〉《韓國史市民講座》16, 일조각, 1995.

72) 孫寶基,〈活版印刷의 發明〉《韓國印刷技術史》, 고려대, 1968.
全相運,〈韓國青銅活字 印刷術發展의 技術史的 背景〉《誠信女師大研究論文集》3, 1970.
尹炳泰,〈高麗金屬活字本과 그 起源〉《도협월보》V 14－8, 1973.
金斗鍾,《韓國古印刷技術史》, 탐구당, 1974.
千惠鳳,〈麗朝 鑄字印刷術〉《成均館大論文集》22, 1976;《羅麗印刷術의 研究》, 1980.
______,《한국금속활자본》, 범우사, 1993.

제 4 편
近 世 社 會

》개 관《 고려에서 조선으로의 전환은 단순한 왕조의 교체에 그친 것이 아니라 정치·경제·사회·사상 등 모든 면에 걸쳐 커다란 변화를 초래하였다. 우리가 고려에서 조선으로의 교체를 中世에서 近世로의 전환으로 보는 이유가 여기에 있다.

조선의 성립은 우선 정치사회의 일대 변화를 가져와 고려의 문벌귀족사회는 조선의 兩班官僚社會로 발전하였다. 고려의 문벌귀족사회는 무신란에 의하여 붕괴되고 고려 후기에는 권문세족이 지배층으로 되었는데, 새로이 신흥사대부가 대두하여 이들이 마침내 조선 건국에 성공하고 조선 양반사회의 토대가 되었다. 이들 양반은 종래의 문벌귀족 및 권문세족에 비해서 관료적인 성격이 강하여 양반관료사회를 형성하였으니, 이는 일보의 전진을 의미하는 것이었다.

경제면에도 커다란 변화가 일어나 고려의 전시과체제에서 새로이 科

田法體制로 발전하였다. 그뿐 아니라 토지에 대한 사적 소유가 보다 진전되었고, 이에 따라 양인자작농이 많아져 전체적으로 농민의 지위가 상승하였다. 이러한 토지소유와 농민지위의 변화는 그만큼 조선사회가 발전하여 있었음을 표시하는 것이다.

조선시대에는 사회신분에 있어서도 고려에 비하여 보다 발전하였다. 앞에서 지적한 바와 같이 귀족이 양반으로 변신하였고, 농민의 지위가 상승하였을 뿐 아니라 천민들이 양인화하고 있었으니, 그 단적인 표현이 부곡의 소멸이었다. 삼국시대부터 고려시대에 걸쳐 광범하게 존재하였던 향·부곡·소는 조선에 들어와 없어지고 말았는데, 이는 천민집단의 특수행정구역이 일반 군현으로 전환하였음을 말하는 것이다. 이러한 조선시대의 양인층의 확대는 사회신분면에도 발전이 있었음을 나타내는 것이다.

조선의 성립은 사상면에서도 큰 변화를 수반하였다. 고려 후기에 우리나라에 들어온 朱子學은 조선에 들어와 정치이념으로 채용되었을 뿐 아니라 학문적·사상적으로 지배적 위치를 차지하고 일반 국민의 일상생활의 규범이 되었다. 이것은 고려시대에 훈고학적인 유교와 불교 신앙이 병립해 있던 것과는 전혀 다른 현상으로, 사상계에 큰 변동이 일어났음을 나타내는 것이었다.

또한 조선시대에는 국민국가의 터전이 마련되었음이 주목된다. 즉, 15·16세기에는 주자학에 의한 유교적인 정치이념 위에 중앙집권적인 전제왕권이 확립되었고 민족의식이 고취되고 있었던 것이다. 대내적으로는 '朝鮮'이라는 국가명칭과 檀君崇祖 관념의 대두에서 보는 바와 같이 국가의식이 강해지고 또 한글창제와 우리 나라 역사·지리에 대한 관심이 고조되었으며, 대외적으로는 국경선의 확장에 따른 국토의식이 성장하였는데, 이것들은 바로 이러한 국민국가 성립의 표징이라 할 수 있다.

이와 같이 조선에 들어와서는 여러 면에 걸쳐 커다란 발전이 있었다. 이것은 고려의 중세사회가 조선의 근세사회로 넘어갔음을 나타낸다. 이제 한국사는 조선의 건국을 계기로 중세에서 근세로 일보 전진하였던 것이다.

종래에는 고려와 조선을 봉건사회로 규정하고 이에 따라 같은 중세로 파악하는 견해가 지배적이었다. 그러나 근래에 와서는 한국사에 있어서의 봉건제설 적용에 대한 논란이 일어나고 또 고려·조선 1,000년간을 동일한 중세로 파악하는 데 대한 거부반응도 적지 않았다. 특히 근년에는 중국과 일본 등 동양사에서 근대에 선행하는 근세의 개념이 채용되고 있는 추세에 따라 한국사에서도 근세설의 채용문제가 제기되었다. 실질적으로 고려와 조선시대의 사이에는 여러 면에 걸쳐 발전적인 양상이 보이므로 이를 각각 중세와 근세로 나누어 보는 것이 옳을 듯 하다.

제 1 장
兩班官僚社會의 성립과 集權體制의 확립

Ⅰ. 兩班官僚社會의 성립

1. 조선의 건국과 집권화 정책

위화도 회군과 사전개혁을 통하여 정치·경제적 실권을 장악한 李成桂는 정몽주 등 반대세력을 제거하고 마침내 공양왕에게서 선양을 받아 왕위에 오르니(1392), 이가 곧 조선의 태조이다. 이에 475년의 왕업을 지녀온 고려왕조는 멸망하고 새로이 조선왕조가 건국되었다. 이성계의 혁명은 李芳遠·南誾(은)·趙浚·鄭道傳 등이 밀의하고, 都評議使司의 공식적인 승낙을 얻어 이루어졌다. 도평의사사는 고려의 고관의 합의기관이고 최고정무기관이었으므로 공양왕의 양위와 이성계의 즉위도 이 기관의 의결을 거치는 형식을 밟아 정통성을 얻은 것이다.[1)]

즉위 직후 태조는 모든 법제·문물을 전조의 고사에 따르겠다고 선포하였지만 이는 민심을 회유하기 위한 것이었고, 실제로는 고려의 구신을 제거하고 등장한 신정권이었기 때문에 무엇보다도 새로운 정치기반의 조성이 필요하였다. 이 작업은 우선 최고권력기구를 개편하는 것에서부터 시작되었으니, 군제의 개편과 이에 따른 도평의사사의 약화가 그것이었다. 태조는 즉위하자마자 종래의 군제를 개편하고 義興親軍衛를 설치하였는데, 이 기구는 국왕의 친위병 조직으로서 중앙군 병력의 핵심을 이루었다. 다음해 의홍친군위를 다시 義興三軍府로 확대개편함으로써 병권의 중앙집중을 이룩하였다(1393). 이 의홍삼군부의 설치는 도평의사사의 기능을 약화시키는 조처이기도 하였다. 군정이 의홍삼군부로 귀속되는 과정에서 중추원의 군정기능은 허명화되었고 도평의사사의 군무기능 역시 소멸됨으로써 이제 도평의사사는 정무만을 관장하게 되었던 것이다.

태조는 문무관리의 선발·임용의 제도도 새로 수립하였다. 즉위 이듬해 武科와 吏科를 신설하여 관리선발의 제도를 文·武·醫·譯·陰陽·吏科 및 門蔭의

1) 李相佰, 《李朝建國의 硏究》, 을유문화사, 1949.
洪淳昶, 〈朝鮮王朝成立의 歷史的 背景〉《嶺南大論文集》 人文科學篇 8, 1974.
韓永愚, 〈朝鮮建國의 政治·經濟基盤〉《朝鮮前期社會經濟硏究》, 을유문화사, 1983.
朴元植, 〈朝鮮建國의 政治勢力硏究〉《全北史學》 8, 전북대, 1981.

7과로 정리하였는데, 이는 직무중심으로 지배층을 재편성하려는 의도에서 나온 것이었다. 이와 같이 시험제도를 강화시킨 것은 관리의 질을 향상시키고 능력 중심의 인재등용제도를 지향하기 위한 것이었다.

통치기구의 개편은 지방제도에 대해서도 취하여졌다. 1393년(태조 2)에 관찰사제도를 복구하여 각 도에 전임행정기관을 배치하였으니 이는 중앙 정부의 지방에 대한 통제강화를 뜻하였다. 또한 지방 군현의 행정기관인 수령의 자격을 6품관 이상인 參上官으로 고정시켰고, 종래 속현이나 향·부곡·소 등 수령이 파견되지 않았던 행정구역을 혁파하여 主縣에 통합시켰으며, 고려 말 농민의 유이·도망으로 무실하여진 군현제를 재조정하였다. 군현제의 개편은 토착향리의 세력기반을 약화시키고 중앙집권을 한층 강화하는 것이었다.

이러한 일련의 시책과 함께 새 왕조의 개창을 주도한 사람들에 대한 포상이 행하여졌다. 즉, 태조는 자신의 지지세력들을 開國功臣·原從功臣 등에 책봉하여 토지와 노비를 분급하여 주었다. 이로써 이들은 국왕과 신하라는 군사관계 속에서 공신이라는 특별한 유대관계를 하나 더 가지고 있으면서 신왕조의 충실한 신하가 되었다.[2]

새 왕조의 개창으로 국호의 개정과 국도의 신정이 또한 요구되었다. 즉위 직후 태조는 친명사대의 정책노선에 입각하여 명 태조에게 즉위에 대한 승인과 함께 朝鮮·和寧 중 어느 하나로 국호를 정해 줄 것을 요청하였다.[3] 이에 국호는 조선으로 택정되어 태조 2년부터 사용되었지만 왕위승인건은 당시 여진문제와 세공문제로 양국의 관계가 순조롭지 못하였기 때문에 명은 조선국왕의 金印과 誥命(고명)을 보내지 않았다.[4]

국도의 천도 역시 즉위 직후에 그 의사가 표명되었고 1394년(태조 3) 한양으

---

2) 朴天植, 〈朝鮮開國功臣에 對한 一考察〉《全北史學》 1, 전북대, 1977.
______, 〈開國原從功臣의 檢討〉《史學硏究》 38, 1984.
韓永愚, 〈朝鮮 開國功臣의 出身에 대한 硏究〉《朝鮮前期社會經濟硏究》, 을유문화사, 1983.
鄭杜熙, 〈朝鮮初期 三功臣硏究－그 社會的 背景과 政治的 役割을 中心으로－〉《歷史學報》 75·76 합집, 1977;《朝鮮初期政治支配勢力硏究》, 일조각, 1983.
원종공신이란 정식 정공신에 들어가지 못한 작은 공을 세운 공신을 말한다.

3) 조선이란 고조선(기자조선)에서 유래된 국호이고, 화령은 이성계의 출생지인 和寧府(和州)에서 비롯된 것이다.

4) 誥命이란 왕위를 승인하는 문서이고 金印은 국왕의 인장을 말한다. 예로부터 중국의 역대 왕조는 이웃의 여러 나라에서 왕이 즉위하면 이를 승인한다는 뜻에서 의례적으로 고명과 인장을 보냈는데 이 절차를 誥命冊印이라 하였다. 그러나 태조 이성계는 명으로부터 고명과 인장을 받지 못함으로써 '朝鮮國王'의 칭호를 사용하지 못하고 '權知高麗國事'라는 칭호를 쓸 수밖에 없었다. 이 문제는 태조가 즉위한 지 8년이 지난 뒤인 1400년(태종 즉위년)에 가서야 겨우 해결되었다.

로 정하여 옮겨졌다.[5] 이것은 고려 구세력의 전통기반인 개경을 떠나 새 왕조의 새로운 정치기반을 구축할 필요에서였다. 새 도읍에는 여러 궁궐을 비롯하여 宗廟·社稷 및 관아 등이 구비되고 성곽이 축조되었다. 1396년(태조 5)에 모든 공역이 마무리됨으로써 집권적 양반국가의 면모가 갖추어졌다.

2. 왕권의 강화

태조 이성계는 새 왕조를 개창한 창업주로서 건국 후의 혼란을 수습하고 정치적·사회적 안정을 성취하기 위하여 강력한 왕권이 요청되었다. 이에 태조는 먼저 재신의 합좌로 구성된 최고권력기구인 도평의사사의 기능을 약화시키고 오히려 국가의 중요한 정치문제는 국왕이 도평의사사에 하명하여 시행케 하는 적극적인 정치를 하였다. 개국공신과 원종공신의 선정도 태조가 단독으로 결정하여 이를 도평의사사에 내리면서 포상토록 명령한 것은 이를 나타내는 것이다.

태조대 정치 운영의 또 하나의 특징은 도평의사사나 개국공신 등 다수의 관료를 동원한 것이 아니라 그 중 소수의 재신을 중심으로 운영함으로써 왕권의 행사가 보다 강력할 수 있었다는 점이었다. 조준·정도전·남은 등은 바로 태조정치에 밀착된 이러한 소수 재신들이었다. 그러나 권력이 소수의 재신에게 집중된 태조정치는 정권에서 소외된 많은 공신들의 불만을 축적시켜 지배층 내부의 알력을 빚음으로써 권력투쟁은 필연적이었다. 그리고 이 과정을 통해서 태조정치는 끝나고 새로운 왕권의 강화가 나타나게 되었다.[6]

지배층 내부의 알력은 두 차례에 걸친 왕자의 난으로 폭발하였다. 먼저 태조의 다섯째 아들 이방원은 조선건국의 최고공로자인 정도전과 첨예하게 대립하고 있다가 왕위계승문제를 계기로 난을 일으켰다. 즉, 조선 건국에 커다란 공을 세운 바 있는 방원은 태조가 이복동생인 芳碩(방석)을 세자로 책봉한 데 불만을 품고, 방석을 후원하고 있는 정도전·남은 등이 자기 형제들을 제거하려 한다는 구실을 세워 이들을 살해한 다음 방석·芳蕃(방번) 형제마저 살해하였다(제 1 차 왕자의 난; 1398년, 태조 7).[7]

---

5) 李丙燾, 〈朝鮮初期의 建都問題〉《震檀學報》 9, 1935;《高麗時代의 研究》, 을유문화사,1948.
金龍國, 〈朝鮮王朝의 開創과 漢陽奠都〉《서울六百年史》 1, 서울시사편찬위원회, 1977.
李源明, 〈漢陽遷都 背景에 關한 研究〉《鄕土서울》 42, 서울시사편찬위원회, 1984.

6) 崔承熙, 〈朝鮮太祖의 王權과 政治運營〉《震檀學報》 64, 1987.

7) 제1차 왕자의 난을 '방석의 난' 또는 '정도전의 난'이라고 부르기도 하는데, 이것은 정도전과 방석이 태조가 병석에 누워 여러 왕자를 궁중에 부른 기회를 이용하여 방원 등을 죽이려 하였기 때문에 오히려 방원 일파가 정도전과 남은을 습격·살해하였다는 역사의 기록으로부터 나온 말이다. 그러나 실제로는 방원 일파의 비상수단에 의한 거사로 보는 것이 정설로 되어있다.

그 후 방원은 음모의 혐의를 피하기 위하여 직접 세자의 책봉을 받지 않고 둘째 형 芳果에게 양보함으로써 그해 9월에는 방과가 왕위에 오르니 이가 정종(1398~1400)이다. 정종은 즉위하자 곧 개경으로 도읍을 옮겼다. 형제간의 싸움을 겪은 데에다 자연이변까지 겹쳐 잠시 피방하자는 뜻에서였다. 그러나 얼마 안있어 또 다시 형제간의 싸움이 재연되었다. 제1차 왕자의 난으로 실권을 장악한 방원에게 그의 셋째 형인 芳幹이 도전하였던 것이다. 그리고 이 싸움에는 방간 쪽에 개국공신으로 제1차 왕자의 난에 공이 있으면서 1등공신에 피봉되지 못하여 불만을 품고 있던 朴苞(박포)가 개입해 있었다. 그러나 양측의 군사적 충돌에서 방간은 방원에게 패하여 유배당하고, 박포는 주살됨으로써 난은 평정되었다(제 2 차 왕자의 난; 1400년, 정종 2).[8)]

두 차례에 걸친 왕자의 난은 왕위계승을 둘러싼 왕자들 간의 싸움일 뿐 아니라 방원에 의한 개국공신세력의 제거과정이기도 하였다. 따라서 이 난을 거치면서 실권을 장악한 방원은 제 2 차 왕자의 난을 평정한 직후 세자에 책봉되어 국권을 장악하고 왕권강화를 위한 일련의 조치를 취하였다. 정종 2년에 단행된 사병의 혁파와 관제의 개혁이 그것이었다.

앞서 태조는 즉위 초에 의흥삼군부를 설치하여 군무를 장악케 하고 군사권의 통제를 꾀하였으나 훈친들에게는 사병의 양성을 그대로 허락하였는데, 그것은 건국초의 불안한 정황 속에서 발생할지도 모르는 변란에 대비하기 위해서였다. 그러나 이러한 훈친들의 사병은 국왕의 병권통수를 어렵게 하였고, 더욱이 왕위쟁탈이 사병을 기반으로 한 무력충돌로 전개되기에 이르렀다. 이에 방원은 제 2 차 왕자의 난을 평정하고 세자로 책봉된 직후인 1400년(정종 2) 4월에 왕 및 세자의 시위를 제외한 일체의 사병을 혁파하는 한편, 지방에 있어서도 節制使를 파하고 그 소속의 군사를 모두 의흥삼군부에 편입하여 공병화함으로써 모든 병권을 국왕에게 집중시켰다.[9)]

방원은 사병의 혁파와 동시에 관제의 개혁을 단행하여 도평의사사를 완전히 폐지하고 그 대신 議政府를 세웠으며, 중추원 역시 폐지하고 그 직무를 의흥삼군부에 소속시켰다.[10)] 태조 때에는 의흥삼군부가 군무를 전담함으로써 도평의사사는 그 기능이 축소되었지만 아직도 문하부·삼사·중추원의 고관들로 구성된 합의기구로서 남아 있었는데, 이 때 의정부와 의흥삼군부를 중심으로 정치기구

8) 제2차 왕자의 난은 '방간의 난' 또는 '박포의 난'이라고 불리운다. 방원의 왕위 계승은 이미 제1차 왕자의 난으로 결정적이었지만 이 제2차 왕자의 난으로 그 시일이 당겨지게 되었다.

9) 閔賢九, 《朝鮮初期의 軍事制度와 政治》, 한국연구원, 1983.

10) 韓忠熙, 〈朝鮮初期 議政府研究〉(上·下)《韓國史研究》 31·32, 1981·1982.

를 개혁함으로써 政府와 軍府를 완전히 분리시켰다. 이러한 고관들의 합의기구의 해체와 문무 직무의 분리는 상대적으로 왕권의 강화를 초래하는 것이었다.

방원이 드디어 정종 2년(1400) 11월에 왕위를 물려받으니 이가 태종(1400～1418)이다.[11] 왕위에 오른 태종은 재차 관제개혁을 추진하여 왕권의 강화를 도모하였다. 즉, 1401년(태종 1)에 문하부를 폐지하고 그 구성원을 분리시켜 재신은 의정부에서 국가서무를 총괄하게 하고 郎舍는 신설한 司諫院으로 편성하였다. 삼사는 司平府로 개편하여 의정부의 합조에서 제외시켰으며, 의흥삼군부는 承樞府로 개칭하고 군무 이외에도 왕명출납을 관장케하여 종래의 중추원과 같은 성격의 기구로 만들었다가 2년 뒤에는 다시 三軍都摠制府로 부활시켰다. 이어서 1405년(태종 5)에는 세번째의 관제개혁을 단행하였다. 이 때에는 사평부를 호조에 합병시키고 승추부를 폐지하여 군무를 병조에서 관장하도록 하였으므로, 종래 尙瑞司에서 맡아오던 인사의 기능을 이조와 병조에 귀속시켜 6조의 기능을 강화하고 정부의 서무를 6조에 분담시켰으니, 이제야 고려의 유제를 완전히 청산하고 새로운 조선의 정치기구를 갖추었던 것이다.

이 해에 결행된 한양으로의 환도는 이와 같은 개편을 통해 왕권이 확립된 기반 위에서 이루어진 것이었다. 이후 조선의 국도는 500년 동안 그대로 한양에 존속되었다. 그 후 1414년(태종 14)에는 6조가 각각 담당 국무를 의정부를 통하지 않고 국왕에게 직접 보고하는 6曹直啓制가 확립됨으로써 의정부 중신의 권한은 대폭 축소되고 6조의 직권 확대와 더불어 왕권의 강화를 보게 되었다. 이로써 조선왕조의 기반이 확립되고 전제왕권이 성립되기에 이른 것이다.[12]

II. 集權體制의 확립

1. 유교정치의 발전

조선건국의 주체는 여말의 신흥사대부들이었다. 이들은 구세력과 정치·경제적으로 이해가 상반되었을 뿐 아니라 사상적으로도 대립하고 있었다. 고려 후기

11) 조선은 《고려사》와 같은 踰年稱元法을 사용하였으므로 1400년은 정종 2년이며 태종 즉위년이 되고 이듬해가 태종 원년(1년)이 된다. 그러나 전왕의 정통성이 결여될 경우 새 왕의 즉위년이 원년으로 됨은 이미 고려의 우왕·창왕 다음의 공양왕에서 나타났는데, 조선도 魯山君(뒤에 단종으로 추존)의 양위를 받은 세조가 곧 원년이 되었고, 연산군·광해군 다음의 중종·인조도 원년부터 시작되었으며, 이들의 실록은 '연산군일기'·'광해군일기'라 하여 격이 낮아지게 표현되었다.

12) 韓忠熙, 〈朝鮮初期 六曹硏究－制度의 確立과 實際機能을 中心으로－〉《大丘史學》 20·21 합집, 대구사학회, 1982.
李喜寬, 〈朝鮮初 太宗의 執權과 그 政權의 性格〉《歷史學報》 120, 1988.

에 주자학의 정치사상을 받아들인 이들은 당시 고려의 권문세족과 결탁해 있던 불교를 배격하였다. 따라서 조선의 정치이념이나 그 방향은 이미 확실히 정해져 있었으니, 그것은 곧 유교정치의 추진이었다. 반복되는 정변, 국도의 거듭된 이전 등 정치적 불안 속에서도 이 방향은 끊임없이 추구되었다. 태조에서 태종대에 걸친 모든 개혁은 그 추진자들의 이해관계에 따라서 시행된 것이면서도 그 내용이나 방향은 유교정치의 구현이라는 하나의 목표를 지향하고 있었던 것이다.[13)]

특히 세종(1418~1450) 때에는 이러한 정치체제를 사상적으로 뒷받침하려는 시책을 강구함으로써 유교문화의 획기적인 발전을 보게 되었다. 즉, 세종대에는 유교 교양에 철저한 인재의 양성 및 이에 입각한 문물의 정비와 전통문화의 정리를 추구하였다. 1420년(세종 2) 集賢殿의 설치는 이러한 요구의 대표적인 산물이었다.[14)] 집현전은 유학에 능통한 연소한 문사들로 구성되었는데, 이들은 사헌부의 규찰을 받지 않아 신분이 보장되었고 경제적인 배려 또한 각별하였으며, 산사에서 독서에 몰두할 수 있도록 장기간의 휴가가 주어지기도 하였다. 정원은 처음에 10명이던 것이 뒤에는 20명으로 늘어났는데, 이들의 직무 가운데 중요한 것은 經筵과 書筵이었다.[15)] 인정을 베풀기 위한 국왕과 세자의 수덕을 담당하고 있는 집현전의 이러한 기능은 절대적일 수밖에 없었다. 집현전에서 행해진 제도·문물·역사에 대한 연구와 편찬사업도 바로 왕도정치의 구현이라는 목표에 입각한 것이었다. 고려시대사의 정리작업이 선왕대에 이어 계속되고 전국의 인구·물산을 체계적으로 파악하기 위한 지리지가 작성되었으며, 의학서 및 농서도 편찬되었다. 또한 이들 집현전학사의 音韻(음운) 연구는 訓民正音, 즉 한글의 창제로 결실을 맺었다.

이러한 바탕 위에서 세종은 유교 윤리를 사회에 널리 보급하고 이를 실천시키고자 부단히 노력하였다. 즉, 4部學堂의 제를 확립하고[16)] 왕족인 종친의 교육을

13) 李泰鎭, 〈朝鮮王朝의 儒教政治와 王權〉《韓國史論》 23, 서울대, 1990.
金　燉, 《朝鮮前期 君臣權力關係研究》, 서울대출판부, 1998.

14) 李光麟, 〈世宗朝의 集賢殿〉《최현배환갑기념논문집》, 1954.
崔承熙, 〈集賢殿研究－置廢始末과 機能分析－〉(上·下)《歷史學報》 32·33, 1966·1967.
______, 〈朝鮮初의 言官에 관한 研究－集賢殿의 言官化－〉《韓國史論》 1, 서울대, 1973; 《朝鮮初期 言論·言官研究》, 서울대출판부, 1976.
李載喆, 〈集賢殿의 機能에 대한 研究〉《人文科學》 30, 연세대, 1973.
鄭杜熙, 〈集賢殿學士研究〉《全北史學》 4, 전북대, 1980; 《朝鮮初期政治支配勢力研究》, 일조각, 1983.

15) 南智大, 〈朝鮮初期의 經筵制度－世宗·文宗年間을 중심으로－〉《韓國史論》 6, 서울대, 1980.

16) 中·東·西·南·北의 5부학당은 국초부터 있었는데 세종 27·8년에 북부학당을 폐지하여 4부학당의 제를 확립하였다.

위해서 별도로 宗學을 설립하여 유교교육의 진흥을 꾀하였으며, 《三綱行實圖》·《孝行錄》 등을 간행 보급하여 효 사상을 전파하는 데 크게 힘썼다. 또한 일상생활의 크고 작은 의례들은 모두 주자가례에 준행하도록 하기 위하여 《國朝五禮儀》를 간행하였다.

유교적 윤리와 규범이 정치이념으로 추구되면서 자연히 불교는 배척의 대상이 되었다. 불교에 대한 비판은 이미 고려 말부터 시작되었지만 이 때에는 불교계의 타락에 따른 사원의 세속성과 불교교리에 대한 공박에 머물던 것이 조선시대에 들어오면서 사원의 사회·경제적인 기반을 대폭 축소시키는 실제적인 조치가 강행되었다. 우선 태조 때에 度牒制를 시행하여 승려의 숫자를 줄이고 종래 사원전에 부여되던 면세의 혜택을 폐지하였다. 태종대에 와서는 대대적인 사원 정리작업에 착수하여 불교의 각 종파별로 사원·사원전·노비 그리고 승려의 수를 법적으로 제한하였다. 세종대에는 이러한 방침을 더욱 강화하여 각 종파를 선·교 양종으로 병합하고 사원이 가지고 있던 막대한 토지와 노비를 몰수하였다.[17] 이로써 그동안 국가권력과 밀착하여 지배세력의 하나로 존재하던 사원·승려의 처지는 현저히 약화되었으며, 이러한 추세는 이후에도 계속되었다.

그러나 불교나 사원·승려의 존재가 완전히 소멸된 것은 아니었다. 불교의 종교로서의 기능은 말살될 수 없었고, 더욱이 그것이 왕실불교의 성격을 강하게 가지고 있었으므로 현실적으로 완전히 배격하기는 어려운 실정이었다. 세종대에도 서울에 있는 사원들의 주지는 대부분 양반자제였고 왕실 내에서도 계속해서 불교를 신봉하고 있었다. 또한 천재지변을 당하여서는 승려를 동원하여 기우·기청의 의식을 베풀었다. 물론 유신들의 맹렬한 반대가 있었지만 이러한 왕실의 불교신앙은 끝내 제지되지 못하였으니, 태조나 세종이 만년에 숭불을 하였을 때 간관이나 집현전학사들도 어쩔 수가 없었던 것이다.[18]

이와 같은 조선의 불교는 왕실과의 연결속에서 존속하여 갔지만 억불숭유의 국가적 시책은 결국 불교로 하여금 쇠퇴의 길을 걷도록 하였다. 태조·세종에 이어 세조(1455~1460)도 말년에 圓覺寺를 짓고 불서를 諺解(언해)하여 간행하는 등 불교를 숭상하였지만 곧 성종(1469~1494)은 도첩제마저 폐지하여 일체의

17) 태종·세종대에는 재정과 인력의 재정비를 목적으로 하여 사찰의 토지와 노비에 대한 감축·몰수조치를 발동하였다. 즉, 1406년(태종 6)에는 11宗·242寺의 사찰만을 공인하고 나머지는 폐지하였으며, 공인사찰에도 상주하는 승려의 수를 규정하였다. 이 때 몰수된 노비는 약 1만명에 달하고 전지는 약 2만 결에 이르렀다. 다음 해에 다시 7宗으로 축소하여서 88寺를 혁파하였으며, 1424년(세종 6)에는 7종을 선·교 양종으로 통합하여 각각 18사만을 남기고 이에 전지 7,950결만을 주었다.

18) 韓㳓劤, 〈世宗朝에 있어서의 對佛教施策〉《震檀學報》 25·26·27 합병호, 1964.
李鍾英, 〈僧人號牌考〉《東方學志》 6, 연세대, 1963.

출가를 금지하였고 중종(1505~1544)은 僧科를 폐지하였으니, 이로써 국가와 불교의 공적인 관계는 완전히 끊어지게 되었다. 명종(1545~1566) 때에 文定王后(중종비)의 호불로 불교계가 일시 생기를 되찾는 듯 했지만 왕후의 죽음과 함께 다시 쇠퇴하였다. 이제 불교는 더 이상 정치적 또는 사회적으로 제 기능을 발휘할 수 없게 되었으며 다만 부녀자들 사이에서 그 활로를 모색하는 형편이 되었다.

2. 집권체제의 확립

국초부터 추구되어 온 국왕중심의 집권체제는 관료중심의 정치운영을 이상으로 하는 유신들에게는 심각한 갈등을 던져 주었다. 특히 집현전 학사들은 재상중심체제의 부활과 이를 통한 자신들의 정치참여를 희구하였다. 이들은 단순한 학사의 처지에서 벗어나 학문소양을 정치적으로 실천하려고 하였던 것이다. 이는 세종의 의사에는 어긋나는 것이었지만 왕은 이러한 집현전 학자들의 요구를 억제할 수만은 없었다. 1436년(세종 18) 태종대 이래의 6조직계제를 폐지하고 모든 국무를 6조가 의정부를 통하여 왕에게 올리는 의정부 署事制度를 부활하여 중신들의 권한을 강화시킨 것은 이러한 사정에서였다.[19]

집현전 학사를 중심으로 한 유신들의 정치진출은 세종 후년에 집현전이 간쟁기관·정치기관으로 변모함으로써 더욱 현저해졌다. 1442년(세종 24) 왕이 신병으로 정무를 세자에게 맡기고자 詹事院(첨사원, 세자관부)을 설치하고 집현전 학사들로 하여금 이 기관의 관직과 서연(세자 교육기관)을 맡게 하여 세자를 보필케 하였는데, 3년 뒤 세자가 직접 정무를 처리하면서부터 이들의 정치적 기능은 실제로 발휘되었다. 그 후 세자가 즉위하여 문종(1450~1452)이 됨에 따라 이들의 상당수가 대간으로 진출하는 등 요직을 차지하였다. 이러한 집현전 학사들의 정치진출은 단종이 어린 나이에 즉위하면서 절정에 달하였다. 문종이 세종대부터 재상직에 있던 皇甫仁·南智·金宗瑞 등 3정승과 집현전 출신 관료들로 하여금 단종을 보필하고 정무에 협찬하도록 유명하였으므로 정권은 이들 재상이 장악하여 의정부의 권한이 강화됨으로써 상대적으로 국왕권은 유명무실하게 되었던 것이다.

이 때 왕실측에서는 이들 유신세력을 억제하고 왕권을 확보하기 위한 움직임이 일어났는데, 그 가운데에서도 세종의 둘째아들인 首陽大君의 세력이 가장 강

19) 1405년(태종 5)에 의정부의 서무를 6조에 귀속시킴으로써 국왕과 6조가 직결되었지만 그 후 의정부와 6조의 관계가 문제되어 마침내 태종 14년에 의정부는 사대문서와 重囚를 재심하는 일만을 관장하고 그 밖의 일은 6조가 왕에게 직계하도록 정하였다. 그러나 세종 18년에는 의정부 서사의 제도로 환원하였는데, 세조가 즉위하자 다시 6조직계의 제로 복구하여 왕권을 강화하였다.

대하였다. 그는 權擥(람)·韓明澮(회) 등과 밀의하여 쿠데타를 일으키고 김종서·황보인 등 중신과 친동생 安平大君을 살해하였다(1453년, 단종 1). 그리고 영의정 및 이조·병조의 판서와 內外兵馬都統使의 직을 겸임하여 정권과 병권 모두를 독점 장악하였다.

수양대군의 중신제거와 권력장악은 지방에서의 커다란 반발을 초래였다. 즉, 수양대군은 쿠데타 뒤에 후환을 없애기 위해서 김종서의 당여인 함길도도절제사 李澄玉을 파직하고 은밀히 자기파의 인물인 朴好問을 파견하였는데 이에 분개한 이징옥이 반란을 일으켰던 것이다. 이징옥은 종성을 거점으로 군사를 일으켜 大金皇帝를 칭하고 여진의 세력을 포섭하여 장기 항쟁을 꾀하였다. 이 반란은 곧 관군에 의해서 진압되고 말았지만 이는 수양대군의 쿠데타에 대한 최초의 반란으로 민심을 크게 자극시켰다.[20]

1455년(단종 3) 수양대군이 드디어 왕위에 오르니 이가 세조(1455~1468)이다. 이 때 세조의 단종폐위와 왕위찬탈은 세종의 총애를 받던 집현전 출신 유신들 일부의 심각한 저항을 자아냈다. 1456년(세조 2)에 成三問·朴彭(팽)年·河緯(위)地·李塏(개)·兪應孚(부)·柳誠源 등은 단종의 복위를 계획하였다가 사전에 발각되어 모두 죽음을 당하였으니, 이들이 후세에 '死六臣'이라 불리운 사람들이었다.[21] 또 이 때 70여명이나 되는 연루자들 모두 처벌됨으로써 이제 중앙의 정계는 세조에게 협력하는 관료들만으로 충당되었다. 이들은 靖難功臣(수양의 쿠데타에 공이 있는 사람)과 佐翼功臣(세조의 즉위에 공이 있는 사람)에 봉해지고 많은 토지와 노비를 받았다.[22]

세조는 단종복위 운동을 진압한 직후 유신들의 중심기관인 집현전을 폐쇄하고 경연을 중지시켰다. 그 대신 그는 새로운 유신들을 발탁하여 이들을 기반으로 집권화를 꾀하여 나갔다. 즉, 세조는 6조직계의 제를 복구하여 왕권의 강화를 도모하고 농본주의에 입각하여 권농정책을 추진하였으며, 병정·무비에도 힘을 기울여 5衛制를 확립하는 한편 保法의 수립으로 군역 부담자를 확보하였다. 특

---

20) 金成俊, 〈李澄玉과 六鎭〉《史叢》 12·13 합집, 고려대, 1968;《韓國中世政治法制史研究》, 일조각, 1985.

21) 사육신은 南孝溫이 지은 《秋江集》에 6신전으로 기록된 사람들인데, 이 밖에도 金文起·朴崝(정)·權自愼 등 많은 사람이 연루되어 참혹한 죽음을 당하여 사람에 따라서 유응부보다 김문기를 이에 포함시켜야 한다는 주장이 나오기도 하였다. 지금 노량진에 있는 사육신묘에 6신 이외에 김문기묘가 부가된 것은 이런 까닭이다.

22) 鄭杜熙, 〈朝鮮 世祖―成宗朝의 功臣硏究〉《震檀學報》 51, 1981;《朝鮮初期政治支配勢力硏究》, 일조각, 1983.

조선시대에는 개국공신(1392)과 제1차 왕자의 난 때의 定社功臣(1398), 제2차 왕자의 난 때의 佐命功臣(1401), 그리고 靖難功臣(1453)·佐翼功臣(1455) 등 전 왕조에 걸쳐 28공신이 있었다.

히 1466년(세조 12)에는 고려 말 이래의 과전법을 폐지하고 현직관리에 한해서만 토지를 지급하는 職田法을 실시함으로써 양반지배층과 토지점유와의 일체적 관계는 제도적으로 폐지되었다. 이는 세조의 집권을 시인하고 그 아래에서 관리로서 봉사하는 사람에게만 생활의 기반을 보장해 주려는 정치적 의미를 가진 것이었다. 이 직전법을 기반으로 성종 초에는 관료의 직접적인 수조권한이 폐지됨으로써 우리 나라의 전통적인 토지분급제는 사실상 소멸되었다.

세조의 집권정치 가운데 가장 중요한 것은 보법에 의한 군역제도의 개혁과 직전법의 실시에 의한 토지제도의 혁신이었다. 보법은 군역의 평준화에 따른 국방강화에 목적이 있었고, 직전법은 관리들의 경제력을 약화시키는 대신 국가재정을 강화하려는 데 목적이 있었다. 이러한 세조의 부국강병책의 강행은 이로 말미암아 기득권을 침해받게 된 중앙관료와 지방세력의 불만을 낳게 하였으니, 이때 반정부 저항운동의 거점이 된 것은 각 지방의 토호들의 자치단체기구인 留鄕所였다. 이들 유향소를 중심으로 한 저항운동은 전국적으로 퍼지고 있었는데, 그 중에서도 전통적으로 토호세력이 강한 함길도 지방에서 폭발하였으니 이것이 李施愛의 난이었다.

이시애는 일찍이 회령부사를 지낸 함길도 지방의 토호의 한사람으로 함길도의 수령을 그 지방사람으로 임명할 것을 요구하여 길주에서 군사를 일으켰는데(1467년, 세조 13), 그것은 6도의 정부군을 징발하여 겨우 진압할 만큼 대규모의 반란이었다.[23] 세조는 이 반란을 진압한 뒤 반란의 지도세력이 되었다는 이유로 전국의 유향소를 철폐하였으니 이로써 지방세력의 본거지가 제거되었다.

두 차례의 정변을 통해서 왕위에 오른 세조는 또다시 두 번에 걸친 지방세력의 반란을 무력으로 제압하면서 집권체제를 정비하고 왕조의 기반을 확립하였다. 이 때부터 《經國大典》을 편찬하기 시작한 것은 이러한 체제정비의 단적인 표현이었다.[24]

---

23) 金相五, 〈李施愛의 亂에 對하여〉(上・下)《全北史學》 2・3, 전북대, 1978・1979.
鄭泰憲, 〈世祖의 李施愛亂 收拾政策〉《史學研究》 38, 한국사학회, 1984.

24) 黃雲龍, 〈經國大典 成立背景에 對한 硏究〉《東國史學》 15・16 합집, 동국대, 1981.
李成茂, 〈「經國大典」의 編纂과 「大明律」〉《歷史學報》 125, 1990.

제 2 장
兩班官僚社會의 발전

Ⅰ. 兩班官僚社會의 政治構造

1. 양반관료체제의 확립

조선의 지배층은 兩班이었다. 물론 양반 우에 왕실의 친척인 宗親이 존재하였지만 조선은 원칙적으로 종친으로 하여금 관직을 갖지 못하게 하였으므로 그들은 정치세력화 될 수 없었다.[1] 따라서 양반은 관리가 되어 정치에 참여하였을 뿐 아니라 사회신분이 높고 경제력이 강하며 문화의 주인공이 되어 조선 사회를 이끌어가는 최고의 사회계층이었다. 이에 조선은 이들 양반이 관료가 됨으로써 엄격한 양반관료체제를 확립하게 되었던 것이다.[2]

이러한 양반체제는 고려의 귀족사회에서 일보 전진한 것이었다. 그것은 조선의 양반이 바로 고려 후기에 대두한 신흥사대부의 후신이었기 때문이다. 조선의 양반은 고려의 문벌귀족이 가문의 후광에 힘입어 권위를 유지하였음에 대하여 자기 자신의 실력을 중요시하였으니, 이들에 관리등용의 방법으로서 음서보다 과거를 중시한 것은 이를 나타내는 것이다. 또한 고려의 문벌귀족에 비해서 보다 많은 가문이 조선의 양반으로 진출하고 있었는데, 이것은 지배층의 확대를

1) 金成俊,〈宗親府考〉《史學硏究》 18, 한국사학회, 1964.

2) 李成茂,《朝鮮初期 兩班硏究》, 일조각, 1980.

_____,《朝鮮兩班社會硏究》, 일조각, 1996.

이러한 '兩班＝支配身分'설은 종래 학계의 통설로서 받아들여지고 있었는데, 이에 대하여 韓永愚가 이의를 제기함으로써 논쟁이 계속되고 있다. 통설을 대표하는 이성무는 조선 전기의 신분구조를 '兩班－中人－良人－賤民'으로 나누고, 양반을 상급지배신분, 중인을 하급지배신분, 양인과 천민을 피지배신분으로 보면서 각 신분의 세습성이 현실적으로 매우 강하다는 주장을 하였다. 이에 반하여 한영우는 조선 초기의 사회 계층을 혈연상으로 지속성을 지닌 양인과 천민으로 양분하고, 다시 양인은 직업 개념으로서 양반·향리·백성·工商·干尺之徒 등 복잡한 계층으로 구성되어 있지만 이것은 법제적으로 신분 이동이 가능한 성취신분이라고 하였다. 따라서 한영우는 양인 내부에서의 계층적 유동성을 크게 부각시켜 조선 초기의 신분·계급구조를 보다 개방적인 것으로 이해하고 있다. 또한 그는 16세기에 들어오면서 초기의 양·천 신분제가 양반·중인·양인·천민의 신분구조로 분화하였음을 첨언하였다.

韓永愚,〈朝鮮初期의 社會階層과 社會移動에 관한 試論〉《東洋學》 8, 단국대, 1978 ; 《朝鮮時代 身分史硏究》, 을유문화사, 1997.

宋俊浩,〈朝鮮兩班考－朝鮮朝 社會의 階級構造에 관한 한 試論－〉《韓國史學》 4, 한국정신문화연구원, 1984 ; 《朝鮮社會史硏究》, 일조각, 1987.

劉承源,《朝鮮初期身分制硏究》, 을유문화사, 1987.

의미하는 것으로 개방된 사회발전의 일면을 표시하는 것이었다.

이들 양반으로 구성된 문반·무반의 관리는 관료적인 성격이 강하였다. 이들은 정치기구 안의 관료로서 전제왕권의 정치적·행정적 실행자의 지위에 있었으며 엄격한 관계주의 질서 안에 편성되어 있었다. 우리가 조선의 정치구조를 양반관료체제로 규정하는 이유가 여기에 있다.

조선의 관료는 누구나 관계조직 속에 편입되어 있었다. 이 때 관료의 품계는 정 1품에서 종 9품까지 18등급으로 이루어졌는데, 6품 이상은 각 등급마다 다시 상·하위의 구분이 있었으므로 총 30단계의 階序가 있었다. 이 관계조직에는 크게 2개의 계선이 그어져 있었고 이 계선을 넘어 승진하는 데에는 많은 제한이 따랐다. 즉, 정 3품 상위(通政大夫·折衝將軍) 이상을 堂上, 하위(通訓大夫·禦侮將軍) 이하를 堂下라 하고, 6품 이상을 參上(참상, 또는 參內), 7품 이하를 參下(또는 參外)라 하여 각각 구별하였던 것이다. 이 가운데 당상관이라야 중신으로서 중요 정책결정에 참여하고 관찰사가 될 수 있었으며, 참상관 이상이어야 목민관인 수령에 나아갈 수 있었다. 한편 당상관은 주요 관서의 책임자가 되는 것은 물론이고 그 밖의 잡다한 관청의 장도 提調의 이름으로 겸임하였는데, 이것은 정치권력을 고급관료에게 집중시키려 한 데서 나온 제도였다.

모든 관직에는 그에 해당하는 관계가 정해져 있었다. 예를 들어 3정승은 모두 정 1품, 6조의 판서는 정 2품, 각 도의 관찰사는 종 2품, 군수는 종 4품, 현령은 종 5품 등이었다. 그러나 어떤 관직에 적임자가 없을 경우에는 어쩔 수 없이 그 관직에 상응하지 않는 품계를 가진 사람으로 임명하였는데, 이 때 품계가 높은 사람이 낮은 관직을 갖게 되면(階高職卑) 그 관직 앞에 '行'자를 붙였고 그 반대의 경우(階卑職高)에는 '守'를 칭하였다.[3] 이러한 관직과 관계의 결합은 역시 엄격한 관계주의의 표현이었다.

2. 양반관료체제의 특성

양반의 관료화가 관료기구를 통해서 진행됨에 따라 사회적으로는 이들의 신분적인 배타성이 강화되어 갔다. 우선 향리의 관직 진출이 제도적으로 규제되고 문무관직은 양반의 독차지가 되었다. 양반의 신분은 세습되었고 결혼도 이들 내에서 행해졌으며 거주구역도 서울은 남촌과 북촌, 지방은 성 밖으로 정해져 있었다. 이와 같이 양반들은 지배층으로서의 특권을 향유하고 이를 세습적으로 이

3) 가령 종 1품 崇政大夫의 품계를 가진 사람이 정 2품직인 吏曹判書에 임명되면 '崇政大夫·行吏曹判書'라 하고, 반대로 종 2품 嘉善大夫의 품계를 가진 사람이 정 2품직인 弘文館 大提學에 임명되면 '嘉善大夫·守弘文館大提學'이라 하였다.
남지대, 〈조선초기 散階〔官品〕의 구조와 기능〉《韓國文化》 13, 서울대, 1993.

어 나가면서 다른 신분과의 구별을 엄격히 하였던 것이다.

이와 같이 조선의 양반사회는 관료적이면서도 반면 세습적인 성격이 함께 존재하였는데, 이것은 전근대적인 신분사회에서는 당연한 현상이었다. 이러한 양반의 세습적 성격을 잘 나타낸 것이 음서와 代加制였다. 조선에서는 과거제도가 강화되어 관료제사회의 성격이 강하여진 것은 사실이었으나, 비록 고려시대보다 그 범위가 축소되었지만 여전히 음서의 제도가 있어 공신이나 3품 이상의 고관의 자손 및 중요관부의 경력을 거친 관리의 자에게 음서의 특권이 베풀어지고 있었다. 또한 조선에서는 문무의 현직자가 資窮(정 3품 堂下 散階) 이상이 되면 그에게 別加된 품계를 대신 子·弟·婿·姪 등에게 줄 수 있도록 마련한 대가제가 실시되고 있었으니, 조선시대에는 국가의 경사나 큰 행사를 치른 뒤에 백관에 대하여 加資(별가)의 은전이 자주 베풀어졌는데, 한 가문에 현직관리가 있으면 그 친족들은 아무런 노력이 없이 대가를 통해 산계를 받을 수 있는 혜택이 주어졌던 것이다. 이러한 음서와 대가제는 조선의 양반으로 하여금 지배층으로서의 신분을 계속 유지하는 데 유리한 제도적 장치로서의 의미를 갖고 있었다.[4]

같은 양반이라 하지만 그 안에는 차별이 있었다. 정치와 군사의 분리 그리고 군사의 정치에의 종속에서 오는 현상이지만, 무반은 문반보다 하위에 있었다. 또 양반가계의 지속적인 유지를 위해서 서얼 출신자는 文科에 응시하지 못하도록 하였으며, 재가녀의 자손은 고관직에 나가는 것이 불가능하였다. 즉, 관계의 진출에는 출신신분에 따른 한계가 있었는데, 기술관·서얼은 정 3품까지, 토관·향리는 정 5품까지, 서리 및 기타는 정 7품까지 각각 限品敍用되었고, 양반만이 정 1품까지 오를 수 있었다.[5] 양반의 지방적 차별도 심하여 평안·함경도의 출신은 고관에 등용되는 경우가 드물었다.

양반들은 같은 관직이라 하더라도 기술관직은 천시되고 이를 회피하였으니, 이 때문에 기술관은 중인의 세습직으로 되고 말았다. 또한 문관의 하급관리인 서리와 무관의 하급관리인 軍校 등 실무적인 직업도 맡지 않았는데, 이것들도 역시 중인 출신의 서리나 군교가 세습하며 담당하였다. 기술관·서리·군교는 넓은 의미에서 지배층에 속하였지만 문무양반과는 구별되었고 관직진출에 있어서도 승진의 한계가 있었다.[6]

4) 崔承熙, 〈朝鮮時代 兩班의 代加制〉《震檀學報》 60, 1985.
5) 李泰鎭, 〈庶孽差待考－鮮初 妾子「限品叙用」制의 成立過程을 中心으로－〉《歷史學報》 27, 1965.
朴天圭, 〈朝鮮前期 庶孽의 社會的 地位〉《史學研究》 30, 1980.
6) 李成茂, 〈朝鮮初期의 技術官과 그 地位－中人層의 成立問題를 中心으로－〉《柳洪烈華甲紀念論叢》, 탐구당, 1971.

조선왕조 品階表

품 계	양반 문반	양반 무반	잡직 문반	잡직 무반	토관 문반	토관 무반	
정1품	大匡輔國崇祿大夫 輔國崇祿大夫						堂
종1품	崇祿大夫 崇政大夫						堂
정2품	正憲大夫 資憲大夫						上
종2품	嘉靖大夫 嘉善大夫						上
정3품	通政大夫	折衝將軍					上
	通訓大夫	禦侮將軍					堂下
종3품	中直大夫 中訓大夫	建功將軍 保功將軍					堂下
정4품	奉正大夫 奉列大夫	振威將軍 昭威將軍					堂下
종4품	朝散大夫 朝奉大夫	定略將軍 宣略將軍					堂下
정5품	通德郎 通善郎	果毅校尉 忠毅校尉			通議郎	建忠隊尉	·
종5품	奉直郎 奉訓郎	顯信校尉 彰信校尉			奉議郎	勵忠隊尉	參上
정6품	承議郎 承訓郎	敦勇校尉 進勇校尉	供職郎 勵職郎	奉任校尉 修任校尉	宣職郎	建信隊尉	參上
종6품	宣教郎 宣務郎	勵節校尉 秉節校尉	謹任郎 効任郎	顯功校尉 迪功校尉	奉職郎	勵信隊尉	參上
정7품	務功郎	迪順副尉	奉務郎	騰勇副尉	熙功郎	敦義徒尉	參
종7품	啓功郎	奮順副尉	承務郎	宣勇副尉	注功郎	守義徒尉	參
정8품	通仕郎	承義副尉	勉功郎	猛健副尉	供務郎	奮勇徒尉	參
종8품	承仕郎	修義副尉	赴功郎	壯健副尉	直務郎	効勇徒尉	下
정9품	從仕郎	効力副尉	服勤郎	致力副尉	啓仕郎	勵力徒尉	下
종9품	將仕郎	展力副尉	展勤郎	勤力副尉	試仕郎	殫力徒尉	下

문무관의 인원수는 문반 820여명, 무반 4,000여명 정도였지만 정치권력은 소수 고급관료들이 독점하였고 국왕의 전제권이 강력하였다. 따라서 일반관리는 물론 유생들에게도 자신의 의견을 상소하고 진언할 기회를 부여하고 있었으나 이는 항상 국왕에 의하여 개별적이고 일방적으로 처리되었다. 申聞鼓를 설치하여 일반백성의 소원을 상달하도록 하거나 감찰관을 파견하여 수령의 치적과 민간의 여론을 조사하기도 하였지만 이는 다분히 형식적인 덕치의 표현일 뿐 실질적인 효능은 기대할 수 없었다.

3. 중앙정치기구

세조 때 편찬하기 시작해서 1474년(성종 5)에 반포한 《經國大典》에는 조선왕조의 관료체제와 사회구조가 명시되어 있다. 따라서 이를 통하여 양반관료국가의 통치조직을 살펴볼 수 있다. 《경국대전》에 의하면 조선의 통치기구는 크게 중앙과 지방으로 구분되었고, 다시 동반(문관)과 서반(무관)으로 나뉘어 편성되었다.[7]

중앙의 정치기구는 議政府와 6曹를 기본으로 하였다.[8] 의정부는 領議政과 左·右議政의 합좌기관으로 백관과 서무를 총괄하였다. 6조는 이·호·예·병·형·공조를 말하는 것으로 여기서는 실제 정무를 분담하였다. 원리상 6조는 의정부 산하에 예속된 것이었지만 실제로는 왕권의 강화에 따라 6조직계제가 확립됨으로써 실무처리 권한이 강화되었고, 의정부는 국왕의 자문기관에 머물러 있었다. 이러한 의정부와 6조의 관계는 조선의 정치체제가 관료적이었음을 나타내는 것이다. 또한 왕명을 출납하는 기관으로서 承政院이 있어서 국왕의 비서기관의 역할을 담당하였는데, 이것도 국왕정치의 기반이 되었다.[9] 그러나 국왕이 어리거나 병이 났을 때 원임·시임 대신을 院相으로 임명하여 승정원에서 국가중요사를 시무케 하는 특별 제도가 있었다.[10]

---

7) 양반이란 문반·무반을 말하는데 이들은 조회 때의 반열의 위치에 따라 동반·서반이라고도 불렀다. 동반·서반은 양반뿐 아니라 잡직·토관에도 구분되고 있었다.

8) 韓忠熙, 〈朝鮮初期 議政府研究〉(上·下)《韓國史研究》 31·32, 1982.

______, 《朝鮮初期 六曹研究》, 고려대박사학위논문, 1992.

李鍾日, 〈朝鮮國初의 最高政務機關과 中央行政機關〉《南都泳華甲紀念 史學論叢》, 태학사, 1984.

鄭杜熙, 〈朝鮮建國初期 統治體制의 成立過程과 그 歷史的 意義〉《韓國史研究》 67, 1989.

南智大, 《朝鮮初期 中央統治制度研究》, 서울대박사학위논문, 1993.

______, 〈朝鮮初期 官署·官職體系의 정비〉《湖西文化論叢》 8·10, 서원대, 1996.

9) 韓忠熙, 〈朝鮮初期 承政院研究－實際機能과 統治機構와의 관계를 中心으로－〉《韓國史研究》 59, 1987.

李東熙, 〈朝鮮 世宗代 承政院의 活動과 그 政治的 意味〉《歷史學報》 138, 1993.

조선의 중앙정치기구

관 부	장 관(품계)	직 무	비고
議 政 府	領議政(정1품)	백관과 庶務를 총괄	
6 曹	判 書(정2품)	이조…내무·문관인사 호조…재정·조세·호구 예조…의례·교육·외교 병조…군사·무관인사 형조…형률 공조…토목	
承 政 院	都承旨(정3품)	왕명의 출납	
弘 文 館	大提學(정2품)	문필기관	3司
司 憲 府	大司憲(종2품)	감찰기관	
司 諫 院	大司諫(정3품)	간쟁기관	
義 禁 府	判 事(종1품)	특별 사법기관	
漢 城 府	判 尹(정2품)	서울의 행정·치안을 담당	
校 書 館	提 調(종1~종2품)	經籍의 간행	4館
成 均 館	知 事(정2품)	교육기관	
藝 文 館	大提學(정2품)	교서의 제찬	
承 文 院	都提調(정1품)	외교문서 작성	

이들 국왕과 의정부·6조의 행정계통을 견제하는 기구로서 언관인 司憲府·司諫院·弘文館 등의 3司가 있었다. 이 가운데 사헌부는 時政의 득실을 논하고 백관을 규찰하며 풍속을 교정하는 감찰기관으로 관리임용에 있어서 그의 신분·경력 등을 조사하여 가부를 승인하는 서경권도 가지고 있었다. 사간원은 왕에 대한 간쟁과 논박을 전담하는 기관이었다. 사헌부와 사간원을 합칭해서 臺諫이라 하였는데, 이는 국왕·관료에 대한 규제기관이었으므로 때때로 국왕과 양반

10) 李載浩, 〈承政院機能考－특히 院相의 置廢에 대하여〉《朝鮮政治制度硏究》, 일조각, 1995.
李東熙, 〈朝鮮後期 院相의 設置와 그 性格〉《全北史學》 16, 전북대, 1993.
院相이란 원임대신들이 승정원에 나가 국사를 의논 처리하며 국왕을 보좌하고 의정부 권력까지 초월한 비정규직책으로 1467년(세조 13) 세조가 병환으로 명 사신의 접대를 위하여 신숙주·한명회·具致寬 등으로 원상을 삼은 데 비롯하여 1468년(예종 직위년)에 확대 재편성하여 1476년(성종 7)까지 존속되었으며, 그 후 연산군 즉위초·중종 즉위초·인종 즉위초 등 여러 번 설치되었다.

관료 혹은 양반 내부의 갈등이 이 기관을 통하여 노정되기도 하였다.[11] 홍문관은 經籍을 모아 典故를 토론하고 文翰을 담당하여 왕의 고문역할을 담당하는 문필기구로서 그 임무의 성격상 언관의 기능도 함께 수행하였다.[12]

사법기구로는 일반범죄사건을 다루는 사헌부·형조와 서울의 치안을 담당한 漢城府가 있어 이들을 3法司라 불렀는데, 역시 사법기구의 핵심을 이룬것은 義禁府였다. 의금부는 고려 말 국왕의 근위병과 같은 구실을 하던 巡軍府가 수차례의 개편을 거쳐 이루어진 국왕 직속의 사법기관으로서 대역·모반 등 국가 및 국왕의 안위에 관계되는 중죄를 처리하였다. 또한 왕명으로 모반·대역 등 국가적 중죄인을 심문·재판하기 위하여 임시로 특별기구인 鞫廳(국청)을 설치하였는데, 중기 이후는 이것도 상설화되었다. 의금부가 《경국대전》에 실려있는 정규 관청인데 반하여 국청은 비정규의 임시기구이며 의금부보다 긴급하고 중죄인을 다스린 점이 달랐지만[13] 그러나 때로는 일반범죄까지도 처리하여 형조와 업무상의 중복이 생기기도 하였다. 이 밖에 일반 범죄사건은 사헌부와 형조, 그리고 서울의 치안을 담당한 한성부에서 관장하였다.

이 밖에 경적의 간행을 관장하는 校書館, 고등문관의 양성기관인 成均館, 국왕의 교서를 제찬하는 藝文館, 외교문서를 작성하는 承文院을 합칭하여 4館이라 하였다. 또한 역사의 기록과 편찬을 담당한 春秋館이 있었는데, 이들은 유교정치의 수행에 있어서 반드시 필요한 기구들이었다.

4. 지방통치조직

지방은 전국을 京畿·忠淸·慶尙·全羅·黃海·江原·永安(咸鏡)·平安 등 8道로 나누고, 도 아래에는 부·목·군·현을 두었다.[14] 도에는 관찰사(監司)가

11) 崔承熙, 〈朝鮮初期의 言官에 관한 研究－臺諫制度의 成立과 그 機能의 分析－〉《韓國史論叢》 1, 계명대, 1973 ; 《朝鮮初期 言官·言論研究》, 서울대출판부, 1976.
______, 〈朝鮮初期 言官에 관한 研究－言官言論과 王權의 相關關係－〉《東亞文化》 13, 서울대, 1976 ; 《朝鮮初期 言官·言論研究》, 서울대출판부, 1976.
李洪烈, 〈臺諫制度의 法制史的 考察〉《史叢》 5, 고려대, 1984.
南智大, 〈朝鮮 成宗代의 臺諫 言論〉《韓國史論》 12, 서울대, 1985.
鄭杜熙, 《朝鮮 成宗代의 臺諫研究》, 한국연구원, 1989.
______, 《朝鮮時代의 臺諫研究》, 일조각, 1994.

12) 崔承熙, 〈弘文館의 成立經緯〉《韓國史研究》 5, 1970.
李載浩, 〈弘文館 機能의 變遷〉《釜山大文理大論文集》 16, 1977.
崔異敦, 〈成宗代 弘文館의 言官化 過程〉《震檀學報》 61, 1986.

13) 元永煥, 《朝鮮時代 漢城府研究》, 성균관대박사학위논문, 1990.
李相寔, 〈義禁府考〉《歷史學研究》 Ⅵ, 전남대 1975.
吳甲均, 〈朝鮮朝 鞫廳運營에 관한 研究〉《湖西文化研究》 6, 충북대, 1983.
______, 《朝鮮時代 司法制度研究》, 삼영사, 1995.

파견되었는데, 그는 方伯이라 하여 자기 관할 하에 있는 모든 군현의 지방관, 즉 府尹·牧使·郡守·縣令(監) 등을 통할 감독하였다.[15] 이 관찰사는 지방의 병권을 함께 통합하였으므로 지방세력화할 위험이 있어 360일 임기에 단임으로 제한되었다. 군현의 수령은 직접 대민통치를 담당하는 소위 목민관이었는데, 이들의 임기는 1,800일로 정해져 있었다. 관찰사 및 수령 등 지방관들은 모두 자기 출신지역에는 부임하지 못하도록 하였으니 이는 相避라 하여 친족과의 연결을 막으려는 의도에서였다.[16]

지방관의 임무는 '守令 7事'라 하여 農桑盛(농잠을 번성)·戶口增(호구를 증가)·學校興(학교를 일으킴)·軍政修(군정을 다스림)·賦役均(부역을 균등케)·詞訟簡(소송을 간편하게)·奸猾息(간활한 자를 그치게)으로 집약되었는데(경국대전), 이 가운데 가장 중요한 것은 조세·공물의 징수 상납이었다. 이 직무수행을 위해서 모든 지방행정 단위에는 이·호·예·병·형·공의 6房의 조직이 갖추어져 있었고, 그 사무는 지방의 향리들이 이를 향역으로 세습하면서 담당하였다.[17]

변경지역인 평안·함경 양도의 일부지방에는 특별히 토착적인 유력층이 土官에 임명되었다. 이들은 비록 5품까지 밖에 올라가지 못하는 한품의 제약이 있었지만 국초에는 그 일부가 양반관직에 올랐는데, 곧 아전과 같은 지위로 떨어져 하급지배신분층으로 굳어졌다.[18]

군현의 하부행정구획으로는 새로운 촌락지배체제로서 面里制가 성립되었다. 이 면은 고려의 村의 후신으로 社(주로 함경도 지방에 많음) 또는 坊(주로 평안도

---

14) 李存熙, 〈鮮初 地方統治體制의 整備와 界首官〉《東國史學》 15·16 합집, 동국대, 1981 ; 《朝鮮時代 地方行政制度研究》, 일지사, 1990.
______, 〈朝鮮朝 郡縣의 構造〉《南都泳華甲紀念 史學論叢》, 태학사, 1984 ; 《朝鮮時代 地方行政制度研究》, 일지사, 1990.
李樹健, 〈朝鮮初期 郡縣制整備와 地方統治體制〉《韓國中世社會史研究》, 일조각, 1984.
______, 《朝鮮時代 地方行政史》, 민음사, 1989.
金東洙, 〈朝鮮初期 郡縣體制의 改編〉《許善道停年紀念 韓國史學論叢》, 1992.
경기는 8도의 하나지만 특별히 '道'를 붙이지 않고 그냥 '京畿'라고만 불렀음이 다른 7도와 달랐다.

15) 張炳仁, 〈朝鮮初期의 觀察使〉《韓國史論》 4, 서울대, 1978.
李存熙, 〈朝鮮初期의 守令制度〉《歷史教育》 30·31 합집, 1982 ; 《朝鮮時代 地方行政制度研究》, 일지사, 1990.
吳甲均, 〈朝鮮時代 守令職의 司法的 機能〉《車文燮華甲紀念論叢 朝鮮時代史研究》, 신서원, 1989.

16) 相避制는 연고있는 지방에 지방관으로 파견되는 것을 막았을 뿐 아니라 일정한 범위 내의 친족 간에는 같은 관부나 통속관계의 관부에 함께 부임치 못하게 한 제도를 말한다.

17) 李成茂, 〈朝鮮初期의 鄕吏〉《韓國史研究》 5, 1970.

18) 李載龒, 〈朝鮮初期의 土官에 대하여〉《震檀學報》 29·30 합호, 1966.
李章熙, 〈朝鮮初期 土班武職의 性格〉《韓國史論》 7, 국사편찬위원회, 1978.

지방에 많음)으로 편성된 곳도 있었는데 그 책임자를 風憲·約正이라 불렀다. 이

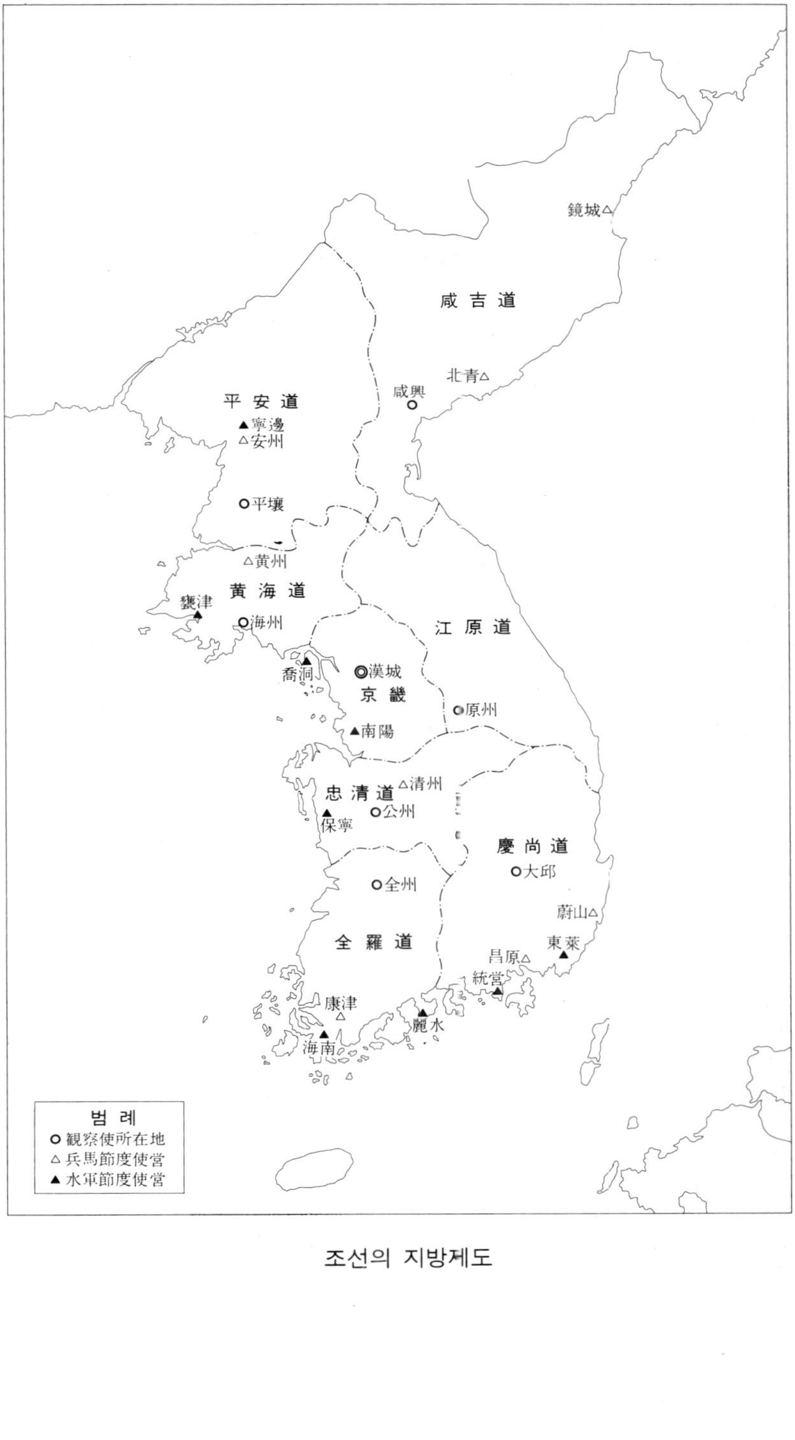

조선의 지방제도

들 면 아래에는 다시 里·洞이 있어 책임자를 尊位·里正·洞長 등으로 불렀는데, 아직도 면리제는 완전히 획일화된 구조를 이루지 못하고 있었다.[19)]

향촌사회에는 조선 초기부터 留鄕所가 설치되어 지방자치기구로 기능하고 있었다. 유향소는 유향품관으로 구성되어 座首·別監 등의 향임이 있어 향풍을 바로잡고 악질 향리를 규찰하려는 목적으로 성립되었으나 수령권을 침탈하는 등 반집권적 토호의 성향이 짙어짐에 따라 1466년(태종 6)에 혁파되었다. 이것이 중앙집권의 확립에는 크게 기여하였으나 수령의 불법행위와 향리의 폐단 등으로 새로운 사회문제가 제기되자 1428년(세종 10)에 다시 유향소가 복설하였으나 이시애의 난 후 1467년(세조 13)에 폐지되었다가 1488년(성종 19)에 다시 부활되었다. 그러나 이 때의 유향소는 수령에 의하여 장악된 관 주도의 기구로 변질되어 재지세력의 자치적 지위는 하락되고 있었다.[20)]

지방에 파견된 수령은 향리를 잘 통솔해야 했을 뿐 아니라 동시에 그 지방 양반들의 협조를 받아야만 임무수행이 가능하였으므로 유향소를 이용하지 않을 수 없었다. 한편 서울에는 각 지방 출신의 중앙관리로 구성된 京在所가 있어 해당 지방의 제반사를 주선하고 서울과 지방 간의 연락을 담당하였다. 이들 경재소의 좌수·별감은 고려시대 事審官의 후신으로 자기 향리의 유향소를 감독하여 유향소와 경재소는 불가분의 관계를 가지고 있었으므로 유향소를 '分京在所'라 칭하기도 하였다. 또한 향리 가운데 한 사람을 서울에 파견·상주시켜 그 고을의 공부를 수납하도록 한 京邸吏(京主人)가 있었으며, 감영에는 營邸吏(營主人)를 두었다. 이러한 유향소·경재소·경저리의 제도는 모두 지방의 양반과 향리들의 협조를 얻어 지방통치의 효과를 높이고, 지방세력을 견제하여 집권정치를 강화하기 위한 조치였다.[21)]

5. 군사조직

국초부터 꾸준히 시도되었던 군제의 개편작업은 정종 2년(1400) 당시 세자이던 이방원(태종)이 사병을 혁파함으로써 병권의 집중에 성공하였고, 이후 세조

19) 朴鎭愚, 〈朝鮮初期 面里制와 村落支配의 강화〉《韓國史論》 20, 서울대, 1988.
오영교, 〈17世紀 鄕村對策과 面里制의 運營〉《東方學志》 85, 연세대, 1994.

20) 李泰鎭, 〈士林派의 留鄕所復舊運動〉《震檀學報》 34·35, 1972·1973.
朴翼煥, 〈麗末鮮初 留鄕所의 지방자치적 기능과 성격변화〉《國史館論叢》 55, 국사편찬위원회, 1994.
______, 《朝鮮 鄕村自治社會史》, 삼영사, 1995.
정진영, 《朝鮮時代 鄕村自治社會史》, 한길사, 1998.
崔先惠, 《朝鮮初期 留鄕品官硏究》, 서강대박사논문, 1998.

21) 李光麟, 〈京主人硏究〉《人文科學》 7, 연세대, 1962.
李成茂, 〈京在所와 留鄕所〉《許善道停年紀念 韓國史學論叢》, 1992.

때에 이르러 5衛制의 확립으로 일단락되었다. 1457년(세조 3)에 5위가 형성되고, 1466년(세조 12)에는 5衛都摠府가 설치되어 5위의 지휘권을 장악하였다. 이 때 중추원은 中樞府로 개칭되어 무반의 최고기관으로 여전히 남아 있었지만 아무런 실권이 없는 형식적인 기관에 불과하였다.

중앙군의 근간이 된 5위는 義興衛(중위)·龍驤衛(좌위)·虎賁(분)衛(우위)·忠佐衛(전위)·忠武衛(후위)로 구성되었다.[22] 이들 5위는 각기 분담된 지방의 병력을 통할하였으니 의흥위는 서울 중부와 개성부·경기·강원·충청·황해도의 군사, 용양위는 서울 동부와 경상도, 호분위는 서울서부와 평안도, 충좌위는 서울 남부와 전라도, 충무위는 서울 북부와 영안도(함경도)의 군사를 각각 통할하였다. 또 각 위는 5部로 구성되었고 각 부는 4統으로 나뉘었으며, 각 통의 아래에는 旅·隊·伍의 계통이 세워져 있었다. 5위의 중심병력은 甲士를 위시한 직업군인으로서 이들은 시험에 의해 선발되었다.[23] 물론 양인 가운데 군역으로서 번상시위하는 正兵이 없는 것은 아니었지만 이들은 정기적인 병력이 아니었고, 따라서 그 비중은 크지 않았다.

조선시대의 군제에 있어서 보다 중요한 것은 지방군이었다. 지방군제 역시 세조 때에 정비되었는데, 우선 1455년(세조 1)에는 이 때까지 북방(평안·영안도)의 翼軍과 남방의 營鎭軍으로 2원화 되어 있던 군사조직을 북방의 예에 따라 軍翼道의 체제로 통일하였다. 이는 각 도를 몇 개의 군익도로 나누고, 각 군익도는 다시 중·좌·우의 3익으로 편성하여 인근의 여러 고을들을 여기에 소속시킴으로써 하나의 군사단위를 이루도록 한 것이었다. 이것이 2년 뒤에는 다시 鎭管體制로 변경되어 지방군제의 완성을 보게 되었다. 진관체제는 군익도의 중첩성을 지양하고 巨鎭을 중심으로 주변의 여러 진들을 이에 속하게 하여 하나의 진관으로 편성함으로써 自戰自守하는 독립적인 군사거점의 성격을 갖도록 한 것이었다.[24]

22) 千寬宇, 〈朝鮮初期「五衛」의 形成〉《歷史學報》 17·18 합집, 1962 ; 《近世朝鮮史研究》, 일조각, 1979.
　　______, 〈朝鮮初期 五衛의 兵種〉《史學研究》 18, 1964 ; 《近世朝鮮史研究》, 일조각, 1979.
　　閔賢九, 〈五衛體制의 確立과 朝鮮初期 中央軍制의 成立〉《朝鮮初期의 軍事制度와 政治》, 한국연구원, 1983.

23) 車文燮, 〈鮮初의 甲士에 對하여〉(上·下)《史叢》 4·5, 고려대, 1959·1960 ; 《朝鮮時代軍制研究》, 단국대출판부, 1973.

24) 李載龒, 〈朝鮮初期의 翼軍〉《崇田大論文集》 人文社會科學篇 12, 1982 ; 《朝鮮初期社會構造研究》, 일조각, 1984.
　　吳宗祿, 〈朝鮮初期 兩界의 翼軍體制와 國防〉《朴永錫華甲紀念 韓國史學論叢》 上, 1992.
　　______, 〈朝鮮初期의 營鎭軍〉《송갑호정년기념논문집》, 1993.
　　閔賢九, 〈鎭管體制의 確立과 朝鮮初期 地方軍制의 成立〉《朝鮮初期의 軍事制度와 政治》, 한국연구원, 1983.

이 때 육군만이 아니라 수군도 이러한 진관조직을 갖추었다.

조선 전기의 지방군사제도는 이 진관체제를 바탕으로 조직되었다. 먼저 각 도에는 兵營을 두고 兵馬節度使(兵使)와 水軍節度使(水使)를 파견하여 군사를 지휘하도록 하였다. 병영과 수영은 한 도에 각각 하나씩을 두고 관찰사가 병사와 수사를 겸하는 것이 원칙이었으나 국방상 요지에는 병영·수영을 증치하여 따로이 전임의 병사·수사를 파견하였다. 병사는 경기·황해·강원도에 1명씩, 충청·전라·평안도에 2명씩, 경상·함경도에 3명씩을 두었고, 수사는 황해·강원도에 1명씩, 경기·충청·평안도에 2명씩, 경상·전라·함경도에 3명씩을 두었다. 전임 병사·수사는 같은 병사·수사이지만 兼兵使·水使인 감사에게 눌리어 수령들이 경시하는 경우가 많았고, 양자 사이의 통솔관계가 명확치 않아 지휘계통이 서지 않을 때도 있었다. 진관체제에 있어서 병사가 있는 곳을 主鎭이라 하였고, 그 아래에도 군사적 요충지로서 거진 등 대소의 진이 있어 병영 및 수영의 통제를 받았다. 이 때 거진은 부윤(종 2품)과 목사(정 3품)가 각각 節制使·僉(첨)節制使를 겸하면서 진관의 군사권을 장악하였고, 그 아래의 제진은 군수(종 4품) 이하의 지방관이 同僉節制使 이하의 직함을 겸하면서 군사를 지휘하였다.

진관체제 하에서 병력의 근간을 이룬 것은 양인 농민이었다. 양반 자제들에게도 군역의 의무가 있었지만 실제로는 이 역을 지지 않았고 향리와 공사 노비는 본래의 역이 있으므로 군역에서 제외되었다. 따라서 양인의 군역은 상대적으로 가중되었으며 상당한 고역이기도 하였다. 양인 농민들은 평상시에는 농업에 종사하다가 일단 징발이 되면 正兵으로서 서울에 번상하거나 지방의 제진에 부방하였다. 그러나 양인 농민 모두가 현역 군인인 정병으로 징발되는 것은 아니었다. 16~60세의 정남은 모두 군역의 의무가 있었지만 번상하는 정병을 재정적으로 돕는 奉足이 되기도 하였으니 이것이 바로 군호의 편성이었다.[25] 이 제도는 세조 때에 군액확보 작업이 추진되면서 이른바 保法으로 발전하였는데 이것은 정남 2명을 1保로 해서 군호의 기본단위로 삼아 갑사·정병·수군 등 병종에 따라 봉족의 수를 다르게 제한하여 그 경비를 마련케 한 것이었다. 그러나 뒤에는 대가를 받고 군역을 대신 치르는 대역자가 생겼고, 이에 병조에서 군역의무자로부터 수포하여 이것으로 군인을 고용하는 제도가 나타났으며,[26] 지방의 각 진관에서는 정병이 일정한 포를 진관에 바치고 군역을 면하는 放軍收布(군역을 면하는 대신 포를 걷어들이는 것)가 행해졌다.

---

25) 李載龒, 〈奉足에 대하여－朝鮮初期軍役制度를 中心으로－〉《歷史學研究》 II, 전남대, 1964 ; 《朝鮮初期社會構造研究》, 일조각, 1984.
李鍾河, 〈朝鮮王朝의 奉足制〉《嶺南大論文集》 社會科學篇 9, 1976.

26) 池斗煥, 〈朝鮮前期 軍役의 納布體制 확립과정〉《韓國文化研究》 1, 부산대, 1988.

6. 교육제도

조선의 학교교육은 주로 양반 자제를 대상으로 하였으며, 따라서 관리의 양성을 목적으로 하는 과거시험의 준비과정에 불과하였다. 교육내용 역시 과거 준비를 위한 4서·5경 등의 유학에 치중하였다.

양반자제들은 7·8세가 되면 서당에 들어가 초보적인 학문과 유학을 익히고 15·6세가 되면 4學이나 향교에서 수학하였다. 4학은 서울에 설치된 4개의 학당(4부학당)을 말하는 것으로 그 정원은 각각 100명씩으로 정해져 있었다.[27] 향교는 지방의 부·목·군·현에 각 1교씩 설치하였는데, 주로 지방양반과 향리의 자제들을 교육하였다. 단 향교에는 양인의 입학도 허용되었는데, 이것은 유교적 교화에 근본 취지가 있는 것으로 과거와의 연결은 희박하였다. 향교의 정원은 부·목이 90명 또는 70명, 군이 50명, 현에서는 30명으로 정해져 있었다.[28]

4학과 향교에서 수학한 양반 자제들은 生進試에 응시하였고 여기에 합격하면 다시 성균관에 입학하였다. 성균관은 조선의 최고학부로서 생원·진사를 주로 하고 이 밖에 4학의 생도나 공신·훈신의 자제로서 소정의 입학시험을 거친 자, 그리고 하급관리 가운데 입학을 지망하는 자들이 입학하여 文科(大科) 응시를 위한 준비를 하였다. 성균관의 정원은 처음에는 200명이었다가 뒤에 100명으로 감소되었다.[29]

한편 역학·의학·음양학·율학 등 기술학은 주무 관청인 司譯院·典醫監·觀象監·형조에서 각기 교육하였다.[30] 이는 대개 중인을 대상으로 하였으며, 여기서 교육받은 사람은 잡과를 거쳐 잡직에 기용되었다.

7. 과거제도

양반지배층을 관료로 채용하기 위한 선발시험이 곧 과거였다. 조선의 과거제도는 고려시대와는 달리 관직에 진출할 수 있는 거의 유일한 방법이었으므로 대단히 중시되었다. 이 때에도 蔭敍制가 있기는 하였지만 그 대상을 2품 이상의

---

27) 李光麟, 〈鮮初의 四部學堂〉《歷史學報》 16, 1961.

28) 李成茂, 〈朝鮮初期의 鄕校〉《李相玉回甲紀念論文集》, 교문사, 1969.
韓東一, 〈朝鮮時代의 鄕校敎育政策에 관한 硏究〉(Ⅰ)《成均館大論文集》 人文社會系 16, 1971.
李範稷, 〈朝鮮前期 儒敎敎育과 鄕校의 機能〉《歷史敎育》 20, 1976.
尹熙勉, 《朝鮮後期 鄕校硏究》, 일조각, 1990.

29) 李成茂, 〈鮮初의 成均館硏究〉《歷史學報》 35·36 합집, 1967.
申奭鎬, 〈李朝初期의 成均館의 整備와 그 實態〉《大東文化硏究》 6·7 합집, 성균관대, 1970.
徐信錫, 〈15世紀 成均館의 機能硏究〉《韓國學論集》 2, 한양대, 1982.
申天湜, 《朝鮮前期 敎育制度史硏究》, 경인문화사, 1999.

30) 朴星來, 〈朝鮮儒敎社會의 中人技術敎育〉《大東文化硏究》 17, 성균관대, 1983.

관리 자제로 제한하였기 때문에 상대적으로 과거의 중요성이 커질 수밖에 없었던 것이다.[31] 이는 고려의 귀족제 사회가 조선시대에 관료제 사회로 전환하였음을 나타내는 하나의 징표였다.

과거는 문관·무관·기술관을 뽑는 시험으로 구분되었다. 이 가운데 문관 채용시험은 生進科(소과)와 文科(대과)로 나뉘었는데, 생진과에는 다시 4서·5경을 시험하는 生員科(明經科)와 시·부 등을 시험하는 進士科(製述科)가 있었다. 이 생진과는 우선 각 도에서 鄕試(초시)를 치루어 과별로 700명씩 선발하고, 다시 이들을 대상으로 서울에서 覆試(복시)를 치러 과별로 100명씩을 뽑아 이들에게 생원·진사의 칭호를 주었다.[32] 생원·진사에게는 초급 문관에 임명될 자격과 함께 고급 문관시험인 대과에 응시할 수 있는 자격이 주어졌으며, 아울러 성균관에 들어가 교육을 받을 수 있었다.

대과는 소과를 거친 생원·진사 또는 성균관의 학생들이 응시하여 4서·5경과 賦·表·箋(전) 및 策問 등의 시험을 치렀다.[33] 여기에도 역시 초시와 복시가 있어 중앙에서 보는 복시에서 33명을 선발하였다. 이들은 다시 국왕친전에서 殿試를 치루어 그 성적에 따라 甲·乙·丙의 3과로 나뉘어졌는데, 이 성적은 관직의 진출과 이후의 승진에 이르기까지 커다란 영향을 미쳤다. 이 때 갑과의 1등, 즉 장원은 신급제자의 경우 종6품에 초임되었고 기성관리의 경우는 4등급을 가계하였다.

문과(대과·소과)는 4서·5경이나 시·부 등 유교적인 교양을 시험하는 것으로 과거 가운데서 가장 중요시되었는데, 이는 유교국가인 조선에서는 당연한 일이었다. 조선은 유교를 정치이념으로 삼고 관리들을 유교사상으로 무장시켜 유교정치의 담당자로 삼았던 것이다. 이러한 유교적인 양반관료체제에서 과거 응시자에 대한 신분의 제한이 가하여졌음은 물론이다. 일반 평민(양인)도 법제상으로는 과거 응시의 제한을 받지 않았으므로 원칙적으로 과거에 응시할 자격은 있었지만 이들은 경제적인 이유 등으로 해서 현실적으로 응시가 거의 불가능하였던 것이다. 과거에 응시할 때 호적과 保單字를 제출하도록 하고, 여기에 4祖(父·祖·曾祖·外祖)를 적어 가문과 족파를 분명히 하게 한 것은 과거를 통한

31) 金龍善, 〈朝鮮前期의 蔭叙制度〉《아시아문화》 6, 한림대, 1990.
______, 〈朝鮮初期의 蔭叙制와 科擧制〉《韓國史學》 12, 한국정신문화연구원, 1991.
金昌鉉, 〈朝鮮初期의 門蔭制度에 관한 硏究〉《國史館論叢》 56, 국사편찬위원회, 1994.
朴洪甲, 《朝鮮時代 門蔭制度硏究》, 탐구당, 1994.

32) 李成茂, 《韓國의 科擧制度》, 한국일보사, 1967.
宋俊浩, 〈李朝生員進士試의 硏究〉, 국회도서관, 1970.
崔珍玉, 《朝鮮時代 生員·進士硏究》, 집문당, 1998.

33) 曺佐鎬, 《韓國科擧制度史硏究》, 범우사, 1996.
申千湜, 《朝鮮前期 敎育改革과 科擧運營》, 경인문화사, 1999.

관리의 선발과 등용에 있어서 양인을 차별하려는 것이었다.[34)]

무관시험인 武科는 고려 말에 신설되어 계승된 제도였다. 문과처럼 대과·소과의 구별은 없었으나 초시·복시·전시를 치르는 것은 문과와 마찬가지여서 초시에서 200명을 선발하고 복시에서 28명을 추천한 뒤 전시에서 이들의 등급을 정하였다. 궁술·騎射·擊毬(격구) 등 군인으로서의 무예와 예서·병서가 시험과목이었고 응시자의 신분적 제한은 문과에 비하여 약하였으며, 후에 제도가 해이해지면서는 천민들의 관계 진출로로도 이용되었을 정도였다.[35)]

기술관 채용시험으로는 잡과가 있었는데 이것은 해당 관아에서 필요로 하는 기술자를 채용하기 위한 시험이었다. 이에 따라 사역원·전의감·관상감·형조 등의 관서에서는 각각 역과·의과·음양과·율과의 잡과를 실시하여 외국어(漢·蒙古·女眞·倭 등)·의학·천문·지리·율학을 시험하였다.[36)] 당시 기술직은 문·무관직에 대해 잡직이라 하였고 그 학문 또한 잡학이라 하여 천시되었다. 따라서 대개는 중인들이 잡과에 응시하였고 세습하면서 기술직에 종사하였다.

과거는 3년마다 정기적으로 실시되는 式年試가 원칙이었고 이 밖에 부정기의 특별시험이 있었다. 나라에 큰 경사가 있을 때 실시되는 增廣試, 국왕이 文廟(공자묘)에 참배하는 날 성균관에서 보는 謁(알)聖試,[37)] 그리고 보통의 국경일에 보는 별시 등이 있어 응시의 기회가 매우 넓었으며 이런 시험에는 선발인원의 규정이 없었다. 이러한 특별시험은 점차 증설되었고 회수도 증가하여 과거제도의 부패와 그에 따른 양반사회 붕괴의 한 요인이 되었다.

---

34) 李成茂, 〈朝鮮初期 文科의 應試資格〉《國民大論文集》 9, 1975.
이에 대해서 崔永浩는 조선 전기에 양인으로서 과거에 급제한 사례를 찾아내어 반론을 제기하였고, 宋俊浩는 《경국대전》의 과거 응시자격에 대한 규정을 검토하여 법제상으로는 양인도 과거에 응시할 수 있었음을 밝혔다. 韓永愚는 한걸음 더 나아가 이 문제를 당시의 신분제도와 결부시켜 연구하였다. 즉, 그에 의하여 조선 전기의 신분구성은 양·천으로 양분되어 있고 양반은 양인 가운데 하나의 성취신분이므로 양반과 양인을 구별하는 것 자체가 무의미한 일이며, 따라서 조선 전기에 있어서 양반이라는 특권신분에 의한 관직의 독점은 자연히 부인되고, 양인도 과거 응시 및 입사가 가능하였다는 결론을 얻게 되는 것이다.
宋俊浩, 〈朝鮮時代의 科擧와 兩班 및 良人(Ⅰ)－文科와 生員進士試를 中心으로 하여－〉《歷史學報》 69, 1976.
韓永愚, 〈朝鮮前期의 社會階層과 社會移動에 관한 試論〉《東洋學》 8, 단국대, 1978 ; 《朝鮮前期社會經濟硏究》, 을유문화사, 1983.
崔永浩, 〈朝鮮王朝前期의 科擧와 身分制度〉《國史館論叢》 26, 국사편찬위원회, 1991.
35) 尹薰杓, 〈朝鮮初期 武科制度硏究〉《學林》 9, 연세대, 1987.
沈勝求, 〈朝鮮初期 武科制度〉《北岳史論》 Ⅰ, 국민대, 1989.
36) 李洪烈, 〈雜科試取에 對한 一考－특히 燕山君以後에 있어서의 醫·譯·算學의 境遇－〉《白山學報》 3, 1967.
이남희, 〈朝鮮時代 雜科運營과 그 推移〉《淸溪史學》 11, 한국정신문화연구원, 1994.
37) 李秉烋, 〈鮮初謁聖文科의 硏究〉《申泰植頌壽紀念論叢》, 1969.

II. 兩班官僚社會의 社會經濟構造

1. 양반의 토지소유

양반이 지배층일 수 있는 조건은 그들의 경제적 기반이 튼튼한 데에도 있었다. 신분제를 토대로 구축되어 있었던 조선 역시 고려와 마찬가지로 지배신분인 양반에 대한 토지 급여를 제도화해서 시행하였으니, 이른바 科田法體制가 그것이었다.[38] 이 제도를 통해서 조선왕조는 국가운영에 직접 관계하는 양반 및 여러 직역인, 그리고 그 기구들에 대해서 경제적인 보장을 해주었고 대신 그들로부터 직역을 봉공받았던 것이다.

과전법체제 하에서 양반관료들은 전임이나 현임을 막론하고 모두 18과로 나뉘어 최고 150결에서 최하 10결까지의 과전을 지급받았다. 과전은 경기지방에 한하여 분급하였는데, 이것은 모든 양반이 원칙상 왕경 주위의 경기에 거주하면서 왕실을 숙위하여야 한다는 정치적 원리에서 나온 것이지만, 실제로는 경기 이외의 지방에서 사전이 성장하는 것을 방지함으로써 고려 말의 사전의 폐해를 수습하고 지방세력의 성장을 억제하려는 의도에서 비롯된 것이었다.[39] 이 과전은 1대에 한하는 것으로 세습이 허락되지 않는 것이 원칙이었지만, 과전을 지급받았던 관리가 죽었을 경우에도 그의 처가 재가하지 않으면 守信田이라는 명목으로, 또 어린 자녀들만 남았을 경우에는 恤(휼)養田이라는 명목으로 변경되어 사실상 세습이 가능하였다.

양반들은 관료로서 과전을 지급받았을 뿐 아니라 공신전도 받았다. 특히 국초에는 개국공신을 비롯해서 여러 차례의 정변이 있을 때마다 공신책봉이 있었으므로 공신전은 증가하였는데, 이는 과전과는 달리 법제적으로 세습이 허용되었다. 또한 비관료 양반들에게도 급전이 취해져 지방에 거주하는 한량관들은 1년 중 일정 기간을 부경 시위하는 조건으로 군전을 지급받았다.[40] 이 밖에도 과전

---

38) 金泰永, 〈科田法의 成立과 그 性格〉《韓國史研究》 37, 1982 ; 《朝鮮前期土地制度史研究》, 지식산업사, 1983.
李景植, 〈科田의 占有와 그 原則〉《學林》 6, 연세대, 1984 ; 《朝鮮前期土地制度研究》, 일조각, 1986.
李載龒, 《朝鮮前期 經濟構造研究》, 숭실대, 1999.

39) 이러한 '私田京畿'의 원칙은 태종대에 한 때 깨어져 그 일부가 충청·전라·경상 등 下三道에 이급되었다가 세종대에 다시 경기로 환급되었다.
韓永愚, 〈太宗·世宗朝의 對私田施策－私田의 下三道 移給問題를 中心으로－〉《韓國史研究》 3, 1969 ; 《朝鮮前期社會經濟研究》, 을유문화사, 1983.

40) 千寬宇, 〈麗末鮮初의 閑良〉《李丙燾華甲紀念論叢》, 일조각, 1956 ; 《近世朝鮮史研究》,

법체제에서는 왕궁소유의 內需司田, 중앙과 지방관청에 衙(아)祿田 · 公須田,[41] 각급 학교에 지급된 學田, 사찰에 지급된 寺社田 등의 토지 지목이 있었다.

양반은 자기 과전의 경작자로부터 10분의 1 세율의 전조를 징수하였는데, 이 밖에도 穀草 · 輸納價, 기타 잡물을 무상으로 받았으므로 실질적으로는 그 수입이 많았다. 이 때 사전주는 경작자로부터 생산량의 10분의 1을 전조로 받아서 그 가운데 15분의 1만을 지세로서 국가에 납부하면 되었으니, 양반에 의한 농민 지배는 이런 제도에 의해 보장받았던 것이다.[42]

그러나 양반들의 경제기반은 국가로부터 지급된 과전 등의 토지에 그친 것이 아니었다. 과전 등 국가에서 지급한 토지는 관직 및 직역과 결부시켜 수조권을 지급한 것이었지만 양반들은 이 밖에도 사적인 토지를 소유하고 있었던 것이다.[43] 그들은 자신의 사유지를 노비 노동을 이용해서 경작하거나 또는 빈농 · 무전농민에게 대여하여 경작케 하고 수확을 반분하는 並作半收制로 경영하였다. 이러한 토지는 농장이라고 불리었는데, 양반이 신분적으로 농민을 지배할 수 있는 길은 여기에도 마련되어 있었다.[44] 이와 같이 조선 전기의 양반들은 과전의 전주로서 그리고 사전의 지주로서 존재하고 있었던 것이다.[45]

과전법, 즉 수조권에 의한 토지 · 농민 지배는 15세기 말에 이르면서 현저히 약화되었다. 양반층 내부에서 과전을 둘러싼 갈등이 팽배하고 전주와 전호 사이의 대립이 격심해졌기 때문이었다. 국가는 이 사이에 집권화를 더욱 추진하여 1466년(세조 12) 職田法을 실시함으로써 토지의 지급대상을 현직관리로 한정하

일조각, 1980.

韓永愚, 〈麗末鮮初 閑良과 그 地位〉《韓國史研究》 4, 1969 ; 《朝鮮前期社會經濟研究》, 을유문화사, 1983.

41) 李章雨, 〈朝鮮初期 衙祿田과 公須田〉《李基白古稀紀念 韓國史學論叢》 下, 일조각, 1994.

42) 과전법하에서의 수조율은 공전 · 사전을 막론하고 매 1결당 생산액 20석의 1/10조인 30두(2석)로 공정되어 있었고, 토지소유자(전주)에 대해서는 1결당 2두, 즉 전조의 1/15을 세로서 국가에 납부하도록 하였다. 이와 같이 租는 경작자가 국가나 수조권자인 관리에게 납부하는 것이고, 稅는 관리가 받은 租에서 10분의 1을 국가에 내는 것으로 차이가 있으나 과전법이 붕괴되고 조세제도가 흩으러지면서 중기 이후에는 양자가 혼용되었다.

43) 李景植, 〈朝鮮前期 土地의 私的所有問題〉《東方學志》 85, 연세대, 1994.

44) 金玉根, 〈朝鮮時代의 小作制와 農莊〉《經濟史學》 3, 경제사학회, 1979 ; 《韓國土地制度史研究》, 대왕사, 1980.

李載龒, 〈朝鮮前期의 農莊〉《國史館論叢》 6, 국사편찬위원회, 1989.

45) 국가도 직접 토지를 소유하고 있었는데 그 대표적인 예가 屯田이다.

李鍾英, 〈鮮初의 屯田制에 對하여〉《史學會志》 7, 연세대, 1964.

李載龒, 〈朝鮮初期 屯田考〉《歷史學報》 29, 1965.

李景植, 〈朝鮮初期 屯田의 設置와 經營〉《韓國史研究》 21 · 22 합집, 1978.

였고 성종대에는 官收官給制를 실시하여 전주의 직접 수조를 지양하였다. 그나마 이 제도 역시 명종대에 가면 실행이 불가능하여졌고 임진왜란을 겪으면서 아에 소멸되었다. 이제 양반관료들은 녹봉만을 받게 되었으며,[46] 한편으로는 이에 대신해서 사적 소유지의 집중을 도모해 나갔던 것이다.

이들 양반의 토지소유에 대하여 토지에서 나오는 국가의 수입은 공전에서 직접 농민으로부터 받는 생산액의 10분의 1의 租(1결 30두)와 수조권자인 전주로부터 받는 조의 15분의 1인 稅(1결 2두)였다. 이들 조세는 지방에 있는 조창에서 거두어 조운에 의하여 서울의 경창으로 운송되었는데 조선 초기에는 경창 외에 9개의 조창이 있었다.[47]

이 漕運에서 보는 바와 같이 조선시대의 교통은 수운이 주가 되고 육운은 발달하지 못하였다. 전국에는 41개 驛道에 502개 역이 마련된 驛站(역참)제도가 있어(경국대전) 국가공문서의 전달이나 사신·관리의 왕래에 이용되었다.[48] 그러나 중기 이후에는 역참제의 쇠퇴와 군사통신수단인 봉수제의 문란으로 명나라 제도를 본딴 변방문서전달방법인 파발제가 마련되어 역참과 파발이 병행되었다.[49]

2. 양인농민의 처지

조선사회의 기층구성원인 양인은 정치적으로 국가권력에 예속되었고 신분적으로는 양반층의 지배를 받았다. 양인층에는 상인·공장 등도 있었지만 그의 절대다수는 직접 농경에 종사하는 농민들이었다. 조선 초기의 농민은 농업기술의 개량으로 인한 생산력의 발달을 바탕으로 해서 이전에 비해 그 지위가 크게 향상되어 있었으니, 이는 고려 후기 이래로 계속된 농민들의 생산활동의 성과였다. 각종 비료를 사용함으로써 지력의 회복이 빨라져 평전은 물론 산전에서도 휴한농법이 극복되고 연작 상경이 가능해졌을 뿐 아니라 경상도 일원에는 이앙법(모내는 법)이 정착해 있었고 堤堰(제언)·洑(보) 등 수리시설이 확충되었으며 품종개량도 진전되었던 것이다.[50] 이로써 고려 후기부터 농업생산력이 크게 발달

46) 李景植,〈朝鮮前期 職田制의 運營과 그 變動〉《韓國史硏究》 28, 1980.
李載龒,〈朝鮮初期의 祿俸制〉《朝鮮初期社會構造硏究》, 일조각, 1984.
47) 崔完基,〈李朝前期 漕運試考〉《白山學報》 20, 1976.
金玉根,〈朝鮮時代 漕運制硏究〉《釜山産業大論文集》 20, 1981.
48) 趙炳魯,《朝鮮時代 驛制硏究》, 동국대박사학위논문, 1990.
49) 方相鉉,〈朝鮮前期의 烽燧制〉《史學志》 14, 단국대, 1980.
許善道,〈近世朝鮮前期의 烽燧制〉《韓國學論叢》 7·8, 국민대, 1985·1986.
南都泳,〈朝鮮時代 軍事通信組織의 發達－前期의 烽燧와 後期의 擺撥制－〉《韓國史論》 9, 국사편찬위원회, 1981.
國防軍史硏究所,《韓國의 烽燧制度》, 1997.
50) 李泰鎭,〈14·5세기 農業技術의 발달과 新興士族〉《東洋學》 9, 단국대, 1978 ;《韓國社會史硏究》, 지식산업사, 1986.

하였으니, 이는 조선왕조 건국의 경제적 기반이 되었던 것이다.

같은 양인농민이라고 해도 그 안에는 여러 층이 포함되어 있었다. 우선 그 상층은 중소지주로서 자기가 소유한 토지를 타인에게 대여하여 병작제로 경영하였고 사회적으로는 양반하층과 연결되었다. 그러나 그 수는 많지 않았고 대다수의 농민은 자영농민이거나 전호였다. 자영농민은 소규모의 토지를 소유하고 자기 가족의 노동력으로 이를 경작하였으며, 형편이 좀 나은 이들은 약간의 노비를 소유하거나 품싹을 받는 雇工(고공)을 써서 농경을 보조하기도 하였다.[51] 전호는 영세한 토지소유자이거나 무전농민으로서 타인의 토지를 차경하고 수익을 반분하며 살아가는 빈곤층이었다.[52]

양인농민들은 국가에 대해서 전조·공물·부역의 의무를 부담하였다. 전조는 과전법 아래에서는 수확량의 10분의 1로 세율이 규정되어 있었지만 토지의 비척과 농작의 풍흉에 따라 소출의 차이가 심하여 불합리한 점이 많았으므로 1444년(세종 26)에는 貢法이 제정되었는데, 그것은 전분 6등법과 연분 9등법의 시행이었다. 즉, 토지를 비척에 따라 田品은 6등급으로 나누어 각각 양전척을 달리하여 1등전의 척은 周尺 4척 7촌 6푼 7리, 6등전은 주척 9척 5촌 5푼으로 면적을 달리하게 하여 생산액을 같게 하였으며, 그 해의 풍흉에 따라 9등급으로 나누어 上上年 20두에서 下下年 4두까지 차등을 두어 조세를 부과하였다.[53]

공물은 왕실과 관부의 수요를 충당하기 위해서 징수되는 농산물·수산물·광산물 등 각종 토산물을 말하였다. 이 공물은 종류와 액수를 군현단위로 부과하였고 각 군현에서는 다시 이를 농민들에게 분담시켰는데, 이 부담은 전조보다 훨씬 무거워 농민들의 가장 큰 고통이 되었다. 또 현물로 징수 보관하고 운송해야 하는 까닭에 운영상 많은 폐단이 생겼으며, 이 때문에 대납하는 防納이 성행하기도 하였다.[54]

閔成基, 〈朝鮮前期의 麥作技術考－「農事直說」의 種麥法分析－〉《釜大史學》 4, 부산대, 1980 ; 《朝鮮時代農業史硏究》, 일조각, 1988.

李鎬澈, 〈朝鮮前期의 農業環境과 農業技術〉《朴永錫華甲紀念 韓國史學論叢》 上, 1992.

51) 金泰永, 〈科田法下의 自營農에 대하여〉《韓國史硏究》 20, 1978.

李載龒, 〈朝鮮初期 農民의 土地所有〉《崇實史學》 3, 숭실대, 1985.

52) 朴成壽, 〈雇工硏究〉《史學硏究》 18, 1964.

金東仁, 〈朝鮮初期 雇工硏究〉《崇實史學》 1, 숭실대, 1983.

52) 金泰永, 〈朝鮮前期 貢法의 성립과 그 전개〉《東洋學》 12, 단국대, 1982 ; 《朝鮮前期土地制度史硏究》, 지식산업사, 1983.

李載龒, 〈朝鮮初期 田稅制度硏究〉《韓國史學》 4, 한국정신문화연구원, 1983 ; 《朝鮮初期社會構造硏究》, 일조각, 1984.

金玉根, 〈貢法硏究〉《經濟史學》 6, 경제사학회, 1983.

54) 宋正炫, 〈李朝의 貢物防納制〉《歷史學硏究》 I, 전남대, 1962.

朴道植, 〈16세기 國家財政과 貢納制 운영〉《國史館論叢》 80, 국사편찬위원회, 1998.

부역은 장정에게서 직접 노동력을 수취하는 것이었다. 당시의 역은 군역과 요역이 중심이 되었는데, 군역은 교대로 번상하여 병역을 지는 것이었고 요역은 해마다 일정 기간 노동에 종사하는 것이었다. 군역은 점차 실제로 교대 입역하는 군인인 정병과 이들을 재정적으로 돕기 위해서 布를 공출하는 奉足으로 나뉘어졌고, 뒤에는 대가를 받고 군역을 전담하는 사람이 생기면서 군포를 대납하는 제도로 바뀌었다. 요역은 궁궐·산릉·제언·성곽·도로의 축조나 보수 등 각종 토목공사나 광산 채굴 노동에 충당되었는데, 토지 8결당 1夫를 차출하였고 동원 일수도 1년에 6일 이내로 정해져 있었지만 실제로는 지방관이 임의대로 징발할 수 있었다.[55)]

농민들로부터 이러한 수취를 가능하게 하기 위해서는 이들의 이동을 억제하고 토지에 긴박시킬 필요가 있었으므로 조선왕조는 號牌法을 실시하였다. 호패법은 우선 호적의 완전을 기하고 유망민이나 탈루자를 색출하여 징병·요역·조세수취의 효과적인 수행을 위해서 실시되었는데, 이로써 농민들은 대를 이어가며 한 곳에서 살면서 자급자족의 자연경제를 영위하게 되었던 것이다.[56)]

3. 천민의 지위

천민은 신분구조에 있어서 최하층에 위치하였으며 그 가운데 가장 전형적인 형태가 노비였다.[57)] 이들 노비는 소유주의 유형에 따라 공노비와 사노비로 구분되었는데, 공노비는 다시 노역에 따라서 일정기간 동안 관아의 역무에 종사하는 選上奴婢와 정해진 신공을 납부하는 納貢奴婢로 나누어졌다.[58)] 공노비는 왕실

金鎭鳳, 〈朝鮮前期의 貢物防納에 대하여〉《史學硏究》 26, 1975.

55) 李載龒, 〈奉足에 對하여－朝鮮初期 軍役制度를 中心으로－〉《歷史學硏究》 II, 전남대, 1964 ; 《朝鮮初期社會構造硏究》, 일조각, 1984.
尹用出, 〈15·16세기의 徭役制〉《釜大史學》 10, 부산대, 1986.
______, 《17·8세기 徭役制의 변동과 募立制》, 서울대박사학위논문, 1991.

56) 李光麟, 〈號牌考〉《白樂濬還甲紀念 國學論叢》, 1955.
호패법은 여말 1391년(공양왕 3)에 처음 실시된 후 조선시대에 들어와 1413년(태종 13), 1459년(세조 5)·1610년(광해군 2)·1626년(인조 4)·1675년(숙종 1) 등 모두 5차에 걸쳐 정비되었고 제도상으로는 고종 때 까지도 계속되엇다. 이 제도는 실시 과정에서 권세가·토호의 반발로 늘 충실치 못하였지만 조선시대의 일반 농민에 대한 통제에 있어서는 커다란 성과를 거두었다.

57) 李載龒, 〈朝鮮前期의 奴婢硏究〉《崇田大論文集》 3, 1971.
李成茂, 〈朝鮮時代 奴婢의 身分的 地位〉《韓國史學》 9, 한국정신문화연구원, 1987.
徐信錫, 〈朝鮮初期 奴婢의 爭訟과 身分上昇〉《사학연구》 9, 한국사학회, 1990.
延正悅, 〈朝鮮初期 奴婢相續과 贈與에 관한 一硏究〉《박병호환갑기념 II, 한국법사학논총》, 1991.

58) 池承鍾, 《朝鮮前期 奴婢身分硏究》, 일조각, 1995.
16세에서 60세에 이르면 납공노비의 신공은 노의 경우 1년에 면포 1필과 楮貨 20장, 비의 경우 면포 1필과 저화 10장으로 규정되어 있다.

소유의 內需司 소속과 중앙 및 지방 관아 소속으로 사노비에 비하여 그 처지가 비교적 양호한 편이었다.

사노비는 공노비보다도 열악한 지위에 놓여 있었는데, 여기에는 상전의 집에 기거하면서 농경과 가내잡사에 사역되는 率居(솔거)奴婢와 그렇지 않고 외거하면서 신공만을 바치는 외거노비(납공노비)의 두 유형이 있었다. 솔거노비는 그 처지가 특히 열악하였는 데 대하여 외거노비는 독립된 가호와 가계를 유지하면서 자기 상전의 토지 이외에도 타인의 토지를 차경하고 있어서 전호와도 같은 처지였다. 그러나 이들도 상전의 의사에 따라 가족이 이산될 수 있었고 언제든지 솔거노비로 전환될 수 있는 위험을 안고 있었다.[59]

이 노비들은 일종의 재산으로 취급되어 매매·상속·증여의 대상이 되었다. 매매의 경우 그 값은 노가 대체로 말 1필 정도였고 비는 이보다 헐한 값에 매매되었으며, 이 값은 시대가 내려올수록 조금씩 상승하였다. 또 노비의 신분은 세습되었고 奴婢從母法에 의해서 모계를 따르도록 규정되어 있었지만 사실상 부모 가운데 어느 한쪽이 노비이면 그 소생은 노비가 되었으므로 노비의 수는 점차 증가하였다.[60]

노비 이외에도 천업에 종사하는 천민들이 있었다. 그 대표적인 예가 白丁이었으니, 이들은 도살업을 주로 하면서 피혁·유기 제조업을 겸하였고 이 업을 세습하며 집단적으로 모여 특수부락을 이루고 살았다. 백정이란 원래 고려시대의 일반 농민을 지칭하던 말인데, 조선시대에 들어와 세종때에 고려의 楊水尺(禾尺, 원래 도살업이나 유기제조업 종사)들을 토지에 정착시키기 위해서 이들에게 농토를 주고 농경을 가르치면서 백정이라는 칭호를 붙여주었던 것이다.[61] 이 밖에 광대·무당·창기 등도 천민에 포함되었다. 노비를 제외한 이들 천민은 사회적으로는 천시를 받았지만 법제상으로는 양인이었다.

또한 조선에는 身良役賤이라 하여 신분상으로는 양인이지만 천역에 종사함으로써 천민과 다름없는 지위에 놓여 있는 계층이 있었다. 이들은 대개 干 또는 尺으로 지칭되다가 뒤에 皂隷(조예 : 문관청의 사령)·羅將(무관청의 사령)·日守

59) 鄭鉉在, 〈朝鮮初期 '外居奴婢'의 개념검토〉《慶尙史學》 I, 경상대, 1985.
李成茂, 〈朝鮮時代 奴婢의 身分的地位〉《韓國史學》 9, 한국정신문화연구원, 1987.

60) 조선 전기에는 노비종모법이라 하지만 실제르는 '一賤則賤'의 종천법이 행해지고 있었다. 부모가 모두 노비일 경우 그 소생이 노비가 되는 것은 당연하였지만 양천교혼일 경우 부가 양인, 모가 천인이면 종모법에 따라 자식이 천이 되었다는 데 대하여 부가 천인, 모가 양인이면 자식이 양인이 되어야 하였지만 실제로는 노비가 되었던 것이다.
李成茂, 〈朝鮮初期 奴婢의 從母法과 從父法〉《歷史學報》 115, 1987.
金東仁, 〈朝鮮前期 私奴婢의 隷屬形態〉《이재룡환력기념 한국사논총》, 1990.

61) 姜萬吉, 〈朝鮮白丁考〉《史學硏究》 18, 1964.

(驛의 助役)·漕軍·水軍·烽軍(봉수군)·驛卒 등 7般賤役의 중심이 되었다. 이는 본래 국역으로 징발되는 특수한 직역으로서 가장 고역이었으므로 천시되었고, 따라서 이 역에 종사하는 사람들이 하나의 특수한 신분층을 형성하게 되었던 것이다.[62)]

조선시대의 천민의 지위는 고려시대에 비해서 법제적·경제적으로 향상된 것이었다. 신양역천은 물론이고 노비를 제외한 천민들은 법제상으로는 良人이었고, 노비의 경제적 지위도 상승되었던 것이다. 이는 고려 후기 이래의 사회발전과 노비·천민의 항쟁이 얻어낸 성과였다. 이러한 추세 속에서 천민의 집단거주지인 향·부곡·소도 제도적으로 소멸하였다. 이는 중앙집권의 강화를 위한 양인확보정책과도 관련이 있는 현상이지만, 다른 한편으로는 조선 신분사회의 발전에 따른 필연적인 결과로서 평가할 수 있는 것이다.[補)]

4. 수공업과 상업

조선시대의 수공업 가운데 가장 큰 비중을 차지하는 것은 관영수공업이었다. 원칙적으로 공장은 모두 工匠案에 등록된 官匠이었는데, 이들은 전문적인 수공업자들로서 각급 관청에 소속되어 있었다. 중앙과 지방의 각급 관청에는 공장의 정원이 정해져 있었고 공장들은 소속 관청에서 필요로 하는 각종 제품을 제작·공급하였던 것이다. 이 때 중앙의 공조와 기타 관아에 소속된 사람을 경공장, 지방의 각 도와 군현의 관아에 소속된 사람을 외공장이라 하였는데 경공장의 수는 2,800여명, 외공장은 3,500여명이나 되었다. 이들 관장은 대개가 공노비였고 양민도 있기는 하였지만 그 수는 많지 않았다. 그러나 노비의 경우에도 독립된 가계를 영위하고 있었으므로 단순한 노예수공업자는 아니었다. 또 관장들은 자신의 책임량을 초과한 생산품에 대해서는 소정의 공장세를 납부하면 판매할 수 있었고, 관역에 동원되는 기간 이외에는 사적경영을 위한 생산의 여유가 있었으므로 점차 사영수공업의 발달이 나타나게 되었다.[63)]

공장안에 등록된 관장 이외에도 사영수공업자인 私匠이 있었다. 이들은 주문

62) 劉承源, 〈朝鮮初期의 身良役賤 階層－稱干·稱尺者를 中心으로－〉《韓國史論》 1, 서울대, 1973 ; 《朝鮮初期身分制硏究》, 을유문화사, 1987.
李讚熙, 〈朝鮮前期 鹽干에 대한 硏究〉《南都泳華甲紀念 史學論叢》, 태학사, 1984.
趙炳魯, 〈朝鮮前期 驛吏에 대한 一考〉《南都泳華甲紀念 史學論叢》, 태학사, 1984.
申解淳, 〈朝鮮前期의 西班京衙前 '皂隷·羅將·諸員'〉《大東文化硏究》 21, 성균관대, 1987.

補) 李弘斗, 《朝鮮時代 賤人의 身分變動硏究》, 동국대박사학위논문, 1996.

63) 姜萬吉, 〈朝鮮前期 工匠考〉《史學硏究》 12, 한국사학회, 1961.
劉承源, 〈朝鮮初期 京工匠의 官職－雜職의 受職을 중심으로－〉《金哲埈華甲紀念 史學論叢》, 지식산업사, 1983 ; 《朝鮮初期身分制硏究》, 을유문화사, 1987.

을 받아 생산하였으며, 양반들에게 사치품을 만들어 팔기도 하였지만 주로 농기구 등을 만들어 농민들에게 공급하였다. 이 밖에 당시 수공업생산에서 큰 비중을 차지하였던 것으로 사원의 제지·제면·양조가 있었다. 사원은 지주로서 존재하였을 뿐 아니라 수공업에도 깊이 관여하고 있었던 것이다.

전문적인 공장수공업과 대비되는 것이 농가에서 자급자족의 형태로 이루어지는 가내수공업이었다. 이 가내수공업의 중심은 종래에는 견직·마직·苧織 등의 직포업이었지만 조선 초기에 목면의 재배가 급속히 보급됨에 따라 면직이 대종을 이루었다.[64] 이는 당시 면직물이 일반의류로서만이 아니라 군수나 대외 무역품으로 중요한 품목이 되어 국가가 이의 생산을 장려하고 납세에 米豆 대신 면포를 거두었기 때문이었다.

상업도 수공업과 마찬가지로 국가에 의해 장악되었으며, 따라서 관청이나 양반들의 수요에 충당하는 어용적인 성격이 강하였다. 市廛(시전)은 그 대표적인 예로서 서울 종로를 중심으로 도로변에 行廊(점포)을 지어 관설 상점가를 만들고 상인들에게 대여하여 점포세와 상세를 거두었다.[65] 이 시전은 후에 縇(선)廛·綿布廛·綿紬廛·紙廛·苧布廛·魚物廛 등 6矣廛(6주비전)이 중심이 되고 이것이 가장 번창하여 국가에 대한 부담도 가장 컸다. 이 밖에 아무런 부담도 지지 않는 시전도 있었는데 이것들은 대개 영세하였다 국가는 京市署를 두어 시전을 감독하는 한편 도량형의 검사나 물가의 조절 등을 관할케 하여 상업을 통제하였다.

지방과 서울 근교에서는 私商에 의한 場市가 발달하였다.[66] 15세기 후엽부터 대두하기 시작한 장시는 당시 농업생산력의 발달과 지주제의 확대로 말미암아 시간이 흐를수록 발달하였다. 정부는 농민들이 토지에서 이탈하여 장시에 몰리는 것을 막고 또 어용상인에게 상권을 독점시키기 위해서 수시로 장시의 금지령을 내렸지만 그 추세를 막을 수는 없었다. 장시는 점차 5일장으로 정착해갔는데 여기서는 주로 褓負商(보부상—봇짐상인)에 의해서 각종 물품들이 유통되었다. 이들 보부상들은 전국적으로 견고한 조직을 이루고 있었으니, 이는 6의전과 함께 '길드'적인 동업조합이었다.[67] 한편 수로를 통한 선상들의 상업활동도 있었지

---

64) 高承濟, 〈李朝 綿業의 展開過程〉《李丙燾華甲紀念論叢》, 일조각, 1956 ; 《近世韓國産業史研究》, 대동문화사, 1959.
　　＿＿＿, 〈李朝 綿業政策의 變遷過程〉《社會科學》 1, 한국사회과학연구회, 1957 ; 《近世韓國産業史研究》, 대동문화사, 1959.

65) 劉元東, 〈서울 六矣廛 研究〉《歷史學報》 8, 1955 ; 《朝鮮後期商工業史研究》, 한국연구원, 1968.

66) 李景植, 〈16世紀 場市의 成立과 그 基盤〉《韓國史研究》 57, 1987.

67) 柳子厚, 《朝鮮褓負商攷》, 정음사, 1948.
　　朴元善, 《負褓商》, 한국연구원, 1965.

만 그리 활발하지는 못하였다.

교역의 매개가 된 것은 주로 米와 布였다. 정부에서는 몇 차례 화폐를 만들어 강제로 유통시키려 하였지만 당시의 자연경제 하에서는 큰 성과를 거둘 수 없었다. 따라서 태종 원년(1401)의 楮(저)貨, 세종 5년(1423)의 朝鮮通寶, 세조 10년(1464)의 箭幣(전폐) 등은 재정정책적인 면에서나 의의가 있었을 뿐이고 널리 유통되지는 못하고 말았다.[68]

Ⅲ. 兩班官僚社會의 思想과 文化

1. 주자학의 발달

고려 후기에 수용된 주자학은 조선왕조의 개창 후에는 새로운 제도·문물의 정비에 지표적 원리로서 기능하였으며, 특히 학교제도와 과거제도의 정비·보급을 위해 새로운 교학으로서 발전하였다.[69] 주자학은 우주의 질서와 인간의 질서를 理氣論을 통하여 하나의 통일적 원리로 파악하는 철학적인 유학이었다. 이기론의 요체는 우주 만물이 모두 형이상의 理와 형이하의 氣 양자의 결합으로 구성되며, 이는 物의 性을, 기는 物의 形을 각각 결정한다고 보는 데 있었다. 그러므로 인간의 성의 근원은 이이며 그의 형체는 기가 근원이 되는 것이니, 전자는 본연의 성이고 후자는 기질의 성인 것이다. 인성은 본래 純善 無垢한 것이나 인간이 타고나는 기의 작용에 따라 그것이 청명 또는 혼탁하여지므로 따라서 인간은 누구나 수양에 의해 기질의 성에서 연유하는 혼탁을 버리고 본연의 성을 되찾을 수 있으며, 이 노력이 인간의 최대의 과제가 된다는 것이다.

이러한 주자학은 조선의 정치이념으로 정착하면서 고려 말에 강조되었던 명분론이나 도리론이 현실정치에서 그 실용성이 감소하고, 대신 종전에는 배격되었던 사장이 다시 중시되었다. 사장은 왕정에 관계되는 문서의 작성이나 각종 편찬사업, 그리고 사대교린의 외교문서 작성 등에서는 결코 소홀히 할 수 없는 것

68) 李鍾英, 〈朝鮮初期 貨幣制의 變遷〉《人文科學》 7, 연세대, 1962.
權仁赫, 〈朝鮮初期 貨幣流通硏究〉《歷史敎育》 32, 1982.
______, 〈世宗代의 楮貨流通策〉《濟州大論文集》 인문학편, 17, 1984.
______, 〈15세기 화폐유통시도와 그 배경〉《국사관논총》 30, 국사편찬위원회, 1991.
______, 〈16세기의 저화 유통론과 그 배경〉《건대사학》 8, 1993.
田壽炳, 〈朝鮮 太宗代의 貨幣政策－楮貨流通을 中心으로－〉《韓國史硏究》 40, 1983.
宋在璇, 〈16세기 綿布의 貨幣機能〉《邊太燮華甲紀念 史學論叢》, 삼영사, 1985.
元裕漢, 〈朝鮮前期 貨幣史의 歷史的位置〉《서울시립대 박물관 휘보》 6, 1995.

69) 李成茂, 〈朱子學이 14, 15世紀의 韓國敎育·科擧制度에 미친 影響〉《韓國史學》 4, 한국정신문화연구원, 1983.

이었다.

조선전기의 양반사회는 같은 주자학을 소양으로 하면서도 도리론·명분론을 중시하여 현실정치에서 실현해나가야 한다는 입장과 그 보다는 사장을 주로 하여 현실의 정치·경제에 좀 더 깊은 관심을 가져야 한다는 입장이 은연 중 대립하고 있었다.[70] 이러한 대립의 소지는 이미 이성계의 역성혁명에서부터 나타났으니, 고려말의 신흥사대부 가운데 정통론·명분론에 충실한 사람들은 역성혁명을 반대하고 새 왕조에 대한 충성을 끝내 거부하였다. 吉再가 조선왕조의 출사요청을 거절하고 낙향해서 주자학 연구와 제자양성에 전념하였던 것은 그런 예였다. 조선이 개창된 뒤에도 이런 양상은 여전히 계속되었는데, 특히 세조의 단종폐위와 왕위찬탈은 이러한 양반관료 내의 미묘한 갈등을 정치적으로 표면화시켰다. 사6신·생6신으로 상징되는 사람들은 도리론의 화신이었으며, 반면 사장 중심의 학풍을 견지하는 측에서는 왕조의 개창이나 세조의 찬위에 적극적으로 협조하였던 것이다.

조선 초기의 주자학은 이러한 대립 속에서 발전하고 있었다. 그러나 이러한 양반사회의 대립적 경향은 어디까지나 주자학이라는 테두리 안에서 존속하는 것이었다. 따라서 불교나 기타 사상·종교는 이단이라 하여 철저히 배격하였다. 또한 충·효의 가치덕목을 민의 사회적 교화의 최종목표로 추구하였으니 이는 5례의 정비와 확대, 그리고 朱子家禮를 가족제도 운영의 지표로 준수하는 데에서 전형적으로 나타났다.[71] 군신의 관계가 절대명분으로 고정화되어 갔고, 효자·효부에 대한 표창이 장려되었다. 사장이나 典禮(법전·예식)에 능통하고 경세의 학문에 주력하는 경향도 이런 분위기 속에서 나타난 것이었다. 그러나 조선의 제도·문물이 일단 정리된 이후에는 도리의 학문으로서의 주자학을 현실 정치에서 실천하려는 움직임이 사류들의 정계진출과 함께 표면화되었다.

---

70) 柳仁熙, 〈退·栗 이전 朝鮮性理學의 問題發展〉《東方學志》 42, 연세대, 1984.

71) 5례는 국가 중심의 예의 운영 구조이며 따라서 유교정치의 질서체계를 이루는 것이었다. 여기에는 天·地·人神을 祭禮의 규범에 따라 모시는 吉禮, 사자를 위한 凶禮, 軍의 중요함을 강조하는 軍禮, 국왕과 신하와의 만남의 의례인 賓禮, 만민과 친하다는 嘉禮 등이 포함되었다. 한편 주자가례는 송대에 주희가 만든 冠禮·婚禮·喪禮·祭禮를 가리키는 것으로 조선에서는 16세기 이후 일반민에게도 절대적인 기준으로 정착하기 시작하여 17세기에는 이에 관한 해설서가 많이 나와 예학의 발전을 보았다.
黃元九, 〈朱子家禮의 形成過程〉《人文科學》 45, 연세대, 1981.
池斗煥, 〈朝鮮初期 朱子家禮의 理解過程〉《韓國史論》 8, 서울대, 1982.
尹絲淳, 〈朝鮮朝 禮思想의 硏究〉《東洋學》 13, 단국대, 1983.
李範稷, 〈朝鮮初期의 禮學〉《歷史教育》 40, 1986.
______, 〈朝鮮前期의 五禮와 家禮〉《韓國史硏究》 71, 1990.
高英津, 〈15·16世紀 朱子家禮의 施行과 그 意義〉《韓國史論》 21, 서울대, 1989.

2. 한글의 창제

조선 전기의 문화업적 가운데 가장 큰 성과는 세계에서 가장 우수한 표음문자라는 우리의 글, 즉 한글의 창제였다. 이전까지의 문자는 이두나 口訣(구결) 등을 사용해서 한문 해독에 편의를 기하는 정도였으므로 지배층과 피지배층 사이의 문자를 통한 의사의 소통이 매우 어려웠다. 그러나 농민의 사회적 지위가 상승하고 이들의 의식이 성장함에 따라 국가에서는 대민교화의 필요성을 절감하게 되었고, 이를 위해서는 국민 전체가 쉽게 사용할 수 있는 문자의 제작이 필요하였다.

이에 세종은 태종대에 모든 통치 질서가 일단 정비된 것을 배경으로 해서 집현전 학사들을 중심으로 궁중에 正音廳을 설치하여 한자의 음운을 연구하게 하고 이를 바탕으로 홀소리 11자, 닿소리 17자 등 모두 28자의 한글을 제정하기에 이르렀다(1443, 세종 25년). 이어서 유교도덕을 실은 《三綱行實圖》를 한글로 번역하고 이성계 조상의 공덕을 찬양한 《龍飛御天歌》를 한글로 지어 실제 사용의 모범을 보인 뒤 이를 훈민정음이라는 이름으로 정식 반포하였다(1446, 세종 28).[72] 계속해서 세종대에는 명의 《洪武正韻》을 번역한 《東國正韻》이 간행되었고, 불덕을 찬양한 《月印千江之曲》과 《釋譜詳節》이 한글로 지어졌다. 또한 세조는 刊經都監을 설치하여 불경의 번역에 힘쓰는 한편 농서·병서 등을 한글로 지어냈다.[73]

그러나 한글이 국민 전체에 보급된 것은 아니었다. 그것은 한글창제의 가장 주된 동기가 지배층의 피지배층에 대한 교화·지배에 있었던 만큼 양반 등 식자층의 문자는 여전히 한자였고, 편찬사업으로 간행된 대부분의 서적들도 한자로 쓰여졌던 것이다. 따라서 한글은 궁중의 비빈이나 양반집의 부녀자들에 의해서 주로 사용되었고, 이것이 온 국민에게 보급되어 명실공히 국문자가 되기 위해서는 오랜 세월을 기다려야 했다.

3. 학문의 발달

조선 초기에는 여러 방면의 학문이 발달하였고 그 성과는 서적의 편찬으로 나타났다. 특히 세종에서 성종에 이르는 시기에는 집현전과 홍문관의 학자들이 학문연구에 전념하여 많은 서적을 편찬 간행함으로써 문화의 황금기를 이루었다.

---

72) 金敏洙, 〈訓民正音 創制의 始末〉《金載元回甲紀念論叢》, 1969.
허 웅, 《한글과 민족문화》, 세종대왕기념사업회, 1974.
金完鎭, 〈訓民正音 創制에 관한 硏究〉《韓國文化》 5, 서울대, 1984.
李基文, 〈訓民正音 新制論〉《韓國文化》 13, 서울대, 1993.

73) 姜信沆, 〈李朝初 佛經諺解 經緯에 대하여〉《國語硏究》 1, 서울대, 1957.

이 때 편찬된 서적들은 대체로 유교정치에 필요한 실용적인 것이었다.

당시 국가에서 가장 큰 관심을 기울인 것은 史書의 편찬이었다.[74] 역사는 정치의 거울로 인식되고 있어서 경학과 함께 매우 중시되었던 까닭이었다. 이 가운데 가장 대표적인 것은 역시 역대국왕의 실록이었다. 국왕이 사망하면 春秋館의 사관들이 전왕대의 사실을 기록한 史草를 근거로 편년체의 실록을 편찬하였는데 1413년(태종 13)에 《태조실록》을 간행한 것을 시작으로 그 후에도 계속해서 편찬하였다.[75] 이 실록은 4부씩 만들어 서울의 춘추관과 성주·전주·충주의 산 속에 마련된 史庫에 비치해둠으로써 보관에 만전을 기하였다. 그런데 실록은 너무나 방대하였으므로 그 가운데 국왕의 선정·치적에 관한 내용만을 간추려 열람에 편리하도록 《國朝寶鑑》을 편찬하였는데, 이것도 세종 때 처음 만들어진 이후 계속되었다. 성종 때에는 단군조선·삼국·고려의 역사를 역시 편년체로 서술한 《東國通鑑》을 편찬하였다.[76] 이 《국조보감》과 《동국통감》은 국왕에게 우리 역사를 진강할 때 교본으로 사용되기도 하였다. 한편 전왕조의 역사를 정리하려는 노력도 국초부터 계속되다가 드디어 1451년(문종 1)에는 기전체 사서인 《고려사》의 편찬으로 그 완성을 보았고, 이듬해에는 《고려사절요》가 편년체 사서로서 편찬되었다.[77]

지리서의 편찬도 사서와 마찬가지로 중시되었는데, 이는 실제로 나라를 다스리는 데 있어서 전국의 정치·경제·사회·군사에 대한 지식이 절대로 필요하였기 때문이었다. 1430년(세종 12)의 《팔도지리지》 편찬은 그 첫 작업으로서 여기서는 각 지방의 연혁과 산천·관방·산성·토지·호구·토산·교통·營鎭·軍丁·봉수·능묘·인물 등을 기록하였다. 그러나 이 《팔도지리지》는 산실되어

---

74) 鄭求福, 〈朝鮮前期의 歷史叙述〉《創作과 批評》 41, 1976 ; 《韓國의 歷史認識》(上), 창작과 비평사, 1976.
韓永愚, 〈朝鮮初期의 歷史叙述과 歷史認識〉《韓國學報》 7, 일지사, 1977.
金項勾, 〈世宗代의 修史事業〉《史學志》 16, 단국대, 1982.
鄭杜熙, 〈朝鮮前期의 歷史認識〉《韓國史學史의 硏究》, 을유문화사, 1985.

75) 申奭鎬, 〈朝鮮王朝 實錄의 編纂과 保管〉《史叢》 5, 고려대, 1960 ; 《韓國史料解說集》, 한국사학회, 1964.

76) 鄭求福, 〈東國通鑑에 대한 史學史的 考察〉《韓國史硏究》 21·22 합집, 1978.
韓永愚, 〈東國通鑑의 歷史叙述과 歷史認識〉(上·下)《韓國學報》 15·16, 일지사, 1979 ; 《朝鮮前期史學史硏究》, 서울대출판부, 1981.

77) 韓永愚, 〈高麗史와 高麗史節要의 歷史認識－그 差異點과 共通點－〉《韓國史論》 6, 국사편찬위원회, 1979 ; 《朝鮮前期史學史硏究》, 서울대출판부, 1981.
邊太燮, 《「高麗史」의 硏究》, 삼영사, 1982.
《고려사》·《고려사절요》는 고려 당시의 사실을 그대로 기록한 直書主義로 사서가 높이 평가되지만 다만 공민왕 이후의 사실은 왜곡된 점이 있고, 또 《삼국사기》의 本紀에 대하여 世家라 낮추고 당시 사용한 薨年稱元法을 踰年稱元法으로 개작한 단점이 나타난다.

전하지 않고 일부인 〈경상도지리지〉만이 남아 있을 뿐이며, 그 후 《팔도지리지》의 내용을 정리한 것이 《세종실록》 지리지로 전해지고 있다. 세종대에 편찬된 《팔도지리지》와 《세종실록》 지리지는 그 뒤로 몇차례의 개수과정을 거쳐 1481년(성종 12)에 《東國輿地勝覽》의 완성으로 그 귀결을 보게 되었다. 이는 樓亭·학교·불우·사묘·고적·명신·인물·題詠 등 인문지리적인 내용을 보다 보강한 것으로 당시 양반사대부들의 감각에 잘 맞는 15세기 지리서의 완성품이라 할 수 있다.[78] 1528년(중종 23)에는 이것을 증보한 《신증동국여지승람》이 간행되어 이것이 오늘날까지 전해지고 있다. 이러한 지리서와 함께 조선 초에는 지도도 제작되었는데, 그것은 세계지도로 權近이 발문을 쓴 〈混一疆(강)理歷代國都之圖〉(李薈 제작)와 조선지도로 李薈(회)의 〈팔도지도〉, 鄭陟·梁誠之의 〈동국지도〉, 그리고 《신증동국여지승람》의 〈팔도총도〉가 있었다.[79]

조선왕조가 주력한 또 하나의 편찬사업은 예서의 간행이었다. 예는 명분을 분명히 하는 의식으로서 음악과 함께 유교사회의 기본적인 규범이 되었다. 이 가운데 국가례에 해당하는 吉·嘉(가)·賓(빈)·軍·凶禮 등 5례는 세종 때부터 중국 역대의 예서와 고려의 예서를 두루 참작하여 국가의식의 규범으로 정리하였고, 이것을 1474년(성종 5)에 《國朝五禮儀》로서 간행하였다. 한편 冠·婚·喪·祭禮 등 士庶의 예는 주자가례에 따라서 갖추어졌다. 또한 세종대에는 군신·부자·부부 등을 대상으로 3강·5륜의 모범이 되는 충신·효자·열녀의 행실을 그림으로 그리고 설명을 붙인 《삼강행실도》를 간행하였다. 이는 유교윤리의 덕목으로 민에게 교화·장려하여 유교적인 사회질서를 유지하려는 의도에서 비롯된 것이었다.[80]

4. 과학의 발달

조선 전기에는 과학·기술에 있어서도 눈부신 발달을 보았다. 이 때 정치·경제·사회·군사 등 여러 문물·제도를 정비하면서 이러한 바탕 위에 종래의 과학·기술을 총집약하여 높은 수준을 이루었던 것이다. 특히 농법·천문·의학·인쇄

---

78) 鄭杜熙, 〈朝鮮初期 地理志의 編纂〉(Ⅰ·Ⅱ)《歷史學報》 69·70, 1976.
李泰鎭, 〈東國輿地勝覽 편찬의 歷史的 性格〉《震檀學報》 46·47 합병호, 1979.

79) 李相泰, 〈朝鮮初期의 古地圖〉《실학사상연구》 2, 무악실학회, 1991.
______, 《朝鮮時代 地圖研究》, 동국대박사학위논문, 1991.
李 燦, 《韓國의 古地圖》, 범우사, 1991.

80) 池斗煥, 〈國朝五禮儀 編纂過程(Ⅰ)－吉禮 宗廟·社稷祭禮를 中心으로－〉《釜山史學》 9, 부산사학회, 1985.
李範稷, 《韓國中世思想研究》, 일조각, 1991.
고영진, 《조선중기 예학사상사》, 한길사, 1995.

술・무기의 발달이 현저하였으며, 각 부문에서 우리 나라의 독자적인 과학・기술을 정립시킨 것이 특색이었다.

농사기술의 정비에 있어서 특기할 만한 사실은 1430년(세종 12)에 《農事直說》의 간행이었다. 이는 우리 나라의 풍토와 농법이 중국과 달라서 중국의 농서를 그대로 이용하기가 어려웠으므로 촌로들의 의견을 들어 우리 현실에 알맞는 농법을 개량하고 그것을 보급할 목적으로 편찬한 농서였다. 한편 성종 때에는 姜希孟이 衿陽(금양, 지금 시흥) 지방에서 직접 경험한 농법을 기록하여 《衿陽雜錄》을 내놓았는데, 그 내용이 풍부하였으므로 《농사직설》과 합본하여 보급시켰다. 이 때 또한 농업기술이 발달하여 대규모의 수리시설이 신축・보수되었고 동시에 대대적인 신전 개발이 이루어졌다.[81)]

천문기상학은 농업과의 관련 때문에 일찍부터 각별한 관심이 두어졌다. 뿐만 아니라 왕도는 천도・천리와 합일된다는 유교적 정치사상에 따라 천문기상의 순역은 인군의 덕과 직접 관계된다는 인식이 있었기 때문에 천문기상학은 크게 발달하였고 여러 기기의 제작이 이루어지게 되었다. 우선 1442년(세종 24)에 측우기를 만들어 書雲觀(뒤에 관상감으로 개칭)에 두고 다시 이를 복제하여 각 도에 보내 강수량을 측정・보고케 하였으니, 이는 세계 최초의 발명이라는 점에서도 의의가 큰 것이었다. 또한 세종 때에는 李蕆(천)・蔣英實 등이 천문을 관측하는 大・小簡儀, 천체의 운행을 측정하는 渾天儀(혼천의), 그리고 해시계인 仰釜日晷(앙부일구), 물시계인 自擊漏(자격루) 등을 제작하였다. 이러한 천문학의 발달은 당연히 역법의 발달을 가져와 중국과 아라비아의 역법을 참조한 새로운 역법서인 《七政算》 內・外篇이 간행되었는데, 이는 우리 나라를 기준으로 한 역법으로 조선시대 역법의 기본이 되었다.[82)] 이 밖에도 마리산・한라산・백두산 등에 역

---

81) 李光麟, 《李朝水利史研究》, 한국연구원, 1961.
　　李春寧, 《李朝農業技術史》, 한국연구원, 1964.

82) 全相運, 《韓國科學技術史》, 정음사, 1975.
　　______, 〈조선전기의 天文學과 氣象學〉《韓國史 市民講座》 16, 일조각, 1995.
　　朴星來, 〈世宗代의 天文學發達〉《世宗朝文化硏究》 II, 한국정신문화연구원, 1984.
　　이태진, 〈세종대의 천문 연구와 농업정책〉《애산학보》 4, 애산학회, 1986.
　　全相運, 〈書雲觀과 簡儀臺〉《鄕土서울》 16, 서울시사편찬위원회, 1964.
　　金容雲, 〈韓國數理曆算史考－李朝曆算을 中心으로－〉《傳統科學》 2, 한양대, 1981.
　　兪景老, 〈朝鮮時代의 中國曆法 導入에 關하여〉《傳統科學》 2, 한양대, 1981.

고려시대에는 당의 宣明曆을 사용하다가 충선왕 때 원의 授時曆을 채용하였고, 공민왕 때 명의 大統曆을 들여 온 이후 조선도 이것을 사용하였다. 그러나 대통력 역시 우리 나라의 현실과는 차이가 있었으므로 세종은 대통력의 산법을 기초로 하여 한성을 기본 지점으로 한 《칠정산》 내편을 만들게 하고, 다시 아라비아의 回回曆을 참조하여 《칠정산》 외편을 만들게 하였으니, 이는 우리 나라의 실정에 맞는 조선력이었던 것이다 .이 《칠정산》의 역법은 1653년(효종 4)에 서양의 태음력인 時憲曆이 들어올 때까지 사용되었다.

관을 보내 북극의 고도를 측정하기도 하였다. 세조 때에는 토지의 고저·원근을 측량하는 印地儀와 窺衡(규형)을 제작하여 양전에 이용하였다. 여기에는 정밀한 수학의 발달이 뒷받침되었음은 물론이다.[83]

의학의 성과도 놀라워 1433년(세종 15)에는 고려시대 이래의 전통을 이어받아 독자적인 약방을 집대성한《鄕藥集成方》이 편찬되었고, 1445년(세종 27)에는 중국 역대의 의서를 수집하여《醫方類聚》가 간행되었으니 이는 실로 동양최대의 의서였다.[84] 1610년(광해군 2)에 완성된 許浚의《東醫寶鑑》은 이러한 우리나라 전통의학의 걸작이었다.

인쇄술도 편찬사업의 활기에 힘입어 크게 발달하였다. 조선 전기에는 고려시대의 금속활자를 계승하여 대량의 동활자를 주조하였고 인쇄기술도 더욱 발달하였다. 1403년(태종 3)에 癸未字와 1434년(세종 16)에 주조된 甲寅字는 그 대표적인 것이며, 이 때 식자가 바르고 많은 책을 찍어낼 수 있는 인쇄기술이 개발되었다.[85]

무기 제조술의 발달은 특히 화포의 개량에서 두드러지게 나타났다. 그것은 북방 개척에 따른 여진과의 전투가 중요한 과제였기 때문이었다. 또 수레 위에 神機箭(전) 100개를 설치하고 동시에 쏠 수 있도록 고안된 火車도 제작되었으며, 작열탄의 일종인 飛擊震天雷가 발명되었다.[86] 한편 고대 이래의 뛰어난 조선술의 전통은 태종 때에 와서 거북선을 만들어내기에 이르렀다.[87]

5. 문학과 음악

조선시대 문학의 주류는 한문학이었다. 한문학은 양반들의 필수적인 소양이었

83) 기록에는 세조 12년에 땅의 원근을 측정하는 印地儀와 窺衡을 제작하였다고 하여 양자가 별개인 것으로 나와 있다. 그러나 지금 그 실물이 전하지 않아 학자에 따라서는 인지의는 원근, 규형은 고저를 측정하는 것으로 보고 있다.

84) 金斗鍾, 〈世宗大王의 濟生偉業과 醫藥의 自主的 發展〉《서울대論文集》人文社會科學 5, 1957.

85) 孫寶基, 〈韓國印刷技術史〉《韓國文化史大系》 III, 고려대, 1968.
全相運, 〈韓國 青銅活字 印刷術 發展의 技術史的 背景〉《誠信女大研究論文集》3, 1970.
尹炳泰, 〈朝鮮時代 活字使用考〉《奎章閣》2, 서울대, 1978.

86) 許善道, 〈麗末鮮初 火器의 傳來와 發達〉(上·中·下)《歷史學報》24·25·26, 1964·1965 ;《韓國火器發達史》上, 육사, 1969.
______, 《朝鮮時代 火藥兵器史研究》, 일조각, 1994.
蔡連錫, 〈走火와 神機箭의 研究－韓國初期(1377～1600)의 로케트에 대하여－〉《歷史學報》70, 1976.
______, 《朝鮮初期 火器研究》, 일지사, 1981.
國防軍史研究所(편), 《韓國武器發達史》, 1994.

87) 姜萬吉, 〈李朝造船史〉《韓國文化史大系》 III, 고려대, 1968.
金在瑾, 《朝鮮王朝 軍船研究》, 일조각, 1977.
______, 《거북선》, 정우사, 1992.

고 더욱이 한시의 제작은 이들 생활의 일부였다. 따라서 수많은 문장가들이 배출되었으며, 이들의 시문을 모은 문집들이 편찬되었다. 성종 때 徐居正이 편집한 《東文選》은 종래의 유명한 시문을 선별 수록한 대표적인 전집이었다.[88] 또한 고려 후기의 설화문학도 그대로 계승되어 徐居正의 《筆苑雜記》, 成俔의 《慵齋(용재)叢話》 등의 작품이 나왔고, 金時習의 《金鰲(금오)新話》는 우리 나라 소설의 선구적인 작품이었다.[89]

한글의 창제는 국문학(국어문학)의 획기적인 발달을 가능케 하였다. 먼저 세종대에 처음으로 훈민정음을 사용하여 만들어진 《용비어천가》는 국문학 작품의 효시가 되었고, 이어서 불교가사인 《월인천강지곡》이 역시 정음으로 지어져 이 두 작품은 樂章이라는 독특한 시형으로 발전하였다. 원래 악장은 궁중의 연회·제향 때 선조의 공덕과 위업을 노래하는 것으로서 처음에는 중국 고시체의 형태를 본받았다가 《용비어천가》와 《월인천강지극》 이후 한글로 제작되었던 것이다. 한편 고려 이래의 별곡체도 조선 전기까지 계속되었지만 이것이 점차 정리되어 장형시인 歌辭(歌詞·長歌)로 발전하였다. 이 가사는 성종대에 丁克仁이 지은 〈賞春曲〉에서 신체가 나타나고 선조 때의 鄭澈의 작품집인 《松江歌辭》에서 절정을 이루었다.

조선의 대표적인 시가는 時調였다. 시조는 고려 후기에 생겨난 短歌가 더욱 발전하여 시조로서 정형화된 것이었는데 이는 가사와 함께 조선 시가문학의 가장 대표적인 장르가 되었다. 시조는 하나의 정형을 지닌 평시조와 여러 수의 시조를 모은 연시조가 있었는데, 이 시조는 주로 상층인인 사대부에 의해 향유되었던 시가였다.[90]

이와 같이 조선시대의 국문학은 주로 운문에서 발전하였는데, 이는 한시가 우리말로 쓰여진 것이 아니어서 창을 하기가 불편하였으므로 가창을 위한 우리말 시가가 필요하였기 때문이었다. 따라서 조선시대의 한문학과 국문학은 각각 산문과 운문 쪽에서 발달하여 상호보완적인 관계로 공존하였던 것이다.

시문의 발달은 양반 사대부의 취향과 결부되어 음악의 발달을 가져오게 하였다. 음악은 원래 예와 악으로써 정치를 행한다는 유교정치의 이념에서 대단히 중시되었으므로 조선왕조는 음악을 관장하는 기관으로 掌樂署를 설치하고 악기의 개량, 악공의 훈련, 악률·악곡의 정리 등에 깊은 관심을 기울였다. 조선의

---

88) 李家源, 〈韓國漢文學史〉《韓國文化史大系》 V, 고려대, 1967.

89) 張德順, 〈李朝初期의 說話－慵齋叢話에 나타난 好色說話를 中心으로－〉《東亞文化》 8, 서울대, 1968.

90) 朴晟義, 〈韓國詩歌文學史－時調, 歌辭－〉《韓國文化史大系》 V, 고려대, 1967.
時調란 말은 '時節歌調'의 준말로 '古調'에 상대되는 뜻이 있다.

음악은 세종대에 朴堧(박연)에 의해서 독자적인 국악체계를 확립하기에 이르렀고 성종 때는 최고악전인 《樂學軌範》이 편찬되었다. 한편 민간에서는 가곡·창악의 노래가 보급되었고 전통적인 농악이 농민들 사이에서 유행하였으며, 이 밖에 무당의 巫歌나 불교의 범패 등 특수분야의 음악이 행하여졌다.[91]

6. 예술의 발달

조선시대에는 양반 사대부의 교양으로서 서도가 중요시되었으므로 자연히 서예가 발달하였다. 고려 후기 이래로 유행한 조맹부체(松雪體)의 인기는 여전하였고, 세종의 셋째 아들인 안평대군은 그 대가였다. 또한 중종대의 金絿(구)는 왕희지체를 배워 仁壽體라는 독자적인 필법을 개창하였고, 인종대의 韓濩(한호; 호는 石峯)도 역시 왕희지의 필법으로 대성하여 조선최고의 서가라는 칭호를 들었다. 이들은 초서를 잘하였던 인종대의 楊士彦과 더불어 조선 전기의 4대가로 일컬어졌다.

양반들에게 글씨는 필수적인 교양으로 여기면서도 그림은 장인들이 하는 일이라 하여 기피하였다. 다만 양반 중에도 문인화를 취미삼아 그린 사람이 있었으니, 그 대표적인 사람이 세종대의 姜希顔이었다. 그는 시·서·화에 모두 능통하였는데, 특히 그의 산수인물화는 일세를 풍미하였다. 그러나 역시 조선시대의 회화를 담당한 것은 전문적인 화원들이었다. 당시에는 圖畫署를 두고 이곳에서 화원들이 국왕이나 중신들의 초상을 그리게 하고 또 산수를 그려 바치도록 하였으므로 초상화와 산수화의 발달이 두드러졌다. 세종대의 화원인 安堅이 안평대군의 꿈을 재현하였다는 〈夢遊桃源圖〉는 당대의 걸작으로 오늘날까지 남아 있다. 역시 세종대에 산수와 인물화에 뛰어난 崔涇이나 중종대의 노비출신으로 〈松下步月圖〉를 그린 李上佐 등은 대표적인 화원 출신의 화가였다.[92] 그러나 조선 초에는 중국의 궁중화파인 북송화원의 院體 화풍을 모방하고 이상좌는 남송화풍의 영향을 받아 예술성보다는 기계적인 모사에 치중하는 경향이 있었으며, 또한 산수화의 경우는 실제 산수의 사생화가 아니라 중국화첩의 그림을 모사한 것이 많았다. 그런데 16~17세기에는 金禔(시)·金明國 등 명대 원체화풍인 浙派(절파)畵風을 수용하면서 그 이해의 심도가 깊어져, 후기의 독자적인 화풍으로 발전하는 기반을 만들었다.[93]

91) 張師勛, 〈韓國音樂史〉《韓國文化史大系》 Ⅳ, 고려대, 1970.
92) 金元龍, 〈李朝의 畵員〉《鄉土서울》 11, 서울시사편찬위원회, 1961.
安輝濬, 〈安堅과 그의 畵風〉《震檀學報》 38, 1973.
______, 《韓國繪畵史》, 일지사, 1980.
李東洲, 《韓國繪畵史論》, 열화당, 1987.

공예는 고려시대와 같이 불교와 관련되거나 귀족들의 사치를 위해서가 아니라 생활필수품이나 사대부의 문방구 등에서 특색있는 발달을 보았다. 그 가운데 가장 대표적인 것은 자기로서 粉青沙器와 白磁가 많이 만들어졌다. 분청사기는 고려청자가 퇴화한 것으로 표면에 회청색의 유약을 바른 것인데, 세련미는 좀 떨어지지만 참신하고 소박한 감이 서민적인 정취를 자아냈다. 백자는 고려백자에서 유래되어 명 백자의 영향을 가미한 것으로 전대에 비해 질적인 향상을 이루었다. 우선 태토가 견고해졌으며 형태에 있어서도 밑바닥이 넓어져 간결하고 안정된 감이 있었으니, 이는 사대부들의 취향에 맞았을 뿐 아니라 서민들의 실생활에도 이용될 수 있는 것이었다. 시간이 지남에 따라 분청사기는 점차 쇠퇴하여져서 백자가 조선 자기의 주류를 이루었으며, 따라서 백자는 조선시대의 공예를 대표하는 것이었다.[94]

건축에 있어서도 새로운 특징이 나타났다. 즉, 고려시대에는 사원 건축이 중심이 되었지만 조선시대에 들어오면 도시의 궁궐이나 성곽·성문·학교 건축이 발달하였다. 서울의 경복궁·창덕궁·창경궁과 남대문 등 4대문은 그 전형적인 것이었으며, 서원의 유행으로 조선 특유의 서원 건축양식이 발달하였다.[95] 한편 사원이나 석탑은 불교가 쇠퇴함에 따라 발달하지 못하였지만 그런 중에서도 법주사의 捌相殿(팔상전)과 圓覺寺址(탑골공원)의 대리석 다층탑은 이 시기의 대표적인 사찰 건축물로 꼽히고 있다.

Ⅳ. 朝鮮前期의 對外關係

1. 명과의 관계

조선건국의 주체세력은 고려 말 원·명 교체의 대륙정세에 처하여 친명반원 정책을 주장하던 사람들이었다. 따라서 조선건국 이후에도 친명사대 외교는 계속 유지되었다. 태조는 즉위 직후 명에 대하여 새로운 왕조의 개창을 승인해 줄 것과 朝鮮과 和寧 중에서 국호를 택일해 줄 것을 요청하였다. 이는 왕조 개창에

---

93) 金元龍, 〈李朝의 畵員〉《鄕土서울》 11, 서울시사편찬위원회, 1961.
安輝濬, 〈朝鮮王朝時代의 畵員〉《韓國文化》 9, 서울대, 1988.
94) 姜敬淑, 〈李朝 粉青沙器의 硏究〉《梨大史苑》 5, 1964.
______, 《韓國陶磁史》, 일지사, 1989.
鄭良謨, 〈李朝陶器〉《韓國美術全集》 10, 동화출판사, 1973.
金英媛, 《朝鮮前期 陶磁의 硏究》, 학연문화사, 1995.
95) 申榮勳, 〈建築史〉《韓國文化史大系》 Ⅳ, 고려대, 1970.

대한 국제적인 확인과 지지를 얻어내기 위한 정치적인 의도에서였다. 이 때 명은 고려왕조의 역성은 승인하였지만 여진 유민의 쇄환 문제와 세공 문제를 트집잡아 태조에게 인장과 고명을 보내지 않았는데, 이 문제가 태종이 즉위하면서 해결됨으로써 이후 양국의 관계가 정상화되었다. 이리하여 조선은 명에 대한 사대를 천명하고 동아시아의 국제질서 속에 편입되어 스스로를 小中華라고 자처하였던 것이다.[96)]

조선은 한해에 세 차례씩 정기적으로 명에 사행을 파견하였다. 정월 초하루의 賀正使, 명 황제 생일의 聖節使, 황태자 생일의 千秋使가 그것이었으며 뒤에는 冬至使가 추가되었다. 이 밖에도 조선이나 명에서 왕 또는 황제의 嗣位(사위)·薨去(훙거)·册妃 등이 있을 때마다 進賀使·謝恩使·奏請使 등 부정기적인 사행을 수시로 파견하였다. 또 이 때에도 사행을 통하여 조공이 바쳐지고 명에서도 이에 답하여 회사물이 보내져 왔다. 조공품은 마필·인삼·피물·포자 등이었고 회사품은 명의 채단·자기·약재·서적 등이 대부분이었다.[97)]

조선이 명에 대하여 사대를 표방한 것은 어디까지나 의례적인 것에 불과하였고 실질적으로 내정상의 간섭을 받은 것은 아니었다. 오히려 조선은 명에 대한 조공관계를 통해서 진헌에 대한 회사물로서 중국의 발달한 문물을 받아들이고 경제적인 실리를 취할 수 있었던 것이다. 뿐만 아니라 이러한 사대관계는 국제적으로나 국내적으로 조선왕조의 권위와 안정을 이룩하는 방편이기도 하였다.

2. 野人과의 관계

신라의 삼국통일 이후 우리 민족의 최대의 과제 가운데 하나는 북방영토의 수복이었다. 특히 고구려를 계승한 고려는 북진정책을 국시로 삼아 이를 꾸준히 전개하였으며 여말의 원·명 교체기에 처하여 재차 북진을 시도한 바 있었다. 조선시대에 들어와서도 이러한 정책은 계승되었지만 우리 나라의 북방과 만주는 조선과 명, 그리고 이 지역에 산거하고 있는 야인(여진족) 등 3자의 이해가 중첩되는 곳이어서 많은 어려움이 있었다.

고려 말부터 조선 전기까지의 북방정책은 국방상의 국경선 확보와 농지확장을 목적으로 한 동북면과 서북면의 북방개척이었다. 고려 말에 동북면을 근거로 하고 있던 이성계가 이미 이 지역의 야인들을 진무하는 데 성공함으로써 국초부터 두만강 하류 지역은 우리 강역에 포함되었다. 그 후 태종 때에는 야인들의 침입

---

96) 申奭鎬, 〈朝鮮王朝 開國 當時의 對明關係〉《국사상의 제문제》 1, 국사편찬위원회, 1959.
全海宗, 〈朝鮮前期 韓中關係의 몇가지 特徵的인 問題〉《東洋學》 14, 단국대, 1984.
97) 朴南勳, 〈朝鮮初期 對明貿易의 實際〉《關東史學》 Ⅰ, 관동대, 1982.

이 빈번하여 경원에 설치하였던 府를 한 때 경성으로 후퇴시킨 적도 있지만 세종 때에 다시 적극적인 북방공략을 실시하여 이 지역을 회복하였다. 즉, 1434년(세종 16)부터 10여년 동안 金宗瑞 등으로 하여금 두만강 유역의 야인을 정벌케 하여 경원·종성·회령·경흥·온성·부령 등 6鎭을 설치하고, 이 후 몇 차례에 걸쳐 남부지방의 민호를 이주시켜 이 지역을 확보하였다.[98]

한편 압록강 유역에 대한 개척도 병행되었다. 압록강 하류지역은 고려말에 이미 수복되었는데, 태종 때에는 강계부와 여연군을 설치함으로써 압록강 이남 지방을 완전히 확보하였다. 그 뒤 이 지역에 대한 야인의 침략이 심해지자 세종은 崔潤德·이천 등을 시켜 이들을 토벌하도록 하고, 그곳에 여연·자성·무창·虞芮(우예) 등 4군을 두었다. 이러한 북방개척은 압록강으로 국경을 삼으려는 전략적인 목적과 또 이 지방의 농토를 얻으려는 뜻도 있어 남쪽에서 몇 차례의 농민을 이주시켰다.[99] 이에 오늘날 우리 나라 영역의 기본 골격이 마련되었던 것이다.

야인들의 경제생활은 반농·반수렵으로 옷감·식량 등 일용품이나 농구를 조선에서 구해서 생활하였는데, 이러한 관계가 원활하지 못할 경우에는 변경을 침략하였다.[100] 따라서 조선의 대야인 정책은 무력에 의한 토벌과 함께 회유책을

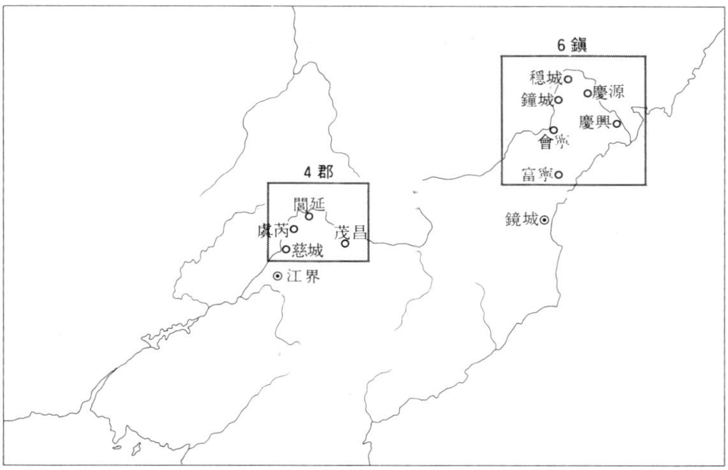

세종대의 북방개척

98) 金成俊, 〈朝鮮初期 六鎭開拓과 李澄玉〉《史叢》 12·13 합집, 고려대, 1968 ; 《韓國中世政治法制史研究》, 일조각, 1985.

99) 宋炳基, 〈世宗朝의 兩界 行城 築造에 대하여〉《史學研究》 18, 1964.
李樹健, 〈朝鮮 成宗朝의 北方移民政策〉(上·下)《亞細亞研究》 7·8, 고려대, 1970.
金錫禧, 〈世祖朝의 徙民에 關한 考察〉(Ⅰ·Ⅱ)《釜大史學》 2·4, 부산대, 1971·1980.

100) 金九鎭, 〈朝鮮前期 對女眞關係와 女眞社會의 實態〉《東洋學》 14, 단국대, 1984.

병행하여 경성과 경원에 무역소를 두고 이들이 필요로 하는 포·농구·미두 등을 마필·모피 등과 바꾸어 가도록 하였다.[101] 또한 그들의 유력자에게는 귀화를 권유하고 재경시위를 장려하여 전지·가택·식량을 내리기도 하였으며, 조공하는 추장에게는 관직까지 주었다.[102] 그러나 이들의 약탈행위는 근절되지 않아서 틈틈이 반란이 일어났는데, 선조 때의 尼蕩介(니탕개)의 난은 그 대표적인 것이었다.

3. 倭와의 관계

조선의 대왜정책은 야인에 대해서 그러하였듯이 왜인의 무역 요구와 왜구의 침탈 사이에서 회유책과 강경책을 병행하는 방향으로 나타났다. 당시 왜는 足利氏의 室町幕府가 성립하여 국내의 반란을 진압하고 거의 전국적인 지배력을 장악하였지만 서부의 九州 지방에까지는 그 위령이 미치지 못하고 있었다. 이러한 가운데 대마도와 구주의 변민들이 왜구가 되어 조선·중국의 연안을 침탈하였던 것이다. 이에 조선은 막부정권 및 일본 서부의 대소호족들과 통교하여 왜구의 금압과 끌려간 조선인의 송환을 요구하였다. 또 왜구에 대한 직접적인 회유책을 써서 그들의 수령에게 투항·귀화를 권유하고 관직을 주어 우대하였으며, 授職倭人에 대해서는 년 1차례의 무역을 허용하였다.[103]

그러나 왜구는 여전히 근절되지 않았고 특히 대마도의 왜구는 조선과의 교역이 통제되자 더욱 창궐하였다. 이에 세종 때에는 李從茂를 시켜 대마도정벌을 단행하였다(1419, 세종 1).[104] 이러한 대왜 강경책은 큰 성과를 거두어 대마도주 宗氏는 수차 사신을 보내와 사죄하였으므로 이에 조선은 乃而浦(지금 웅천)·富山浦(지금 동래)·鹽浦(지금 울산) 등 3포를 개항하여 교역을 허락하고 倭館을 두어 그 편의를 돌보게 하였다. 그 결과 왜인·왜선의 왕래가 빈번해졌으며 이들은 많은 미곡과 면포를 수입해 갔다. 이에 따라 교역량을 제한할 필요가 생겼으므로 세종은 대마도주와 癸亥條約을 체결하여 세견선은 1년에 50척으로, 세사미는 200석으로 규정하였다(1443, 세종 25). 그러나 특별한 경우에는 특송선을

---

101) 李仁榮, 〈鮮初 女眞貿易考〉《震檀學報》 8, 1937.

102) 李炫熙, 〈朝鮮前期 來朝野人의 政略的 待遇에 대하여〉《史學硏究》 18, 한국사학회, 1964.
韓圭哲, 〈高麗 來投·來往 女眞人〉《釜山史學》 25·26 합집, 부산사학회, 1994.
徐炳國, 〈朝鮮前期 對女眞關係史〉《國史館論叢》 14, 국사편찬위원회, 1990.

103) 李鉉淙, 《朝鮮前期 對日交涉史 硏究》, 한국연구원, 1964.
______, 〈朝鮮前期의 日本關係〉《東洋學》 14, 단국대, 1984.
梁承哲, 《朝鮮時代 對日關係史硏究》, 지성의 샘, 1994.

104) 李銀圭, 〈15世紀初 韓日交涉史硏究－對馬島征伐을 中心으로－〉《湖西史學》 3, 호서사학회, 1974.

보낼 수 있었고, 별도로 약정한 자는 그들 나름대로 세견선을 보낼 수 있었으므로 막부나 대소 호족들의 使送船이 내왕할 여지는 남겨놓은 것이었다.

왜선의 무역은 조공의 형식으로 이루어졌다. 따라서 조선측이 무역허가증으로 발급한 圖書나 대마도주가 발행한 도항증명서인 文引을 검사한 뒤 규정에 따라 진헌물을 바치게 하고 그 대가로 회사물을 증여하는 절차를 밟았다. 이 때 왜인들이 들여온 진헌물은 동·석·연·유황 등 광산물과 약재·향료·염료 등이었고, 회사물은 미곡을 비롯해서 면포·저포·마포 등 생필품과 나전·도자기·화문석 등 공예품, 그리고 서적·대장경·범종·불상 등 문화물로서 이것들은 일본문화의 발전에 큰 도움을 주었다.[105]

그러나 3포에 거주하는 왜인들이 규정을 위반하는 일이 많았으므로 중종 때에는 엄격히 통제하였다. 이에 불만을 품은 3도의 왜인들이 폭동을 일으키자 조선은 이를 진압하고 3포를 폐쇄하여 교역을 중단시켰다(1510, 중종 5). 그 후 대마도주의 간청으로 壬申條約을 체결하여 세견선과 세사미를 계해조약 때의 절반으로 줄이고 기타의 특별규정도 모두 폐지하였다(1512, 중종 7).[106] 이로써 왜의 소호족과 왜상들은 막대한 타격을 받았으나 그런 가운데서도 막부 및 대호족들과의 통교는 16세기 중엽까지 계속되었다.

이와 같이 조선의 외교정책은 명에 대한 사대와 야인 및 왜에 대한 교린이 기본을 이루었다. 이 밖에 琉球·南蠻 등지에서도 사신을 보내와 토산물을 진헌한 일이 있었지만 조선측의 이해에 크게 관계되지 않았으므로 활발한 왕래는 없었다.

105) 金柄夏, 《朝鮮前期 對日貿易研究》, 한국연구원, 1969.
106) 李鉉淙, 〈三浦倭亂原因考〉《黃義敦古稀紀念 史學論叢》, 동국사학회, 1960.
______, 〈三浦倭亂後 對倭國交再開成立始末에 대하여〉《歷史教育》 5, 1961.

제 ③ 장
士林政治와 對外抗爭

Ⅰ. 士林勢力의 대두와 士林政治

1. 경제변동과 勳戚系列의 보수화

국초부터 시작해서 성종대에 이르러 《경국대전》 체제로서 일단 정비된 조선의 제도·문물은 16세기에 들어오면 한 차례의 변화를 겪게 된다. 그러나 이것은 단순히 제도의 붕괴 또는 질서의 해이로만 이해될 성질의 것이 아니라 사실은 당시의 발전적인 경제변동을 반영한 것이었다.[1]

이 시기에 사회경제적 발전의 기저를 이룬 것은 농업생산력의 향상이었다. 고려말에 주자학과 함께 전래된 중국의 江南農法이 조선초의 《농사직설》 단계에서 어느 정도 소화되었다가 16세기에 들어와 완전히 정착되기에 이르렀던 것이다. 따라서 14세기 말 이래 수리기술과 시비법을 개선하여 休閑의 제약을 극복하고 연작 상경의 집약적 농업이 실현되었을 뿐 아니라 이미 일부지방에서 이앙법이 보급되었는데, 이 시기에 이르러서는 더욱 농업기술의 면에서 괄목할 만한 성과를 거두었다.[2]

이러한 생산력의 향상을 바탕으로 해서 유통경제가 자못 발달하였다. 우선 농업기술의 진전에 의하여 구매력이 증대함으로써 지방의 장시가 발달하여 16세기 중반에는 거의 전국적인 유통망이 형성되었으며, 한편 대외무역에 있어서도 사무역이 발달하여 종래의 공무역을 압도하는 추세가 나타났다.[3]

이 때 勳臣·戚臣 등의 권세가들은 이러한 경제변동에 편승하여 자신들의 富

1) 한국사에 있어서 16세기는 15세기에 정비된 제도·문물이 붕괴되는 시기로 이해되거나 士禍 및 '黨爭'과 연관지워져 지배층의 분열·분쟁이 격심하였던 시기로 규정되어 왔다. 이에 대해서 李泰鎭은 강한 반론을 제기하고, 16세기의 사회경제적 발전과 사림의 대두에 따른 朋黨政治의 시작을 강조하여 이 시기에 대한 긍정적인 평가를 시도하였다. 그의 이러한 시각은 과거 일인학자들의 당파 이론에 입각한 식민사관을 극복하려는 노력으로서 시사하는 바가 매우 크다고 하겠다.
李泰鎭, 〈16世紀의 韓國史에 대한 理解의 方向〉(日文)《朝鮮學報》 110, 1984.

2) 李泰鎭, 〈15·16세기 新儒學 정착의 사회경제적 배경〉《奎章閣》 5, 서울대, 1981.
______, 〈15·16세기 韓國 사회경제의 새로운 경향〉《東方學志》 64, 연세대, 1989.

3) 韓相權, 〈16世紀 對中國 私貿易의 展開－銀貿易을 中心으로－〉《金哲埈華甲紀念 史學論叢》, 지식산업사, 1983.
李景植, 〈16世紀 場市의 成立과 그 基盤〉《韓國史研究》 57, 1987.

를 축적하였다. 당시 훈척계열은 세조의 찬위에 협조하여 공신으로서 정치적 실권을 장악한 사람들이 주축을 이루고 있었는데,[4] 이들은 고위관직을 독차지 하였을 뿐 아니라 경제적으로도 방대한 토지와 노비를 소유하고 있었다. 이와 같이 훈척계열은 정치적·경제적 실권을 향유하고 있었으므로 자연히 보수적인 성향을 띠어갔고, 특히 새로운 경제변동에 처해서는 온갖 비리적 수단을 동원해서 사리를 취하였던 것이다.

훈척계열의 식리행위는 우선 토지의 집적과 농장의 확대로 나타났다. 16세기 이래 과전법이 붕괴되고 신분제도에 기초한 수조권적 토지지배가 무너지면서 양반관료들의 사적 토지소유에의 욕구는 더욱 증대하였다. 따라서 이들은 개간·매득 등 합법적인 방법 이외에도 군현 단위의 대규모 인원을 강제적으로 동원하여 연해 지역에 堰田(언전; 둑을 쌓아 바닷물을 막아 마련되는 경작지)을 개발하는 등 주로 권력에 의한 불법적인 방법으로 사적 소유지를 집적해 갔고, 이래서 얻어진 대토지는 외거노비나 전호에게 경작시켜 병작반수제의 농장으로 경영하였던 것이다.[5] 이러한 토지집적은 곧 다른 한편에서의 토지상실을 의미하는 것이었으므로 토지를 빼앗긴 농민들은 유이하거나 농장에 모여들어 소작농인 전호로 전락하였다.

농장의 확대와 농민의 몰락, 그리고 당시 경제변동에 편승한 훈척계열의 특권적 비리행위는 貢納制와 賦役制의 변질을 초래하였다. 지방 특산물과 수공업제품을 징수하는 공납제도는 농민 소유토지의 감축과 민호의 산실 및 농민의 유망으로 말미암아 잔여 농민들의 부담이 커지지 않을 수 없었고, 더욱이 중간 상인이 공물을 대납하고 그 대가를 농민들로부터 받아내는 방납이 행해지면서부터 농민의 부담은 더 한층 가중되었다. 원래 공물 가운데 그 지방에서 생산되지 않아 부득이 다른 곳에서 구하여 납부해야 하는 것이나 어물과 같이 저장과 수송에 어려움이 따르는 물종에 대해서는 15세기 중엽부터 이미 방납이 행해지고 있었는데, 16세기에 들어서면 유통경제의 발달과 관련해서 방납이 더욱 성행하였던 것이다. 이 때 국내외의 상업을 통해서 富를 축적한 부류가 권세가와 결탁해서 방납을 독점하였으며, 또한 농민들에게 더 많은 액수를 부담시키는 등 그 피해는 대단히 큰 것이었다.[6]

---

4) 李泰鎭, 〈15世紀 後半期의 「鉅族」과 名族意識〉《韓國史論》 3, 서울대, 1976.
鄭杜熙, 〈朝鮮 世祖-成宗期의 功臣研究〉《震檀學報》 51, 1981; 《朝鮮初期政治支配勢力研究》, 일조각, 1983.

5) 李景植, 〈朝鮮前期 職田制의 運營과 그 變動〉《韓國史研究》 28, 1980.
李泰鎭, 〈16세기 沿海地域의 堰田 개발-戚臣政治의 經濟的 배경 一端-〉《金哲埈華甲紀念 史學論叢》, 지식산업사, 1983.

6) 金鎭鳳, 〈朝鮮前期의 貢物防納에 대하여〉《史學研究》 26, 한국사학회, 1975.

또한 토지와 인정에 대한 정확한 파악을 전제로 해서 가능하였던 부역제 역시 제대로 운영될 수 없었다. 본래 부역은 신역인 군역과 호역인 요역의 2중 구조로 이루어져 있었는데, 세조 때에 보법을 실시함으로써 군역은 확대되었지만 요역 부담자가 감소하였기 때문에 군역 부담자가 요역까지도 겸하는 현상이 일어나고 있었다. 이에 군사들은 과중한 부담을 면하기 위하여 保人에게서 받은 조역가로 사람을 사서 대역시키는 방식을 취하였다. 그러나 이것이 실제로는 역을 부담해야 할 사람이 배속처에 布로써 대립가를 지불하면 배속처에서 이를 가지고 다른 사람(주로 유민이나 노비)을 고용 입역하는 수포대역·방군수포의 방식으로 운영되었는데, 대립가가 폭등하고 질이 떨어지는 악포가 사용됨으로써 군역 부담자들의 처지는 더욱 열악해지고 말았다.[7]

농장의 확대와 공납·부역제의 동요로 말미암아 농민의 생활은 궁핍하였고 각지에서 유민과 도적이 창궐하였다. 1559년(명종 14)에 황해도에서 일어난 임꺽정(林巨正)의 난은 그 대표적인 것이었다.[補] 그러나 이러한 변동은 어디까지나 당시의 사회경제적 발달을 반영한 것이었으니, 한편에서는 이와 같은 사회문제에 직면하여 훈척계열의 특권적 비리행위를 비판하는 가운데 士林의 세력이 성장하고 있었던 것이다.

2. 사림의 대두와 사화

조선의 건국과정에 참여한 여말의 신흥사대부들은 누대에 걸쳐 왕조의 관인가문으로 세습적 지위를 누리면서 훈신·척신으로 발돋음하고 경제적으로는 권력에 의지한 대지주로 성장하였다. 반면 역성혁명을 반대한 일부는 관직참여의 기회를 얻지 못하고 지방의 중소지주로 머물면서 鄕約·鄕射禮·鄕飮酒禮의 보급, 社倉制의 실시, 그리고 유향소 복립운동 등을 통해서 향촌에서의 세력을 구축하고 있었다. 향약·향사례·향음주례는 주자학적인 방도로 향촌을 교화하여 사회질서를 확립하려는 운동이었고 사창제는 자치적인 향촌사회의 곡식대여제도로 재지사족의 경제적 원천이 되었으며 유향소는 위의 제도를 실시하는 자치기구로서의 기능을 가진 것이었다.[8] 이들 신진세력은 15세기 말 이후의 사회경제

高錫珪, 〈16·17세기 貢納制 개혁의 방향〉《韓國史論》 12, 서울대, 1985.
李泰鎭, 〈軍役의 變質과 納布制의 實施〉《韓國軍制史》 近世朝鮮前期篇, 육군본부, 1968.

7) 池斗煥, 〈朝鮮前期 軍役의 納布體制 확립과정〉《韓國文化研究》 1, 부산대, 1988.

補) 한희숙, 〈16세기 임꺽정난의 성격〉《韓國史研究》 89, 1995.

8) 李泰鎭, 〈士林派의 留鄕所 復立運動〉(上·下)《震檀學報》 34·35, 1972·1973; 《韓國社會史研究》, 지식산업사, 1986.

留鄕所의 청사는 鄕射堂이라고 칭하였는데, 이것은 유향소가 鄕射禮나 鄕飮酒禮를 실시 주관하는 기구였기 때문이다. 향사·향음주례는 周制에 따른 것으로 지방교화와 향촌질서 확립의 제도로 행하여진 것이다.

적 변동에 직면해서 보(川防)의 개발·보급 등으로 경제력을 축적하고 재지지주로서의 지위를 상승시켜 나갔다. 이들은 훈·척신의 특권적 비리행위를 비판하는 가운데 정치세력으로 성장해 갔으니, 이들이 곧 士林派이다.[9)]

사림이 중앙정계에 본격적으로 진출하기 시작한 것은 성종대에 이르러서였다. 성종 자신이 호문의 군주였을 뿐 아니라, 이 시기에 오면 국왕과 훈구관료 사이에 갈등이 나타나기 시작하였으므로 성종은 이들을 견제하기 위해서 새로운 관료층을 육성하였다. 따라서 그동안 재지적 기반을 바탕으로 꾸준히 성장해 온 지방의 사림이 중앙 정계에 진출할 수 있었던 것이다.

성종대에 진출한 사림의 대부분은 길재의 학풍을 이은 영남출신의 사람들이었다. 이들은 길재의 손제자인 金宗直이 출사한 것을 계기로 다시 김종직의 제자인 金宏弼(굉필)·鄭汝昌·金馹孫(일손) 등이 그 뒤를 이음으로써 중앙정계에서 하나의 정치세력을 형성하였다.[10)] 이 때 이들의 가장 중요한 정치적 쟁점은 훈척계열의 비리행위에 대한 비판이었다. 이러한 비판의식은 사상적인 면에서 성리학의 도리론·명분론에 대한 확신과 자신들이 농촌에서 훈척신들의 비리행위를 직접 체험한 데에서 비롯된 것이었다. 이들은 주로 언관직을 차지하고 훈구대신들을 공격하였는데, 이에 수세에 처한 훈척계열 측에서 사림에 대한 정치적 보복으로서 일으킨 것이 곧 士禍였다.[11)]

사림을 옹호하던 성종이 죽고 연산군이 즉위하자 드디어 훈척신들의 사림에 대한 반감이 폭발하였다. 즉, 연산군 4년(1493) 훈척계열은 김종직이 지은 史草〈弔義帝文〉이 세조의 즉위를 비난한 것이라고 트집잡아 사림에 대한 직접적인 박해를 가하였는데, 이 때 김일손 등 다수의 신진관료들이 사형·유배·파직을 당하였고 극히 소수만이 정계에 남을 수 있었다(戊午史禍).[12)] 그 뒤 연산군 10

9) 李泰鎭, 〈16세기 士林의 歷史的 性格〉《大東文化硏究》 13, 성균관대, 1979.
______, 〈16세기의 川防(洑)灌漑의 개발-士林勢力 대두의 經濟的 背景一端-〉《韓沽劤停年紀念 史學論叢》, 지식산업사, 1981; 《韓國社會史硏究》, 지식산업사, 1986.

10) 李秉烋, 〈朝鮮初期 嶺南·畿湖 士林의 接觸과 그 推移-士林派의 性分과 관련하여-〉《韓國史硏究》 26, 1979; 《朝鮮前期畿湖士林派硏究》, 일조각, 1984.
李成茂, 〈士林과 士林政治〉《청계사학》 8, 한국정신문화연구원, 1991.
崔異敦, 《朝鮮中期 士林政治構造硏究》, 일조각, 1994.

11) 과거 일인학자들은 한국인의 민족성의 하나로서 당파성을 주장하고, 한국사에서 정쟁이 장기간 계속되었음을 입증하기 위해서 士禍와 뒷 시기의 '黨爭'을 직접 연결해서 설명하였다. 그러나 사실은 두 가지가 전혀 성질을 달리하는 것이었으니, 사화가 훈척계열의 자기분열 현상이거나 또는 사림에 대한 정치적 보복행위였는데 대하여 당쟁은 마침내 정치의 주도권을 장악한 사림 사이에서 행해진 정치형태로서의 붕당정치를 가리키는 것이었다.

12) 戊午史禍는 사초에 의해 일어난 士禍이므로 특별히 史禍라 칭하였다.

년(1504)에는 사림파를 몰아낸 훈척계열 내부에서 다시 연산군을 싸고도는 척신과 일반 훈신들이 반목하여 결국 척신들이 연산군의 생모인 윤씨의 폐비사사 사건을 구실로 훈신들을 몰아내기에 이르렀다(甲子士禍). 이 때 앞의 무오사화에서 화를 면했던 사림들의 희생도 적지 않았으니, 이 두 차례의 사화로 성종 때부터 시작된 사림의 정계진출은 일단 제동이 걸린 셈이었다.

그 후 연산군 12년(1506)에 연산군이 훈신세력의 반정에 의해 물러나고 중종이 즉위하자[13] 사림의 진출도 재개되었다. 중종은 전대에 문란해진 정치질서를 바로잡아 유교정치를 회복하려 하였으며 이에 따라 사림을 다시 등용하였던 것이다. 이 때 왕의 깊은 신임을 얻어 중용된 趙光祖를 중심으로 사림들은 훈신들의 비리를 계속해서 비판하는 한편 유교적인 도덕정치의 실현에 힘을 기울였다. 우선 연산군의 폭정과 훈척신들의 수탈로 피폐해진 향촌을 안정시키기 위해 향약을 보급하고, 중앙정계에서의 주도권을 장악하고자 賢良科를 실시하여 지방의 사림들을 대거 정권에 참여시켰다.[14] 또 유교 윤리에 위배되는 도교 및 민간신앙을 배격하여 국초부터 설치되었던 昭格署(도교사상에 유래하여 옥황상제 등을 제사 지낸 곳)를 폐지하기도 하였다. 그러나 이와 같은 사림의 성장은 반정공신을 중심으로 한 훈신들과의 마찰을 불가피하게 하였다. 결국 1519년(중종 14) 사림관료 측에서 훈신세력의 약화를 목적으로 제기한 僞勳삭제사건을 계기로 훈신들은 일대 반격을 가하여 조광조를 비롯한 사림들을 축출하기에 이르렀다(己卯士禍).

명종 즉위년(1545)에도 또 한 차례의 사화가 있었으니, 이것은 중종의 두 이복왕자를 둘러싼 외척 간의 대립이 정쟁으로 표면화된 것이었다. 이들 외척이 모두 윤씨였으므로 이를 '大尹'과 '小尹'의 대립이라고 일컫는데, 중종의 뒤를 이어 인종(1544~1545)이 즉위함으로써 일단 대윤이 승리를 거두는 듯하였으나 인종이 1년만에 사거하고 다시 명종이 즉위하자 그의 외척인 소윤 측에서 대윤에 대한 보복으로 옥사를 일으켰던 것이다(乙巳士禍). 이는 갑자사화와 마찬가지로 훈척계열의 자기분열에 의한 것이었지만 여기에 부수된 사림의 피해도 역시 막심하였으므로 사림의 기세는 다시 한번 꺾이게 되었다.

장기간에 걸쳐 간헐적으로 일어난 네 차례의 사화로 사림은 그 때마다 큰 타

13) 조선은 踰年稱年法을 썼으나 연산군은 정식 국왕의 묘호도 얻지 못한 군주인 까닭에 연산군이 폐해진 1506년(연산군 12)이 중종 즉위년이 아니라 원년(1년)으로 삼고, 그의 실록도 '연산군 일기'라 부르게 되었다. 이것은 뒤의 광해군에도 해당된다.

14) 李秉烋, 〈賢良科硏究－士類의 進展 및 그 背景과 관련하여－〉《啓明史學》 1, 계명대, 1967; 《朝鮮前期畿湖士林派硏究》, 일조각, 1984.
鄭求先, 《朝鮮時代 薦擧制度硏究》, 초록배, 1995.
金 燉, 〈中宗代 言官의 성격변화와 士林〉《韓國史論》 10, 서울대, 1980.

격을 입었지만 그럼에도 불구하고 이들은 완전히 몰락한 것이 아니라 지방의 서원과 향약을 기반으로 잠재적인 성장을 계속해 나가고 있었다. 특히 중종대 이후에는 영남지방 뿐 아니라 기호지방에 까지도 사림의 세력이 확산되었으니, 이는 훈척계의 비리행위가 심각해질수록 도리론에 입각한 이들의 비판적 자세가 지방의 중소지주들 사이에는 공감의 폭을 넓힐 수 있었기 때문이었다. 따라서 사림의 성장은 역사적인 추세였으며, 을사사화 이후에 이들은 다시 중앙정계에 진출하기 시작하여 선조대 (1567~1608)에는 결국 정계의 주류로서 위치를 차지하기에 이르렀다.

3. 성리학의 발달과 서원 · 향약

15세기 말 이후 사림들은 끊임없이 정계진출을 기도하는 한편 지방에서는 학문연구와 후진양성을 위해 노력하였는데, 특히 수차례의 사화를 겪으면서 이러한 풍조는 더욱 현저해졌다. 또한 훈척계열의 비리를 비판하고 유교적 이상정치, 즉 도에 입각한 왕정을 구현한다는 이들의 정치철학은 학문에 있어서 인간의 心性에 대한 탐구를 심화시켜 성리학의 발달을 보게 하였다.[15)]

조선의 성리학은 主理論과 主氣論의 두 계통으로 발달하였다. 주리론은 주자의 견해를 보다 충실하게 받아들인 것으로, 理氣二元論의 입장에 서서 理(본질)와 氣(현상)는 서로 다른 것이면서 서로 의지하는 관계에 있지만 어디까지나 理가 기를 움직이는 본원이라고 하는 견해이다. 따라서 인간의 심성 문제를 해석함에 있어서도 이(본연의 성)는 純善 無惡한 것이고 기(기질의 성)는 可善 可惡한 것이라 하여 이에 절대적인 가치를 부여하고 있다. 이 학설은 李彥迪(적)에서 시작되어 李滉(호는 退溪)에 이르러 대성되었는데, 특히 이황은 '동방의 주자'라 불릴 만큼 주자의 교리에 충실하였다.[16)] 그의 문하에서는 柳成龍 · 金誠一 · 鄭逑(구) 등이 배출되어 영남학파를 형성하였으며, 일본 유학에도 지대한 영향을 주었다.[補)]

---

15) 尹絲淳, 〈朝鮮前期 性理學의 思想的 機能〉《韓國學論集》 2, 계명대, 1975; 《民族文化研究》 9, 고려대, 1975.
李泰鎭, 〈朝鮮性理學의 歷史的 機能－그 再評價를 위한 하나의 試論－〉《創作과 批評》 9－3, 1974; 《朝鮮儒教社會史論》, 지식산업사, 1989.

16) 李相殷, 《退溪의 生涯와 學問》, 서문당, 1973.
柳正東, 《退溪의 生涯와 思想》, 박영사, 1974.
尹絲淳, 《退溪哲學의 硏究》, 고려대출판부, 1980.
______, 〈퇴계에서의 자연과 인간〉《퇴계학보》 75 · 76 합집, 퇴계학연구원, 1993.
裵宗鎬, 〈退溪의 宇宙觀－理氣論을 中心으로－〉《退溪學硏究》 I, 단국대퇴계학연구소, 1987.

補) 李樹健, 《嶺南學派의 形成과 展開》, 일조각, 1995.

한편 주기론은 徐敬德이 처음으로 주자의 학설을 비판하고 이기일원론을 주장함으로써 비롯된 것으로 李珥(이이, 호는 栗谷)에 의해서 대성을 보았다. 이것은 우주만물의 근원을 기에 두고 모든 현상들을 이 기의 변화·운동으로 보는 입장이었으니, 여기서 이는 기를 움직이는 법칙에 불과한 것이었다. 따라서 심성론에 있어서도 본연의 성(이)보다 기질의 성(기)을 더욱 중요시하였으며, 정치·경제 등 현실인식에 적극적인 자세를 취하였다.[17] 이 학풍은 이이를 비롯해서 成渾(혼)·宋翼弼(익필)과 이이의 제자인 金長生·鄭曄(엽) 등에게 이어져 畿湖學派를 형성하였다. 이 후 영남과 기호의 두 학파는 학문적으로나 정치적으로 오랫동안 대립하면서 발전하였다.

사림들은 성리학 원리의 이해를 증진시키는 한편 그 성과를 실제 정치에 응용하려 하였으니, 이는 향촌에서 일체의 사회관계를 재정비하려는 노력으로 구체화되었다. 15세기에 이미 민간 자치적 곡물대여기관인 社倉制의 실시와[18] 유향소 복립운동으로 나타났던 이들의 움직임은 16세기에 들어와 서원의 설립과 향약의 보급으로 그 성과를 거두었다.

서원은 고려시대 이래의 사학인 書齋에 선현을 봉사하는 사묘를 겸한 것으로서 주로 명유·선배의 연고지에 세워져 그 지방의 양반자제들을 교육하였다. 최초의 서원은 1543년(중종 38) 풍기군수 周世鵬(붕)이 安珦(향)을 모시기 위해 세운 白雲洞書院이며, 이것이 뒤에 이 지방의 군수로 부임한 이황의 주청에 의해서 명종으로부터 紹(소)修書院이라는 扁額(편액)을 하사받아 소위 사액서원의 효시가 되었다. 이 때부터 서원의 건립은 지방의 유력한 양반들 사이에서 유행하여 선조대에는 사액서원만 해도 전국에 100개가 넘을 정도였다. 이들 사액서원은 국가로부터 서적·노비·토지를 지급받았을 뿐 아니라 면세·면역의 특권까지 누렸으므로 관학인 향교를 학문에서만이 아니라 세력과 권위면에서도 능가하였다. 또한 서원은 지방에서 중소지주층의 지식인화를 촉진시키고 사림의 확대재생산을 가능케 함으로써 이들이 정치여론집단을 형성하고 훗날 붕당정치의 저변으로 기능할 수 있도록 하는 데 크게 기여하였다.[19]

---

17) 李俊浩, 《栗谷의 思想》, 현암사, 1973.
李丙燾, 《栗谷의 生涯와 思想》, 서문당, 1973.

18) 사창은 농민에 대한 진휼기관이란 면에서 義倉과 같으나 의창이 관설기구인데 반하여 사창은 민간자치기구이고 1451년(문종 1)에 처음 실시되었다. 유향소의 유향품관은 이를 그들의 경제적 원천으로 이용하였다.

19) 鄭萬祚, 〈朝鮮朝 書院의 政治·社會的 役割〉《한국사학》 10, 한국정신문화연구원, 1988.
______, 《朝鮮時代 書院研究》, 집문당, 1997.
崔完基, 〈朝鮮書院一考－成立과 發達을 中心으로－〉《歷史教育》 18, 1975.

향촌에서의 사회관계를 재정비하고 향촌의 안정을 기하려는 사림파의 노력이 보다 적극적으로 표출된 것은 중종대 이후의 향약보급운동이었다. 당시의 경제변동에 편승한 훈척계열의 비리행위에 직면한 사림들은 훈척들의 대민 수탈을 위한 지방통제 수단으로 이용되던 경제소·유향소 등의 철폐를 주장하면서 그 대안으로서 향약의 보급을 제안하였던 것이다.[20] 이는 德業相勸(덕업을 서로 권한다)·過失相規(과실을 서로 규제한다)·禮俗相交(예속을 서로 교환한다)·患難相恤(환난을 서로 돕는다) 등의 유교 윤리를 향촌사회의 자치조직 속에서 실천함으로써 훈척의 비리를 배제하고 당시의 소농민층의 유망을 방지하여 향촌의 근본적인 안정을 달성하고자 하는 것이었다. 중종대에 조광조가 처음으로 이를 보급하다가 기묘사화로 일단 실패하였지만 그 뒤에도 각지의 사림들에 의해서 개별적으로 시행되었고, 사림정치가 구현된 선조대에 이르면 전국적인 시행을 보게 되었다.[21]

이러한 향약을 통한 자치제의 실현은 신분 간의 대립을 재지양반의 대농민 통제로써 조정해 나간다는 입장에서 구상된 것이었으므로 이를 통해서 지방 사림들의 농민지배는 한층 강화되었다. 이에 따라 사림의 사회적 지위도 그만큼 견고해졌으니, 이것이 결국은 서원을 통한 사림의 결속 및 재생산과 함께 수차례의 사화에도 불구하고 사림이 계속해서 성장할 수 있는 원동력이 되었던 것이다.

4. 붕당정치의 시작

지방에서 견고한 기반을 구축하고 계속해서 세력을 확대한 사림은 을사사화를 주도한 소윤 정권이 그 권력의 원천이었던 중종비 文定王后의 죽음과 함께 몰락함으로써 정계 진출을 더욱 활발히 하였고 마침내 선조대(1567~1608)에는 정

20) 유향소는 조선 초기의 관권일변도의 사회질서 수립에 대응하여 지방의 사림에 의해서 복립이 주장되었고, 실제로 김종직 등의 노력으로 1488년(성종 19)에 복립되는 성과를 거두었지만 곧바로 훈척계열에 의해서 장악되고 그들의 지방통제 수단으로 역이용되었다. 이에 사림 측에서는 다시 司馬所를 세워 대항하거나 유향소의 폐지를 주장하게 되는데 이러한 움직임이 중종대의 향약보급운동으로 이어지는 것이다.

21) 鄭亨愚, 〈朝鮮 鄕約의 實施經緯 및 그 內容에 대한 一考察〉《人文科學》 23, 연세대, 1970.
李泰鎭, 〈士林派의 鄕約普及運動－16세기의 經濟變動과 관련하여－〉《韓國文化》 4, 서울대, 1983.
韓相權, 〈16·17세기의 鄕約의 機構와 性格〉《震檀學報》 58, 1984.
朴翼煥, 〈朝鮮前期 鄕規와 鄕規約考〉《史學硏究》 38, 한국사학회, 1984.
金龍德, 〈鄕規硏究〉《韓國史硏究》 54, 1986.
鄕約과 鄕規는 똑같이 향촌사회의 규약이지만 전자가 지역사회 상하전원을 대상으로 삼은데 대하여 후자는 유향소 소속의 士族만을 대상으로 한데 차이가 있었다. 즉, 향규는 유향소의 鄕案에 入錄된 사족을 규제하는 規式이었다.

계의 주류로서 정착하기에 이르렀다. 그러나 이들의 정계진출이 훈척계열에 대한 비판의식에서 비롯되었음에도 불구하고 실제 정국의 전환은 혁명적인 방법에 의한 것이 아니었기 때문에 사림이 우세를 차지한 뒤에도 훈척계의 요소는 여전히 잔존하고 있었다. 이에 사림 내부에서는 구체제, 즉 훈척정치의 척결을 둘러싸고 이견이 노정되었으며 이것이 분당으로 발전하였다. 종전의 훈척계열과 사림세력의 대립이 이제는 사림 내부에서 붕당을 이루어 대치하는 양상으로 변모하였던 것이다.[22)]

최초의 분당은 1575년(선조 8) 東人과 西人의 분열에서 비롯되었다. 이것은 선조 초에 활발한 진출을 보인 사림 내부에서 기성관료와 신진관료 사이의 분열에 뿌리를 두고 있었는데, 표면적으로는 沈義謙과 金孝元의 반목에서 비롯되었다. 심의겸은 명종비의 친제로서 척신이었지만 평소에 사림을 옹호하여 많은 사림계 인물을 등용하였으므로 이 때 그의 도움을 받아 정계에 진출한 사림들은 그를 자신들의 동조자로 인식하고 있었다. 그러나 정국이 점차 사림에게 유리하게 전개되어 심의겸에게 의지하지 않고도 관료가 될 수 있었던 신진사림들은 그를 척신으로 보아 배척하는 한편 그를 두둔하는 기성관료들을 공격하였으니, 여기에 분당의 계기가 마련되었던 것이다. 이 때 마침 吏曹銓郎職(인사담당의 중요직)을 둘러싸고 심의겸과 김효원의 반목이 표면화됨으로써 심의겸을 중심으로 한 기성관료를 서인, 김효원 등 신진관료를 동인이라 칭하여 붕당이 발생하였다.[23)] 이와 같이 사림의 분열과 붕당의 출현은 훈척정치의 척결문제에 있어서 강·온의 대립과 사림 내부에서의 엄격한 자체 비판에서 유래한 것이었다.

동인과 서인으로 나뉘어진 정국은 이이가 스스로 서인으로 自定하는 것을 계

---

22) 종래 조선시대의 정치사에 대한 이해는 '黨爭'과 결부되어 부정적인 것으로만 일관해오고 있다. 이러한 견해는 망국의 책임을 당쟁에서 찾음으로써 보다 설득력이 있는 것처럼 보이기도 하였다. 이에 대해서 李泰鎭은 반론을 제기하고 일인학자들의 식민사관에 의해서 왜곡된 조선시대 정치사를 재구성하려는 의욕을 보여주었다. 그는 우선 '당쟁'이라는 용어 자체가 일본인들에 의해서 날조된 것임을 지적하고 대신 '붕당정치'라고 표현할 것을 주장하는 한편, 조선 후기의 정치형태를 '勢道政治'로 규정하여 이전의 붕당정치와는 구별해야 한다고 하였다. 또 그는 붕당정치란 학연에 의한 붕당의 공존을 바탕으로 하는 상호비판체제이며, 사림에 의해서 주도되었던 성리학적인 정치운영 방식의 한 형태로서 이해하여 그 발전적 측면을 강조하였다.

李泰鎭, 〈16世紀 後半 以後의 政治形態「黨爭」의 性格〉《韓國軍制史》 近世朝鮮後期篇, 육군본부, 1985.

______, 〈朝鮮時代의 政治的 갈등과 그 해결－士禍와 黨爭을 중심으로－〉《朝鮮時代政治史의 再照明》, 범조사, 1992.

鄭萬祚, 〈朝鮮時代 朋黨論의 展開와 그 性格〉《朝鮮後期 黨爭의 綜合的 檢討》, 한국정신문화연구원, 1992.

23) 金宇基, 〈朝鮮前期 士林의 銓郎職進出과 그 役割〉《大丘史學》 29, 대구사학회, 1986.

崔異敦, 〈16세기 郎官權의 形成過程〉《韓國史論》 14, 서울대, 1986.

기로 학연성을 띠게 되었고 이 후 붕당 간의 상호 비판과 견제를 원리로 하는 붕당정치가 시작되었다. 원래 분당 초기부터 동인에는 이황과 曺植의 문인들이 많았으므로 나름대로 학연에 의한 정치집단으 색채를 띠고 있었지만 서인의 경우는 신진관료들인 동인으로부터 공격을 받는다는 입장에서만 유대관계가 설정되어 있었다. 그런데 정국을 관망하던 이이가 붕당의 공존을 도모하고자 당시 수세에 몰려있던 서인으로 스스로 정함으로써 그의 문인들이 서인에 가담하였고, 결국 서인은 수적 열세를 만회하는 동시에 학연에 의한 정파라는 성격을 분명히 할 수 있었던 것이다.

이이의 서인 자정은 당면한 정치상황에 의한 것이기도 하였지만, 보다 본질적인 문제로서 학문적인 입장에 뿌리를 두고 있었던 것으로 생각된다. 먼저 이황의 학문은 주리론에 입각해서 원칙에 충실하였고 심성론을 매우 중시하여 훈척계열과의 투쟁과정에서 사상적인 지주로 역할하였을 뿐 아니라 사림정치가 구현된 뒤에는 훈척정치의 요소를 철저히 배제할 것을 주장하게 되었다. 이에 대해서 이이는 현실문제에 보다 관심을 가져 잔존해 있는 구체제의 요소를 척결하는 것보다 그동안 피폐된 기층사회를 복구하는 것이 우선이라는 입장을 취하고 있었던 것이다.

이이 문하의 가세에도 불구하고 서인은 계속 열세를 면치 못하였고 동인의 우세는 여전하였다. 비록 1589년(선조 22)에 동인인 鄭汝立의 모반사건이 일어나 동인 중 처형된 사람이 많았지만 그 세력은 그대로 조정 안에 남아 있었다.[24)]그런데 이 동인 안에서 다시 남인·북인의 분당이 일어났는데, 그것은 대서인 태도에 있어서 온건파가 남인이었고 강경파가 북인이었으며 여기에는 학파로서 이황계와 조식계가 각각 연결되어 있었다. 이 남북인의 대립은 마침내 서인인 鄭澈(철)의 建儲議(건저의, 세자를 정할 것을 건의한 것) 문제[25)]에 대한 처벌을 둘러싸고 표면화되어 북인은 중벌을 주장하였고 남인은 이에 반대하였던 것이다. 이로부터 서인·남인·북인이 정립하여 서로 비판·견제하는 가운데 붕당정치를 지탱하여 나가게 되었다.

---

24) 李羲權, 〈鄭汝立謀叛事件에 대한 考察〉《創作과 批評》 10－3, 창작과 비평사, 1975.
金龍德, 〈鄭汝立研究〉《韓國學報》 4, 일지사, 1976.
김용덕은 정여립 모반사건이 서인에 의해서 조작된 것이라고 주장하였다. 그러나 이 사건과 이후 남·북 분당과의 관계나 모반 주모자들의 학문적 배경 등을 고려할 때 이 사건은 사실로서 인정되어야 한다는 견해가 지배적이다.

25) 건저의 문제란 선조의 총애를 받던 仁嬪 김씨가 信城君을 낳자 좌의정 정철이 빨리 세자를 정할 것을 건의하니, 신성군파가 왕에게 아뢰어 정철 등 서인파를 숙청한 사건을 말한다.

II. 外族에 대한 항쟁

1. 임진왜란

붕당의 대립으로 양반사회가 분열되기 시작한 16세기 후엽 동아시아의 국제 정세에는 커다란 변화가 일어나고 있었다. 우선 중국에서는 여진족의 통합 기운이 거세게 일어났으며, 일본에서는 豊臣秀吉에 의해서 100여년 간의 전국시대가 끝나고 통일국가가 성립되었다. 이에 따라 외족의 조선침략 위협이 고조되고 있었는데, 이러한 상황에서 먼저 왜군이 조선을 침략하였다.

일본을 통일한 풍신수길은 아직도 자기에게 반대하는 영주들의 군사력을 약화시키고 막대한 해외무역의 이득을 취하고자 20만의 대군을 보내 조선을 침략하였다(1592, 선조 25). 이 때 부산첨사 鄭撥과 동래부사 宋象賢이 부산과 동래에서 상륙하는 왜군을 맞아 사투를 벌였으나 실패하였고, 다시 중앙에서 출정한 都巡邊使 申砬(립)이 충주에서 배수진을 치고 항전하였으나 역시 허사로 돌아가 왜군은 서울을 향하여 파죽지세로 북상하였다. 아무런 준비태세를 갖추지 못하고 있었던 조선으로서는 鳥銃으로 잘 훈련된 왜군을 막을 수 없었던 것이다. 더욱이 15세기 후반부터 야기된 부역제의 모순으로 인한 방군수포의 성행은 이미 군사동원 체계를 무능하게 하였고, 이러한 군사의 피폐에 따라 진관체제가 해이하여져서 1555년(명종 10) 을묘왜란 이후 시행된 制勝方略의 分軍法도 그 결함이 많았다.[26] 결국 정부는 전의를 상실하고 의주로 피난하였으며, 왜군은 부산에 상륙한지 20일도 못되어 서울에 입성하였고 계속해서 평양을 거쳐 함경도까지 북상하였다.

육지에서의 참패에 반하여 해전에서는 도처에서 왜군을 섬멸하고 있었다. 전라도좌수사 李舜臣이 이끄는 전라도의 수군은 태종 때에 왜구에 대비하여 만들었던 거북선을 개량하고, 거기에 왜군의 것보다 우수한 화포를 설치하여 玉浦·唐浦·唐項浦·부산포 등에서 큰 전과를 올렸고 특히 한산도에서는 최대의 승

---

26) 李泰鎭, 〈近世朝鮮前期 軍事制度의 動搖〉《韓國軍制史》 近世朝鮮前期篇, 육군본부, 1968.

許善道, 〈「制勝方略」硏究－壬辰倭亂直前 防衛體制의 實相－〉(上·下)《震檀學報》 36·37, 1973·1974.

원래의 鎭管體制는 각 진관 별로 자전자수하는 전술이었는데, 제승방략은 유사시에 각 읍의 수령이 소속군사를 이끌고 본진을 떠나 지정된 방위지역으로 가서 서울에서 보내진 京將이나 그 도의 병·수사를 기다려 지휘를 받는 전술로서 후방지역에는 군사가 없어 일차방어선이 무너지면 그 뒤를 막을 방도가 없으므로 임진왜란 때 패전의 원인이 되었다.

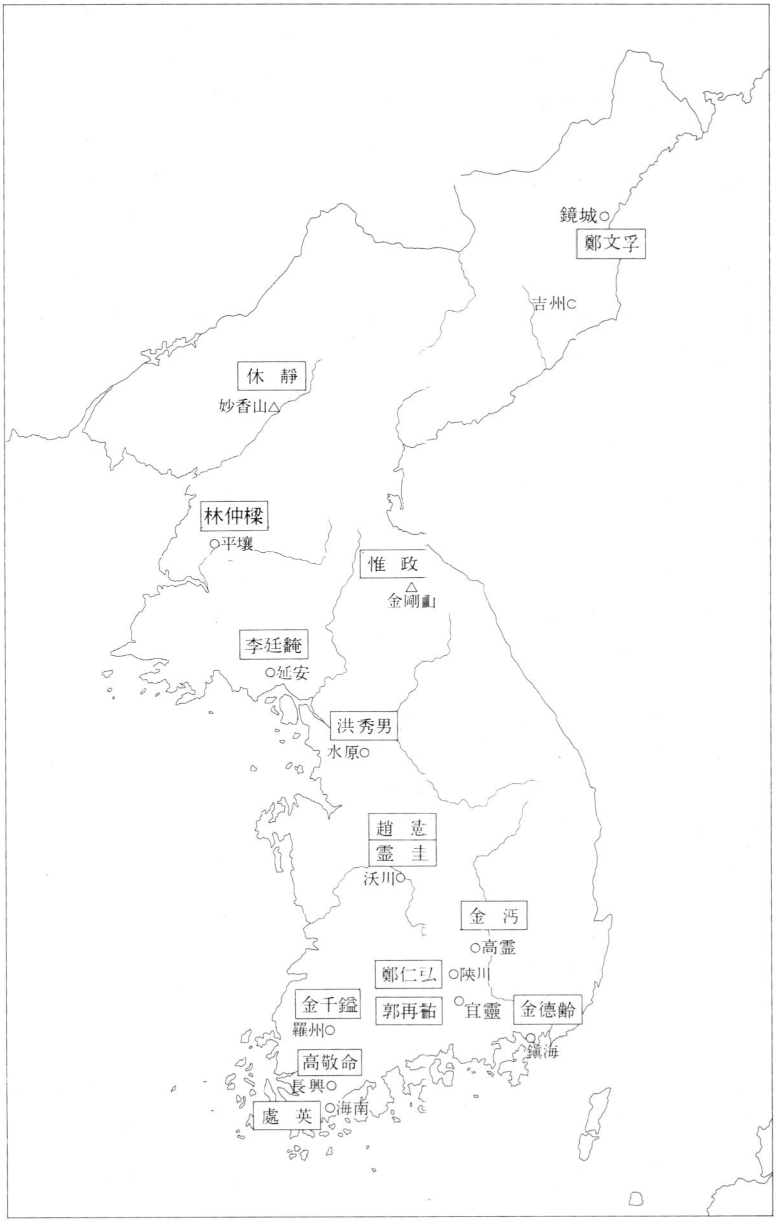

임진왜란 당시 의병의 활약

리를 거두었던 것이다. 이로써 수군은 남해의 제해권을 장악하고 수·륙으로 협공하려던 왜군의 작전을 봉쇄하였으며, 전라도의 곡창지대를 보존할 수 있었다.[27]

한편 각 지방에서는 유생과 농민에 의해 의병이 봉기하여 왜군에 저항하였다. 이들은 정부의 모병에는 소극적이었지만 왜적의 침탈을 당하자 자기 가족과 재산 그리고 마을을 지키기 위해서 응전하였던 것이다. 충청도 옥천에서 일어나 청주의 왜병을 격퇴하고 금산에서 적을 공격하다 전사한 趙憲, 경상도 의령에서 기병하여 의령·창령 등지에서 왜적을 섬멸하고 진주에서 金時敏과 함께 적병을 격퇴한 郭再祐(우), 전라도 장흥에서 거병하여 금산에서 전사한 高敬命, 수원을 중심으로 여러 차례 왜군을 격파하고 제2차 진주전에서 전사한 金千鎰(일), 함경도에서 활약하여 경성·길주의 왜적을 격파한 鄭文孚(부) 등은 유명한 의병장이었다. 이 밖에도 수많은 의병이 일어났으며, 休靜·惟政 등 승려들의 승병활동도 있었다. 이들은 유격전술로 왜군의 군사행동에 막대한 차질을 끼쳤고 관군이 전열을 가다듬을 수 있는 시간적 여유를 벌어주었다. 남해의 수군이 연전연승할 수 있었던 것도 육지에서 의병들이 왜군의 공격을 차단하여 주는 데 힘입은 바 컸다.[28] 그러므로 조선군이 왜군에게 참패한 것은 처음 2개월여에 불과하였고 그 이후는 오히려 조선군의 우세 속에 전란이 진행된 것이었다.

수군의 승리와 의병의 활동으로 전세가 반전되어 가고 있을 때 李如松이 이끄는 명의 원군이 도착하여 평양을 탈환하였다. 그러나 이들은 왜군을 추격하여 서울에 육박하던 중 벽제관 전투에서 대패하고는 다시 평양으로 되돌아가 움직이지 않으면서 왜군과 화의를 맺으려 하였다. 한편 명군과 합세해서 서울을 수복하려던 權慄(율)은 행주산성에 웅거하고 있다가 명군이 평양으로 퇴각하자 고립되어 왜군의 공격을 받았는데, 격전 끝에 수배가 넘는 왜군을 격파하는 대승을 거두었다. 행주 전투에서 패배한 왜군은 드디어 서울을 포기하고 경상도 해안 일대로 퇴각하여 명과의 화의에 응하였다. 조선의 반대에도 불구하고 명과

27) 崔永禧, 〈龜船考〉《史叢》 3, 고려대, 1958.
金在瑾, 《朝鮮王朝軍船研究》, 일조각, 1971.
鄭鎭述, 〈閑山島海戰研究〉《壬亂水軍활동연구》, 해군군사연구실, 1993.
鄭杜熙, 〈李舜臣研究〉《李基白古稀紀念 韓國史學論叢》 下, 일조각, 1994.

28) 李載浩, 〈壬亂義兵의 一考察－特히 官軍과 明軍과의 關係를 中心으로－〉《歷史學報》 35·36 합집, 1967.
崔槿默, 〈壬亂 때의 湖西義兵에 대하여〉《忠南大論文集》 人文社會科學篇 9, 1970.
金錫禧, 〈壬辰亂의 義兵에 관한 再考察〉《釜山大論文集》 13, 1972.
崔永禧, 《壬辰倭亂中의 社會動態－義兵을 中心으로－》, 한국연구원, 1975.
趙湲來, 《壬亂義兵將 金千鎰研究》, 학문사, 1982.
李章熙, 〈壬辰倭亂 義兵性格의 分析〉《韓國史論》 22, 국사편찬위원회, 1992.
李錫麟, 《壬亂義兵將 趙憲研究》, 신구문화사, 1993.
宋正炫, 〈壬辰倭亂論〉《全南史學》 8, 전남대, 1994.

왜군 사이에 진행되던 화의는 양측이 모두 승전자임을 자처하고 무리한 조건을 제시하였으므로 결국 결렬되고 왜군이 다시 공격을 시작하였으니 이를 丁酉再亂이라 한다(1597, 선조 30).

그러나 이번에는 조선도 군비를 새로이 갖추고 명군과 협동하여 적군을 요격하여 왜군의 공격이 전과 같이 활발하지가 못하였다. 이 때 왜군은 직산까지 북상하였지만 곧 반격을 받아 퇴각하여 남해안 일대에 머물게 되었는데, 한 때 파직당하였던 이순신이 복직되어 명량에서 일본 수군을 대파하였다. 왜군의 패색이 짙어져 가고 있을 때 마침 일본에서 풍신수길이 병사하자 왜군은 철수하였고 이로써 7년 간에 걸친 전란은 막을 내렸다.[29]

2. 왜란의 영향

7년 간의 전란으로 조선이 입은 피해는 대단한 것이었다. 인구의 감소와 대대적인 유망, 그리고 농지의 참담한 황폐는 조선 사회를 그 밑바닥으로부터 붕괴시켰던 것이다. 특히 농지의 황폐는 농민의 생활을 비참하게 만들었는데, 난후 전국의 경작면적은 종전의 3분의 1에도 못미쳤으며 왜군의 피해를 가장 많이 받은 경상도의 경우는 겨우 6분의 1에 불과하였다. 이 위에 기근과 질병이 만연하여 농민의 참상은 이루 말할 수 없었다.[30] 국가의 재정 역시 악화되었고 조세의 파악 근거인 호적과 量案(토지대장)마저 소실되어 버렸다.

또한 사회적으로는 신분제의 해이가 두드러지게 나타났다. 전쟁 초에 노비들에 의해서 노비문서가 소각됨으로써 조선신분제의 기반인 노비층에 대한 파악이 불가능해졌다. 또 전쟁 중에는 재정조달의 방편으로 국가에 곡식을 바치는 納粟(속)策이 시행되어 신분에 관계없이 수직하거나 면천시켜 주었던 것이다. 이제 양인이 양반이 되고 노비가 양인이 됨으로써 조선 전기의 엄격한 신분체제는 무너지기 시작하였다.

문화재의 손실 역시 막심해서 경복궁 등 궁전과 불국사 등 수많은 사찰이 불타버렸다. 사고의 실록도 전주사고의 것 만을 제외하고는 모두 소실되었으며, 이밖에 많은 서적과 예술품들이 손상을 입거나 약탈당하였다.[31] 다만 전쟁 중에 浙江(절강)兵法을 새로이 도입·수용하였고 飛擊震天雷나 火車 등 신무기를 개

29) 李炯錫, 《壬辰倭亂史》, 임진왜란사간행위원회, 1974.
최영희, 《임진왜란》, 세종대왕기념사업회, 1975.
許善道, 〈壬辰倭亂史論－壬辰史의 올바른 認識－〉《韓國史論》 22, 국사편찬위원회, 1992.

30) 李崇寧, 〈壬辰倭亂과 民間人被害에 對하여〉《歷史學報》 17·18 합집, 1962.

31) 李弘稙, 〈壬辰倭亂과 古典流失〉《韓國古文化論攷》, 을유문화사, 1954.

발함으로써 전술·무기의 발달은 촉진되었다.

임진왜란은 조선뿐 아니라 중국에도 큰 타격을 주어 명이 멸망하고 전란 중에 크게 성장한 여진족이 後金(뒤의 淸)을 건국하는 왕조의 교체가 일어났다. 일본에서는 전쟁에 참여했던 서부 지방의 영주들이 몰락하고 동부의 영주들이 흥기하여 德川家康의 통일국가가 성립하였다. 또 조선에서 약탈해간 서적· 활자· 도공 등을 밑바탕으로 주자학을 비롯한 학문과 문화·예술에 있어서 커다란 진보를 이룩할 수 있었다.

전쟁이 끝난 뒤 조선과 왜의 외교는 단절되었다. 따라서 경제적으로 막대한 타격을 받은 대마도주가 교역의 재개를 요청해 왔고 德川(토꾸가와)幕府에서도 포로로 잡아간 조선인을 보내 주면서 수호를 요망하였다. 이에 조선은 승 유정을 일본에 보내 조선인 포로들을 쇄환시킨 뒤 교섭을 재개하고 국교를 회복하였다(1607, 선조 40). 이 후 조선은 일본에 通信使를 파견하여 양국은 19세기에 일본에서 明治(메이지)維新이 일어나 막부정권이 무너질 때까지 평화적인 관계를 지속하였다.[32)]

3. 병자호란

왜란 중 명의 세력에서 벗어난 여진족은 강대한 세력으로 성장하여 마침내 후금을 건국하고(1616) 명을 압박하였다. 이 때 조선에서는 선조의 뒤를 이어 즉위한 광해군(1608~1623)이 내정과 외교에서 훌륭한 솜씨를 발휘하고 있었다. 그는 주자학적인 사림정치가 부국강병에는 무력하다고 보고 북인을 등용하여 정통 주자학자를 비판하는 가운데 성곽과 무기를 수리하고 군사훈련을 강화하는 한편, 전쟁으로 피폐된 산업을 재건하고 국가수입을 확대하기 위하여 양전사업과 호적정리를 실시하였다. 또한 외교에 있어서도 왕조 교체의 대륙 정세를 간파하여 신중한 중립 외교를 견지하였다. 그 한 예로 명이 후금을 치기 위해서 조선에 원병을 요청하였을 때 광해군은 姜弘立에게 1만여의 군사를 주어 출병케 하였지만 형세를 관망하여 향배를 정하도록 밀령을 내림으로써 명의 요청을 들어주면서도 후금과의 불필요한 충돌을 피하였던 것이다.[33)]

그러나 후금과의 화평은 오래 계속되지 못하였다. 仁祖反正(1623)으로 광해군

32) 李元淳, 〈壬辰·丁酉倭亂時의 朝鮮俘虜奴隷問題〉《邊太燮華甲紀念 史學論叢》, 삼영사, 1985; 《朝鮮時代史論集》, 느티나무, 1992.
李元植, 《朝鮮通信使》, 민음사, 1991.

33) 李丙燾, 〈光海君의 對後金政策〉《국사상의 제문제》 1, 국사편찬위원회, 1959.
蔡鉉錫, 〈光海君의 外交政策〉《文理論叢》 3, 건국대, 1974.
韓明基, 〈光海君代의 對中國관계－後金문제를 둘러싼 對明關係를 중심으로－〉《震檀學報》 79, 1995.

이 퇴위하고 북인 대신 서인이 집권하면서 친명 배금의 외고노선을 분명히 하였기 때문이었다. 당시 후금은 명장 毛文龍이 철산의 椵島(가도)에 주둔하고 요동지역의 회복을 꾀하고 있는 데 대하여 위협을 느끼고 있었는데, 조선의 이러한 태도는 그들의 신경을 더욱 자극시키기에 충분하였다. 이 때 마침 조선에서 李适(괄)의 난이 일어나 후금으로 하여금 조선을 침략할 수있는 구실을 만들어 주었다. 인조반정이 끝나고 서인들 사이에서 논공행상을 둘러싼 분열이 일어났는데, 이 때 2등공신이 된 이괄이 이에 불만을 품고 난을 일으켜 한 때 서울까지 점령하였다가 곧 관군에 의해 진압되었지만 그의 잔당들이 후금으로 도망하여 인조 즉위의 부당성을 호소하였던 것이다. 당시 조선과 명의 연결을 경계하고 있던 후금은 이를 구실로 3만의 군사를 내어 조선을 공격하니 이것이 정묘호란이었다(1627, 인조 5). 후금군이 평산에 이르자 정부는 강화로 피난하고 화의를 청하니 이에 후금은 형제의 맹약을 맺고, 조공과 국경에서의 관무역을 조건으로 철군하였다.[34)]

그 후 후금의 태종은 국호를 淸으로 고치고 조선에 대해서는 군신의 관계를 강요하기에 이르렀다. 이 무리한 요구에 조선이 크게 반발하여 전국에 선전의 교서를 내리고 청에 대항하려 하자 청 태종은 직접 10만의 대군을 이끌고 조선을 침공하니 이를 병자호란이라 한다(1636, 인조 14). 청군이 서울에 육박하자 왕족과 일부 관리들은 다시 강화로 피난하고 인조는 길이 막혀 남한산성으로 들어가 항전을 꾀하였다. 그러나 청군의 포위 공격을 받은 성 중에는 식량이 떨어지고 또 지방의 원병도 도달하지 못하였으며, 더욱이 강화가 함락되어 왕자·비빈이 포로로 잡혔다는 소식을 듣게 되었다. 이에 조정에서는 주전·주화의 양론이 분분하다가 결국 인조가 三田渡(지금 송파)에 나아가 항복의 예를 행하게 되었다. 이로써 조선은 청의 요구대로 청에 대한 신례를 취하고 조공을 약속하는 한편 명과 단교하고 명을 칠 때 원병을 파견할 것 등을 약속하였다. 또 이 때 두 왕자가 인질로 잡혀가고 주전파 관리를 비롯하여 수 많은 백성들이 포로로 끌려가는 비운을 당하였다.[35)]

두 번의 호란으로 청군에게 유린당한 서북지방은 극심하게 황폐되었고, 소중화를 자처하던 조선의 자존심은 여지없이 실추되었다. 이로 말미암아 청에 대한

---

34) 全海宗, 〈丁卯胡亂의 和平交涉에 대하여〉《亞細亞學報》 3, 1967; 《韓中關係史硏究》, 일조각, 1970.

35) 李章熙, 〈丁卯·丙子胡亂義兵攷〉《建大史學》 4, 건국대, 1974.
洪淳昶, 〈丙子胡亂以後의 國內外情勢〉《丁仲煥還曆紀念論文集》, 1974.
崔韶子, 〈胡亂과 朝鮮의 對明·淸關係의 變遷〉《梨大史苑》 12, 1975.
전사편찬위원회, 《丙子胡亂史》, 1986.

적개심은 충천하였고 특히 효종 때에는 북벌이 국시로서 계획되기도 하였다.[36] 그러나 이 정책은 국왕의 친위군과 수도 경비의 군사력을 강화하는 데 그치고 실현되지는 못하였다. 그 후 18세기 후반에는 청의 발달된 문화를 수용해야 한다는 北學論이 대두하여 청에 대한 인식에 근본적인 변화가 일어나게 되었으며, 청에 대한 종속관계는 대한제국이 성립될 때까지 계속되었다.

36) 車文燮, 〈朝鮮朝 孝宗의 軍備擴充〉(上·下)《檀國大論文集》 1·2, 1967·1968;《朝鮮時代軍制研究》, 단국대출판부, 1973.
李京燦, 〈조선 효종조의 북벌운동〉《淸溪史學》 5, 한국정신문화연구원, 1988.

제 4 장
兩班體制의 개편

Ⅰ. 政治體制의 변질

1. 통치기구의 변화

국초에 정비되었던 조선의 정치·군사제도는 15세기 후엽부터 해이해지다가 왜란과 호란을 겪으면서 대대적인 개편을 맞이하게 되었다. 17세기부터 조선은 모든 면에 걸쳐 양반체제가 개편되고 새로운 시대인 후기로 접어들게 되었다. 정치기구에 있어서는 備邊司의 기능이 확대되었고, 군사제도에 있어서는 새로이 5軍營의 체제가 갖추어졌던 것이다.

비변사는 원래 변경의 방비를 위하여 중종 때 설치된 기관으로 점차 군무를 총괄할 정도로 확대하여 갔는데, 임진왜란을 당하자 이 기구가 전쟁수행을 위한 문무고관의 협의기관으로 변질되어 서정일반까지 처결하게 되었다. 따라서 종래의 최고 정무기관이던 의정부는 사실상 그 기능을 상실하게 되었다. 왜란이 끝난 뒤에도 전쟁으로 입은 피해를 수습하는 과정에서, 그리고 잇따라 닥친 호란으로 인하여 비변사는 권력기구로 그 위치를 점차 강화하였으며, 19세기 중엽 大院君 정권이 들어설 때까지 이러한 현상은 계속되었다. 문무고관들의 협의체인 비변사의 권력기구화는 상대적으로 왕권을 약화시키는 것이기도 하였다.[1)]

한편 군사제도의 개편 역시 불가피하였다. 초기에 정비되었던 5위제는 전란 이전에 이미 제대로 운영되지 못하였고 왜란을 당하여 결정적으로 무너져버렸기 때문이었다. 이에 따라 왜란중에 군제의 개편 작업이 시작되었다. 먼저 1594년(선조 27)에 訓鍊都監을 신설하고 砲手(銃兵)·射手(弓兵)·殺手(槍劍兵) 등 三手兵을 양성하였다. 이는 일찍이 왜구 방어에 탁월한 효과를 거두었던 명 절강군의 병법을 채용한 것으로 훈련도감은 조선 후기 군제의 근간이 되었으며, 그 후 차례로 5軍營의 설치를 보게 되었다. 한편 지방에서는 양반으로부터 공·사

1) 李載浩, 〈朝鮮備邊司考〉《歷史學報》 50·51 합집, 1971; 《朝鮮政治制度硏究》, 일조각, 1995.
潘允洪, 〈朝鮮後期 政治權力構造硏究－備邊司의 組織을 中心으로－〉《國史館論叢》 22, 국사편찬위원회, 1991.
______, 〈備邊司의 政治的位相〉《韓國史硏究》 91, 1995.
李在喆, 〈孝宗代 備邊司의 運營과 性格〉《國史館論叢》 57, 국사편찬위원회, 1994.

의 천민에 이르기까지 역의 유무를 막론하고 모두 징발하여 양천혼성군으로서 束伍軍(속오군)을 편성하였다. 이리하여 조선 후기에는 훈련도감을 근간으로 한 중앙의 5군영과 지방의 속오군이 핵심적인 군대로 등장하였다.[2)]

1624년(인조 2)에는 이괄의 난을 계기로 서울과 경기의 경비를 강화하기 위해서 摠戎廳(총융청)을 설치하고 경기 내의 군인을 여기에 소속시켜 남양·수원·장단 등 경기지역의 제진을 통솔케 하였다. 또 2년 뒤에는 남한산성에 守禦廳(수어청)을 두고 광주 및 그 부근의 제진을 경비케 하였다. 계속해서 1652년(효종 3)에는 북벌계획에 따라 서울에 총포병과 기병을 위주로 한 정예부대인 御營廳을 두었고, 그 후 1682년(숙종 8)에 도성수비를 목적으로 기병과 훈련도감군의 일부를 주축으로 禁衛營을 설치함으로써 임란 중에 만들어진 훈련도감을 포함해서 5군영의 체제가 완성되었다.[3)]

이와 같이 5군영은 일정한 계획 하에서 일률적으로 편성된 것이 아니었으므로 소속 군사의 성격 또한 한결같지가 않았다. 즉, 각 도의 농민들이 번상하는 경우도 있었고 모병에 의한 경우도 있었던 것이다. 그러나 양란 후 진전된 신분제의 붕괴와 부역제의 해이, 그리고 수취체제의 변동은 번상병제의 지속을 불가능하게 하였고 결국 모병제가 중심을 이루었다. 전기의 병농일치제는 이제 완전히 청산되고 모병에 의한 군제로 전환해간 것이다. 이에 따라서 농민의 군역부담은 새로 대치되어 1년에 2필의 軍布를 납부하도록 되었다.

2. 붕당정치의 성숙

선조 초 동서분당으로 시작된 사림의 붕당정치는 곧 서인·남인·북인이 정립하는 형세로 진행되었다가 왜란을 거치면서도 줄곧 주전론의 입장에 섰던 북인이 우세를 점하였다. 그런데 북인은 조식계를 중심으로 하면서도 동인 가운데

---

2) 車文燮, 〈宣祖朝의 訓鍊都監〉《史學志》 4, 단국대, 1970;《朝鮮時代軍制硏究》, 단국대출판부, 1973.
______, 〈束伍軍硏究〉《東洋學》 1, 단국대, 1971;《朝鮮時代軍制硏究》, 단국대출판부, 1973.
金鍾洙, 《朝鮮後期 訓鍊都監의 設立과 運營》, 서울대박사학위논문, 1996.
張弼基, 〈17世紀前半期 束伍軍의 性格과 位相〉《사학연구》 42, 한국사학회, 1990.
속오군은 영조대에 오면 거의 천예군으로 변화하여 군으로서의 기능을 상실하고 一身兩役의 폐만 늘게 되었다. 따라서 결국에는 收布軍化하여 유명무실해졌다.

3) 車文燮, 〈禁衛營硏究〉《朝鮮時代軍制硏究》, 단국대출판부, 1973.
______, 〈守禦廳硏究〉(上·下)《東洋學》 6·9, 단국대, 1976·1979.
李泰鎭, 〈中央 五軍營制의 成立過程〉《韓國軍制史》 近世朝鮮後期篇, 육군본부, 1977.
崔孝軾, 〈御營廳硏究〉《韓國史硏究》 40, 1983.
______, 《朝鮮後期 軍制史硏究》, 신서원, 1995.
徐台源, 《朝鮮後期 地方軍制硏究》, 혜안, 1999.

이황계를 제외한 모든 계열을 포함하여 학연성이 비교적 희박하고 다양한 구성원들로 이루어져 있었으므로, 따라서 일단 집권하자 그 내부에서 다시 여러 갈래의 분열을 보이게 되었다. 또한 동·서인의 대립 과정에서 배척의 대상이던 훈척계가 오히려 강경론의 입장인 동인에 귀부하였고 이들이 다시 북인을 형성하였으므로 북인은 서인·남인에 비해서 사투로서의 순수성을 상실하고 있었다. 이러한 가운데 북인 내에서 사림의 淸議를 지키려는 측이 독립하여 小北을 칭함으로써 대북·소북의 분립이 발생하였다. 이 후 대북은 다시 骨北과 肉北으로, 소북은 柳黨(濁小北)과 南黨(淸小北)으로 나뉘어졌으니 이는 모두 북인 내에 남아 있는 훈척계 요소에 대한 입장의 차이에서 비롯된 것이었다.[4]

선조 말의 여러 갈래 분파는 탁소북인 柳永慶의 1인 전정으로까지 진전되었지만 광해군의 즉위를 계기로 대북정권이 수립되어 붕당정치 본래의 의미를 회복하는 듯하였다. 그러나 이번에는 대북 측에서 자신들의 학문적 정통성을 확립하기 위해서 조식을 높이고 이언적과 이황을 폄하시킨 소위 '晦·退辨斥'(晦齋·退溪의 시비를 가려 배척함)을 제기함으로써 그들은 오히려 사림들의 지지를 상실하였으며 그 후 서인·남인과의 반목을 심화시켜 집권의 기반을 점점 좁혔다. 이에 불안을 느낀 광해군과 대북은 새로운 왕위 옹립의 가능성을 사전에 없애 왕위의 안정을 기하고자 臨海君과 永昌大君을 살해하고 仁穆大妃를 유폐시키는 등 극단적인 수단을 동원하였으니 이러한 행동이 사림들에게 패륜으로 받아들여져 반정의 명분이 되었던 것이다.[5]

드디어 서인이 주도한 인조반정(1623)으로 광해군은 퇴위하고 대북정권도 몰락하여 이후의 정국은 서인이 우세를 점한 가운데 남인이 참여하는 양상으로 전개되었다.[6] 이 때 서인은 사림을 등용하고 국혼은 서인계만이 해야 한다는 '崇用山林'[7]과 '國婚勿失'의 두가지 강령을 표방하였으니, 이는 서인의 전제를 스스로 경계하고 남인의 진출을 허용하여 비판세력의 공존에 의한 붕당정치를 실현하는 한편, 그러한 가운데에서도 국혼만은 서인이 독점하여 정치적 지위를 확고히 하려는 것이었다. 서인의 이러한 정책은 대체로 성공을 거두어 이후 현종대

4) 具德會, 〈宣祖代 후반(1594~1608) 政治體制의 재편과 政局의 動向〉《韓國史論》 20, 서울대, 1988.

5) 李泰鎭, 〈16世紀 後半, 17世紀 初의 政界動向과 「仁祖反正」〉《韓國軍制史》 近世朝鮮後期篇, 육군본부, 1977; 《朝鮮後期의 政治와 軍營制變遷》, 한국연구원, 1985.

韓明基, 〈光海君代의 大北勢力과 政局의 動向〉《韓國史論》 20, 서울대, 1988.

6) 吳洙彰, 〈仁祖代 政治勢力의 動向〉《韓國史論》 13, 서울대, 1985; 《朝鮮時代 政治史의 再照明》, 범조사, 1985.

7) 山林은 대체로 사림을 가리키지만 엄격한 의미에서는 관계에 오르지 않은 재야 유학자를 뜻하였다. 그러나 이들 중에도 점차 정계에 들어가는 사람이 나오게 되었다.

(1659~1674)에 이르기까지 약 60년 동안은 서인의 우위와 비판세력으로서의 남인의 공존관계가 유지될 수 있었다.

그러나 남인의 성장도 무시할 수 없는 것이어서 서인이 주도하는 정국에서도 남인은 꾸준히 진출하였고, 이렇게 하여 쌓아진 정치적 기반 위에서 서인과 두 차례의 禮訟을 벌이기에 이르렀다. 즉, 효종이 사거하자 인조의 계비(효종의 계모)인 趙大妃의 상복 기간이 쟁점으로 되었는데, 이 때 宋時烈 등 서인은 효종이 적장자가 아님을 들어 朞(기)年說(만 1년)을 개진하였고, 이에 대해서 尹鑴(윤휴)·許穆 등 남인이 三年說(만 2년)을 들고 나옴으로써 논쟁이 일어난 것이었다. 여기서는 결국 기년설이 채택되어 서인의 위치는 흔들리지 않았다. 그러나 현종 말년(1674)에 효종비가 사망하자 다시 조대비의 복제가 문제가 되었는데, 이번에는 서인의 大功說(9개월)과 남인의 기년설(1년)이 대립하다가 결국 남인의 주장이 받아들여짐으로써 정국은 역전되고 남인이 우세를 차지하게 되었다.[8)]

이와 같이 예송을 중심으로 한 붕당 간의 대립은 성리학을 지배이념으로 하는 사림정치에 있어서 예의 문제는 곧 모든 사회질서의 기본적인 규범이었으므로 학연에 바탕한 붕당정치의 필연적인 귀결이었다. 또한 그 과정에 있어서도 소수당의 존재가 허용되고 그들에 의한 공개적인 비판과 견제가 가능하였다는 점에서 붕당정치의 원칙이 충실히 지켜진 셈이었다. 따라서 조선의 붕당정치는 선조대에 비롯되어 광해군대까지의 과도기를 거친 후 인조반정으로부터 현종대에 이르기까지 보다 원숙한 모습으로 행하여졌던 것으로 이해할 수 있다.

3. 붕당의 변질과 蕩平策

두 차례의 예송의 결과 집권한 남인은 상대 당인 서인에 대한 처벌을 둘러싸고 강·온의 입장이 대립하여 淸南과 濁南으로 분열하였다. 이 때 온건론을 주장한 탁남이 우세를 점함으로써 서인에 대한 극단적인 탄압은 행해지지 않았고 따라서 서인의 일부는 정권에 잔류할 수 있었다. 상대세력의 공존을 생명으로 하는 붕당정치의 원칙이 이 때까지만 해도 퇴색하지 않고 남아 있었던 것이다.

그러나 1680년(숙종 6)에 남인이 역모의 혐의를 받아 실각하고 다시 서인 정권이 수립되자(庚申大黜陟) 붕당 간의 대립의 양상은 크게 달라지게 되었다. 즉, 이 때 집권한 서인은 철저한 탄압으로 남인의 재기를 막으려하여 許積·尹鑴(휴) 등 남인의 중심인물을 주살하였던 것이다. 이로부터 붕당정치의 기본원리

8) 池斗煥, 〈朝鮮後期 禮訟硏究〉《釜山史學》 11, 부산대, 1987.
李迎春, 〈服制禮訟과 政局變動〉《國史館論叢》 22, 국사편찬위원회, 1991.
李成茂, 〈17世紀의 禮論과 黨爭〉《朝鮮後期 黨爭의 綜合的 檢討》, 한국정신문화연구원, 1992.

는 무너지고 상대세력의 존재를 인정하지 않는 일당 전제의 추세가 나타나기 시작하였다. 따라서 상대당에 대한 보복수단으로서 賜死의 예가 빈발하였고 외척의 정치적 비중이 상승하였으며, 정쟁의 초점이 왕위계승문제에 두어지는 등 붕당정치의 말폐적 현상이 두드러졌다.

이후의 정국은 치열한 정쟁으로 일관하여 1689년(숙종 15)에는 남인계의 禧嬪(희빈) 張氏가 출산한 왕자(뒤의 경종)를 세자로 책봉하는 과정에서 서인이 몰락하고 남인이 재집권하였는데(己巳換局), 이 때에는 남인 측에서 서인에 대하여 극단적인 보복을 가하였다. 그러나 1694년(숙종 20) 서인계의 폐비 민씨가 복위됨으로써 다시 서인정권이 들어서고(甲戌換局) 이 때 서인의 보복으로 남인은 재기불능의 상태로까지 전락하고 말았다.[9)]

이로부터는 주로 서인 내에서 老論과 少論이 대립하는 양상이 전개되었다. 원래 노·소론의 분립은 경신대출척 직후 남인에 대한 처분을 놓고 강경론을 편 송시열 등이 노론으로, 온건한 처벌을 주장하여 사류로서의 기본입장을 지키려한 尹拯(윤증) 등 소장파가 소론으로 칭해지면서 일어난 것이었는데, 갑술환국으로 남인이 전멸한 상황에서 이들 두 정파의 대립이 표면화되었던 것이다.[10)]

노·소론의 분쟁은 점차 왕위계승문제와 연결되었는데, 결국 소론이 지지한 경종이 즉위함으로써 일단 소론의 승리로 결말지워졌다. 이 때 소론의 노론에 대한 탄압이 辛壬士禍(1721~1722)로 나타났는데, 이것은 그 격렬함에 있어서 이 시기 정쟁의 정점을 이루는 것이었다.[11)] 그러나 곧 경종이 병사하고 노론 측에서 지지하던 영조가 즉위함으로써 노론의 재기가 이루어졌다.

이와 같이 붕당정치의 붕괴와 노론 중심의 일당전제의 추세 속에서 정권은 몇몇 벌열가문에 의해 농단되었고, 지배층 사이에서는 종래 공론에 의한 붕당보다 개인이나 가문의 이익을 우선하는 경향이 현저해졌다. 또한 중앙의 정쟁에서 패배한 사람들은 정계에서 배제되어 지방세력화하였으니, 이들은 지연이나 혈연 또는 학파·당파 등의 연고지로 낙향하여 그곳에 서원을 건립하고 자기의 근거지로 삼았던 것이다. 따라서 이 시기의 서원은 붕당정치의 중요한 토대로서 기

9) 鄭奭鍾, 〈朝鮮後期 社會勢力의 動向과 政變〉《韓國史學》 5, 한국정신문화연구원, 1983.
______, 《朝鮮後期社會變動硏究》, 일조각, 1983.
洪順敏, 〈肅宗初期의 政治構造와 「換局」〉《韓國史論》 15, 서울대, 1986.
禹仁秀, 〈朝鮮 肅宗代 政局과 山林의 機能〉《국사관논총》 43, 국사편찬위원회, 1993.

10) 李熙煥, 〈老少論의 對立과 肅宗〉《宋俊浩停年紀念論叢》, 1987.
李銀順, 《朝鮮後期黨爭史硏究》, 일조각, 1988.
한국정신문화연구원(편), 《朝鮮後期 黨爭의 綜合的檢討》, 1992.
李熙煥, 《朝鮮後期 黨爭硏究》, 국학자료원, 1995.
吳甲均, 《朝鮮後期 黨爭硏究》, 삼영사, 1999.

11) 鄭會善, 〈景宗朝 辛壬士禍의 發生原因에 대한 再檢證〉《宋俊浩停年紀念論叢》, 1987.

능하던 본래의 모습에서 벗어나 특정 가문의 선조를 봉사하는 祠宇와 혼동되어 폭발적으로 남설되었다. 이러한 현상은 특히 갑술환국 이후 5·6년 사이에 남인의 본거지인 경상도 지방에서 심하게 나타났다.[12]

이러한 붕당정치의 말폐적 현상으로서 나타난 극단적인 정쟁과 일당전제의 추세는 붕당 간의 세력균형 위에서 안정될 수 있었던 왕권을 약화시키는 결과를 초래하였다. 이에 경종의 뒤를 이어 즉위한 영조는 노론의 전제를 방지하고 왕권을 회복하려는 의도에서 소론과 남인의 일부까지 고루 등용하여 탕평책을 시도하였다.[13] 결국 이 노력이 상당한 성과를 거둠으로써 왕권은 신장되었고 그 아래에서 전대의 치열하던 정쟁은 일단 억제될 수 있었다. 이어서 정조는 壯勇營을 설치하여 군권을 장악하고 奎章閣을 중심으로 右文政治를 표방하면서 벌열을 억제하는 정책을 시행하여 강력한 왕권을 수립하는 데 성공하였다.[14] 따라서 정조대에도 탕평의 원칙은 그대로 유지될 수 있었고 혼란했던 정국은 안정을 회복하였던 것이다.

조선 후기 書院·祠宇의 건립

연대 \ 도별	경상	전라	충청	경기	황해	강원	평안	함경	계
광해군	15	9	6	2	1	2	1	2	38
인조	20	13	6	4	1	5	4	2	55
효종	12	8	3	5	3	4	1	1	37
현종	23	12	11	7	2	4	5	8	72
숙종	127	67	53	24	15	11	23	7	327
경종	7	5	5	—	1	5	4	2	29
영조	51	26	17	8	16	12	18	11	159
정조	2	2	—	3	—	—	—	—	7
계	257	142	101	53	39	43	56	33	724

[자료] 鄭萬祚, 〈17~18世紀의 書院·祠宇에 대한 試論〉《韓國史論》 2, 서울대, 1975. p. 265

12) 鄭萬祚, 〈17~18世紀의 書院·祠宇에 대한 試論〉《韓國史論》 2, 서울대, 1975.
朴 珠, 〈朝鮮 肅宗朝의 祠宇濫設에 대한 考察〉《韓國史論》 6, 서울대, 1980.

13) 李載浩, 〈蕩平政策의 本質考〉(上·中·下)《釜山大論文集》 31, 1981·《釜大史學》 6, 1982·《人文論叢》 24, 부산대, 1983.
鄭萬祚, 〈英祖朝 初半의 蕩平策과 蕩平派의 活動〉《震檀學報》 56, 1983;《朝鮮時代 政治史의 再照明》, 범조사, 1985.
______, 〈英祖代 中半의 政局과 蕩平策의 再定立－少論蕩平에서 老論蕩平으로의 轉換－〉《歷史學報》 111, 1986.
朴光用, 〈蕩平論과 政局의 變化〉《韓國史論》 10, 서울대, 1984.
______, 《朝鮮後期「蕩平」研究》, 서울대박사학위논문, 1994.
金成潤, 《朝鮮後期 蕩平政治研究》, 지식산업사, 1997.

14) 金龍德, 〈奎章閣考〉《中央大論文集》 2, 1957.

그러나 영·정조의 탕평책은 붕당정치의 말폐를 근본적으로 해결한 것이 아니라 다만 강력한 왕권으로 정파 간의 극렬한 다툼을 억누르고 있는 것에 불과하였다. 또한 실제로도 붕당 간의 완전한 균형이 이루어지지 못하였으니, 영조의 즉위 직후 탕평의 원리에 따라 노론과 연립해 있던 소론이 그 내부의 강경파에 의해서 주도된 李麟佐의 난(戊申亂, 1728, 영조 4)[15]과 羅州掛書事件(1755, 영조 31)을 거치면서 점차 입장이 약화되어 노론의 우세가 두드러졌던 것이다. 이러한 노론 일당전제의 소지는 영·정조의 강력한 왕권 밑에서는 겉으로 드러나지 못하였지만 정조의 뒤를 이어 순조가 어린나이에 즉위하고 왕권이 약화되자 곧 세도정치라는 더욱 파행적인 정치형태를 낳게 되었다.

II. 收取制度의 개편

1. 토지제도 및 조세제도의 개편

16세기 이후 해이되어 오던 수취제도는 양란을 거치면서 결정적으로 무너져 버렸고, 따라서 조선 정부는 재정수입의 확보를 위하여 전제 및 전세·공납제·부역제 등 모든 조세제도에 대한 개편을 가할 수밖에 없었다. 두 차례의 전란은 토지·인정·호구 등 모든 것을 파괴하고 감축시켜 17세기 이후에는 새로운 토지제도 및 조세제도의 개편이 이루어졌다.

양란 후 최대의 문제는 농경지의 황폐와 그로 인한 전제의 문란이었다. 전국의 토지 결수는 종래의 170만 결에서 왜란 직후에는 54만 결로 격감하였는데 그것은 경작지의 황폐와 토지대장의 소실에 따른 결과였다. 따라서 정부는 서둘러 경작지를 확충하는 한편 양전사업을 실시하였다. 농지 개간은 신분여하에 관계없이 누구에게나 허용되고 개간자에겐 개간지의 소유권과 함께 보통 3년간의 면세혜택이 주어졌다. 따라서 재력이 있는 사람이면 누구나 개간을 통하여 얼마든지 자기 소유지를 획득하고 확대할 수 있었으므로 왕실·정부기관·양반뿐 아니라 상인·농민·노비 등 사회의 모든 계층이 개간에 참여하였다. 그러나 실제로는 재력이 튼튼하고 권세가 있는 왕실·각급 관청 및 양반·토호 등 지배층이 중심이 되었으며, 개간에 부여되는 각종 혜택도 이들에 의해 집중적으로

鄭玉子, 〈奎章閣 抄啓文臣 研究〉《奎章閣》 4, 서울대, 1981; 《朝鮮後期文化運動史》, 일조각, 1988.

15) 吳甲均, 〈英祖朝 戊申亂에 관한 考察〉《歷史敎育》 21, 1977.
李鍾範, 〈1728년 戊申亂의 性格〉《朝鮮時代 政治史의 再照明》, 범조사, 1985.

향유되었다.[16]

또한 정부는 농토의 확대와 더불어 거기에서 나오는 전세를 확보하기 위하여 양전사업을 서둘렀다. 이것은 量案(토지대장)에서 빠진 隱結(은결)을 찾아내서 다시 양안에 올려 세원을 증가시키려는 의도에서였다. 그 결과 광해군 때 54만 결에 불과하였던 전국의 토지가 인조 때 120만 결로 늘어났고 숙종 때에는 140만 결, 그리고 영·정조대에는 최고 145만 결까지 증가하기에 이르렀다.

그러나 이러한 토지결수의 증가에도 불구하고 국가의 수입은 크게 늘어나지 않았다. 그것은 왕실에게 준 宮房田이나 관아·군영이 소유하고 있는 토지가 많았는데, 이것들이 모두 면세지였기 때문이었다.[17] 따라서 정부는 전세의 개혁을 단행할 수밖에 없었다.

세종대에 만들어진 貢法, 즉 전분 6등법과 연분 9등법은 매우 번잡스러운 것이어서 당시에도 제대로 운용되지 못하였고, 16세기에는 이것이 거의 무시된 채 저율의 세액이 적용되고 있었다.[18] 전란 후 농지의 황폐, 농민의 곤궁, 지주제의 확대는 이런 관행을 법제로 확정시키게 하여 1635년(인조 13)부터 전세는 풍흉에 관계없이 1결당 미 4두로 고정되었는데 이를 永定法이라 부른다. 이와 함께 양전방식도 개량되어 공법하의 전분 6등법에서는 각각 양전척을 달리하여 같은 1결이라도 그 면적에 차등을 두었는데 대하여 이제는 같은 양전척을 사용하여 1등전 1결(실면적 1만척)을 기준으로 삼고 그 이하의 토지는 결부수를 체감하는 방식을 채택하였으니, 가령 1등전 1결(100부)에 대하여 같은 면적의 2등전은 85부 1파, 3등전은 70부 1속 1파의 비례로 하였다.[19]

---

16) 金容燮, 〈朝鮮後期農業史研究〉 I, 일조각, 1970.
李景植, 〈17世紀 農地開墾과 地主制의 展開〉《韓國史研究》 9, 1973.
宋贊燮, 〈17·18세기 新田開墾의 확대와 經營形態〉《韓國史論》 12, 서울대, 1985.

17) 朴準成, 〈17·18세기 宮房田의 확대와 所有形態의 변화〉《韓國史論》 11, 서울대, 1984.
朴廣成, 〈宮房田의 研究〉《仁川教育大學論文集》 5, 1971; 《韓國中世社會와 文化》, 민족문화사, 1991.

18) 세종대의 연분 9등에 의한 전조 수취액은 上上年 20두를 기준으로 매 등급마다 2두씩 체감하여 下下年 4두까지로 정해져 있었다. 그러나 15세기 말에 이르면 이미 이 규정은 무시되고 실제로는 下中年 또는 下下年의 수취액인 6두나 4두가 거의 일반화되어 있었다.

19) 金玉根, 〈朝鮮後期 田稅制度研究〉《釜山産業大論文集》 9, 1972.
朴鍾守, 〈16·17세기 田稅의 定額化 과정〉《韓國史論》 30, 서울대, 1993.
조선 후기부터는 전통적인 결부제 외에 斗落인 '마지기'가 사용되었다. 한 마지기는 한 말(斗)의 씨앗을 뿌릴만 하다는 뜻으로, 한되(升)지기, 한섬(石)지기 등이 있었으며 한 마지기의 실면적은 곳에 따라 차이가 있으나 200평이 보통이었다. 또한 노동량을 기준으로 하루갈이(一日耕)·한참갈이(一息耕) 등이 특히 밭에 사용되고, 구획에 의한 단위로 '배미'가 쓰여졌는데 역시 정식으로는 결부제 본위였다. 그러나 이 결부제는 1906

전세의 징수기준이 풍흉에 상관없이 하하년을 기준으로 한 미 4두로 하향조정되었으므로 국가의 재정수입은 여전히 증가하지 않았다. 여기에는 전쟁 후 궁방전·관둔전 등 면세지가 확대되었고, 수시로 양전사업이 실시되었음에도 불구하고 토지대장에서 누락된 은결이 증가하여 실제 수세지가 감소한 데도 원인이 있었다. 또한 농민들도 전세가 내렸다하여도 아무런 혜택을 받지 못하였으니, 전세 외에 여러가지 부가세가 가징되었기 때문에 오히려 조세의 부담은 증가하였다. 즉, 전세를 납부할 때 여러 명목의 수수료, 운송비, 자연 소모에 대한 보충비 등이 함께 부과되었는데, 그 액수가 전세액 자체를 훨씬 넘어 실제 납부액은 법정 수세액의 몇배가 되었던 것이다. 이 밖에도 왜란 중 훈련도감의 경비충당을 위해서 남부 5도에서 부가로 징수되었던 三手米가 전란 후에 정규세목으로 변하여 1결당 2두를 부과하였다. 이러한 전세는 원래 전주에게 부과되는 것이었으나 당시 지주제의 보급에 따라 지주들이 소작농민에게 전가시켰으므로 농민의 부담은 더욱 가중될 수밖에 없었다.

2. 大同法의 시행

양란 후 조선정부의 재정은 전세제의 조정만으로는 확충될 수 없었다. 전세 이외에도 공물의 징수가 난관에 처해 있었고 이 역시 심각한 문제였다. 임진왜란 이전부터 이미 방납의 성행으로 공납은 농민들에게 과중한 부담이 되어 있었는데, 전란을 거치면서는 그 징수의 기반마저 붕괴되어 큰 피해를 주었던 것이다. 가령 왜란으로 가장 큰 피해를 입었던 경상도에서는 공물의 징수가 불가능하여 그 몫을 경기·충청도로 옮겨서 수납하였을 정도였다.

방납의 폐해를 조정하여 농민의 유망을 방지하려는 논의는 이미 왜란 전부터 있어왔다. 그 가운데서도 가장 심각하게 검토되었던 것이 代貢收米, 즉 공물을 미곡으로 대신 거두는 방안이었다. 이는 징수된 공납미를 정부가 지정한 공납청부업자에게 지급하고 이들로 하여금 왕실·관아의 수요물을 조달케 함으로써 종래 불법적으로 관행되던 방납을 합법화시켜 정부의 통제 하에 두고, 이를 통하여 재정확충을 도모하려는 의도에서 나온 것이었다. 이러한 방안이 논의될 수 있었던 배경에는 15세기 후반 이후 유통경제의 성장이 자리잡고 있었다.[20]

이러한 논의는 당장 실현되지 못하였지만 양란 후에 다시 제기되어 결국 대동법이라는 이름으로 실시되었다. 대동법은 1608년(광해군 즉위년) 李元翼의 주장

년 일제의 尺貫法으로 개정되었고 1961년에는 미터법을 쓰도록 법제화 되었지만 농민들은 아직도 '마지기'라는 보조단위가 생활화되고 있는 실정이다.

20) 이지원, 〈16·17세기 전반 貢物防納의 構造와 流通經濟的 性格〉《이재룡환력기념 한국사논총》, 1990.

박현순, 〈16~17세기 貢納制 운영의 변화〉《韓國史論》 38, 서울대, 1997.

에 따라서 우선 경기도에서 시험적으로 실시된 이후 찬반 양론이 격심하게 충돌하는 가운데 1623년(인조 1)에는 강원도에, 그리고 17세기 중엽에는 충청·전라·경상도의 순으로 확대되었고, 1708년(숙종 34)에 황해도까지 실시됨으로써 평안·함경도를 제외한 전국에서 시행되기에 이르렀다.[21] 이와 같이 대동법이 전국적으로 실시되기 위해서 100년이란 기간이 소요된 것은 양반 지주들의 반대가 심하여 이들의 이해를 배려하면서 확대·시행하였기 때문이었다.

대동법 하에서는 공물을 각종 현물 대신 미로 통일하여 징수하였고, 과세의 기준도 종전의 가호에서 토지의 결수로 바뀌었다. 따라서 토지를 가진 농민들은 1결 당 미 12두만을 납부하면 되었으므로 종전 공납의 부담이 경감되었고 무전농민이나 영세농민은 일단 이 부담에서 해방되었다.[22] 또 미를 납부하기 어려운 지방에는 布(베)·木(솜)·錢(돈) 등으로 대신 하도록 하였으며, 특히 충청·전라·경상·황해의 4도에서는 연해읍과 산군을 구별하여 각각 미 혹은 포·전으로 상납하도록 하였다. 이와 같이 대동법은 공납을 전세화한 것으로 토지소유의 정도에 따라 차등을 두어 과세하였으므로 보다 합리적인 세제로 발전한 것이었고, 지금까지의 현물징수가 미·포·전 등으로 대신됨으로써 조세의 금납화가 이루어졌다.

대동법의 실시로 농민들로부터 거두어진 대동미·포·전은 일부는 지방관아의 경비로서 유치되고 대부분은 중앙으로 보내졌다. 이 때 이를 관리하는 기관으로 宣惠廳이 신설되었는데, 여기서는 징수된 대동미를 물종에 따라 지정된 貢人들에게 공물가로 지급하고 필요한 물품을 받아 각 궁방·관청에 공급하였다. 따라서 종전에 궁방·관청별로 무계획적으로 행해지던 공물조달이 선혜청에 의해서 일원화되었던 것이다.

대동법에 의한 조세의 금납화는 상품·화폐경제의 발달을 촉진시켰다. 대동법이 시행됨에 따라 공인들이 정부로부터 대가를 받고 관청 수요물을 조달하게 되

---

21) 韓榮國, 〈湖西에 實施된 大同法〉《歷史學報》 13·14, 1960·1961.
______, 〈湖南에 實施된 大同法〉《歷史學報》 15·20·21·24, 1961·1963·1964.
金潤坤, 〈大同法의 施行을 둘러싼 贊反兩論과 그 背景〉《大東文化硏究》 8, 성균관대, 1971.
金玉根, 〈大同法硏究〉(一·二)《釜山産業大論文集》 13·14, 1974·1975; 《朝鮮後期經濟史硏究》, 서문당, 1977.
高錫珪, 〈16·17세기 貢納制 개혁의 방향〉《韓國史論》 12, 서울대, 1985.

22) 대동법의 시행으로 농민의 공납부담이 종전보다 가벼워진 것은 사실이지만 대동미 12두는 결코 적은 액수가 아니었다. 이는 당시 전세의 3배에 해당하는 것이며, 여기에 국왕이나 왕실에 상납하는 진상·공상이 여전히 존속하고 있었다. 또 지방 관청에서도 필요에 따라서 현물을 징수하였으므로 농민의 부담은 가벼운 것이 아니었다.
崔完基, 〈大同法實施의 影響〉《國史館論叢》 12, 국사편찬위원회, 1990.

었으므로 유통경제가 활발해지고 상업자본이 발달하였으며,[23] 또한 공인의 주문을 받아 수요품을 생산하는 수공업도 활기를 띠었다. 이들 공인의 상업자본가로서의 성장과 수공업자의 상품생산자로의 변신은 조선 후기의 사회경제적인 발전의 일면을 나타내는 것이었다.

3. 均役法의 실시

조선 전기에 확립된 병농일치의 군역제는 16세기에 들어와 직접적인 군역 대신 포를 수납하는 방군수포제로 전환하면서 무너지기 시작하였다. 특히 1541년(중종 36)에는 軍籍收布制를 정식화하였는데 이는 지방 수령이 관할 안의 군역부담자로부터 번상가를 일괄해서 포로 징수하고 이것을 중앙에 올리면 병조에서 다시 군사력이 필요한 각 지방에 보내어 군인을 고용케 하는 제도였다. 이제 군역은 군포제로 운영되고 있었던 것이다.

양란 이후 5군영의 성립으로 모병제가 제도화되자 양인 장정들의 대부분은 1년에 2필의 군포를 내는 納布軍으로 바뀌었다. 그런데 이 때 군포의 징수가 일원적이 되지 못하여 5군영뿐 아니라 중앙의 관청이나 지방의 감영·병영이 각각 군포를 배당받아 거둠으로써 양정은 이중·삼중으로 군역을 부담하는 사태가 일어났고, 그 액수 또한 2필·3필 등 일률적이 아니었다. 게다가 정부는 재정 압박의 타개책으로 군포액을 늘 증가시키고 있었으며, 실제 군포 수납의 과정에서 실무를 담당한 수령·아전들의 농간과 횡포가 심하여 양역의 폐해는 극심하였다. 즉, 16세기에 이미 물의를 일으켰던 친족, 이웃에 대신 징수하는 族徵·隣徵은 상례가 되었고, 이 밖에도 죽은 사람에게서 군포를 징수하는 白骨徵布, 어린아이를 정에 편입시켜 징수하는 黃口簽丁(첨정) 등 허다한 폐해가 자행되었던 것이다. 또한 良丁 가운데 부농·중농들은 곡식을 내는 납속(納粟), 함부로 칭하는 冒稱, 조상을 바꾸는 換父易祖 등의 방법으로 양반 신분을 취득하여 군역의 부담에서 벗어났으므로 소농·빈농 등 잔여 농민들의 부담은 그만큼 가중되었고 따라서 이들의 유망이 격증하였다. 이에 17세기 후반에는 수취의 기반 자체가 흔들려 더 이상의 수취가 어려워졌고 정부는 어떠한 형태로든지 양역의 **폐단을 시정하지 않으면 안되었다.**[補]

---

23) 劉元東,〈李朝貢人資本의 硏究〉《亞細亞硏究》 Ⅶ-4, 고려대, 1964;《韓國近代經濟史硏究》, 일지사, 1977.
韓沽劤,〈李朝後期 貢人의 身分-大同法實施以後 貢納請負業者의 基本性格-〉《學術院論文集》 人文社會科學 5, 1965.
金東哲,《朝鮮後期 貢人硏究》, 한국연구원, 1993.
方基中,〈17·18세기 前半 金納租稅의 성립과 전개〉《東方學志》 45, 연세대, 1984.

補) **윤용출,《조선후기의 요역제와 고용노동》, 서울대출판부, 1998.**

그 결과 良役變通論이 제기되었고 이것이 균역법으로 낙착되었다. 양역변통론은 공전제에 입각한 병농일치로 환원하자는 주장과 양반층에게도 군포를 내게 하자는 戶布論으로 제기되었다.[24] 그러나 전자는 토지개혁을 전제로 하는 것이어서 실현되기 어려웠고 후자는 영조와 일부 관료들이 주장하였지만 대다수 양반들의 양반불역론에 부딪혀 시행되지 못하였다.[25] 결국 정부는 균역법을 제정하여 시행하였는데(1750, 영조 26), 이는 농민들이 1년에 2필씩 내던 군포를 1필로 감해주고 감해진 부분에 대해서는 結作(전결에 대한 부가세)·漁塩船稅·隱結·選武軍官布 등으로 보충하는 방식을 취한 것이었다.[26] 여기서 결작이란 평안·함경도를 제외한 전국에서 전 1결당 미 2두(또는 錢 5전)를 부과한 것이고, 어염선세는 종전 왕실에 속해 있던 것을 정부 재정으로 돌린 것이며, 은결은 토지대장에 올리지 않은 비과세지를 말하는데 이를 찾아내 새로운 세원을 삼은 것이고, 선무군관포는 양인이면서도 군포 부담에서 빠지던 閑丁을 선무군관으로 편성하여 수포하는 것을 말하였다.[27] 이와 같이 균역법은 신분제 하에서 양반불역의 원칙을 고수하면서 토지 소유자에게는 결작을 징수하고, 왕실에서는 어염선세를 빼내고, 양인상층에게도 수포함으로써 일반 농민의 군포 부담을 반감시킨 것이었다.

균역법의 실시로 농민의 부담은 가벼워졌고 이들의 불만도 다소 누그러졌다. 그러나 결작이 소작농민의 경작지에까지 부과되었으며, 정부는 수입증대를 위해서 양정수를 터무니없이 높혀 책정함으로써 농민의 부담은 다시 가중되었다. 처음 30만으로 파악되던 납포군이 균역법 실시 이후 50만으로 격증한 것은 이 때문이었다. 균역법의 실시에도 불구하고 군정의 문란은 다시 농민생활을 위협하게 되었던 것이다.[28]

---

24) 池斗煥, 〈朝鮮後期 戶布制論議〉《韓國史論》 19, 서울대, 1988.

25) 호포론은 당시에는 받아들여지지 못하다가 훗날 대원군에 의해서 실행되었다. 그러나 이 때에도 양반호의 부담을 상민호보다 적게 한다는 내용상의 변경이 가해졌던 것이다.
鄭萬祚, 〈朝鮮後期의 良役變通論議에 대한 檢討〉《同大論叢》 7, 동덕여대, 1977.
李泰鎭, 〈朝鮮後期 兩班社會의 變化〉《韓國社會發展史論》, 일조각, 1992.

26) 車文燮, 〈壬亂以後의 良役과 均役法의 成立〉(上·下)《史學研究》 10·11, 한국사학회, 1961.
金容燮, 〈朝鮮後期 軍役制의 動搖와 軍役田〉《東方學志》 32, 연세대, 1982.
鄭演植, 《조선후기「役摠」의 운영과 良役變通》, 서울대박사학위논문, 1993.

27) 鄭萬祚, 〈均役法의 選武軍官〉《韓國史研究》 18, 1977.

28) 朴廣成, 〈均役法施行 以後의 良役에 대하여〉《省谷論叢》 3, 1972.
방기중, 〈조선후기 軍役稅에 있어서 金納租稅의 전개〉《東方學志》 50, 연세대, 1986.

제 5 장
朝鮮後期의 社會·思想의 새 기운

I. 經濟·社會의 발전

1. 농업생산력의 발달과 地主制의 변동

17세기 이후의 정치체제 및 수취제도의 개편은 이 시기의 경제발달과 사회변동을 바탕으로 한 것이었다. 경제의 발달은 우선 농업부문에서 두드러지게 나타났으니, 당시 조선 후기의 농업은 농지개간의 활발한 전개와 개량농법의 보급에 따른 생산력의 급증으로 커다란 진전을 보이고 있었던 것이다.

조선 후기에 주로 왕실·양반지주층에 의해서 주도된 농지개간은 우선 진전(묵은 땅)의 개간에서 시작되어 점차 늪지의 간척 등 신전 개발로 연장됨으로써 효종·현종 초에 이르면 농경지의 면적이 전란 이전의 수준을 회복할 정도였다.[1] 한편 지주층의 토지겸병과 지주제의 확대에 따라 소유지를 잃거나 축소당한 일반 농민들은 농법의 개량을 통하여 수확을 증대시킴으로써 활로를 개척하였다. 이러한 경향은 수전(논) 농업과 한전(밭) 농업에서 다같이 일어나 지금까지의 直播法(직파법, 직접 벼씨를 뿌리는 방법)이 移秧法(이앙법, 모내는 방법)으로 전환됨으로써 노동력을 절반 이상으로 절감하고 생산량은 2배 이상 증대시키는 효과를 거두었다. 뿐만 아니라 수전에서의 이앙법은 이모작을 가능케 하여 농지이용도를 높이고 농민의 소득을 증대시켰다.[2] 이 밖에 수리시설의 정비·확대로 18세기 말에는 전국에 저수지가 약 6,000개에 달하였고, 시비법의 개발, 농기구의 개량으로 생산력이 크게 증대하였다. 또한 감자·고구마·고추·호박 등 새 작

---

1) 李景植, 〈17世紀 農地開墾과 地主制의 展開〉《韓國史硏究》 9, 1973.
宋贊燮, 〈17·18세기 新田開墾의 확대와 經營形態〉《韓國史論》 12, 서울대, 1985.

2) 金容燮, 〈朝鮮後期의 水稻作技術－移秧法의 普及에 대하여－〉《亞細亞硏究》 Ⅶ－1, 고려대, 1964;《朝鮮後期農業史硏究》 II, 일조각, 1971.

한편 김용섭이 한전(밭)농업에 있어서 전기에는 壟種法(밭이랑에 심는 법)이었던 것이 후기에는 畎種法(밭고랑에 심는 법)으로 발달하였다고 하였는데 대하여 閔成基는 보리는 전기부터 견종법이 일반적이었고 그 밖의 한전작물은 전·후기를 통하여 壟種法이 일반적이라 하였다.

金容燮, 〈朝鮮後期의 田作技術－畎種法의 普及에 대하여－〉《歷史學報》 43, 1969;《朝鮮後期農業史硏究》 II, 일조각, 1971.

閔成基, 〈朝鮮前期의 麥作技術考－農事直說의 種麥法分析－〉《釜大史學》 4, 부산대, 1980;《朝鮮時代農業史硏究》, 일조각, 1988.

물이 도입되었고 인삼·연초의 재배가 확산되어 농업생산은 전문화·다양화되어 갔다.[3)]

농업생산의 발달은 지주제의 변동을 초래하였다. 당시 양반 지배층은 농지개간에 있어서 필요한 노동력을 모민에 의해서 충당하고 있었는데, 이는 농민을 모아 개간을 하고 그 대가로 해당 토지의 경작권, 즉 소작권을 급여하는 방식이었다. 이와 같이 개간은 대개 지주—전호 관계를 전제로 해서 진행되었지만 그것은 종래와 같이 부역 노동이나 壓良爲賤(강제로 양인을 천민으로 삼는 것) 등의 방법을 사용할 수 없는 상태에서 성립되었으므로 지주와 전호의 관계도 노주 관계와 같은 지배·예속관계와는 다른 새로운 양상으로 진전하였다. 즉, 지주—전호 관계가 보다 경제적인 관계로 진행되었던 것이다.

한편 농업노동력의 절감과 생산력의 증대에 힘입어 근면한 일부 농민들은 경영규모를 확대하고 부를 축적하여 지주화되었다. 이들은 자작농이거나 소작농이거나를 막론하고 농업생산성의 상승을 토대로 이른바 廣作을 행하여 수확을 증대시키거나,[4)] 또는 당시 상품화폐경제의 발달과 관련해서 시장을 상대로 하는 농업, 즉 상업적 농업을 행하여 부를 증대시켰다. 이 때의 주요 상품은 곡물을 비롯해서 직물·채소·유채류·약재·연초·돗자리 등이었으며 여기에 소요되는 노동력은 임노동이 기본이었으니, 이러한 농업경영을 통해서 성장하고 있던 새로운 계층을 經營型 富農이라 한다.[5)] 이러한 광작이나 상업적 농업에는 소작

---

3) 朴容玉, 〈南草에 관한 硏究〉《歷史敎育》 9, 1966.
李永鶴, 〈18세기 연초의 생산과 유통〉《韓國史論》 13, 서울대, 1985.

4) 宋贊植, 〈朝鮮後期 農業에 있어서의 廣作運動〉《李海南華甲紀念 史學論叢》, 일조각, 1970;《韓國史論文選集》 V, 일조각, 1976.

5) 경영형 부농의 개념을 처음으로 사용한 사람은 金容燮이다. 그는 조선 후기의 부농층을 농업경영의 형태에 따라서 지주형 부농과 경영형 부농으로 구분하고, 경영형 부농에 대해서는 "그들 스스로가 직접 농업에 종사하는 것을 원칙으로 하되, 경영 규모가 클 경우에는 그 스스로는 관리자나 감독의 임을 맡고 노동은 고용노동에만 의존하기도 하면서 여러 가지 방법으로 농업을 합리적으로 경영하여 富를 축적하는 것을 특징으로 한다."고 설명하였다. 또 그는 자본가적 借地農에 비정될 수 있는 이 경영형 부농이 조선 후기에 하나의 커다란 사회 세력으로서 존재하고 있었다고 하였다.
이에 대해서 安秉珆는 보다 실증적인 연구를 통해서 맹아적 형태로서의 경영형 부농이 궁방전 일부에 존재하였던 것은 사실이지만 그것을 일반화시키기는 곤란하다는 입장을 보였고, 宋贊植과 安秉直도 김용섭이 경영형 부농을 추출하는 데 있어서 근거로 삼고 있는 양안에 대한 사료상의 문제점과 더불어 그 존재에 대한 의문을 제기한 바 있다.
金容燮, 〈朝鮮後期의 經營型 富農과 商業的 農業〉《朝鮮後期農業史硏究》 II, 일조각, 1971.
安秉珆, 《朝鮮近代經濟史硏究》(日文), 日本評論社, 1975.
宋贊植, 〈朝鮮後期의 農業史硏究에 대하여〉《歷史學報》 46, 1970.
安秉直, 〈農業史硏究의 問題點〉《創作과 批評》 11—2, 창작과 비평사, 1976.

농들이 참여하고 있었으며, 이들 중에도 지주로 성장하는 사람이 생겨 서민지주가 출현하게 되었다. 이 서민지주는 경영형 부농과 함께 농민층의 광범한 분화에 따른 조선 후기 사회발전의 한 단면을 보여주는 것이다.

지주제의 이러한 변동은 지주권의 약화와 전호권의 성장을 수반하였고, 상품화폐경제의 발달과 병행하여 지대형태의 변화를 초래하였다. 종래 2분의 1의 정률지대인 打租法이 일정한 액수의 정액제인 賭租法(도조법)으로 전환되었고, 일부 지역에서는 화폐지대로서의 금납제가 출현하였다.[6] 따라서 소작농은 지주의 간섭을 받지 않고 자유로운 농업경영을 할 수 있게 되었으니, 이것은 지주-전호 관계가 경제적인 관계로 진전하고 있음을 반영하는 것이었다. 이러한 사정 아래에서 지주-전호 간의 대립은 더욱 격렬해졌고 이는 항조투쟁·민란으로 발전하여 지주제를 타도하고 사회·경제 상의 불평등을 체계적으로 해결하려는 일대운동으로 전개되었다.[7]

이러한 농업의 변동을 촉진시킨 배후에는 농학의 발달, 즉 새로운 농서의 제작·유포와 합리적인 농업경영론의 대두가 자리잡고 있었다.[8] 이 시기의 농학은 농업기술의 개량·보급과 더불어 토지 소유의 개편이나 농업 경영의 개혁, 그리고 농업정책의 이념까지를 과제로 삼고 있었다. 먼저 申洬(신속)의 《農家集成》은 종전 《농사직설》의 농학을 계승하면서 이앙법과 畎種法(견종법, 밭고랑에 심는법)으로의 기술적인 전환과 그 보급을 목표로 한 것이었다. 그러나 이것은 아직 지주제를 그대로 승인하는 범위내에서 농법의 개량만을 주장하고 있었다. 이에 반해서 朴世堂의 《穡經》이나 洪萬選의 《山林經濟》, 柳重臨의 《증보산림경제》, 徐命膺(응)의 《攷(고)事新書》 農圃(포)門 등은 이러한 한계에서 벗어나 《농가집성》의 농학을 전면 부정하거나 혹은 기술론만을 받아들이고 지주제적 경영론은 부정하였다. 또한 정조 때에는 정부에서도 농학에 관한 논의가 활발하였는데, 그 대부분이 지주제의 개혁을 전제로 하여 농법의 개량과 상업적 농업의 진흥을 제시하는 것들이었다. 이 때 徐有榘(서유구)는 《林園經濟志》에서 이러한

6) 愼鏞廈, 〈朝鮮王朝 末期의 地主制度와 小作農民層〉《崔文煥追念論文集》, 1977.
李榮昊, 〈18·19세기 地代形態의 변화와 農業經營의 변동〉《韓國史論》 11, 서울대, 1984.

7) 都珍淳, 〈19세기 宮庄土에서의 中畓主와 抗租〉《韓國史論》 13, 서울대, 1985.
이 때의 항조투쟁은 주로 궁방전이나 관둔전 등 대규모 莊土에서 일어났는데, 이에 대해서 지주측에서는 정액소작제인 도조법을 채택하기도 하지만 역시 고액이어서 항조는 여전하였다. 이러한 현상은 소작농의 성장을 단적으로 표현하는 것이며, 이는 동시에 전근대적 지주제의 해체과정이기도 한 것이다.

8) 金容燮, 《朝鮮後期 農學의 發達》, 서울대 한국문화연구소, 1970; 《朝鮮後期 農業史研究》 II, 일조각, 1971.
李春寧, 《韓國農學史》, 민음사, 1989.

농업 기술·경영의 이론들을 종합하여 경영형 부농의 경영원리를 바탕으로 한 임노동 하의 지주제를 구상하여 체계화하였다. 이로써 사회변동에 대응하는 새로운 합리적 농업경영론이 성립되었던 것이다.

2. 상품·화폐경제의 진전

농업생산력의 발달과 조세의 전세화 및 금납화는 상품·화폐경제의 발전을 촉진시켰다. 또한 인구가 증가하고 농민의 계층 분화가 심화되어 가는 속에서 비농업인구의 도시 유입이 현저해짐으로써 상업은 더욱 발달하였다. 예컨대 1648년(인조 26)에 433, 255호·1,435,796구였던 8도의 호구수가 120년 뒤인 1768년(영조 44)에는 1,641,095호·6,817,364구로 증가하였고, 특히 서울의 경우에는 같은 기간에 16,006호·95,569구에서 38,770호·188,884구로 격증하였는데,[9] 이러한 8도의 인구 증가와 서울 인구의 급증은 그들의 상행위를 촉구하였다.

조선 후기 상업활동의 중심이 된 것은 공인이었다. 대동법의 실시에 따라 나타난 공인은 관청과 결탁한 어용상인으로서 서울의 시전뿐 아니라 지방의 장시를 중심으로 활동하였고 특정 물품을 대량으로 취급하는 까닭에 독점적 도매상인 都賈(도고)로 성장하였다. 또 이들은 물종에 따라 공동출자를 해서 契를 조직하고 상권을 독점하였으며, 직접 수공업자와 관련을 맺기도 하여 점차 상업자본으로 발전해 갔다.[10]

한편 서울을 비롯한 각지에서 私商의 활동이 전개되고 있었다. 이들은 당시

조선 후기 전국의 호구수

연 도	한 성		8 도	
	호	구	호	구
1648(인조 26)	16,006	95,569	433,255	1,435,796
1717(숙종 43)	34,191	238,119	1,523,518	6,601,652
1768(영조 44)	38,770	188,884	1,641,095	6,817,364
1799(정조 23)	44,945	193,783	1,696,239	7,218,903

[자료] 《戶口總數》, 서울대출판부, 1971.

9) 여기서의 호구수는 《戶口總數》(서울대출판부, 1971)에 의거한 것이다. 이 통계자료가 정확한 것이라고는 보기 어렵지만 대체적인 추세를 파악하기에는 충분할 것이다.
李樹健, 〈朝鮮初期 戶口研究〉《嶺南大論文集》 5, 1971.
韓永愚, 〈朝鮮後期 戶口總數에 대하여〉《인구와 생활환경》, 서울대, 1973.
權泰煥·愼鏞廈, 〈朝鮮王朝時代 人口推定에 關한 一試論〉《東亞文化》 14, 서울대, 1977.
朴商台, 〈朝鮮後期의 人口〉《韓國社會學》 21, 한국사회학회, 1988.
鄭在九, 〈朝鮮後期의 人口變化에 관한 研究〉《韓國傳統商學研究》 12, 한국전통상학회, 1998.

농산물 및 수공업제품의 활발한 유통을 배경으로 한 공인의 성장에 자극받아 역시 도고상인으로 성장하였다. 즉, 지방 장시의 客主·旅閣들이 도고로 발전하여 전국적인 상업망을 개척하였으며,[11] 특히 물산의 집산지나 유통의 중심지 등 상업활동이 유리한 지역의 상인들도 종전의 상업기반을 전국적으로 확장시켜 나갔던 것이다. 서울 한강 연안의 京江商人(江商)들은 경기·충청 일대에서 미곡·어물·소금 등의 판매에 종사하였고, 개성의 松商은 경기를 중심으로 북으로는 황해·평안도까지, 남으로는 충청·경상도까지 상권을 확대하여 전국에 松房이라는 지점을 설치하였다. 특히 송상은 인삼을 직접 재배하고 이를 가공하여 판매함으로써 상업적 농업의 선두에 서 있었다. 이 밖에 의주의 灣商은 中江後市나 柵門(책문)後市에서 청의 상인과 사무역을 행하였고, 동래의 萊商은 왜와의 사무역을 통해서 거상으로 성장하였다. 송상 역시 만상이나 내상을 거쳐 청·왜와 무역을 행하였다.[12]

인구의 급증으로 상업이 특히 발달하였던 서울에서는 일찍부터 상업활동을 독점해 왔던 시전상인과 비시전 사상들 사이에 충돌이 일어나게 되었다. 국가로부터 보호를 받고 있던 6의전(6주비전)을 중심으로 한 시전에 대하여 일반 사상은 亂廛(난전)이라 하는 바 이들은 국가로부터 엄격한 통제를 받고 있었다. 이에 6의전을 비롯한 시전상인들은 都中이라는 조합을 결성하고 정부로부터 금난전권을 얻어내 사상들의 활동을 억압하였다. 그러나 사상들은 이를 무릅쓰고 종로근방의 鐘樓나 梨峴(배고개, 지금 종로구 인의동)·七牌(칠패, 지금 청파동) 등에서 상행위를 계속함으로써 번창해갔다. 한편 시전상인들이 금난전권을 과도하게 사용하여 물가가 상승하는 등 부작용이 일어나자 정부는 다시 사상들의 건의를 받아들여 금난전권을 점차 완화시키다가 결국 辛亥通共을 반포하여 6의전을 제외한 나머지 시전의 특권을 모두 폐지하였다(1791, 정조 15). 이로써 서울에서도 사상들의 자유로운 상업활동이 보장되었다.[13]

---

10) 劉元東, 〈李朝貢人資本의 硏究〉《亞細亞硏究》 Ⅶ-4, 고려대, 1964; 《韓國近代經濟史硏究》, 일지사, 1977.
宋贊植, 〈朝鮮後期 商業資本에 의한 手工業支配-商人物主의 出現을 中心으로-〉《創作과 批評》 8-1, 창작과 비평사, 1973.
姜萬吉, 《朝鮮後期 商業資本의 發達》, 고려대출판부, 1973.

11) 李炳天, 〈朝鮮後期 商品流通과 旅客主人〉《經濟史學》 6, 한국경제사학회, 1983.

12) 吳 星, 〈朝鮮後期 「蔘商」에 대한 一考察-私商의 擡頭와 관련하여-〉《韓國學報》 17, 일지사, 1979; 《朝鮮後期商人硏究》, 일조각, 1989.
柳完相, 〈朝鮮時代의 中江開市에 대한 一考〉《曺佐鎬華甲紀念論叢》, 1977.

13) 金泳鎬, 〈朝鮮後期에 있어서의 都市商業의 새로운 展開-亂廛을 中心으로-〉《韓國史硏究》 2, 1968.
卞光錫, 《朝鮮後期 市廛硏究》, 부산대박사학위논문, 1997.
高東煥, 《朝鮮後期 서울商業發達史硏究》, 지식산업사, 1998.

사상의 성장은 전국적인 장시의 발달에 토대를 둔 것이었다.[14] 18세기 중엽에 전국의 장시는 이미 1,000여개소를 넘을 정도로 발달해 있었던 것이다. 이는 대개 5일장으로서 하루 왕래가 가능한 30～40리의 거리를 표준으로 하나의 시장권을 형성하고 있었는데, 이 중에는 상설시로 발전한 곳도 있었다. 장시에서는 객주·여각 등이 숙박업 뿐만 아니라 도고로서 상품 도매와 창고업·운송업·위탁판매업을 겸하였고 심지어는 자금대부·어음발행·예금업무 등 은행업에까지도 손을 대어 지방 경제의 유통을 장악하였다. 또한 전업적인 상인으로서 보부상들이 장날의 차이를 이용하여 전국의 장시를 무대로 활동하였는데, 이들은 자신의 이익 옹호와 단결을 위해서 보부상단이라는 조합을 이루고 있었다. 한편 지방에 따라서는 특산물에 대한 年市가 열리기도 하였는데, 대구의 藥令市는 그 대표적인 것이었다.[15]

장시를 통한 전국적 시장권의 형성과 도고상업의 발달에 따른 자본의 축적은 화폐의 사용을 불가피하게 하였다. 따라서 1678년(숙종 4)에 정부의 재정확보책으로 주조되었던 常平通寶가 점차 전국에 통용되기에 이르렀다.[16] 한편 축적된 화폐자본은 고리대를 통해서 증식되었으며,[17] 서서히 면업·조선업·광산업·제지업·어업 등 생산부문에 투자되거나 수공업에 있어서 공장고용 및 원료·제품매점에 이용되어 생산형태의 변동을 초래하였다. 농업에 있어서 화폐지대의 발생도 이러한 추세와 결부되어 나타난 것이었다.

3. 수공업·광업의 발달

조선 후기 농업의 변동 및 상품·화폐경제의 진전과 함께 수공업과 광업도 발

《韓國史硏究》 2, 1968.
劉元東, 《韓國近代經濟史硏究》, 일지사, 1977.
吳美一, 〈18·19세기 새로운 貢人權·廛契 창설운동과 亂廛活動〉《奎章閣》 10, 서울대, 1987.
卞光錫, 〈18세기 市廛商人과 商權〉《國史館論叢》 59, 국사편찬위원회, 1994.

14) 韓相權, 〈18세기말～19세기초의 市場發達에 대한 基礎硏究〉《韓國史論》 7, 서울대, 1981.
金大吉, 〈18～19世紀 地方場市에 대한 一考察〉《金龍德停年紀念 史學論叢》, 1988.

15) 權丙卓, 《藥令市硏究》, 한국연구원, 1986.

16) 元裕漢, 《朝鮮後期貨幣史硏究》, 한국연구원, 1975.
李世永, 〈18·9세기 穀物市場의 형성과 流通構造의 변동〉《韓國史論》 9, 서울대, 1983.

17) 崔虎鎭, 〈李朝後期에 있어서의 高利貸付資本의 特徵과 機能〉《中央大論文集》 2, 1957.
鄭德基, 〈李朝末期의 農漁村高利貸付資本硏究〉《省谷論叢》 2, 1971.
______, 〈朝鮮王朝後期 利息資本의 社會經濟的 性格〉《湖西史學》 1, 호서사학회, 1972.
______, 《韓國社會經濟史硏究》, 형설출판사, 1987.

달하였다. 이 때 수공업은 종래의 관영 수공업이 쇠퇴하고 사영 수공업이 성장하는 추세를 보였다. 무기나 왕실의 자기 제조는 늦게까지 관영 수공업으로 남아 있었지만 이것도 역시 사영 수공업으로 점차 전환되는 등 모든 수공업 분야가 사영화하였던 것이다. 이러한 추세에 따라 18세기 말인 정조대에는 정부가 工匠案(공장 명부)을 폐기함으로써 공장들은 이제 독립적인 사영 수공업자가 되어 장인세를 부담하는 대신 자유롭게 제품생산에 전념할 수 있게 되었다.

관영 수공업의 쇠퇴는 부역제의 변동과 상품·화폐경제의 진전에서 연유한 것이었다. 본래 관영 수공업은 공장안으로 장인을 파악하고 이들의 노동력을 무상으로 징발하는 부역제로서 운영되었던 것인데, 18세기 이후 부역제의 전반적인 해이는 그 유지를 어렵게 하였던 것이다. 반면 사장들의 제품은 품질과 가격 면에서 관장들의 그것을 앞서 갔으므로 이러한 추세에서 정부는 몇몇 물종을 제외하고는 모두 사장을 임용하는 고용제를 채택하지 않을 수 없었다. 이러한 현상은 대동법 실시 이후 더욱 두드러졌으며, 상품·화폐경제의 진전은 그 경제적 조건으로 작용하였다.

이 때의 사영 수공업자들은 대개 공인이나 상인들로부터 주문과 함께 원료와 자금을 미리 받아 제품을 생산했으며, 생산품은 이들 공인·상인에게만 판매해야 했다. 즉, 수공업자들은 상업자본에 의해서 지배받았고 이에 의존하였으며, 아직 독자적으로 제품을 생산할 만큼 성장하지 못하였던 것이다.[18] 그러나 수공업자 가운데서도 점차 독자적으로 생산하고 이를 직접 판매하는 사람들이 나타났다. 이러한 장인의 독립현상은 특히 철기와 유기 제조업에서 두드러졌는데, 솥을 만드는 무쇠장(水鐵匠)의 경우나 안성·納靑(定州) 등 유기명산지의 수공업자들은 임노동자를 고용해서 제품을 생산하고 직접 판매까지 하고 있었다.[19] 이들 사영 수공업자의 직접 생산과 판매는 기존의 관허 상인인 시전상인들과 치열한 경쟁을 벌이기도 하였다. 17세기 후반에 나타난 耳掩廛(이엄전, 귀덮개를 만드는 곳)·刀子廛·床廛은 그 대표적인 것이었다.[20]

수공업의 발달은 주로 도시를 중심으로 나타났지만 점차 농촌에서도 전개되었다. 농촌의 수공업은 그 일부가 자영 수공업으로 성장하여 갔고, 농가 부업의 수공업도 전업화하는 추세에 있었다. 자영 수공업의 성장이 앞선 곳은 수공업 지

18) 姜萬吉, 〈朝鮮後期 手工業者와 商人의 關係〉《亞細亞硏究》 9－3, 고려대, 1966.
______, 《朝鮮時代 商工業史硏究》, 한길사, 1984.
19) 金泳鎬, 〈安城 鍮器產業에 관한 調査報告〉《亞細亞硏究》 8－4, 고려대, 1965.
20) 金泳鎬, 〈朝鮮後期 手工業의 發展과 새로운 經營形態〉《大東文化硏究》 9, 성균관대, 1972.
宋贊植, 《李朝後期 手工業에 관한 硏究》, 서울대출판부, 1983.

역인 店村을 이루었는데 철기점과 유기점을 비롯해서 자기점·와기점이 대표적인 것이었다. 부업 수공업은 면직·견직·모시·마직업 등 직물을 중심으로 발전하였는데, 종전에 자가 수요와 조세납부를 위해 생산하던 정도에서 벗어나 점차 상품생산의 단계로 접어들었고 이를 전업으로 하는 농가도 증가하였다. 이에 따라 직포기기의 개량도 추진되었다.[21]

수공업 제품의 유통 및 수요 증가는 그 원료 생산을 촉진시킴으로써 광업의 발달을 초래하였다. 조선 초기 이래로 광업은 명에의 세공과 각급기관의 수요를 위한 금·은광이 주로 개발되었는데, 이것은 광산에 일정한 액수의 세공을 부과하면 수령들이 농민의 부역 노동을 동원해서 채취하는 형태로 운영되었다. 또한 철도 중앙에서 농민들에게 경작면적을 기준으로 貢鐵을 배당시키면 지방에서는 역시 수령 관할 하에서 농민의 부역으로 생산하고 있었다. 그러나 16세기에 부역제가 해이되면서 광산에 있어서도 생산량이 저조해졌고, 이에 정부는 농민의 광물 납부를 미·포로 대신하도록 하였으므로 광산의 개발은 점차 민간의 참여로 바뀌어 갔다. 또한 기술상의 진보도 이루어졌는데, 1503년(연산군 9)에는 납에서 은을 분리해내는 방법이 발견되어 은의 생산이 급증하였다. 이를 계기로 은광 주변에는 상인들이 모여들고 이들에 의해 광산개발이 더욱 활발해졌다.

조선 후기에는 이러한 추세가 더욱 현저해졌다. 우선 광물의 수요가 증대하고 유통경제가 발달하면서 몰래 채광하는 잠채가 보편화되었다. 이에 호조에서는 재정조달을 위해 은광개발에 주력하였지만 농민들의 피역 저항이 심각하여 개발에 한계가 있었으므로 마침내 1651년(효종 2)에는 그 타개책으로서 設店收稅制를 실시하게 되었다. 이는 국가가 비용을 대어 광산지역에 제련장과 부대시설을 포함한 店을 설치하고 그 경영은 민간에게 맡기는 방식이었다. 이로써 영세한 민간자본이 광산개발에 참여할 수 있게 되었고 이들은 재취한 광물의 일부를 국가에 납세하였다.

한편 국가에서는 민간인의 광산 경영을 감독·통제하기 위해서 別將을 파견하였는데 이들은 대개 부상·大賈(고)나 권세가의 사인들이었다. 그러나 지방의 토호나 대상들의 사채·잠채는 여전히 성행하였고 이들이 수령과 결탁해서 별장제의 폐지를 종용하였다. 또한 이 제도로 호조가 수세를 독점함으로써 수입원을 잃게 된 감영·군영이 광산에 대해 각종 잡세를 부과하는 등 폐단이 생겨 당초에 단천·성천·영덕 등 60～70여개소에 이르던 점이 18세기 후반에는 14개소로 격감하고 말았다.[22]

---

21) 權丙卓,《李朝末期의 農村織物手工業研究》, 영남대, 1968.
權泰檍,〈조선후기의 紡織技術 개량론〉《金哲埈華甲紀念 史學論叢》,지식산업사, 1983.

이에 따라 정부는 1775년(영조 51)에 별장제를 폐지하고 설점수세를 수령이 직접 관할하도록 하였다. 이 때부터 광산의 운영은 상업자본가인 물주가 시설과 자금을 투자하고 광산개발에 경험이 있는 穴主나 德大가 광산을 직접 경영하여 채굴량의 일부를 광주에게 납부하는 방식으로 전환하였다.[23] 직접 채광을 하는 鑛軍 가운데는 농업을 겸한 계절노동자도 있었지만 전업적인 임금노동자가 점차 많아졌는데, 한 광산에 대략 100명 정도였지만 수천명에 이르는 경우도 적지 않았다. 광산에 대한 세금에는 관아에서 징수하여 호조로 상납하는 元定稅와 수령이 수취하는 잡세가 있었는데, 이는 덕대가 맡아서 납부하였다. 이와 같이 덕대의 광산운영은 종전과는 전혀 다른 새로운 방식으로서 자본주의적인 성격을 갖는 것이었다.

4. 신분제의 붕괴

농업생산의 발달과 상품·화폐경제의 진전, 그리고 수공업 및 광업의 발달은 조선 후기에 나타난 새로운 경제상의 변화였으며, 따라서 이는 자연히 사회계층의 분화를 초래하였다. 여기서 경영형 부농과 서민지주, 그리고 상업자본가와 임노동자 및 독립 자영 수공업자 등 새로운 계층이 나타났던 것이다. 이는 종래의 사회구성을 변질시켜 신분제를 붕괴시켰으니, 농민층과 양반층의 분해, 노비제의 해체 등이 그 실상이었다.[24]

농민층의 분해는 일반적으로 토지소유를 중심으로 한 지주와 전호 및 무전농민으로의 분해를 가리키는 것으로 이는 전통사회에서는 언제나 있어왔던 것이지만, 이 시기에는 특히 소작지의 보유관계를 둘러싸고 이러한 현상이 일어난 것이 특징이었다. 농경기술의 혁신과 경영의 합리화를 통한 경영형 부농의 성장과 이들의 소작지 집적은 다른 한편에서 빈농 및 무전 농민의 발생을 의미하는 것이었고, 이들 몰락 농민들은 유이하거나 임노동자로 전환되었다.[25]

---

22) 柳承宙, 〈朝鮮後期의 鑛業政策研究〉《民族文化研究》 9·10, 고려대, 1975·1976.
　　______, 〈朝鮮後期 鑛業의 經營形態에 관한 一研究〉《歷史教育》 28, 1980.
　　______, 《朝鮮時代 鑛業史研究》, 고려대출판부, 1994.

23) 林炳勳, 〈朝鮮後期 鑛業經營의 發展〉《韓國史研究》 32, 1981.
　　柳承宙, 〈朝鮮後期 金銀銅鑛業의 物主制 研究〉《韓國史研究》 36, 1982.
　　______, 〈朝鮮後期鑛業의 資本制的 經營形態에 관한 一研究〉《송갑호정년기념논문집》, 1993.

24) 李光奎, 〈朝鮮朝 後期의 社會構造와 變化〉《韓國文化》 5, 서울대, 1984.
　　李俊九, 〈18·19세기 身分制 변동추세와 身分지속성의 경향〉《韓國文化》 19, 서울대, 1997.

25) 金錫禧, 〈慶尙道丹城縣戶籍大帳에 關한 研究－18世紀 逃亡·移去戶를 中心으로－〉《人文論叢》 24, 부산대, 1983.
　　______, 〈18·19세기 戶口의 實態와 身分變動－新例 彥陽縣戶籍大帳을 중심으로－〉《人文論叢》 26, 부산대, 1984.

이러한 분해현상은 양반층에서도 심각하였다. 직전제의 폐지, 그리고 노론의 일당전제와 勢道政治가 양반관료정치의 파탄을 초래하여 여기서 실세한 양반들이 몰락하여 殘班으로 전락하였던 것이다. 이들 잔반은 자영농의 처지에 있거나 심하면 소작전호로까지 되었으며, 혹은 상업·수공업으로 전업하여 생계를 꾸려 나가기도 하였다. 조선 후기의 실학자나 농촌지식인은 대개 몰락양반이었으니, 이들은 양반관료나 지주와는 이해관계를 달리하였고 기본적으로 농민층의 입장에 설 수밖에 없었던 것이다.

농민층과 양반층 내에서의 경제적 계층분화로 종래의 신분적 지배·예속관계는 더 이상 유지될 수 없었다. 부를 통해 노비와 양인층이 각각 양인·양반으로 신분을 상승시켜 지배 신분층은 격증하고 반대로 피지배 신분층은 격감하는 사태가 야기되었기 때문이었다.[26] 이 때 신분의 상승은 여러 가지 기회와 방법을 통해 진행되었는데, 여기에는 양란 이후 군공·납속(곡식을 내는 것)을 통한 면천·수직의 시책도 크게 작용하였다.[27] 즉, 양란 중 정부는 군액을 확보하기 위하여 공사천민·서얼·승려 등에게도 군역을 부담시키는 한편 전공에 대한 논상을 통해서 이들을 면천시키거나 수직하는 정책을 실시하였다. 또한 군량미의 조달과 전후의 지속적인 재정 고갈을 해결하는 방안으로 납속자들에게 면천·임관하는 조치를 취하여 이를 통해서 재력이 있는 사람들은 합법적으로 신분을 상승해갈 수 있었다.[28] 이러한 정부의 시책은 당시의 사회경제적인 변화와 함께

26) 이 시기의 신분 구성의 변동은 四方博·金容燮·鄭奭鍾이 각각 대구·상주·울산지방의 호적을 분석하는 방법으로 연구하였다. 이에 따르면 대구의 경우 1690년(숙종 16)에서 1858년(철종 9)에 이르는 약 170년간 양반호는 현저히 증가하고(9.2%→70.3%) 상민호는 감소하며(53.7%→28.2%) 노비호도 격감하는(37.1%→1.5%) 것으로 나타났다.

그러나 韓榮國은 이러한 연구 경향에 대해서 의문을 제기하고 대구 호적을 재검토하여 당시의 신분구성에 나타나는 변동이 신분 상승의 결과이기도 하지만 양인·천민이 도시로 집중하고 있는 인구 이동에 의한 측면도 적지 않음을 지적하였다.

四方博, 〈李朝人口に關する身分階級別的觀察〉《朝鮮經濟の硏究》 3, 1938.

金容燮, 〈朝鮮後期에 있어서의 身分制의 動搖와 農地占有〉《史學硏究》 15, 1963; 《朝鮮後期農業史硏究》 Ⅰ, 일조각, 1970.

鄭奭鍾, 〈朝鮮後期 社會身分制의 變化－蔚山府 戶籍臺帳을 中心으로－〉《大東文化硏究》 9, 성균관대, 1972; 《朝鮮後期社會變動硏究》, 일조각, 1983.

韓榮國, 〈十八·十九世紀 大邱地城의 社會變化에 關한 一試考〉(日文)《朝鮮學報》 80, 1976.

27) 文守弘, 〈朝鮮後期 身分制動搖의 一考察－納粟策·空名帖發給을 中心으로－〉《東國大慶州大論文集》 1, 1982.

李俊九, 《朝鮮後期 身分職役變動硏究》, 일조각, 1993.

28) 납속수직은 임란 중에는 서얼과 향리만을 대상으로 하였다. 이 때 향리는 미 30석이면 면역되어 參下影職(비실직)을 받았고, 80석이면 동반의 실직을 받았다. 서얼의 경우는 5석이면 兼司僕이나 羽林衛 혹은 서반군직을 받았고, 50석이면 5품 영직, 60

하층민의 신분 극복을 위한 끊임없는 노력을 반영한 것이었다. 따라서 부를 축적한 양인·노비들은 이 방법 이외에도 호적을 고쳐 幼學·進士를 사칭하거나 몰락양반의 족보를 매입하여 換父易祖(조상을 바꾸는 것)하는 등 여러 가지 통로로 신분 상승을 꾀하고 있었다.[29)]

이러한 신분변동은 서얼과 중인에서도 나타났다. 양반사회에서 차별대우를 받았던 서얼은 18·19세기에 활발한 疏通運動을 전개하여 특히 무관을 주로 한 문무고관의 관직에 진출하는 데 성공하였다.[30)] 또한 양반의 서얼 출신이 많았던 중인들도 조선 후기에는 문학운동을 일으키고 또 신분차별을 반대하는 通淸運動을 전개하여 비록 소기의 목적은 달성하지 못하였지만 양반사회의 신분질서를 붕괴시키는 계기가 되었던 것이다.[31)]

이제 신분의 절대적인 명분은 퇴색해갔으며, 특히 노비수의 격감에 따라 노비제는 더 이상 제도로서의 의미를 잃게 되었다. 따라서 노비신분법도 변경되어 1669년(현종 10)에는 부모 가운데 어느 한편이 천민이면 그 자식도 천민이 되던 종래의 법제가 폐지되고 일단 從母法으로 바뀌어 모의 신분만을 기준으로 삼게 되었는데, 이 법은 그 후 여러 차례의 치폐과정을 거쳐 1731년(영조 7)에 확정되었다.

노비제도의 해이는 양반사회의 체제를 그 기반에서부터 동요시키는 것이었다. 정부의 각급 기관은 예하의 노비를 사실상 부지할 수 없었고, 오히려 이들을 양인으로 해방시켜 군포를 받는 편이 나을 정도였다. 따라서 18세기 후반에는 노비라는 명칭 자체를 없애자는 의견까지 제기 되었고, 마침내 1801년(순조 1)에는 內需司(궁중수요의 물품을 관할하고 관노비도 관장하는 기관)와 궁방 소속의 관노비 36,974명과 각 급 관청의 各司奴婢 29,093명 등 모두 66,067명의 장적을 소각하여 양인으로 해방시키기에 이르렀다. 내수사와 궁방소속의 관노비를 內奴婢라 하고 각사노비를 寺奴婢(시노비, 절은 '사'라 하지만 관청은 '시'로 발음 함)라

석이면 동반 9품, 80석이면 동반 8품, 100석이면 동반 6품직을 얻을 수 있었다. 이 제도는 양란 후에도 계속되어 일반 양인들도 이를 통해 수직하였다. 한편 납속면천은 대체로 미 20~30석으로 이루어졌다.
徐漢教, 〈17·18세기 納粟策의 實施와 그 成果〉《역사교육논집》 15, 경북대, 1990.

29) 崔承熙, 〈朝鮮後期 鄕吏身分移動與否考－鄕吏家門古文書에 의한 事例硏究－〉《金哲埈華甲紀念 史學論叢》, 지식산업사, 1983.
宋俊浩, 〈身分制를 통해서 본 朝鮮後期社會의 性格의 一面〉《歷史學報》 133, 1992.

30) 李鍾日, 〈18·19世紀의 庶孽疏通에 대하여〉《韓國史硏究》 58, 1987.
裵在弘, 〈朝鮮後期의 庶孽許通〉《慶北史學》 10, 경북대, 1987.
______, 《朝鮮後期의 庶孽許通과 身分地位의 變動》, 경북대박사학위논문, 1995.

31) 金炫榮, 〈조선후기 中人의 家系와 經歷〉《韓國文化》 8, 서울대, 1987.
韓永愚, 〈朝鮮時代 中人의 身分·階級的 性格〉《韓國文化》 9, 서울대, 1988.

하여 이들은 內寺奴婢(내시노비, 즉 내수사·각사노비를 칭함)라 하여 관노비의 대부분을 차지하고 있었는데, 이 때 관노비 가운데 납공하는 내시노비만을 대상으로 하였고 궁방과 관아에서 직접 사역하던 노비와 사노비는 제외되었지만 이것으로 관노비는 거의 양인화되었다. 이러한 노비해방은 결과적으로 신분제의 붕괴를 정부 스스로가 인정한 것이었고, 장기간에 걸친 노비들의 신분해방투쟁의 성과였다.[32] 이것은 그 후 1886년(고종 23)에 노비의 신분세습법이 폐지되고 1894년에 甲午改革으로 사노비까지 법제적으로 해방되는 기반이 되었던 것이다.

II. 思想·文化의 새 기운

1. 實學의 발생

조선 후기에 나타난 사회경제적 변동은 종래의 신분적 지배·예속관계와 士農工商의 직분적 사회구성 위에서 기능하고 있었던 주자학 일변도의 사상체계에 대한 근본적인 반성을 요구하였다. 교조화된 주자학에 대한 비판은 이전부터 있어왔는데, 尹鑴(윤휴)와 朴世堂은 그 대표적인 인물이었다. 이들은 주자 학설의 절대성을 부정하고 유교 경전에 대한 독자적인 해석을 시도하였으므로 이 때문에 '斯文亂賊'(유교 교리를 어지럽히는 사람)으로 몰리어 죽음을 당하였다.[33]

이러한 주자학에 대한 비판적 동향은 한걸음 더 나아가 陽明學의 도입으로 나타났다. 양명학은 명의 王陽明이 일으킨 주관적·실천적인 유학체계로 주기론의 입장에 서 있었으므로 당시 조선의 사회변동을 수용할 수 있었던 것이다. 이는 주로 정권에서 배제된 경기지방의 소론 학자들에 의해서 받아들여졌는데, 처음에는 주자학을 완전히 배격하는 것이 아니라 오히려 그것을 보완하여 양자 사이의 조화를 이루려는 자세를 취하고 있었다. 그러나 점차 주자학과 완전히 절연하려는 사람들이 나타났으니, 그 가운데 특히 鄭齊斗는 이를 학문적으로 체계화하였다.[34]

---

32) 平木實, 《朝鮮後期 奴婢制研究》, 일조각, 1982.
全炯澤, 〈19世紀初 內寺奴婢의 革罷〉《韓國史論》 4, 서울대, 1978;《朝鮮後期奴婢身分研究》, 일조각, 1989.
______, 〈朝鮮後期의 官奴婢〉《歷史學研究》 IX, 전남대, 1979.
______, 《朝鮮後期奴婢身分研究》, 일조각, 1989.
鄭奭鍾, 〈朝鮮後期 奴婢制度의 變化〉《朝鮮後期社會變動研究》, 일조각, 1983.

33) 韓㳓劤, 〈白湖 尹鑴 研究〉(一·二·三)《歷史學報》 15·16·19, 1961·1962.
李丙燾, 〈朴西溪와 反朱子學的 思想〉《大東文化研究》 3, 성균관대, 1966.

34) 柳承國, 〈韓國近代思想史에 있어서 陽明學의 役割〉《同大論叢》 10, 동덕여대, 1980.

이와 같은 주자학에 대한 비판은 결국 18세기에 실학의 발생으로 귀결되었다.[35] 실학은 조선 후기의 사회경제적 변동에 따른 갖가지 사회적 모순에 직면하여 그 해결책을 구상하는 과정에서 나타난 사회개혁사상이었다. 그러므로 그 사상이나 개혁의 논리는 종래의 주자학과 같을 수 없었고, 유교사상의 자기반성과 그의 극복 과정에서 나타나는 발전적 국면이었다.[36]

실학의 중심 과제는 조선 후기의 제반 사회문제를 어떠한 방향에서 해결하느냐에 집중되었고, 그것은 우선 농촌경제·농업경영에 초점이 두어졌다. 당시 농업경제의 건재 여부는 사회의 안위와 국가의 존폐에 직결되는 문제였기 때문이었다. 따라서 실학자들은 주로 농민층의 입장에서 현실의 토지문제, 곧 지주-전호제의 모순을 개혁하기 위한 여러 가지 방안을 제시하였다. 그 가운데 특히 柳馨遠(유형원, 호는 磻溪)·李瀷(이익, 호는 星湖)·丁若鏞(정약용, 호는 茶山)으로 이어지는 소위 經世致用學派에서는 중농주의 입장에서 토지제도의 개편을 주장하였다.[37] 우선 유형원은 그의 저서인 《磻(반)溪隨錄》에서 고대 井田制의 정신을 살려 토지국유제 하에 농민들로 하여금 토지를 균등하게 점유케 하자는 균전론을 주장하였고, 이익은 《藿憂錄 곽우록》에서 토지 소유의 상한선을 정하여 겸병을 방지하자는 한전론을 주장하였다. 이어서 19세기에 들어와 정약용은 농지의 공동 소유와 공동 경작 및 수확의 공동 분배를 골자로 하는 閭(여)田制를 제창하였고, 뒤에는 보다 점진적인 개혁안으로서 자영농의 경영을 기본으로 하는 정전제를 주장하였다. 또한 같은 시기에 徐有榘(구)는 둔전제적 개혁에 의한 국영농장의 경영을 내용으로 하는 둔전론을 제시하였다.[38] 정약용과 서유구의

尹南漢, 《朝鮮時代의 陽明學硏究》, 집문당, 1982.
池斗煥, 〈朝鮮後期 陽明學의 受容과 展開〉《國史館論叢》 22, 국사편찬위원회, 1991.
劉準基, 〈江華學派의 學脈과 思想史的 展開〉《國史館論叢》 10, 국사편찬위원회, 1989.
鄭在薰, 〈霞谷 鄭齊斗의 陽明學受容과 經世思想〉《韓國史論》 29, 서울대, 1993.

35) 실학이란 본래 중국에서는 당대 이후의 修己治人의 학을 지칭하였으며 한국에서도 여말에 주자학이 도입되면서 이를 실학이라 한 적이 있지만, 현재 쓰이는 실학이라는 용어는 조선 후기에 나타난 새로운 경향의 학문을 가리키는 역사적 개념이다. 실학의 이러한 용어는 1920년대 이후 崔南善·文一平·洪以燮 등에게서 처음으로 보이며, 해방 이후에 특히 千寬宇의 본격적인 연구에 의해서 자리를 굳히게 되었다.
韓㳓劤, 〈李朝「實學」의 槪念에 대하여〉《震檀學報》 19, 1958; 《李朝後期의 社會와 思想》, 을유문화사, 1961.
千寬宇, 〈實學槪念成立에 關한 史學史的 考察〉《李弘稙回甲紀念 韓國史論叢》, 신구문화사, 1969; 《近世朝鮮史硏究》, 일조각, 1979.

36) 역사학회(편), 《實學硏究入門》, 일조각, 1973.
고려대 아세아문제연구소(편), 《實學思想의 探究》, 현암사, 1975.
전남대 호남문화연구소(편), 《李乙浩停年紀念 實學論叢》, 전남대출판부, 1975.

37) 金容燮, 〈朝鮮後期의 農業問題와 實學〉《東方學志》 17, 연세대, 1976.
______, 〈朝鮮後期 土地改革論의 推移〉《東方學志》 62, 연세대, 1989.

이러한 농업 개혁론은 기존의 지주－전호제 자체를 극복하고 새로운 토지소유와 농업경영을 제기한 탁월한 개혁안이었다.

농업문제의 개선과 더불어, 혹은 이와는 별도로 상공업을 진흥시켜야 한다는 주장도 나타났다.[39] 이는 당시 상업적 농업을 전제로 하는 경영형 부농의 역할이 주목되는 상황에서 당연한 일이었다. 실학자 가운데 특히 상업 진흥을 강조한 사람들은 柳壽垣(원)·洪大容·李德懋(무)·朴趾源·朴齊家 등 소위 利用厚生學派였다. 18세기 전반에는 이익을 중심으로 한 경세치용학파가 일어났는데 대하여 18세기 후반에는 이들 박지원을 중심으로 한 이용후생학파가 일어나기에 이른 것이다. 이들은 중상론과 함께 청의 발달한 문물을 받아들일 것을 주장하였으므로 北學派라고도 한다.[40] 이들의 청 문물 도입론은 병자호란 이후 청 멸시의 華夷論的인 명분론에서의 탈피를 의미하는 것이기도 하였다.

농업과 상공업을 중심으로 경제문제의 개혁방안을 마련한 실학자들은 이 위에서 신분제의 모순과 수취제도의 문란을 지적하고 이어서 정치·사회·군사·교육 등 여러 부문에 걸친 제도의 개편을 주장하였다.[41] 그러나 이러한 개혁안의 원리와 이념은 정책에 반영되지 못하였으니, 당시 정부에서는 이들의 주장을 공식적으로 논의하기까지는 하였지만 양반·지주층의 입장을 해치지 않는 범위에서 부차적이고 지엽적인 것만을 채택하였던 것이다. 따라서 당시의 사회적 모순은 정치혁명이나 사회혁명 등 비상수단에 의해서 해결될 수밖에 없었으니, 조선

---

38) 千寬宇, 〈磻溪 柳馨遠 硏究〉(上·下)《歷史學報》 2·3, 1952·1953;《近世朝鮮史硏究》, 일조각, 1979.
韓㳓劤, 〈星湖 李瀷 硏究〉《震檀學報》 20, 1959;《朝鮮後期의 社會와 思想》, 을유문화사, 1961.
洪以燮, 《丁若鏞의 政治經濟思想 硏究》, 한국연구원, 1959.
姜萬吉 외, 《茶山의 政治經濟思想》, 창작과 비평사, 1990.
유봉학, 〈徐有榘의 學問과 農業政治論〉《奎章閣》 9, 서울대, 1985.

39) 姜萬吉, 〈朝鮮後期 商業의 問題點〉《韓國史硏究》 6, 1971; 동개제 〈實學者의 商業觀〉《朝鮮後期 商業資本의 發達》, 고려대출판부, 1973.

40) 千寬宇, 〈洪大容의 實學思想〉《서울大文理大學報》 6－2, 1958;《近世朝鮮史硏究》, 일조각, 1979.
琴章泰, 〈北學派의 實學思想－洪大容의 科學精神과 朴趾源의 實用精神－〉《精神文化》 10, 한국정신문화연구원, 1981.
유봉학, 〈北學思想의 形成과 그 性格－湛軒 洪大容과 燕岩 朴趾源을 중심으로－〉《韓國史論》 8, 서울대, 1982.
______, 《燕巖一派 北學思想硏究》, 일지사, 1995.
李成茂, 〈朴齊家의 經濟思想〉《李海南華甲紀念 史學論叢》, 일조각, 1970.

41) 鄭求福, 〈磻溪 柳馨遠의 社會改革思想〉《歷史學報》 45, 1970.
韓永愚, 〈柳壽垣의 身分改革思想〉《韓國史硏究》 8, 1972.
李存熙, 〈磻溪 柳馨遠의 官職論考－外官職을 中心으로－〉《邊太燮華甲紀念 史學論叢》, 삼영사, 1985.

후기의 민란은 이러한 상황에서 일어난 것이었다.

19세기에 들어서면 실학은 이전 단계의 현실적인 개혁론보다는 오히려 그것을 이론적으로 뒷받침하기 위한 학문적 연구에 치중하는 경향을 보였다. 그러나 이 때에도 실학자들은 자신의 시대와 사회의 문제를 곧 자기문제로 인식한 위에서 학문을 통한 개혁방안을 모색하고 있었으므로 연구의 대상과 관심이 대단히 광범위하였고 그 깊이도 점차 심화되었다. 이들은 주로 이전 시대의 문화 전통을 비판적인 안목에서 정리하고 현실의 여러 부면에 걸쳐 진지한 탐구를 하여 역사학과 언어·지리·지지·금석학, 그리고 농·의·천문·동식물학 등 각 분야의 학문이 발흥하였다. 이들이 金正喜(호는 秋史·阮堂)에 이르러 일가를 이룩한 實事求是學派로서 선행 실학자들의 실증적 연구 방법을 계승하는 한편 청의 고증학을 받아들여 객관적인 학문연구의 태도를 정립하였다.[42] 이 밖에도 실학자들은 서구의 과학기술을 도입하였고 당시 전래된 천주교를 종교로서가 아니라 西學으로 인식하여 학문적으로 연구하기도 하였다.

이러한 실학사상은 정약용과 김정희의 제자들에 의해서 초기 개화사상에 영향을 주었으며, 구한말의 光武改革이나 외세의 충격에 대응하기 위한 애국계몽운동의 전개에 있어서도 그 개혁안이 원용되었다.[43] 이것은 곧 실학사상 안에 근대지향적 성격이 있었음을 나타내는 것이다.

2. 국학의 융성

실학자들은 자신들이 살고 있는 조선 후기의 사회를 단순한 그 시대의 현실로서 이해한 것이 아니라 과거에 접속되고 미래로 연결되는 역사적인 현실로서 인식하였다. 따라서 이들의 학문적 관심은 역사학을 비롯해서 지리·언어학으로 집중되었다. 현실에 대한 절실한 관심이 새로운 역사의식과 문화의식을 고조시켰던 것이다.

자기의 역사와 전통에 대한 관심은 李睟(수)光의 《芝峰類說》에서 비롯되어 이익에 이르면서 본격화되었다. 이익은 그의 저서인 《星湖僿(사)說)》에서 史家의 임무는 시세를 정확히 파악하는 것이며 단편적인 사실의 시비를 가리는 데 있지 않다는 사론을 제시하여 새로운 역사서술의 선구가 되었다. 또 그는 실증적·비판적인 역사서술을 제시하고 우리 역사를 체계화할 것을 주장하였다.[44] 이익의

42) 崔完秀, 《金秋史研究草》, 지식산업사, 1976.
43) 金泳鎬, 〈實學과 開化思想의 聯關問題〉《韓國史研究》 8, 1972.
44) 韓永愚, 〈李瀷의 史論과 韓國史理解〉《韓國學報》 46, 1987; 《朝鮮後期史學史研究》, 일지사, 1989.
______, 〈李睟光의 學問과 思想〉《한국문화》 13, 서울대, 1993.

사론은 그의 제자인 安鼎福에 의해서 계승되었다. 안정복은《東史綱目》과《列朝統紀》를 지어 단군조선으로부터 고려시대까지, 그리고 조선시대의 역사를 각각 서술하였는데, 여기서 그는 종래의 중국 중심적인 역사 파악을 탈피하고 한국사의 독자적인 정통론을 세워 체계화하는 데 성공하였다. 이 밖에도 韓致奫(윤)은 우리 나라의 사서들은 물론 중국과 일본의 사서까지 모두 섭렵하여 기전체의《海東繹史》를 저술하였고, 李肯翊(긍익)은 紀事本末體의 형식으로 야사를 정리하여《燃藜室記述 연여실기술》을 지었으니, 이 두 사서는 안정복의《동사강목》과 함께 이 시기의 가장 뛰어난 저술이었다.[45]

우리 역사의 체계화와 함께 역사 무대에 대한 관심도 높아져 발해사의 중요성이 강조되었고 따라서 만주사에 대한 연구가 진행되었다. 한치윤이《해동역사》에서 발해의 지명을 고증한 것이나 李種徽(휘)가 그의 저서인《東史》의 志에서 고구려에 큰 비중을 둔 것은 그 단적인 예였다. 柳得恭의《渤海考》는 이러한 연구를 총결산한 것으로 그는 신라의 삼국통일을 불완전한 것으로 규정하고 민족사의 측면에서 남의 신라와 북의 발해를 병립시켜 남북국시대라고 부를 것을 처음으로 제안하였다. 이와 같이 조선 후기의 실학자들은 우리 역사의 무대를 한반도와 만주에 걸치는 것으로 이해하였던 것이다.[46]

현실의 시간성에 대한 관심이 역사 연구로 나타난 것이라면 공간성에 대한 관심은 강역·지리·산수의 연구로 나타났다. 韓百謙의《東國地理誌》는 그 선구였으며, 뒤이어 申景濬(준)의《疆界考》, 정약용의《我邦疆域考》등 뛰어난 역사지리서가 나왔다. 인문지리에 있어서도 훌륭한 저작이 나왔으니 李重煥의《擇里志》는 오늘날까지도 그 가치가 발휘되고 있으며, 이 밖에 신경준의《道路考》·《山水考》등이 유명하다. 한편 지도의 제작에 있어서는 鄭尙驥(기)가〈東國地圖〉를 제작하였고 이를 바탕으로 金正浩가〈靑丘圖〉와〈大東輿地圖〉를 만들었는데, 이것들은 과학적 도법을 사용한 선구적인 작품이었다.[47]

45) 黃元九,〈實學派의 史學理論〉《延世論叢》7, 1970;《韓國의 歷史認識》下, 창작과 비평사, 1976.
李存熙,〈燃藜室記述의 分析的 考察－李肯翊의 歷史意識을 中心으로－〉《韓國學報》24, 일지사, 1981.
申千湜,〈18世紀 實學派의 歷史認識〉《전통문화연구》1, 명지대, 1983.
韓永愚,〈海東繹史의 研究〉《韓國學報》38, 일지사, 1985;《朝鮮後期史學史研究》, 일지사, 1989.

46) 金哲埈,〈修山 李種徽의 史學〉《東方學志》15, 연세대, 1974.
李萬烈,〈朝鮮後期의 渤海史 認識〉《韓沽劤停年紀念 史學論叢》, 지식산업사, 1981.
韓永愚,〈18세기 중엽 少論學人 李種徽의 歷史意識〉《東洋學》17, 단국대, 1987;《朝鮮後期史學史研究》, 일지사, 1989.

47) 鄭求福,〈韓百謙의 東國地理誌에 대한 一考〉《全北史學》2, 전북대, 1978.
李相泰,〈申景濬의 歷史地理 認識〉《史學研究》38, 1984.

우리의 언어, 즉 한글에 대한 학문적인 연구도 활발하여 음운학과 어휘의 수집 등에서 큰 성과를 거두었다. 특히 신경준의 《訓民正音韻解》와 黃胤錫의 《頤齋(이재)遺稿》, 柳僖(희)의 《諺文志》·《物名考》 등은 그 구체적인 업적들이었다. 이는 현대적인 일반 언어학의 수준에 이른 것으로서 한글의 우수성에 대한 인식, 즉 문화적인 자아의식의 발현이었다.

실학자들에 의한 학문의 분화와 국학의 융성은 당초 백과사전적인 학풍의 소산이었다. 일찍이 17세기에 이수광은 문화의 여러 영역을 항목별로 나누어 《지봉유설》을 지었는데, 18·9세기에는 이러한 학풍이 더욱 발전하여 이익의 《성호사설》, 이덕무의 《青莊館全書》, 李圭景의 《五洲衍(연)文長箋(전)散稿》 등이 나오게 되었으며, 영조 때에는 《동국문헌비고》가 관찬으로 나오기에 이르렀다.

이러한 실학자들의 학풍은 정권담당자들에게도 영향을 주어 관찬사업이 활기를 띠게 되었다. 이는 특히 영·정조 시대에 두드러졌는데, 영조 때에는 백과사전인 《동국문헌비고》를 비롯해서 《속대전》·《속오례의》·《續兵將圖說》이 편찬되었고, 정조 때에는 규장각을 중심으로 더욱 활기를 띠어 《大典通編》·《同文彙攷(휘고)》·《秋官志》·《度支志 탁지지》·《武藝圖譜通志》 등 수많은 서적들이 간행되었다.

3. 문예의 새 경향

의식의 확대와 현실에 대한 새로운 인식은 문화계에도 반영되어 종래의 양반 중심적인 문예를 비판하고 일반 민중들이 창작하고 향유하는 문학과 예술이 대두하였다. 특히 역관이나 서리 등 흔히 委巷(閭巷)人으로 불리는 중인층의 문예 활동이 왕성하였고,[48] 상민이나 광대들에 의해서 우리의 독특한 문학인 판소리가 보급되기도 하였다.[49]

한문학에서는 박지원의 《許生傳》이나 《虎叱 호질》·《양반전》에서 보이듯이 꾸밈없는 문체로 좌식하는 당시의 양반들을 신랄하게 풍자하는 등 주제와 문체면에서 커다란 변화를 일으키고 있었다.[50] 또한 민간 전승의 이야기를 한문으로

李 燦, 《韓國의 古地圖》, 범우사, 1991.
元慶烈, 《大東輿地圖의 硏究》, 성지문화사, 1991.

48) 鄭玉子, 〈朝鮮後期의 「文風」과 委巷文學〉《韓國史論》 4, 서울대, 1978; 《朝鮮後期文化運動史》, 일조각, 1988.

49) 趙東一·金興圭(編), 《판소리의 理解》, 창작과 비평사, 1978.
金興圭, 〈판소리의 社會的 性格과 그 變貌〉《藝術과 社會》, 민음사, 1979.
판소리는 山臺都監劇이나 山臺雜戲 등 '판놀음' 가운데서 광대가 《춘향전》이나 《심청전》·《홍부전》 등 일련의 이야기를 노래와 이야기로 연창하는 것이다.

50) 李家源, 《燕巖小說硏究》, 을유문화사, 1965.
鄭玉子, 〈朝鮮後期 漢文學 思潮史 硏究〉《韓國史學》 5, 한국정신문화연구원, 1983.

기록한 단편소설집도 등장하였다. 《東稗洛誦 동패낙송》·《青丘野談》 등이 그러한 종류로서 여기서는 피지배 신분층의 생활상태와 그들의 희노애락이 소박한 표현으로 그려져 있다. 위항인·상민들에 의해서 시집의 편찬도 유행하였는데, 高時彦의 《昭代風謠》는 이를 집성한 것이었다. 여기서 풍요라 함은 양반의 문학인 '雅'에 대비되는 서민의 시라는 의미였다.

그러나 조선 후기의 문학에 있어서 가장 두드러진 특징은 한글로 쓰여진 작품이 무수히 등장하고, 그 형식도 주로 소설이나 辭說時調로 바뀐 점이었다. 한글소설은 許筠(균)의 《홍길동전》이 최초의 것으로 알려져 있는데, 그 내용도 《薔花紅蓮傳 장화홍련전》·《彰善感義錄 창선감의록》·《심청전》·《홍부전》 등 권선징악으로 민간생활의 희비를 그린 작품과 《玉樓夢 옥루몽》·《淑香傳 숙향전》·《춘향전》 등 남녀 간의 애정을 그린 작품, 그리고 《壬辰錄》·《林慶業傳》과 같은 군담소설 등이 있었다.[51] 한편 조선시대의 가장 대표적인 국문학 장르로서 위치를 굳힌 단가 형식의 시조는 조선 후기에 들어와 보다 짓기 쉬운 장시형의 사설시조로 발전하였고, 표현이나 내용 역시 변화하여 사실적인 기법으로 서민들의 가정생활이나 애정 등을 적나라하게 노래하였다.[52] 사설시조의 작자는 대부분 몰락한 양반이나 서리·기생들이었다. 특히 서리 출신의 金天澤·金壽長이 각각 편집한 《青丘永言》과 《海東歌謠》는 이를 집대성한 것으로, 당시 서민들 사이에서 유행하던 작자 미상의 시조들을 오늘날까지 전해주고 있다. 이와 같은 국문학의 발달은 한문을 해독하지 못하는 하부층에서도 널리 문학을 향유하였음을 나타내는 동시에 그 소재나 내용, 그리고 표현기법으로 보아 이 시기에 서민문학이 대두하였음을 보여주는 것이다.

이러한 움직임은 예술의 모든 부문에서도 광범위하게 일어났다. 먼저 회화에서는 종래 중국의 화첩을 모사하던 화풍에서 벗어나 우리의 자연을 직접 눈으로 보고 독자적 화법으로 그린 眞景山水畵가 나타났다. 鄭歚(정선)은 그 개척자로서 〈인왕산도〉·〈금강산도〉 등의 걸작을 남겼고, 金弘道 역시 이 계통의 산수화를 그렸는데 〈총석정도〉는 그의 대표작이었다. 회화에서 또 하나의 두드러진 특징은 풍속화의 유행이었다. 이는 농촌과 시정의 일상적인 모습을 그대로 묘사한 것인데, 김홍도와 金得臣은 밭갈이·대장간·씨름 등 농촌서민들의 일상생활을 많이 그렸고, 申潤福은 주로 도회지 양반의 풍류와 부녀자들의 풍습을 풍자적인

51) 金東旭, 《春香傳研究》, 연세대출판부, 1965.
趙東一, 〈興夫傳의 兩面性〉《啓明論叢》 5, 계명대, 1968.
朴熒澤, 〈洪吉童傳의 新考察〉《創作과 批評》 42·43, 창작과 비평사, 1976·1977;
《韓國文學史의 視角》, 1984.

52) 金學成, 〈辭說時調의 美意識構造〉《國文學研究》 14, 국문학연구회, 1971.

필치로 표현하였다.[53] 이러한 풍속화의 새 경향은 유교적인 양반사회에 대한 반항을 나타낸 것이었다.

한편 서도에서도 중국의 서법을 모방하는 단계에서 벗어나 독자적인 기풍이 나타났다. 특히 실학자이기도 한 김정희는 고금의 필체를 두루 연구하여 자기 개성에 맞게 발전시킨 秋史體를 확립하여 서예의 새로운 경지를 개척하였다.[54] 또한 申緯(위)와 曺匡(광)振 등도 서예에서 당대의 대가로 이름을 날렸다.

자기는 새로이 青華白磁가 발달하였다. 이는 그 안료인 回回靑이 정조때부터 우리 나라에서 생산됨으로써 민간에까지 널리 보급되었기 때문이었다. 흰 바탕에 푸른 색깔로 산수·화조·초목 등이 은은하게 그려져 있는 이 백자는 소박한 색조와 아름다운 선에서 중국이나 일본의 도자기와는 전혀 다른 우리의 정감을 잘 표현하고 있는 것이었다.[55]

이와 같이 조선 후기의 문화계에는 민중을 주체로 하는 새로운 영역이 개척되었고 지배층의 문화는 서서히 퇴조하고 있었다. 이것은 확실히 문예의 새로운 경향이었으니, 종래의 양반문화가 세속화하고 서민문화에 침식되어 가는 과정이었던 것이다.

4. 과학·기술의 발전과 서양문물의 수용

17·8세기에는 자연과학에서도 비약적인 발전이 있었다. 이는 조선 전기의 과학적 성과를 토대로 하여 새로이 서양의 과학·기술을 수용하였기 때문이었다. 이 때의 자연과학은 종래의 중인층 주도에서 벗어나 실학자들에 의해서 새로운 경지가 열렸으니, 실학자들은 서양문물의 도입에 앞장서 과학·기술의 발전을 주도하는 한편 학문으로서의 독립성을 강화하여 천문학·지리학·수학의 눈부신 발달을 이룩하였던 것이다.[56]

---

53) 李東洲, 〈謙齋一派의 眞景山水〉《亞細亞》 1969년 4월호; 《우리 나라의 옛 그림》, 박영사, 1975.
　______, 〈檀園 金弘道〉《澗松文華》 4, 한국민족미술연구소, 1974.
　崔淳雨, 〈謙齋 鄭敾〉《澗松文華》 1, 한국민족미술연구소, 1971.
　______, 〈李朝繪畵에 나타난 에로티시즘—蕙園風俗畵에서 본—〉《空間》 1968년 3월호; 《우리 나라의 옛 그림》, 박영사, 1975.
　安輝濬, 〈朝鮮王朝後期繪畵의 新動向〉《考古美術》 134, 한국미술사학회, 1977.
　중앙일보사(편), 《謙齋 鄭敾》, 1978.

54) 崔完秀, 〈秋史書派考〉《澗松文華》 18, 한국민족미술연구소, 1980.

55) 중앙일보사(편), 〈白磁〉《韓國의 美》 2, 1980
　土器·陶器·磁器는 모두 흙으로 빚어 구운 것이지만 그 가운데 자기가 가장 정치하게 만든 것이며, 자기라면 대개 백자를 가리켰다. 도기·자기를 합쳐 우리 나라에서는 沙器라고도 표기하였다.

56) 朴星來, 〈洪大容의 科學思想〉《韓國學報》 23, 일지사, 1981.
　______, 〈마테오 릿치와 韓國의 西洋科學 수용〉《東亞研究》 3, 서강대, 1983.

당시 조선의 천문학에서 얻은 최대의 성과는 지구구형설과 지구회전설의 이해였다. 특히 金錫文은《易學圖解》를 통해서 동양 최초로 지구회전설을 정립하였으며, 그의 이론은 홍대용·박지원 등 실학자들의 천문관에 직접 영향을 주었다.[57] 또한 중국을 통해서 서양의 천문지식이 광범하게 수용되었으니, 地平日晷(구)·渾蓋(혼개)日晷·천리경 등 천문 관측기구들이 전래되었고 효종 때에는 金堉·金尙範의 노력으로 서양식 신력인 時憲曆이 채용될 수 있었다. 역법은 그 뒤로 계속 발전하여 千歲曆이 만들어졌고, 南秉吉은 역에 대한 모든 지식을 정리하여《時憲紀要》를 저술하였다.[58]

역사지리·인문지리와 함께 자연지리·지도의 발달도 볼만하였다. 이익은 지각의 변동과 조수의 출입 등에 대해 과학적인 견해를 제시하였고, 이는 이규경 등 실학자들에 의해서 계승·발전되었다. 지도의 제작에 있어서는 축적도법과 방안도법이 사용되었으며, 실제 답사를 통해서 그 정확성을 기하고자 하였다. 정상기의 〈동국지도〉는 백리척을 사용한 실측지도였고, 김정호의 〈청구도〉와 〈대동여지도〉는 방안도법에 의한 것이었는데, 모두가 근대적인 지도에 접근한 것들이었다.[59] 한편 이 때 중국에 와 있던 예수회 선교사 마테오 릿치(Matteo Ricci)의 〈坤輿萬國全圖 곤여만국전도〉와 베르비스트(F. Verbiest)의 〈곤여전도〉 등 세계지도가 중국으로부터 전래되어 당시 조선인들의 세계관을 확대시켜 주었고 서양에 대한 호기심을 불러 일으켰다.

수학에 있어서도 새로운 면모가 나타났다. 崔錫鼎(정)과 황윤석은 전통수학을 집대성하였으며, 중국에서 徐光啓와 마테오 릿치가 유클리드 기하학을 설명한《幾何原本》이 도입되기도 하였다. 이에 서양의 수학이론이 소개되어 수학이 근대적 학문으로 발달하였다.

의학에서는 종래 한의학의 관념적인 단점을 극복하고 실증적인 태도에서 의학이론과 임상의 일치에 주력하였다. 17세기 초에 만들어진 許浚의《東醫寶鑑》은 우리의 전통의학을 정립한 것으로 의료지식의 민간 보급에 공헌하였다. 같은 시기에 許任은《鍼灸(침구)經驗方》을 지어 침구술을 집대성하였고, 19세기 후반 李濟馬는 체질의학의 이론으로서 독특한 四象醫學을 확립하였다. 한편 서양 의

57) 千寬宇, 〈洪大容 地轉說의 再檢討〉《趙明基華甲紀念 佛敎史學論叢》, 1965;《近世朝鮮史硏究》, 일조각, 1979.
全相運, 〈湛軒洪大容의 科學思想－그의 地轉說 再論－〉《李乙浩停年紀念 實學論叢》, 전남대출판부, 1975.
閔泳珪, 〈十七世紀 李朝學人의 地動說〉《東方學志》 16, 연세대, 1975.

58) 全相運, 《韓國科學技術史》, 정음사, 1975.

59) 李 燦, 〈韓國地理學史〉《韓國文化史大系》 III, 고려대, 1968.
김두일, 〈大東輿地圖의 圖法에 관한 硏究〉《대한지리학회지》 53, 1994.

학지식도 도입되어 이익과 이규경은 아담 샤갈(Adam Schall)의《主制群徵》을 통해서 인체의 해부학적 구조와 생리적 기능에 대한 지식을 얻었고, 정약용은《痲科會通》에서 영국인 제너(Jenner)가 발명한 종두법을 처음으로 소개하였다.[60]

기술과학도 농업·어업·무기·건축 등 여러 부문에서 현저한 발전을 보였다. 그 중에서도 가장 중요한 것은 농업기술의 발달로서 이앙법과 견종법 등의 농법이 이 때에는 보다 광범하게 보급되었고 농업경영에도 변화가 일어나고 있었다. 또 이러한 변동을 뒷받침하는 농서도 정력적으로 저술되었으니, 전술한 바 신속의《농가집성》을 비롯해서 홍만선의《산림경제》, 서유구의《임원경제지》는 그 대표적인 것들이었다.[61]

어업에 있어서는 어살[魚箭]을 설치하는 어법이 실시되고 어망의 재료도 종래의 갈피나 볏짚에서 면사로 바뀌는 등 각종 어법과 어구가 개량되었으며, 17세기에는 김[海苔] 양식의 기술이 개발되어 전라도를 중심으로 보급되었다. 또한 18세기 후반에는 냉장선이 등장하여 어물의 유통이 더욱 활발해지기도 하였다.[62] 徐命膺(응)의《攷(고)事新書》에는 당시의 개량된 어법에 대한 기록이 있으며, 丁若銓의《玆山魚譜》는 흑산도 근해의 수산생물들을 채집하여 정리한 것이었다.

한편 인쇄술도 크게 발달하였으니, 특히 영·정조대에는 관찬사업이 활기를 띠면서 韓構字·生生字 整理字 등이 주조되어 활자가 개량되었다. 한편으로는 인쇄업 자체가 민간에서도 운영되어 활판·목판 인쇄가 더욱 보급되었는데, 당시 문학작품이나 족보 등이 많이 간행된 것도 여기서 말미암은 것이었다.[63] 건축술에 있어서는 정약용이 서양의 기술을 받아들여 擧重機를 만들고 이것을 한강 舟橋의 설치와 수원성곽 축조에 실제로 사용하였다.[64]

III. 新宗教의 유포

1. 민간신앙의 성행

조선 양반사회의 지배이념과 생활규범은 유교였고 이는 예학으로서 형식화되

60) 金斗鍾,《韓國醫學史》, 탐구당, 1966.
김 호,《허준의 '동의보감'연구》, 일지사, 2000.
61) 金容燮,《朝鮮後期農業史研究》 II, 일조각, 1971.
______,《朝鮮後期農業史研究》, 일조각, 1988.
62) 朴九秉,〈韓國漁業技術史〉《韓國文化史大系》 III, 고려대, 1968.
63) 金斗鍾,《韓國古印刷技術史》, 탐구당, 1974.
64) 田龜憲,〈水原城郭 築城術에 관한 硏究〉《史學志》 11, 단국대, 1977.

어 있었다. 그런데 유교는 "刑은 양반에까지 올라가지 않고 禮는 서민에까지 내려가지 않는다."는 통념처럼 철저한 지배층의 논리였다. 따라서 사회경제적 변동이 격심하였던 조선 후기 사회에 이르면 유교사상은 더이상 사회운영의 원리로서 기능할 수 없었고, 실생활과는 동떨어진 채 관념적인 방향으로 흘러가고 있었다.

한편 불교는 억불숭유의 국가시책에 의해서 줄곧 쇠락의 길을 걸었다. 그러나 이러한 가운데서도 왕실이나 양반들의 개인적인 비호를 받는 사찰도 있어 이들의 농민 지배는 서원의 폐해와 궤도를 같이 하였다. 그런가하면 권력과 결탁하지 못한 일반 승려들은 托鉢(탁발, 시주 동냥)하며 다님으로써 일반인들의 이들에 대한 모멸은 대단히 심하였다. 따라서 불교 역시 사회변동에 대처하기 위한 사회적 이념으로서 제 구실을 할 수 없었고 다만 궁중의 의식이나 부녀자들 사이에서 명맥을 유지할 뿐이었다.[65] 이와 같이 유교와 불교는 퇴색하고 세속화하면서 전통사상은 모두 생명력을 잃어갔지만 이를 갱신하려는 자체 내의 움직임은 거의 일어나지 못하고 있었다.

사회가 변동하고 기존의 가치질서가 무너지는 상황에서 秘記·圖讖 등 예언사상이 유행하였다. 이는 주로 풍수도참설에 근거해서 병화·전쟁을 암시하고 왕조의 멸망을 예언하며, 동시에 은신·피난처까지 예시하는 내용이었다. 이 때 가장 널리 유행한 것은 《鄭鑑錄》이었는데, 이것은 이씨 왕조의 멸망과 정씨의 왕조 개창을 예언하면서 전란 발생시 피난처 '10勝地'를 밝힌 책이었다. 예언사상은 양반사회의 모순이 첨예화되는 19세기 초엽부터 현저하게 나타나 정부를 비방하는 익명의 榜書·掛書 사건이 빈발하였고, 그 현실부정적 성격은 당시 민중봉기에 혁명적 기운을 불어넣는 역할을 하기도 하였다.[補]

예언사상이 정치적·사회적 성격을 띤 것이라면 이것과 짝하여 민간에 깊이 침투해 있던 무격신앙은 개인적·구복적 성격의 민간신앙이었다. 이는 천지만물에 모두 귀신이 있어서 이들의 조화를 통해 인간사의 길흉 화복이 정해진다는 고대 이래의 신앙 형태로서 조선 후기까지도 무격의 주술을 매개로 굿·풀이 등의 신사를 행하는 토속신앙으로 이어져 왔던 것이다.[66] 당시 정부에서는 무녀에게서 무세를 징수하는 등 무격신앙을 공인하였을 뿐 아니라 이를 장려하기까지 하였다. 이러한 민간신앙은 사회의 불안 속에서 더욱 번성할 수밖에 없었으며, 이는 분명히 조선 후기 민중들의 자연스런 정신적 돌파구의 하나였다.

---

65) 金煐泰, 〈韓國佛敎史〉(下)《韓國文化史大系》 Ⅵ, 고려대, 1970.
66) 張秉吉, 〈韓國新興宗敎史〉《韓國文化史大系》 Ⅵ, 고려대, 1970.
補) 李相培, 《朝鮮後期 掛書硏究》, 강원대박사학위논문, 1997.

2. 천주교의 전파

19세기로 들어서면서 유교는 사회 지배이념으로서의 위치와 역할을 다른 새로운 사상에 넘겨 주어야 할 단계에 이르렀다. 민간신앙의 성행이나 천주교의 전파·보급, 그리고 신흥종교인 東學의 급격한 만연은 그 간적인 현상이었다.

천주교는 16세기 말엽 중국에 전래되었고 이것이 17세기에는 북경을 왕래하는 사신들에 의해서 우리 나라에 소개되었다 그러나 당시에는 천주교가 서학이라 하여 서양문물의 하나로 간주되었을 뿐 신앙을 위한 종교로서 받아들여진 것은 아니었다. 이수광이 《지봉유설》에서 마테오 릿치의 《天主實義》를 소개한 이후 이익과 그의 제자인 愼後聃(신후담)·안정복 등 주로 남인 실학자들이 여기에 관심을 가졌지만 이들은 모두 주자학적인 견지에서 이를 이해하려 하였기 때문에 비판적인 태도를 가질 수밖에 없었다. 특히 천주교의 천당·지옥설은 불교의 교리와 같은 것으로 여겨졌고 따라서 세상을 미혹케 하는 것이라 하여 극렬히 배척당하였다.[67]

학문적 대상이던 천주교가 종교신앙으로서 수용되기 시작한 것은 18세기 후반의 영조 말엽부터였다. 당시 정치·사회의 모순을 해결하고자 고심하던 실학자들의 일부가 천주교 서적을 읽고 신앙운동에까지 이르렀던 것이다. 이는 천주교가 그 근본에 있어서 유교의 우주관·사회관과 정면으로 충돌하여 유교의 인륜과 가부장적 가족주의, 신분계급주의를 배격함으로써 조선의 현실을 부정하는 사상으로 받아들여졌기 때문이었다. 특히 1783년(정조 7)에 李承薰이 북경에서 서양 신부에게 영세를 받고 돌아온 이후로는 이 신앙운동이 더욱 활발해져서 李蘗(이벽)·李家煥을 비롯하여 정약전·약종·약용 형제, 權哲身·日身 형제 등 남인 학자와 金範禹 등 중인, 그리고 상민·부녀자들에게 광범하게 유포되어 갔다.[68]

이러한 천주교의 유포에 대하여 정부는 처음에는 방관하는 자세를 취하였다. 그러나 점차 천주교의 교세가 확장되자 이것이 현실세계를 부정하고 군신·부자의 의를 경시하는 등 전통적인 유교윤리를 혼란케 한다는 점에 주목하고 드디어

---

67) 崔奭祐, 〈天主實義에 대한 韓國儒學者의 見解〉《東亞硏究》 3, 서강대, 1983.
李元淳, 〈朝鮮後期 實學者의 西學意識〉《歷史敎育》 17, 1975;《朝鮮西學史硏究》, 일지사, 1986.
______, 〈西學의 導入과 展開〉《전통과 사상》 Ⅳ, 한국정신문화연구원, 1990.

68) 金玉姬, 〈西學의 受容과 그 意識構造〉《韓國史論》 1, 서울대, 1973.
洪以燮, 〈李蘗－韓國近代思想史上의 그의 立置－〉《韓國天主敎會史論文選集》 1, 한국교회연구소, 1976.
崔奭祐, 〈한국교회의 창설과 초창기 李承薰의 교회활동〉《교회사연구》 8, 한국교회연구소, 1992.

천주교를 邪教로 규정하여 금령을 내리기에 이르렀다(1785, 정조 9). 이러한 가운데 전라도 진산에서 천주교 신자 尹持忠이 모상을 당하여 신주를 불사르고 천주교 의식을 행한 사건이 발생하였다(1791, 정조 15). 이에 정부에서는 윤지충을 처형하고, 더 나아가 홍문관에 소장되어 있던 한역서양서적을 소각하는 등 천주교의 전파를 억제하는 데 적극성을 띠기 시작하였다.[69] 그러나 정조대에는 아직 천주교를 불교나 도교와 같은 황당한 류의 학문이라 여기고, 유교정치에 힘쓰면 자연히 소멸될 것으로 생각하여 극단적이 탄압은 가하지 않았다. 따라서 일단 유포된 천주교는 교세를 더욱 확산하여 1794년(정조 18) 중국인 신부 周文謨가 입국하여 활동함에 따라 4,000명이었던 신도수가 수년 후에는 1만명으로 증가하였다.

정조의 뒤를 이어 순조가 즉위하자마자 천주교에 대한 박해가 시작되었으니, 이것이 1801년(순조 1)의 辛酉邪獄(사옥)이다. 이 때 이승훈·이가환·정약종·주문모 등 300여명의 신도가 처형되고 정약전·정약용 등 수많은 사람들이 유배를 당하였다.[70] 이 천주교 박해는 내부적으로는 정조대에 정권에서 소외되었던 노론 僻派(벽파)가 남인·소론 및 노론 時派에 대한 정치적 공세의 일환으로 일으킨 것이었고, 또 한편에서는 洪景來亂 등 각종 민란으로 표현되는 이 시기의 농민항쟁에 대처하여 공포정치를 감행하기 위한 것이었으며, 외부적으로는 천주교를 앞세운 서양세력의 침투에 대한 경계에서 비롯된 것이었다. 이 때 신도 黃嗣(사)永이 북경에 있는 프랑스인 주교에게 무력을 동원하여 조선에서의 신앙과 포교의 자유를 보장받아 달라는 서신을 보내려다 발각된 소위 황사영 帛書(백서)사건이 일어났는데, 이러한 천주교의 외세 의존의 반국가적 행위는 조선정부를 더욱 자극시켜 천주교에 대한 박해가 보다 가혹해지게 되었던 것이다.[71]

---

69) 崔基福, 〈朝鮮에 있어서 天主教의 廢祭毁主와 儒教祭祀의 根本意味〉《崔奭祐華甲紀念 韓國教會史論叢》, 한국교회사연구소, 1982.
　姜燕熙, 〈朝鮮後期 西學의 祖上祭祀問題〉《崔奭祐華甲紀念 韓國教會史論叢》, 한국교회사연구소, 1982.
　朱明俊, 〈儒教傳統社會의 祖上崇拜思想과 天主教의 對應－辛亥 珍山事件을 中心으로－〉《邊太燮華甲紀念 史學論叢》, 삼영사, 1985.

70) 趙 珖, 〈辛酉迫害의 分析的 考察〉《教會史研究》 1, 한국교회사연구소, 1977.
　______, 〈辛酉教難과 李承薰〉《教會史研究》 8, 한국교회사연구소, 1992.
　朱明俊, 〈天主教 受難史〉《朴吉眞古稀紀念論叢》, 1984.
　崔容圭, 〈己亥·丙午教難期 天主教徒의 分析的 考察〉《教會史研究》 6, 한국교회사연구소, 1988.

71) 趙 珖, 〈黃嗣永帛書의 社會思想的 背景〉《史叢》 21·22 합집, 고려대, 1977.

3. 동학의 발생

조선 후기 사상계의 혼란 속에서 나타난 또 하나의 움직임이 바로 東學의 발생과 유행이었다. 동학은 매우 강렬한 민족주의적 성격을 가진 종교로서 철종대(1849~1863)에 경주지방의 몰락양반인 崔濟愚가 창시한 이후 주로 지방의 농민층을 중심으로 전국에 퍼져나갔다. 즉, 당시 서양 제국주의의 침략 위협과 천주교의 유포 등 대외적 위기감이 고조되어 가는 가운데, 최제우는 양반사회의 유교사상을 극복하고 서양열강의 정신적 배경인 천주교에 대항하고자 儒·佛·仙 3교를 융합하여 새로운 종교를 개창하였던 것이다. 동학이란 명칭 자체도 서학, 즉 천주교에 대항한다는 의미에서 붙여진 것이었다.[72)]

또한 동학은 윤리적이고 초세속적인 종교였다. 우선 그 교리는 당시의 민심을 반영하여 인심이 곧 천심이라는 人乃天의 사상을 기본으로 하였는데, 이는 동양의 전통적인 경천사상과 밀접한 것이었고 그 가운데서도 특히 운수관으로 표현되는 천운순환론과 인도가 천도에 합치되어야 한다는 도덕론이 핵심을 이루었다. 따라서 천운에의 순종과 천도에의 합치를 통해서 모든 인간은 군자가 될 수 있으며, 이런 점에서 일체의 신분·계급을 떠난 평등사상을 주창하였다. 동학이 주로 농민 등 핍박받는 피지배층 사이에서 열렬히 신봉된 것은 이 때문이었다.

그러나 일반 농민들은 종교로부터 이러한 윤리적 측면보다는 현실구복적인 이익을 갈구하고 있었다. 따라서 동학은 질병의 치료, 길흉에 대한 예언 등 당시 유행하던 민간신앙의 요소를 흡수하였다. 이와 같이 동학은 인내천의 윤리사상과 현실구복적인 성격을 모두 갖추고 있었는데, 이 가운데 전자는 주로 殘班 등 지식층을 의식한 것이었고 후자는 무지한 일반 대중을 대상으로 한 것이었으니, 경전 역시 한문으로 된 《東經大典》과 한글로 교조의 가르침을 노래한 《龍潭遺詞》의 두 가지를 갖추고 있었다.[73)]

이 두 사상을 융합시켜 하나의 논리로 체계화시킨 매개체는 바로 귀신관이었다. 귀신은 전통적인 경천사상과 연결되는 동시에 민간신앙에서도 전승되어 오는 관념적 실체로서 우주만물의 성쇠나 사철의 변화 등은 모두 이 귀신의 조화에 의한 것이라고 생각되었던 것이다. 또 동학에서는 이 귀신을 기로 파악함으로써 주자학의 기철학과 접합할 수 있었으며, 이러한 기본 구조를 바탕으로 불

---

72) 崔東熙, 〈水雲의 基本思想과 그 狀況－思想形成의 過程을 中心으로－〉《韓國思想》 12, 한국사상연구회, 1974.
申福龍, 〈東學思想의 時代的 背景에 관한 硏究〉《學術志》 人文社會科學篇 28, 건국대, 1984.
韓沽劤, 〈東學唱道의 時代的 背景〉《李丙燾九旬紀念 韓國史論叢》, 1987.

73) 尹錫山, 《龍潭遺詞硏究》, 민족문화사, 1987.

교·도교의 신비적 요소와 천주교의 형식까지를 광범하게 용해하였던 것이다.[74]

동학은 이같은 교리를 바탕으로 '輔國安民'과 '濟病長生'을 제창하면서 급속히 보급되어 3년만에 경주를 위시한 경상도 일대로 확산되었다. 주로 몰락양반과 수많은 농민들이 이에 가담하였는데, 교단에서는 각 지부에 接所를 두어 이를 조직화하였다. 이와 같이 동학의 교세가 번창함에 따라 정부에서는 이를 사교로서 규정하고 금압하기 시작하여 1863년(철종 14) 교조 최제우 등을 혹세무민의 죄목으로 체포하고 이듬해에 처형하였다. 이로써 동학의 교세가 한 때 쇠미해지는 듯 하였지만 이미 동학은 민중에 뿌리를 내리고 있었으므로 2세 교주인 崔時亨에 이르러 더욱 교세를 확장할 수 있었다. 더욱이 대원군 집권기에 행해진 서원의 철폐와 천주교 박해는 동학의 교세확장에 유리한 정치적 조건이기도 하였다. 이제 동학은 경상도뿐 아니라 충청·전라도 등에까지 널리 유행하였으며, 이리하여 그 조직은 1894년에 일어난 동학혁명운동 전개의 중요한 기반이 되었던 것이다.[75]

Ⅳ. 兩班官僚社會의 파탄과 民衆抗爭의 폭발

1. 勢道政治와 통치질서의 와해

숙종·경종대에 나타나기 시작한 일당전제의 추세와 극렬한 정쟁 등 붕당정치의 말폐적 현상은 영·정조의 탕평책과 강력한 왕권 아래에서 일단 억제했었지만 그 근본적인 해결책이 제시된 것은 아니었다. 따라서 정조의 뒤를 이어 순조·헌종·철종이 어린 나이에 즉위함으로써 왕권이 약화되자 정치적 파탄은 더욱 촉진되어 외척이 정권을 독단하는 이른바 세도정치가 시작되었다. 세도정치란 종래의 일당전제마저 청산되고 특정 가문이 권력을 독점하는 가문일변도의 정치형태로서, 정권의 사회적 기반을 결여하였을 뿐 아니라 붕당정치의 완전한 파탄을 의미하는 것이기도 하였다.[76]

---

74) 金龍德, 〈東學思想硏究〉《中央大論文集》 9, 1964.
金義煥, 〈初期東學思想에 관한 硏究〉《우리나라 近代化史論攷》, 삼협출판사, 1964.
韓沽劤, 〈東學思想의 本質〉《東方學志》 10, 연세대, 1969.
申一澈, 〈東學思想의 展開－侍天主·事人如天을 거쳐 人乃天思想에로－〉《韓國思想》 17, 한국사상연구회, 1980.
______, 《동학사상의 이해》, 사회비평사, 1995.
李炫熙, 〈水雲의 開闢思想硏究〉《鄭在覺古稀紀念 東洋學論叢》, 고려원, 1984.

75) 金庠基, 《東學과 東學亂》, 한국일보사, 1975.
李炫熙(편), 《東學思想과 東學革命》, 청아출판사, 1982.
韓沽劤, 《東學과 農民蜂起》, 일조각, 1984.

세도정치의 직접적인 계기는 1762년(영조 38) 思悼(사도)世子의 사사 사건을 둘러싼 시·벽파의 대립에서 이미 마련되어 있었다. 당시 나주 괘서 사건을 계기로 일당전제의 추세를 현저히 한 노론은 영조 25년 이래 대리청정을 해오던 세자가 소론과 남인을 가까이 하자 세자를 고함해서 사사케 하였는데, 이를 놓고 세자를 동정하는 시파와 그 죽음을 당연시하는 벽파가 분열하였던 것이다. 이 때 시파는 세자의 외척인 洪鳳漢을 중심으로 하였고 벽파는 영조의 외척인 金龜柱를 중심으로 하였으니, 결국 이 분열은 외척 간의 대립에서 비롯된 것이었다.

시·벽파의 대립 속에서 힘겹게 왕위를 계승한 정조는 세손일 때부터 자기를 보호해 준 洪國榮을 크게 신임하고 즉위 후에는 도승지에 임명하여 한동안 정권을 위임하였으니, 이 때 이미 세도정치의 조짐이 나타나게 되었다. 그러나 정조는 곧 친정체제를 수립하였고 따라서 홍국영의 세도는 일시적인 현상에 그치고 말았으며 이후의 왕권강화로 시·벽파의 대립도 표면화되지 못하였다.

정조의 승하와 함께 왕권은 급격히 약화되었고 이에 따라 영·정조대의 강력한 왕권 아래에서 숨을 죽이고 있던 정쟁은 다시 시·벽파의 대결로 표면화되었다. 정조는 나이 어린 순조의 즉위를 눈앞에 두고 아직도 왕실의 외척으로서 강고하게 남아있는 벽파 세력을 의식하여 시파인 金祖淳에게 왕을 보좌하도록 유명하였다. 그러나 순조가 즉위하자 벽파계의 영조 계비 김씨가 垂簾聽政(수렴청정, 대비가 발을 치고 대리로 정사를 보는 것)을 함으로써 시파와 벽파는 서로 견제하게 되었으며, 오히려 벽파가 우세하여 이들은 시파에 천주교도가 많음을 이용하여 신유사옥을 일으켜 탄압의 수단으로 사용하였다. 이러한 가운데서도 김조순은 순조의 國舅(국구, 국왕의 장인)가 되어 자신의 정치적 기반을 마련하는데 성공하였고, 수렴청정이 끝나 왕의 친정이 시작되면서부터는 벽파를 압도하여 안동 김씨의 세도정치를 실현하였다. 순조의 뒤를 이어 헌종(1834~1849)이 즉위하자 이번에는 헌종의 외척인 趙寅永 등 풍양 조씨에게로 세도가 한 때 넘어가기도 하였지만, 철종(1849~1863)이 즉위하자 다시 안동 김씨인 金汶根이 왕과 외척관계를 맺었고 이로부터 金興根·左根·炳國 등이 앞뒤로 영의정을 역임하는 등 그의 일족이 고관·영직을 독점하여 안동 김씨의 세도는 절정에 달하였다.

순조·헌종·철종의 3대 60여년 동안 세도정치 하에서 왕정과 왕권은 명목에 지나지 않았다. 하물며 종실의 처지는 말할 나위도 없는 것이어서 이들은 안동

---

76) 金興洙, 〈勢道政治研究－그 用例의 檢討와 意味의 究明－〉《邊太燮華甲紀念 史學論叢》, 삼영사, 1985.

김씨의 눈치를 보아가며 지내야 했고, 때로는 김씨 일족을 공박하는 종실이 있기도 하였지만 곧 처형되거나 유배를 당하였다. 이런 형세에서 일반 양반들의 신세는 더욱 비참하였다. 이제 정권은 일개 왕실외척의 사유물이 되었고 유교적 양반관료정치는 파탄의 지경에 이르게 되었다.

일당전제가 들어서면서 이미 그 폐단이 문제되었던 과거제는 이에 이르러 더욱 문란해졌다. 당시 신분제의 변동 속에서 과거 응시자에 대한 신분적 제약이 무너져 있었는데 이제 세도정치 하에서는 급제자의 남발, 뇌물의 성행, 연줄에 의한 급제 등 온갖 비리가 성행하였다. 정부에서는 몰락 양반층이나 지식층들의 불만을 완화하고자 규정을 무시하고 수시로 과거를 시행하였지만 유능하고 뜻있는 학자들은 이를 외면하였다.[77] 과거제의 문란과 함께 관직의 매매도 횡행하였는데, 이러한 매관매직을 통해서 관직을 차지한 사람들은 자연히 온갖 수단으로 축재에 열을 올렸으므로 일반 농민들의 피해는 말할 것도 없고 부농이나 상인·수공업자들도 수탈의 대상이 되었다.

정부는 이러한 정치·사회의 난맥상에 대해서 속수무책이었다. 다만 暗行御史를 파견하여 수령이나 서리들의 부정·탐학을 적발하기도 하였지만 근본적인 체제적 모순에서 비롯된 부조리가 이러한 일시적인 조치로 척결될 수는 없는 것이었다.[78]

이와 같이 19세기의 조선 사회는 정치·경제·사회·사상 등 모든 면에서 기존의 체제를 청산해야 할 단계에 와 있었다. 그러나 당시의 지배층은 일시적인 미봉책에만 급급할 뿐 어떠한 근본대책도 수립하지 못하고 있었다. 이러한 상황에서 민중들의 대대적인 폭력항쟁이 일어난 것은 당연한 일이었다.

2. 수취체제의 문란

세도정치는 사회·경제의 모든 부문에 있어서 극심한 부패를 야기하였는데, 그 집약적 표현이 田政·軍政·還穀 등 이른바 三政의 문란이었다. 이 삼정은 국가재정의 근원이 되는 동시에 농민생활의 절대적인 부담이었는데, 이들 수취제도의 문란은 조선 후기사회를 동요케 하였다.

전정은 토지를 대상으로 각종 세를 징수하는 행정을 말하였다. 따라서 전정이 제대로 운영되기 위해서는 토지에 대한 결수의 파악이 정확하고 세의 부과가 공정을 기하지 않으면 안되었다. 그러나 숙종 때 양전사업이 전국적인 규모로 행

---

77) 李洪烈, 〈科弊의 末期的 樣相과 그 對備策〉《史叢》 15·16 합집, 고려대, 1971.

78) 張潤植, 《李朝暗行御史의 硏究》, 고려서적회사, 1959.
田鳳德, 〈暗行御史制度硏究〉《韓國法制史硏究》, 서울대출판부, 1968.
金明淑, 〈朝鮮後期 暗行御史制度의 一硏究〉《歷史學報》 119, 1987.

하여진 바 있으나 그 이후에는 지역에 따라 부분적으로 양전이 행하여졌을 뿐 전국적으로는 제대로 실시되지 못하여 토지결수가 정확하지 못하였으므로 전결세의 수취는 문제발생의 소지를 지니고 있었다. 또한 18세기 말 이후 궁방전·관둔전 등 면세지와 진황지·재해지 등 토호들의 탈세지가 현저하게 증가하였고, 따라서 과세지는 자연히 감소할 수밖에 없었다. 이에 따라 정부는 재정기반의 축소에 따른 재정의 감소를 방지하고 일정량의 전세를 확보하기 위하여 田結稅의 수납을 총액제로 운영하였다. 그러나 이러한 총액제의 실시에 따라 필연적으로 전결세를 둘러싸고 지방관아 및 양반관료·향리들에 의한 농민수탈이 강화되었다.[79]

이리하여 실제 전정의 운영은 남징·과징이 일반화되고 있었다. 종래 법제상으로는 토지 1결당 부과되는 세액이 전세 4두(인조 13년 제정 永定法), 대동미 12두, 삼수미 1두 2승 등 田三稅 외에도 結作(전결의 부가세) 2두와 그 외의 부가세를 합하여 22~24두 정도였다. 그러나 중앙과 지방의 관청에서는 세수입을 증가시키기 위해 각종 부가세와 수수료 등 40여종에 이르는 잡세를 거두고 있었으며, 計板에 오르지 않은 것까지 포함하면 실제 토지세의 총계는 미 60두~80두에 이르고, 19세기 말에는 세목이 보다 증가하여 총 100여종에 이르고 있었다. 더욱이 토지세는 토지를 소유한 전주에게 부과되어야 하지만 실제로는 지주제 하에서 소작민들이 세를 부담하여 일반 농민의 고통은 극심하였다. 이 밖에도 관리들이 음성적으로 白地徵稅라 하여 황무지에서도 세를 거두었고, 또 都結이라 하여 서리가 사용한 공금이나 군포를 미봉하기 위하여 정액 이상의 세를 전결에 부과하는 등 온갖 비리를 자행하여 전정은 극히 문란하였다.

군정은 정남 1인에 대해서 군포 1필씩을 징수하는 행정이었다. 당시 포 1필의 공정가격은 미 6두였으므로 1결 4두의 전세보다도 많았으니, 가령 한 가호에 정남이 3인이면 군포 3필, 즉 미 18두를 납부해야 했으므로 결코 적은 액수가 아니었다. 게다가 이것마저도 제대로 시행되지 못하고 무력한 빈농들에게 가중되어 부과하였다.

우선 군액의 남설로 그 부담이 증가하였다. 중앙정부에서 설정한 군액과 군문 외의 다른 아문에서 설정한 軍保의 명색과 숫자는 날로 증가하였으니, 숙종조에 30여만이었던 軍摠(군역담당 군인 총수)이 균역법 실시단계인 1751년(영조 27)에는 50여만으로 증가하고 있었다. 이러한 군총이 고을단위에 일정한 군액으로 배분되어 납부토록 하였는데,[80] 반면 양역부담자는 점차 줄어들고 있었다. 군포

79) 金容燮, 〈純祖朝의 量田計劃과 田政釐正문제〉《金哲埈華甲紀念 史學論叢》, 지식산업사, 1983.

의 부과는 양정에 대한 정확한 파악 위에서 행해져야 하는데, 당시 신분제의 동요·붕괴로 양인이 감소하여 공정한 배분이 이루어질 수 없었던 것이다. 일부 양인신역자들은 경제적인 부를 이용하여 신분상승을 꾀하고 함부로 양반으로 등록하거나 혹은 관청의 私募屬으로 편입되고 세력있는 사대부가에 투탁하는 방법으로 피역하였으며, 심지어 도망 또는 유망하기도 하였다. 이러한 상황에서 군포액은 미리 결정되었기 때문에 지방관들이 수납을 완수하고 그 위에 개인적인 축재를 하기 위하여 잔여농민에 대한 과도한 징세를 하지 않을 수 없었다. 종래부터 있어왔던 백골징포·황구첨정·족징·인징 등 양역의 폐단이 이 시기에는 극에 달하였던 것이다.

환곡은 본래 춘궁기에 농민에게 정부미곡을 대여해 주었다가 추수기에 耗穀(모곡, 손실되는 곡식)의 명목으로 10분의 1의 이자를 붙여 환수하는 진휼책이었다.[81] 그러나 환곡의 이자수입이 정부의 주요 재정원으로 사용되면서 각 관청에서는 환곡의 총수를 늘리는 한편 분급량도 半留 半分의 원칙을 어기고 전량 분급함으로써 증가시켰다. 또한 환곡운영이 군현·영진 단위에서 총액제로 실시되었기 때문에 환곡의 분배가 고르지 못하여 환곡이 분급대상자보다 많거나, 환곡보다 분급대상자가 많아지는 고을이 생겼다. 이 때 환곡이 분급대상자보다 많은 경우 자연히 환곡분급이 강제적인 대여로 나타났으며 이로써 환곡제는 부세화되어 일종의 세금이 되고 말았다. 환곡분급방식도 이에 따라 토지에 부과되는 結還, 호에 부과되는 戶還·統還, 그리고 마을단위에서 부과된 환곡에 대해 공동으로 부담하는 방식인 里還 등으로 다양하게 나타났다. 이처럼 다양한 형태로 운영된 환곡의 분급·수납과정에서 감사·수령·향리에 의한 농간이 심해져 移貿(지역의 곡물가격 차이를 이용하여 영리를 추구하는 행위), 勒貸(늑대, 강제로 환곡을 대여하는 행위), 反作(번질, 臥還, 아전들이 환곡을 빼내고 이를 메우기 위해 거짓문서를 꾸미는 행위), 虛留(환곡이 실제로는 없지만 장부에만 있게 하는 행위)·半白(아전들이 환곡을 빌려줄 때 절반을 떼어먹는 행위)·分石(환곡에 겨나 쭉정을 섞어 대출하는 행위) 등의 온갖 편법이 자행되고, 상품화폐경제의 발달에 편승하여 환곡의 변형된 형태로서 화폐를 대여하고 곡물로 받는 錢還, 즉 환곡의 대전납이 행해졌다.[82]

이러한 형태들은 결국 감사·수령·향리들의 수탈로 빠진 액수를 농민들에게

80) 金容燮, 〈朝鮮後期 軍役制의 動搖와 軍役田〉《東方學志》 32, 연세대, 1982.
81) 金容燮, 〈還穀制의 釐正과 社倉法〉《東方學志》 34, 연세대, 1982.
梁晋碩, 〈18·19세기 還穀에 관한 硏究〉《韓國史論》 21, 서울대, 1989.
82) 宋賛植, 〈李朝時代 還上取耗補用考〉《歷史學報》 27, 1965.
張東杓, 〈19세기 前半期 吏胥層의 中間逋欠과 地方財政〉《釜大史學》 10, 부산대, 1986.

전가시키거나 사사로운 이익을 취하는 방법으로 사용되었으며, 환곡의 허류화로 인하여 환곡의 총수를 감소시키는 요인이 되었다. 그러나 환곡이 이미 재정수입의 상당한 부분을 차지하면서 수입감소에 따른 부족분을 환곡 자체의 운영에서 해결해야 했으므로 결국 농민들에 대한 수탈의 강화를 초래하였다. 또한 환곡부담자 중에서도 향촌사회의 유력자인 양반지주·토호들은 환곡부담에서 벗어나 결국 분급대상자의 축소로 잔여 농민들에게 부담이 편중되었다. 게다가 정규 이자곡 외에도 부가적으로 징수하는 수량이 증가하여 실질적으로 고리대화함으로써 환곡의 운영은 극히 문란한 상태가 되었으며, 농민들의 궁핍화를 가속시켰다.

삼정의 문란과 부패는 어느 시기에나 나타났던 것이지만 특히 세도정치 아래에서는 극심한 지경에 이르고 있었다. 이것은 표면적으로는 수령·아전들의 횡포와 그 운영상의 문제로 나타나고 있었지만 기본적으로 조선 후기의 조세 수취가 신분제와 지주－전호제에 바탕을 두고 운영되는 데에서 말미암은 것이었다. 결국 조선 후기의 경제변동 속에서 몰락하고 있었던 농민들은 정치적 혼란과 결부되면서 진행된 삼정의 문란으로 더욱 궁핍해져 갔던 것이다.

3. 농민의 동태와 洪景來의 난

날로 격심하여지는 양반정치의 혼란과 삼정의 문란은 농촌사회의 피폐를 초래하였고, 이 속에서 몰락농민들의 생활은 극도로 궁핍하여졌다. 영세농·소작전호·무전농의 수는 갈수록 늘어만 갔고, 더욱이 빈번한 자연재해와 질병은 이들의 어려움을 더욱 부채질하였다.

몰락농민 가운데 일부는 세리의 추적을 피해서 깊은 산속에 들어가 화전을 일구기도 하고, 아예 국경을 넘어 간도나 연해주로 이민가기도 하였다.[83] 또한 도시나 광산촌·수공업촌으로 흘러들어가 임노동으로 생계를 꾸려 나가는 사람도 많았다. 한편 다행히 유망을 면할 수 있었던 농민들은 지주·토호의 압박과 삼정의 수탈에 대처하기 위하여 공동조직을 결성하고 있었으니 契의 성행이 바로 그것이었다.

당시 계는 양반지주나 토호들 사이에서도 유행하여 이들은 주로 친목과 공제를 위한 宗契(종중계)·洞契·동갑계·혼상계 등에 참여하고 있었지만, 농민들은 군포계·제언계·농구계·牛契 등 주로 경제적 곤란을 공동으로 타개하기 위하여 조직하였던 것이다.[84] 이러한 농민층의 계가 성행한 것은 양반지주층의

83) 高承濟, 〈間島移民史의 社會經濟的 分析〉《白山學報》 5, 1968;《韓國移民史研究》, 장문각, 1973.

申虎澈, 〈朝鮮後期 火田의 擴大에 대하여〉《歷史學報》 91, 1981.

정형지, 〈19세기 전반 유민에 관한 연구〉《국사관논총》 72, 국사편찬위원회, 1996.

주도 하에 있었던 종래의 농촌자치체인 향약이 이 시기에 와서는 그 신분적 성격 때문에 제 기능을 발휘하지 못하였던 데에도 큰 이유가 있었다.[85] 구황작물인 고구마와 감자가 이 시기에 전래·보급된 것도 이러한 농민층의 빈궁에 대한 비상대책이었던 것이다.

농촌사회가 피폐하여 가는 가운데 농민들의 정치의식·사회의식도 성장하였다. 우선 이들의 현실적인 불만은 음성적으로 표출되었으니 전국 각지에서 일어난 괘서·방서사건이 바로 그것이었다.[86] 1804년(순조 4)에는 서울의 4대문에 〈關西秘記〉가 나붙었고 안악에서는 정부를 비방하는 노래가 유포되었으며, 그 후에도 크고 작은 사건이 빈발하여 민심을 자극시키고 있었다. 농민들의 저항은 여기서 그치지 않고 보다 적극성을 띠어 각처에서 화적·수적 등 도적이 일어났는데, 이들은 西江團·廢四郡團·流團 등의 명칭을 가지고 커다란 조직을 결성하기까지 하였다.

이러한 농민층의 저항은 마침내 민란으로 발전하였다. 이미 세도정치가 시작된 직후인 1800년(순조 즉위년)에 경상도 인동에서 60여명의 농민이 관아를 습격한 사건이 발생한 것을 비롯하여 1808년 이후로는 함경도 단천·북청과 개성·춘천 등지에서 이러한 사건이 계속 일어났으니, 이는 조선사회의 모순이 농민의 주체적 항쟁으로 표출된 것이었다. 그 가운데 가장 대표적인 것은 1811년(순조 11)에 평안도에서 일어난 홍경래의 난이었다. 이 난은 그 규모나 성격에 있어서 단순한 민란의 단계를 벗어나 농민전쟁으로 발전한 것이었다. 몰락 양반인 홍경래·禹君則·李禧著(희저)·金昌始 등의 지도 하에 영세농 등 몰락농민을 기본 구성원으로 하고 여기에 광부·일용노동자·뱃사공 등이 가세하여 봉기한 것이었다. 이들은 처음 嘉山에서 난을 일으켜 곽산·박천·정주·태천·선천·철산·용천 등 7개 고을을 점령하였지만 곧 정부군의 반격에 의해서 만 4개월만에 진압되었다.[87]

---

84) 金三守, 〈契의 諸學說의 吟味와 그 團體概念에 關한 史的研究〉《亞細亞女性研究》 1, 숙명여대, 1962; 《韓國社會經濟史研究－契의 研究》, 1964.
金仁杰, 〈조선후기 社會統制策의 위기－洞契의 성격변화를 중심으로－〉《震檀學報》 58, 1984.
김필동, 〈조선시대 계의 조직구조적 성격과 그 변화〉《人文科學研究所論文集》 16－1, 충남대, 1988.

85) 李海濬, 〈朝鮮後期 洞契·洞約과 村落共同體組織의 性格〉《조선후기 향약연구》, 민음사, 1990.
鄕村社會史研究會(편), 《조선후기 향약연구》, 민음사, 1990.
金龍德, 〈朝鮮後期의 鄕廳과 村契〉《신한국사의 탐구》, 범우사, 1992.

86) 李相培, 〈肅宗朝 掛書에 關한 研究〉《강원사학》 5, 강원대, 1989.

87) 李丙燾, 〈洪景來亂과 定州城圖〉《白山學報》 3, 백산학회, 1967.
鄭奭鍾, 〈「洪景來亂」의 性格〉《韓國史研究》 7, 1972.

홍경래의 난은 진압되었지만 그렇다고 그 원인인 사회문제가 해결된 것은 아니었다. 이 난의 구성원은 당시의 사회변동에 의해서 배출되고 그 속에서 피해를 받는 계층들이었으니, 몰락 양반·상인·광산경영자·임노동자, 그리고 농민 등 모두가 그러하였다. 세도정치의 부패와 특권 어용상인에 대한 반발, 그리고 지주제에 대한 부정 등이 이들의 사회의식을 고양시키고 투쟁의 대열에 서게 하였던 것이다. 이러한 현상은 전국적으로 만연되어 있었으므로 따라서 민란은 이후에도 각지에서 계속 일어나게 되었다.

홍경래의 난이 진압된 이후 제주도·용인·전주 등지에서 민란이 계획 되었다가 사전에 발각당한 사건이 계속 일어났다. 또한 1833년(순조 33)에는 서울에서 미곡상과 관리들의 농간으로 쌀값이 폭등하자 영세시민들이 폭동을 일으킨 사건이 일어났고 1841년(헌종 7)에는 경주의 농민 수백명이 서울까지 올라와 환곡의 부정을 고발하는 伏閤(복합) 상소(대궐 앞에 엎드려 올리는 상소문)를 하기도 하였다. 이와 같이 도시민이나 농민들의 동향은 적극적인 항거의 방향으로 나아가고 있었으니, 이제 민란은 전국적으로 확대될 수밖에 없었다.

4. 민란의 전국적 확대

조선 후기의 사회적 혼란은 마침내 전국적인 민란의 발생을 초래하였다. 특히 1862년(철종 13)에 일어난 晋州民亂을 시발로 3남 지방을 위시한 전국 각지에서 농민의 봉기가 일어났다.[88] 진주민란은 당시 경상도 우병사로 부임한 白樂莘과 진주목사 洪秉元의 탐학에서 비롯되었는데, 이들은 수년 동안 환곡을 부당하게 운영하여 사리를 취할 뿐 아니라 都結에 의해 자신들의 포결을 전가하였으며, 농민이 개발한 개간지나 광산을 불법이라 하여 돈을 강탈하는 등 갖은 비행을 저질렀으므로 드디어 이 지방의 잔반 柳繼春·金守滿·李貴才 등이 무리를

정석종은 이 논문에서 홍경래란의 추진세력을 당시 새롭게 성장하고 있었던 경영형 부농으로 보고, 이들이 사상 및 광산노동자들과 제휴하여 대지주·특권 상인층과 결속하고 있었던 봉건 정부에 도전한 농민전쟁으로 파악하였다.

88) 金容燮, 〈哲宗朝 民亂發生에 對한 試考〉《歷史教育》 1, 1956.
朴廣成, 〈壬戌民亂의 硏究〉《仁川教大論文集》 4, 1969; 《韓國中世社會와 文化》, 민족문화사, 1991.
金鎭鳳, 〈哲宗朝 民亂의 內容分析〉《19世紀 韓國傳統社會의 變貌와 民衆意識》, 고려대, 1982.
망원한국사연구회(편), 《1862년 농민항쟁》, 동녘, 1988.
李榮昊, 〈1862년 진주농민항쟁의 연구〉《韓國史論》 19, 서울대, 1988.
宋讚燮, 〈1862년 진주농민항쟁의 조직과 활동〉《韓國史論》 21, 서울대, 1989.
박광성과 김진봉은 민란의 원인을 주로 정부의 시책이나 관리의 탐학에서 비롯된 삼정의 문란에서 구하고 있는 데 반하여, 김용섭은 당시 농민들의 성장을 보다 근본적인 이유로 들고 있다.

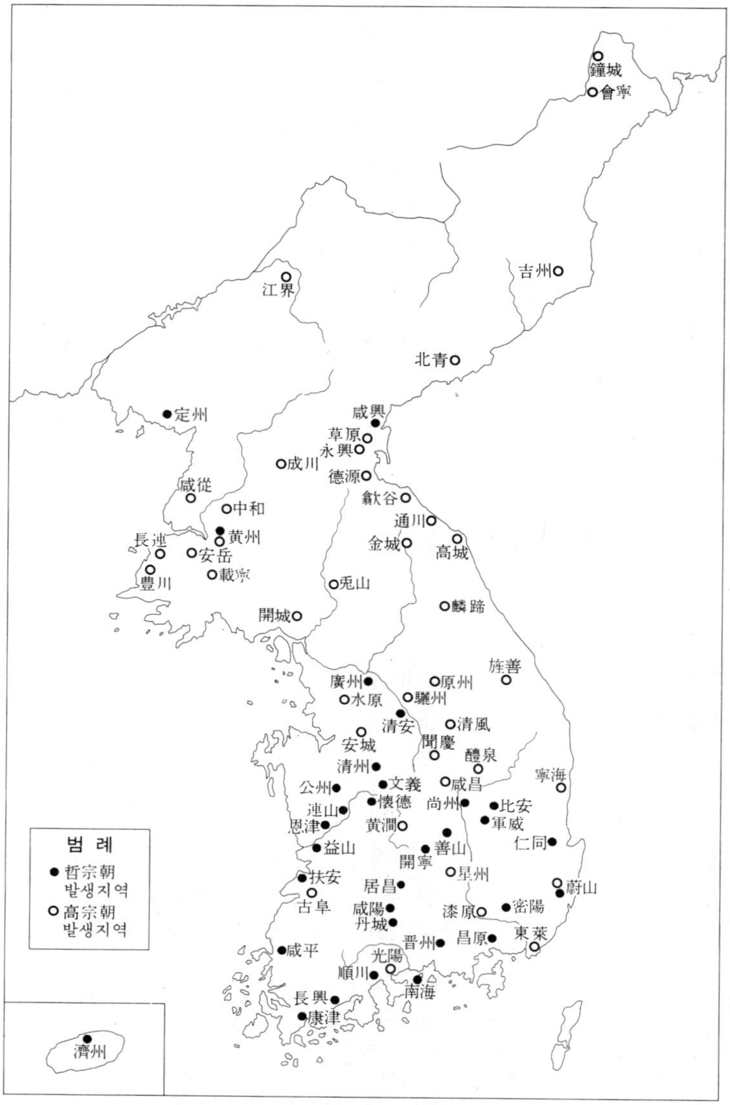

조선후기의 민란 발생지역

[자료] 崔珍玉, 〈1860年代의 民亂에 관한 硏究〉《傳統時代의 民衆運動》 下, 풀빛, 1981. p. 377 및 朴廣成, 〈高宗朝의 民亂硏究〉《傳統時代의 民衆運動》 下, pp. 475~480.

[비고] 그러나 국사편찬위원회 韓國史料叢書로 간행된 《龍湖閒錄》에 의하면 민란 발생지역이 위의 도표보다 훨씬 많았음이 나타나 이들을 합하면 총 70여회에 이르고 있다.

모아 반란을 일으킨 것이었다. 이들은 진주성을 점령하고 평소에 악질로 지목되었던 간리 수명을 태워 죽이기에 이르렀는데, 이에 정부에서는 백낙신과 홍병원을 파직하는 동시에 반란군을 진압하였다.

같은 1862년에는 또한 제주도에서 세 차례에 걸친 과격한 민란이 일어났고, 이 밖에도 전국에 걸쳐 모두 70여회의 농민봉기가 있었으며, 이러한 현상은 그 후에도 계속되었다.[89] 그런데 이들 민란은 어느 지역에서나 모두 삼정의 문란이 직접적인 동기가 되었으며, 그 규모나 양상도 비슷하여 처음에는 문서로 10여차례 관청에 호소하다가 이것이 받아들여지지 않자 실력 행사를 하는 것이었다. 이 때 농민들은 농기구나 죽창을 들고 관청을 습격하여 표적이 된 수령과 아전을 죽이고 조세문서를 불지르곤 하였다.

전국에서 산발적으로 일어나는 민란에 대하여 정부는 종래 홍경래의 난에서 보여주었던 것과 같은 무력에 의한 토벌을 계속할 수만은 없었다. 그 동안 강경 일변도의 처리방식이 오히려 사태를 악화시킨다는 것을 알았고, 또 사실상 군사력의 동원도 어려웠기 때문이었다. 이에 정부는 회유책을 써서 우선 宣撫使·按覈(핵)使를 파견하여 농민들의 요구조건을 수락하고 말썽난 관리나 아전을 파직·유배시켜 민심을 진정시킨 뒤 난의 주모자를 처형하는 방식을 취하였다.

그러나 이것은 한낱 미봉책에 불과하였으므로 정부에서는 보다 근본적인 해결책을 마련하기 위해서 삼정의 개선을 전국에 포고하고 그 시정책을 개진하도록 하는 한편, 특별히 三政釐整廳(이정청)을 두어 구체적인 개선안을 마련하도록 하였다. 이는 삼정의 문란이 농민의 봉기를 야기시키고 있으므로 그 운영과정에서의 폐단을 없애면 민란을 예방할 수 있다는 생각에서 비롯된 것이었다. 따라서 정부의 구폐책은 삼정 자체의 문제 보다도 운영의 개선에 초점이 두어졌으며, 실제로 작성·공포된 〈삼정이정절목〉은 삼정의 기본원칙에 기준을 두어 이에 위반하는 사항만을 거론하여 치죄하는 것을 내용으로 하고 있었다.[90]

그러나 민란의 보다 근본적인 원인은 지주와 전호, 그리고 부농과 빈농간의

---

89) 金鎭鳳, 〈哲宗朝 濟州民亂에 對하여〉《史學硏究》 21, 1969.
권仁赫, 〈哲宗朝 濟州民亂의 檢討分析〉《邊太燮華甲紀念 史學論叢》, 삼영사, 1985.
고석규, 〈18·19세기 농민항쟁의 추이〉《1894년 농민전쟁연구》 2, 역사비평사, 1992.
趙尙濟·權仁赫, 《韓國近代農民抗爭史》, 느티나무, 1993.

90) 金鎭鳳, 〈朝鮮哲宗朝의 釐整廳에 대하여〉《編史》 2, 국사편찬위원회, 1968.
朴廣成, 〈晋州民亂의 硏究－釐整廳의 設置와 三政矯捄策을 中心으로－〉《仁川敎大論文集》 3, 1968.
金容燮, 〈朝鮮後期 軍役制釐正의 推移와 戶布法〉《省谷論叢》 13, 1982.
______, 〈還穀制의 釐正과 社倉法〉《東方學志》 34, 연세대, 1982.
______, 〈純祖朝의 量田計劃과 田政釐正 문제〉《金哲埈華甲紀念 史學論叢》, 지식산업사, 1983.

경제적 대립과 여기에 얽힌 신분관계의 문제 등 체제적인 모순에 있었다. 따라서 양반지주의 입장에 토대를 둔 이러한 해결방안은 역시 민심의 동요를 진정시킬 수 없었고, 따라서 민란은 계속 일어날 수밖에 없었다.

이와 같은 민란의 전개 속에서 농민의 사회의식은 더욱 상승하였고 그들 농민 지도층의 지도력도 한층 향상되어 갔다. 이리하여 민란은 대원군 치세나 개항 이후까지도 줄기차게 계속되었는데, 이러한 농민들의 주체적 항쟁은 조선의 양반 사회체제를 결정적으로 붕괴시킨 요인이 되었던 것이다.[91)]

5. 근세사회의 해체

조선 후기에는 여러 면에 걸쳐 구사회의 질서가 붕괴되고 새로운 사회로의 변화가 나타나고 있었다. 특히 그것은 19세기에 들면서 보다 표면화되어 갔다. 이제 19세기 전반에는 정치·경제·사회·사상 등 각 방면에 걸쳐 구질서가 붕괴되고 近代로 발전하는 기운이 일어나고 있었다.

정치적으로는 세도정치에 의한 일당전제가 심화되어 정국이 경직되고 있었다. 이러한 통치질서의 파탄은 발달하여가는 시대적 추세에 역행하는 것이었으며, 이는 새로운 정치구조의 출현을 요구하게 되었다. 특히 이러한 동향은 몰락 양반들에 의해 주장되었는데, 그 중의 한 사람인 崔漢綺(최한기)는 1860년(철종 11)에 《人政》을 저술하여 인재를 옳고 고르게 등용해야 할 것을 강조하였다. 당시의 식자층이 세도정치에 비판적 관점을 갖고 보다 새로운 정치체제로의 개편을 요구한 것은 이를 나타내는 것이었다.

19세기에 들어서는 실학의 학문적·사상적 연구도 보다 성숙해졌다. 이 때를 대표하는 실학자로는 박제가·정약용·서유구·김정희·최한기 등이 있었다. 전술한 바 정약용과 서유구는 농업경제론, 박제가는 상공업론을 발전시켰고 김정희 등은 고증학에 따른 객관적 학문연구를 추구하였으며, 또한 서양의 과학사상을 수용하여 새로운 학문·사상이 광범하게 일어났다. 이 실학사상은 근대지향적인 면이 있었으므로 이는 근세에서 근대로 전환하는 사상적 기반이 되었다.

사회면으로는 사회적인 신분변화가 현저해졌다. 1801년(순조 1)의 관노비의 해방은 그 단적인 표징이었다. 노비의 양인화와 함께 양인들에 의한 양반신분으로의 변화로 그 인구가 급격히 증가한 것도 이러한 종래의 신분질서를 무너뜨리는 데 커다란 역할을 하였다. 또한 양반사회에서 불우하였던 중인층과 서얼계층

---

91) 高承濟, 〈李朝末期 村落反亂運動과 村落社會의 構造的 變化〉《白山學報》 19, 1975.
정창렬, 〈조선후기 농민봉기의 정치의식〉《韓國人의 生活意識과 民衆藝術》, 성균관대, 1983.

이 대두한 것도 신분사회를 해체케 하는 계기가 되었다. 여기에는 유수원의 신분개혁사상 등 실학자들의 선각적인 신분의식이 기반을 제공하였다.

이러한 신분변화는 향촌사회의 질서에도 변화를 초래하였다. 우선 종래의 유향소가 두 가지 면에서 변질되었는데, 그 하나는 이제 유향소는 주로 鄕廳으로 불려지고 수령의 명령 밑에 예속된 지방행정기구로 편제되어 그 자치적 기능이 약해졌으며, 또하나는 종래 양반만으로 구성된 향청에 새로이 부유한 양인으로 신분을 상승시킨 饒(요)戶富民層이 참여하여 향청의 직임인 鄕任(座首·別監)을 둘러싸고 권력다툼인 鄕戰이 일어났다. 이들 새로이 대두하여 鄕案에 입록된 자를 종래의 士族인 舊鄕에 대비하여 新鄕이라 불렀는데, 이들 신구 향족은 鄕權을 쟁탈하려는 치열한 알력이 생기기에 이른 것이다.[92] 또한 이 시기에는 향촌에 농경공동체조직으로 두레가 성행하였는데, 이 두레는 고대 농촌공동체의 유제에서 기원한 것으로 農契라고도 칭하여져 공동으로 농경노동에 참여하였다. 이에 종래의 자치적인 공동체 조직인 향도는 단순히 喪葬의 일만을 담당한 상두꾼으로 잔존하게 되었다.

19세기에는 종교·신앙면에도 역시 새로운 기풍이 팽배하고 있었다. 1801년(순조 1)의 신유사옥 이후에도 천주교는 그 고세가 확장되고 신자의 수가 증가해 갔다. 東學도 바로 19세기에 최제우가 일으킨 종교였으며 그 교세도 점차 확대하였다. 이 천주교와 동학은 모두 평등사상에 기반을 두고 양반사회질서에 반항하는 사회의식을 심어주어 새로운 사상적 기반을 마련해 주었다.

이와 같은 19세기의 새로운 풍조는 유교적인 양반사회의 구조를 붕괴시키는 것이었다. 그리고 이것은 곧 종래의 전통사회에서 새로운 근대사회로의 발전을 제시하는 것이었다. 이제 한국의 근세사회는 내부적으로 발전하여 근대사회로 넘어가는 스스로의 요인을 마련하게 된 것이다.[93]

---

92) 金仁杰, 〈朝鮮後期 鄕村社會構造의 변동〉《邊太燮華甲紀念 史學論叢》, 삼영사, 1985.
李海濬, 〈朝鮮後期 村落構造變化의 背景〉《韓國文化》 14, 서울대, 1993.
고석규, 《19세기 조선의 향촌사회 연구》, 서울대출판부, 1998.
유향소는 다만 鄕所라고만도 불리고 鄕案에 입록된 재지사족인 유향품관으로 구성되며 그 청사는 鄕射堂이라 하고 여기서 鄕會를 열었는데, 후기에는 향청이라 부르는 경우가 많았다.

93) 劉元東, 〈韓國史에 있어서의 近代化 問題－經濟的 側面에서－〉《南都泳古稀紀念 歷史學論叢》, 민족문화사, 1993.
李基東, 〈韓國史 時代區分의 여러 類型과 問題點〉《韓國史時代區分論》, 소화, 1995.

제 5 편
近 代 社 會

》개 관《 조선 후기에는 정치·경제·사회·문화의 모든 부문에 걸쳐 커다란 변동이 일어나고 있었으니, 그것은 확실히 새로운 시대의 맹아가 나타나 近代社會를 지향하는 힘찬 움직임이었다.

우선 경제적인 면에서는 농업생산력이 급증하여 사회변동의 토대를 마련하였고, 상공업에 있어서도 이미 상업자본의 성장이 나타나고 있었다. 사회적인 면에서는 부의 축적에 따른 신분의 상승이 일반화되어 양반사회의 신분구조가 붕괴되는 가운데 천민·노비의 해방이 진전되어 갔다. 또한 사상계에 있어서는 새로운 사회변동에 직면하여 유교적인 양반관료사회의 모순을 해결하기 위한 새로운 사상체계로서 실학이 발생하여 사회개혁과 근대화의 방향을 제시하였고, 또한 새로이 천주교가 전래되어 전통사회의 질서와 가치규범에 도전하였으며, 민족종교로서 동학이 일어나 농민층을 중심으로 현실개혁의 사회운동을 전개하였다.

그러나 정치면에 있어서는 이러한 각 방면의 새로운 변화를 수용하지 못한 붕당정치의 말폐가 세도정치로 진전되었고, 이에 따른 왕정의 문란 등으로 국민생활을 도탄에 빠뜨리는 결과를 초래하였다. 이에 농민들의 불만이 민란의 형태로 폭발함으로써 조선의 양반관료체제는 더 이상의 존속이 어려워지게 되었던 것이다.

이러한 조선 후기의 변화는 근대화를 지향하고 있었으며, 따라서 이는 한국사의 내부적인 발전을 의미하는 것이었다. 즉, 한국사는 그 스스로의 내재적인 요인에 의해서 근대화의 길을 걷고 있었던 것이다. 그것은 북학론자들이 통상개화론을 주장하여 개항·개화의 기반을 마련하였던 것이나, 또는 조선 후기에 성장한 상업자본이 근대자본주의 체제의 토대를 이루었던 것으로부터 알 수 있다. 개항 이후 개화파에 의하여 추진된 甲申政變과 그 후의 甲午更張, 그리고 大韓帝國의 光武改革도 비록 외세의 개입이 있었다 하더라도 그 내부적 기반은 실학 이후의 자주적인 개혁의식에서 이미 마련되어 있었던 것이다.

그러나 문제는 한국의 근대화가 이러한 내재적이며 자율적인 힘으로만 이루어지지 않았다는 데 있었다. 개항이 일본의 강요에 의하여 이루어졌고, 그 후의 개화과정에서도 외세의 영향이 적지 않게 작용하였던 것이다. 물론 여기에는 당시의 제국주의 열강의 침략으로부터 국가를 지키겠다는 衛正斥邪運動의 영향도 있었지만, 아뭏든 한국이 스스로 개항·개화를 추진하지 못한 것은 그 후의 역사에 커다란 영향을 끼치지 않을 수 없었다.

한국 근대사의 특징은 개화와 보수의 갈등, 그리고 외세의 침략에 대한 민족의 항쟁에서 찾아진다. 개항 이후 개화정책이 추진되어 근대적 제도와 시설이 마련되어 갔지만 이것은 언제나 보수세력에 의하여 견제를 받아야 했으며, 한편으로는 개화와 함께 밀어닥친 일본 및 서구열강의 이권침탈과 영토야욕에 대하여 끊임없이 저항해야 했던 것이다. 이러한 저항은 처음에는 보수세력의 위정척사운동을 중심으로 이루어졌으나, 점차 국민들의 근대적인 자각운동과 결부되어 보다 광범하게 전개되었다. 이렇게 보면 한국의 근대사는 열강의 침략에 대한 민족의 항쟁사로 일관한 것이라고 할 수 있겠다.

결국 한국은 일제의 무력 앞에 국권을 빼앗기고 식민지로 전락하여 35년 동안 일제의 통치를 받아야 했으며, 한국사는 주권이 없는 단절기를 맞이하는 비운을 겪게 되었다. 그러나 식민지 통치 하에서도 민족의 항쟁은 계속되었고, 우리의 국권은 중국에 망명한 大韓民國臨時政府에 의해서 계승됨으로써 한국사의 정통성은 단절되지 않았던 것이다.

제 1 장
近代化의 추진

Ⅰ. 大院君의 개혁정치와 開港

1. 대원군의 개혁정치

철종이 재위 14년만에 후사가 없이 죽자 고종이 12세의 어린 나이로 즉위하고, 그의 생부인 興宣君 李昰應(이하응)이 대원군(국왕의 아버지)으로 정치의 실권을 잡게 되었다(1863). 대원군은 안동 김씨의 외척세도 하에서 불우한 생활을 하면서도 야심을 가지고 당시 왕실의 어른이었던 趙大妃(24대 헌종의 모후)와 은밀히 연결하여 기회를 기다리고 있었는데, 철종이 죽은 뒤 조대비가 고종을 후사로 결정하고 형식적으로 수렴청정을 하였으나 대원군으로 하여금 국왕을 보좌하도록 하여 실제로는 대원군이 정치의 실권을 장악하였던 것이다.[1] 이에 따라 순조 이후 60여년 동안 외척세도가에게 맡겨졌던 정치의 실권이 왕실로 돌아오게 되었다.

대원군은 그의 불우했던 시절에 안동 김씨의 세도 아래에서 세도가문 및 그들과 연결된 양반들의 횡포와 그에 따른 정치질서의 혼란, 그리고 농민생활의 실상을 직접 목격하면서 국내정치의 현실을 누구보다도 잘 파악하고 있던 인물이었다. 따라서 그는 실권을 장악하자 곧 왕권을 강화하며 그 동안에 국내정치에 있어서 나타났던 폐단을 제거하고, 조선왕조의 지배체제를 재정비하려는 일대 개혁을 추진하였다. 그는 먼저 외척세도를 해온 안동 김씨 일족을 정권에서 밀어내고 당파와 신분을 구별함이 없이 능력을 보아 인재를 등용하였다. 이러한 인사정책은 대원군이 그의 정치적 기반을 다련하려는 의도와도 관련이 있는 것이었다.

왕권강화를 위한 그의 노력은 정치기구의 재정비에서도 나타났다. 그동안 문무고관의 합의체로서 주요 정무를 총괄하고 집권양반의 정치권력을 뒷받침하였던 비변사를 폐지하여(1865) 의정부의 기능을 부활시키고, 삼군부를 다시 설치

---

1) 成大慶, 〈大院君 執政의 原因的 諸狀況에 대하여〉《人文科學》 10, 성균관대, 1981.
　______, 〈大院君 初期執政期의 權力構造〉《大東文化硏究》 15, 성균관대, 1982.
　______, 〈大院君政權의 政策〉《大東文化硏究》 18, 성균관대, 1984.
　李炫熙, 〈興宣大院君의 政治改革과 結果〉《人文科學硏究》 14, 성신여대, 1995.

하여 정치와 군사를 분리시켰다.[2] 또한 법치질서를 정비하기 위해《大典會通》과《六典條例》를 간행하였으며, 왕실·국가의 전례를 정비하기 위하여《宗府條例》와《五禮便攷 오례편고》를 편찬하였다.

대원군은 또한 문란해진 삼정을 바로잡고 농민생활을 안정시키기 위한 정책을 추진하였다. 전정에 있어서는 토지대장에서 누락된 전토를 찾아내는 한편 지방관이나 토호들의 토지겸병을 금지하며, 그동안 자행되어온 수령과 아전의 중간 협잡이나 부정한 행위를 금지하고 이를 어기는 자를 엄하게 다스렸다. 군정에 있어서는 종래에 상민에게만 징수해온 군포를 양반에게까지 확대시켜 징수하고 이를 戶布(처음에는 洞布)라 하였다.[3] 또한 가장 폐단이 심했던 환곡제를 개혁하여 좁은 지역을 단위로 운영하는 社倉制를 실시함으로써 농민들이 실제로 구휼의 혜택을 입도록 하였다.[4]

그리고 지방 양반들의 세력 기반이 되었던 서원을 대폭 정리하여 전국에 47개소의 서원만을 남기고 나머지는 모두 철폐하였는데, 이 때 철폐된 서원은 600여 개나 되었다. 원래 서원은 선현의 봉사와 자제교육의 뜻으로 설립된 것이지만 전지와 노비를 소유하고 면세·면역의 특권을 가지고 있어 피역자들이 모여들었으며 지방 농민을 괴롭히고 지방 행정에 압력을 가하기까지 하는 등 그 폐해가 막심하였는데, 대원군의 과감한 철폐로 그 폐단이 없어지게 되었다.

대원군의 왕권강화를 위한 노력은 임진왜란 때 소실된 후 폐허가 된 채로 남아 있었던 경복궁을 중건하는 대역사를 추진하기에 이르렀다. 고종 2년(1865)에 착수한 이 공사는 왕 4년에 완성되어 勤政殿·慶會樓·광화문 등을 비롯한 대궁전의 모습이 다시 갖추어졌다. 그러나 이에 필요한 막대한 경비를 마련하기 위해 관민에게 願納錢이라는 명목으로 강제로 기부금을 징수하였으며, 토지에는 結頭錢이라는 부가세를 신설하였고(田 1결에 錢 100文) 서울의 도성문으로 들어오는 물품에는 세금을 부과하였다. 그리고 當百錢이라는 고액의 화폐를 주조하여 강제로 통용시켰는데, 이 당백전의 사용으로 물가가 등귀하여 일반 국민의 생활에 큰 위험을 주었다. 한편 공사에 소용되는 목재를 충당하기 위해 전국적

2) 崔炳鈺, 〈高宗代의 三軍府硏究〉《軍史》 19, 전사편찬위원회, 1989.
金世恩, 〈大院君執權期 軍事制度의 整備〉《韓國史論》 23, 서울대, 1990.

3) 韓㳓劤, 〈大院君의 稅源擴張策의 一端－高宗朝 洞布·戶布制實施와 그 後弊－〉《金載元回甲紀念論叢》, 을유문화사, 1969.

4) 金容燮, 〈還穀制의 釐正과 社倉法〉《東方學志》 34, 연세대, 1982.
사창이란 조선시대 각 군현의 촌락에 설치된 곡식대여기관이다. 농민에 대한 진휼기능을 가진 제도인 점에서는 義倉과 같으나 의창이 관설기구인 데 반하여 사창은 촌락(社)을 기반으로 한 자치기구인 점에 차이가 있었다. 이 사창은 조선 전기에 설치된 바 있으나 몇 차례 치폐를 거듭하다가 1866년(고종 3)에 대원군이 〈사창절목〉을 제정함으로써 정식으로 실시되었다.

으로 큰 나무들이 벌채되고 양반의 묘지림까지 징발되었으며, 또한 농민들이 토목공사에 강제로 동원되었으므로 대원군은 양반과 백성들에게 큰 원성을 사게 되었다.

홍선대원군의 내외정책에 대한 평가에는 크게 두 가지의 상반된 견해가 있다. 하나는 전통사회의 각종 폐단을 과감히 개혁하여 근대사회로의 발전에 계기를 이루고 대외적으로 외세의 침투 위협에 대항하여 국가의 자주권을 지키려는 노력에서 근대 민족국가의 성격을 찾아볼 수 있다는 긍정적인 시각과, 반대로 대원군의 정치가 전통사회질서를 재정리하고 왕권의 집권 체제를 강화하려 하였고 또 대외적으로 쇄국정책의 강화로 근대사회로의 발전에 역행하였다는 부정적인 인식이다.

2. 쇄국정책

조선에서 세도정치가 실시되던 19세기에는 서양에서 일찍이 산업혁명을 거쳐 자본주의 경제체제를 이룩한 열강들이 상품시장과 원료공급지를 확보하기 위해 군함을 앞세워 아시아 여러 나라에 경쟁적으로 침입해오고 있었다. 영국이 아편전쟁에서 승리하여 중국의 문호를 개방시켰고(1842), 이어 애로우(Arrow)호 사건을 계기로 영국과 프랑스가 연합하여 뻬이징을 점령하였으며(1860), 이를 기화로 러시아는 연해주 일대를 그 영토로 확보하였다. 또 미국도 일본을 위협하여 문호를 개방하는 조약을 체결하였다(1854).

이와 같은 서양세력의 물결은 조선에도 미쳐오고 있었다. 서양의 선박은 이미 18세기부터 우리 나라 연해에 나타나 처음에는 탐험과 측량을 목적으로 하였다가 19세기에 들어와서는 통상을 요구하기에 이르렀다. 1832년(순조 32)에 영국상선 암허스트(Lord Amherst)호가 충청도 해안에 나타나 통상을 요구하였고, 1845년(헌종 11)에도 역시 영국 군함이 남허안에 이르러 측량을 하고 돌아갔다. 이듬해에는 프랑스의 군함이 충청도 연안에 출현하였고, 1854년(철종 5)에는 러시아 선박이 함경도 해안에 나타났다. 이들 異樣船의 출몰은 조선의 조야에 커다란 위협을 주었다. 특히 중국에서 벌어진 아편전쟁과 영국·프랑스 군대의 뻬이징 점령 소식은 이들 서양세력이 조선에도 침공할지 모른다는 우려를 자아냈던 것이다.

전통질서를 재정비하고 조선왕조의 집권체제를 강화하려는 대원군의 개혁정치에 있어서 서양세력의 통상요구는 일단 저지해야 할 대상이었다. 더욱이 대원군의 집권 이전부터 프랑스 선교사가 국내에 잠입하여 선교활동을 하고 천주교 신자가 나날이 늘어나고 있었으며, 또한 의주·동래 등지의 국경무역을 통해 서양화물이 들어와 사용됨으로써 당시 조선에서는 이러한 서양세력의 침입에 대한 위기의식이 고조되었다. 따라서 천주교를 금압하고 양화의 유입을 엄금하여야 한다는 여론이 강하게 일어나고 있었다. 이와 같은 여론에 힘입어 대원군은 통상거부의 鎖國政策을 고수하여 서양의 통상요구에 불응하고 양화금단을 명하여 천주교에 대한 탄압을 단행하였다.

당시 조선에는 베르누(Berneux)·리델(Ridel) 등 12명의 프랑스 선교사가 활동하고 있었고 신도가 2만여명에 이르고 있었다. 대원군은 처음에는 천주교에 대해 관용적인 편이었으며, 1860년 이후 두만강을 넘나들며 위협적인 대상이 된 러시아를 견제하기 위하여 프랑스와의 연결을 계획함에 있어서 프랑스인 선교사를 이용하려고까지 하였다. 그러나 그 교섭이 이루어지지 않고 또한 유생과 양반들의 강력한 주장이 일어나 결국 천주교를 탄압하게 되었다. 이리하여 9명의 프랑스 선교사와 南鍾三 등 수천 명의 신자들을 처형하였으니 이것이 병인사옥이다(1866년, 고종 3).

3. 양 요

서양세력의 침투 위협에 대한 대응으로 나타난 천주교박해는 서양과의 무력대결을 불가피하게 하였다. 조선은 서양인의 통상요구를 침략이라고 규정하고 문호를 굳건히 닫았을 뿐 아니라 그들의 종교인 천주교의 전파를 거부하였다. 여기에는 서양과 통상관계를 맺고 있는 일본도 포함되었으며 오직 전통적인 청과의 관계만이 허용되었다. 이제 서양세력으로서는 무력에 의해서라도 문호를 개방시키고 천주교의 전파를 강요하게 되었으니 여기 일어난 것이 서양세력의 소요인 양요였다.

병인사옥 때 살아남은 3명의 프랑스 신부 가운데 한 사람인 리델이 중국으로 탈출하여 천진에 있는 프랑스 극동함대의 사령관인 로즈(Rose) 제독에게 보고하니, 북경 주재 프랑스 공사와 로즈 제독은 조선침공을 감행하였던 것이다. 이때 로즈 제독은 프랑스 극동함대의 전함 3척을 거느리고 조선에 와서 한강을 거슬러 올라와 서울 근처 양화나루에 이르러 형세를 살피고 일단 철수하였다. 그리고 곧 다시 군함 7척으로 강화도에 침입하여 강화읍을 점령하고 병기와 서적 등을 약탈하였다. 이 프랑스 함대의 침략은 선교사 살해의 책임을 묻는다는 구실로 무력을 앞세워 조선을 굴복시키고 강제로 문호를 개방시키고자 한 행동이었다. 이에 조선정부는 한강 연안의 경비를 강화하여 서울로 향하던 프랑스군의 일대를 韓聖根 부대가 文殊山城에서 무찔렀고 梁憲洙 부대는 鼎足山城에서 프랑스군을 격퇴하는 데 성공함으로써 결국 로즈제독의 함대는 퇴각하고 말았으니

이것이 병인양요이다(1866).[5)]

이 때 대원군의 서양에 관한 인식을 더욱 나쁘게 하고 쇄국정책을 강화하게 한 사건이 일어났는데 이른바 옵페르트사건이었다. 독일상인 옵페르트(Oppert)는 1866년(고종 3)에 두차례나 영국 상선을 타고 조선에 와서 통상을 요구하다 거절당한 일이 있는데, 고종 5년에 세번째로 조선에 왔을 때는 충청도 아산만에 상륙하여 덕산에 있는 대원군의 부친인 南延君의 무덤을 도굴하는 만행을 저질렀던 것이다. 옵페르트의 이러한 행동은 조상숭배의 전통적 윤리를 무시한 것이었으며, 더구나 그것이 집권자의 부친이고 국왕의 조부의 무덤이었다는 데서 직접적으로 서양인을 배척하는 기운을 고조시키고 통상거부정책을 강화시키는 결과를 초래하였다.

한편 천주교의 박해가 진행되던 고종 3년 미국의 상선 제너럴 셔어먼(General Sherman)호가 대동강을 거슬러 올라와 교역을 요구하다가 평양 군민의 공격을 받아 불타 침몰된 사건이 일어났다. 이 사건을 계기로 미국은 조선을 개국시킬 수 있으리라는 기대로 중국에 있는 미국의 아시아함대 사령관 로저스(Rodgers)로 하여금 5척의 군함으로 조선을 침공케하였다(신미양요 : 1871). 그러나 조선은 병인양요 이래 서양세력의 침입에 대비하여 국방을 강화하고 특히 강화도 연안의 수비에 중점을 두고 있었다. 이 때 草芝鎭을 함락시킨 미군이 廣城鎭을 공격해오자 魚在淵이 이끄는 조선의 수비대는 이를 맞아 일대 격전을 벌여 격퇴하였고 甲串(갑고지)에 상륙한 미군도 패퇴시켰다.[6)]

프랑스와 미국 두 나라 함대의 연속적인 침입을 격퇴한 대원군은 서양에 대해 자신감을 얻어 쇄국정책을 더욱 강화하였다. 그는 洋夷 배척의 결의를 전국민에게 다짐하기 위해서 척화교서를 반포하고 서울의 종로와 전국의 중요지역에 斥和碑를 세웠는데, 그 내용은 '洋夷侵犯 非戰則和 主和賣國'(양이가 침범함에 싸우지 않음은 곧 화의하는 것이요, 화의를 주장함은 나라를 파는 것이다.)이라고 되어 있었다.

이와 같이 두 차례에 걸친 양요를 격퇴하고 대원군의 강경한 척양정책이 계속 고수될 수 있었던 것은 서양세력의 침입에 대한 위기감이 일어나는 속에서 특히 전통질서와 윤리에 강한 의식을 가진 유생들의 斥洋論이 대원군의 대외정책을 지지하고 있었기 때문이었다. 또한 프랑스나 미국이 당시 자국의 여러 사정으로

5) 柳洪烈, 《高宗治下 西學受難의 硏究》, 을유문화사, 1962.
崔奭祐, 〈丙寅洋擾小考〉《歷史學報》 30, 1966.
金源模, 〈로즈 艦隊의 來侵과 梁憲洙의 抗戰〉《東洋學》 3, 단국대, 1983.
______, 《近代韓美關係史 한미전쟁편》, 철학과 현실사, 1992.

6) 金源模, 《近代韓美交涉史》, 홍성사, 1979.
______, 〈로저스 艦隊의 來侵과 魚在淵의 抗戰(1871)〉《東方學志》 29, 연세대, 1981.

적극적인 대조선정책을 추진할 수 없었던 데에도 이유가 있었다. 당시 프랑스는 인도차이나의 식민지 경영에 주력하고 있었고 미국도 남북전쟁 이후에 서부개척 등 국내 문제에 전념하고 있었으므로 조선문제에 적극적일 수 없었던 것이다. 또한 영국의 경우는 인도 경영으로, 러시아는 새로 획득한 연해주 개척으로 조선에 대한 관심을 크게 가질 여유가 없었으므로 조선의 통상거부정책은 당분간 더 유지될 수 있었다.

대원군의 쇄국정책은 비단 척양만으로 나타난 것이 아니었다. 1854년 미국에 의해 강제로 문호를 개방한 일본은 그 후 서양 여러 나라와 통상조약을 체결하였고, 1868년 德川(토꾸가와)幕府를 무너뜨리고 천황제를 중심으로 하는 明治(메이지)維新을 단행하여 근대국가체제를 갖추자 조선에 대하여 이러한 사실을 알리면서 새로이 수교할 것을 요청해왔다. 그러나 대원군은 일본이 보낸 국서의 형식이 종래의 관례에 어긋났기 때문에 이를 받아들이지 않았을 뿐 아니라 서양 문물을 수용한 일본에 대해서도 서양제국에 대해 갖는 적대감을 똑같이 가지고 척양과 함께 척왜를 표방하였다.

이와 같이 조선은 그 자체의 복고적 체제강화에 노력을 기울이고 서양세력의 문호개방에 대해 쇄국정책을 고수함으로써 새로이 펼쳐지는 역사적 상황에 대처하는 보다 적극적이고 능동적인 정책을 마련하지 못하고 말았던 것이다.

4. 통상개화론의 대두

대원군의 강경한 척양·척왜의 정책이 추진되고 있을 때 정계 일각에서는 문호를 개방하여 서양문화를 받아들이고 통상을 하는 것이 필요하다는 통상개화론이 대두하고 있었다. 이러한 주장은 이미 실학파의 북학론에서 제기되었던 것으로 특히 박제가는 청의 발달된 문물을 받아들여 우리에게 유용하게 할 것을 주장하였을 뿐 아니라 동남아 또는 서양과도 통상을 하여야 나라가 부강해진다고 하였다. 이러한 주장은 그 후 19세기에 들어와서 이규경이나 최한기에 의해서 계승되었고 다시 朴珪壽·吳慶錫·劉鴻基(大致) 등에 의해 더욱 발전되었다.[7)]

박규수는 북학파의 거두인 박지원의 손자로서 사상적으로 북학론의 영향을 받았으며 청에 사신으로 다녀온 이후 서양의 문물에 관심을 가지고 문호개방을 주장하였다. 오경석은 역관으로 사신을 수행하여 청에 왕래하면서 직접 서양문물을 접하고 이를 소개하는 서적을 구입하여 왔다. 醫業에 종사하던 유홍기는 오경석이 가져온 서양문물에 관한 서적을 읽으면서 새로운 사상에 관심을 가졌을 뿐만 아니라 그의 집에 드나드는 젊은이들에게 커다란 영향을 끼치고 있었다.[8)]

7) 金泳鎬, 〈實學과 開化思想의 聯關問題〉《韓國史研究》 8, 1972.
8) 李光麟, 〈숨은 開化思想家 劉大致〉《開化黨研究》, 일조각, 1973.

이들이 주로 읽은 서적은 《海國圖志》·《瀛環志略 영환지략》 등으로서 이것이 개화사상의 형성에 큰 영향을 주었다.[9)]

이들이 부국강병의 방편으로 주장한 통상개화론은 그 후 개화사상의 형성과 개화정책의 추진에 선구적인 역할을 했다는 점에서 한국사의 전개과정에서 내재적인 발전의 측면을 보여주는 중요한 움직임이라고 할 수 있으며, 이는 한민족의 주체적 역사발전의 한 동력으로 평가되어져야 할 것이다.[10)] 이러한 통상개화의 주장은 대원군의 집권이 계속되는 동안에는 표면화되기 어려웠으나 고종 10년(1873)에 대원군이 권좌에서 물러나자 문호를 개방키 한 원동력이 되었던 것이다.

5. 강화도조약과 개항

대원군의 전제적인 개혁정치와 쇄국정책이 진행되는 과정에서 점차 그의 정책에 반대하는 세력이 형성되고 있었다. 혁신적인 개혁정치의 성과가 적지 않았지만 서원의 철폐나 조세정책의 개혁에 따른 양반유생들의 반발이 일어났고, 경복궁 중건에 따른 경제적 곤란과 농민에 대한 강제노역 등은 일반백성들로부터도 원성을 듣게 되었던 것이다. 또한 정치적으로는 대원군에 의해 실각된 안동 김씨 일문, 그리고 원래 대원군과 연결되었으나 점차 그의 독선적 정치에 대해 불만을 품게 된 풍양 조씨 일문 등이 대원군에게 적대하게 됨으로써 본래부터 정치적 기반이 없었던 그는 고립무원의 상태에 빠지게 되었다. 강경한 대외정책에 대해서는 통상개화론자에 의한 비판의 소리가 제기되고 있었다. 이러한 때 은연중 왕비 閔氏의 세력이 성장하여 마침내 대원군을 실각시키기에 이르렀다.

앞서 대원군은 외척세도의 폐단을 재현하지 않기 위해서 고종비를 정할 때 집안이 한미한 민씨가문을 택하였다. 그런데 오히려 민비는 대원군의 독단에 반감을 품고 반대원군세력을 규합하여 1873년(고종 10)에 국왕의 친정을 주장하면서 대원군의 실정을 공격하는 유생 崔益鉉의 상소를 계기로 대원군을 실각시키는 데 성공하였다.[11)] 이제 고종의 친정체제가 수립되었지만 정치권력은 왕비의 집안인 민씨 일문에게 돌아가게 되었다. 이러한 대원군의 하야와 민씨 일파의

慎鏞廈, 〈吳慶錫의 開化思想과 開化活動〉《歷史學報》 107, 1985 ; 《韓國近代社會思想史硏究》, 1987.

孫綱富, 《朴珪壽의 開化思想硏究》, 일조각, 1997.

9) 李光麟, 〈開化思想의 形成과 그 發展〉《韓國史市民講座》 4, 1989 ; 《開化派와 開化思想硏究》, 일조각, 1989.

10) 姜在彦, 《韓國近代史硏究》, 한밭출판사, 1982.

11) 崔炳鈺, 〈大院君의 下野에 대하여〉《趙恒來華甲紀念 韓國史學論叢》, 아세아문화사, 1992.

李培鎔, 〈開化期 明成皇后 閔妃의 政治的役割〉《國史館論叢》 66, 국사편찬위원회, 1995.

집권은 조선의 국내외정책에 커다란 변화를 가져오게 하였으니, 그 하나가 바로 開港政策이었다.

조선에서 대원군이 실각하였다는 소식에 접한 일본은 조선에 대해 개항을 강요하는 정책을 추진하였다.[12] 프랑스와 미국이 조선의 개항에 실패하고 자국의 사정으로 조선에 관심을 기울이지 못하고 있을 때 일본은 조선침략에 선수를 칠 수 있었던 것이다. 이러한 의도에서 일본은 雲揚號사건을 일으켰다(1875).[13] 일본의 군함 운양호가 강화도에 접근해오자 초지진의 조선수비병이 자위행위로서 위협 포격을 가하였는데 이는 일본이 예기한 바로서, 이를 구실로 일본은 이듬해 黑田淸隆을 특명전권대신으로 하여 군함 6척과 400여명의 군인을 강화도에 보내 위협시위를 하면서 조선정부에 협상을 요구하였던 것이다.

조선정부에서는 일본의 이와 같은 행위에 대해 척왜의 소리가 높았지만 당시 우의정이던 박규수가 통상관계를 맺는 것이 유리하다는 주장을 끝내 관철시켜 결국 申櫶을 전권대신으로 강화도에 파견하여 일본과 江華島條約(병자수호조약)을 체결하였다(1876). 이 강화도조약은 전문 12조로 되어 있는데 그 중요한 내용은, 조선은 自主之邦으로 일본과 평등한 권리를 보유한다(1조), 일본은 15개월 후 사신을 서울에 파견한다(2조), 부산과 그 밖에 두개의 항구를 개항한다(4조), 일본은 조선의 연해를 자유로이 측정할 수 있다(7조), 일본인이 조선에서 범죄를 저질렀을 때는 일본 관헌이 이를 심판한다(10조)는 등이었다. 이상의 내용을 보면 이 조약은 한마디로 불평등조약임을 알 수 있다. 즉, 조차지의 설정, 연해측량의 자유, 치외법권 등은 조선에 일방적으로 불리한 내용들이며, 정치·경제·사회적으로 일본의 침략을 위한 발판을 마련한 것이었다. 조선을 자주국이라고 한 것이나 조약문에 '大朝鮮國 開國 485年'이라고 하여 청의 연호가 아닌 조선의 개국년호를 사용한 것으로 그들이 침략의 의도가 없었던 증거라고 하였지만, 사실은 그 목적이 조선과 청의 전통적인 관계를 부정함으로써 앞으로

12) 당시 일본에서는 조선을 침공하자는 소위 征韓論이 일어나고 있었다. 이는 일본이 幕府體制에서 天皇中心制로의 정치적 변화가 진행되는 과정의 산물로서, 종래의 군벌세력이 신정부의 정치세력과 경쟁하면서 대한교섭의 실패를 이유로 신정부를 공격하기 위해 정한론을 주장하였으며 이를 통해 정계의 주도권을 장악하려 하였던 것이다. 이에 대해서 일본 신정부의 지도자들은 근대국가로서의 내정개혁이 급선무라고 주장하고 정한론자들을 배제하는 데 성공하였다(1873). 조선에서의 흥선대원군의 실각, 일본에서의 정한론자들의 후퇴는 같은 시기에 나타나 여기에 조선과 일본 사이의 관계가 성립될 수 있는 분위기가 조성되었다고 할 수 있다. 그러나 이 때 일본정부가 정한론자들을 제거하였다고 해서 정한론 그 자체가 포기된 것은 아니었으며 이후 한국침략의 과정에서 그 기본적인 맥락이 계속되었던 것이다.
李炫熙, 《征韓論의 背景과 影響》, 대왕사, 1986.
諸洪一, 〈西鄕隆盛과 征韓論政變〉《國史館論叢》 44, 국사편찬위원회, 1993.

13) 申國柱, 《近代朝鮮外交史》, 탐구당, 1965.

일본이 조선에 침략하는 데 있어 청의 간섭을 배제하려는 것이었다.[14)]

이제 조선은 최초의 근대적 조약인 강화도조약에 의하여 일본과 새로운 국제관계를 맺었고, 이에 따라서 개항과 함께 근대적인 서양문물을 수용하여 근대국가로 발전할 수 있는 길을 걷게 되었다. 그러나 이것은 외세의 일방적인 침략을 수반하는 것이었기 때문에 자주적 근대국가로의 발전을 도모하는 노력과 외세의 침투에 반대하는 배외운동을 동시에 추진해야만 하는 역사적 상황이 전개되었다.

강화도조약에 따라서 곧 朝日修好條規附錄과 通商章程이 체결되어 일본인의 개항장에서의 통행거리 설정(사방 10리), 일본 화폐의 사용, 일본 선박의 항세 면제, 관세의 무규제 등 일본의 경제적 침투가 허용되었다. 그리고 개항장에서의 양곡의 수출입도 허가되었는데, 다만 천재지변 등 비상시에는 일본 상인에게 사전에 통고한 후 수출을 금지할 수 있도록 하였다. 한편, 부산 이외에 2개의 항구를 개항하는 문제는 원래 두 나라가 협의하도록 하였으나 일본은 그들의 군사적·정치적 침략의 필요에 따라 동해안의 원산과 서해안의 인천을 개항하도록 강요하였고, 이는 조선정부의 반대에도 불구하고 결국 1879년과 1882년 각각 개항하게 되었다.[15)]

6. 구미제국과의 수교

일본에 문호를 개방한 조선은 종래의 척양정책을 그대로 추진할 수 없었다. 그것은 밖으로부터 서양의 여러 나라가 적극적으로 접근하여 왔을 뿐 아니라 국내에서도 세계정세에 대한 새로운 안목이 형성되면서 서양과의 교섭이 필요하다는 것을 인식하게 되었기 때문이었다.

신미양요 때 강화도에서 퇴각한 미국은 조선에 대해 적극적인 관심을 갖지 않고 있었으나 조선이 일본과 조약을 체결하고 문호를 개방하자 조선에 대한 관심이 다시 일어나게 되었다. 1878년 미국의회에서 조선과 평화적인 수단으로 수교를 맺도록 하자는 논의가 제기되었고 미국정부는 조선과의 수교 임무를 슈펠트(Shufeldt) 제독에게 부여하였다.[16)] 이 때 미국은 이미 조선과 수교관계에 있는 일본의 협조를 얻을 수 있을 것으로 기대하였다.

---

14) 金敬泰, 〈丙子開港과 不平等條約關係의 構造〉《梨大史苑》 11, 1973.
金基赫, 〈江華島條約의 歷史的 背景과 國際的 背景〉《國史館論叢》 25, 국사편찬위원회, 1991.
董德模, 《韓國의 開國과 國際關係》, 서울대출판부, 1993.
강화도조약의 정식명칭은 〈朝日修好條規〉이다.

15) 李鉉淙, 〈修好通商條約의 締結과 開港場〉《韓國開港場研究》, 일조각, 1975.

16) 李普珩, 〈Shufeldt提督과 1880年의 朝美交涉〉《歷史學報》 15, 1961.
韓沽劤, 〈Shufeldt提督의 韓美修好條約 交涉推進緣由에 대하여〉《震檀學報》 24, 1963.

슈펠트는 1880년(고종 17)에 부산항에 입항하여 그 곳에 있는 일본인 관리를 통해 국서를 조선정부에 전달하려 하였으나 조선의 지방관이 접수를 거부하자 다시 일본정부로 하여금 국서접수를 알선하도록 하였으나 이 역시 조선정부가 받아들이지 않았다. 이 때 일본은 조선을 개항시킨 후에 다른 나라가 조선과 수교를 맺어 일본의 독점적 위치에 지장이 있을 것을 두려워하여 미국의 수교 알선 요청에 적극적으로 임하지 않았을 것으로 추측된다. 이러한 때 청이 중재 역할을 자청하고 나섰다. 당시 청의 실권자인 李鴻章은 일본이 조선에서 세력을 키우고, 또한 러시아의 세력 침투가 예견되는 가운데 조선에 대한 종래의 정치적 영향력을 회복하기 위해서는 미국이 조선과 수교를 하는 것이 청에 유익할 것으로 판단했던 것이다.[17] 이에 슈펠트는 천진으로 가서 이홍장과 조선과의 수교 문제를 논의하고 1882년 제물포(인천)에 입항하였다.

이 때 조선에서도 구미제국과의 수교의 필요성을 인식하고 있었다. 이것은 당시 개화사상의 성립에 따라 세계정세에 대한 인식이 높아져가고 있었을 뿐만 아니라, 러시아의 침략 위협에 대해 미국과의 수교의 필요성을 제시한 黃遵憲의 《朝鮮策略》이 국내에 소개되어 미국과의 수교를 주장하는 움직임이 있었기 때문이었다. 이와 같은 국내외 정세 속에서 제물포에서 구미제국 가운데 최초로 미국과의 수호통상조약이 체결되었다(1882. 5). 이 한미수호통상조약은 모두 14개조로 되어 치외법권, 조차지 설정의 승인 그리고 최혜국조관 등을 규정하였다. 이 조약에 따라 조선은 閔泳翊(익)을 전권대신으로 하여 洪英植·徐光範 등 修信使 일행을 미국에 파견하였으며, 미국에서는 푸우트(Foote)가 초대 공사로 서울에 왔다.

미국과 조약을 맺은 후 조선정부는 서양의 다른 여러 나라와도 조약을 체결하고 문호를 개방하였다. 영국과는 1882년 역시 제물포에서 청의 중재로 통상조약을 체결하였는데, 관세가 고율이라는 점과 아편 수입을 금지한 내용에 영국측이 불만을 품고 비준을 하지 않아 1883년에 일부 수정을 가한 뒤 정식으로 조인되었다.[18] 독일과도 역시 청의 중재로 1882년 제물포에서 조약을 체결하였다.[19]

朴日權, 《近代韓美外交史》, 박영사, 1968.
金源模, 《近代韓美交涉史》, 홍성사, 1979.
______, 〈朝美條約 締結研究〉《東洋學》 22, 단국대, 1992.

17) 李玟洙, 〈韓末開國에 끼친 李鴻章의 役割에 對하여〉《大邱史學》 18, 대구사학회, 1980.
宋炳基, 〈金允植·李鴻章의 保定·天津會談－韓美條約締結(1882)을 위한 朝淸交涉－〉(上·下)《東方學志》 44·45, 연세대, 1984 ; 《近代韓中關係史研究》, 단국대출판부, 1985.
權錫奉, 《淸末 對朝鮮政策研究》, 일조각, 1986.

18) 金淇烈, 〈韓英修交의 成立과 그 背景〉《英美研究》 2, 단국대, 1983.

러시아는 1884년 청의 중재를 거치지 않고 직접 북경 주재 러시아 공사관의 서기관 베베르(Wäber)가 조선에 파견되어 앞서 壬午軍亂 뒤에 청에 의해 외교고문으로 추천되어 조선에 와있던 뮐렌도르프(Möllendorf : 穆麟德)의 협조를 얻어 朝露通商條約을 체결하였다.[20] 같은 해에 이탈리아와도 통상조약이 맺어졌다. 프랑스와는 병인양요 이후 계속된 천주교의 박해문제와 관련하여 쉽사리 조약이 체결되지 못하였으나 문호개방의 추세에 따라 1886년에 조약을 체결하였다.[21] 이어 오스트리아·벨기에·덴마크 등과 잇달아 조약을 맺고 외교관계를 열었다.

이와 같은 서양제국과의 수교로 조선은 국제무대에 참여하여 서양문물을 수용하고 근대사회로 발전하는 계기를 마련하였다. 그러나 이러한 조약들은 열강의 대외적 세력확장이라는 제국주의 정책의 일환으로 추진되었기 때문에 조선은 이제 이들 열강의 세력경쟁의 무대가 되지 않을 수 없었다. 이와 같은 상황에서 조선에는 자주권을 유지하면서 근대사회로 발전해야 하는 이중의 과제가 부과되었던 것이다.

II. 開化運動과 斥邪運動

1. 개화사상의 고조

1860년대 조선의 일부 지식인들 사이에 나타난 통상개화론은 개항을 전후하여 새로운 사상적 줄거리로 이어졌으니 이것이 개화사상이었다.[22] 안으로 실학사상, 특히 북학파의 사상을 계승한 개화사상은 밖으로 중국에서 진행되고 있는 洋務運動(중국의 근본을 지키되 서양의 문물은 받아들이자는 운동)과 일본의 文明開化論에서 영향을 받았다. 특히 문호개방 이후 일본에 파견된 수신사들을 통해 일본의 발전상황을 직접 목격하게 되자 우리 나라도 일본의 신문물을 배우고 섭취하여야 한다는 주장이 일어났고, 그리하여 정부의 적극적인 개화정책이 추진되었던 것이다.

崔文衡, 〈韓英修交와 그 歷史的 意義〉《韓英修交 100年史》, 한국사연구협의회, 1984.

19) 李泰永, 〈韓·獨修好通商條約의 成立〉《韓獨修交 100年史》, 한국사연구협의회, 1984.

20) 崔文衡, 〈韓露修交의 背景과 經緯〉《韓露關係 100年史》, 한국사연구협의회, 1984.

21) 崔奭祐, 〈韓佛條約 체결과 그 후의 양국관계〉《韓佛修交 100年史》, 한국사연구협의회, 1986.

22) 金雲泰, 〈韓末開化思想과 그 運動의 展開〉《朝鮮朝政治思想研究》, 평민사, 1987.
姜在彦(鄭昌烈 역), 《韓國의 開化思想》, 비봉출판사, 1981.
李完宰, 《韓國近代 初期開化思想의 研究》, 한양대출판원, 1998.

개화사상은 특히 수신사 일행으로 일본에 갔다 온 젊은 관료층에 의해 주도되었는데, 金玉均·朴泳孝·홍영식·서광범 등이 그 대표적 인물로서 이들은 사상적으로 박규수나 유대치의 영향을 받은 사람들이었다. 이 밖에 일부 유생들 가운데서도 개화사상에 접근한 사람들이 있었다. 이들은 서양의 근대적 과학기술과 군사기술, 그리고 산업조직에 큰 관심을 가지고 부국강병을 이룩하기 위해서 이를 도입하자고 주장하였으며, 아울러 정치·사회제도의 개혁까지 거론하였다. 그러나 이들은 서양 근대문물의 도입을 주장하면서도 천주교에 대해서는 대체로 부정적이었으니, 이는 전통적인 유교윤리는 지켜야 한다는 東道西器的(동양의 정통적 정신을 지키되 서양의 새로운 문물은 받아들이자는 이론)인 자세에서 비롯된 것이었다.[23] 한편 당시 정계를 주도한 민씨 일파도 청을 통해 서양문물의 우수함을 인식하고 있었기 때문에 개화사상은 1880년대에서 1890년대에 이르기까지 조선정부의 주요정책을 추진하는 데 있어서 기본방향이 되었다.

2. 개화운동의 전개

강화도조약 직후(1876)에 조선정부는 수신사로 金綺(기)秀를 일본에 파견하였는데, 그는 일본에 머물면서 그들의 발전된 모습을 목격하고 그 견문을 기록한 《日東紀游》를 국왕에게 바치었다.[24] 일본은 1879년(고종 16)에 花房義質을 공사로 조선에 파견하였고 조선정부는 서울 서대문 밖에 있는 淸水館(天然亭)을 가공사관으로 하여 그를 머물게 하니 일본의 상주공관이 이로부터 시작되었다.

1880년(고종 17) 두번째의 수신사로 金宏集(뒤에 金弘集으로 개명)을 파견하였다. 그가 일본에 파견된 목적은 일본인들에 의한 쌀 유출문제와 인천개항에 반대하는 정부의 입장을 전하려는 것이었으나 이는 일본측의 무성의로 달성되지 못하였다. 김굉집은 일본에 있는 동안 일본정부의 고관으로부터 앞으로 조선이 계속 문호를 개방하는 것이 좋을 것이라는 의견을 들었고, 귀국할 때에 청의 외교관인 황준헌이 조선의 외교정책을 논한 《朝鮮策略》을 얻어와 이를 국왕에게 바쳤다. 《조선책략》의 내용은 조선이 부국강병하기 위해서는 서양제국과 통상하여 그 기술을 받아들이고 산업을 일으켜야 하며 외국에 유학생을 파견할 것 등을 권하는 동시에 조선의 외교정책으로는 '親中國·結日本·聯美國'하여 러시아의 남하를 막아야 한다고 제안한 것이었다. 이는 러시아의 남하에 직접 위협을 받고 있으면서 한편으로는 조선에서의 독점적인 일본세력을 견제할 필요가 있었

---

23) 李光麟, 《開化黨硏究》, 일조각, 1973.
李完宰, 〈初期開化思想의 對淸認識〉《朴性鳳回甲紀念論叢》, 경희사학간행위원회, 1987.

24) 趙恒來, 〈丙子修信使 金綺秀使行考〉《大邱史學》 1, 대구사학회, 1969 ; 《韓末社會團體史論攷》, 1992.

던 청의 입장에서 나온 의견이었다. 고종은 이 책에 깊은 관심을 가지고 여러 대신들에게 보이면서 개화에 대한 식견을 넓힐 것을 권하기도 하였다.[25] 이와 같이 조선은 일본에 파견한 수신사를 통해서 일본의 발전상과 세계정세에 대한 이해를 얻을 수 있었던 것이다.[26]

또한 정부에서는 외국의 새로운 문물을 수용하기 위해 일본에 紳士遊覽團을 파견하고 청에는 領選使를 파견하였다(1881). 신사유람단은 朴定陽·趙準永·魚允中·홍영식 등 12명의 朝士와 수행원을 합쳐 68명으로 구성되었는데, 70여일 동안 일본의 정부기관과 산업·세관·교육·군사 등의 시설을 살펴보고 귀국하여 국왕에게 보고서를 제출하여 정부의 개화정책추진에 이바지하였다.[27] 이 때 수행원 중에 兪吉濬(준)과 尹致昊(호)는 귀국하지 않고 일본에 남아 서양학문과 어학을 배웠다. 한편 청에 파견된 영선사는 군비의 강화를 위한 군기제조술의 학습이 주된 목적이었다. 金允植이 인솔한 학도와 공장 38명은 천진에 있는 機器局에서 화약·탄약의 제조법, 전기·화학·제련·기계 등과 외국어를 학습하였다. 그러나 근대 기술에 대한 기본지식이 부족하여 중도 탈락자가 많았고, 게다가 정부의 재정지원이 부족하여 큰 성과를 보지 못하고 있던 차에 본국에서 임오군란이 일어나자 1년여만에 전원 철수하였다. 그러나 이들은 귀국시에 기기와 서적을 구입해 오고 또 천진의 공장을 데리고 와서 서울의 삼청동에 기기창을 설치하는 등 약간의 부수적인 성과를 거두었다.[28]

조선정부는 보다 적극적인 개화정책을 추진하기 위하여 행정기구의 개편을 단행하였다. 즉, 1880년(고종 17) 청의 제도를 본떠 統理機務衙門을 설치하고 그 아래에 事大·交隣·軍務·邊政·通商·軍物·機械·船艦·譏沿(기연)·語學·典選·理用 등 12司를 두어 각기 해당사무를 관장하도록 하였는데, 이는 그 명칭에서 보이는 것과 같이 신문물의 수용과 부국강병을 보다 효과적으로 도모하기 위해 개편한 행정기구였다.[29] 이와 더불어 군제도 개편하여 종래의 5군영 대신

---

25) 金時泰, 〈黃遵憲의 朝鮮策略이 韓末政局에 끼친 影響〉《史叢》 8, 고려대, 1963.
權錫奉, 〈朝鮮策略과 淸側意圖〉《全海宗華甲紀念 史學論叢》, 일조각, 1979.
趙恒來, 〈「朝鮮策略」을 통해 본 防俄策과 聯美論硏究〉《金哲埈華甲紀念 史學論叢》, 지식산업사, 1983.

26) 趙恒來, 《開港期對日關係史硏究》, 형설출판사, 1973.

27) 鄭玉子, 〈紳士遊覽團考〉《歷史學報》 27, 1965.
許東賢, 〈1881년 朝鮮 朝士 日本視察團에 관한 一硏究〉《韓國史硏究》 52, 1986.
______, 〈1881년 朝士視察團의 明治日本政治制度 理解〉《韓國史硏究》 86, 1994.

28) 權錫奉, 〈領選使行에 對한 一考察〉《歷史學報》 17·18 합집, 1962, 《淸末對朝鮮政策史硏究》, 일조각, 1986.

29) 全海宗, 〈統理機務衙門設置의 經緯에 대하여〉《歷史學報》 17·18 합집, 1962.
李光麟, 〈統理機務衙門의 組織과 機能〉《學術院論文集》 人文社會科學篇 26, 1987 ; 《開化派와 開化思想硏究》, 일조각, 1989.

武衛營과 壯禦營 등 2영을 두었으며 軍務司 아래에는 敎鍊兵隊(속칭 倭別技)란 신식군대를 별도로 조직하고 일본인 교관을 채용하여 신식군사훈련을 실시하였다. 이 교련병대는 양반자제로 편성된 100여명의 사관생도와 일반 군졸로 편성되었는데 그 인원은 모두 400여명이었다.[30]

3. 위정척사운동의 전개

문호개방 이후 개화사상이 고조되고 정부의 개화정책이 추진되는 과정에서 외세의 침략에 대한 위기의식을 바탕으로 尊王攘夷的인 위정척사운동이 전개되었다. 이 운동은 주로 성리학을 신봉하는 보수적인 유생들에 의하여 주도되었는데, 이들은 일본의 침략을 규탄하면서 정부의 개화정책을 반대하였다.

이 위정척사운동은 외세가 침투하는 상황에 따라 단계적으로 전개되었다. 1866년 병인양요 당시 李恒老는 척화주전론을 내세우며 양이의 침범은 국가 존망의 위기를 조성한다고 주장하면서 양물을 배척하고 통상을 반대하였다. 그는 尊體統·開言路·繕武備·用德人의 구체적 대응책을 제시하여 국가의 내면적 단결을 강조하였다. 이 때 奇正鎭도 같은 내용의 척사론을 주장하였는데, 이들의 주장은 당시 대원군의 쇄국·척양정책을 뒷받침하는 것이었다.[31]

결국 개화·통상의 추세에 따라 일본과 강화도조약을 체결하자 최익현은 倭洋一體論을 내세워 개항에 반대하는 5不可疏를 올렸고[32] 이어서 경기·강원 유생들의 絶和疏가 잇달아 올려졌다. 그러나 국왕과 정부의 강력한 의지로 개항은

---

30) 종래 교련병대를 別技軍이라 하였는데, 별기군은 이미 훈련도감에도 있었으며, 이 때의 군대는 倭別技의 별칭을 잘못 풀이한데서 나온 오류라 한다.
崔炳鈺, 〈敎鍊兵隊(속칭 倭別技) 연구〉《軍史》 18, 전사편찬위원회, 1989.

31) 崔炳鈺, 〈衛正斥邪論에 대한 一考察〉《弘益史學》 3, 홍익대, 1986.
李澤徽, 〈朝鮮後期 斥邪論議의 展開와 그 意義〉《朝鮮朝政治思想硏究》, 한국정치외교사학회, 1987.

32) 洪淳昶, 〈勉菴 崔益鉉의 衛正斥邪論에 대하여〉《大邱史學》 Ⅰ, 대구사학회, 1969.
崔益鉉은 이 〈斥和議疏〉에서 다음의 다섯 가지를 들어 일본과의 수교에 반대하였다.
첫째, 이 강화는 일본의 강요에 의해서 이루어지는 것이므로 이는 눈앞의 姑息일 뿐 그들의 탐욕을 당해낼 수 없을 것이다.
둘째, 일단 강화를 맺으면 물자를 교역하게 되는데, 저들의 상품은 모두 淫奢奇玩한 것이고 또 수공업품이므로 무한한 것이나, 우리의 물화는 모두 필수품이며 땅에서 생산되는 유한한 것이므로 이내 우리는 황폐해질 것이다.
셋째, 그들이 비록 왜인이나 기실은 바로 洋賊이므로 강화가 한번 이루어지면 사교의 서적들이 교역을 타고 끼어들어와 온 나라에 퍼지고 인륜이 쇠퇴할 것이다.
넷째, 일본인이 왕래하여 우리의 재산을 탈취하고 부녀자를 능욕하는 등 인간의 도리가 땅에 떨어지고 백성이 안주할 수 없을 것이다.
다섯째, 왜적들은 물욕만 높을 뿐 조금도 사람된 도리가 없는 금수와 마찬가지이니 인류가 금수와 더불어 같이 살 수는 없는 것이다.

이루어졌고 이에 따라서 위정척사운동의 양상도 달라지게 되었다.

1880년(고종 17)에 김굉집이 《조선책략》을 일본에서 들여와 왕이 개화의 필요성을 고취시키고자 이것을 관리뿐 아니라 유생들에게 까지 돌려 읽도록 하였는데, 이것이 오히려 역효과를 내어 1881년에는 격렬한 위정척사운동이 전개되었다. 경상도 유생 李晩孫을 疏頭로 한 〈嶺南萬人疏〉가 《조선책략》을 비난할 뿐 아니라 그것을 들여온 김굉집을 처벌할 것을 요구한데서 시작해서 전국의 유생들이 같은 내용의 상소를 올렸다. 특히 강원도 유생 洪在鶴이 올린 〈萬言斥邪疏〉는 그 내용이 매우 격렬하여 고종의 친정 이래 일본과의 수교가 이루어지고 양물·양학이 만연하여 종묘와 사직이 위기에 빠졌다고 하면서 국왕에 대한 저항에까지 이르고 있었다. 이러한 1881년의 위정척사운동은 다만 외세의 침입을 경계하던 종래의 모습에서 벗어나 이제는 정부의 개화정책을 반대하는 정치적 움직임으로 확대된 것이었다. 즉, 척사의 방향이 다시 개화정책을 추진하던 정치 담당자와의 정책대결로 발전하여 국내정계에 개화와 보수의 양세력 사이에 대립과 갈등을 나타나게 하였던 것이다.

이러한 위정척사운동은 당시 정부의 개화정책이 외세의 침투에 직면하여 주체적으로 대처하지 못하는 것에 대한 비판에서 비롯된 것으로서, 외세의 본질을 정확하게 파악하고 그들의 침략을 막아야 한다는 애국적 성격을 강하게 가진 것이었다. 뒷날 일본의 침략이 노골화되었을 때 이 위정척사운동이 항일의병운동으로 연장된 것은 바로 이러한 이유에서였다. 그러나 다른 한편으로는 이것이 주체적인 근대화를 위한 방법론을 제시한 것이 아니라 다만 조선왕조의 전통적인 정치체제와 사회·경제질서를 그대로 유지시키려는 데 그 목적을 두고 있었다는 점에서 전근대적인 성격이 강함을 부인할 수 없다. 실제로 위정척사운동은 당시 정부로 하여금 적극적인 개화정책을 추진하지 못하도록 하는 장애물이 되었고, 그만큼 역사의 발전을 가로막는 보수적인 역기능을 가지고 있었던 것이다.[33)]

---

33) 1970년대에 들어와 학계 일각에서 위정척사운동을 보다 적극적으로 평가하려는 움직임이 일고 있다. 즉, 척사운동이 초기에는 유교적인 수구운동이었지만 최익현에 의해서 민족의식에 바탕한 자주적인 사상체계로 승화·발전하였으며, 이를 외세의 침략에 대항한 자주적 저항세력으로 평가하고 있다.
洪淳昶, 〈衛正斥邪思想과 民族意識〉《嶺南史學》 1, 영남대, 1971.
李離和, 〈斥邪衛正論의 批判的檢討〉《韓國史硏究》 18, 1977.
愼鏞廈, 〈韓末 知識人의 衛正斥邪思想과 開化思想〉《韓國近代社會思想史硏究》, 1987.

III. 開化와 保守의 갈등

1. 임오군란

개화와 보수의 대립은 개화파인 민씨 세력과 수구파인 대원군 사이의 정치적 싸움에 얽혀 斥邪論을 바탕으로 한 개화반대운동이 일어났으니, 그것이 곧 임오군란이었다. 당시 서울에는 농촌의 피폐에 따른 농민의 도시 유입으로 빈곤시민층이 증가하고 이들의 반정부적 분위기가 고조되고 있었다. 더욱이 정부의 급격한 개화정책과 그에 따른 일본세력의 침투에 대하여 국민들의 반감이 고조되는 가운데 군제개혁으로 천대를 받게 된 구식군인들의 불만이 폭발하였던 것이다(1882년, 고종 19).

1881년에 개화정책의 일환으로 신식군대인 교련병대(속칭 왜별기)가 창설되었고 이들은 특별히 우대되었는 데 반하여 구식군인들에 대한 정부의 차별대우는 극심한 것이었다. 더구나 개항 이후 대량의 미곡이 일본으로 유출됨으로써 국내의 미곡이 부족해지자 구식군인에게는 녹봉미가 제때에 지급되지 못하였고, 1882년에는 13개월치나 밀려 이들의 불만이 대단하였다. 때마침 밀린 급료 중 1개월치를 지급하는 과정에서 이를 취급하는 宣惠廳의 창고리들이 사리를 채우느라 쌀의 정량을 빼어 먹은 사건이 발생하여 이에 격분한 군인들과 창고리 사이에 충돌이 일어났다. 당시 선혜청 당상이던 閔謙鎬가 군인 가운데 주동자를 극형에 처하려 하자 드디어 평소에 누적된 군인들의 불만이 폭발하여 민겸호의 집을 습격·방화하고 폭동을 일으키게 되었다. 이들은 대원군을 찾아가 도움을 청하는 한편 일본공사관을 불태우고 교련병대(왜별기)의 일본인 교관 掘本禮造를 타살하였다. 이어 군인들은 궁궐 안에 침입하여 민겸호와 경기감사 金輔鉉 등을 살해하였으며, 민비를 탐색하였으나 이미 궁밖으로 탈출한 뒤였다.

이러한 군인들의 폭동을 수습하기 위하여 고종은 군인들이 지지하는 대원군에게 전권을 위임함으로써 1873년 민씨일파에 의해서 실각했던 대원군이 다시 정권을 잡게 되었다. 새로 집권한 대원군은 개화정책으로 설치되었던 신제도를 즉각 철폐하고 구제를 복구하였다. 즉, 무위영과 장어영 등 2영과 교련병대를 폐지하고 5군영을 부활하였으며 통리기무아문을 폐지하였으니, 이제 조선은 보수정치로 되돌아가게 되었던 것이다.[34)]

임오군란과 대원군의 재집권은 조선을 둘러싼 청·일의 새로운 움직임을 초래

34) 申國柱, 〈壬午軍亂의 性格〉《趙明基華甲紀念 佛教史學論叢》, 1965.
金鍾圓, 〈壬午軍亂研究〉《國史館論叢》 44, 국사편찬위원회, 1993.

하였다. 일본은 군인들의 공격으로 공사관이 불타고 花房義質 공사가 겨우 도망쳐 본국으로 돌아오자 이를 기화로 조선정부에 대하여 군란으로 인한 피해의 보상과 주동자의 처벌 이외에도 일본인 보호를 위한 군대의 서울 주둔을 요구하였고 거제도나 울릉도의 할양까지도 요구할 것을 고려하고 있었다. 이에 花房은 육해군의 병력을 거느리고 서울로 와서 조선정부와 교섭을 벌였고, 이와는 별도로 사태의 진전에 대비하여 구주에 군함과 병력을 대비시켜 언제라도 출동할 태세를 갖추고 있었다.

그러나 이러한 일본의 의도는 제대로 이루어지지 못하였다. 그것은 당시 일본에 의해 조선에서의 종주국의 위치에 위협을 받아 오던 청이 임오군란을 세력 만회의 호기로 판단하고 보다 적극적인 태도를 취하였기 때문이었다. 즉, 청은 군란의 소식을 접하자 즉시 吳長慶이 3척의 군함에 4천여명의 병력을 싣고 경기도 남양만에 상륙하여 서울로 들어와 대원군을 군란의 책임자라 하여 청으로 압송하여 갔다. 또한 군란을 피하여 충주에 가있던 민비가 당시 영선사로 천진에 머물다가 청군을 따라 귀국한 김윤식을 통하여 청과의 접촉을 요청하여 오자 청은 민비와 제휴하여 민씨 일파의 정권을 세우는 한편 袁世凱가 이끄는 군대를 서울에 남겨 내정을 간섭하였다.[35]

이러한 청 세력의 진출로 조선에 대한 일본의 태도는 수그러지지 않을 수 없었다. 일본은 조선 정부와 군란처리를 둘러싼 교섭을 벌이던 중 淸의 우세한 군사력에 의해 압도당하였고, 더욱이 대원군이 군란의 책임을 지고 청에 납치되자 더 이상 조선에 대해 강경한 요구를 할 수 없었기 때문이었다. 따라서 일본은 다만 제물포조약을 체결하여 군란관계자를 처벌하고 50만원의 배상금을 받으며 일본 공사관의 경비병 주둔 등을 인정 받는 것으로 만족할 수밖에 없었다(1882).

2. 개화당과 보수세력의 대립

임오군란은 조선에서의 일본세력을 약화시키고 청의 지위를 상대적으로 강화시키는 결과를 초래하였다. 청은 종주국으로서의 지위를 내세워 조선에서의 권한을 확대하였으며, 새로이 정권을 잡은 민씨 일파는 청에 의지하는 事大黨으로 변화하였다. 이에 따라 정부는 이홍장의 주선에 따라 중국인 馬建常과 독일인 묄렌도르프를 외교 고문으로 맞이하였으며, 관제를 다시 개혁하여 統理交涉通商事

35) 權錫奉, 〈壬午軍亂時 淸側介入의 背景〉《淑大史論》 6, 1971.
______, 〈大院君의 被囚와 朝·淸關係〉《李炫熙華甲紀念 韓國史學論叢》, 1997.
李陽子, 〈淸의 對朝鮮政策과 袁世凱〉《釜大史學》 5, 부산대, 1981.
金正起, 〈大院君 납치와 反淸意識의 형성(1882～1894)〉《韓國史論》 19, 서울대, 1988.

務衙門(외아문)과 統理軍國事務衙門(내아문)을 설치하고 각각 외교·통상과 군무·내무 일체를 관장케 하였다(1882). 이 때 군대조직도 다시 개편하여 親軍營을 세우고 그 밑에 좌·우·전·후의 4영을 두었으며, 그 지휘권은 원세개가 장악하였다.[36]

이와 같이 임오군란 뒤에는 외교·내정·군사에 대한 청의 간섭이 강화되었으며 이에 따라 청의 경제적 진출이 두드러졌다. 즉, 청은 조선과 商民水陸貿易章程을 체결하여(1882) 청의 상인들이 조선에 들어와 거주·여행·영업 등에서 아무런 제약없이 활동할 수 있도록 하였고, 이에 청의 경제적 침투는 일본의 그것을 능가하기에 이르렀다.[37] 또한 청 상인의 급격한 증가는 조선 상인에게 커다란 타격을 주어 국민들의 반청 감정이 증대하였다.

이 때 개화사상을 가진 젊은 관료들은 청의 내정간섭 및 청에 의존하는 정부의 사대정책에 반발하였고, 더욱이 청의 간섭에 의해서 정부의 개화정책이 적극적으로 진전되지 못하는 것에 대해서 맹렬한 비판을 가하였다. 이들은 청의 간섭을 배제하여 완전한 자주국가를 이룩하고 적극적인 개화정책을 추진할 것을 주장하였는데, 이에 속하는 인물들은 김옥균·박영효·홍영식·서광범 등이었다. 이들은 당시 민비를 중심으로 한 민영익·김홍집·어윤중 등 보수적인 집권세력에 대하여 점차 하나의 정치세력으로 성장하여 開化黨(또는 독립당)을 형성하였다.[38]

이들의 활동은 1882년(고종 19)에 박영효가 임오군란의 뒷처리를 위해 수신사로 일본에 가게 된 뒤부터 활발히 전개되었다. 이 때 김옥균·서광범 등이 동행하였는데 이들은 일본에서 견문한 내용을 고종에게 보고하고 여러 가지 개화정책을 건의하였다. 이리하여 이들의 건의로 신식군사기술을 습득하기 위한 유학생 50명이 일본에 보내졌으며, 이 밖에 신문발간을 위한 博文局, 신화폐 주조를 위한 典圜(환)局, 병기제조를 위한 機器局, 우편제도의 실시를 위한 郵政局 등이 설치되었다.

그러나 이와 같은 개화당의 활약은 보수적인 집권세력에게는 달갑지 않은 것으로 은연중에 대립이 커져갔는데, 이는 마침내 당시의 국가재정 문제를 둘러싸

---

36) 田美蘭, 〈統理交涉通商事務衙門에 關한 研究〉《梨大史苑》 24·25, 1990.
韓哲昊, 〈統理軍國事務衙門(1882~1884)의 組織과 運營〉《李基白古稀紀念 韓國史學論叢》 下, 일조각, 1994.

37) 金鍾圓, 〈朝·中商民水陸貿易章程에 대하여〉《歷史學報》 32, 1966.

38) 李光麟, 〈開化黨의 形成〉《開化黨研究》, 일조각, 1973.
______, 《開化期研究》, 일조각, 1994.
吳世昌, 〈開化思想과 開化黨의 形成〉《韓國史學》 1, 한국정신문화연구원, 1980.
崔德壽, 〈朴泳孝의 內政改革論 및 外交論研究〉《民族文化研究》 21, 고려대, 1988.

고 표면화되었다. 이 때 재정적으로 궁핍했던 정부는 묄렌도르프의 건의로 當五錢을 발행하려 하였지만[39] 김옥균은 당오전과 같은 악화의 주조가 국민경제를 위협할 것이라고 경고하면서 대신 일본으로부터의 차관을 건의하였다. 이것은 개화당의 정치자금 확보의 문제와도 관련이 있는 것으로 결국 고종은 두 가지 정책을 병행하기로 하고 300만원의 차관을 들여오기 위해 김옥균을 일본에 파견하였다. 그러나 일본 내의 사정으로 차관 도입은 실패하였고 이로써 개화당은 정치자금의 조달이 어려워졌을 뿐 아니라 정치적인 입장도 매우 곤란해지고 말았다.

차관도입의 실패와 점차 심해져 가는 보수세력의 압박으로 정치적 위기에 빠진 개화당은 비상수단을 써서라도 보수정권을 무너뜨리고 청과의 종속관계를 청산하려 하였다. 그들은 이를 위해서 일본의 힘을 빌리려 하였는데, 이는 당시 조선에서의 열세를 만회하려는 일본의 의도와 일치하는 것이었다. 때마침 안남 문제로 清佛戰爭이 일어나자(1884) 일본은 조선 내에서의 청의 세력을 배제할 좋은 기회로 판단하여 개화당을 적극 도울 것을 약속하였고, 이에 힘입어 개화당은 정변을 계획하기에 이르렀다.

3. 갑신정변

개화당은 1884년(고종 21)에 그 일원인 홍영식이 總瓣(총판)으로 있는 우정국의 개국 축하연을 이용하여 정변을 일으켰다. 이들은 궁궐로 들어가 왕과 왕비를 昌德宮에서 景祐宮으로 옮기고 개화당을 따르는 50명의 사관생도와 200명의 일본군으로 호위케 한 뒤, 왕명으로 궁에 들어오는 민씨일파의 대신들과 각 군영의 영사들을 살해하였다(甲申政變). 이리하여 정권을 장악한 개화당은 신정부를 조직하고 이를 각국의 외교관들에게 통고하는 한편, 다시 국왕과 함께 창덕궁으로 돌아와 이곳에서 14개조의 혁신정강을 마련하였다. 이 때의 혁신정강 14개조는 지금 남아 있지 않지만 김옥균의 수기인 《甲申日錄》에 다음과 같은 내용이 전하고 있다.

1. 홍선대원군은 곧 陪還하도록 할 것.
2. 문벌을 폐지하여 인민평등의 권을 세울 것.
3. 地租法을 개혁할 것.
4. 내시부를 혁파할 것.
5. 탐관오리를 처벌할 것.
6. 환상미를 영구히 면제할 것.

---

39) 元裕漢, 〈當五錢攷〉《歷史學報》 35·36 합집, 1967.

7. 규장각을 혁파할 것.
8. 순사제도를 설치할 것.
9. 惠商公局을 혁파할 것.
10. 형정을 시정할 것.
11. 4營을 1영으로 하고 近衛隊를 설치할 것.
12. 재정을 일원화하여 모두 호조에서 관할할 것.
13. 文臣 · 參贊이 정책을 심의, 품정해서 실시할 것.
14. 정부 6조 이외의 冗官(용관)을 혁파할 것.

이 혁신정강의 내용은 문벌의 폐지로 국민의 신분상의 평등을 규정하고 지조법을 합리적으로 개혁하여 국가의 수입을 증대시키며, 국가의 재정을 호조로 일원화하려 한 것이었다. 또한 내시부를 혁파하고 고관회의로 국정을 운영케 한 것은 국왕의 전제를 막으려는 의도를 나타낸 것이었다. 이것은 개화당 정부가 근대적인 국민국가의 건설을 목표로 하였음을 나타낸 것이라 할 수 있다.

그러나 이 개혁안은 결국 실시되지 못하였으니 그것은 청군의 출동으로 개화당의 정변이 실패로 돌아갔기 때문이었다. 서울에 주둔하고 있던 원세개의 청군 1,500명이 고종이 환궁한 창덕궁을 공격하자 개화당과 국왕을 호위하던 일본군은 수적 열세로 곧 패퇴하였고, 김옥균 · 박영효 등 중심인물이 일본공사를 따라 일본으로 망명함으로써 결국 정변은 3일천하로 끝나고 말았다.

이 개화당의 정변은 그들이 제시한 14개조의 혁신정강으로 보아 청으로부터의 완전한 독립을 목표로 하였을 뿐 아니라 양반 중심의 지배체제를 청산하여 근대적인 국민국가를 지향하는 최초의 정치개혁운동이었다.[40] 그러나 이것은 일반민중에 뿌리박지 못한 일부 정치엘리트의 위로부터의 개혁운동에 불과하였기 때문에 결국 실패하고 말았다. 이 정변이 국민들의 지지를 얻지 못하였던 것은 일본의 침투에 반발하고 있던 당시 상황에서 일본의 지원을 받고 있었다는 점이 가장 큰 요인으로 작용하였다.[41]

---

40) 愼鏞廈, 〈甲申政變의 社會 · 經濟的 背景과 開化派의 思想〉《思想과 政策》 1-4, 경향신문사, 1984.
______, 《初期 開化思想과 甲申政變硏究》, 지식산업사, 2000.
金榮作, 〈初期 開化派의 民族主義 思想과 甲申政變의 現代的 意義〉《思想과 政策》 1-4, 경향신문사, 1984.
鄭玉子, 〈開化派와 甲申政變〉《國史館論叢》 14, 국사편찬위원회, 1990.

41) 李光麟, 〈甲申政變에 대한 一考察〉《開化黨硏究》, 일조각, 1973.
韓國政治外交史學會(편), 《甲申政變硏究》, 평민사, 1985.
갑신정변의 역사적 의의를 보다 적극적인 면에서 평가하는 의견도 있다. 즉, 조선왕조의 정치체제를 立憲君主制로 바꾸려 하였고, 천부인권설을 구체적으로 제시하지는 않았지만 평등사회를 지향하였으며, 또한 재능에 의한 인재 등용을 정강으로 내세운 것은 양반 위주로만 실시되던 과거제도의 사실상의 폐지를 의미한다는 주장이다.

정변이 실패한 뒤 조선정부의 청에 대한 의존도는 더욱 심화되었으며, 따라서 조선에서의 청의 지위는 한층 강화되었다. 이 때 일본은 청군의 공격을 받아 공사관이 불타고 일본인 희생자가 있었음을 들어 조선 정부에 그 배상을 요구하였다. 이에 대해서 조선측에서는 정변에 일본이 관여한 것을 문책하고 망명한 개화당 인물의 송환을 내세워 맞섰지만 결국 漢城條約을 체결하여 일본에 대해 공사관의 건축비와 배상금 지불을 약속하였다(1885).

또한 더욱 열세에 몰린 일본은 조선에서의 청의 세력을 약화시키기 위해 조선으로부터 청·일 양국 군대가 모두 철수할 것과 앞으로 조선에 군대를 파병할 경우에는 서로 통고할 것을 내용으로 하는 天津條約을 체결하였다(1885). 이로써 일본은 그의 군대가 이미 쫓겨난 상태에서 청의 군대를 조선에서 철수시켰을 뿐 아니라 앞으로 조선에 군대를 파병할 수 있는 권리를 청과 동등하게 확보하여 장래에 한국에 대한 침략의 발판을 마련할 수 있었던 것이다.

Ⅳ. 東學農民運動

1. 열강세력의 침투

갑신정변 이후 조선을 둘러싼 열강의 대립은 대단히 복잡하게 전개되었다. 청의 정치간섭은 강화되어 원세개는 統理交涉通商事宜라는 직책으로 서울에 머물면서 그 위세를 더하였고 따라서 조선정부의 자주권은 크게 위협을 당하였다. 또한 일본은 조선에서의 위치가 약화되기는 하였지만 여전히 청과 첨예하게 대립하고 있었다. 이러한 가운데 새로이 러시아가 조선문제에 개입하여 열강의 대립은 더욱 복잡하게 되었다.

당시 러시아의 남하정책은 유럽과 중앙아시아 그리고 극동에서 적극적으로 추진되었는데, 이미 1860년 뻬이징 조약으로 연해주를 차지하여 두만강을 사이에 두고 조선과 접경하였고 그 후 블라디보스톡에 군항을 개설하여 극동에서의 남하정책의 기지로 삼아 계속 조선으로의 세력침투를 꾀하고 있었다.[42] 이 때 조선에 와 있던 러시아공사 베베르는 능란한 외교수완을 발휘해 당시 청의 과도한 내정간섭으로 인해 반청의 경향을 보이던 조선정부에 접근하여 궁중에 친러세력을 심는 데 성공하였다. 그는 묄렌도르프의 도움을 받아 고종을 움직여 러시아 세력이 조선에서 크게 강화되는 내용의 朝·露密約을 추진하였다.[43]

42) 朴泰根, 〈1860年 北京條約과 韓露國境의 成立〉《領土問題研究》 1, 고려대, 1983.

43) 任桂淳, 〈韓露密約과 淸의 對應〉《淸日戰爭을 전후한 한국과 열강》, 한국정신문화연구원, 1984.

이에 청은 러시아 세력을 견제하기 위해 묄렌도르프를 소환하고 조선의 정계에 영향력이 큰 민비를 견제하기 위해 대원군을 서울에 돌아오게 하였다. 또한 세계 각지에서 러시아와 대립하고 있었던 영국도 러시아의 조선침투를 견제하기 위하여 동양함대를 보내 거문도를 불법으로 점령하고 포대를 쌓아 요새화하였다(1885).[44] 결국 이 문제는 청이 개입하여 조선의 영토를 점령하지 않는다는 러시아의 약속을 받아냄으로써 2년만에 해결되었고 영국군은 철수하였다(1887). 그러나 이후에 러시아는 조선과 陸路通商條約을 맺어 경흥에서 국경무역을 하게 되었고(1888), 또 원산과 절영도에 저탄소를 설치하려 하였으나 이것은 청의 간섭으로 실패하였다.

이와 같이 열강의 분쟁이 조선을 둘러싸고 치열해지자 조선을 중립화하여 이를 막자는 의견이 대두하였다. 독일 부영사 부틀러(Budler)가 조선을 스위스와 같은 영세국외중립국으로 만들자는 의견을 조선정부에 건의하였으며, 미국유학에서 돌아온 개화당의 유길준은 청·러시아·미국·일본 등 강대국이 보장하는 중립론을 구상하기도 하였다.[45] 이만큼 조선에 대한 열강의 침투가 치열하였고 국권이 위기에 처해 있었던 것이다.

2. 일·청의 경제적 침투

갑신정변의 실패로 조선에서의 정치적 진출이 저지된 일본은 이제 경제적인 침투로 눈을 돌리게 되었다. 개항 이후 1880년대 초까지 일본은 조선과의 무역을 거의 독점하고 있었다. 이 때 일본상인들은 유럽의 제품, 그 중에서도 특히 영국산 면제품을 일본·중국 등지에서 싸게 구입하여 비싼 값으로 조선에 파는 중계무역을 주로 하고 있었다. 또한 조선으로부터는 쌀·콩·금 등을 가져갔으니, 일본은 조선을 그들의 원료공급지 및 상품시장으로 삼아 막대한 이득을 취하였던 것이다.[46]

당시 일본 상인들은 부산·원산·인천 등에 설치된 일본 第一銀行 지점의 금융지원을 받아가며 조선의 농촌에 직접 침투하여 입도선매의 방법으로 고리대의 수익을 올리고 다량의 쌀을 일본으로 유출시키고 있었다. 이 때문에 국내의 쌀값은 폭등하였고 여기에 흉작까지 겹쳐 미곡수출은 커다란 사회문제가 되었다.

______, 〈韓露密約과 그 후의 韓露關係 ; 1884~1894〉《韓露關係 100年史》, 한국사연구협의회, 1984.

44) 元裕漢, 〈英國軍의 巨文島 占領事件〉《軍史》 7, 전사편찬위원회, 1983.
李用熙, 〈英國의 巨文島 占領〉《韓英修交 100年史》, 한국사연구협의회, 1984.

45) 姜萬吉, 〈兪吉濬의 韓半島 中立化論〉《分斷時代의 歷史認識》, 창작과 비평사, 1978.

46) 韓沽劤, 《韓國開港期의 商業硏究》, 일조각, 1970.
趙璣濬, 〈開化期 日帝의 經濟侵略〉《日本의 侵略政策史硏究》, 일조각, 1984.

이에 조선정부에서는 쌀의 반출을 금지하는 防穀令을 수차례에 걸쳐 내렸다. 그러나 그 때마다 일본이 1883년(고종 20)에 체결된 한일통상장정 가운데 "조선정부가 잠정적으로 미곡수출을 금지하려 할 때에는 반드시 1개월 전에 지방관이 일본영사관에 알려야 한다."는 규정을 들어 항의해옴으로써 효과를 거두지 못하였고, 오히려 방곡령으로 피해를 입은 일본 상인에게 할 수 없이 배상금을 지불해야 하는 경우도 있었다.[47)]

또한 일본은 조선연해에서의 어업활동을 통해서도 많은 수익을 올리고 있었다. 즉, 일본 어민들은 1883년에 체결된 어로협정에 따라 조선의 경기·전라·강원·함경도의 연해에 출어할 수 있었고 울릉도·제주도에까지 진출하였던 것이다. 이에 조선어민들의 피해는 막대한 것이었고, 급기야는 제주도에서 일본 어민의 출어금지를 요구하는 민란이 일어나기도 하였다(1891).

이와 같은 일본의 조선시장 독점에 대하여 청은 임오군란 이후 우세해진 정치적 세력을 배경으로 조선과 商民水陸貿易章程을 체결하고(1882) 본격적인 경제침투를 시작하였다. 이 때 청의 상인들은 서울·경기를 중심으로 하여 전국적으로 활동범위를 넓혀갔다. 이들은 일본 상인에 비해서 보다 우세한 자본을 소유하고 있었으므로 그 영업규모가 클 뿐 아니라 월등한 금융지원과 정치적 후원을 받아 곧 일본상인들의 활동을 위협하기에 이르렀다. 이들은 일본상인과 마찬가지로 중계무역을 행하였는데 주로 주단·석유·약재·면화 등을 가져와 팔고 인삼·우피·황두 등을 사갔다.

이리하여 1885년에 대일·대청 무역총액의 비율이 81：19였던 것이 1892년에는 55：45가 되었을 정도로 청의 경제진출은 활발하였다. 이로써 일본은 조선과의 무역에 있어서 독점적 지위가 흔들리지 않을 수 없었고 이것은 자국의 공업발전에 커다란 위협이 되었다. 이에 일본은 조선에서 청의 세력을 몰아낼 기회를 노리게 되었다.

3. 동학교세의 확장

19세기 이래 각지에서 산발적으로 일어났던 민란은 개항 후에도 계속되고 있었다. 특히 개항 이후에는 근대문물의 수용에 따른 경비와 대외관계에서 오는 비용지출, 그리고 궁중의 예산낭비 등 여러 요인으로 국가 재정은 더욱 궁핍하여졌으며, 따라서 이를 충당하기 위한 농민들의 세금부담이 증대하였다. 또한 지

47) 河元鎬, 〈開港後 防穀令實施의 原因에 관한 硏究〉《韓國史硏究》 49, 50·51 합집, 1985.
金敬泰, 〈甲午以前 防穀令事件과 日本의 不當賠償要求〉《國史館論叢》 53, 국사편찬위원회, 1994.

방관들의 횡포는 여전하였고 여기에 일본의 경제적 침투로 인해 농촌경제는 결정적으로 파탄되어 갔다. 그러나 정부는 외세의존적인 자세를 버리지 못하고 자주권마저 상실한 상태에서 국내의 어려운 문제들을 해결하지 못하고 있었다. 이러한 상황에서 무능하고 부패한 정부에 대한 반항과 경제적 침투로 농촌경제를 좀먹는 일본에 대한 반감이 농민을 중심으로 국민들 사이에 일어난 것은 당연한 일이었다.[48)]

이 때 농민 동요의 중심체가 된 것이 바로 동학의 조직이었다. 동학은 교조 최제우가 사형을 당함으로써 큰 타격을 받았지만 제2대 교주인 崔時亨이 여러 난관을 극복하고 교세확장에 노력하여 각지에 包·接과 같은 조직망을 설치하였고, 그 때까지 구전되어 오던 동학의 교리를 모아 《東經大典》과 《龍潭遺詞》 등의 경전을 마련하여 종교적으로 체계화하는 등 교세를 확장하였다. 그런데 동학은 그 발생부터 서학에 대항하는 의식에서 비롯된 민족종교로서 서양과 일본에 대한 저항의식과 함께 조선왕조의 전통적인 양반체제를 부정하는 성격을 가지고 있었으므로 이러한 성격이 당시 지방관의 횡포와 일본의 경제적 침탈로 곤궁해진 농민층과 몰락양반들 사이에서 환영을 받았던 것이다.[49)]

동학의 교세가 확장됨에 따라 동학교도들은 교조에 대한 伸冤(신원 ; 원한을 풀어줄 것)과 교도에 대한 지방관의 탄압을 금지할 것을 요구하는 일대 시위운동을 전개하였다. 1892년(고종 29) 수천의 교도들이 전라도 삼례에 모여 충청·전라 감사에게 그들의 요구를 들어줄 것을 호소하였다. 그러나 양도의 감사가 그들의 요구를 들어주지 않자 다음 해에는 교도대표 40여명이 서울의 궁궐 문앞에 엎드려 교조신원을 상소하기에 이르렀다. 이는 결국 정부가 그들의 해산을 명하여 목표를 달성하지는 못하였으나 동학교도들이 공공연히 그들의 주장을 요구할 수 있을만큼 교세가 만만치 않음을 과시하는 계기가 되었다.

왕궁 앞에서의 복합상소에 실패한 동학교도들은 충청도 보은에서 대대적인 집회를 개최하였다. 이 때에는 약 2만명의 교도들이 참가하였는데, 여기서는 교조신원 보다도 탐관오리의 숙청, 그리고 외세 배격의 '反倭洋倡義'를 요구하는 정치적인 내용이 부각되었다. 이에 대해 정부에서는 한편으로는 군대를 보내 무력으로 진압시킬 움직임을 보이고, 다른 한편으로 탐학한 향리를 징벌하겠다는 약속을 함으로써 동학교도들을 해산시켰다. 이와 같은 몇 차례에 걸친 동학교도들

---

48) 韓沽劤, 〈東學亂 起因에 관한 研究〉(上·下)《亞細亞研究》 Ⅶ-3·4, 고려대, 1964 ; 《東學亂 起因에 관한 研究》, 1971.
______, 《東學과 農民蜂起》, 일조각, 1983.

49) 李炫熙, 〈東學思想의 背景과 意識의 成長〉《韓國思想》 18, 한국사상연구회, 1981.
______, 《東學革命史論》, 대광서림, 1994.

의 집회·상소운동으로 동학금령은 사실상 무너진 것이나 다름없이 되었으며, 동학은 다수의 농민을 움직일 수 있는 하나의 세력으로 성장해 갔던 것이다.[50)]

4. 동학농민운동의 전개

1894년(고종 31) 전라도 고부에서 지방관의 탐학에 대항해 일어난 민란을 발단으로 동학혁명이 전개되었다.[51)] 고부군수 趙秉甲은 각종 명목으로 농민들을 수탈하여 원성이 높았는데, 특히 만석보를 수축하는 데 농민을 강제로 동원시켰을 뿐 아니라 이들로부터 고액의 수세를 징수하여 착복하였다. 이에 분격한 농민들이 동학접주 全琫準의 지휘 아래 만석보를 파괴하고 고부관아를 습격하여 불법적으로 징수한 미곡을 풀어 농민에게 분배하였다.

이러한 사태에 접한 정부에서는 按覈(핵)使를 파견하여 사후 처리를 하도록 하였으나 안핵사는 오히려 모든 책임을 동학교도들에게 돌리고 이들을 체포·처형하였다. 이에 전봉준은 동학교도들에게 창의문을 보내고 다시 봉기하니, 각지의 농민들이 여기에 가세하여 그 세력이 고부·태인·부안·금구·정읍 등지로 확대되었다. 고부군 백산에 집결한 이들은 '除暴救民'·'輔國安民'의 기치를 내걸고 나아가 황토현에서 관군을 격퇴하고 북상하였다. 정부에서는 중앙의 정예부대를 파견하였으나 사기가 오른 동학군은 이를 장성에서 격퇴시키고 전주를 점령하기에 이르렀다.[52)]

그러나 이 때 정부의 요청으로 청이 군대를 파견하자 일본도 또한 재빨리 거류민을 보호한다는 구실로 군대를 보내 인천에 상륙하였다.[53)] 이에 정부는 하루속히 사태를 수습하기를 바라게 되어 동학군의 요구조건을 들어주겠다고 회유하

50) 金義煥, 〈1892·3年의 東學農民運動과 그 性格－參禮聚會·伏閤上疏·報恩集會를 中心으로－〉《韓國史硏究》 5, 1970;《東學思想과 東學革命》, 청아출판사, 1984.

51) 동학농민운동의 용어 문제는 1950년대 이래 논란이 계속되고 있는데, 이것은 동학농민운동의 성격에 대한 인식을 달리하는 데서 비롯되는 것이다. 일반적으로 동학농민운동 이외에 '東學亂'·'東學運動'·'東學革命'· 東學農民革命運動'·'甲午農民戰爭' 등이 사용되고 있는데, 이것은 동학의 사상과 동학농민운동의 주체 및 당시 정치·사회적 상황에 의해서 복합적으로 그 성격을 규명하는 데서 나타나는 필연적인 것이다. 특히 동학사상이 내포하고 있는 혁명적 측면과 사회체제에 대한 반항을 강조하는 사람들은 '동학혁명'이라고 주장하고, 그 주체가 농민이었다는 데서는 '동학농민혁명'이라고 하여 전통사회에 대한 하부계층의 혁명운동으로 파악하고 있다.

52) 金義煥, 〈甲午年 東學軍의 全州占領과 民衆의 動態〉《韓國思想》 15, 한국사상연구회, 1977.
鄭昌烈, 〈古阜民亂의 硏究〉(上·下)《韓國史硏究》 48·49, 1985.
李離和, 〈東學農民戰爭 展開過程에 나타난 몇 段階〉《朴永錫華甲紀念 韓國史學論叢》 下, 1992.

53) 金昌洙, 〈東學農民革命과 外兵借入問題〉《東國史學》 15·16 합집, 동국대, 1981.

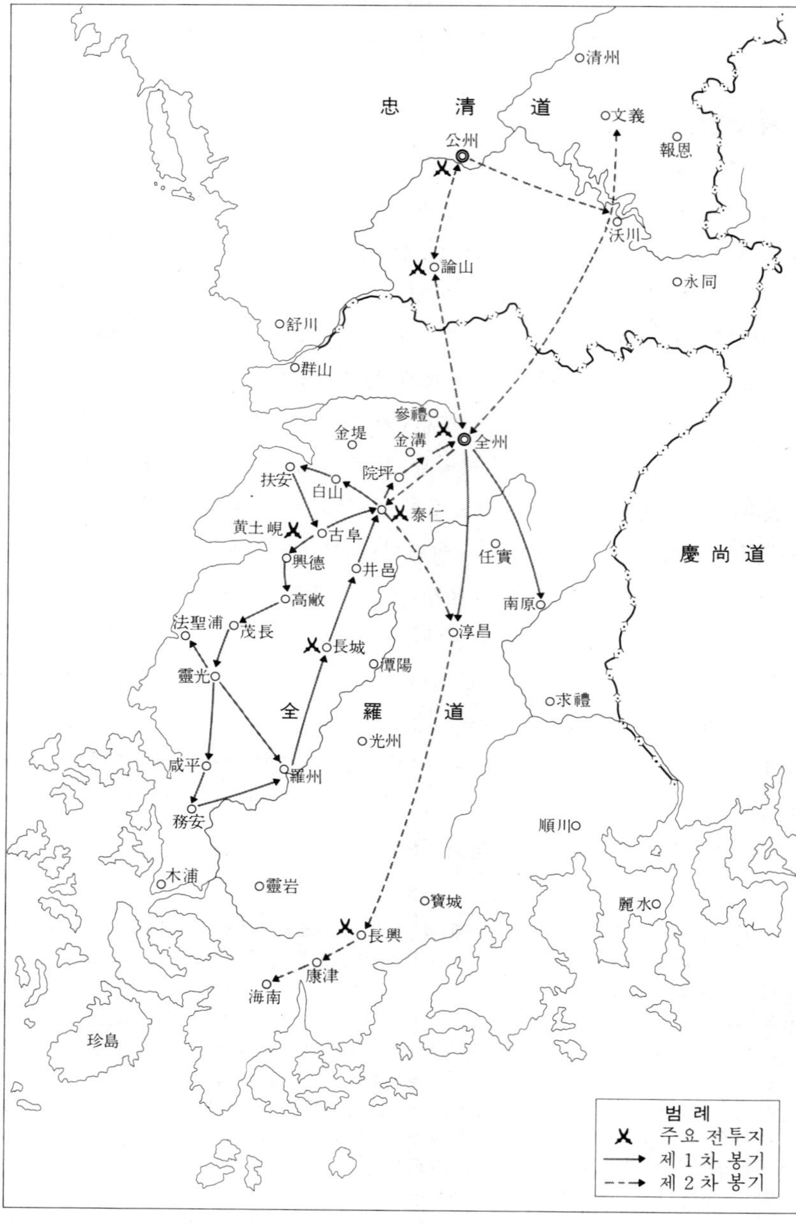
忠 淸 道
淸州
文義
報恩
公州
沃川
論山
永同
舒川
群山
參禮
金堤
金溝
全州
扶安
白山
院坪
泰仁
黃土峴
古阜
興德
井邑
任實
慶尙道
高敞
南原
法聖浦
茂長
淳昌
長城
潭陽
靈光
求禮
全 羅 道
光州
咸平
羅州
務安
順川
木浦
靈岩
寶城
麗水
長興
康津
海南
珍島
범 례
주요 전투지
제 1 차 봉기
제 2 차 봉기

동학군의 진로

였다. 동학군은 정부가 폐정의 개혁을 약속함에 따라 전주에서 강화를 맺고 해산하였다.

전주화약으로 해산한 동학교도와 농민들은 곧바로 폐정개혁에 착수하였다. 동학교도는 촌락마다 包라는 조직을 만들고 전라도 53개 군에 일종의 민정기관인 執綱所를 설치하여 지방의 치안과 행정을 맡았다. 집강소에는 한 사람의 집강이 있고 그 아래 서기·집사 등의 임원을 두었으며, 전주에는 총본부인 大都所가 있어 전봉준이 여기에서 총지휘를 하였다.[54] 이들은 폐정 개혁의 요강을 발표하였는데, 그것은 지방관의 농민에 대한 수탈의 중지, 신분차별의 폐지, 토지균분제의 실시 등 전근대적인 정치·사회 체제의 개혁과 일본의 침략에 대항하는 내용이 그 중심을 이루고 있었다.[55]

동학군이 전주에서 관군과 화의하여 해산한 뒤에도 청일 양국의 군대는 계속 증파되어 왔다. 정부는 난이 평정되었다는 사실을 양국에 알리고 철수할 것을 요청하였으나, 조선에서의 사태를 재침략의 계기로 이용하려 한 일본은 오히려 서울을 군대로 포위한 상태에서 조선정부에 대하여 내정개혁을 강요하는 한편 청에 대해서도 협조할 것을 요구하였다. 이 때 청은 일본의 요구가 조선에서의 세력확대를 꾀하려는 것임을 간파하여 이를 거절하고 공동철병을 주장하였다. 그러나 일본은 전쟁을 도발하여서라도 청의 세력을 조선으로부터 몰아내고 자기들의 주장을 관철시키려 하였다. 마침내 일본군은 궁궐에 침입하여 민씨정권을 몰아내고 대원군을 떠받들어 내정개혁을 강요하는 한편 청에 대하여 전쟁을 도발하여 淸·日戰爭을 일으켰다.

---

54) 洪性讚,〈1894年 執綱所期 設包下의 鄕村事情〉《東方學志》 39, 연세대, 1983.
盧鏞弼,〈東學農民軍의 執綱所에 대한 一考察〉《歷史學報》 133, 1992.
愼鏞廈,《東學과 甲午農民戰爭研究》, 일조각, 1993.

55) 韓沽劤,〈東學軍의 弊政改革案 檢討〉《歷史學報》 23, 1964.
愼鏞廈,〈東學農民軍 執綱所의 社會身分制改革과 土地改革政策〉《震檀學報》 78, 1994.
裵亢燮,〈1894년 동학농민전쟁에 나타난 토지개혁구상〉《史叢》 43, 고려대, 1994.
폐정개혁 12개조의 내용은 다음과 같다.
1. 동학교도와 정부는 쌓인 원한을 씻고 서정에 협력한다.
2. 탐관오리는 그 죄목을 조사하여 엄징한다.
3. 횡포한 부호를 엄징한다.
4. 불량한 유림과 양반의 무리를 징벌한다.
5. 노비문서는 소각한다.
6. 七班賤人의 차별을 개선하고 백정의 平凉笠(평량갓)을 없앤다.
7. 청상과부는 개가를 허용한다.
8. 무명의 잡세는 일체 폐지한다.
9. 관리 채용은 地閥을 타파하고 인재를 등용한다.
10. 倭와 내통하는 자는 엄징한다.
11. 공사채를 막론하고 기왕의 것을 무효로 한다.
12. 토지는 평균하여 분작한다.

이와 같은 일본의 침략에 대항하여 민족의 위급을 구하기 위해 동학군은 다시 집결하여 봉기하였다. 고부민란을 계기로 한 1차의 봉기가 전근대적인 정치・사회 체제에 대한 개혁운동이었다고 한다면, 이번 2차의 봉기는 일본의 침략에 대항하는 항일구국운동의 성격을 띤 것이었다. 또한 이번에는 1차 봉기 때에 종교적인 입장을 고수하여 적극적으로 가담하지 않았던 최시형 등 北接의 동학교도들도 합세하여 충청도 논산에서 집결한 뒤 북상하였다.[56] 그러나 동학군은 우수한 무기를 가지고 정규 군사훈련을 받은 일본군과 관군에게 공주 우금치 고개에서 격전 끝에 패배하였고, 그 뒤 전봉준・金開男・孫和中 등 지도자들이 체포됨으로써 동학혁명은 결국 실패로 돌아가고 말았다. 그러나 동학혁명이 실패로 돌아간 이후에도 농민부대들은 농촌 도처에서 반정부적인 활동을 계속하였다.

동학농민운동은 우리 나라 역사상 가장 규모가 큰 농민운동이었다. 지방의 몰락양반과 농민이 동학의 조직을 이용하여 일으킨 이 운동은 전근대적인 사회체제에 대한 밑으로부터의 혁명운동이라는 의미를 가졌으며, 또한 외세의 침략에 대항하는 민족주의적 성격을 띤 것이었다.[57] 다시 말하면 동학혁명은 대내적으로 반체제, 대외적으로 반침략의 두 가지 성격을 아울러 가지고 있었으며 이것이 농민전쟁의 단계에까지 이르렀던 것이다. 이 동학혁명은 비록 실패하였지만 갑오개혁을 통하여 근대사회로 발전하는 계기가 되었으며, 밖으로는 일본에 의해 청일전쟁이 야기되어 마침내 청의 세력이 조선에서 밀려나고 일본이 조선침략의 기틀을 굳히는 계기가 되었던 것이다.

V. 近代的 改革의 추진

1. 甲午更張

조선 후기의 실학사상에 바탕을 두고 개항 이후 서양의 근대문물과 접촉하면

56) 김의환, 〈갑오동학농민항쟁과 남・북접 문제〉《나라사랑》 15, 외솔회, 1974.
57) 金容燮, 〈東學亂研究論－性格問題를 中心으로－〉《歷史教育》 3, 1958.
李炫熙, 《東學革命史論》, 대광서림, 1994.
愼鏞廈, 〈甲午農民戰爭의 主體勢力과 社會身分〉《韓國史研究》 50・51 합집, 1985.
李相寔, 〈東學農民革命運動의 民族主義에 관한 考察〉《李元淳華甲紀念 史學論叢》, 교학사, 1986.
이영호, 〈1894년 농민전쟁의 사회경제적 배경과 변혁주체의 성장〉《1894년 농민전쟁 연구》, 역사비평사, 1991.
이이화, 〈東學農民戰爭의 歷史的 意義〉《百濟文化》 23, 공주대, 1994.
張泳敏, 《東學農民運動研究》, 한국정신문화연구원 박사학위논문, 1994.
裵亢燮, 《東學農民戰爭研究》, 고려대박사학위논문, 1996.

서 형성된 개화사상은 근대국가로의 발전을 위한 위로부터의 정치개혁을 주장하게끔 성장하고, 그것이 1884년의 갑신정변으로 나타난 바 있었다. 또한 점증하는 청·일의 정치적 간섭과 경제적 침투, 그리고 그에 주체적으로 대응하지 못하는 정부나 지배층에 반발하여 농민들이 아래로부터의 개혁을 주장하면서 일으킨 것이 동학농민운동이었다. 비록 이러한 두개의 흐름이 모두 실패로 돌아갔다고는 하지만, 내부적으로는 전근대적인 전통사회를 지양하는 혁신적인 개혁의 필요성이 고조되어 있었는데, 이것이 갑오개혁의 시대적 배경이 되었다.

동학농민운동을 계기로 조선침략을 계획한 일본이 군사력으로 조선정부를 위협하여 내정개혁을 강요하였지만 정부는 스스로 내정개혁을 위해 설치한 校正廳에서 이미 개혁을 추진하고 있음을 들어 이를 거절하고 일본군의 철수를 요구하였다. 이에 일본은 군대를 출동시켜 경복궁을 포위한 가운데 민씨세력을 몰아내고 대원군을 앞세워 집정케 하는 한편, 김홍집을 수반으로 하는 중립적 인사와 친일적 인사들로 신정부를 구성하여 개혁을 추진하도록 하였으니, 이것이 갑오경장이다(1894, 갑오개혁).

그러나 당시 일본은 청과 전쟁중에 있었으므로 개혁에 관여할 여유가 없었고, 따라서 신정부가 거의 독자적으로 개혁정치를 수행할 수 있었다.[58] 신정부는 우선 軍國機務處라는 회의기구를 설치하고 김홍집을 총재관으로 해서 박정양·金嘉鎭·安駉(경)壽·유길준 등 17명의 회의원을 중심으로 이 곳에서 모든 개혁안을 의결하였다. 이 때 군국기무처는 국왕이나 대원군의 간섭을 받지 않았고 따라서 기존의 정치세력에 의해 방해받는 일 없이 과감하게 개혁을 추진할 수 있었다. 1894년 7월에 설치된 군국기무처는 약 5개월 동안 존속하면서 208건의 개혁안을 의결하였는데, 그것은 정치·경제·사회 각 방면에 걸친 광범위한 것이었다.

정치면에서는 청과의 종주관계를 청산하고 개국년호를 사용하여 자주권을 회복한다는 자세를 보였다. 또한 정부조직을 궁내부와 의정부로 나누었으니, 왕실관계 기구를 궁내부라 하여 국가의 정무에서 제외시키고 의정부에서 국무를 담당케 하였다. 이 의정부는 총리대신을 수반으로 하고 그 밑에 內務·外務·度支(탁지)·軍務·法務·學務·工務·農商務 등 8衙門이 있어 각기 정무를 분담하였다. 또 과거제도를 폐지하고 새로운 관리임용방법을 실시하여 班常이나 문무의 구별없이 인재를 등용하였다.

경제면에서는 우선 재정을 일원화 하였다. 갑신정변 당시 재정을 호조에서 총

58) 柳永益, 〈甲午更張을 圍繞한 日本의 對韓政策—甲午更張 他律論에 對한 修正的 批判—〉《歷史學報》 65, 1975.

괄하도록 했던 예에 따라 회계 · 출납 · 조세 · 국채 · 화폐 · 은행 등 재정에 관한 모든 사무와 왕실관계의 경비까지도 탁지아문에서 일원적으로 관장케 하였다. 화폐제도에 있어서도 新式貨幣章程을 정하여 이에 따라 은본위제를 채택하고 동화를 보조화폐로 삼았다. 한편 새로이 徵稅署를 설치하고 조세의 금납제를 시행하였으며 도량형을 개정 · 통일하였다.[59)]

갑오경장에서 특히 중요한 내용은 사회면의 개혁이었다. 양반과 평민의 신분을 타파하였으며 백정 · 광대 등 천민신분의 폐지와 함께 공사노비의 제도를 혁파하고 인신매매를 금지하는 등 양반체제 하의 신분제도를 완전히 개혁하였던 것이다. 이 신분제의 철폐에 따라 관료의 등용과 대우에 신분상의 차등이 없게 되었고, 고관을 지낸 양반이라도 상업에 종사할 수 있게 되었다. 또한 가족제도를 개혁하여 남자 20세, 여자 16세 미만의 조혼을 금지하고 과부의 재가를 허용하였으며, 양자는 嫡庶에 모두 자녀가 없을 때에만 들일 수 있도록 개정하였다. 이 밖에 죄인의 처벌에 있어서 고문과 연좌법을 폐지하였으며, 의복제도를 간소화하는 등 여러 악습을 고치었다. 이러한 사회면의 개혁은 개항을 전후하여 계속 추진되어 온 개화운동의 연장으로서 갑신정변에서 계획하고 동학혁명에서 주장되었던 근대사회로의 전환이 이에 이루어질 수 있었던 것이다.

2. 제 2 차 갑오경장

갑오개혁은 정치 · 경제 · 사회 등 각 방면에 걸친 대개혁이었지만 많은 문제점을 아울러 가지고 있었으니, 그것은 이 개혁이 조선정부의 자체적 필요성에서보다도 일본의 강요에 의해 시작되었기 때문이었다. 당시 일본이 개혁을 강요하였던 것은 조선의 근대화를 위해서가 아니라 조선의 정치 · 경제 · 사회체제를 변형시켜 그들의 침략을 용이하게 하려는 의도에서였다.[60)]

따라서 개혁의 방향이 일본의 필요에 따라서 결정되는 경우가 많았는데, 궁내

59) 吳斗煥, 〈甲午改革期에 賦稅「金納化」에 관한 硏究〉《經濟史學》 7, 경제사학회, 1984.
金正起, 〈甲午更張期 日本의 對朝鮮經濟政策〉《韓國史硏究》 47, 1984.
金玉根, 《朝鮮王朝財政史硏究〔Ⅳ〕－近代編－》, 일조각, 1992.

60) 갑오경장에 대해서는 自律性論과 他律性論이 양립하고 있다. 타율성론은 갑오개혁이 한국에 있어서 근대적 개혁임에는 틀림없으나 일본의 무력과 위협에 의한 것이었고 따라서 결과적으로 일본의 침략에 도움을 주게 되었다는 인식이고, 자율성론은 일본의 위협에 따른 면이 있는 것은 사실이나 근본적으로는 실학사상을 계승한 개화사상과 19세기 이래 계속된 민란, 그리고 갑신정변과 동학혁명으로 이어지는 전통사회에 대한 근본적 개혁 요구의 전개 등 한국사의 내재적인 발전 과정에서 나타난 필연적 사실로 보는 것이다. 근래 柳永益이 갑오개혁의 추진세력을 갑오개화파라 부르고 그들의 사상과 행동 속에는 대일의존성과 자주독립성이 병존하였다고 주장한 것은 양론의 절충설로 이해된다.
柳永益, 《甲午更張硏究》, 일조각, 1990.

부를 분리시켜 왕실의 정치참여를 배제한 것은 당시 정치의 실력자이던 민비를 정치에서 소외시키려는 정치적 의도에서 나온 발상이었던 것이다. 또한 당시 조선이 가장 절실하게 필요로 했던 군제의 개편을 거의 고려하지 않은 것도 큰 문제였다. 근대국가로의 발전을 위해서는 국가의 자주권을 확보하는 것이 무엇보다도 중요한 것이었고, 이를 위해서는 우선적으로 군사제도의 개혁과 군사력의 강화가 요구되었지만 실제로는 일본군 지휘하의 訓鍊隊 2개 대대와 궁내 시위를 위한 侍衛隊 2개 대대를 설치하는 데 그치고 말았던 것이다. 경제면에서의 개혁 역시 조선사회를 일본의 자본주의가 침투하기에 좋은 경제체제로 바꾸어 놓았다. 은본위제의 화폐제도는 일본의 경제적 침투에 적합하도록 되었으며, 도량형의 재정·통일도 일본 상인들의 상행위를 편리하게 해주었다. 조세의 금납화도 아직 화폐가 널리 유통되지 못하고 있는 상태에서 농민들이 납세를 위해 미곡과 화폐를 교환해야 하는 절차를 거쳐야 하였으므로 큰 곤란을 겪게 되었다.

이와 같이 갑오경장은 당시의 시대적·사회적 발전에 적응하는 것임에는 틀림이 없으나 한편으로는 일본의 편의에 따라 실시되었기 때문에 조선에게 준 이익은 많지 않았다. 따라서 이 개혁은 일본의 침략적 성격과 결부되어 국민들로부터 지지를 얻지 못하고 오히려 심한 반발을 불러 일으키게 되었다. 그 중에서 가장 불만이 컸던 사람이 대원군이었다. 대원군은 개혁세력에 대항하기 위한 방편으로 일본에 의하여 집권하였지만 군국기무처의 개혁에 대하여 불만을 품고 고종을 폐위시키려는 정변을 계획하기도 하였고, 당시 남쪽에서 일본군과 항전하고 있던 동학군 및 평양에 주둔하고 있던 청군과 연결을 취하여 일본세력을 축출하려고 하였다. 이와 같은 대원군의 반발로 개혁의 추진이 어려워지자 일본은 정계의 거물인 井上馨을 공사로 부임시켜 강제로 대원군을 정계에서 은퇴시키고 대신 일본에 망명중이던 급진개화파인 박영효·서광범 등을 불러들여 김홍집·박영효의 연립내각을 구성케 하였다. 이 때 군국기무처가 폐지되었으며, 또한 고종이 대원군·세자 및 백관을 거느리고 종묘에 나아가 개혁정치의 추진을 서약하고 정치의 기본강령이라고 할 수 있는 洪範 14條를 반포하였다.[61)]

61) 홍범14조는 1894년 음 12월 12일(양력 1895년 1월 7일)에 반포되었는데, 그 내용은 다음과 같다.

1. 청국에 의존하려는 마음을 버리고 자주독립의 기초를 세운다.
2. 王室典範을 제정하여 대위계승과 宗戚의 분의를 밝힌다.
3. 대원군은 正殿에 나가 정사를 보되 정무는 각 대신들에게 물어서 재결하고, 后嬪과 宗戚의 간여는 불용한다.
4. 왕실사무와 국정사무는 분리하여 혼합됨이 없도록 한다.
5. 의정부와 각 아문의 직무와 권한을 명확히 제정한다.
6. 인민의 出稅는 모두 법령에 의해서 율을 정하고, 멋대로 명목을 붙이거나 함부로 징수하지 않는다.

이에 따라 개혁은 일본의 간섭이 강화되고 급진개혁파가 참여한 가운데 계속 추진되었다. 우선 井上馨이 추천한 일본인 고문들이 임명되어 조선의 정치는 그들의 손에서 움직이게 되었다. 이 때 추진된 제2차 갑오개혁은 의정부를 內閣이라고 고치고 종래의 8아문을 외부·내부·탁지부·법부·학부·농상공부·군부의 7부로 개편하였다. 그리고 지방의 행정체계는 종래의 8도를 23부로 개편하고 각 부 아래에는 郡을 두었으며, 지방관에게는 종래의 사법권과 군사권을 부여하지 않고 단순한 행정관으로서 그 권한을 축소시켰다.[62] 또 사법권을 행정기구로부터 분리 독립시켜 재판에 관한 것은 재판소에서만 다루도록 하였는데, 이 때 제정된 사법제도는 1심재판소인 지방재판소와 개항장재판소, 그리고 2심인 고등재판소와 순회재판소로 이루어져 있었다. 그리고 경찰권을 일원화하여 서울에는 警務廳을 두고 각 도에는 경무관을 두어 치안을 담당하여 행정과 분리시켰다. 교육제도에 있어서도 신교육을 실시하기 위하여 漢城師範學校를 설립하고 外國語學校官制를 공포하였으며, 서울에 소학교를 설립하였다.[63]

3. 乙未改革

조선에서 갑오개혁이 진행되는 가운데 청일전쟁은 일본의 승리로 끝나고 그 결과 양국 사이에는 馬關(下關)條約이 체결되었다. 여기서 일본은 조선에 대한 청의 종주권을 부인하여 조선에서의 우세를 확실히 하였을 뿐 아니라 배상금과 함께 대만과 요동반도를 할양받음으로써 만주와 중국으로 진출할 수 있는 발판까지도 마련하였다.[64]

이러한 마관조약의 내용이 밝혀지자 당시 청에 진출하여 있었던 서구열강들이

---

7. 조세의 과징과 경비의 지출은 모두 탁지아문에서 관할한다.
8. 왕실의 비용을 솔선해서 절감하여 각 아문과 지방관청의 모범이 되도록 한다.
9. 왕실과 각 관부의 비용은 1년의 예산을 정하여 재정의 기초를 확립한다.
10. 지방관제를 속히 개정하여 지방관리의 직권을 제한·조절한다.
11. 국중의 聰俊子弟를 널리 파견하여 외국의 학술과 기예를 전습한다.
12. 將官을 교육하고 징병법을 정하여 군제의 기초를 확립한다.
13. 민법과 형법을 엄명히 하여 감금과 징벌을 남용하지 못하도록 하고 인민의 생명과 재산을 보전한다.
14. 사람을 씀에 문벌과 지연에 구애받지 말고, 선비를 구함에 두루 조야에 미치도록 하여 인재 등용의 길을 넓힌다.

62) 尹貞愛, 〈韓末 地方制度 改革의 硏究〉《歷史學報》 105, 1985.
李相燦, 〈1894·5년 地方制度 改革의 방향〉《震檀學報》 67, 1989.
이 때 제정된 23부의 지방제도는 1896년에 13도로 개편되었다.

63) 金興洙, 〈甲午改革期의 近代學校硏究〉《南都泳華甲紀念 史學論叢》, 태학사, 1984.

64) 朴俊圭, 〈淸日開戰과 列強外交〉《東亞文化》 2, 서울대, 1964.
韓國史硏究會(編), 《淸日戰爭과 韓日關係》, 일조각, 1985.
최덕수, 〈청일전쟁과 동아시아의 세력변동〉《역사비평》 26, 역사문제연구소, 1994.

반발하고 나섰다. 특히 남하정책의 일환으로 만주에 커다란 관심을 갖고 요동반도로 진출하려던 러시아는 역시 일본의 세력확대를 경계하고 있었던 독일·프랑스와 함께 일본의 요동반도 점유가 동양평화에 해롭다는 구실을 붙여 그의 반환을 요구하였다(三國干涉, 1895). 이 때 일본은 청과의 전쟁에서 많은 국력을 소모한 뒤였으므로 이 요구에 굴복하지 않을 수 없었고, 결국 요동반도를 포기하였다.

삼국간섭의 소식이 전해지자 조선정부 안에는 러시아의 힘을 빌려 일본의 간섭에서 벗어나려는 움직임이 일어났다. 이와 같은 배일 친러의 정책을 이끌어간 것은 일본에 의해서 세력이 약화되었던 민비 일파였으며, 고종도 이에 동조하였다. 여기에 러시아 공사 베베르의 외교활동이 가미되어 드디어 민비는 정부내의 친일세력인 박영효를 몰아내고 李範晋·李完用 등을 기용하여 새로이 친러정부를 세우는 데 성공하였다.[65] 이로써 일본은 커다란 타격을 받았으며, 그동안 진행되던 개혁도 일단 중지하지 않을 수 없었다.

일본은 청일전쟁이란 비싼 대가를 치르면서 청의 세력을 조선에서 축출하는 데 성공하였으나, 이제 새로이 러시아가 경쟁세력으로서 등장하고 조선정부가 친러노선으로 기울어지자 그들의 세력을 유지하려는 비상수단을 쓰게 되었다. 즉, 井上馨의 후임으로 부임한 일본공사 三浦梧樓는 일본의 낭인과 군대를 앞세워 궁중을 침범하여 민비를 시해하는 만행을 저질렀던 것이다(을미사변, 1895).[66] 일본의 민비 시해사건은 온 국민을 크게 자극하였고 열강도 이를 비난하였지만 조선에 대한 일본의 영향력은 회복되었고 이에 따라서 조선정부에서도 친러파가 대거 퇴진하는 가운데 새로운 친일내각이 수립되었다.

이 때 새로 개편된 김홍집내각은 그동안 중지되었던 개혁을 재개하여 급진적으로 추진하였다(을미개혁). 이 개혁의 내용을 보면 태양력을 사용하고 종두법을 시행하며 개성·수원·충주·안동·대구·동래 등지에 郵遞司를 설치한다는 것이었다. 그리고 一世一元의 연호를 사용하기로 하여 1896년 1월부터 建陽이라는 새 연호를 쓰게 되었고, 군제를 변경하여 종래의 훈련대와 시위대를 합쳐 중앙에 親衛隊 2개 대대, 지방에는 평양과 전주에 각각 鎭衛隊 1개 대대를 두었다. 한편 단발령을 공포하여 국왕이 앞장서 시범을 보이면서 머리를 자를 것을 국민에게 요구하였다.

결국 을미개혁은 갑오개혁의 연속이라고 할 수 있지만[67] 일본의 강요에 의한

65) 金元洙, 〈淸日戰爭 및 三國干涉과 러시아의 對韓政策〉《韓露關係 100年史》, 한국사연구협의회, 1984.

66) 민비는 광무 원년(1897)에 明成皇后로 추존되었다.
崔文衡 외, 《明成皇后弑害事件》, 민음사, 1992.

개혁이었기 때문에 이에 대한 반발이 뒤따르게 되었으며, 특히 단발령에 대한 강경한 반대가 전국적으로 일어나게 되었던 것이다.

4. 의병운동의 시작

을미개혁은 국민의 지지를 받지 못했으니 그것은 일본의 침략적 간섭에 대해 국민들이 크게 반발하였기 때문이었다. 더욱이 민비의 시해와 단발령의 반포는 국민들의 감정을 극도로 자극하였다. 특히 단발령은 조선의 오랜 관습을 하루아침에 강제로 바꾸려하는 것이었으므로 "머리는 자를지언정 상투는 자를 수 없다."(최익현의 말)고 하면서 강경하게 반대하였다. 이리하여 각지에서 의병이 일어나 일본과 친일정부에 대하여 무력으로 항쟁하기 시작하였다.

의병의 시작은 이미 갑오경장 때부터 일어나고 있었다. 즉, 1894년 8월 안동에서 徐相轍이 거사하였는데, 이는 갑오개혁에 따른 반일감정에 특히 1894년 6월의 일본군의 경복궁 침입사건이 직접적 동기가 되었다. 이듬해 7월에는 평안도 상원에서 金元喬가 거사하였고, 을미사변 직후인 9월에는 유성에서 文錫鳳이 기병하였는데 단발령이 발표된 후에는 전국각지로 확대되었다. 이 때 대표적인 의병장은 제천의 柳麟錫, 춘천의 李昭應, 이천·여주의 朴準英 등이었다. 의병의 지도자들은 덕망있고 학식이 있는 지방의 유학자들이었는데, 이들은 개항 전후에 일본과의 수교와 정부의 개화시책을 반대하였던 위정척사운동의 정신과 전통을 계승하여 일본의 침략을 저지하고 주권을 지키려 하였던 것이다.[68] 의병은 전국 각지에서 일어나 1896년 전반까지 중앙에서 파견된 친위대 및 일본군과 항전하였으나 점차 세력이 약화되었고 결국 국왕이 해산을 권고하는 조칙을 내림으로써 일단 해산하였다.

---

67) 제 2 차 갑오개혁은 고종 31년(갑오, 1894) 음 11월부터 32년(을미, 1895) 윤5월까지 진행되었고, 을미개혁은 왕 32년 8월 을미사변 후에 착수한 것이다. 따라서 을미개혁도 광의의 갑오개혁에 포함될 수 있다.

68) 趙東杰, 〈義兵運動의 韓國民族主義上의 位置〉(上)《한국민족운동사연구》 1, 지식산업사, 1986.
______, 《韓國民族主義의 成立과 獨立運動史硏究》, 지식산업사, 1989.
金祥起, 〈朝鮮末 文錫鳳의 儒城起兵〉《歷史學報》 134·135 합집, 1992.
______, 〈甲午更張과 甲午·乙未義兵〉《國史館論叢》, 국사편찬위원회, 1992.
______, 《韓末義兵硏究》, 일조각, 1997.
종래 의병의 시작은 1895년 을미사변 후에 일어난 것으로 알고 있었으나 근래의 연구에 의하면 이미 1894년부터 시작되었고, 또 문석봉의 기병도 보은이 아니라 유성이었음이 밝혀졌다.

제 2 장
帝國主義侵略과 國權守護運動

Ⅰ. 獨立協會의 활동과 大韓帝國

1. 열강의 이권침탈

을미사변과 을미개혁으로 국민들의 반일감정이 고조되고 각처에서 의병운동이 전개되자 조선에서의 세력확장을 꾀하던 러시아는 공사관을 보호한다는 구실로 인천에 정박 중인 러시아 군함으로부터 수병 120여명을 서울로 이동시켰다. 그 동안 서울주재 러시아 공사였던 베베르는 1896년 1월에 스피에르(Speyer)와 교체되었지만 그대로 서울에 머물면서 막후에서 활동하고 있었다. 이 때 고종도 일본의 민비 시해에 대해 크게 분노하고 있었는데, 마침 친위대병력이 의병활동을 진압하기 위해 지방에 파견되어 왕궁의 경비가 소홀해져 있었으므로 친러파 이범진 등이 베베르와 공모하여 고종을 러시아 공사관으로 옮기도록 하였다(俄館播遷, 1896년 2월).[1] 이 때 친일내각의 김홍집과 어윤중은 친일파로 지목되어 일반 민중들에게 살해되고 유길준 등은 일본으로 망명하였으며, 새로이 이범진, 이완용 등의 친러내각이 성립되었다. 이후 약 1년간 고종은 러시아 공사관에서 러시아 군대의 보호를 받는 처지가 되었고 정부는 자연히 러시아의 간섭을 받게 되었다.

수세에 몰린 일본은 러시아와 세력 균형을 위한 협상을 벌였는데, 이 때 다시 공사로 부임한 베베르와 일본공사 小村 사이에 이른바 베베르·小村각서가 조인되었다(1896. 5). 이에 따라 일본은 서울·부산 간의 일본의 전신선과 서울 및 개항장의 일본 거류민을 보호한다는 명목으로 군대를 계속 주둔시킬 수 있게 되었지만 조선에 대한 러시아의 우위를 인정하지 않을 수 없었다.

러시아는 일찍부터 일본이 대륙으로 진출하는 것을 억제하기 위해 조선과 청을 자기세력 하에 두려는 정책을 추진하였다. 이것은 1895년 5월에 있었던 러시아 황제 니콜라이(Nicolai) 2세의 대관식에 참석한 일본·청·조선 3국의 사신과 각기 다른 내용의 비밀 협약을 체결한 데에도 나타나있다. 일본과는 일본

1) 李鉉淙, 〈俄館播遷〉《韓露關係 100年史》, 한국사연구협의회, 1984.
李玟源, 〈俄館播遷期의 朝露交涉〉《윤병석화갑기념 한국근대사논총》, 1990.

이 조선에 있는 전신선을 계속 관리하는 대신 러시아는 서울에서 두만강 하류의 朝露 국경 사이에 전신선 가설을 할 수 있도록 하였고, 양국의 군대가 서로 충돌하는 것을 방지하기 위해 양국 군대 사이에 완충지대를 설치할 것을 약속하였다. 또한 청과는 일본의 만주 및 조선 침략을 막기 위하여 상호군사원조를 약속하고 시베리아 철도와 연결되는 東淸 철도부설권을 청으로부터 획득하였다. 한편 조선과는 러시아인 군사교관과 재정고문의 파견, 러시아의 육상전신선과 조선의 전신선과의 연락, 그리고 조선 국왕의 안전에 대한 책임을 진다는 등의 내용으로 협약을 맺었다.

이리하여 조선정부의 각 부에 있던 일본인 고문과 일본인 무관 대신에 러시아인을 군사·재정의 고문으로 삼게 되었는데, 특히 탁지부의 러시아인 고문 알렉세예프(Alexeiev)는 조선의 재정에 큰 영향을 끼쳤다. 이 때 각종의 이권이 러시아로 넘어간 것은 당연한 일이었다. 즉, 러시아는 조선으로부터 함경도의 경원·종성의 광산채굴권과 두만강·압록강 유역 및 울릉도의 삼림채벌권을 획득하였던 것이다.[2)]

그러자 이에 자극된 구미제국이 각각 기회균등을 내세워 이권을 요구하여 왔고 그리하여 철도·광산·삼림 등에 대한 이권이 열강에게로 넘어가게 되었다. 같은 1896년 미국은 서울·인천 간의 철도부설권과 평안도 운산금광의 채굴권을 얻었고, 프랑스는 서울·의주 간의 철도부설권을 획득하였으며, 이러한 이권침탈은 그 후에도 계속되었다.[3)] 그러나 당시 정부의 관리들은 무능하고 부패하여

열강의 이권침탈

국 명	연 대	이 권 내 용
미 국	1896	경인선 철도부설권(후에 일본에 양도)
	1896	평안도 운산 금광채굴권
	1898	서울 시내 전차 부설권
러 시 아	1896	함경도 경원·종성의 광산채굴권
	1896	압록강 유역 및 울릉도 삼림채벌권
일 본	1898	경부선 철도부설권
	1899	경인선 철도부설권(미국으로부터 매입)
	1900	충청도 직산 금광채굴권
영 국	1900	평안도 은산 금광채굴권
프 랑 스	1896	경의선 철도부설권
독 일	1897	강원도 당현 금광채굴권

2) 姜英心, 〈舊韓末 러시아의 森林利權과 森林領의 採伐상태〉《梨花史學硏究》 17·18 합집, 이화여대, 1988.

3) 朴性根, 〈京仁線敷設權과 美日關係〉《南都泳華甲紀念 史學論叢》, 태학사, 1984.

개인의 안전과 권력의 유지에만 급급했을 뿐 이를 막지 못하였다.

2. 독립협회의 활동

고종 31년(1894) 동학혁명과 갑오개혁이 진행된 이래 조선의 정치·사회는 대내외적으로 급격한 소용돌이 속에 빠져버린 상태였다. 1895년에는 일본에 의한 을미사변과 을미개혁이 있었고 이에 반발하여 일어난 의병운동, 그리고 아관파천과 러시아의 간섭, 뒤이은 열강의 이권 침탈 등의 혼란이 계속되었던 것이다. 그러나 당시의 집권층은 외세에 의존한 상태에서 적극적으로 자주권 확립의 방책을 찾지 못하고 있었다. 나라의 형편이 이와 같이 되자 일반 국민들 사이에서 정부의 무능을 비판하고 민족의 독립을 위한 운동이 전개되기 시작하였는데, 이 운동의 중심조직이 독립협회였다.[4)]

독립협회는 갑신정변이 실패한 뒤 미국에 망명하였던 徐載弼이 귀국하여 1896년 서구의 근대사상과 개혁사상을 가진 인사들과 함께 조직한 단체로 그 중심인물은 서재필·윤치호·李商在·南宮檍 등이었다. 처음에는 정부의 고관들도 참여하였으나 독립협회의 회원가입이 개방되어 있고 그 운영이 민주적인 방법으로 이루어졌을 뿐 아니라 활동내용이 정부의 시책을 비난하는 것이 많았으므로 점차 고관들은 탈퇴하였다. 독립협회는 그 조직이 지방에까지 확대되어 함흥·평양·대구 등 전국 13도에도 지회가 두어졌다.

독립협회에 참여한 인사들의 성분은 각계각층이 망라되었다. 서구의 근대사상을 받아들인 신지식인과 개혁적인 사상을 가진 유학자층이 주도적 활동을 하였고, 여기에 도시의 상인과 농민, 광산이나 부두의 노동자, 그리고 백정 출신들도 참여하였다. 이를 보면 갑신정변이 일부 양반관료 출신의 젊은 청년층이 기도한 위로부터의 개혁운동이었고, 동학혁명이 농촌의 몰락양반과 농민이 중심이 된 밑으로부터의 개혁운동이었던 것에 비하여, 독립협회는 참여한 계층의 폭이 넓어지고 특히 도시의 신지식인인 시민계층이 중심이 된 정치·사회의 개혁운동이라는 점에 그 특징이 있었다.

독립협회의 활동은 自主獨立·自強革新·自由民權의 세 가지 방향으로 전개되었는데, 이것은 외세로부터 완전한 독립을 부르짖고 스스로의 개혁을 지향하

李培鎔, 《舊韓末 鑛山利權과 列强》, 한국연구원, 1984.

______, 《韓國近代鑛業侵奪史研究》, 일조각, 1989.

______, 〈1880年代 列强의 利權外交에 나타난 諸特性〉《李基白古稀紀念 韓國史學論叢》 下, 일조각, 1994.

4) 愼鏞廈, 〈獨立協會의 創立과 組織〉《獨立協會의 社會思想研究》, 서울대, 1973; 《獨立協會研究》, 일조각, 1976.

柳永烈, 〈獨立協會의 性格〉《韓國史研究》 73, 1991.

며 개화된 자유민주주의를 주장하는 것이었다. 그리고 서재필이 귀국해서 창간한 〈독립신문〉을 독립협회가 설립된 뒤에도 계속 간행하여 이러한 독립협회의 활동을 홍보하고 국민을 계몽하였다.[5)]

독립협회의 세 가지 주장 가운데 첫째 자주독립운동은 외세의 간섭으로부터 벗어나 국가의 자주권을 확립하기 위한 것이었다. 그 구체적인 활동으로 과거 迎恩門이 있던 자리에 국민의 성금을 모아 獨立門을 세웠으며, 〈독립신문〉에 자주독립에 관한 각종 논설을 자주 실어 국민의 자주독립의식을 높이고, 慕華館을 獨立館으로 개칭하여 이곳에서 토론회를 열기도 하였다. 그리고 아관파천으로 러시아 공사관에 가 있던 고종의 환궁을 요구하고, 외국에 대한 각종 이권의 할양을 반대하는 동시에 이미 침탈된 이권을 되찾을 것을 주장하였다.

자강혁신운동은 자주독립을 이룩하기 위해 부국강병을 위한 여러 가지 내정을 개혁하자는 것이었다. 여기서는 우선 전통적인 정치체인 전제군주제를 입헌군주제로 개혁하고, 행정제도와 재정제도를 근대적으로 개정하며, 신교육과 함께 근대적 산업의 개발을 내세웠다.[6)] 즉, 각급학교를 단계적으로 설립하여 국민을 교육시켜 민력을 배양하고 각종 공장을 건설하며, 또한 외세침략으로부터 스스로를 지키기 위해 근대적인 국방력을 기를 것을 주장하였던 것이다.

끝으로 자유민권운동은 근대적 정치사상이 높은 수준으로 받아들여지고 있었음을 나타내는 것이었다. 즉, 이것은 국가의 자주독립과 부강의 기반이 국민의 권리신장에 있다고 하면서 서양의 천부인권사상을 근거로 인간의 기본권인 생존권과 재산권 등을 보호하려는 운동이었다.[7)] 또한 국민의 참정권 운동을 전개하여 언론과 집회의 자유권, 국민평등권, 국민주권론 등을 내세웠다. 특히 의회설립을 주장하여 갑오개혁 때 내각의 자문기관으로 만들어진 뒤 유명무실한 채로 있던 中樞院을 개편하여 관선의원과 민선의원을 구성하되 독립협회 회원을 민선의원에 선출하자고 하였다. 이 중추원을 개편한 의원설립의 제안은 고종의 승낙을 받아 실현 단계에까지 갔었다.

독립협회의 활동이 가장 절정에 달한 것이 광무 2년(1898) 종로에서 열린 萬民共同會의 개최였다. 만민공동회는 국정의 개혁을 실현시키기 위한 민중의 정치 운동이었는데, 이 때 정부의 고관들까지도 참석한 가운데 여섯 항목의 '獻議

5) 李光麟, 〈徐載弼의「독립신문」刊行에 대하여〉《震檀學報》 39, 1975.
愼鏞廈, 〈「독립신문」의 創刊과 그 啓蒙的 役割〉《韓國史論》 2, 서울대, 1975;《獨立協會研究》, 일조각, 1976.
6) 金淑子, 〈獨立協會의 教育救國運動〉《韓國史論叢》 4, 성신여대, 1981.
7) 柳永烈, 〈獨立協會의 民權運動 展開過程〉《史叢》 17·18 합집, 고려대, 1973.
愼鏞廈, 〈萬民共同會의 自主民權自强運動〉《韓國史研究》 11, 1975;《獨立協會研究》, 일조각, 1976.

6條'를 채택하고 고종에게 건의하여 그 실시를 약속받기까지 하였다.[8)]

그러나 한편으로는 독립협회의 급진적인 개혁요구와 그 세력에 당황한 보수적인 집권층이 오히려 독립협회 간부 10여명을 체포하고 협회의 해산을 명하였다. 이에 독립협회 측에서는 연일 만민공동회를 열어 투옥인사의 석방과 독립협회의 부활, 그리고 헌의 6조의 시행을 요구하여 그 기세가 꺾이지 않았다. 그러나 정부는 보부상을 중심으로 어용단체인 皇國協會를 조직하고, 이로 하여금 독립협회와 충돌하게 한 뒤 사회혼란을 이유로 독립협회와 만민공동회를 강제로 해산시키고 말았다.

그러나 독립협회의 정치·사회 개혁운동은 근대적이고 자주적인 국민의식을 형성하는 데 크게 이바지하였다. 그리고 일제 침략에 대항하여 민족운동을 펼쳐나갈 수 있는 사상적 기반과 함께 민주주의가 성장할 수 있는 토양을 형성시켰다는 점에서 큰 의의를 가지는 것이었다.

3. 대한제국의 성립과 광무개혁

독립협회를 중심으로 국민들이 환궁을 강력하게 요구함으로써 마침내 고종은 1897년 아관파천 후 약 1년만에 慶運宮(지금 덕수궁)으로 돌아오게 되었다.[9)] 고종이 환궁하자 조선정부는 독립국가로서의 면모를 내외에 선양하기 위하여 국호를 '大韓帝國', 연호를 '光武'로 하고 갑오개혁에서 '대군주'라고 하였던 국왕의 칭호를 '황제'라 고쳐 독립제국의 새 체제를 갖추었다(1897. 10). 이 대한제국의 성립은 안으로 자주독립의 근대국가를 이룩하려는 국민적 자각에 따른 것이었지만 밖으로 조선을 둘러싼 러시아·일본의 세력이 어느 정도 균형을 이루고 있었고 기타 열강이 특정 국가의 독점을 원하지 않았던 국제관계에도 힘입은 것이었다.[10)]

대한제국은 갑오개혁과 을미개혁의 뒤를 이은 또 한 차례의 근대적 개혁을

---

8) '獻議 6條'의 내용은 다음과 같다.
   1. 외국인에게 의존하지 말고 專制皇權을 견고히 할 것.
   2. 각종 이권의 계약 및 외국과의 차관·조약은 각부대신과 中樞院議長이 합동하여 날인한 것이 아니면 시행치 말 것.
   3. 모든 재정은 탁지부에서만 관할하고, 예산·결산을 인민에게 공포할 것.
   4. 중대범인의 재판은 공개하고, 피고가 자복한 뒤에 시행할 것.
   5. 勅任官은 황제가 정부에 자문하여 과반수가 되면 임명할 것.
   6. 章程을 실천할 것.

9) 李玟源, 〈고종의 환궁에 관한 연구〉《한국근현대사연구》 1, 한국근현대사연구회, 1994.

10) 李玟源, 〈大韓帝國의 成立過程과 列強과의 關係〉《韓國史研究》 64, 1989.
    李求鎔, 〈大韓帝國의 成立과 列強의 反應〉《江原史學》 1, 강원대, 1985.

단행하였다. 이것을 그 연호에 따라 광무개혁이라 하는데, 이 개혁의 방향은 '舊本 新參', 즉 구법을 본으로 삼고 신법을 참고한다는 데 두어졌다. 이것은 앞서의 갑오·을미개혁의 과오를 반성하고 전통적인 제도를 바탕으로 하여 새로운 제도를 받아들인다는 생각에서 비롯된 것이었다. 그러면서 특히 이용후생에 관계되는 것은 외국의 제도를 적극 받아들이는 자세를 취하였다.[11)]

구법을 본으로 하는 광무개혁의 내용은 복고주의적인 성격이 강하게 나타나고 특히 황제권의 강화가 강조되었으니, 이것은 당시의 집권층이 보수적인 경향을 띠고 있었던 것과도 관련이 있었다. 이와 같은 성격은 1899년(광무 3)에 반포된 大韓國制에 그대로 나타나 있다.[12)] 대한국제는 황제의 통치권이 무한함을 강조하고, 황제가 입법권·행정권·사법권과 선전·강화 및 계엄·해엄에 관한 권한을 가지고 있음을 규정하고 있다. 이것은 독립협회에서 주장한 입헌군주제 및 의회정치제도와는 전적으로 다른 근대제국의 절대왕정체제를 도입하여 황제의 전제권을 법제적으로 확립한 것이었다.[13)]

한편 광무개혁에서는 왕권강화와 자주독립국가의 기본 요건인 국방력 강화에도 힘을 기울여 군제를 개편하였다. 수도의 경비와 황제의 호위를 담당하는 친위대·시위대·扈(호)衛隊가 개편·증가되었고 각 지방의 진위대도 증설되었다. 또한 자주독립국가로서의 자주적인 외교활동도 추진하였으니, 특히 청과의 사이에 통상조약을 체결하여(1899) 종래의 전근대적인 양국관계가 국제적으로 대등하게 되었다. 또 간도와 연해주지방으로 이주한 동포를 보호하기 위하여 北邊間島管理를 파견하였고, 간도를 영토로 편입할 것을 계획하기도 하였다.

광무개혁기에 이루어진 가장 중요한 정책은 경제와 교육에 있다고 할 수 있다. 그 가운데 가장 대표적인 것은 양전사업으로서 이는 전근대사회의 누적된 폐단 가운데 하나인 전정을 개혁하고 민생의 안정과 함께 국가재정의 확보를 위한 것이었다. 이 양전사업이 진행되면서 근대적인 토지소유권 제도라고 할 수 있는 地契를 발급하였다.[14)] 또한 정부는 상공업의 진흥·육성정책을 적극 추진하여 섬유·철도·농업·운수·광업·금융 부문에 근대적 회사들이 설립

11) 宋炳基, 〈光武改革研究〉《史學志》 10, 단국대, 1976.
愼鏞廈, 〈光武改革論의 問題點〉《創作과 批評》 13-3, 창작과 비평사, 1978.
서영희, 〈광무정권의 형성과 개혁정책 추진〉《역사와 현실》 26, 1997.

12) 田鳳德, 〈大韓國國制의 制定과 基本思想〉《法史學研究》 1, 한국법사학회, 1974.

13) 陳德奎, 〈大韓帝國의 權力構造研究 II-中樞院의 分析的 考察-〉《大韓帝國研究》, 이화여대, 1984.

14) 金容燮, 〈光武年間의 量田事業에 관한 研究〉《亞細亞研究》 XI-8, 고려대, 1968; 《韓國近代農業史研究》 下, 일조각, 1984.
______, 〈光武量田의 思想基盤〉《亞細亞研究》 XV-4, 고려대, 1972; 《韓國近代農業史研究》 下, 일조각, 1984.

되었으며, 근대 과학기술을 응용한 생산시설이 들어서게 되었다.[15] 이러한 상공업 진흥정책에 따라 교육에 있어서도 실업교육이 강조되었으니, 외국에 유학생을 파견하여 근대 산업기술을 습득하게 하였고 상인과 기술자 양성에 힘을 기울여 技藝學校·商工學校·鑛務學校 등의 실업학교와 의학교·외국어학교, 그리고 모범양잠소·공업전습소 등을 설립하였다. 이러한 정부의 정책은 일반 민간에게 확대되어 생산공장이 민간의 힘으로 설립되기도 하였고 많은 사립실업학교가 세워졌다.

광무개혁은 19세기 말 제국주의 열강의 침투 속에서 자주독립의 방책을 찾으며 근대사회로의 발전을 주체적으로 실현하기 위한 것이라고 할 수 있다. 즉, 앞서의 갑신정변이나 동학혁명, 그리고 갑오·을미개혁이 정상적인 수단에 의한 개혁이 아니라 외국의 간섭을 받는 가운데 혁명적인 방법으로 추진되었고, 또한 충분한 준비기간과 치밀한 계획에 의거하지 못하고 급진적으로 진행되어 국민의 호응을 받지 못하였던 것에 반하여 이 광무개혁은 자주적인 입장에서 근대적인 개혁을 추진하였다는 데에 그 역사적 의의가 있는 것이었다.[16]

II. 日帝의 國權侵奪과 義兵運動

1. 노일전쟁과 일제의 침략

러시아는 3국간섭 이후 청과 조선에 대하여 영향력을 확대시키고 있었다. 우선 청으로부터 동청 철도부설권을 이양받고(1896) 요동반도의 旅順과 大連을 조차하였으며(1898), 조선으로부터는 마산포를 조차하여 극동함대의 기지로 삼으려다가 일본의 방해로 실패하였다(1899).[17] 그런데 1900년 청에서 외세의 침략에 대항하여 일어난 義和團事件을 계기로 청국군과 열강 연합군 사이에 전투가 벌어졌고 결국 열강은 북경을 점령하기에 이르렀는데, 이 때 출병한 러시아는 사태가 수습된 뒤에도 군대의 철수를 거부하고 만주에 대한 침략의 의도를 노골적으로 드러내었다.

15) 姜萬吉, 〈大韓帝國時期의 商工業問題〉《亞細亞研究》 XVI-2, 고려대, 1973.

16) 대한제국의 성립과 광무개혁이 외국의 간섭으로부터 벗어나 자주국가의 면모를 갖추려 한 것이라는 데 대하여 부정적인 견해도 있다. 이는 당시 러시아의 간섭과 친러세력의 집권에 의한 자주성의 한계와 집권세력의 보수성 등으로 인해 독립협회의 활동을 억압한 점을 들어 대한제국의 성립과 광무개혁이 갖는 근대적 의미를 부정적으로 평가하는 견해이다.

17) 金義煥, 〈朝鮮을 둘러싼 近代露日關係研究－馬山浦事件과 港民의 抵抗을 中心으로－〉《亞細亞研究》 XI-3, 고려대, 1968.

이와 같은 러시아의 적극적인 남하정책에 대하여 일본은 커다란 위협을 느끼고, 이를 견제하기 위해 英日同盟을 맺어(1902) 청에서의 영국의 이권을 인정해 주는 대신 조선에서의 일본의 권익을 승인받기에 이르렀다. 그러자 러시아는 프랑스와 동맹을 맺고 남진책을 계속해서 1903년에는 압록강하류의 용암포를 점령하고 그 곳에 군사시설을 설치하더니 드디어 정식으로 조차를 요구하여 왔다.

이에 불안을 느낀 일본은 러시아에 대해서 만주에서의 군대철수와 한국에서의 일본의 이권에 대해서 승인해 줄 것을 요구하였다. 그러나 러시아는 만주에서의 철군을 거부하고 일본이 한국을 군략상의 목적으로 이용하지 않는다는 조건으로 한국에서의 정치적·경제적 우월권을 인정해 준다는 것과 북위 39도 이북의 한반도를 러·일 간의 중립지역으로 정할 것을 제의하였다. 이러한 양국의 요구는 수차례의 협상을 거치면서도 타결점을 찾지 못하였고, 마침내 일본은 무력에 의해서라도 그들의 목적을 관철시키려 러시아와의 전쟁을 일으키게 되었다(露日戰爭, 1904. 2).[18]

러시아와 일본 사이에 전운이 감돌기 시작하자 대한제국정부는 국외중립을 선언하였다. 그러나 일본은 한국에 군대를 보내 서울과 전국의 군사적 요지를 점령하고 한국정부와 韓日議定書을 체결하였다(1904. 2). 이 한일의정서는 한국이 施政의 개선을 위해서 일본의 충고를 받아들일 것과 제3국의 침해나 내란으로 대한제국 황제의 안녕과 영토보전에 위험이 있을 경우에는 일본정부가 필요한 조치를 취할 수 있으며, 이를 위해서 군략상 필요한 지점을 사용할 수 있다는 등의 내용이었다. 이는 일본의 한국에 대한 정치적·군사적 간섭을 합리화한 것이었다.[19] 이와 함께 한국과 러시아 사이에 체결되었던 일체의 조약과 협정은 폐기되었고, 일본은 한국에서 경부선·경의선 철도부설권과 통신망부설권, 연안에서의 어업권과 항행권 등의 이권을 획득하였다.[20] 또한 이 때 일본은 황무지 개간권마저 장악하여 영토를 강탈하려 하였으나 이것은 한국 내의 심한 반발로 실패하였다.[21]

---

18) 金炳來, 〈러시아의 極東進出과 露日戰爭〉《軍史》 8, 국방부, 1984.
金光洙, 〈露日戰爭의 背景과 韓半島에 미친 影響에 관한 硏究〉《學術論叢》 17, 단국대, 1994.

19) 崔永禧, 〈韓·日議定書에 關하여〉《史學硏究》 20, 한국사학회, 1968.
金炅春, 〈韓日議定書調印經緯와 日帝의 韓國侵略〉《南都永華甲紀念 史學論叢》, 태학사, 1984.

20) 鄭在貞, 〈京釜鐵道의 敷設에 나타난 日本의 韓國侵略政策의 性格〉《韓國史硏究》 44, 1984.

21) 尹炳奭, 〈日本人의 荒蕪地開拓權 要求에 대하여〉《歷史學報》 22, 1964.

러일전쟁에서 점차 우세를 점한 일본은 한국에 대한 내정간섭을 구체화하기 위하여 한국정부와 제1차 韓日協約을 체결하였다(1904. 8). 이것은 한국정부가 일본의 추천을 받은 일본인 재정고문과 외국인 외교고문을 채용하고 주요 정책에 대한 협의를 한다는 내용이었다. 이에 따라서 目賀田種太郞이 재정고문으로, 미국인 스티븐스(D. Stevens)가 외교고문으로 각각 초빙되었다. 이 밖에 협약에도 없는 궁내부·군부·내부·학부에까지도 일본인 고문들이 들어와 이른바 고문정치가 시작되었으니, 이로써 한국의 정치와 외교는 일본의 손에 들어가게 되었다.

또한 일본은 미국과 태프트(Taft)·桂(카스라) 밀약을 맺어(1905. 7) 미국의 필리핀 지배를 인정해주는 대가로 한국에 더한 지배를 인정받았고, 곧이어 영국과 제2차 영일동맹을 맺어(1905. 8) 한국에 있어서 정치·경제·군사상의 특수이익을 보장받는 데 성공하였다. 특히 러일전쟁이 일본의 승리로 끝나고 미국의 중재에 의해서 체결된 포츠머드 강화조약(1905. 9)은 일본의 한국에 대한 지배권을 보다 확고히 해 주었다. 이 조약은 한국에 있어서 일본의 정치·군사·경제상의 특권을 러시아로부터 인정받는 것과 더불어 여순·대련에서 러시아가 가지고 있던 요동반도의 조차권을 일본에 할양할 것을 규정하고 있었다. 이에 따라서 일본은 한국에서의 마지막 경쟁세력을 제거하였을 뿐만 아니라, 한국을 보호국화하는 데 있어서 미·영·러시아 등 열강의 승인까지 획득한 셈이었다.[22]

2. 일제의 주권침탈

러일전쟁에서의 승리로 한국에서의 독점적 위치를 확고히 한 일본은 곧 한국을 보호국으로 삼기 위한 절차를 서둘렀다. 우선 친일파인 宋秉畯·李容九 등을 사주하여 一進會를 만들고, 이들로 하여금 한국에 대한 일본의 보호가 필요하다고 주장하게 함으로써 보호조약이 마치 한국인의 의사에 의한 것처럼 보이도록 하였다.[23] 그런 다음 伊藤博文이 일본군대를 이끌고 왕궁을 포위한 가운데 황제와 대신들을 위협하여 강제로 제2차 한일협약(을사조약)을 체결하였다(1905. 11).[24]

을사조약의 핵심적 내용은 일본이 한국의 외교권을 완전히 박탈하는 동시에

22) 宋麟在, 〈韓半島를 圍繞한 列強間의 交涉關係(1895～1902)〉《省谷論叢》 7, 1976.
鄭東貴, 〈20世紀 初頭에 있어서의 美國의 對韓政策과 韓國의 對應－태프트·桂協定을 中心으로－〉《韓國政治學報》 16, 한국정치학회, 1982.

23) 趙恒來, 〈日本의 對韓侵略政策과 舊韓末親日團體〉(1·2)《東洋文化》 10·11, 영남대, 1969·1970.

24) 李瑄根, 〈露日戰爭以後 日帝對韓侵略의 基本方向－韓日議定書와 乙巳五條約締結의 經緯－〉《史學硏究》 18, 1964.

한국의 외교를 관장하기 위해서 황제 아래에 일본인 統監을 둔다는 것이었다. 이에 따라서 1906년에 통감부가 설치되고 이등박문이 초대 통감으로 부임하여 이른바 통감정치가 시작되었다.[25] 원래 조약의 내용대로라면 통감은 한국의 외교에 관한 사무만을 관할하도록 되어 있었지만 실제로는 모든 내정을 관장하였고, 따라서 통치권이 완전히 일본인 통감에게 넘어가 대한제국의 주권은 사실상 빼앗긴 것이나 다름이 없었다.

을사조약의 체결에 대하여 한국민은 격렬히 반대하였고 전국 각처에서 의병의 봉기가 잇달았다. 이러한 가운데 고종은 1907년 네덜란드의 헤이그(海牙)에서 열린 제2회 萬國平和會議에 李相卨(설)·李儁(준)·李瑋(위)鍾 등 세 사람을 특사로 파견하여 을사조약 체결의 부당성과 한국의 억울한 사정을 호소케 하였다. 그러나 이들은 현지에서 일본과 영국의 방해로 회의에 참석하지 못하고 말았으며, 일본은 이것을 문제삼아 고종을 협박하여 퇴위를 강요하였다. 이에 순종이 양위를 받아 황제로 즉위하고 연호를 隆熙로 고치게 되었다(1907. 7).

고종의 양위 소식이 전해지자 한국민들의 저항은 더욱 격렬하여졌으나 일제는 이를 무력으로 억누르면서 다시 한일신협약(丁未7條約, 1907. 7)의 체결을 강요하였다. 이 조약은 한국정부가 시정의 개선에 관하여 통감의 지도를 받을 것과 법령의 제정 및 중요한 행정상의 처분은 미리 통감의 승인을 얻을 것, 고등관리의 임명은 통감의 동의를 얻을 것, 통감이 추천하는 일본인을 한국 정부의 관리로 임명할 것 등을 규정한 것이었다. 이 조약에 의하여 통감이 한국의 내정에 간섭할 수 있는 권한을 분명히 해놓았으며, 또한 각 부의 차관에 일본인이 임명되어 이른바 차관정치가 시작되었다.

한일신협약을 맺은 직후 일본은 얼마 남아있지 않은 한국군대를 재정부족이라는 구실로 해산시켜 그들의 국권침탈 목적을 달성하는 데 방해가 되는 군사력을 없애버렸다(1907. 7).[26] 그 후 己酉覺書를 교환함으로써 사법권마저 강탈하여 갔다(1909. 7). 이러한 준비과정을 거쳐 마침내 일제는 이완용의 매국내각으로 하여금 당시 통감 寺內正毅가 제시한 소위 합병조약에 조인케 함으로써

---

25) 姜昌錫, 〈統監府硏究(II)－그 地位와 性格을 中心으로－〉《釜山史學》 8, 부산사학회, 1984.
______, 〈統監府硏究－理事廳의 組織과 機能을 中心으로－〉《釜山史學》 13, 부산사학회, 1987.
______, 〈조선통감부연구〉《國史館論叢》 53, 국사편찬위원회, 1994.
______, 《朝鮮統監府硏究》, 국학자료원, 1995.

26) 成大慶, 〈韓末의 軍隊解散과 그 蜂起〉《成大史林》 1, 성균관대, 1965.
車俊會, 〈韓末 軍制改編에 대하여－軍隊解散에 이르는 過程－〉《歷史學報》 22, 1964.

대한제국은 종말을 고하고 한국인은 주권을 빼앗긴채 일제의 식민통치 하에 들게 되었다(1910. 8).

일제의 침략에 의한 국권의 박탈은 한국사에 있어서 가장 비극적인 사건이었다. 이로써 한국민은 나라를 잃고 일제의 식민통치 속에서 갖은 고난을 겪어야 했을 뿐 아니라, 민족사의 일시적인 단절을 초래하여 빛나는 전통문화의 발전이 저지되고 말았던 것이다. 이러한 한국의 국권 상실은 내부적으로 근대화를 추진하는 강력한 주체세력이 형성되지 못하여 외부세력의 침투를 불러들였을 뿐 아니라, 당시의 정부와 집권세력이 과감한 개혁정치와 자주권의 수호에 힘을 기울이지 못하고 외세에 의존하여 정권을 유지하는 데에만 급급하였으며, 특히 개화·보수의 알력과 여러 계층간의 갈등을 하나의 민족적 역량으로 통합하지 못한 데 그 원인이 있었다. 여기에 외부적으로는 때마침 일본이 제국주의적 팽창을 강행하는 시기에 처해 있었고, 당시의 열강이 각자 자국의 이익을 추구하여 일본의 한국침략을 묵인하였던 국제정세가 또 하나의 원인이 되었던 것이다.

3. 민족의 저항

개항 이후 일본의 침략에 대한 한민족의 저항은 침략의 단계에 따라 그때 그때마다 형태를 달리하면서 줄기차게 전개되었다. 이는 외세의 침략에 대하여 국권을 수호하려는 주체적인 자주의식의 표현이었다. 특히 일제가 러일전쟁을 도발하여 한국에 대한 침략의 뜻을 노골적으로 드러내면서부터 한민족의 항일운동이 더욱 격화되었다.[27] 러일전쟁 중에 일제가 한국영토의 4분의 1에 해당하는 황무지의 개척권을 요구하자 국민들이 일제의 영토침탈의 야심을 간파하여 保安會를 조직하고, 이를 중심으로 반대여론을 일으켜 결국 이를 철회시킨 것은 그 좋은 예였다.

마침내 을사조약이 일제의 강요로 체결된 사실이 알려지자 일제의 침략을 규탄하고 조약을 파기할 것을 주장하는 전국적인 국민운동이 전개되었다. 언론이 일제에 의해 통제되어 있는 상황에서도 〈皇城新聞〉은 조약체결의 실상을 보도하고 張志淵의 유명한 논설 '是日也 放聲大哭'을 게재하여 국민의 항쟁을 호소하였다. 이로 말미암아 〈황성신문〉이 정간당한 뒤에도 〈제국신문〉·〈大韓每日申報〉 등이 계속 을사조약의 무효를 주장하고 각 지방의 조약 폐기운동을 상세히 보도함으로써 민족정신을 고취하고 항일운동을 전개하였다. 또한 조약의 인

27) 崔永禧, 〈乙巳條約締結을 前後한 韓國民의 抗日鬪爭〉《史叢》 12·13합집, 고려대, 1968.

사들은 연이어 조약을 파기할 것과 매국 5적의 처단을 주장하였으며, 곳곳에서 시위가 일어나고 상가는 철시하였다. 특히 시종무관장 閔泳煥이 '이천만 동포에게 고함'이라는 유서를 남기고 스스로 목숨을 끊자 그 뒤를 이어 趙秉世·洪萬植 등 순국하는 사람들이 많이 나왔다. 또한 羅喆·吳基鎬 등은 5적을 암살하기 위해 비밀조직을 결성하고 매국노의 숙청을 기도하였다.

한편 열사들에 의한 항일의거가 계속 일어났다. 미국 샌프란시스코에서 張仁煥과 田明雲은 을사조약에 따라 한국의 외교고문으로 있었던 친일파 미국인 스티븐스를 살해하였다(1908). 연해주 일대에서 의병운동을 전개하고 있던 安重根은 한국침략의 원흉인 이등박문을 하얼빈에서 저격하여 사망케 하였고(1909), 李在明은 매국노 이완용을 습격하여 중상을 입히기도 하였다(1909).

이와 같이 한민족의 저항운동은 여러 방향에서 끊임없이 전개되었으며, 한걸음 더 나아가 독립을 회복하기 위한 민족운동으로 확대·계승되어 갔다. 이러한 민족운동이 특히 뚜렷한 움직임으로 연결된 것이 무력으로 일제와 항전한 의병의 항일구국전쟁과 개화사상에 바탕을 두고 민족의 근대적 역량을 배양하여 국권을 회복하려는 애국계몽운동이었던 것이다.

4. 의병운동의 전개

일제의 침략에 대응하여 일어난 항일운동 가운데 가장 적극적인 저항은 의병활동이었다. 그것은 근대적인 무기로 무장하고 조직적인 항쟁을 벌였다는 점에서 종래의 독립협회나 언론의 소극적인 반항과 개인적인 상소·의거보다도 실질적이고 적극적인 성격을 가진 것이었다. 이런 점에서 의병운동은 가장 직접적이고 효과있는 값비싼 항일운동이었다고 할 수 있겠다.[28)]

항일의병은 이미 1894년부터 일어나고 이듬해 민비시해와 단발령에 자극받아 전국적으로 확대되었는데(을미의병), 이 때는 종전에 동학운동에 참여하였던 농민들이 많이 가담하였고 그 지휘자는 대부분 지방의 명망있는 유학자들이었다. 이들은 '尊王 攘夷'를 내세워 일본군과 일본거류민을 공격대상으로 삼았으며, 지방 관아를 습격하여 단발을 강요하는 친일 수령들을 처단하였다. 그러나 이 을미의병은 아관파천으로 친일정부가 무너지고, 고종으로부터 해산을 종용하는 조칙이 내려지자 일단 해산하였다.[29)]

---

28) 李東宇, 〈韓末義兵에 대하여〉《軍史》 2, 전사편찬위원회, 1981.
朴成壽, 〈義兵戰爭의 歷史的 意義〉《軍史》 5, 전사편찬위원회, 1982.
한국민족운동사연구회, 《義兵戰爭硏究》 上, 지식산업사, 1990.
洪淳權, 〈韓末 儒生들의 義兵活動과 政治意識〉《韓國近現代의 民族問題와 新國家建設》, 金容燮停年紀念 韓國史學論叢, 지식산업사, 1997.

러일전쟁 이후 을사조약이 체결되는 과정에서 일제의 침략이 노골적으로 드러나자 의병운동이 다시 불붙기 시작하였다. 을사조약이 체결되기 두달 전에 이미 원주에서 元容八 부대가 기병한 것을 비롯하여 경기·강원·충청 및 경북 일대에서 소규모의 의병이 일어났는데(1905), 을사조약이 체결되어 독립국가로서의 면모가 없어지고 국권상실의 위기를 당하자 무장항쟁이 보다 격렬하게 전개되었으니 이것을 丙午義兵이라고 한다(1906).

병오의병의 중심이 된 것은 閔宗植·최익현·申乭石(신돌석)의 의병진이었다. 전참판 민종식이 충남 정산에서 기병하여 홍주의 李世永·安秉瓚 등이 합세하여 홍주성을 점령하였으나 곧 일본군 대부대와의 싸움에서 패하고 말았다.[30] 당시 유림의 태두였던 최익현은 제자 林炳瓚 등과 함께 전북 태인에서 일어나 정읍·곡성을 거치면서 세력을 증가시켜 순창으로 진출하였으나 황제의 명을 받은 정부 진위대와의 전투에 임해서 "왜적 아닌 동족과 싸울 수 없다." 하고 스스로 부대를 해산시키고 체포당하였다. 최익현의 의병진 해산은 당시 의병운동의 사상적 한계성을 표현하는 것이기도 하였다. 최익현은 그 후 일본군에 의해 대마도에 유폐되었는데, 그곳에서 단식하다가 마침내 순국하였다(1906. 12).

한편 경상도에서는 영해의 신돌석, 영천의 鄭鏞基 등의 부대가 일어났는데, 특히 신돌석은 경상·강원도의 접경에 있는 일월산을 거점으로 평해·울진·영해 등지에서 활동하였고 의병의 수가 3,000명을 헤아렸다. 또한 당시의 의병장들이 모두 유학자 출신이었음에 반하여 그는 평민 출신이란 점에 특징이 있었으며, 이는 의병운동의 양상이 변화하고 있음을 나타내는 것이었다.

5. 군대 해산과 의병운동의 확대

1907년 고종의 강제 퇴위와 군대해산을 계기로 의병운동은 새로운 국면으로 접어들었다. 해산된 군인들이 근대적 무기를 가지고 지방에 내려가 의병에 가담함으로써 의병 부대의 규모가 커지고 무장과 조직을 강화할 수 있었던 것이다. 이리하여 의병운동은 전면적인 항일전으로 확대되었는데, 이것이 丁未義兵

29) 金項句, 〈韓末 乙未義兵蜂起의 背景 및 原因分析〉《李元淳華甲紀念 史學論叢》, 교학사, 1986.

30) 姜秉植, 〈韓末 洪州城 義兵에 대한 硏究－義兵將 閔宗植을 中心으로－〉《민족사상》 2, 한성대, 1984.
田炳喆, 〈韓末 洪州義兵의 性格〉《漢城史學》 2, 한성대, 1984.
金祥起, 〈朝鮮末 洪州義兵의 蜂起原因과 展開〉《朴永錫華甲紀念 韓民族獨立運動史論叢》, 1992.
尹炳奭, 〈勉菴 崔益鉉의 衛正斥邪論과 湖南義兵〉《朴永錫華甲紀念 韓民族獨立運動史論叢》, 1992.

이다(1907).

군대해산령이 내려지자 먼저 서울의 시위대 군사들이 일본군과 시가전을 벌인 뒤 지방으로 흩어져 내려가 의병에 합류하였고, 그 뒤를 이어 원주·진주·수원 진위대 장병들이 차례로 각지의 의병에 가담하였다. 이제 의병은 유생과 군인, 그리고 농민·상인·광부·포수 등 각계각층을 포함하게 되었고, 또 경험있고 잘 훈련된 군인들이 가담함으로써 전력이 크게 향상되었다.[31] 이 때 공격의 대상이 과거의 진위대나 친일인사가 아니라 직접 일본군이 되었다는 점도 커다란 변화였다.

각지에서 의병부대와 일본군의 전투가 계속되는 가운데 점차 의병부대 사이의 연합전선이 형성되어 서울을 일제의 손에서 탈환하려는 서울 진공작전이 전개되기에 이르렀다.[32] 관동의병장 李麟榮이 전국 의병장들에게 격문을 보내 8도의 의병이 힘을 합쳐 서울로 진공할 것을 주장하고 경기도 양주에 집결하도록 요청하였다. 동시에 서울의 각국 영사관에 통문을 보내 의병은 순수애국단체이므로 열강은 이를 국제 공법상의 전쟁단체로 인정할 것과 정의와 인도를 주장하는 여러 나라들이 의병을 후원해 줄 것을 호소하였다. 이리하여 전국 각처에서 1만여명의 의병이 양주에 집결하여 전국적인 倡義軍을 결성하였는데(1907. 12), 그 진용은 13도 총대장 이인영, 軍師長 許蔿를 중심으로 각 지방의 창의대장을 정하고 모두 24개 陣으로 편성하였다. 이들 의병부대는 1908년 1월을 기하여 서울로 진공하였으나 허위가 거느린 300명의 선발군이 일본군의 우세한 화력에 의해 전진하지 못하였을 뿐 아니라 때마침 총대장 이인영이 부친상을 당하여 "불효는 곧 불충이라" 하고는 귀가해버려 결국 의병의 서울진공작전은 실패하고 말았다.[33]

서울진공작전이 실패한 뒤 창의군은 해산되었고, 의병부대들은 각기 독자적인 활동을 전개하여 1909년까지도 활발한 항일투쟁을 벌였다. 그러나 의병운동은 무력의 열세와 일본군의 대규모 작전에 의해서 점차 위축되어 갔다. 일본군

---

31) 朴成壽, 〈1907~10年間의 義兵戰爭에 對하여〉《韓國史硏究》 1, 1968.
金義煥, 〈丁未年(1907)朝鮮軍隊解散과 反日義兵鬪爭〉《鄕土서울》 26, 서울시사편찬위원회, 1966;《韓國近代史硏究論集》, 1972.
姜秉植, 〈韓末 軍隊解散 以後의 義兵活動에 對한 一硏究〉《漢城史學》 2, 한성대, 1984.

32) 尹炳奭, 〈十三道倡義軍의 結成〉《史學硏究》 36, 한국사학회, 1983.
愼鏞廈, 〈全國「十三道倡義大陣所」의 聯合義兵運動〉《한국독립운동사연구》 1, 독립기념관, 1987.
柳漢喆, 〈十三道義軍의 設立過程과 組織上의 性格〉《한국독립운동사연구》 10, 독립기념관, 1996.

33) 金義煥, 〈義兵運動의 思想的 限界性－1907年末 全國聯合義兵運動의 性格에 관련하여－〉《韓國思想》 10, 한국사상연구회, 1972.

의병의 전투상황

연 도	전 투 회 수	참 가 의 병 수
1907(8월~12월)	323	44,116
1908	1,452	69,832
1909	898	25,763
1910	147	1,891
1911(1월~6월)	33	216

[자료] 朝鮮駐箚軍司令部(편),《朝鮮暴徒討伐誌》(金正明,《朝鮮獨立運動》 I, 동경, 1967, p. 131).
* 이 집계는 일본측 자료에 의한 것이므로 실제로는 이 보다 훨씬 규모가 컸을 것이다.

의 의병진압은 단순히 의병부대와의 전투에 그치는 것이 아니라 의병의 근거지를 소탕하기 위해서 양민을 학살하고 마을을 불태우며 곡식을 탈취해 가는 초토화작전을 폈기 때문에 의병 이외에도 많은 국민들이 희생을 당하였다. 특히 국권이 침탈된 이후에는 의병들은 대부분 간도나 연해주 지역으로 이동하여 독립군에 합세하였고,[34] 국내에서의 의병운동은 더이상 계속되지 못하였다.

의병의 항일구국전쟁은 일찍부터 외세의 침략을 경계하여 개항을 반대하고 개항 후에는 개화정책을 반대하였던 위정척사운동과 맥락을 같이하는 것이었다. 따라서 을미의병 등 초기에는 보수적인 양반·유학자가 중심이 되어 의병운동을 전개하였다. 그러나 시간이 흐름에 따라 평민 출신의 의병장이 나오게 되었고, 그 구성에 있어서도 농민을 위시한 각계각층의 사람들이 참여함으로써 이제 의병운동은 양반·유생들의 위정척사운동에서 전국민이 참여한 범민족적인 항일민족전쟁으로 발전하였던 것이다.

III. 愛國啓蒙運動의 전개

1. 애국계몽운동의 성격

일제의 침략에 대항하여 국권을 수호하기 위한 적극적인 투쟁으로서 의병운동이 전개되는 한편, 을사조약의 체결을 전후해서 또 하나의 민족운동인 애국계몽운동이 일어나고 있었다. 이 애국계몽운동은 국민의 의식을 계발하여 애국심을 기르고 국가의 힘을 축적하여 주권을 회복하려는 자주적인 구국운동이었다.

애국계몽운동은 사상적으로 개화사상과 연결되는 것으로 특히 도시의 지식층을 중심으로 하여 근대적 의식을 가진 국민 대중에 기반을 두고 전개되었다.

34) 尹炳奭,《의병과 독립군》, 세종대왕기념사업회, 1977.
金鎬城,《韓末義兵運動史硏究》, 고려원, 1987.
洪淳權,《韓末湖南地域義兵運動史硏究》, 서울대출판부, 1994.

처음 개화운동은 소수의 정치세력인 개화당에 의한 갑신정변으로 나타났다가 실패하였고, 이는 다시 보다 광범위한 국민적 기반을 확보한 독립협회의 활동으로 국민계몽과 함께 정치운동을 전개할 만큼 성장하였지만 독립협회의 강제해산과 더불어 역시 중단되어 말았다. 그러나 을사조약이 체결되자 민족의 위기를 국민 스스로의 힘으로 극복해야 한다는 자각이 일어났고, 이에 따라 광범한 사회적 기반 위에서 전국적 규모의 애국계몽운동이 전개되었던 것이다.[35)]

이 애국계몽운동은 밖으로 외세의 침략에 대하여 민족의 자주독립을 이룩하고, 안으로 전근대적인 사상을 타파하여 자유·평등의 민주적인 근대국가를 건설하려는 움직임이었다. 이 때 이 운동을 주도한 지식인들은 나라가 위기에 처한 것은 국력이 약하기 때문이라고 하면서 외국으로부터 과학기술을 받아들이고 교육과 산업의 발전을 도모하여 부국강병의 기틀을 다짐으로써 국권을 회복하려 하였다. 이리하여 이들은 경제자립운동을 비롯하여 사회·문화 등 각 분야에 걸친 활발한 계몽활동을 전개하였다.[36)]

2. 경제자립운동

애국계몽운동은 민족의 역량을 경제면에서 증가시키기 위해 민족산업을 육성하여 자립적인 경제부강을 이룩하려는 경제자립운동으로 나타났다.

개항 이후 일본을 비롯한 열강의 자본주의 경제침략에 대하여 민족자본을 육성하려는 움직임이 일찍부터 나타나 대도시나 개항장에는 商社가 조직되고, 운수·은행·광산 등의 분야에서 근대적인 경영체제를 도입하였다. 특히 광무개혁기에는 근대적 상공업을 육성시키기 위해 상공업진흥정책을 추진하여 근대적 기술을 도입하고, 이와 함께 정부가 직접 공장을 설립하거나 민간 제조회사의 설립을 지원하였다. 이리하여 이 때 근대적인 공장이 세워졌는데, 그 가운데서도 특히 방직공업 분야에서 공장 설립이 활발하였으니 서울의 大韓織造工場(1897)·金德昌織造工場(1902)은 그 대표적인 것이었다.[37)]

---

35) 鄭 灌, 〈舊韓末 愛國啓蒙團體의 活動과 性格〉《大丘史學》 20·21 합집, 대구사학회, 1982.
朴贊勝, 〈韓末 自強運動論의 각 계열과 그 성격〉《韓國史研究》 68, 1990.
李守龍, 〈韓國近代 變革運動研究의 動向과 「국사」教科書의 敍述〉《歷史教育》 47, 1990.

36) 愼鏞廈, 〈韓末 愛國啓蒙思想과 運動〉《韓國史學》 1, 한국정신문화연구원, 1980.
박찬승, 《한국근대정치사상사연구—민족주의우파의 실력양성론—》, 역사비평사, 1992.
趙恒來(편), 《1900年代 愛國啓蒙運動研究》, 아세아문화사, 1993.
崔起榮, 《韓國近代啓蒙運動研究》, 일조각, 1997

37) 高承濟, 〈近代 鑛工業의 형성과 실태〉《韓國現代史》, 국사편찬위원회, 1982.
權泰億, 《韓國近代綿業史研究》, 일조각, 1989.

그러나 정부의 지원능력은 제한되어 있었으므로 곧 일제의 자본 침투에 밀려 효과적인 발전은 이룩하기가 어려웠다. 더욱이 일제가 러일전쟁 중에 실시한 화폐개혁은 금융공황을 일으켰고, 한국의 민족자본의 성장은 더욱 어려워지게 되었다. 이에 서울의 상인들은 漢城商業會議所를 설립하여 자구책을 강구하였고, 한편에서는 일제의 금융독점에 대항하기 위해 조선은행·한성은행·한일은행·大韓天一銀行 등 민족계 은행이 설립되었다.[38]

이 때 외국상인의 침투시 대항하여 민족적 권익을 수호하려는 상인들의 경제단체가 1898년 여름에 皇國中央總商會로 나타났다. 전참정 趙秉式을 회장으로 한 이 회는 시전상인들이 그들의 독점적 이익을 수호·유지하려고 조직되었는데, 이들은 다만 상업활동에 그치지 않고 독립협회와 함께 자유·민권 신장을 위한 운동도 전개하였다. 이러한 운동은 결국 수구파 정부의 탄압을 받아 12월에 독립협회와 함께 해산당함으로써 그 운동도 좌절되고 말았다.

일제의 금융독점으로 재정의 자립이 어려워진 대한제국 정부는 통감부의 주선으로 일본으로부터 차관을 들여오게 되었다. 일제는 통감부를 설치한 뒤 그들이 필요로 하는 각종 시설의 설치, 도로의 보수, 일본인 관리의 고용 등에 쓰여지는 비용을 한국정부가 지출하도록 하고, 이를 위해서 차관을 제공하였던 것이다. 이러한 상황에서 국민들은 외채를 상환하여 일제로부터 경제적 독립을 이룩하기 위해 國債報償運動을 일으켰다. 이 운동은 1907년 대구에서 金光濟·徐相敦이 국채보상기성회를 조직한 것을 시작으로 해서 전국적으로 확대되었다. 이들이 일본의 국채 1,300만원을 우리 국민의 힘으로 갚기 위하여 금연운동을 전개하자 서울여자교육회·대한부인회와 같은 부인단체와 〈대한매일신보〉·〈제국신문〉·〈황성신문〉 등 언론기관이 모금운동을 일으켜, 애국심에 불타는 국민들이 다투어 돈을 내고 부녀자들은 금·은붙이를 내놓는 등 커다란 성과를 거두었다.[39] 그러나 이 운동은 통감부가 지도자를 구속하는 등 방해를 함으로써 결국 중지되고 말았다.

또한 1907년에 비밀조직으로 만들어진 新民會는 그 활동목표의 하나를 국민경제의 증강에 두었다. 즉, 신민회는 각종 상공업기관을 만들어 국가의 재정과 국민의 부력을 증진할 것을 주장하는 동시에 스스로 평양에 자기회사를 설립하고 평양·대구에 太極書館을 차려 운영하였다.

38) 高承濟, 《韓國金融史硏究》, 일조각, 1970.
趙璣濬, 〈韓末의 民族商人團體의 性格考〉《學術院論文集》 13, 1974.
鄭容郁, 〈1907～1918년「地方金融組合」활동의 전개〉《韓國史論》 16, 서울대, 1987.
39) 朴容玉, 〈國債報償運動에의 女性參與〉《史叢》 12·13 합집, 고려대, 1968.
李松姬, 〈韓末 國債報償運動에 관한 一硏究〉《梨大史苑》 15, 1978.
조항래, 〈국채보상운동〉《한민족독립운동사》 1, 국사편찬위원회, 1987.

3. 정치·사회단체의 활동

일제의 탄압에도 불구하고 독립협회 이후 많은 정치·사회단체가 국민을 계몽하고 항일운동을 지도할 것을 목적으로 결성되어 국민들의 정치사상과 사회의식을 향상시켰다. 대한제국 정부에 의해서 독립협회와 만민공동회가 해산된 후 제일 먼저 조직된 정치단체는 保安會였다(1904). 이는 러일전쟁 중에 일제가 한국정부에 대하여 황무지 개척권을 요구한 데에 자극받아 宋秀晩·沈相震 등이 조직하였으며, 연설회 등을 통하여 국민들의 반대여론을 일으키는 데 성공하였다. 이 때문에 일제는 그들의 요구를 철회하지 않을 수 없었지만 반면 보안회도 일제의 탄압을 받아 해산되었다.

그 뒤 協同會·共進會·進明會 등이 설치·폐지를 거듭하다가 독립협회에 참여했던 인사들이 중심이 되어 憲政硏究會가 결성되었다(1905). 이 단체는 일제침략에 대항하는 것과 더불어 근대적인 정치체제로의 개혁을 내세워 입헌의회제도의 실시를 주장하였다. 그러나 을사조약이 체결되고 정치활동이 금지되자 헌정연구회는 장지연 등에 의해서 大韓自強會로 바뀌었는데(1906), 이 단체는 교육의 계발, 산업의 진흥, 외세의 배격 등을 표방하고 사회문화운동을 전개하였다. 대한자강회는 전국 25개 지역에 지회를 설치하고 정기적으로 연설회를 개최하였으며 월보를 간행하였다. 또한 헤이그특사사건을 계기로 일제가 고종의 퇴위를 강요하자 이를 반대하는 운동을 전개하기도 하였다. 이 때문에 대한자강회는 통감부에 의해서 강제로 해산되었지만(1907), 그 후신으로 다시 大韓協會가 조직되어 전국민의 광범한 지지를 받으면서 활동을 계속하였다.[40)]

통감부에 의한 정치활동의 감시와 억압이 날로 심해져 기존의 정치·사회단체들이 더이상 적극적이고 공개적인 활동을 계속할 수 없게 되자 비밀단체인 新民會가 조직되었다(1907).[41)] 이 단체는 安昌浩·李東寧·梁起鐸·李昇薰을 비롯해서 대부분 서북지방의 기독교 신자 및 교사·학생들로 구성되었는데, 그 조직은 철저히 비밀에 붙여졌다. 여기서는 민족교육의 추진, 민족산업의 육성, 민족문화의 계발 등 각 방면에서의 진흥운동을 전개하였다. 이에 따라 직접 평양에 大成學校와 정주에 五山學校를 세우고, 평양에 자기회사를 설립하고 평

---

40) 崔起榮, 〈憲政硏究會에 관한 一考察〉《1900年代의 愛國啓蒙運動硏究》, 아세아문화사, 1993.
李鉉淙, 〈大韓自強會에 對하여〉《震檀學報》 29·30 합병호, 1966.
金項勾, 〈大韓協會의 設立과 組織〉《車文燮華甲紀念 史學論叢》, 신서원, 1989.
______, 《大韓協會硏究》, 단국대박사학위논문, 1992.

41) 愼鏞廈, 〈新民會의 創建과 그 國權恢復運動〉(上·下)《韓國學報》 8·9, 일지사, 1977; 《韓國民族獨立運動史硏究》, 1985.
李在順, 〈韓末 新民會에 관한 硏究〉《梨大史苑》 14, 1977.
柳永烈, 《韓國帝國期의 民族運動》, 일조각, 1997.

양과 대구에는 출판활동을 위해 태극서관을 세워 운영하였으며, 〈대한매일신보〉를 기관지로 발간하였다.

이와 함께 민족의 독립역량을 키워 주권을 회복하기 위한 준비로 간도와 연해주 등지에 해외독립운동기지를 설립하였다.[42] 이 독립운동기지는 민족의 집단적인 거주지역을 개척하여 경제적 토대를 이룩하고 민족교육과 군사훈련을 강화하여 무장독립운동의 거점으로 삼으려는 것이었으니, 李會榮·李始榮이 간도에 세운 三源堡와 이상설·李承熙가 세운 밀산부 한흥동 등이 그것이었다. 그러나 일제가 安明根의 寺內正毅 총독 암살미수사건을 날조하여 尹致昊·양기탁· 이승훈 등 신민회 간부 105명을 구속하자(105인사건, 1911), 이 사건을 계기로 신민회의 활동은 중단되고 말았다.

일제통감부는 이러한 정치·사회단체들의 활동을 탄압하기 위해 보안법·출판법·신문지법 등을 만들었으며, 친일매국단체인 일진회를 앞세워 민족운동을 방해하였다. 이로 인하여 이들 정치·사회단체의 애국계몽운동은 점차 약화되어 갔다.

4. 언론기관의 계몽활동

한국 최초의 신문은 1883년 김옥균 등 개화당 인사들의 노력으로 정부의 博文局에서 발행한 〈漢城旬報〉였다. 이는 관보를 중심으로 국내외의 시사를 곁들인 旬刊紙(10일 간행)였으며, 서양의 신문화를 소개하기도 하였다. 그러나 이 신문은 갑신정변의 실패로 창간된 지 1년만에 폐간되었으며, 다시 1886년 〈漢城周報〉(1주일 간행)로 복간되었지만 역시 1888년 폐지되어 정부발행의 관보가 끝나게 되었다.[43]

1896년 서재필이 〈독립신문〉을 창간함으로써 비로소 본격적인 근대적 신문의 발간이 시작되었다. 〈독립신문〉은 처음에는 주 3회씩 간행되다가 일간으로 바뀌었는데, 국문과 영문판을 동시에 발행하여 국민 일반이 쉽게 볼 수 있게 하고, 또 국내에 있는 외국인들에게도 한국의 사정을 알리도록 하였다. 독립협

42) 愼鏞廈, 〈新民會의 獨立軍基地 創建運動〉《韓國文化》 4, 서울대, 1983;《韓國近代民族運動史研究》, 일조각, 1988.
尹炳奭, 〈1910年代 獨立軍의 基地設定〉《軍史》 6, 전사편찬위원회, 1983.
尹慶老, 《105人事件과 新民會研究》, 일지사, 1990.
______, 〈新民會活動의 經濟的 基盤〉《朴永錫華甲紀念 韓民族獨立運動史論叢》, 1992.

43) 李光麟, 〈漢城旬報와 漢城周報에 대한 一考察〉《歷史學報》 38, 1968;《韓國開化史研究》, 일조각, 1969.
崔 埈, 〈漢城旬報의 史的 意義〉《新聞研究》 36, 관훈클럽, 1983.
李守龍, 〈「漢城旬報」에 나타난 開化·富強論과 그 性格〉《孫寶基停年紀念 韓國史學論叢》, 지식산업사, 1988.

회가 창설되자 이 신문은 곧 독립협회의 기관지 역할을 하여 자주·자강의 정신을 고양하고 서양의 신문물을 소개하는 등 국민계몽을 위해 노력하였다.[44]

〈독립신문〉이 나온지 2년 뒤에 〈매일신문〉·〈황성신문〉·〈제국신문〉이 잇달아 간행되었고(1898), 계속해서 〈대한매일신보〉(1904)·〈萬歲報〉(1906)·〈大韓民報〉(1909) 등이 발간되어 애국계몽운동의 일익을 담당하였다.[45] 이 가운데 한말의 5대지는 〈황성신문〉·〈제국신문〉·〈대한매일신보〉·〈만세보〉·〈대한민보〉로 이들은 국민여론을 일으키고 국민을 계몽하는 데 커다란 역할을 하였다.

〈황성신문〉은 南宮檍 등 유학자들이 중심이 되어 창간한 것으로 중류 이상의 지식층을 대상으로 하여 국한문으로 발행되었는데, 왕정의 유지를 앞세운 보수적인 성격을 띠고 있었다. 또한 논설을 통하여 국민지식을 계발하고 외세의 침략에 대한 엄중한 비판을 가하였으며 특히 을사조약이 체결되자 이 조약이 일제의 강압에 의해서 이루어진 것임을 알리고 장지연의 '是日也 放聲大哭'(오늘은 크게 소리내어 곡하노라)을 실어 일제의 침략과 정부의 무능, 그리고 대신들의 매국행위를 질타하였다(1905). 이 논설로 인하여 〈황성신문〉은 일시 정간되었다가 다음 해에 복간되었다.[46]

보수적인 성격의 〈황성신문〉에 비해서 〈제국신문〉은 李鍾一 등 선각적인 유생들이 중심이 되어 중류 이하의 국민, 특히 부녀자들을 대상으로 발행한 순한글 신문이었다. 국민들에게 자아를 찾게 하고 민족적 자주의식을 배양하고자 하는 의도에서 간행된 이 신문은 특히 〈독립신문〉이 폐간된 이후에 민족지로서의 역할을 다하다가 1910년에 폐간되었다.

영국인 베델(E.T. Bethell, 裵說)과 양기탁이 공동으로 발행한 〈대한매일신보〉는 국한문과 영문을 겸용하다가 1905년 영문판(The Korean Daily News)을 따로 간행하였다. 이 신문은 국민의 문명지식을 계발하고 서양의 진보한 문물을 소개하는 한편, 일제의 침략에 대항하여 국민의 자주의식을 고취하였으며

44) 李光麟, 〈徐載弼의 '독립신문'刊行에 대하여〉《震檀學報》 39, 1975; 《韓國開化思想研究》, 일조각, 1979.
愼鏞廈, 〈'독립신문'의 創刊과 그 啓蒙的役割〉《韓國史論》 2, 서울대, 1975; 《獨立協會研究》, 일조각, 1976.

45) 李海暢, 〈韓末 國權恢復運動과 民族言論〉《韓國史學》 2, 한국정신문화연구원, 1980.
趙恒來, 〈韓末新聞의 發達과 論調에 관한 考察〉《韓沽劤停年紀念 史學論叢》, 지식산업사, 1981.
崔起榮, 《大韓帝國時期 新聞研究》, 일조각, 1991.
丁暻淑, 〈舊韓末 言論研究〉《國史館論叢》 32, 국사편찬위원회, 1992.

46) 李光麟, 〈'皇城新聞'研究〉《東方學志》 53, 1986; 《開化派와 開化思想研究》, 일조각, 1989.
金淇周, 〈皇城新聞에 관한 考察〉《湖南大論文集》 8, 1987.

국채보상운동에 앞장서기도 하였다. 당시 통감부는 영일동맹 관계로 영국인이 경영하는 이 신문에 대해서는 마음대로 간섭할 수 없었으므로 매우 강경한 항일의 논조를 펼 수 있었다. 마침내 일제는 영국 정부에 의뢰하여 베델을 소환시켰지만 이 신문은 1910년 일제에 의해 매수되어 〈매일신보〉로 개칭될 때까지 계속 발행되었다.[47)]

〈만세보〉는 吳世昌이 천도교 측의 지원을 받아 발행하였다. 국한문으로 약 1년간 간행된 이 신문도 역시 신지식의 계발과 신문화의 보급을 위하여 노력하였다(1906).[48)] 그 후 오세창 등은 일제의 국권침탈행위가 격심해지자 〈대한민보〉를 창간하였는데, 이 신문은 일제 침략에 항거하는 민족운동단체인 대한협회의 기관지 구실을 하면서 민족의 단결과 국권회복을 위한 국민의 자각을 일으키려고 노력하였다.[49)] 한편 카톨릭 교회에서 간행된 〈京鄕新聞〉(1906)은 순한글로 된 주간지였는데, 주로 한민족의 민족적 자각을 촉구하고 일제의 침략을 비판하는 논설을 게재하였다.[50)]

이상의 언론활동은 일제의 침략기에 민족의 자주정신을 고취하고 신문화를 수용하여 국민을 계몽하는 데 큰 역할을 하였다. 이와 같은 언론활동을 봉쇄하기 위하여 일제통감부는 신문지법을 제정하고 검열을 강화하여 자유로운 언론활동을 억압하였다. 또한 1905년 이후에는 친일 계통의 신문이 간행되어 민족운동을 왜곡하고 교란시키기도 하였으니, 일진회의 기관지인 〈國民新報〉가 그 대표적인 것이었다.

5. 민족교육운동

일제의 무력침략에 직면해서 나라의 힘을 키우고자 하는 노력은 자연히 교육에 대한 관심으로 나타났고, 이에 따라 1905년 이후의 교육운동은 민족운동의 일환으로서 활발히 전개되었다. 19세기 말 개화운동과 더불어 일어난 근대교육은 물밀듯이 들어오는 신문화를 수용하고 외세의 침략에 대해 나라를 지키려는 국민의 자주의식과 애국심을 고취시키는 역할을 담당하였는데, 특히 이러한 교육운동은 정부에 의해서보다는 일반 민간의 손으로 더욱 활기차게 이루어졌다.

한국의 근대교육은 1880년대부터 시작되었으니, 최초의 근대적인 학교는

47) 鄭晋錫, 《大韓每日申報와 裵說》, 1987.
金暎愛, 〈大韓每日申報의 抗日自主意識硏究〉《人文科學硏究》 1, 성신여대, 1981.

48) 崔起榮, 〈舊韓末 '萬歲報'에 관한 一考察〉《韓國史硏究》 61 · 62 합집, 1988.

49) 崔起榮, 〈舊韓末 '共立新報' · '大韓民報'에 관한 一考察〉《東亞硏究》 17, 서강대, 1989.

50) 崔起榮, 〈舊韓末 京鄕新聞에 관한 一硏究〉《韓國天主敎會創設二百周年紀念 韓國敎會史論文集》 I, 1984.

1883년(고종 20)에 세워진 元山學舍와 同文學이었다. 원산학사는 개항장으로서 일찍이 일본 상인들의 침투를 경험한 원산의 상인들과 德源府의 주민들이 민족의 권익을 수호하여야 한다는 자각에서 스스로 기금을 모아 설립한 학교로 각종 신지식과 외국어를 교습하였다.[51] 또한 동문학은 개화정책이 추진되면서 구미 여러 나라와의 교섭이 늘어나자 이에 필요한 실무요원을 양성하기 위하여 당시 統理交涉通商事務衙門이 영어교습기관으로 세운 것이었다.

1886년에는 한미수호조약 체결 후 미국에 다녀온 민영익의 건의로 育英公院을 설립하였는데, 여기서는 미국인 교사 3명을 초빙하여 주로 양반 자제들에게 영어를 비롯해서 수학·지리학·정치학·자연과학 등 각종 근대 학문을 교수하였다. 그러나 육영공원은 학생들의 신학문에 대한 열의가 부족하고 새로운 문화에 대한 적응이 제대로 이루어지지 못하여 1894년 폐지되고 말았다.[52]

갑오개혁으로 새로운 제도가 만들어지면서 교육도 근대적 제도로 개편되었다. 당시 정부는 교육의 중요성을 깨달아 학무아문(학부)을 두어 교육문제를 전담케 하였으며, 홍범 14조에서는 "나라안의 聰俊子弟를 널리 파견하여 외국의 학술과 기예를 전습한다(제11조)"고 하여 근대 교육에 대한 방침을 세웠고, 국가적으로 교육의 중요성을 강조하여 갑오교육개혁의 기본정신이라고도 할 수 있는 〈敎育立國詔書〉를 반포하였다(1895).[53] 이로부터 1905년까지 사범학교·소학교·중학교·외국어학교·의학교·상공학교 등 각급 관립학교들이 세워졌다.[54]

한편 개화사상에 영향을 받은 진보적 인사들에 의하여 사립학교가 세워지기도 하였다. 최초의 사립학교는 1883년에 설립된 원산학사였는데, 그 후 閔泳綺는 中橋義塾을 세웠으며(1896), 민영환은 興化學校를 세우고(1898), 안창호는 강서에 漸進學校를 건립하였다(1899). 한편, 외국의 선교사에 의해서 설립된 사립학교들은 정통적인 신식교육을 위해서 세워졌고, 특히 경제적 기반이 튼튼하

51) 愼鏞廈, 〈우리 나리 最初의 近代學校 設立에 대하여〉《韓國史硏究》 10, 1974.

52) 李光麟, 〈育英公院의 設立과 그 變遷에 對하여〉《東方學志》 6, 연세대, 1963; 《韓國開化史硏究》, 일조각, 1969.

53) 〈교육입국조서〉의 내용은 다음과 같다.
"…세계의 형세를 두루 살펴보건대 부강하고 독립하며 雄視하는 모든 나라는 다 국민의 지식이 개명하였다. 이 지식의 개명은 교육의 善美로 되었으니, 교육은 실로 국가를 보존하는 근본이라…왕실의 안전이 그대들 신민의 교육에 있고 국가의 부강도 그대들 신민의 교육에 있도다."

54) 李光麟, 〈舊韓末의 官立 外國語學校에 대하여〉《鄕土서울》 20, 서울시사편찬위원회, 1964; 《韓國開化史硏究》, 일조각, 1969.
韓㤥基, 〈小學校令考〉《慶北史學》 4, 경북대, 1982.
金興洙, 〈甲午改革期의 近代學校硏究－漢城師範學校와 小學校를 中心으로 하여－〉《南都泳華甲紀念 史學論叢》, 태학사, 1984.

한말의 전국 학교수 (1910년 7월 1일 현재, 學部조사)

도별＼종별	관공립학교				계	준공립 보통학교	사립학교					계	합계
	전문	고등	실업	보통			고등	실업	보통	각종	종교		
한성부	4	女2	3	9	18	1	女1	2	1	67	23	94	113
경 기	—	—	1	6	7	12	—	—	—	139	44	183	202
충 북	—	—	—	2	2	4	—	—	—	40	7	47	53
충 남	—	—	—	4	4	3	—	—	2	67	17	86	93
전 북	—	—	2	4	6	2	—	—	4	41	30	75	83
전 남	—	—	2	5	7	7	—	—	14	19	7	40	54
경 북	—	—	1	4	5	4	—	—	4	65	72	141	150
경 남	—	—	2	7	9	4	—	1	6	74	17	98	111
황 해	—	—	—	2	2	7	—	—	—	102	149	251	260
평 남	—	1	—	3	4	6	—	—	3	159	255	417	427
평 북	—	—	—	4	4	5	—	1	—	251	115	367	376
강 원	—	—	1	3	4	5	—	—	—	33	4	37	46
함 남	—	—	2	3	5	9	1	—	2	171	15	189	203
함 북	—	—	2	3	5	4	—	—	3	54	—	57	66
계	4	3	16	59	82	73	2	4	39	1,282	755	2,082	2,237

[자료]《舊韓國官報》22, 隆熙 4년(1910) 8월 13일

여 크게 발전하였다. 이들 사립학교는 근대학문의 수용과 함께 세계정세의 변화를 빨리 깨우치고 일본의 침략에 대항하는 민족의식을 고취시키는 역할을 하였다.[55)]

1905년 을사조약이 체결되고 일제의 침략이 보다 급격해지면서 교육운동은 민족운동의 일환으로 확대 발전하였다. 따라서 이 시기에는 민간인에 의한 사립학교의 건립이 매우 활발하였는데, 1905년에 세워진 普成學校(李容翊)·養正義塾(嚴貴妃)·徽文義塾(閔泳徽)과 다음해의 進明·淑明女學校(嚴貴妃)·中東學校(申圭植), 그리고 1907년에 세워진 평양 大成學校(안창호)·정주 五山學校(이승훈) 등은 그 대표적인 것들이었다.[56)] 또한 1906년 이상설이 간도에 세운 瑞甸(서전)書塾의 예에서 보듯이 국내 뿐 아니라 해외에서도 사립학교가 건립

55) 孫仁銖, 〈韓末近代私學의 民間精神과 教育救國運動－民間人私立學校를 中心으로－〉《教育論集》6, 고려대, 1973.
______, 《韓國開化教育研究》, 일지사, 1980.
金興洙, 〈韓國近代의 私立學校에 關한 研究〉《論文集》28, 춘천교대, 1988.
______, 〈韓國近代民族私學의 成立과 教育內容에 관한 연구〉《歷史教育》50, 1991.
邊勝雄, 〈韓末私立學校 設立動向과 愛國啓蒙運動〉《국사관논총》18, 국사편찬위원회, 1990.

56) 金丁海, 〈1895－1910 私立學校의 設立과 運營〉《歷史教育論集》11, 경북대, 1987.

되고 있었다.[57] 이러한 사립학교는 민족주의에 입각한 근대교육이 민족운동의 기반이며 동시에 그 본질이라고 하는 인식에서 설립된 것이었다.

이와 같은 교육운동에 대하여 일제는 사립학교령을 제정하여(1908) 사립학교의 설립과 운영을 통제하는 한편, 교과용도서 검정규정을 공포하여 애국적인 내용이 있는 교과서를 허가하지 않는 등 여러 가지 억압을 가하였다.[58] 특히 관립학교에서는 역사 시간을 축소하거나 또는 없애기까지 하였고 역사교과서의 편찬도 금지하였다. 그러나 사립학교들은 이러한 억압에도 굴하지 않고 민족정신을 고취하는 데 더욱 힘써 항일구국운동의 온상이 되었다.

교육운동에는 학교 이외에도 각종 학회와 교육단체가 참여하였다. 이 때에는 저명인사들이 각기 지방별로 교육문화단체를 결성하여 활발한 교육문화운동을 전개하였는데, 西北學會(西友學會·漢北興學會의 병합)·湖南學會·畿湖興學會·嶠南教育會·關東學會 등이 바로 그것이었다. 또한 같은 교육문화단체로서 興士團과 大東學會는 지방을 초월하여 조직된 것이었다. 이들 단체는 학보를 발간하여 문화개발에 힘쓰는 한편 직접 교육기관을 설립하여 육영사업에 공헌하기도 하였으니, 서북학회가 세운 協成學校(평양, 1907), 그리고 기호흥학회가 세운 기호학교(서울, 1908) 등이 그 대표적인 것이었다.[59] 일본에서는 1905년 유학생들에 의하여 처음으로 太極學會가 창립되고 1906년에는 대한 유학생회가 만들어지며 그 후 1908년에 이들 여러 학회가 大韓學會로 부분적인 통합을 하더니, 마침내 1909년에는 大韓興學會로 통합되었다.[60]

6. 국학운동과 신문학

외세의 침략에 대하여 국권을 수호하려는 국민들의 자각은 국사와 국어를 연구하여 민족의식을 고취하려는 국학운동으로도 나타났다.[61] 애국심과 독립정신

---

57) 千敬化, 〈日帝下 在滿韓人民族教育에 관한 研究〉《白山學報》 25, 1979.
吳芊均, 〈在露領韓國人의 民族教育運動〉《尙志大論文集》 1, 1980.

58) 柳漢喆, 〈韓末 私立學校令 以後 日帝의 私學彈壓과 그 特徵〉《한국독립운동사연구》 2, 독립기념관, 1988.

59) 李鉉淙, 〈畿湖興學會에 대하여〉《史學研究》 21, 한국사학회, 1969.
______, 〈湖南學會에 대하여〉《震檀學報》 33, 1972.
박찬승, 〈한말 호남학회연구〉《國史館論叢》 53, 국사편찬위원회, 1994.
李松姬, 〈韓末 西北學會의 愛國啓蒙運動〉(上·下)《韓國學報》 31·32, 일지사, 1983.

60) 金淇周, 〈大韓學會에 대하여〉《邊太燮華甲紀念 史學論叢》, 삼영사, 1985.
______, 《韓末 在日韓國留學生의 民族運動》, 느티나무, 1993.
______, 〈韓末 在日韓國留學生團體「太極學會」·「大韓留學生會」의 成立과 活動〉《裵鍾茂總長退任紀念 史學論叢》, 1994.

61) 金昌洙, 〈韓末의 國學振興運動과 民族意識〉《南都泳華甲紀念 史學論叢》, 태학사, 1984; 《韓國近代의 民族意識研究》, 동화출판공사, 1987.

을 불러일으키는 데 있어서 국사와 국어는 가장 적절한 학문분야였던 것이다. 일제의 침략이 격화되면서 전개된 민족교육운동에서 국사·국어의 교육에 특별히 힘쓴 것도 이 때문이었다.

민족의식의 고취와 더불어 전통문화에 대한 자부심이 국사연구로 나타났다. 이 때의 국사연구는 아직 근대역사학으로서의 과학적 기반을 구축하는 데에는 미치지 못하였지만, 일제의 침략에 대항하여 민족의 자주성과 전통을 확립하려는 민족주의사학의 기반을 확립하였다. 이 시기의 대표적인 국사학자로는 장지연·申采浩·朴殷植 등을 꼽을 수 있는데[62] 이들에 의하여 《을지문덕전》·《강감찬전》·《이순신전》 등 외적의 침략에 대항하여 싸운 인물들의 전기가 다수 저술되었으니, 이는 민족의 독립정신을 일깨우기 위한 것이었다. 국사뿐 아니라 세계사에도 관심을 가져 당시 한국의 당면한 현실에 비추어 교훈이 될 외국의 건국사나 흥망사 그리고 위인전 등이 번역되었으니, 《瑞士(스위스)建國誌》·《미국독립사》·《意太利(이탈리아)獨立史》·《월남망국사》·《波蘭(폴란드)末年戰史》·《伊太利建國三傑傳》·《華盛頓(워신톤)傳》·《彼得(피터)大帝》 등이 그것이었다.

이 시기의 대표적인 국사책은 국사교과서였다. 한말에 근대학교가 설립되면서부터 국사교과서가 간행되어 국민의 역사지식과 자주의식의 함양에 큰 영향을 주었는데, 이 때 玄采는 대표적인 국사교과서의 편찬자로서 《幼年必讀》·《東國史略》 등을 저술하였다. 특히 1905년 이후에는 종래의 편년체적 서술체제에서 벗어나 근대적 역사서술체로 발전하였으니, 이것은 근대역사학 연구의 성과와도 관련이 있는 것이었다.[63] 그러나 이와 같은 성과는 일본인 학자들의 연

---

62) 具滋赫, 〈韋庵 張志淵의 歷史認識〉《車文燮華甲紀念 史學論叢》, 신서원, 1989.
______, 《장지연》, 동아일보사, 1989.
韓永愚, 〈韓末에 있어서 申采浩의 歷史認識〉《申采浩誕辰100周年紀念論文集》, 1980.
鄭昌烈, 〈韓末 申采浩의 歷史意識〉《孫寶基停年紀念 韓國史學論叢》, 지식산업사, 1988.
李萬烈, 《丹齋 申采浩의 歷史學硏究》, 문학과 지성사, 1990.
愼鏞廈, 〈朴殷植의 歷史觀〉(上·下)《歷史學報》 90·91, 1981.
劉準基, 〈白巖 朴殷植의 民族主義史學〉《박성수화갑기념논총 한국독립운동사의 인식》, 1991.
______, 《한국근대 유교개혁운동사》, 삼문 1994.

63) 金麗江, 〈開化期國史敎科書를 通해서 본 歷史認識〉(Ⅰ·Ⅱ)《史學志》 14·16, 단국대, 1980·1982.
______, 〈1906年 이후의 國史敎科書에 대하여〉《歷史敎育》 36, 1984.
______, 〈韓末 歷史敎科書의 歷史認識〉《李元淳華甲紀念 史學論叢》, 교학사, 1986.
金興洙, 〈韓末의 國史敎科書 編纂〉《歷史敎育》 33, 1983.
______, 〈韓末 歷史敎育의 實態와 그 性格〉《汕耘史學》 1, 산운학술문화재단, 1985.
______, 《韓國近代歷史敎育硏究》, 삼영사, 1990.
______, 《韓國歷史敎育史》, 대한교과서주식회사, 1992.
李海明, 《開化期敎育改革硏究》, 을유문화사, 1991.

구에 힘입은 면이 많았으므로 그 내용에 있어서 일본 중심으로 서술된 것을 비판없이 수용한 부분도 없지 않았다. 이러한 문제점을 지적하고 민족주의 역사학의 연구방향을 제시한 것이 신채호의 《讀史新論》이었다(1908).[64] 한편 崔南善은 한국의 고전을 발굴·연구하고 이를 간행하기 위하여 朝鮮光文會를 조직하였다.

1895년 관립학교의 설립과 함께 국한문의 교과서가 간행되었고, 이에 따라 종래의 한문체 문장 대신 국한문체 또는 국문체의 문장이 쓰여지기 시작하였다. 이 때 兪吉濬의 《西遊見聞》(1889년 완성, 1895년 간행)은 새로운 국한문체의 보급에 크게 공헌하였는데, 특히 〈독립신문〉·〈제국신문〉 등 국문체신문과 〈황성신문〉·〈대한매일신보〉 등 국한문체 신문의 간행으로 새로운 문체가 널리 퍼졌다.

이와 관련하여 국어연구가 진전되었는데, 그것은 국문체 또는 국한문체의 문장을 쓰는 데 있어서 그 표기방법을 통일할 필요가 있었기 때문이었다. 이에 유길준의 《朝鮮文典》(1895년 이전 완성, 1909년 《大韓文典》으로 간행), 李鳳雲의 《國文正理》(1897), 池錫永의 《新訂國文》(1905), 周時經의 《국어문법》(1906)·《國語文典音學》(1908)·《말의 소리》(1914) 등이 나와 국어의 정리와 새로운 이해체계를 성립시키기 시작하였다.[65] 한편 1907년에는 학부 안에 국문연구소가 설립되었는데, 국문을 연구하기 위한 국가기관으로는 한글 창제 이후 처음 있는 일이었다. 이 곳에서는 주시경·지석영 등이 중심이 되어 국어를 연구·정리하였고, 후일 조선어학회의 모체가 되었다.

문학면에서는 순한글로 쓰여진 신소설이 등장하였다. 신소설은 그 주제나 등장인물의 유형이 구소설의 전통적인 틀에서 크게 벗어나는 것은 아니었으나, 言文一致의 문장을 사용하였으며 주인공의 말과 행동을 통하여 전근대적인 윤리·도덕을 배격하고 신교육의 필요와 민족의 자주독립을 부르짖음으로써 계몽문학의 구실을 하였다. 이러한 신소설의 개척자는 李人稙(직)으로 그는 〈血의 淚〉·〈鬼의 聲〉·〈雉(치)岳山〉 등의 작품을 남겼고, 이 밖에 安國善은 〈禽獸(금수)會議錄〉, 李海朝는 〈자유종〉·〈모란병〉·〈花의 血〉, 崔瓚植은 〈秋月色〉·〈雁(안)의 聲〉 등을 썼다.[66] 또 崔南善은 《少年》誌에 〈海에게서 소년에게〉라는 신

64) 愼鏞廈, 〈申采浩의 「讀史新論」의 比較分析〉《申采浩誕辰100周年紀念論文集》, 1980.
65) 金敏洙, 〈「新訂國文」에 관한 硏究〉《亞細亞硏究》 Ⅵ-1, 고려대, 1963.
李基文, 《開化期의 國文硏究》, 서울대 한국문화연구소, 1970.
______, 〈開化期의 國文使用에 관한 硏究〉《韓國文化》 5, 서울대, 1984.
66) 李在銑, 《韓國開化期小說硏究》, 일조각, 1972.
趙東一, 《新小說의 文學史的 性格》, 서울대 한국문화연구소, 1973.
宋敏鎬, 《韓國開化小說의 史的 硏究》, 일지사, 1975.

체시를 발표하여 현대시의 영역을 개척하였으며, 신채호는 〈대한매일신보〉에 〈天喜堂詩話〉를 연재하였다. 신문학의 발달과 더불어 《성경》을 비롯하여 《天路歷程》·《로빈슨 표류기》·《걸리버 여행기》 등 외국의 문학작품을 번역한 작품도 늘어갔다.

한편 서양의 음악이 소개되면서 서양식 악곡에 맞추어 부르는 신식노래인 창가가 유행하였다. 특히 기독교의 찬송가가 보급됨으로써 창가가 크게 유행하였는데 그 초기의 형태는 아직 전통적인 시가를 바탕으로 한 3·4조, 혹은 4·4조의 형식이었다. 그러나 내용에 있어서는 애국·독립·교육 등을 찬양하고 고무하는 것이 많았으니, 〈독립가〉·〈애국가〉·〈勸學歌〉·〈한양가〉 등이 대표적이었다.[67]

7. 종교계의 계몽활동

한말의 종교계에 있어서 가장 두드러진 변화는 기독교의 보급과 자유로운 선교활동이었다. 조선 후기부터 박해를 받아오던 천주교가 프랑스와의 수호조약이 조인되면서(1886) 자유로운 포교·신앙이 허용되었는데, 한편에서는 평안·황해도 지방의 중산층을 중심으로 개신교가 들어와 널리 전파되었던 것이다.[68] 그러나 오랫동안 뿌리를 내리고 있던 반서교적 감정이 아주 없어진 것은 아니어서 천주교도와 일반 민중이 충돌하는 사건이 종종 발생하였는데, 1901년 제주도에서 일어난 사건이 가장 대표적인 것이었다. 이 문제는 결국 정부와 프랑스 사이에 협의가 이루어짐으로써 해결되었고 다시 선교활동이 전개되었다.

한국에 새로이 전래된 개신교는 선교사업의 한 방편으로 학교와 의료기관을 설립하여 교육사업과 사회봉사활동을 벌였다. 미국인 선교사 알렌(H.N. Allen)은 정부의 도움으로 廣惠院을 설립하여 처음으로 서양의술을 시행하였고, 특히 언더우드(H.G. Underwood)와 아펜젤러(H.G. Appenzeller)의 활동은 매우 주목할 만한 것이어서 이들에 의한 사립학교의 건립은 한국 근대교육의 발전에 획기적인 공헌을 하였다. 이 밖에도 기독교는 그 선교과정에서 한글의 보급, 미신의 타파, 근대문명의 소개 등 문화적인 업적과 함께 서구의 민주주의를 가르쳐 애국심과 민족의식을 크게 고취시키기도 하였다.[69]

67) 趙東一, 〈開化期 歌辭에 나타난 開化·救國思想〉《東西文化》 4, 계명대, 1970.

68) 李光麟, 〈開化期 關西地方과 改新敎〉《崇田大論文集》 人文社會科學篇 1, 1974 ; 《韓國의 近代化와 基督敎》, 숭전대, 1983.

69) 李萬烈, 〈韓末 기독교인의 민족의식 형성과정〉《韓國史論》 1, 서울대, 1973.
______, 〈改新敎의 宣敎活動과 民族意識〉《史學研究》 36, 한국사학회, 1983.
車基璧, 〈韓國 民族主義와 基督敎〉《韓國의 近代化와 基督敎》, 숭전대, 1983.
洪景萬, 《韓國 近代 改新敎史 研究》, 경인문화사, 2000.

한편 유교에서는 새로운 개혁론이 대두하고 있었다. 개화기 위정척사운동의 중심체였던 유교는 원래부터 서구와 일본세력의 침투에 대항하는 민족주의적인 성격이 강하였지만, 한편에서는 시대의 흐름에 역행한다는 비난이 일고 있었다. 이에 박은식이 儒教求新論을 주장하였는데, 이는 구태의연한 유교의 수구성을 타파하고 유교를 혁신하여 구국의 정신적 지주로 삼을 것과 그 방법으로서 국민적 자립 및 부국강병을 위한 교육의 진흥을 제시한 것이었다.[70]

불교는 조선왕조의 억불책에서 벗어나 포교의 자유가 허용되었으나(1899), 이번에는 통감부의 간섭과 특히 일본 불교의 침투에 대항하지 않으면 안되었다. 이에 韓龍雲은 민족불교의 자주성을 회복하기 위하여 힘쓰는 한편,《朝鮮佛教維新論》을 저술하여 미신적 요소의 배격과 불교의 쇄신을 주장하였다. 이로부터 불교는 학교와 병원을 세우는 등으로 교세를 확장하고 불교 근대화운동을 추진하여 나갔다.[71]

민족종교로서 성립된 동학은 동학혁명의 실패로 말미암아 커다란 타격을 받았지만 그 후 3세 교주인 손병희의 노력으로 재건되어 교세를 확장하고 있었다. 그러나 이용구 등 친일파가 일진회를 조직하고 동학의 조직을 흡수하려 하자 손병희는 이들 친일세력을 배제하고자 1905년 천도교로 개칭하여 동학의 민족종교로서의 성격을 계승하였다. 이 후 천도교는 〈만세보〉를 간행하고 육영사업에도 힘을 쓰는 등 민족운동에 적극 참여하였다.

이 밖에 1909년 羅喆 등이 단군신앙을 발전시켜 창립한 大倧教의 활동이 있었다. 대종교는 보수적인 성격이 강하게 남아 있었지만 민족적 입장을 강조하는 종교였으며 특히 2대 교주 金教獻은 교단의 총본사를 만주로 옮겨 간도·연해주 등의 해외항일운동과 밀접한 관련을 가지면서 성장하였다.

---

70) 愼鏞廈,〈朴殷植의 儒教求新論·陽明學論·大同思想〉《歷史學報》73, 1977.
劉準基,〈朴殷植의 生涯와 學問－그의 儒教改革運動을 中心으로－〉《汕耘史學》2, 산운학술문화재단, 1988.
______,《한국근대 유교개혁운동사》, 삼문, 1994.

71) 李英茂,〈韓國佛教思想史에 있어서 韓龍雲의 位置－朝鮮佛教維新論을 中心으로－〉《人文科學論叢》14, 건국대, 1982;《韓國의 佛教思想》, 민족문화사, 1987.

제 3 장
國權恢復運動의 전개

I. 民族의 수난

1. 일제의 무단통치

伊藤博文이 안중근 의사에게 사살된 후 일본의 육군대신 寺內(데라우찌) 正毅가 3대 통감으로 부임하였다(1910. 5). 데라우찌는 일본헌병을 증원하여 헌병경찰제도를 실시하고 〈황성신문〉·〈대한매일신보〉 등 민족지를 폐간시켜 한국의 국권을 탈취할 준비를 진행시켰다. 그리고 매국내각의 총리 이완용과 함께 소위 합방안을 만들어 일본헌병의 경계망 속에서 내각의 의결을 거치게 하고 이완용과 데라우찌가 이를 조인하여 1910년 8월 29일에 발표하였다. 이미 1905년 을사조약으로써 대한제국의 국권은 사실상 침탈되어 있었으나 일제의 치밀한 합방계획에 의하여 이에 완전히 국권을 상실하게 되었던 것이다.

이로써 대한제국은 멸망하고 한민족은 일제의 가혹한 식민지 지배 하에 놓이게 되었다. 이에 대한제국은 일제에 의하여 朝鮮으로 불리었는데, 이 때의 조선은 일본의 한 지방을 의미하는 것이었다. 일제는 이러한 침략을 합법적인 절차로써 은폐하기 위하여 합방조약문에 "朝日 양국의 상호행복을 증진하며 동양의 평화를 영구히 확보하고자 한다"고 거짓선전을 하였다. 그러나 이 이른바 합방조약이 일본의 무력에 의해 강압적으로 체결되었고 조약문 자체도 사기적인 허문이었음은 두말할 것도 없다.

일제는 1906년에 설치했던 통감부를 總督府로 바꾸고 조선총독이 한국을 지배하였다. 조선총독은 일본의 육해군대장 중에서 임명되고 천황에 직속되어 일본내각의 통제를 거의 받지 않았으며, 한국에서의 행정권·입법권·사법권·군대통수권을 모두 행사하는 식민지 지배의 절대권자였다. 초대 총독에는 국권침탈 당시 통감이었던 데라우찌가 그대로 임명되었다.

총독 아래에는 행정을 담당한 政務總監과 치안을 담당한 警務總監이 있었는데, 정무총감이 총독 다음의 제2인자였으나 실권은 오히려 헌병경찰의 지휘자인 경무총감에게 더 많았다. 총독부의 관리는 거의 일본인으로 충당되었고, 하급기관에는 간혹 한국인이 기용되기도 하였지만 일본인과의 차별대우가 심하였다.[1)]

또한 총독부의 자문기관으로서 한국인으로 구성된 中樞院을 두어 식민지 통치에 한국인이 직접 참여하고 그들의 의사를 대변하고 있다는 명분으로 삼았지만, 실제로는 대한제국 때의 황족과 고관들을 예우하기 위한 형식적인 기구에 불과하였다. 중추원의 구성은 정무총감을 의장으로 하고 약간의 고문과 參議로 이루어져 있었는데, 이들은 모두 친일인사들이었으며 의장의 허가 없이는 발언할 수조차 없게 되어 있었고, 그나마 3·1운동이 일어날 때까지 10년 동안 한차례의 회의도 소집되지 않고 있었다.[2)]

총독부의 한국지배방식은 武斷統治라고 불리워지듯이 매우 강압적인 것이었다. 이를 위해 마련된 것이 헌병경찰제도였으니, 寺內 총독은 통치의 방침으로 질서의 유지를 내세우고 이러한 경찰업무를 헌병이 맡도록 하였던 것이다. 그리하여 전국에 1만여명의 헌병 및 이와 거의 같은 수의 헌병보조원을 배치하였다. 이를 지휘하는 중앙의 경무총감에는 조선주재 일본헌병사령관을 임명하고 그 밑의 각 도경무부의 경무부장에는 각 도의 헌병대장을 임명하였으며, 다시 경무부장 아래에는 경찰서와 헌병분대를 함께 두었다. 이들의 임무는 질서유지가 그 본령이었으나 결국은 한민족의 독립운동을 탄압하는 것이었으니, 각지에서 전개되고 있던 의병운동을 진압하고 민족지도자를 색출·검거하였다.[3)] 또한 한국인을 위압하기 위하여 일반 관리는 물론 교원까지도 제복을 입고 칼을 차게 하여 공포분위기를 조성하였다.

이와 같은 탄압 때문에 많은 민족지도자들은 해외로 망명하여 새로운 독립운동의 방법을 모색하게 되었고, 의병운동도 1915년까지 곳곳에서 산발적으로 전개되다가 만주·연해주 등지로 그 활동 무대를 옮겨가게 되었다.

2. 토지의 약탈

일본의 제국주의적 침략은 러일전쟁을 계기로 본격화되었는데, 1910년 국권을 침탈한 뒤에는 모든 산업이 일제의 식민지 경제체제로 개편되기에 이르렀다. 그 가운데 한국 농민을 가장 어렵게 한 것이 土地調査事業이라는 명목으로 진행된

1) 柳永益, 〈朝鮮總督府初期의 構造와 機能〉《三一運動50周年紀念論叢》, 동아일보사, 1969.
金雲泰, 〈日帝時代政治行政硏究－1910～1919의 總督政治體制를 中心으로－〉《行政論叢》 10-1, 서울대, 1972.
______, 《日本帝國主義의 韓國統治》, 박영사, 1986.
朴慶植, 《日本帝國主義의 朝鮮支配》, 청아출판사, 1986.

2) 陳德圭, 〈日帝植民地時代의 總督府 中樞院에 관한 考察〉《日本植民地支配初期의 社會分析》 I, 이화여대, 1987.

3) 金龍德, 〈憲兵警察制度의 成立〉《金載元回甲紀念論叢》, 1969.
李延馥, 〈日帝의 憲兵警察小考〉《李瑄根古稀紀念論文集》, 1974.

일제의 토지약탈이었다.

일제는 이미 1904년 황무지개척이라는 구실로 한국의 국토를 약탈하려 하다가 보안회를 중심으로 한 범국민적인 반대운동에 부딪혀 실패한 적이 있었다. 그러나 일제는 그 뒤 토지가옥증명규칙과 토지가옥저당규칙을 만들어 토지와 가옥의 소유·저당에 관한 법적인 조치를 취하여(1906) 일본인이 토지·가옥을 취득할 수 있도록 하였고, 國有未墾地利用法을 만들어 끝내 그 목적을 달성하였다(1907). 이로써 일본인은 韓國農業株式會社·韓國興業 등 농업회사를 설립하여 전국 각지에서 광대한 농장을 소유하여 갔다.

1910년부터 1918년에 걸쳐 실시한 토지조사사업은 합법을 가장한 한국토지의 강탈작업이었다.[4] 1910년 토지조사국이 설치되고 1912년 토지조사령이 발표되었는데, 이에 의하면 "토지의 소유자는 조선총독이 정한 기간 내에 그 주소, 성명 또는 명칭 및 소유지의 소재·지목·字番號·4표·등급·지적·결수를 臨時土地調査局長에게 신고해야 한다."는 소위 신고주의를 내세웠다. 즉, 토지소유자가 일정기간 안에 소정의 절차를 밟아 소유지를 신고하면 그 소유권을 인정하는 것이었다. 그러나 한국의 농민들은 토지에 대한 법적 개념이 명확하지 않았고, 전통적인 토지경작 관례에 따라 이를 경작·관리하여 소유권이 분명치 않았으며, 또한 동중·문중의 공유적 성격을 가진 토지가 많았으므로 이를 개인의 소유지로 신고하기에는 적당하지가 않았다. 더 밖에 농민들에게 토지신고의 사실이 철저하게 알려지지도 않았으며, 짧은 신고기간과 절차의 복잡성, 그리고 특히 일제의 시책에 협조하지 않으려는 민족감정 등으로 신고가 제대로 이루어지지 못하였다. 신고주의의 기만적 성격이 여기에 있었던 것이다.

이 토지조사사업의 결과 종래 공전이었던 驛屯土와 宮庄土 및 산림·초원·황무지, 그리고 동중·문중의 공유지는 물론 신고를 하지 않은 모든 농토가 국유지라는 명목으로 총독부의 소유가 되었다. 그 가운데 일부는 東洋拓殖會社를 비롯한 일본인의 토지회사나 개인에게 헐값으로 불하되었다.[5] 이렇게 해서 1930년까지 총독부가 소유한 토지는 전국토의 40%에 해당하는 광대한 것이었으니, 결국 근대적인 토지소유권을 확립한다는 미명은 총독부의 토지수탈을 위한 것이 되고 말았다. 이러한 토지조사 사업에 의해서 소수의 양반지주는 토지소

4) 愼鏞廈,《朝鮮土地調査事業研究》, 한국연구원, 1979 ; 지식산업사, 1982.
______,〈'土地調査事業'의 실시와 農村社會·經濟의 變化〉《한국의 사회와 문화》 11, 한국정신문화연구원, 1990.
趙錫坤,〈朝鮮土地調査事業에 있어서 所有權調査過程에 대한 研究〉《한국근대농촌사회와 농민운동》, 열음사, 1988.

5) 김석준,〈동양척식주식회사의 사업전개과정〉《한국사회사연구회 논문집》 2, 1986.
姜泰景,《東洋拓殖會社의 조선경제수탈사》, 계명대출판부, 1995.

유권을 취득하였지만 대다수 농민들은 토지를 빼앗겨 영세소작농으로 전락하였고 아에 토지에서 유리되어 화전민이 되거나 만주 등지로 유랑하기도 하였다.[6)]

3. 산업의 침탈

조선총독부는 토지뿐 아니라 한국경제 전반에 걸쳐 수탈정책을 실시하였다. 우선 각종 기업을 규제하기 위하여 1910년 會社令을 공포하였는데(1911년 실시), 이것은 대한제국 말기에 이미 제정되었던 것을 다시 총독부령으로 새로이 발표한 것이었다. 그 내용을 보면 한국에서의 기업의 설립을 총독의 허가제로 하였고, 그 허가조건을 위배한 경우에는 총독이 사업금지와 해산을 명할 수 있도록 규정하였다. 따라서 총독은 회사의 설립과 폐쇄를 좌우할 수 있었으므로 결국 한국인의 기업활동이 억압되고 민족산업의 성장이 방해되었던 것이다.[7)] 특히 전기·철도·금융 등은 일본의 三井·三菱 등 대기업에 의해서 점유되었고, 인삼·소금·담배 등에 대해서는 전매제도가 실시되어 총독부의 수입을 증대시켜 나갔다.

산업체의 민족별 자본

(단위 : 만원)

	공칭자본금				불입자본금			
	한국인	일본인	합병	합계	한국인	일본인	합병	합계
1911	740 (18.6%)	1,050 (26.4%)	2,190 (55.0%)	3,980	270 (17.0%)	510 (32.1%)	810 (50.9%)	1,590
1917	1,150 (15.0%)	5,920 (77.2%)	600 (7.8%)	7,670	580 (12.7%)	3,800 (83.1%)	190 (4.2%)	4,570

〔자료〕 조선총독부(편), 조선총독부통계연보, 각년도판.

임업부문에 있어서는 삼림보호를 내세워 이미 1908년에 森林法을 제정하고 1911년 삼림령이 공포되어 식목을 장려하는 듯 하였으나 실제로는 많은 삼림자원을 약탈했는데, 특히 압록강·두만강 유역의 삼림을 함부로 채벌하였다. 그리고 1918년 林野調査令을 반포하여 임야조사사업을 실시하고 막대한 국·공유림과 소유주가 명확하지 않은 산림은 거의 일본인에게 넘김으로써 전산림의 50% 이상이 총독부와 일본인에게 점탈되었다.[8)]

---

6) 高承濟, 〈間島移民史의 社會經濟史的 分析〉《白山學報》 5, 1968 ; 《韓國移民史研究》, 장문각, 1973.
朴永錫, 〈日帝下 滿洲移民問題〉《韓民族獨立運動史研究》, 일조각, 1982.
鄭然泰, 《日帝의 韓國農地政策》, 서울대박사학위논문, 1994.

7) 孫禎睦, 〈會社令研究〉《韓國史研究》 45, 1984.
권태억, 〈식민지초기 일제의 경제정책과 조선인 상공업〉《3·1민족해방운동연구》, 한국역사연구회, 1989.

어업에 있어서도 일제는 일찍이 한국의 연안에서 일본인 어부들이 활동할 수 있도록 조치하였으며(漁撈協定, 1883년), 1905년 독도를 불법으로 일본영토에 편입시킨 것도 이러한 수산자원의 침탈과 관계된 것이었다. 1910년 이후에는 다수의 일본 어부들이 한국에 이주하여 한국 어부들보다 우수한 선박과 도구를 사용하고, 더욱이 총독부의 후원을 받아 한국의 황금어장을 독점하였다. 한편 총독부는 朝鮮漁業令을 공포하여(1911) 기왕의 한국인 어업권을 부인하고 어장을 일본인 중심으로 재편성하여 일본인들의 어업활동을 적극 지원하였다.[9)]

민족별 어획고

(단위 : 원)

	한 국 인		일 본 인	
	총어획고	1인평균	총어획고	1인평균
1909년	3,690,300	49	3,076,800	195
1918년	14,670,068	54	18,193,334	245

[자료] 朴慶植,《日本帝國主義의 朝鮮支配》上, 1973, p. 119.

광업에 있어서는 총독부가 각지의 광산을 조사하여 이를 일본인 재벌들에게 넘겨 주었는데, 여기에는 전국의 금·은·철·납·텅스텐·석탄 등의 자원이 모두 해당되었다. 이것과 병행하여 朝鮮鑛業令과 그 시행세칙을 공포하여(1915) 한국인의 광산경영을 억제하였으며, 이에 따라 일본의 광업자본가들이 대거 침투하여 한국의 광업은 일본인이 거의 독점하는 상태가 되어버렸다. 즉, 1920년을 기준으로 할 때 한국인 소유의 광구수는 일본인의 7분의 1에 머물렀고, 광산액은 220분의 1에 불과하였던 것이다. 이처럼 1915년 이후 일본인 광산액이 급

민족별 광구수와 광산액

(단위 : 천원)

	한 국 인		일 본 인		외 국 인	
	광구수	광 산 액	광구수	광 산 액	광구수	광 산 액
1911	90	296(4.8%)	103	1,401(22.6%)	14	4,488(72.6%)
1915	108	384(3.7%)	182	2,820(26.8%)	19	7,311(69.5%)
1920	23	89(0.4%)	150	19,337(79.9%)	5	4,777(19.7%)

[자료] 조선총독부(편), 조선총독부통계연보, 각년도판.

8) 강영심, 〈日帝下의「朝鮮林野調査事業」에 관한 硏究〉(上·下)《韓國學報》33·34, 일지사, 1983·1984.
______, 《日帝의 한국삼림수탈과 한국인의 저항》, 이화여대박사학위논문, 1997.
9) 崔泰鎬, 〈日帝下의 韓國水產業에 관한 硏究〉《日帝의 經濟侵奪史》, 민중서관, 1971.

증한 것은 당시 제 1 차 세계대전이 진행되고 있었고, 일본이 금·은·납·텅스텐·석탄 등의 물자를 연합국측에 제공하는 데 한국 광산물을 이용하고 있었기 때문이었다.[10)]

금융부문에 있어서도 일제는 한국 내에서의 일본인의 기업활동을 지원하기 위해 일찍부터 한국의 금융을 지배하고 있었다. 일본의 금융기관은 개항 직후부터 이미 한국에 들어오기 시작하였는데, 그 가운데 第一銀行의 한국지점은 1905년부터 통화발행권을 가지고 한국의 중앙은행 구실을 하였다. 한국정부는 1909년 새로이 한국은행을 설치하여 중앙은행으로 삼았지만 곧 합방이 되자 1911년 조선은행으로 바뀌어 중앙은행의 업무를 계속하였다. 또한 일제는 1906년에 설립한 農工銀行을 1918년 朝鮮殖產銀行으로 개편하여 일본인 상공업자들을 지원하는 한편 전국에 60여개의 지점을 두어 지방에까지 금융조직망을 확대시켰다.[11)]

이에 앞서 일제는 한국의 금융을 지배할 수 있는 발판을 마련하기 위하여 화폐정리사업을 실시하였다(1905). 이는 당시 중앙은행의 역할을 하던 일본 제일은행에서 신화폐를 만들어 이제까지 사용하였던 엽전(상평통보) 및 白銅貨와 교환하도록 한 것이었다. 그 과정에서 백동화의 질에 따라 갑·을·병의 등급을 구분하고 전체의 3분의 2에 달하는 병종에 대해서는 이를 무효로 하여 신화폐로 교환해주지 않음으로써 한국인 상공업자는 막대한 손해를 입었고, 한편에서는 신화폐의 가치가 등귀하여 일본의 은행이 한국의 금융을 지배할 수 있게 되었던 것이다.[12)]

이와 같이 한국의 모든 산업은 총독부의 비호 아래 일본인이 독점 경영하였는데, 실제로는 총독부 자체가 큰 기업체와 다름이 없는 것이었다. 즉, 총독부는 철도·항만·통신·항공·도로 등을 독점 경영하였던 것이다. 이와 같은 총독부를 중심으로 한 일본인의 경제침탈로 한국의 민족산업은 위축되어 발전의 길이 막히게 되었으며, 한국은 점차 일본의 식량공급지와 상품시장으로 전락하고 말았다.

---

10) 李培鎔, 《韓國近代鑛業侵奪史研究》, 일조각, 1989.
11) 高承濟, 〈朝鮮銀行〉《韓國金融史研究》, 일조각, 1970.
權斗榮, 〈日帝侵略下의 韓國金融〉《日帝의 經濟侵奪史》, 민중서관, 1971.
黃明水, 〈韓末에 있어서의 外國金融機關의 侵略에 관한 研究〉《東洋學》 1, 단국대, 1971.
12) 趙璣濬, 〈貨幣改革과 金融恐慌〉《韓國資本主義成立史論》, 고려대, 1973.
______, 《韓國資本主義成立史論》, 대왕사, 1973.
黃夏鉉, 〈日帝의 對韓植民地 支配構造의 形成過程〉《東洋學》 12, 단국대, 1982.

4. 植民地敎育

일제의 포악한 식민지정책은 교육에서도 그대로 나타났다. 일제의 식민지 교육정책의 기본은 한국인에 대한 愚民化敎育이었다. 그것은 한국인의 전통적인 자주독립정신을 없애고 일제의 식민지지배에 순응하는 하등부용국민으로 만들려는 것이었다. 이에 따라 한국인에게 교육의 기회를 근본적으로 주지 않는 방침을 취하였으니, 그렇게 함으로써 한국인의 지식향상과 사상의 발전이나 기술습득의 기회를 봉쇄하고 민족의식의 성장과 민족운동의 전개를 막으려 하였던 것이다.

일제는 국권을 강탈한 후 의병운동의 주도세력인 유생을 회유하기 위해 지방의 노유에게 은금제도를 실시하는 한편, 종래 유림의 전통적인 세력 기반이었던 지방 향교의 재산을 몰수하여 이를 공립보통학교의 유지비에 충당하였다. 그리고 전국 각지에 산재한 서당을 그대로 방치하여 신교육의 전면적인 시행을 방해하였다. 이어서 1911년 제 1 차 朝鮮敎育令과 私立學校規則, 그리고 1915년에 개정사립학교규칙을 공포하여 19세기 말 이후 한국의 신교육실시와 민족의식의 성장에 크게 기여해 온 사립학교의 활동을 억제하였다. 그리고 일제는 한국에 대학이나 전문학교는 설립하지 않았으며, 일본인 고등교육기관에도 한국인의 입학을 극도로 제한하였다. 결국 일제의 식민지교육정책은 한국인으로 하여금 취학 기회의 부족과 고등교육의 부재 속에서 그들의 부림을 잘 받는 실용적인 근로인・하급관리・실무사원을 양성하는 것이었다고 할 수 있다.

교육의 내용도 어디까지나 그들의 교육목표에 따라 한국인의 민족의식을 말살하고 대신 忠良한 일본인으로 만들게끔 편성되었다. 그들은 우선 일본어의 보급에 주력하고 한국어 교육을 제한하는 동시에 한국의 역사와 문화에 대한 교육을 제약하여 민족의 전통문화를 파괴하고 자주의식을 말살시켰으며, 대신 일본사와 일본문화의 우월성을 강조하여 한국인 스스로를 열등민족으로 비하하도록 하는 정책을 취하였다. 따라서 한국의 각급 학교에서는 학문과 유리된 내용을 가르쳤고 그 중에서도 특히 식민지인으로서의 복종정신을 기르는 데 유리한 수신과 일본역사 과목에 치중하였던 것이다.[13]

---

13) 韓基彦, 〈日帝의 同化政策과 韓民族의 敎育的抵抗〉《日帝의 文化侵奪史》, 민중서관, 1970.
鄭在哲, 《日帝의 對韓國植民地敎育政策史》, 1985.

II. 3·1運動

1. 1910년대 국내의 민족운동

헌병경찰제도를 앞세운 일제의 무단통치로 한국의 독립운동은 커다란 어려움을 겪지 않을 수 없었다. 일제는 1911년 소위 105인 사건을 조작하여(12년에 재판) 신민회를 해산시키고 계속해서 민족지도자들을 체포·감금하였으며, 모든 집회·결사를 금지시키는 조처를 취하였다. 이에 따라 국내에서의 항일독립운동이 어려워지자 많은 사람들이 해외로 망명하여 간도·연해주 등지에 독립운동기지를 개척하고 민족의 독립역량을 축적해 나갔으며, 상하이나 미주지역에서도 열강을 상대로 독립을 위한 다방면의 외교활동을 전개하였다.

그러나 국내에서도 의병의 계속적인 봉기와 비밀결사를 통한 지하조직으로 독립운동이 전개되고 있었다. 무장독립전쟁의 성격을 띠고 계속된 의병운동은 1909년 일본군의 남한지역에 대한 대대적인 작전으로 큰 타격을 입고 간도·연해주 방면으로 이동했지만, 그러나 1910년 합방 이후에도 비록 규모는 작으나마 전국적으로 의병의 활동이 있었고 이는 1915년까지 계속되었다. 특히 1912년 고종황제의 密詔를 받은 林炳瓚이 大韓獨立義軍府를 전국적 규모로 조직하여 일제에 항쟁한 것은 가장 대표적인 것이었다.[14)]

한편 신민회의 민족지도자들이 105인 사건을 계기로 대부분 체포·감금된 이후 민족운동은 비밀·지하운동의 형태로 추진되었다. 이들 비밀단체의 활동은 서로 연결이 되지 못한 채 전개되었으나 1910년대 민족운동의 맥을 이어 갔다는 점에서 중요한 의미를 가졌다. 이 가운데 가장 대표적인 단체로는 1913년에 조직된 大韓光復團(1915년 대한광복회로 개칭)을 들 수 있는데, 이것은 총사령 朴尙鎭, 부사령 金佐鎭을 중심으로 군대식으로 조직되어 있었고 각 도에 지부를 두었으며 상하이·만주까지도 활동의 영역을 넓히고 있었다. 이 단체는 만주에 독립군 사관학교를 세울 것을 계획하고 군자금 모집과 친일파 숙청을 위해 활동하였는데, 200명의 회원을 확보하여 당시의 비밀결사로서는 규모가 매우 큰 것이었다. 1918년 일본 경찰에 의해서 그 정체가 밝혀짐으로써 활동이 위축되었지만 3·1운동 이후 재기하여 다시 활발한 투쟁을 계속하였다.[15)]

---

14) 申圭秀, 〈大韓獨立義軍府에 대하여〉《邊太燮華甲紀念 史學論叢》, 삼영사, 1985.
15) 趙東杰, 〈大韓光復會의 結成과 그 先行組織〉《韓國學論叢》 5, 국민대, 1983.
______, 〈大韓光復會硏究〉《韓國史硏究》 42, 1983.
朴永錫, 〈大韓光復會硏究〉《한국민족운동사연구》 1, 국사편찬위원회, 1986 ; 《在滿韓人獨立運動史硏究》, 일조각, 1988.

朝鮮國權恢復團은 1915년 경북의 유생들이 詩會를 가장하여 조직한 항일 비밀결사로 尹相泰·徐相日·李始榮 등이 중심이 되어 단군을 받들면서 국권회복운동을 전개하였는데, 3·1운동이 일어나자 이에 적극 참여하여 각지에서 만세운동을 주도하였다. 또한 朝鮮國民會는 평양의 숭실학교 학생과 기독교 청년들이 중심이 되어 조직한 것으로 애국계몽과 민족의 실력양성을 목적으로 1914년 조직되어 1918년까지 활동하였다.[16)]

한편 1914년에는 서울에서 교사들을 중심으로 朝鮮産織獎勵稧가 조직되어 경제적 자립을 통한 국권회복을 도모하면서 1917년까지 활동하였다. 또한 1915년에 함남 단천에서는 自立團이 조직되었는데, 이 단체는 단원의 입회비와 회비를 모아 실업을 경영하고 청년교육을 하기 위한 것으로 1916년까지 활동하였다. 松竹會는 여성들이 조직한 항일비밀결사로서 1913년 평양 숭의여학교 여교사를 중심으로 조직되어 해외독립운동의 기금모집과 함께 여성계몽운동을 전개하였는데, 일제 말까지도 그 활동이 계속되었고 해외에도 그 조직이 확대되어 있었다. 이 밖에도 民團組合(1915)·鮮命團(1915)·自進會(1918) 등이 있었으며, 비밀결사이기 때문에 끝내 전모가 밝혀지지 않은 채 활동한 단체가 상당수 존재하였다.[17)]

이들 항일 비밀결사의 중심인물들은 도시의 중산층과 개화지식층, 그리고 학생은 물론 유림까지 포함되었으며, 각종 선언문·고시문·격문을 통하여 독립사상을 고취하고 광복에 대한 희망과 신념을 국민에게 심어 주었다. 또한 각지의 사립학교와 서당, 그리고 기독교·불교·천도교·대종교 등 교육 및 종교단체에 의해서도 독립운동이 끊임없이 전개되었다.

2. 1910년대 해외의 민족운동

1910년 이후의 해외에서의 독립운동은 일제 무단통치의 직접적인 억압을 받지 않는 상태에서 국내보다 활발하게 전개되었다. 특히 만주와 연해주는 지역적으로 본국과 인접해 있었으므로 더욱 강력한 독립운동이 전개될 수 있었다.

만주의 간도지방에서는 일찍부터 이주한 교포사회를 중심으로 교육운동과 군사훈련을 통하여 민족의 힘을 기르고 있었고, 무장독립군은 압록강·두만강을 건너 본국에 들어와 일본군경과 교전하여 커다란 타격을 주기도 하였다. 특히 1907년 이후 신민회가 추진한 해외독립운동기지 개척운동으로 이 지역에는 많

---

16) 강영심, 〈朝鮮國民會硏究〉《한국독립운동사연구》 3, 독립기념관, 1989.
17) 朴杰淳, 〈3·1運動期 國內祕密結社運動에 대한 試論〉《한국독립운동사연구》 2, 독립기념관, 1988.

은 교육기관·군사기관·산업시설이 설치되었다. 그 가운데 신민회간부 李會榮·이시영 형제 및 李相龍 등을 중심으로 한국교민들이 개척한 유하현 삼원보에는 1911년 耕學社라는 자치기관을 두고 구국운동의 인재를 양성하였으며, 이를 모체로 1911년 新興講習所(교장 李東寧)를 설치하였다가 1919년 신흥무관학교(교장 李世永)로 발전하여 독립군의 기간요원을 양성하였다.[18] 한편 간도지방에는 수많은 한국인 학교가 설치되었으며, 여기서는 군사훈련과 함께 국사와 일제의 침략사 등을 가르쳤다. 이 때 가장 대표적인 교재는 수신교과서인《吾讐不忘 오수불망》이었는데, 이 책은 일본의 야만적인 침략행동을 기술하고 그 식민지 정책의 잔학상을 폭로한 것이었다.[19]

시베리아의 연해주는 1910년 이전부터 新韓村 등 한국인 거주지를 중심으로 1905년 韓民會가 구성되고 1907년에는 대한청년교육회·共進會(두 회는 같은 해 대한청년교육연합회로 병합), 1909년에는 公共會라는 단체가 탄생되었다. 이들은 마침내 1911년 勸業會라는 항일독립단체를 결성하고 1913년에는 大甸(대전) 學校라는 광복군 사관학교를 설립하였으며(의장 이상설) 그 후 1914년에는 블라디보스톡에 大韓光復軍政府를 수립하여 이상설이 正統領에, 李東輝가 부통령에 각각 취임하여 독립운동을 전개하였다. 특히, 이들은 만주에도 사관학교를 설립하여 무장 항일운동의 터전을 마련하였을 뿐 아니라 후일 임시정부 탄생의 길을 열어 놓았다. 또한 1917년에는 여러 단체들이 총망라된 全露韓族會 中央總會가 설립되어 시베리아에 있는 한족의 핵심단체로 활동하였고, 이것이 1919년 大韓國民議會(의장 文昌範)로 개편되었다.[20]

중국에서의 민족운동은 1911년 申圭植의 상하이 망명에서 비롯되었다. 신규식은 孫文과 친교를 맺고 신해혁명에 참가하여 중국 내의 요인들과 유대관계를 맺었으며, 상하이의 한국인 유학생들을 모아 1912년 同濟社를 조직하여 민족운동을 추진하였다. 동제사는 뒤에 중국 국민당의 저명인사도 가입한 新亞同濟社로

---

18) 朴永錫, 〈日帝下 在滿韓人의 獨立運動과 民族意識－耕學社의 設立經緯와 그 趣旨를 중심으로－〉《史學硏究》 33, 한국사학회, 1981 ; 《韓民族獨立運動史硏究》, 일조각, 1982.
元義常, 〈新興武官學校〉《新東亞》 1969. 6, 동아일보사, 1969.
尹炳奭, 〈1910年代 西北間島 韓人團體의 民族運動〉《韓國近代民族主義運動史硏究》, 일조각, 1987.

19) 徐紘一, 〈1910年代 北間島의 民族主義 敎育運動〉(Ⅰ·Ⅱ)《白山學報》 29, 30·31 합호, 백산학회, 1984·1985.
千敬化, 《한국인 민족교육운동사 연구》, 백산출판사, 1994.

20) 尹炳奭, 〈1910年代 沿海州地方에서의 韓國獨立運動〉《韓國史學》 8, 한국정신문화연구원, 1986.
潘炳律, 《大韓國民議會의 組織과 活動》, 한양대석사학위논문, 1986.

개편되었는데, 신규식의 이러한 중국 요인과의 유대관계는 후일 대한민국임시정부의 활동에 큰 도움을 주었다.[21] 1918년 제 1 차 세계대전이 종결되고 파리강화회의가 열리자 상하이의 민족지도자들은 신한청년당을 결성하여 앞으로의 사태에 대비하는 한편, 金奎植을 파리강화회의에 대표로 파견하는 등 활발한 활동을 전개하였다.

미국에서의 민족운동은 안창호 · 李承晩 등이 주동이 되었는데 그것은 가장 많은 교민이 살고 있던 하와이에서부터 시작되었다. 하와이에서는 1903년 新民會가 창설된 것을 비롯해서 수많은 한국인 단체들이 생겨났고, 이들은 韓人合成協會로 통합되었다(1907). 한편 미주 본토에서는 1903년 샌프란시스코를 중심으로 친목회가 설립되었으며, 이것이 共立協會로 확대 · 발전하였다(1905). 이 때 미주와 하와이의 재미 한국인 단체의 통합이 절실한 문제로 제기되었는데, 마침 장인환 · 전명운 의사의 스티븐스 암살사건이 일어나자 이를 계기로 재미 한인의 단결이 공고해졌고, 이에 따라 하와이의 한인합성협회와 미주의 공립협회가 통합하여 1909년 國民會(1910년에 大韓人國民會로 개칭)를 발족시키기에 이르렀다.[22] 한편 이와는 별도로 1913년에 안창호가 한국에서 강제 해산당한 신민회의 후신으로 로스앤젤레스에서 조직한 흥사단이 있었다. 이와 같은 조직들을 통해서 재미 한인들은 적극적인 외교활동을 전개하는 동시에 군인양성운동을 일으키기도 하여 활발한 독립운동을 추진하였다.[23]

3. 3 · 1운동의 배경

국권의 침탈 이후 한민족의 독립운동은 일제의 잔학한 무단통치 하에서도 비밀결사의 활동을 통하여 꾸준히 전개되었을 뿐만 아니라 해외 각지에서도 활발한 독립운동이 전개되고 있었다. 이러한 국내외의 독립운동은 개항 이후 일제의 침략에 항거하면서 추진해 온 민족운동의 연장이라고 할 수 있는 것이었다.[24]

21) 辛勝夏, 〈睨觀 申圭植과 中國革命黨人과의 관계〉《金俊燁華甲紀念 中國學論叢》, 1983.

22) 姜昌錫, 〈大韓人國民會의 組織과 活動에 관한 硏究〉《東義史學》 1, 동의대, 1984.
洪善杓, 〈1910년대 후반 하와이 韓人社會의 動向과 大韓人國民會의 活動〉《한국독립운동사연구》 8, 독립기념관, 1994.
金度勳, 〈共立協會(1905～1909)의 民族運動硏究〉《한국민족운동사연구》 4, 한국민족운동사연구소, 1989.
尹炳奭, 〈1910年代 美洲地域 韓人社會動向과 祖國獨立運動〉《李丙燾九旬紀念 韓國史學論叢》, 일조각, 1987.
方善柱, 《在美韓人의 獨立運動》, 1989.

23) 李炫熙, 〈美洲에서의 韓國獨立運動－軍事活動을 中心으로－〉《軍史》 4, 전사편찬위원회, 1982.

24) 韓沽劤, 〈三一運動의 歷史的 背景〉《三一運動50周年紀念論集》, 동아일보사, 1969.

개항 이후의 위정척사사상은 1890년대 중반부터 의병운동으로 나타났고, 개화사상은 갑신정변·갑오개혁·독립협회로 이어져 애국계몽운동으로 확산되었다. 한편 19세기 이래 산발적으로 발생하였던 각지의 농민봉기는 민족종교로 성장한 동학과 결부되면서 혁명적 성격을 강하게 띠어 동학혁명으로 발전하였으니, 이는 당시 민중의식의 성장과 궤를 같이하는 것이었다. 이와 같이 한말의 민족운동은 전통사회의 기본구조에서 비롯된 각 계층의 이해에 따라 각각 그 주장과 방법 및 방향이 일치하지 못한 채 다양하게 전개되고 있었다. 그러나 1910년 이후에는 국권상실이라는 공동의 운명에 직면하여 독립을 달성해야 한다는 하나의 목표가 형성되면서 점차 계층간의 구별과 이해를 초월한 전민족적인 운동으로 발전해 나갔다. 이와 같은 역사적 흐름이 3·1운동의 중요한 배경이 되었던 것이다.

한민족이 자체적으로 독립을 위한 노력과 기반을 강화하고 있을 때, 마침 제1차 세계대전이 끝나고 전후 처리를 위한 파리강화회의에서 윌슨(W. Wilson) 미국대통령의 민족자결주의가 발표됨으로써(1918) 한국의 독립운동을 크게 고무시켜 주었다. 이는 "각 민족의 운명은 그 민족 스스로가 결정해야 한다."는 내용으로서 당시 전세계적으로 팽배해 있던 약소민족들의 민족운동에 호응한 것이었으며, 실제로 과거에 독일이나 러시아의 지배를 받던 여러 약소민족들이 독립을 선포하였던 것이다. 이 소식은 곧 국내에 전해졌고, 따라서 한민족의 독립운동도 더 활기를 띠게 되었다.

민족자결주의에 대해서 가장 빠른 반응을 보인 것은 중국에 망명하고있던 독립지사로 이들은 1919년 1월 상해에서 新韓青年黨을 조직하고 김규식을 파리강화회의에 대표로 파견하여 독립을 호소하였다.[25] 또한 이 때 민족자결주의의 소식에 접한 일본의 한국인 유학생들은 크게 용기를 얻어 朝鮮青年獨立團를 조직하고 한국의 독립을 요구하는 선언서와 결의문을 발표하였다(1919. 2. 8). 이 2·8 독립선언의 소식은 곧 국내에 알려졌으며, 당시 태동하고 있던 대대적인 민족운동에 불을 붙이는 계기가 되었다.[26]

慎鏞廈, 〈3·1運動의 社會·經濟的 背景〉《國史館論叢》 1, 국사편찬위원회, 1989.

25) 金喜坤, 〈新韓青年党의 結成과 活動〉《한국민족운동사연구》 1, 독립기념관, 1986.

26) 金成植, 〈韓國學生運動의 思想的 背景－特히 2·8獨立宣言을 中心으로－〉《亞細亞研究》 Ⅶ-1, 고려대, 1969.

鄭世鉉, 〈二·八學生運動에 對하여〉《淑大史論》 4, 1969 ; 《抗日學生民族運動史研究》, 일지사, 1975.

金鎭鳳, 《3·1운동사 연구》, 국학자료원, 2000.

4. 3·1운동의 전개

국내에서는 1918년 말부터 이미 학생 및 종교단체를 중심으로 대대적인 독립운동이 계획되고 있었다. 먼저 천도교 측에서 독립운동의 대중화·일원화·비폭력 등 3대원칙을 세우고 다른 종교 및 학생단체와의 연결을 모색하였다. 이에 독자적으로 독립운동을 계획하고 있던 장로교와 감리교 등 기독교와 중앙학교를 비롯한 학생들이 합세하였으며, 불교계의 韓龍雲과도 합의가 이루어지게 되었다.[27]

이러한 가운데 고종이 서거하자(1919. 1) 항간에는 일제에 의한 독살이라는 소문이 퍼져 한국민들이 크게 분노하고 있었고, 여기에 일본으로부터 2·8독립선언의 소식이 전해져 국내에서의 독립운동의 기운은 한층 무르익어 갔다. 드디어 천도교·기독교·불교 및 학생을 중심으로 단일화된 주도세력은 고종의 因山日이 3월 3일로 정해지자 그 때를 전후해서 지방에서 많은 사람이 서울에 모여들 것으로 예상하여 3월 1일을 거사일로 정하는 한편, 독립선언서를 작성하고 민족대표 33인의 이름으로 서명한 다음 이를 인쇄하여 비밀리에 전국에 배부하는 등 치밀한 사전계획을 마무리지었다.[28]

1919년 3월 1일 민족대표 33인은 泰和舘에 모여 독립선언서를 낭독하였고,[29] 같은 시간에 탑골공원에서는 학생과 시민들이 모여 독립선언서를 낭독한 후 대한독립만세를 외치며 가두시위에 들어갔다. 이 운동은 순식간에 전국적으로 확산되어 태극기를 흔들면서 독립만세를 외치는 소리가 방방곡곡에서 일어났다.

---

27) 朴漢卨, 〈三一運動主導體形成에 關한 考察〉《三一運動50周年紀念論集》, 동아일보사, 1969.
鄭世鉉, 〈三一抗爭期의 韓國學生運動〉《淑明女大論文集》 8, 1968 ; 《抗日學生民族運動史硏究》, 일지사, 1975.

28) 張龍鶴, 〈三一運動의 發端經緯에 對한 考察〉《三一運動50周年紀念論集》, 동아일보사, 1969.
愼鏞廈, 〈3·1獨立運動 勃發의 經緯〉《韓國近代史論》 II, 지식산업사, 1977.

29) 이 때 발표된 독립선언서의 내용은 다음과 같다.

吾等은 玆에 我朝鮮의 獨立國임과 朝鮮人의 自主民임을 宣言하노라… 半萬年 歷史의 權威를 仗하여 此를 宣言함이며, 二千萬民衆의 誠忠을 合하여 此를 佈明함이며, 民族의 恒久如一한 自由發展을 爲하여 此를 主張함이며, 人類的 良心의 發露에 基因한 世界改造의 大機運에 順應並進하기 위하여 此를 提起함이니, 是는 天의 明命이며 後代의 大勢이며 全人類 共存同生權의 正當한 發動이라 天下何物이던지 此를 沮止抑制치 못할지니라…

公約三章

一. 今日 吾人의 此擧는 正義 人道 生存 尊榮을 위하는 民族的 要求니 오직 自由的 精神을 發揮할 것이오 결코 排他的 感情으로 逸走하지 말라.
一. 最後의 一人까지 最後의 一刻까지 民族의 正當한 意思를 快히 發表하라.
一. 一切의 行動은 가장 秩序를 尊重하여 吾人의 主張과 態度로 하여금 어디까지던지 光明正大케 하라.

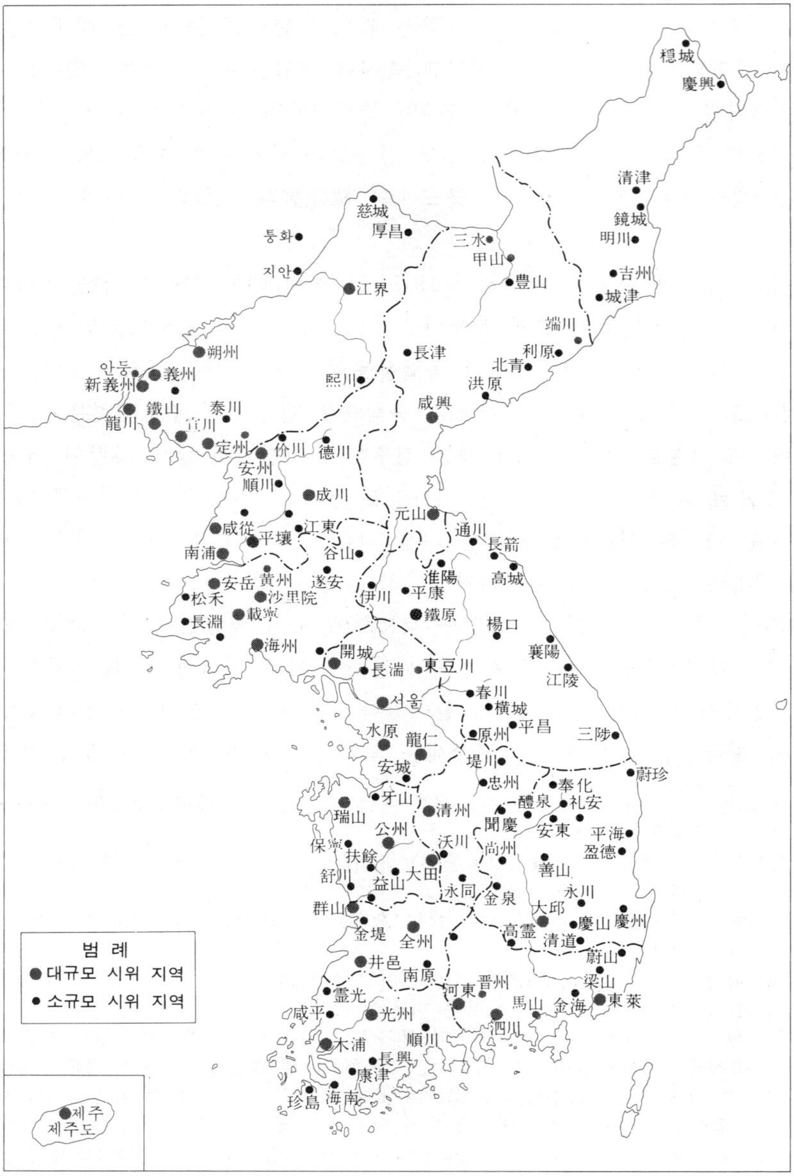
穩城
慶興
清津
鏡城
明川
吉州
城津
端川
利原
北青
洪原
咸興
三水
甲山
豊山
長津
慈城
厚昌
통화
지안
江界
熙川
朔州
안동
義州
新義州
鐵山
泰川
龍川
宣川
定州
价川
德川
安州
順川
成川
元山
通川
長箭
高城
咸從
平壤
江東
谷山
南浦
安岳
黃州
遂安
淮陽
松禾
沙里院
伊川
平康
長淵
載寧
鐵原
楊口
海州
開城
長湍
東豆川
襄陽
江陵
春川
서울
橫城
原州
平昌
三陟
水原
龍仁
安城
堤川
蔚珍
忠州
奉化
牙山
醴泉
礼安
清州
瑞山
聞慶
安東
平海
公州
盈德
沃川
尙州
保寧
扶餘
善山
大田
舒川
益山
永同
金泉
永川
群山
大邱
慶山
慶州
金堤
高靈
全州
清道
井邑
蔚山
梁山
南原
晋州
靈光
河東
馬山
金海
東萊
咸平
光州
泗川
順川
木浦
長興
康津
珍島
海南
제주
제주도
범 례
대규모 시위 지역
소규모 시위 지역

3 · 1운동 봉기도

만세운동은 지방에 따라서는 4월말까지 계속되었는데, 여기 참가한 인원은 200만이 넘었고 운동 회수는 1500여회에 달하였으며 전국 218개 군 가운데 211개 군에서 활발한 시위가 일어났던 것이다.

이 때 독립선언서에는 민족자존의 正權과 인류평등의 大義를 천명하였으며, 자주정신을 발휘하되 배타적 감정에 흐르지 말 것과 질서를 존중하여 광명정대하게 평화적인 운동을 벌일 것을 천명하고 있었다.[30] 그러나 평화스런 방법으로 독립만세를 부르는 민중에게 일제는 헌병경찰뿐 아니라 군대까지 동원하여 잔인한 탄압을 가하였다. 박은식의 《韓國獨立運動之血史》에 수록되어 있는 통계에 따르면 3월 1일에서 5월 말 사이에 피살된 사람이 7,509명, 부상당한 사람이 15,961명, 체포된 사람이 46,948명이며, 파괴·소각당한 교회당이 47개소, 학교가 2동, 민가가 715호에 달하였다 한다. 특히 수원 부근의 제암리에서는 주민 모두를 교회에 가두고 총격을 가한 후 불을 질러 집단학살하고 마을에 불을 지르는 만행을 저지르기도 하였다.[31]

일제의 비인도적인 진압에 의하여 3·1독립운동은 성공하지 못하고 말았다. 이것은 제 1 차 세계대전에서의 전승국인 일본의 국제적 위치가 공고하였고, 또 당시 민족자결주의 자체도 패전국에게만 적용되었으므로 3·1운동 당시의 주변 정세가 우리에게 불리했기 때문이었다.

그러나 3·1운동의 의의는 결코 작은 것이 아니었다. 우선 3·1운동은 모든 계층이 총망라되고 또 직업의 귀천에 관계 없이 모든 국민이 참여하였으며, 이들이 하나의 목표 아래서 하나의 방법으로 전개한 민족운동이라는 점에 중요한 의미가 있었다. 전통사회의 신분적 제약이나 계층간의 이해를 초월하여 동일한 목표로 민족운동에 참가한 것은 그 동안에 잔재해 온 전통사회의 전근대적 성격을 일소시키는 중요한 계기가 되었다.[32] 또한 지금까지 여러 갈래로 전개되었던 독립운동이 3·1운동을 계기로 일원화되어 앞으로의 독립운동에 있어 민족의 역량을 하나로 결집시키는 역할을 하였다. 이에 따라 3·1운동을 계승하면서 보

30) 朴成壽, 〈三一運動에 있어서의 暴力과 非暴力〉《三一運動50周年紀念論集》, 동아일보사, 1969.

31) 尹炳奭, 〈三一運動에 대한 日本政府의 政策〉《三一運動50周年紀念論集》, 동아일보사, 1969 ; 《韓國近代史論》 II, 지식산업사, 1977.

32) 金鎭鳳, 〈三一運動과 民衆〉《三一運動50周年紀念論集》, 동아일보사, 1969.
金泳謨, 〈三·一運動의 社會階層 分析〉《亞細亞研究》 XII-1, 고려대, 1969.
安秉直, 〈三·一運動에 參加한 社會階層과 그 思想〉《歷史學報》 41, 1969 ; 《三·一運動》, 한국일보사, 1975.
李炫熙, 〈三一獨立運動에 관한 研究－특히 그 背景과 民衆聯合過程을 中心으로－〉《誠信女大論文集》 12, 1979.
千寬宇, 〈民衆運動으로 본 三一運動〉《三一運動50周年紀念論集》, 동아일보사, 1969.

다 조직적인 운동을 전개하기 위하여 3·1운동 직후에 상하이에서 민주적인 공화정체의 대한민국임시정부가 수립되어 이후 국내의 독립운동의 중추기구로 활약하였다.

한편 국제적으로는 한민족의 독립요구가 알려지게 되고 일제의 비인도적인 탄압정책이 소개되면서 동정과 함께 일제를 비난하는 국제여론이 일어났다.[33] 그리고 국내에서는 일제로 하여금 무단통치에 의해서도 한민족을 쉽게 굴복시킬 수 없다는 인식을 갖게 하여 식민통치의 방법을 전환하도록 하는 계기가 되었다. 따라서 3·1운동은 비록 실패하였으나, 그것은 각 방면에 걸쳐 한국사의 전개에 커다란 방향전환을 이루는 계기가 되었던 것이다.

III. 植民地統治體制의 변화

1. 문화정치의 표방

3·1운동은 일제로 하여금 한민족을 지배하는 통치방식을 변화시키도록 하여 표현상 한민족에 대한 무단적 억압을 완화시켜 어느 정도의 자유스런 분위기를 부여한다고 하는 소위 文化政治로 나타났다. 그러나 실제로 문화정치는 한민족을 회유하여 보다 효율적으로 수탈을 하려는 고등적인 기만정책에 불과한 것이었다.[34]

3·1운동 이후 교체된 새 총독 齋藤 實은 "조선의 문화와 관습을 존중하고, 문화적 제도의 혁신으로써 조선인을 유도하여 그 행복과 이익의 증진을 도모한다."는 명분을 세우고 문화정치를 표방하였다. 그리하여 표면상 여러 가지의 변화가 일어났는데, 우선 이 때까지는 육해군대장으로만 임명되어 오던 조선총독에 문관도 임명될 수 있도록 하였고, 헌병경찰제 대신에 普通警察制를 실시하였으며, 관리·교사들이 제복을 입고 칼을 차고 다니는 것을 그만두었다. 또한 한

33) 孫寶基, 〈三一運動에 대한 美國의 反響〉《三一運動50周年紀念論集》, 동아일보사, 1969.
白鍾基, 〈三一運動에 對한 日本의 軍事的 蠻行과 國際輿論의 反響〉《亞細亞學報》 11, 아세아학술연구소, 1975.
兪炳勇, 〈3·1運動과 韓國獨立問題에 대한 美國言論의 反響〉《金哲埈華甲紀念 史學論叢》, 지식산업사, 1983.

34) 李瑄根, 〈三一運動을 前後한 日本對韓植民政策의 變貌過程〉《三一運動50周年紀念論集》, 동아일보사, 1969.
姜東鎭, 〈文化主義의 기본성격〉《한국사회연구》 2, 한길사, 1984.
韓培浩, 〈三·一運動 前後의 朝鮮 植民地政策－齋藤의 '文化政治'의 本質을 中心으로－〉《일제의 한국 식민통치》, 정음사, 1985.

국인에 대한 대우에 있어서는 교육수준을 일본인과 같은 수준으로 끌어올리고, 총독부관리에 한국인을 임용하며, 한국인이 경영하는 한글신문의 간행을 허용하였다.

그러나 이와 같은 정책의 변화는 결코 식민통치의 완화를 의미하는 것이 아니라 오히려 회유를 통해 한국인의 반발을 줄이고 보다 철저한 수탈을 하기 위한 기만정책에 불과하였다. 실제로 일제가 패망할 때까지 단 한 사람의 문관도 총독에 임명된 적이 없으며, 경찰제도는 그 조직과 인원이 대폭 증가하여 한국인에 대한 감시와 억압이 더해졌고, 이에 따라 감옥이 증설되고 사상범도 증가하였다. 한국인의 총독부 관리임용도 형식에 불과하였고, 학교시설이 다소 늘어나 3개 면에 1개교의 비율로 보통 학교가 증설되었지만 이것도 식민지 교육정책을 추진하는 곳에 불과하였으며, 일본인과의 차별교육도 여전하였다. 한글신문으로 1920년에 〈朝鮮日報〉와 〈東亞日報〉가 창간되어 민족의식의 고취와 민족문화의 창달에 노력하였으나 일제의 극심한 언론통제에 의해서 삭제·압수·정간·폐간 등이 계속해서 일어났다.[35] 결국 일제의 문화정치는 기만적 착취정책으로서 식민통치의 근본에는 아무런 변화가 없이 오히려 더욱 그 심도만 깊어져 갔던 것이다.

2. 식량의 약탈

일제의 식민지 지배에 있어서 가장 중요한 비중을 차지했던 것은 경제적 수탈이었다. 즉, 일제는 한국의 경제를 완전히 일본경제에 예속시킴으로써 경제적 이익을 추구하였던 것이다. 이러한 경제정책은 이미 토지침탈로 나타났는데 1920년대에 들어오면 한국으로부터 식량, 특히 쌀을 대규모로 약탈해가는 방향으로 나타났다. 이는 당시 일본에서 제 1 차 세계대전을 계기로 독점자본이 급성장하였고, 이에 따라 농촌의 희생이 강요되어 쌀값이 폭등하고 쌀소동이 일어나는 등 식량문제가 주요한 정치·사회문제로 대두하였기 때문이었다.

이미 일본은 개항 이후 한국을 식량공급지로 삼아왔지만, 이제는 보다 더 적극적인 정책을 세워 한국으로부터 쌀을 약탈하기 위하여 1918년에 완료된 토지조사사업을 바탕으로 소위 産米增殖計劃을 추진하였다. 이 계획은 1920년부터 30년간을 계획기간으로 잡고, 우선 1차로 15년 동안에 427,500정보의 경작지를 개간하고 관개개선, 품종개량 등의 방법으로 920여만 석의 쌀을 증산해서 그 가운데 500만 석을 일본으로 수출한다는 것이었다. 그러나 이 계획은 예정대로의 성과를 거두지 못하였고, 1926년에는 목표가 축소 조정되었다가 1930년대에 들

35) 崔永植, 〈三·一運動 以後의 民族言論〉《三·一運動50周年紀念論集》, 동아일보사, 1969.

산미증식계획기간의 미곡생산량과 수출량 (단위 : 만석)

연 도	생 산 량	대일수출량	수출량비율(%)
1920	1,488	209	14
1922	1,501	321	21
1924	1,322	489	37
1926	1,530	579	38
1928	1,351	702	52
1930	1,918	517	27
1931	1,587	903	57
1933	1,819	799	44

[자료] 조선총독부(편), 조선총독부통계연보, 각년도판.

어오면서 당시 전세계적으로 파급되었던 경제공황의 여파로 일본에 농업공황이 일어나자 아예 중단되고 말았다(1934).

산미증식계획이 당초의 계획에 미치지 못하였음에도 불구하고 일제가 본래 의도했던 쌀의 수출은 예정대로 이루어졌다. 즉, 1926년의 경우 생산량은 1920년의 1,488만 석에서 1,530만 석으로 42만 석이 증산되는 데 그쳤지만 일본으로 수출한 양은 같은 기간 209만 석에서 579만 석으로 무려 370만 석이 증가하였고, 1933년에는 1920년에 비해서 331만 석이 증산되었지만 수출량은 590만 석이 증가하여 대조를 이루고 있다. 결국 일제는 쌀을 증산한다는 명분 아래 산미증식계획을 시행하고, 자기들이 필요한 만큼의 쌀을 증산량에 관계없이 수탈하여 일본으로 가져갔던 것이다.[36]

이에 따라 피해를 입은 것은 바로 한국의 농민들이었다. 한국의 농민들은 쌀을 증산하고도 그 증산량 이상을 빼앗기게 되어 굶주림을 면치 못하였던 것이다. 이에 일제는 한국에서의 식량부족을 메우기 위해 만주로부터 조·수수·콩 등의 잡곡을 들여와 쌀을 대신하게 하였으니, 한국의 농민들은 쌀을 빼앗기고 잡곡을 먹는 신세가 되었다. 또한 산미증식계획의 과정에서 설치된 수리시설은 水利組合에서 관리하였는데, 투자한 공사비가 과다하여 蒙利地域의 농민들로부터 많은 공과금을 징수하였으므로 농민들은 더욱 가난해지지 않을 수 없었다. 한편 이 때부터 한국의 농업이 쌀농사 일변도로 개편되었고, 상업·금융·운수업 등 유통부문과 경공업 부문까지도 쌀 중심으로 편성되어 파행적인 경제구조를 이루게 되었다.[37]

36) 羅貞淑, 〈朝鮮産米增殖計劃의 시행과 그 영향〉《朴永錫華甲紀念 韓國史學論叢》下, 1992.

37) 李愛淑, 〈日帝下 水利組合의 設立과 運營〉《韓國史研究》50·51 합집, 1985.
朴秀炫, 〈식민지시대 수리조합반대운동〉《中央史論》7, 중앙대, 1991.

산미증식계획에 따라 쌀의 수탈이 진행되는 과정에서 생활이 곤란해진 한국의 농민들은 토지를 일본인에게 빼앗기고 영세소작농으로 전락해 갔다.[38] 이들 소작농은 생산량의 2분의 1에 달하는 고율의 소작료를 물어야 했으므로 이 때문에 소작농들은 지주의 착취에 대하여 항쟁을 벌이기에 이르렀다. 이러한 小作爭議는 1921년 이후 해마다 증가하여 1930년을 전후한 시기에 최고조에 달하였고, 시간이 지남에 따라 점차 항일민족운동의 성격을 띠어 갔다.

일제 하 한국농민의 계층별 구성 (단위 : %)

연 도	지 주	자 작 농	자소작농	소 작 농	화 전 민
1916	2.5	20.1	40.6	36.8	
1919	3.4	19.7	39.2	37.6	
1922	3.7	19.7	35.8	40.8	
1926	3.8	19.1	32.5	43.3	1.3
1929	3.7	18.0	31.5	45.6	1.2
1932	3.6	16.3	25.3	52.8	2.1

[자료] 조선총독부(편), 조선총독부통계연보, 각년도판.

3. 산업의 침투와 자원의 약탈

1910년대에 들어서면서 한국의 대외무역은 급격히 증가하였는데 그것은 일본에 의한 무역독점의 결과로 나타난 현상이었다. 1910년의 경우 수출의 77%, 수입의 64%가 일본과 교역한 것이었으며, 1919년에는 수출의 90%, 수입의 65%를 대일무역이 차지하였다. 1920년에는 한일 간의 關稅制度마저 철폐됨으로서 일본의 무역량이 더욱 증가하였고, 따라서 무역의 대일의존 역시 더욱 심해졌다.[39]

그 뿐 아니라 무역의 내용에 있어서도 수입품은 일본에서 제조된 일용품이, 수출품은 한국에서 생산된 원료·식료품이 각각 반 이상을 차지하고 있었으니, 이는 한국이 일본의 상품시장 및 원료공급지로 되었음을 나타내는 것이었다.[40]

鄭然泰, 〈1910년대 일제의 農業政策과 植民地地主制 – 이른바 「米作改良政策」을 중심으로 –〉《韓國史論》 20, 서울대, 1988.
朴玄埰, 〈日帝 植民地 統治下의 韓國農業 – 1920年부터 1945年까지의 展開過程 –〉《韓國農業經濟와 農民現實》, 관악서당, 1979.

38) 愼鏞廈, 〈韓國의 地主制度에 關한 硏究 – 日帝下의 土地小作制度에 대하여 –〉《經濟論集》 V-3, 서울대, 1966.
崔在錫, 〈日帝下의 地主小作關係〉《史叢》 17·18 합집, 고려대, 1973.
姜泰勳, 〈日帝下 朝鮮의 農民層分解에 관한 연구〉《한국근대농촌사회와 농민운동》, 열음사, 1988.

39) 車轍權, 〈日帝下에 있어서의 韓國의 貿易政策 – 關稅政策을 中心으로 –〉《日帝의 經濟侵奪史》 2, 고려대, 1971.
崔虎鎭, 〈日本統治下(1910~1945)의 朝鮮關稅政策硏究〉《東洋學》 4, 단국대, 1974.

1930년대에 들어서면 이러한 무역내용에 변화가 일어나 수입품의 비중이 감소하고 수출품에서는 원료·식료품의 비중이 감소하였지만, 이것은 한국이 식민지 경제의 성격에서 벗어난 것이 아니라 일본이 직접 한국에 자본을 투자하여 상품시장 이상의 투자시장으로 개편하였기 때문이었다.

일본기업의 한국에 대한 직접투자는 이미 1910년대부터 이루어져 한국인의 그것을 앞지르고 있었지만 아직은 영세한 매뉴팩쳐의 단계를 크게 벗어나지 못하였고 공업생산 자체가 농업생산에 비해서 열세에 있었다. 그러나 1920년대에 들어오면 제1차 세계대전 중에 급성장한 일본의 독점자본이 한국에 상륙하여 본격적인 자본투자를 시작하였다. 우선 일제는 한국에 있는 일본의 영세자본을 보호할 목적으로 제정했던 회사령을 폐지하였다(1920). 이는 일본의 독점자본이 한국에 침입하는 데 있어서 더 이상 회사령의 보호가 필요없었고 오히려 방해가 되기 때문이었다. 이에 따라 회사의 설립이 종래의 허가제에서 신고만 하면 되는 계출제로 바뀌었으니, 이는 전적으로 일본인에게만 유리한 것이었다. 이후 일본인 자본의 투자가 증대하였고 특히 三井·三菱·野口 등 독점재벌들의 진출이 활발하였다. 이제 한국은 일본 자본주의의 상품시장만이 아니라 자본투자시장으로 되어갔던 것이다.[41]

일본인의 자본투자는 점차 경공업에서 중공업 분야로 옮겨졌다. 1920년대 중반까지만 해도 한국에서 일본인의 경제활동은 상업이나 식료품 및 소비재생산을 위한 경공업이 그 주류를 이루고 있었는데,[42] 1926년 함경도의 赴戰江(부전강) 수력발전소가 완성되고, 다음 해에 그 전력을 이용한 朝鮮窒素肥料工場이 홍남에 세워지면서부터는 중공업에의 투자가 활기를 띠기 시작하였다. 특히 1930년대에는 일본이 만주와 중국을 침략함에 따라 한국은 군수물자를 공급하는 병참기지가 되어 자연히 중공업투자가 훨씬 증가하게 되었다.[43]

일제의 공업진흥정책은 필연적으로 지하자원의 개발과 약탈을 초래하였다. 특히 1930년 이후에는 한국의 광업이 군수공업에 종속되면서 생산량이 격증하였는데, 그 중심을 이룬 것은 금광업이었다. 일제는 중국대륙에서의 전쟁에 쓰이는

40) 鄭道泳, 〈日帝下의 韓國貿易〉《大東文化硏究》 3, 성균관대, 1966.
41) 安秉直, 〈植民地下의 朝鮮國際收支와 資本輸出入 −1910∼1945−〉(上·下)《經濟論集》 Ⅵ-4, Ⅶ-2, 서울대, 1967·1968.
42) 趙璣濬, 〈1920年代 朝鮮의 工業〉《韓國資本主義成立史論》, 고려대, 1973.
43) 林鍾哲, 〈日帝末 韓國의 工業化에 관한 一考察〉《經濟論集》 Ⅷ-3, 서울대, 1969.
安秉直, 〈1930年以後 朝鮮에 侵入한 日本獨占資本의 正體〉《經濟論集》 Ⅹ-4, 서울대, 1971 ; 《韓國近代史論》 II, 지식산업사, 1977.
趙璣濬, 〈1930年代 朝鮮의 工業〉《韓國資本主義成立史論》, 고려대, 1973.
李庭植, 〈日帝末期 兵站基地化政策의 遺產〉《朴永錫華甲紀念 韓國史學論叢》 下, 1992.
金仁鎬, 〈太平洋戰爭期(1940∼1945) 日帝의 조선공업통제와 생산력확충〉《韓國史硏究》 90, 1995.

석유·철·기계를 미국 등지에서 사들이기 위해 막대한 金을 필요로 했던 것이다.[44] 그러나 1941년에 미국과의 전쟁이 일어나면서 金보다는 직접 군수공업의 원료가 되는 철·석탄·중석 등의 수요가 증가하였고, 따라서 한국의 광업도 이에 맞추어 재편성되었다. 이와 같이 한국의 광업은 일본의 필요에 따라서 개발되었으며, 생산된 광산자원은 대부분 일본에 의해서 약탈당하였던 것이다.[45]

일제의 산업약탈은 한국인 노동자의 혹사 위에서 실시된 것이었다. 당시 한국인 노동자들의 임금은 일본인의 절반에 불과하였고, 10시간 이상의 장시간 노동을 하지 않으면 안되었다. 이에 이들의 반항이 勞動爭議로 나타났는데, 이것은 같은 시기에 전개되었던 농민들의 소작쟁의와 함께 대중적인 항일운동으로 발전해갔다.

4. 민족말살정책

1930년대에 들어서면서 세계공황의 여파로 궁지에 몰린 일본의 자본주의는 그 활로를 찾기 위해 대륙침략을 감행하였다. 즉, 일제는 1931년에 滿洲事變을 일으켜 대륙침략의 발판을 마련하고, 이어서 中日戰爭(1937)·太平洋戰爭(1941)으로 침략전쟁을 확대시켰던 것이다. 이러한 전쟁을 수행하기 위해서 일제는 본국을 전시체제로 개편하였으며, 한국에 대해서는 전쟁물자를 공급하기 위한 병참기지로 만드는 동시에 철저한 민족말살정책을 강행하였다.

대륙침략을 개시하면서부터 일제는 한국을 병참기지화하여 금속·기계·화학공업을 주축으로 하는 군수공업체제로 개편하였고, 철·석탄·중석 등 군수자원을 약탈하였다. 뿐만 아니라 군량을 조달하기 위해서 쌀·소 등을 징발하였으며, 전쟁이 장기화되어 전쟁물자가 부족해지자 고철·놋그릇·수저까지 강제로 거두어갔다.[46] 물적 자원뿐 아니라 인력의 수탈에도 박차를 가하였으니, 중일전쟁을 도발한 이후 병력과 노동력의 보충이 필요해지자 육군특별지원병령(1938)과 국민징용령(1939)을 공포하고 한국인 청년들을 강제로 징발하였다. 또한 태평양전쟁 기간 중에는 소위 학도지원병제도(1943)와 징병제도(1944)를 실시하여 한국인 청년들에게 의무적으로 일본 군대에 복무할 것을 강요하였다. 어린

---

44) 朴基炷,〈1930年代 전반기 朝鮮産金政策에 關한 研究〉《經濟史學》 12, 한국경제사학회, 1988.

45) 韓昌浩,〈日帝의 韓國鑛工業에 관한 研究〉《日帝의 經濟侵奪史》 2, 고려대, 1971.
柳承烈,〈日帝의 朝鮮鑛業支配와 勞動階級의 成長〉《韓國史論》 23, 서울대, 1990.

46) 鄭德基,〈日帝의 韓國農村 收奪史研究－1940年代 農産物供出制度를 中心으로－〉《朴性鳳回甲紀念論叢》, 경희사학간행위원회, 1987.
李炫熙,〈日帝末期의 戰時動員·收奪政策〉《이태영화갑기념논총 전환기의 동서사학》, 1992.

조선소녀들을 강제로 데려다 일본군의 종군 위안부로 삼은 비인도적 만행을 저질은 것도 이 때의 일이었다. 이러한 인력수탈로 1939년부터 1945년까지 징발된 한국인 수는 100만이 훨씬 넘을 정도였다.[47)]

일제는 한국인을 그들의 침략전쟁에 강제동원하면서 한편으로는 한민족에 대한 민족말살정책을 강구하였다. 즉, 이른바 內鮮一體·日鮮同祖論을 내세워 한민족 자체를 없애버리려 하였던 것이다. 이에 따라 한국어의 사용을 금지하고 창씨개명으로 한국인의 성명을 일본식으로 바꾸도록 하였으며, 皇國臣民誓詞의 제창과 신사참배를 강요하였다.[48)] 또한 한국의 문화와 전통을 말살시키기 위하여 한글연구기관인 朝鮮語學會와 한국사를 연구하던 震檀學會를 해산시켰으며, 한글로 된 〈조선일보〉·〈동아일보〉 등 일간지를 비롯한 한글로 간행되는 모든 잡지를 폐간하였다. 이제 한국민은 일제의 혹독한 민족말살정책으로 그 근원이 사라질 지경에 도달하였던 것이다.[49)]

Ⅳ. 民族運動의 새 단계

1. 민족실력양성운동

3·1운동은 그 목적한 바의 민족독립을 달성하는 데는 실패하였으나 한민족에게 독립에의 자신감과 함께 독립운동의 새로운 방향을 모색하도록 하는 중요한 계기가 되었다. 이 때 새로이 나타난 민족운동의 방향이 곧 실력양성운동이었다. 1920년대에 들어와 일제의 식민지 통치가 소위 문화정치라는 이름 아래 유화국면으로 접어드는 틈을 이용하여 민족의 실력을 양성하기 위한 움직임이 사회·문화·경제의 각 분야에서 활발하게 전개되었던 것이다.

한국인이 경영하고 한글로 간행한 〈동아일보〉와 〈조선일보〉 등 일간지는 언론을 통하여 국민교육과 민중계몽에 앞장섰다. "아는 것이 힘, 배워야 산다."라는 표어를 내세우고 문맹퇴치운동을 전개하였으며, 民立大學設立運動과 物產奬勵運動 등을 적극적으로 추진하였고, 각종 문화·체육행사를 주최하여 사회·문화의 발전에 큰 공헌을 하였다. 이들 민족지는 1933년에 조선어학회가 제정한

---

47) 金大商, 《日帝下 強制人力收奪史》, 정음사, 1975.
김민영, 《일제의 조선인노동력 수탈연구》, 한울, 1995.

48) 朴晟義, 〈日帝下의 言語·文字政策〉《日帝의 文化侵奪史》, 고려대, 1970.
孫禎睦, 〈朝鮮總督府의 神社普及·神社參拜強要政策研究〉《韓國史研究》 58, 1987.
尹善子, 〈日本軍國主義 宗敎政策과 朝鮮天主敎會의 神社參拜〉《韓國史研究》 98, 1997.
崔由利, 〈일제말기 황민화정책의 성격〉《한국근현대사연구》 2, 한국근현대사연구회, 1995.

49) 李炫熙, 〈日帝獨占下 韓國人의 同化策研究〉《배달문화》 12, 민족사바로찾기국민회의, 1994.

한글 맞춤법 통일안을 국민들에게 홍보하여 한글보급에 앞장섰다. 1936년에 〈동아일보〉가 베를린 올림픽의 마라톤에서 우승한 孫基禎의 사진에서 일장기를 말살하여 보도한 사건은 당시의 언론기관의 민족적 항일자세를 엿보게 하는 것이었다.[50)]

민족의 실력을 양성하려는 노력 가운데서 가장 핵심을 이룬 것은 민족교육운동이었다. 교육을 통하여 민중을 계몽하고 민족정신을 배양하고자 교육운동이 일어났는데,[51)] 그것은 우선 일제의 차별교육에 맞서 한국에도 고등교육기관을 세우려는 움직임이 민립대학 설립운동으로 나타났다. 일제의 문화정치의 일환으로 1922년에 제 2 차 朝鮮教育令이 공포되고 이에 따라 한국에서의 대학설립이 가능하여지자 1923년 韓圭卨·李商在 등이 조직한 朝鮮教育會(일명 朝鮮教育協會)를 중심으로 민립대학설립기성회가 결성되었고 대학설립을 위한 모금운동이 전국적으로 일어났다. 그러나 이 모금운동은 일제의 방해와 때마침 발생한 대홍수·한해 때문에 결국 실패하였고, 이후에도 오산학교·연희전문학교·보성전문학교 등을 대학으로 승격시키려는 노력이 계속되었지만 모두 일제의 방해로 실현되지 못하였다.[52)] 한편 1924년에는 한국인의 민립대학 설립운동에 당황한 일제는 관립대학인 경성제국대학을 설립하였는데, 이것은 한국인을 위한 대학이 아니었으므로 한국인의 불만은 여전하였다. 이 밖에 1920년대에는 勞動夜學이 성행하여 민중교육에 크게 공헌하였으며,[53)] 1926년부터 조선일보사에서 주관한 문맹퇴치운동과 1931년 동아일보사의 브·나로드운동(계몽운동)은 문맹퇴치와 농촌계몽에서 큰 성과를 거두었다.[54)]

한편 3·1운동의 중심적 역할을 하였던 종교계에 대해서도 일제는 갖은 방법으로 이를 회유하여 식민지정책에 이용하려 하였으므로 일부 종교단체 및 종교

---

50) 崔 埈, 〈日政下의 民族言論〉《仁村 金性洙의 愛族思想과 그 實踐》, 동아일보사, 1982.
鄭晋錫, 〈日帝下 言論의 抗日文化運動〉《人文科學硏究》 2, 성신여대, 1983.

51) 孫仁銖, 《韓國近代教育史》, 연세대출판부, 1971.
鄭在哲, 〈韓國에서의 日本植民主義 教育政策과 韓國民族의 教育的 抵抗에 關한 硏究〉《省谷論叢》 6, 1975 ; 《韓國近代史論》 I, 지식산업사, 1977.
______, 《日帝의 對韓國植民地教育政策史》, 일지사, 1985.

52) 金鎬逸, 〈日帝下 民立大學設立運動에 대한 一考察〉《中央史論》 I, 중앙대, 1972.
盧榮澤, 〈民立大學設立運動硏究〉《國史館論叢》 11, 국사편찬위원회, 1990.
이명화, 〈民立大學 設立運動의 背景과 性格〉《한국독립운동사연구》 5, 독립기념관, 1991.

53) 姜東鎭, 〈日帝支配下의 勞動夜學〉《歷史學報》 46, 1970.
盧榮澤, 〈日帝下의 女子夜學〉《史學志》 9, 단국대, 1975.
趙東杰, 〈朝鮮農民史의 農民運動과 農民夜學〉《韓國思想》 16, 한국사상연구회, 1978.

54) 丁堯燮, 〈日帝治下의 브·나로드運動에 관한 硏究〉《淑明女大論文集》 14, 1974.

지도자들이 친일파로 전락해 갔지만, 한편으로는 이들 친일세력에 대항하면서 계속해서 민족운동을 전개하고 있었다. 천도교에서는 제2의 3·1운동을 계획하여 1922년 3월 1일에 자주독립선언문을 발표하였고,[55] 문화운동에도 참여하여 1919년 開闢社를 설립하고 우리 나라 최초의 종합잡지 《개벽》과 《부인》·《어린이》·《학생》 등을 발행하여 민중의 자각과 근대문물의 이해에 이바지하였다.[56] 불교는 일제의 회유와 통제로 일부가 친일화하였지만[57] 한용운을 중심으로 한 일단의 승려들에 의해서 친일승려의 배척과 일본불교의 침투에 반대하는 움직임이 일어났으며, 근대적 교육기관을 설립하여 민족교육운동에 앞장서기도 하였다. 기독교는 특히 민족교육운동과 각종 문화사업을 활발히 전개하였는데, 1935년경부터 신사참배가 강요되자 이에 항거하여 많은 기독교계 학교들이 자진 폐교하거나 강제로 폐교당하였고, 이를 끝내 거부하여 순교하는 사람까지 있었다.[58] 이 밖에 대종교는 특히 만주 등지에서 전개된 독립운동의 정신적 지주가 되었고,[59] 圓佛敎는 개간사업과 저축운동을 통하여 민족의 역량을 배양하는 데 노력하였다.

경제계에서도 한국 경제인들에 의해서 민족산업의 육성과 민족자본의 형성을 통한 경제자립운동이 일어났다. 이에 따라 한국인이 경영하는 기업들이 생겨났는데, 그 가운데는 閔大植·金性洙·朴興植 등의 대규모 기업도 있었지만 대부분은 영세기업들이었다.[60] 따라서 당시의 민족자본은 일본인의 그것에 대항할 수 없는 미약한 것이었고, 민족적 뒷받침이 없이는 성장하기 어려웠다. 이에 민족산업의 육성과 경제자립을 위한 대중운동으로서 物產獎勵運動이 전개되었다. 이는 한말의 국채보상운동과 맥락을 같이하는 것으로 1920년 평양에서, 그리고 1923년 서울에서 조직된 조선물산장려회가 중심이 되어 자급·자족·국산품애용·소비절약 및 금주·금연 등의 운동을 전개하였다.[61]

---

55) 李炫熙, 〈第2獨立宣言書의 史的 意味〉《東國史學》 15·16 합집, 동국대, 1981.

56) 金應祚, 〈天道敎의 文化運動〉《人文科學硏究》 2, 성신여대, 1983.

57) 鄭珖鎬, 〈日帝의 宗敎政策과 植民地佛敎〉《韓國近代民衆佛敎의 理念과 展開》, 한길사, 1980.
徐景洙, 〈日帝의 佛敎政策〉《佛敎學報》 19, 동국대, 1982.

58) 閔庚培, 〈韓國敎會와 民族主義運動〉《東方學志》 27, 연세대, 1981.

59) 金龍國, 〈大倧敎와 獨立運動〉《李殷相古稀紀念論文集》, 1973.
朴永錫, 〈大倧敎의 民族意識과 抗日民族獨立運動〉(上·下)《韓國學報》 31·32, 일지사, 1983.

60) 趙璣濬, 〈日帝 植民地統治下의 民族資本〉《韓國近代史論》 I, 지식산업사, 1977.

61) 趙璣濬, 〈朝鮮物產獎勵運動의 展開過程과 그 歷史的 性格〉《歷史學報》 41, 1966.
尹海東, 〈日帝下 物產獎勵運動의 背景과 그 理念〉《韓國史論》 27, 서울대, 1992.
강영심, 〈1920년대 朝鮮物產獎勵運動의 전개와 성격〉《국사관논총》 47, 국사편찬위원회, 1993.

2. 학생운동

일제 식민지 하에서 학생들은 민족주의교육을 통하여 국가와 민족이 당면한 비운을 인식하고 민족운동의 중추역할을 자부하면서 항일민족운동의 선봉에 섰다. 이미 동경에서의 2·8독립선언과 국내의 3·1운동을 주도하였던 학생들은 계속해서 동맹휴학 등의 방법으로 일제의 식민지교육에 반대하였고, 이 밖에도 계몽운동·비밀결사·가두시위를 통해서 활발한 민족운등을 전개하였다.62) 이러한 학생들의 움직임이 계획적·조직적으로 폭발한 대표적인 것이 6·10萬歲運動과 光州學生運動이었다.

1926년 대한제국의 마지막 황제인 순종이 서거하자 그 因山日인 6월 10일을 기해서 3·1운동을 방불케 하는 대대적인 만세시위가 계획되고 있었다. 이 때 사회주의자들이 계획한 거사는 미리 엄중한 경계를 펴고 있던 일본 경찰에 의해 사전에 발각되어 수포로 돌아갔지만, 이와 별도로 전문학교와 중학교의 학생들이 각각 독자적으로 추진한 거사계획은 탄로되지 않고 6·10만세운동으로 실행되었다. 이 학생들의 만세운동은 일본군경의 탄압으로 결국 좌절되었지만 학생들에 의해서 독자적으로 계획되고 추진된 운동이었다는 점과 당시 민족운동에 새로운 활력을 불어 넣어주었다는 점에서 커다란 의미를 갖는 것이었다.63)

6·10만세운동이 실패한 뒤에도 학생들은 동맹휴학을 일으키는 등 항일운동을 계속하였는데, 그것이 확대되어 마침내 1929년 광주학생운동으로 나타났다. 당시 광주에는 비밀조직인 독서회의 활동과 동맹휴학이 활발하였고, 한국인 학생들이 일본인 학생과 잦은 충돌을 벌이고 있었는데 그 때마다 경찰·학교 당국이 일본인 학생을 두둔함으로써 평소에 쌓였던 반일감정이 폭발하여 마침내 11월 3일 대규모의 시위가 전개되었던 것이다. 이것은 곧 전국적으로 확산되어 1930년까지 전국에서 194개 학교, 54,000명의 학생이 참가한, 3·1운동 이후 최대의 민족운동으로 발전하였다. 그러나 이러한 항일운동은 학생들의 희생이 뒤따르게 되어 피검자가 1,462명, 퇴학 582명, 무기정학이 2,330명에 이르렀다.64)

62) 金成植, 《日帝下 韓國學生獨立運動史》, 정음사, 1974.
金鎬逸, 〈日帝下 學生團體의 組織과 活動〉《史學研究》 22, 한국사학회, 1973.
崔根茂, 〈被侵下의 抗日運動〉《전주교육대학논문집》 14, 1978.

63) 鄭世鉉, 〈六·十運動論〉《淑明女大論文集》 7, 1968 ; 《抗日學生民族運動史研究》, 일지사, 1975.
李炫熙, 〈六·十獨立萬歲運動攷〉《亞細亞研究》 12-1, 고려대, 1969 ; 《韓國現代文化史論攷》, 동화출판사, 1972.
金鎬逸, 〈日帝下 '6·10學生運動'考〉《윤병석화갑기념 한국근대사논총》, 1990.
6·10만세 기념사업회, 《6·10 독립만세운동》, 1991.

64) 金成植, 〈光州學生運動〉《日帝下의 民族運動史》, 고려대, 1971.
鄭世鉉, 〈光州學生民族運動의 全國的 擴大에 대하여〉《淑明女大論文集》 13, 1973 ; 《抗日學生民族運動史研究》, 일지사, 1975.

3. 사회운동

6·10만세운동이 발발한 이듬해인 1927년 조직적이고 일원화된 민족운동을 추진하기 위해서 각계의 지도급 인사들이 총망라된 新幹會가 조직되었다. 그 동안 민족주의계열과 사회주의계열이 제각기 다른 방법과 주장으로 민족운동을 추진하여 민족의 역량이 그만큼 분산되었으므로 이를 통합하기 위한 단일기구가 필요하였던 것이다. 이 때 총독부는 신간회를 합법적인 단체로 승인하였는데, 이것은 한국인의 지하운동을 노출시켜 손쉽게 파악할 수 있을 뿐 아니라 민족주의계열과 사회주의계열이 통합됨으로써 그 내부에서 대립·반목이 일어나 민족운동이 분열·약화되기를 기대하는 고등술책에 의한 것이었다.

한국의 사회주의운동은 1917년 러시아혁명에 성공한 레닌(Lenin)이 약소민족의 독립운동을 지원할 것을 약속한 데 자극받아 일어나기 시작하였다. 즉, 러시아혁명 직후인 1918년에 연해주에서 이르크츠크의 공산당한인지부와 하바로브스크의 韓人社會黨이 독자적으로 결성되었고, 1921년에는 이것이 각각 이르크츠크파 高麗共産黨(공산당 한인지부 대표 金哲勳이 대표가 됨)과 상해파 高麗共産黨(한인사회당의 李東輝가 상해로 가서 창당)으로 발전하여 갔다. 또한 국내에서는 이르크츠크파와 상해파의 두 공산주의자 집단을 형식적으로 통합하고 있는 코르뷰로(高麗局, 1923)를 전신으로 하여 1925년 조선공산당과 고려공산청년회가 조직되었다. 이러한 한국의 사회주의는 어디까지나 민족해방운동의 일환으로서 받아들여진 것이었으며, 따라서 그 활동도 노동쟁의 등 조직적인 항일운동으로 나타났다.[65)]

그러나 이들 공산주의운동은 곧 난관에 봉착하였다. 우선 조선공산당은 1926년 6·10만세운동을 계획하였다가 사전에 발각되어 그 조직이 거의 붕괴되다시피 하였다. 그 위에 이들 사회주의자들은 일제의 삼엄한 감시와 탄압을 받아야 했고, 또 그 내부에서 이르크츠크파·상해파의 대립이 계속되었으며 여기에 새로이 서울파가 가세하여 극심한 파벌싸움이 일어남으로써 효과적인 활동을 전개하지 못하였다.[66)] 또한 이들은 민족주의계열에서 주도한 민립대학설립운동·물산장려운동 등 실력양성론에 대해서도 이를 비판·거부하는 자세를 취하고 있었다.

---

65) 尹鍾一, 〈1920년대초 사회주의의 수용과 발전〉《朴永錫華甲紀念 韓國史學論叢》下, 1992.

66) 金俊燁·金昌順, 《韓國共産主義運動史》 I ~ V, 고려대출판부, 1967~1975.
서대숙, 《한국 공산주의 운동사 연구》, 화다, 1985.
스칼라피노·이정식, 《한국공산주의 운동사》 I, 돌베개, 1986.
權熙英, 〈조선공산당 성립과 코민테른(1923~25)〉《한국사학》 13, 한국정신문화연구원, 1993.
朴喆奎, 〈1920年代 朝鮮共産黨의 組織的 展開와 活動〉《釜山史學》 17, 1993.

한편 민족주의계열에서는 그 일부가 자치론에 동조하여 절대독립론에서 한걸음 물러서는 등 일제와 타협하려는 움직임을 보이자 이를 저지하기 위해서 사회주의계열과의 연결을 모색하게 되었다. 이어 당시 6·10만세 계획의 실패로 붕괴 직전에 있던 사회주의계열에서도 민족주의계열과의 타협에 응함으로써 신간회가 성립할 수 있었던 것이다.

신간회는 당시 진행되고 있던 자치운동을 기회주의로 규정하여 철저히 규탄하는 한편 한국인 착취기관의 철폐, 한국인에 대한 특수취체법의 폐지, 교육차별의 금지, 한국어교육의 실시, 과학사상연구의 자유 등을 주장하였다. 그리고 광주학생운동이 일어나자 진상조사단을 파견하고 일본경찰의 부당한 조치를 비난하는 민중대회를 개최하는 등 이 운동을 전국적인 독립운동으로 확대시키려 하였다. 이러한 활동을 통해서 신간회는 전국에 141개의 지부와 4만여명의 회원을 확보하여 노동자·농민운동과 학생운동을 효과적으로 지도할 수 있었다.[67] 한편 1927년에 여성단체인 槿友會가 결성되어 신간회의 방계조직으로 활동하였다.[68] 그러나 일제는 간부를 체포하는 등 갖은 음성적 방법을 동원하여 신간회의 활동을 방해하였으며, 또한 이 운동에 적극적으로 참여했던 사회주의계열이 국제공산주의운동의 노선이 극좌·모험주의로 선회함에 따라 탈퇴함으로써 신간회는 결국 해산되고 말았다(1931).

한편, 1920년대부터는 농민과 노동자에 의한 爭議가 활발하게 일어나고 있었다. 일제의 산미증식계획에 따른 쌀 수탈과 일본인의 농지점유로 말미암아 궁핍해진 농민들이 소작권의 이동을 반대하고 소작료의 감소를 주장하는 소작쟁의를 일으켰으며,[69] 한편에서는 일제의 산업침탈로 희생당한 노동자들이 임금인상, 노동시간의 감축, 노동조건의 개선 등을 주장하면서 파업과 노동쟁의를 벌였던 것이다.[70] 이러한 쟁의는 시간이 흐를수록 빈발하였고 적극성을 띠어갔으며, 점

67) 宋建鎬, 〈新幹會運動〉《韓國近代史論》 II, 지식산업사, 1977.
스칼라피노(외), 《新幹會硏究》, 동녘, 1983.
정용욱, 〈신간회조직의 한계와 반제민족통일전선〉《역사비평》 7, 역사문제연구소, 1989.
韓相龜, 〈1926~28년 민족주의 세력의 운동론과 新幹會〉《韓國史硏究》 86, 1994.
李賢周, 〈新幹會의 창립과 조직〉《爭点 韓國近現代史》 4, 한국근현대사연구소, 1994.

68) 鄭世鉉, 〈槿友會組織의 展開〉《亞細亞女性硏究》 11, 숙명여대, 1972.
李炫熙, 〈槿友會의 自立的 啓蒙運動〉《誠信女大論文集》 6, 1973.
南和淑, 〈1920年代 女性運動에서의 協同戰線論과 槿友會〉《韓國史論》 25, 서울대, 1991.

69) 趙東杰, 《日帝下 韓國農民運動史》, 한길사, 1979.
朱奉圭, 〈日帝下 農民運動展開에 관한 硏究－小作爭議運動을 중심으로－〉《經濟論集》 XXIII-1, 서울대, 1984.
盧榮澤, 〈日帝下 農民의 經濟運動硏究〉《邊太燮華甲紀念 史學論叢》, 삼영사, 1985.
박 섭, 《한국근대의 농업변동》, 일조각, 1997.

일제하의 소작쟁의

연 도	건 수	참가인원
1920	15	4,140
1925	204	4,002
1930	726	13,012
1935	25,834	58,019

일제하의 노동쟁의

연 도	건 수	참가인원
1920	81	4,599
1925	55	5,700
1930	160	18,972
1935	170	12,189

[자료] 조선총독부 경무국,《최근에 있어서의 朝鮮治安狀況》, 1938.

차 단순한 경제투쟁을 넘어서 일제에 대한 민족운동의 성격으로 발전해나갔다. 이러한 농민·노동자의 쟁의는 1930년대에 이르러 절정에 달하였는데, 일제는 이들 쟁의를 가혹하게 탄압하였다.

한편 조선시대의 천민으로서 천대를 받아오던 백정들은 갑오개혁으로 四民平等의 권리를 인정받았으나 오랜 폐습이 일시에 없어지지 않고 계속해서 사회적 차별을 받고 있었다. 이에 반발하여 백정 李學贊이 1923년 진주에서 朝鮮衡平社를 창립하고 백정의 평등한 대우를 요구하는 형평운동을 일으켜 전국적인 조직으로 확대되었다.[71)]

4. 민족문화의 수호운동

일제의 소위 문화정치는 한민족으로 하여금 적극적인 투쟁에 의한 독립운동을 포기하고 합법적으로 인정된 문화운동의 방향으로 전환케 함으로써 자연히 현실과 타협하여 일제의 지배를 용인토록 하였다. 또한 한민족의 역사와 문화를 존중한다는 구실로 이에 대한 연구를 실시하였으나 그 목적은 한민족의 실태를 보다 정확히 파악하여 식민지지배에 도움을 얻기 위한 것이었으며, 또 한편으로는 한민족을 회유하여 친일세력을 양성하고 이를 통해서 민족을 이간시키려는 데 있었다. 따라서 일제의 한국문화 연구는 도리어 그 내용을 왜곡하고 또한 바르지 못한 문화인식을 주입시킴으로써 이를 수호하기 위한 문화운동이 전개되었다. 이 문화수호운동은 1930년대 민족운동의 한 방법으로 나타났으며, 특히 국어와 역사 연구에 많은 노력이 경주되었다.

70) 姜東鎭,〈日帝下의 韓國勞動運動〉《韓國近代民族運動史硏究》, 돌베개, 1980.
김경일,《일제하 노동운동사》, 창작과 비평사, 1992.

71) 金義煥,〈平等社會를 위하여－衡平運動－〉《韓國現代史》 8, 신구문화사, 1971.
高淑和,〈衡平社에 對한 一硏究〉《史學硏究》 38, 한국사학회, 1984.
______,〈형평운동〉《한민족독립운동사》 9, 국사편찬위원회, 1991.
김중섭,〈1920년대 형평 운동의 형성 과정－진주지역을 중심으로－〉《東方學志》 59, 연세대, 1988.
______,《형평운동연구》, 민영사, 1994.

3·1운동 후 〈동아일보〉와 〈조선일보〉가 한글로 간행됨으로써 한글 보급에 이바지하였고, 특히 1921년에는 대한제국 시대의 한글연구기관인 국문연구소의 후신으로서 朝鮮語硏究會가 발족되어 국어에 대한 연구가 활발하였다. 이들은 강습회·강연회 등을 통하여 한글의 연구와 보급에 노력하였으며, 1927년에는 동인지 《한글》을 간행하였다. 《한글》은 재정난으로 곧 중단되었지만, 1931년 조선어연구회가 朝鮮語學會로 이름을 바꾸면서 속간하였다.

조선어학회는 한글교육에 힘써 사립학교에 국어교재를 보급하기도 하고 회원들이 각 지방을 순회하면서 한글을 보급하는 데 노력하였다. 조선어학회의 큰 성과 가운데의 하나는 한글 맞춤법 통일안의 제정이었다. 이 한글 맞춤법은 1933년에 李熙昇·崔鉉培·權悳奎 등 12명의 제정위원이 3년여의 연구끝에 제정한 것으로 조선어학회에서는 이를 널리 보급하기 위하여 신문사와 협조하여 국어강습회운동을 벌였으며, 또한 학생들이 앞장선 브·나로드운동과도 연결하여 보급하였다. 한편 1929년부터는 《우리말 큰 사전》의 편찬을 시작하였으나 일제의 방해로 완성하지는 못하였다. 결국 일제는 조선어학회를 독립운동단체라 하여 회원들을 체포하고 조선어학회를 해산시키고 말았다(1942).[72]

한편 한국사를 왜곡하고 부정적인 면만을 부각시켜 타율성·사대주의·정체성을 강조하는 일제의 식민주의사관에[73] 대항하여 민족주의 사학자들은 한민족의 기원을 밝히고 민족문화의 우수성과 한국사의 주체적 발전을 강조하는 일련의 연구작업을 전개하였다.[74] 특히 한말 애국계몽운동의 일환으로 한국사를 연구하였던 박은식과 신채호는 중국으로 망명하여 직접 독립운동에 투신하였고, 그러한 속에서 한국사 연구를 진행시켰다.

박은식은 상하이에서 《韓國痛史》를 저술하여 근대 이후의 일본의 침략과정을 논하였으며, 《韓國獨立運動之血史》에서는 일제의 침략에 대항하여 싸운 한민족의 독립운동을 서술하였는데, 그는 민족정신을 '魂'으로 파악하여 혼이 담겨있는 역사의 중요성을 강조하였다.[75] 신채호는 주로 고대사 연구에 치중하여 《朝鮮上古史》·《朝鮮史硏究草》 등을 저술하였는데, 역사를 '我와 非我의 투쟁의 기록'이라 하고 한민족이 주체가 되어 자주독립을 쟁취해나가야 할 것임을 강조하여

72) 朴晟義, 〈日帝下의 言語 文字政策〉《日帝의 文化侵奪史》, 고려대, 1970.
朴炳采, 〈日帝下의 國語運動硏究〉《日帝下의 文化運動史》, 고려대, 1970.
73) 金容燮, 〈日本·韓國에 있어서의 韓國史叙述〉《歷史學報》 31, 1966.
74) 金容燮, 〈우리 나라 近代 歷史學의 發達〉《文學과 知性》 6, 문학과 지성사, 1971.
김철준, 〈민족사학의 성장방향〉《한국문화전통론》, 세종대왕기념사업회, 1983.
75) 李萬烈, 〈朴殷植의 史學思想〉《淑大史論》 9, 1976.
愼鏞廈, 〈朴殷植의 歷史觀〉(上·下)《歷史學報》 90·91, 1981.
趙鍾煥, 《朴殷植의 愛國啓蒙的 國權恢復思想硏究》, 경희대박사학위논문, 1992.
______, 〈朴殷植의 儒敎改革論〉《韓國思想史學》 4·5합집, 한국사상사학회, 1993.

민족주의사학의 기반을 확립하였다.[76] 국내에서는 남궁억이 《東史略》·《조선이야기》 등을 저술하여 학교에서 교육하였고, 李能和는 《朝鮮基督教及外交史》·《朝鮮道教史》 등을 저술하여 한국의 종교사에 큰 업적을 남겼으며, 이 밖에 安廓(확)·최남선·鄭寅普·文一平·張道斌(빈) 등도 민족주의 역사학을 계승·발전시켰다.[77]

한편 1930년대에는 서양의 근대적 아카데미즘 역사학이 주로 일본을 통해서 수입되었다. 이에 따라 실증사관을 표방하는 학자들에 의해서 진단학회가 조직되었고(1934), 여기서 震檀學報가 발행되었다. 또한 유물사관에 입각한 세계사적 발전법칙에 따라 한국사를 체계화하려는 사회경제사학이 대두하여 일제의 식민주의사관에 대항하였다.[78] 이처럼 일제 식민지 지배 하의 한국사 연구는 그 연구 자체를 민족독립운동으로 연결시키거나 민족정신을 고양시키고 민족의 문화·전통을 수호하려는 의지에서 이루어졌으며, 이러한 활동이 광복 이후 한국사 연구의 밑바탕이 되었던 것이다.

1920년대에는 국학뿐 아니라 문학 부문에서도 민족문화운동이 일어났다. 이미 1919년에 동인지 〈創造〉가 발간되어 자연주의문학이 일어났으며, 3·1운동이 실패한 이후에는 퇴폐와 허무를 주제로 한 퇴폐주의문학이 동인지 〈廢墟〉(1920)를 중심으로 나타났고, 한편에서는 염세적이며 현실도피적인 낭만주의문학이 일어나 동인지 〈白潮〉(1922)가 발간되었다.[79] 그러나 1920년대 중반에 들어서면서 이러한 병약하고 감상적인 문학에 대한 비판으로서 민족적이고 반항적인 문학이 새로이 나타나게 되었다. 즉, 이 때 민족의식을 고취하는 민족주의문

76) 金哲埈, 〈丹齋史學의 位置－韓國史學史에서 본 丹齋史學－〉《文學과 知性》 8, 1971.
韓永愚, 〈1910年代의 申采浩의 歷史意識〉《韓沽劤停年紀念 史學論叢》, 지식산업사, 1981.
______, 《韓國民族主義歷史學》, 일조각, 1994.

77) 金壽泰, 〈李能和와 그의 史學－특히 '朝鮮基督教及外交史'를 中心으로－〉《東亞硏究》 4, 서강대, 1984.
李泰鎭, 〈安廓(1881～1946?)의 生涯와 國學世界〉《高柄翊回甲紀念 史學論叢》, 한울, 1984.
韓永愚, 〈韓國近代史學과 朝鮮時代史 理解－申采浩·金敎獻·安廓의 朝鮮時代史 理解－〉《인문과학의 새로운 방향》, 서울대, 1985.
陳英一, 〈爲堂 鄭寅普의 史學思想〉《公州敎大論文集》 21, 1985.

78) 李基白, 〈日帝時代 韓國史觀批判－日帝時代의 社會經濟史學과 實證史學－〉《文學과 知性》 5, 문학과 지성사, 1971 ; 《民族과 歷史》, 일조각, 1971.
김철준, 〈문헌고증사학과 사회경제사학〉《한국문화전통론》, 세종대왕기념사업회, 1983.

79) 金允植, 〈韓國 自然主義文學論攷에 대한 批判〉《국어국문학》 29, 국어국문학회, 1965.
金容稷, 〈現代韓國의 浪漫主義詩에 관한 硏究〉《서울大論文集》 人文社會科學 14, 1968.

학이 일어났는데, 한용운은 그의 시 〈님의 침묵〉에서 민족에 대한 사랑을 노래하였고, 沈熏(훈)은 〈통곡 속에서〉를 지어 민족의식을 표현하였다.

이 때 사회주의 문학도 일어나 항일문학운동을 일으키고 있었다.[80] 1919년 3·1운동 이후 崔曙(서)海·金基鎭 등의 '신경향파'문학이 그 선구적 운동이지만 그들의 현실인식과 계급인식이 추상적 차원이었는데 대하여 1925년에는 카프(KAPF, 조선프롤레타리아 예술동맹)가 결성됨으로써 본격적인 사회주의 혁명을 위한 문학가들의 실천운동이 전개되었다. 처음에는 朴英熙를 비롯하여 신경향파의 최서해·김기진 등을 중심으로 활동하였으나 1930년부터는 林和·金南天 등 소장파가 중심역할을 담당하였는데 결국 일본경찰의 탄압에 못이겨 1935년 해산계를 제출하였다.

그러나 1930년대에는 일제의 탄압으로 민족주의·사회주의문학은 모두 위축되고 대신 정치적 현실과 사회적 경향을 떠난 소위 순수문학이 대두하였으나 그나마도 일제말기의 민족말살정책에 의하여 탄압을 받기에 이르렀다.[81]

V. 大韓民國臨時政府와 獨立軍의 활동

1. 대한민국임시정부의 활동

3·1운동은 한민족의 독립을 국내외에 선언한 독립운동이었다. 이 3·1운동이 실패하자 우리의 정부를 조직하여 지속적인 독립운동을 추진하여야 한다는 전민족의 여망에 부응하여 각지에서 정부수립운동이 전개되었다. 먼저 연해주(블라디보스톡)에서는 3·1운동이 일어나기 전인 1919년 2월에 이미 임시정부 성격의 大韓國民議會가 성립되어 있었고, 3·1운동 직후인 1919년 4월에는 중국 상하이에서 대한민국임시정부가 수립되었으며, 이 때 국내에서도 전국 13도의 대표가 서울에 모여 漢城政府를 수립하였다. 그런데 보다 강력한 독립운동을 추진하기 위해서는 전국민을 대표할 수 있는 일원적인 정부가 필요하다는 여론에 의하여 결국 연해주·상하이·한성에서 각각 수립되어 있던 3개의 임시정부가 한성부의 정통성을 계승하는 방식으로 통합되어 상해에서 대한민국임시정부를 수립하게 되었다.[82]

---

80) 宋敏鎬, 〈日帝下의 韓國抵抗文學〉《日帝下의 文化運動史》, 고려대, 1970.
金容稷·廉武雄, 《日帝下의 抗日文學》, 신구문화사, 1974.

81) 宋敏鎬, 〈日帝末 暗黑期文學의 抵抗〉《東方學志》 9, 연세대, 1968.

82) 洪淳鈺, 〈漢城·上海·露領 臨時政府의 統合過程〉《三一運動50周年紀念論集》, 동아일보사, 1969.

통합된 대한민국임시정부는 상하이에서 처음 수립될 당시 발표한 임시헌장 10개조를 기본으로 하여 신헌법을 제정·공포하였다(1919. 9. 11). 전문 및 본문 58조로 이루어진 신헌법에는 자유주의와 민주공화국의 내용이 집약되어 있고, 3권분립의 원칙 위에 대통령 중심제와 내각책임제를 절충한 것이 특색이었다. 그러나 임시정부는 해외에 있으면서 본국 및 각지의 동포사회를 통합하고 있었으므로 현실에 적응하기 위하여 그 후 몇 차례 헌법을 개정하는 진통을 겪어야 했다. 즉, 처음 임시정부는 국회인 議政院과 정부인 國務院으로 구성되어 있었으나, 1925년에 國務領을 수반으로 하는 내각책임제의 개헌이 있었고, 다시 1927년에는 국무위원중심제로 전환하였다가 1940년에 주석중심제로 바뀌었다.[83]

임시정부는 이와 같은 헌법의 변화와 함께 민족운동가의 사상적 대립, 또는 독립운동방법의 차이로 인한 분열 등 여러 가지 위기 속에서도 광복을 위한 노력을 계속하였다. 기관지로서 〈독립신문〉을 발행하였고, 臨時史料編纂會를 두어 《한일관계사료집》을 간행하였다. 이와 함께 외교활동을 활발히 전개하여 김규식을 전권대사로 파리강화회의에 파견하였고, 미국에 구미위원부를 두어 국제연맹이나 각종 국제평화회의에서 한국의 독립문제를 제기하기도 하였다.[84] 또한 聯通制를 통하여 본국과의 연락을 취하였는데, 이는 한국의 도·군·면에 각각 督辦(독판)·郡監·面監을 둔 비밀행정조직으로서 이 조직을 통하여 본국으로부터 독립운동 자금이 전달되었다. 또한 해외에 거주하는 동포에게 애국공채를 발행하여 독립운동 자금을 모금하였다.[85]

1937년 중일전쟁이 일어나 일제의 중국침략이 본격화되자 임시정부는 중국 각지로 몇 차례 옮겨다니다가 1940년에 중경에 정착하였다. 이곳에서 임시정부

金龍國, 〈大韓民國臨時政府의 成立과 初期의 活動〉《三一運動50周年紀念論集》, 동아일보사, 1969.
李延馥, 〈大韓民國臨時政府의 樹立과 그 變遷〉《慶熙史學》 9·10 합집, 경희대, 1982.
李炫熙, 《大韓民國 臨時政府》, 한국민족운동사연구회, 1991.

83) 孫世一, 〈大韓民國臨時政府의 政治指導體系－臨時憲法改正過程을 中心으로－〉《三一運動50周年紀念論集》, 동아일보사, 1969.
洪淳鈺, 〈臨時政府 第四段階憲法의 復元試圖－國務委員制 臨時約憲(1927～1940)－〉《東國大論文集》 11, 1973.
______, 〈大韓民國臨時政府의 第五段階(主席制)憲法(1940)文案에 관한 硏究〉《東國大論文集》 13, 1974.
金榮秀, 〈大韓民國臨時政府憲法의 特性과 그 正統意識에 관한 硏究〉《成均館大論文集》 31, 1982.

84) 秋憲樹, 〈韓國臨時政府의 外交에 關한 考察〉《延世論叢》 10, 연세대, 1973.
申載洪, 〈大韓民國臨時政府 外交史硏究〉《史學硏究》 29, 1979.
劉準基, 〈大韓民國臨時政府의 敎育·文化·弘報活動〉《大韓民國臨時政府의 法統과 歷史的 再照明》, 국가보훈처, 1997.

85) 李延馥, 〈大韓民國臨時政府의 交通局과 聯通制〉《韓國史論》 10, 한국사학회, 1981.

는 중화민국 정부의 후원으로 光復軍을 편성하여 중국군과 합동으로 항일전쟁을 수행하였고, 태평양전쟁이 일어난 뒤에는 일본에 대하여 선전포고를 하고 연합군과 함께 대일전에 참가하였다.[86)]

이 대한민국임시정부는 우리 나라 역사상 최초의 공화주의정부이며, 또한 3·1운동의 정신을 계승하여 수립되었고 이후의 항일운동의 정신적 지주가 된 단일정부라는 점에서 정통성을 갖는 것이었다.[87)] 그러나 다른 한편으로는 전민족의 독립운동을 실질적으로 주도해 나가지 못하였고, 내부에서의 분열로 보다 효과적인 활동을 벌이지 못하였던 한계성을 지니고 있었다.

2. 무장독립전쟁의 전개

1910년을 전후하여 일제의 탄압으로 국내에서의 민족운동이 어려워지자 민족운동가들은 해외로 나가 독립운동을 계속하였다. 이들은 만주·간도·연해주 등지로 이주하여 이 일대에 거주하는 동포를 기반으로 독립운동의 기지를 건설하였으며, 이에 따라 많은 독립운동단체와 무장독립군이 편성되었다. 특히 국내에서 무장투쟁을 전개하던 의병 부대들이 이 지역으로 이동하여 독립군에 합류함으로써 무력항쟁은 더욱 치열해졌다.

3·1운동 전후에 활동한 서북간도의 독립군 부대로는 國民會軍·大韓獨立軍·北路軍政署·西路軍政署·大韓義勇軍·光復軍總營 등이 있었는데, 이들은 주로 국경 부근에서 일본군과 교전하였으며, 때로는 두만강·압록강을 건너와 일본군과 경찰서를 습격하기도 하였다.[88)] 그 가운데 가장 큰 전과를 올린 것은 봉오동 전투(1920)와 청산리 전투(1920)였다. 봉오동에서는 洪範圖가 지휘하는 대한독립군이 공격해 온 일본군 1개 대대를 역습하여 약 500명을 사상시켰으며, 청산리에서는 金佐鎭의 북로군정서군이 일본군과 교전을 벌여 무려 1,200여명을 사살하는 대승리를 거두었다.[89)]

---

86) 秋憲樹, 〈中日戰爭과 臨政의 軍事活動〉《亞細亞學報》 11, 아세아학술연구소, 1975.

87) 李炫熙, 《大韓民國臨時政府史》, 집문당, 1982.
 ______, 〈大韓民國臨時政府의 正統問題 檢討－民主共和政府樹立의 憲政史的 秩序－〉《정신문화연구》 1983년 여름호, 한국정신문화연구원, 1983.
 秋憲樹, 〈大韓民國臨時政府의 政治史的 意義〉《韓國史學》 3, 한국정신문화연구원, 1980.

88) 申載洪, 〈北間島에서의 武裝抗日運動－北路軍政署를 중심으로－〉《韓國史學》 3, 한국정신문화연구원, 1980.
 丁原鈺, 〈在滿 大韓獨立軍의 抗日獨立運動〉《史學硏究》 38, 한국사학회, 1984.
 朴 烜, 《滿洲韓人獨立運動史硏究》, 일조각, 1991.

89) 愼鏞廈, 〈獨立軍의 靑山里戰鬪〉《軍史》 8, 국방부전사편찬위원회, 1984.
 尹炳奭, 《獨立軍史－鳳梧洞·靑山里의 獨立戰爭》, 지식산업사, 1990.
 박영석, 〈自治 金佐鎭將軍硏究〉《國史館論叢》 51, 국사편찬위원회, 1994.

청산리 전투에서 참패를 당한 일본군은 곧 대부대를 간도지방에 출동시켜 독립군을 추격하는 동시에 한국인을 학살하여 이른바 庚申慘變(1920)을 일으켜 보복을 가하였다. 이 때문에 독립군부대들은 일단 소·만국경에 위치한 밀산부에 모여 大韓獨立軍을 조직하고 연해주로 건너가 러시아 적군과 연합전선을 펴려 하였다. 이리하여 이들 독립군은 소련령 자유시에 모였는데 이 때 일본측 요청으로 소련 赤軍이 독립군의 무장해제를 요구하고 이를 공격하여 많은 희생자가 생긴 自由市慘變(1921. 6. 黑河事變)을 겪는 불운을 경험하기에 이르렀다.[90]

그러나 이러한 고난 속에서도 독립군 부대들은 곧 재정비에 착수하였고, 독립군부대 간의 통합운동도 꾸준히 전개되었다. 그 결과 1924년에는 집안현을 중심으로 한 압록강 대안지역에 임시정부 직할의 參議府가 결성되어 그 일대의 민정과 군정을 관할하였다. 곧 이어 길림과 심양(봉천)을 중심으로 正義府가 발족되었고(1925), 북만주에서는 자유시참변 후 노령에서 돌아온 독립군을 중심으로 新民府가 조직되었다(1925). 이리하여 이들 참의부·정의부·신민부의 3부가 각각 그 지역에 거주하는 한민족을 통치하는 민정 기능을 아울러 갖춘 군정부로서 활동하였다. 그러나 1926년 경부터 국내외 민족운동전선에서는 분열된 독립운동단체를 통합하여야 한다는 민족유일당 운동이 전개되어 국내에서는 신간회가 조직되었고, 만주에서는 3부의 통합운동이 추진되었다. 그러나 이들 3부는 완전한 통합을 이루지 못하고 3부의 일부인사들이 합하여 1928년 革新議會를 조직하고(의장 金東三) 다른 3부 인사들은 1929년에 별도로 國民府(중앙집행위원장 玄益哲)를 창설하였다.[91]

1930년대의 만주에서의 독립운동은 韓國獨立軍과 朝鮮革命軍이 주축이 되었다. 한국독립군은 혁신의회의 후신인 한국독립당(1930년 조직, 중앙위원장 洪震)의 무장부대였으며, 조선혁명군은 국민부 안의 무력투쟁을 주장한 강경파가 조직한 조선혁명당(1929년 조직, 중앙책임비서 玄益哲)의 예하부대였다.[92] 1931년

90) 申載洪, 〈自由市慘變에 對하여〉《白山學報》 14, 1973.
權熙英, 〈자유시사변 연구〉《韓國史學》 14, 한국정신문화연구원, 1994.

91) 尹炳奭, 〈1928·9年代의 正義 新民 參議府의 統合運動〉《史學硏究》 21, 1969.
丁原鈺, 〈在滿國民府의 抗日獨立運動－國民府·朝鮮革命黨·朝鮮革命軍의 組織과 活動을 中心으로－〉《亞細亞學報》 11, 아세아학술연구소, 1975.
＿＿＿, 〈在滿 正義府의 抗日獨立運動〉《韓國史硏究》 34, 1981.
朴永錫, 〈「正義府」硏究〉《金俊燁華甲紀念 中國學論叢》, 1983.
劉準基, 〈1920년대 在滿獨立運動團體에 관한 硏究－參議府를 中心으로－〉《한국민족운동사연구》 2, 지식산업사, 1988.

92) 丁原鈺, 〈韓國獨立軍의 組織과 獨立戰鬪〉《史學硏究》 43·44, 1992.
張世胤, 〈朝鮮革命軍硏究〉《한국독립운동사연구》 4, 한국독립운동사연구소, 1990.
黃龍國, 〈'朝鮮革命軍' 歷史에 대하여〉《國史館論叢》 15, 국사편찬위원회, 1990.
慶倫昊, 〈朝鮮革命黨의 性格硏究〉《釜山史學》 19, 1995.

일본에 의하여 만주사변이 일어나고 이듬해 일제의 괴뢰국인 만주국이 수립되자 한국독립군과 조선혁명군은 각기 중국의 재만 무장부대와 연합하여 일본·만주군에 대한 항전을 전개하였다. 지청천을 총사령관으로 한 한국독립군은 중국군과 연합작전을 펴서 1932년 쌍성보에서 일·만 연합군을 대파하였고, 이듬해에는 四道河子·동경성·大甸(전)子嶺에서 역시 적을 쳐부셨다. 한편 조선혁명군(총사령관 李雄에서 梁世奉으로 바뀜)은 역시 재만중국군과 연합하여 1932년 永陵街 싸움에서 큰 성과를 걷우웠고 다시 중국의 遼寧民衆自衛軍과 연합작전을 전개하여 무순현 老溝臺를 점령하였으나 일·만군의 압박을 받아 양세봉은 피살되고 金浩石이 총사령관에 임명되어 다시 군세를 만회하려고 노력하였는데[93], 그는 조선혁명군을 개편하여 朝鮮革命軍政府라는 군사정부로 바꾸었다(1934).

그러나 한국독립군과 조선혁명군의 만주에서의 항일무장운동은 일본·만주군의 연합작전으로 어려움이 많아지게 되었다. 이에 조선혁명군 계열은 1936년을 끝으로 활동이 없어졌고 다만 그 일부가 1938년까지 잔류하면서 항일전투를 계속하였다. 이에 대하여 한국독립군은 대부분이 중국본토로 들어가 임시정부와 연결되었고 잔여부대가 밀산 등 산림지대로 옮겨져 유격전을 전개하였다. 마침내 1937년 중일전쟁이 발발하자 임시정부는 중국정부와 협력하여 대일전쟁에 참가를 결정하였다. 이에 한국인은 중국의 정규군으로 또는 유격대를 조직하여 참전하였는데, 특히 1938년 金元鳳 등이 漢口에서 결성한 朝鮮義勇隊의 활동은 눈부신 바 있었다.

金日成은 1930년대에 만주에서 공산주의자로서 항일독립운동에 참여하였다. 특히, 그는 1932년 반일인민유격대, 1934년 동북인민혁명군을 거쳐 1936년에 동북항일연군에 참여 이듬해에는 함남 갑산군 보천보를 공격하기도 하였다. 그러나 일본군의 가혹한 토벌로 타격을 받고 결국 1940년 소련 시베리아로 이동하여 1942년에는 동북항일연군의 후신인 동북항일연군 矯導旅가 결성되자 이 부대의 제1영 營長이 되었으며, 해방후 원산을 통하여 입국하였다.[94]

한편 중일전쟁이 일어나자 중경으로 이동하였던 대한민국임시정부는 일제와의 일대 결전의 시기에 대비하여 각지의 무장독립군을 모아 지청천(이청천)을 총사령, 李範奭을 참모장으로 하는 광복군을 창설하였다(1940). 이 광복군에는 만주

93) 朴昌昱, 〈朝鮮革命軍과 遼寧民衆抗日自衛軍의 聯合作戰〉《朴永錫華甲紀念 韓民族獨立運動史論叢》, 1992.

94) 김일성이 만주에서 시베리아 하바로스크 부근으로 넘어간 것은 40년설과 41년설·42년설 등이 있으나 근래의 자료는 40년설로 가까워지고 있다. 북한에서는 김일성이 45년 해방 때까지 만주에서 항일투쟁을 계속한 것으로 되어 있으나 그가 시베리아에 가서 45년 소련군과 함께 원산으로 돌아온 것은 의심할 수 없을 것 같다.

와 연해주에서 활동하던 독립군과 각지에서 독립운동을 전개하고 있던 한국 청년, 그리고 일본군에 강제로 징병되었다가 탈출한 사람들이 가담하였다. 또한 이미 1938년에 결성되어 중국 각지에서 일본군에 항전하고 있었던 김원봉의 조선의용대도 광복군에 편입되었다.[95)]

광복군은 1941년 임시정부가 대일·대독선전포고를 하면서 연합군과 함께 대일전쟁에 참가하였다. 이 때 광복군의 활동은 일본군과의 직접적인 전투 이외에도 대적선전, 포로 심문, 선전전단의 작성, 암호문 해독 등 다양하였으며, 특히 그 일부는 버마·인도 전선에까지 파견되어 영국군과 연합작전을 전개하기도 하였다.[96)] 이와 같이 한민족이 직접 일본군과의 전투에 참가하였다는 사실은 연합국측으로 하여금 한국의 독립문제에 대하여 관심을 갖게 하는 중요한 계기가 되었다. 일제의 패망이 가까와지자 광복군은 본국에 직접 진입하기 위해 國內挺進軍를 편성하여 특수훈련을 실시하고 1945년 9월에 국내에 전입할 계획까지 세웠으나 일제의 패망으로 실현되지 못하였다.

이러한 독립운동의 무력항쟁과 병행하여 국내외에서는 애국열사들이 폭력수단에 의한 항일투쟁을 전개하였다. 그 가운데 가장 두드러진 활동을 한 조직은 김원봉의 의열단과 金九의 愛國團이었다. 이들은 일본 요인암살과 기관폭파 등 직접적인 무력항쟁을 하였는데, 의열단의 羅錫疇(주)는 1926년 서울에 잠입하여 일제의 농업수탈기관인 동양척식회사에 폭탄을 투척하였고, 애국단의 단원인 李奉昌은 1932년 상해로부터 동경에 잠입하여 일본천황을 저격하였으나 실패하였으며, 역시 애국단 단원인 尹奉吉은 같은 해에 상해 虹口(홍구)공원에서 열린 상해사변 전승축하식전에 폭탄을 던져 白川 육군대장을 살해하였다.[97)]

---

95) 金榮範, 〈朝鮮義勇隊 硏究〉《한국독립운동사연구》 2, 독립기념관, 1988.
廉仁鎬, 《朝鮮義勇軍硏究》, 국민대박사학위논문, 1994.
李延馥, 〈大韓民國臨時政府의 軍事活動〉《한국독립운동사연구》 3, 한국독립운동사연구소, 1989.
李炫熙, 〈重慶臨政과 韓國光復軍硏究〉《軍史》 22, 국방군사연구소, 1991.
韓詩俊, 〈중경시대 임시정부와 통일전선운동〉《爭点 한국近現代史》 4, 한국근현대사연구소, 1994.

96) 李炫淙, 〈光復軍聯絡隊의 印度派遣과 活動狀況〉《亞細亞學報》 11, 아세아학술연구소, 1975.
李炫熙, 《韓民族光復鬪爭史》, 정음문화사, 1989.
韓詩俊, 《韓國光復軍硏究》, 일조각, 1993.
______, 〈大韓民國臨時政府와 韓國光復軍〉《韓國近代史論叢》, 吳世昌華甲紀念, 1995.

97) 金昌洙, 〈民族運動으로서의 義烈團의 活動〉《三一運動50周年紀念論集》, 동아일보사, 1969.
金勝坤, 〈朝鮮義烈團의 創立과 鬪爭〉《軍史》 5, 국방부, 1982.
盧景彩, 〈金元鳳의 獨立運動과 그 思想〉《白山學報》 30·31 합집, 1985.
廉仁鎬, 〈後期義烈團의 國內大衆運動〉《李元淳停年紀念 歷史學論叢》, 1991.

제 6 편
現 代 社 會

》개 관《 1945년 8월 15일, 35년간의 일제의 식민통치에서 해방됨으로써 한국사는 새로운 장을 열게 되었다. 조국의 光復으로 한국은 국권을 되찾아 민주주의를 향한 힘찬 발걸음을 시작했으며 이로써 현대사를 펴나가게 되었던 것이다. 현대는 근세의 연장이지만 현재적 의미가 내포된 것으로 민족의 광복이라는 획기적인 전환점에 그 기점을 두고 있다.

한국의 광복은 한민족의 줄기찬 항쟁으로 얻어진 결과였다. 일제식민통치 하에서 온 민족은 항일운동을 계속하였고, 해외에서는 大韓民國臨時政府가 국권회복을 위한 독립운동을 전개하였으며, 武裝獨立軍은 치열한 무력항쟁을 펴나갔다. 이러한 민족의 항쟁이 한국의 해방과 독립을 가져다 준 원동력이 되었던 것이다.

그러나 한국의 해방이 우리의 자력만으로 얻어진 것은 아니었다. 여기에는 일제에 대한 연합군의 승리라는 타력이 개재되어 있었다. 한국 해방의 이러한 성격이 장차 한국의 해방이후사를 규정짓는 중요한 변수로 작용하였다. 즉, 해방직후 미·소 양군의 분할점령과 군정이라는 쓰라린 경험을 맛보았고, 신탁통치안에 대한 찬반의 대립으로 혼란을 거듭하였으며, 결국 남북한에 두 개의 단독정부가 수립되어 국토와 민족이 양분되고 마침내는 동족상잔의 한국전쟁을 맞이하기에 이르렀던 것이다.

한국현대사는 참으로 갈등과 대립의 연속이었다. 우선 남한의 대한민국과 북한의 인민공화국 사이의 대립은 한국전쟁의 참변을 야기시켰을 뿐 아니라 오늘날까지도 쓰라린 대치의 역사를 계속하게 하고 있다. 갈등과 대립은 남북한 사이에서 뿐 아니라 한국사회의 내부에서도 계속되었다. 미군정 하에서는 좌우익의 대립과 민족진영의 자기분열이 있었고, 대한민국정부의 수립 후에는 李承晩政權이 점차 독재화의 길을 걷다가 마침내 4월혁명으로 붕괴되고 말았으며, 그 후에 성립된 제2공화국도 사회혼란의 틈바구니 속에서 5·16軍事革命에 의해 무너지고 말았다. 이어서 출범한 박정희정권은 경제성장과 적극외교 등에서 성과를 거두기는 하였지만 10월유신과 18년간에 걸친 독재적인 장기집권의 결과로 말미암아 드디어 10·26사태로 종언을 고하고 새로운 제5공화국의 성립을 보게 되었다. 이와 같이 한국의 현대사는 독재와 혼란의 악순환이 반복되는 과정을 거듭하고 있었던 것이다.

그러나 우리는 이러한 갈등과 대립, 그리고 독재와 혼란의 악순환 속에서도 한국사의 꾸준한 발전을 엿볼 수 있다. 한국의 현대사는 거시적으로 볼 때 언제나 민주주의를 향한 전진을 계속하고 있었던 것이다. 그러는 가운데 한국의 경제는 성장하였고, 사회와 문화는 꾸준히 발달하여 갔다. 이와 같이 한국 현대사는 비록 표면적으로는 갈등과 대립, 혼란과 독재의 악순환을 반복하고 있지만 그 내부에서는 꾸준한 역사의 발전이 진행되고 있었던 것이다.

이렇게 보면 한국사의 미래는 희망적이다. 온국민이 한국사의 전통 위에서 새로운 역사의 창조에 힘쓴다면 반드시 밝고 희망찬 내일을 기대할 수 있을 것이다.

제 1 장
現代社會의 성립

Ⅰ. 民族의 광복과 분단

1. 민족의 광복

1945년 8월 15일, 일제가 연합국에게 항복함으로써 제2차 세계대전이 종결되는 동시에 우리 민족도 식민지 지배에서 벗어나 해방을 맞이하였다. 이리하여 한국사는 새로운 현대사가 시작되는 거보를 내딛게 되었다. 민족의 광복은 한국의 역사를 근대사회에서 현대사회로 전환하는 획기적인 계기가 되었던 것이다.[1)]

그러나 이러한 조국광복의 이면에는 온 민족의 꾸준한 항일독립운동이 그 배경으로 작용하고 있었다. 즉, 3·1운동 직후에 수립된 大韓民國臨時政府는 독립운동의 정신적 지주가 되었을 뿐 아니라 光復軍을 조직하여 실질적인 무력항쟁을 전개하였고, 국내에서도 일제의 민족말살정책에 항거하여 민족의 독자성과 민족문화를 수호하기 위한 투쟁을 계속하였으니, 이것이 바로 민족광복의 기반이 되었으며, 여기에 민족적 정통성의 연면한 계승이 있었던 것이다.[2)] 연합국에 의한 일제의 패망은 다만 그 결정적인 계기를 마련해 주었을 따름이고 자체적 내부적 요인은 이미 갖춰져 있었던 것이다.

한민족의 항일투쟁은 국제무대에서 우리 민족의 독립 의지를 널리 알리는 데 주효하였고, 결국 전후처리를 위한 강대국의 회담에서 한국의 독립을 약속받기에 이르렀다. 1943년 11월 카이로에 모인 미국·영국·중국의 3국 수뇌들은 처음으로 한국문제에 언급하여 '적당한 시기'에 한국을 해방시키고 독립시킬 것을 결의하였고, 1945년 7월의 포츠담회담에서는 이를 재확인하였던 것이다.[3)] 이에 따라 일본이 연합국에 대해서 무조건 항복을 하자 한국은 곧 해방을 맞이하게 되었다.

---

1) 현대는 크게 보아 근대의 성격을 지닌 것이지만, 그러나 현대는 근대이면서도 현재적 의미를 가진 새 사회라는 점에서 구별되는 것이다. 이에 따라 어떤 사람은 일제시대부터 한국의 현대사가 시작된 것으로 보고 있으나 역시 자주적 관점에서 민족의 광복에 그 기점을 삼는 것이 옳을 것 같다.

2) 趙東杰, 〈8·15직전의 독립운동과 그 試鍊〉《解放前後史의 認識》 1, 한길사, 1979.
宋建鎬, 〈解放의 民族史的 認識〉《解放前後史의 認識》 1, 한길사, 1979.

3) 趙淳昇, 〈戰時外交의 遺産〉《韓國分斷史》, 형성사, 1982.

패망이 임박하자 일제 총독부는 한국에 거주하는 일본인들의 안전한 귀국을 위해 당시 국내의 민족지도자인 宋鎭禹·呂運亨과 차례로 접촉하여 치안권의 이양을 논의하였다. 이 때 송진우는 이를 거절하였으나 여운형은 정치범의 즉시 석방, 3개월 간의 식량 보급, 그리고 치안권의 이양 등의 약속을 받고 朝鮮建國準備委員會를 조직하였다. 이 건국준비위원회는 위원장 여운형, 부위원장 安在鴻으로 당시 가장 강력한 정치세력으로서 전국의 치안유지에 효과적인 활동을 벌였다.[4] 이와 같이 준정부의 기능을 하던 건국준비위원회는 점차 규모가 커지고 치안유지에서 건국준비로 그 목표가 바뀌어 나가면서 구성원들의 다양한 정치성향에서 비롯되는 내부분열을 겪게 되었다. 이 때 건국준비위원회 내에서 우세를 차지한 좌익세력이 중심이 되어 朝鮮人民共和國을 조직 선포하였으니(1945. 9. 6), 이는 미군이 상륙하기 전에 정부를 수립하여 이를 기정사실로서 인정받으려는 의도에서 비롯된 것이었다. 이 조각에는 주석에 李承晩, 부주석에는 여운형이 추대되었다.

그러나 송진우·金性洙 등 소위 민족주의 우파 계열은 건국준비위원회와 조선인민공화국을 공산주의세력으로 규정하고 참여를 거부하였으며, 중국에 있는 임시정부에 대한 지지를 명분으로 내세우며 이와 대립하였다. 여기서부터 이념에 따른 민족의 분열, 더 나아가서는 남북분단의 조짐이 나타나기 시작하였던 것이다.

2. 美蘇의 군정과 남북의 분단

전시회담에 있어서 한국의 독립에 대한 강대국들의 약속은 유감스럽게도 즉각독립이 아니라 '적당한 시기'의 독립이었다. 따라서 일제가 패망한 뒤 한국에서는 미국과 소련의 군정이 실시되었다. 지정학적으로 한반도는 동북아시아에서 매우 중요한 지역이었기 때문에 미국과 소련은 어느 한편이 독점적으로 영향력을 행사하게 되는 것을 바라지 않았고, 이 때문에 양국이 남북을 분할 점령하게 되었다. 이 때 소련군이 먼저 한반도에 도착하여 남하해 왔으므로 미국은 소련의 점령지역이 과도하게 확대되는 것을 방지하기 위해서 북위 38도선을 경계로 일본군의 무장을 해제시킬 것을 제의하였고, 소련이 이에 동의함으로써 3·8선이 확정되었다.[5] 이제 한국은 미·소의 군사적 편의에 의해서 설정된 3·8선을

4) 金大商, 〈8·15直後의 政治現象—建國準備委員會에 대한 再照明—〉《變革時代의 韓國史》, 동평사, 1979.
宋南憲, 《解放三年史》, 까치, 1985.
홍인숙, 〈건국준비위원회 조직과 활동〉《해방전후사의 인식》 2, 한길사, 1985.
李庭植, 〈呂運亨과 建國準備委員會〉《歷史學報》 134·135 합집, 1992.

사이에 두고 분열·대립하는 운명을 맞이하게 되었던 것이다.

남·북에 진주한 미국과 소련은 모두 점령지역 내에서 자신들에게 유리한 정치체제를 수립하려 하였다. 9월 7일 인천에 상륙한 미군은 건국준비위원회의 후신인 조선인민공화국과 중경의 大韓民國臨時政府를 모두 인정하지 않고 자신들의 군사정부만이 3·8선 이남에 있어서 유일한 행정부임을 선언하였다. 그러나 미국은 당시 한국에 대한 정보를 거의 갖지 못하고 있었을 뿐 아니라 어떠한 정치적 구상도 마련하고 있지 않았기 때문에 일제의 총독부 체제를 그대로 이용하였으며, 이에 따라 한국인 가운데 친일분자들이 미군정에 참여하여 그 세력을 그대로 온존시키는 결과를 초래하고 말았다.[6] 또한 이 때까지 정국을 관망하고 있던 송진우 등 민족주의 계열은 韓國民主黨을 조직하고(1945. 9) 미군정과 긴밀하게 연결되면서 점차 강력한 정치세력으로 부상하였다.[7]

미군정은 한국민주당을 중심으로 하는 국내의 우익세력을 지원하였지만 표면상으로는 정치활동의 자유를 보장하였다. 이리하여 남한에서는 공산주의 정당을 포함해서 크고 작은 정치단체들이 난립하여 1945년 10월 현재 54개의 정당이 등록하였다. 이러한 혼란 속에서 이승만이 귀국하고(1945. 10), 뒤이어 金九 등 임시정부 요인들이 개인 자격으로 귀국하였는데(1945. 11), 특히 이승만은 獨立促成中央協議會를 결성하여 남한의 우익정당들을 잠정적으로 통합하는 데 성공하였다. 그러나 당시 좌익은 이승만의 독립촉성중앙협의회에 참여하기를 거부함으로써 좌·우익의 대립은 더욱 심화되었다.

3. 신탁통치안과 한국민의 반응

1945년 12월 모스크바에서는 2차대전의 전후처리를 협의하기 위한 미국·영국·소련의 외상회담이 열렸다(모스크바 3相會議). 여기서 한국문제에 대한 논의가 있었는데, 결국 미국·영국·중국·소련에 의한 최고 5년간의 신탁통치안이 결정되었다.[8] 그러나 이 결정은 즉각적인 독립을 바라고 있던 한국민의 기대를

5) 朴奉植, 〈列強의 政策과 韓國의 分斷〉《韓國現代史》, 국사편찬위원회, 1982.
趙淳昇, 〈韓國分斷의 기원〉《民族統一論의 展開》, 형성사, 1984.
李庭植, 〈南北分斷과 그 現實〉《韓國史市民講座》 5, 일조각, 1989.

6) 陳德奎, 〈美軍政의 政治史的 인식〉《解放前後史의 認識》 1, 한길사, 1979.
李鍾爋, 〈美軍政經濟의 역사적 성격〉《解放前後史의 認識》 1, 한길사, 1979.
차남희, 《저항과 순응의 역사정치학－미군정의 농업정책과 농민－》, 이화여대출판부, 1997.

7) 沈之淵, 《韓國民主黨研究》 I, 풀빛, 1982.
______, 〈韓民黨의 구조적 분석과 軍政路線〉《韓國民族主義論》 II, 창작과 비평사, 1983.
박태균, 〈해방직후 한국민주당 구성원의 성격과 조직개편〉《國史館論叢》 58, 국사편찬위원회, 1994.

8) 이완범, 〈한반도 신탁통치문제 1943－46〉《解放前後史의 認識》 3, 한길사, 1987.

전면적으로 배반한 것이었으므로 신탁통치안의 소식이 한국에 전해지자 극렬한 반탁운동이 전개되었다. 특히 金九 등 임시정부 계열에서는 반탁운동을 '제2의 독립운동'으로 규정하고 신탁통치반대투쟁위원회를 구성하여 전국민 궐기대회를 개최하는 등 적극적인 활동을 벌였다.

좌익에서도 처음에는 반탁에 참여하여 잠시 동안이나마 민족적 단합의 계기가 마련되는 듯 했으나 곧 소련의 지령에 따라 찬탁으로 급선회하였다. 이로써 좌·우익의 대립은 찬탁·반탁의 의견 차이로 말미암아 더욱 날카로와졌는데, 남한에서는 신탁통치안을 받아들인 좌익이 국민들의 지지를 상실하는 하나의 계기가 되었다.

한편 북한에서도 신탁통치안을 계기로 중대한 정치적 변화가 있었다. 1945년 11월 조선민주당을 창당하고 이 때까지 소련과 연립의 형태를 취하고 있던 曺晩植 등 민족주의계열이 반탁운동을 벌이자 소련은 이들을 숙청하고 새로이 좌익세력과 제휴하였던 것이다. 이렇게 볼 때 신탁통치의 문제는 한국 내에서 좌·우익의 대립을 더욱 첨예화시켰을 뿐 아니라, 남한에서는 우익이, 북한에서는 좌익이 각각 우세해지도록 함으로써 남북분단으로 한걸음 더 나아가는 결과를 초래하였다.

반탁과 찬탁의 대립이 격화되는 가운데 서울에서는 모스크바 3상회의의 결정에 따라서 신탁통치문제를 구체적으로 협의하기 위한 美蘇共同委員會가 열렸다(1946. 3).[9] 그러나 소련이 한국임시정부 수립을 위한 협의대상을 신탁통치안에 찬성하는 정당·사회단체로 제한할 것을 주장함으로써 회담은 진전되지 못하였다. 이에 따르면 반탁을 주장하는 우익진영은 신탁통치를 위한 임시정부의 수립에서 배제되어야 했던 것이다. 이에 미국은 찬탁·반탁이 표현의 자유에 속하는 문제임을 강조하면서 모든 정당·사회단체와 협의할 것을 주장하였다. 이러한 양측 입장이 끝내 굽혀지지 않음으로써 미·소공동위원회는 아무런 소득이 없이 결렬되고 말았다.

李東炫,《한국신탁통치연구》, 평민사, 1990.

한국에 관한 모스크바 협정의 내용은 다음과 같다(전문 요약).

1. 조선을 독립국가로 재건하기 위한 臨時朝鮮民主主義政府를 수립할 것.
2. 조선임시정부의 수립을 원조하기 위하여 美蘇共同委員會를 설치하고, 조선의 민주주의 정당 및 사회단체와 협의할 것.
3. 미소공동위원회는 조선임시정부와 협의하여 미국·영국·중국·소련의 4개국이 참여하는 최고 5년 기간의 신탁통치안을 마련할 것.
4. 2주일 이내에 미소 양군대표의 회의를 소집할 것.

9) 沈之淵,《미소공동위원회연구》, 청계연구소, 1989.

______,〈美蘇共同委員會研究〉《國史館論叢》 54, 국사편찬위원회, 1994.

李元卨,〈美蘇共同委員會〉《國史館論叢》 11, 국사편찬위원회, 1990.

이 때 좌·우익의 극단적인 대립을 없애고 민족의 분열을 방지하기 위하여 우익측의 金奎植과 좌익측의 여운형을 중심으로 하는 좌우합작위원회가 구성되고 (1946. 7), 좌우합작운동이 일어났다.[10] 당시 비교적 폭넓게 형성되어 있던 중도적 정치세력을 기반으로 한 이 움직임은 미군정의 지원을 받음으로써 더욱 활기를 띠어 갔다. 이승만·한민당 등 우익진영의 적극적인 반탁운동이 한국에서 모스크바 3상회의의 결정을 실현시킬 의무가 있는 미군정을 곤란하게 만들자 이에 미군정은 우선 공산당의 朝鮮精版社 僞幣事件(1946. 5)을 계기로 극좌세력을 탄압하는 한편, 이승만 등을 소외시킨 가운데 김규식·여운형의 좌우합작운동을 지원하였던 것이다. 또한 이들 중도세력의 정치적 기반을 강화시키기 위해서 南朝鮮過渡立法議院을 구성하고 김규식을 의장에 임명하였으며(1946. 12), 입법의원의 관선의원 45명 전원을 거의 좌우합작파의 인물로 충원하였다. 이어 미군정은 미국인 군정장관 밑에 한국인 민정장관의 직을 두어 안재홍을 이에 임명하였고(1947. 2), 곧 이어 이를 남조선과도정부로 바꾸었다(1947. 6).

그러나 좌우합작운동은 1947년에 들어서 미국의 외교정책이 변화함에 따라 난관에 부딪치지 않을 수 없었다. 즉, 미국은 이 해 3월에 트루만 독트린과 마샬 프랜을 발표하여 소련에 대한 봉쇄정책을 실시함으로써 동서냉전이 시작되었으니, 이에 따라 소련과의 합의를 전제로 하는 한국에 대한 신탁통치안도 절대적인 필요성을 상실하였고, 남한 단독정부의 수립이 거론되기에 이르렀다. 이 때 일찍부터 단독정부수립을 주장하던 이승만이 미국에 건너가 개인적인 외교활동을 벌임으로써[11] 미국으로서도 신탁통치안을 거의 포기하다시피 하였고, 따라서 한국 내에서 좌우합작파의 위치도 흔들리게 되었던 것이다. 이러한 가운데 제2차 미소공동위원회(1947. 5)가 역시 결렬되었고, 또한 좌우합작파의 중심인물인 여운형이 암살당하여 좌우합작운동은 결국 실패로 돌아가고 말았다.

4. 해방후의 문화운동

해방후의 문화운동은 좌우익의 사상적 대립이 첨예하게 충돌한채 출발하였다. 그리고 그것은 좌익의 우세 속에서 전개되었다.[12] 좌익문학인들은 해방되자마자

---

10) 姜萬吉, 〈左右合作運動의 경위와 그 성격〉《韓國民族主義論》 II, 창작과 비평사, 1983.

11) 金道鉉, 〈李承晩路線의 재검토－民族統一史觀의 立地에서－〉《解放前後史의 認識》 1, 한길사, 1979.

徐仲錫, 〈李承晩大統領과 韓國 民族主義〉《韓國民族主義論》 II, 창작과 비평사, 1983.

12) 權寧珉, 《解放直後의 民族文學運動研究》, 서울대출판부, 1986.

金允植, 〈해방후 南北韓의 文化運動〉《現代史를 어떻게 볼 것인가》 2, 동아일보사, 1988.

문학단체를 결성하였는데 그것은 1945년 8월 16일 林和·李泰俊·金南朝 등이 주동이 되어 재빨리 朝鮮文學建設本部를 만들어 민족문화건설의 기치를 내세웠다. 임화는 1925년 조직된 공산주의 예술단체인 카프(KAPF, 프롤레타리아예술동맹)의 주동인물이었는데, 그는 이 때 위의 문학건설본부와 더불어 자매단체인 조선음악건설본부·미술건설본부·영화건설본부의 네개 단체를 합하여 8월 18일 朝鮮文化建設中央協議會를 결성, 서기장에 임명되기에 이르렀다.

이 때 이와 별도의 좌익문화단체가 생겨났는데, 그것은 李箕永·韓曉·宋影·韓雪野 등 이른바 카프비해소파를 자처하는 좌익문화인[13]이 1945년 9월 17일 조선프롤레타리아문학동맹을 결성하고, 이들은 자매단체인 조선프롤레타리아음악동맹·미술동맹·연극동맹이 합하여 9월 30일 조선프롤레타리아예술동맹을 만들고 기관지로 '藝術運動'을 펴냈다. 그러나 이들 임화파와 이기영파는 서로 그들의 모체인 조선공산당의 지지를 호소하였으나 결국 조선공산당은 임화파를 승인하여 마침내 그 지령으로 12월 13일 조선문학건설본부와 조선프롤레타리아문학동맹이 통합, 조선문학동맹의 출발을 보게 된 것이다. 그리하여 이들은 이 조선문학동맹 주최로 1946년 2월 8일 종로 기독교청년회관에서 李泰俊이 주동이 되어 조선문학자대회를 개최하고 조선문학동맹의 명칭을 朝鮮文學家同盟(위원장 洪命熹)으로 고쳤다.

이에 반하여 민족진영의 문화운동은 좀 늦게, 그리고 좀 약세로 출발하였다. 민족문학파와 해외문학파인 卞榮魯·吳相淳·朴鍾和·李軒求 등이 1945년 9월 8일 조선문화협회를 결성하였는데 이는 곧 中央文化協會로 바뀌고 기관지로 '中央旬報'를 발간하고 12월에는 《解放紀念詩集》을 출간하기에 이르렀다. 1946년 3월 13일에는 趙演鉉·金東里·徐廷柱 등이 참여하여 새 문학단체인 全朝鮮文筆家協會가 결성되고 鄭寅普가 회장이 되었다. 그리고 그 전위대로 1946년 4월 4일 金東里가 회장인 朝鮮青年文學家協會가 탄생되기에 이르렀다.

이와 같이 해방직후의 문화운동은 정치계의 좌우대립에 상응하여 첨예한 대립 속에 전개되어 갔는데, 1946~47년의 문단은 좌익인 조선문학가동맹의 절대적 우세로 진전되었다. 그러나 그들 사이에서도 거세된 이기영·한설야 등이 동참치 않았고, 또 처음에는 가담하였던 민족문인들도 점차 외면하게 되었으며, 더욱이 정치적으로 공산당의 위축은 47년을 고비로 쇠약의 길을 걷게 되었다. 또한 책임자인 임화가 朴憲永의 뒤를 이어 월북함에 따라 그 아성은 무너질 수밖에

13) 1925년 결성된 카프는 1931년과 1934년 두번의 검거사건이 있은 후 1935년 林和·金南天 등이 일본경찰에 해산계를 제출하였으나 李箕永 등은 이를 인정하지 않아 이른바 카프비해소파라 일컬어졌다.

없었다.

이에 반하여 민족진영의 문화단체는 활기를 띠기 시작하였다. 1947년 2월 12일 全朝鮮文筆家協會·朝鮮青年文學家協會 등 25개 문화단체가 全國文化團體總聯合會(文總)를 결성하고 이튿날 문화옹호궐기대회를 가짐으로써 좌익문화운동을 반대하고, 마침내 1949년 12월 17일에는 韓國文學家協會가 결성되어 文總의 예하에 들어가게 되었다. 이제 한국의 문화단체는 1948년 대한민국의 수립과 함께 좌우익의 대립에서 벗어나 文總을 중심으로 민족문화 발전에 힘찬 출발을 하게 된 것이다.

II. 南北韓單獨政府의 수립과 6·25전쟁

1. 남북한 단독정부의 수립

1948년에는 남북한에 각각 다른 단독정부가 설립됨으로써 분단체제는 고착화되었다. 남한에는 미군정의 영향 아래 자유민주주의 정권인 大韓民國政府가 수립되고, 북한에는 소군정의 영향 아래 공산주의 정권인 朝鮮民主主義人民共和國이 수립되었다.

1947년에 들어서자 미·소 간에 냉전의 조짐이 나타나기 시작하였고, 그러한 가운데 미국은 제2차 미소공동위원회가 결렬된 직후부터 한국문제를 유엔(국제연합)에 상정할 것을 검토하고 있었다. 이는 당시에 미국이 주도하고 있던 유엔의 도움을 받으면서 남한에 강력한 반공정부를 세우겠다는 의도에서 비롯된 것이었다.[14] 결국 한국문제는 소련의 강력한 반대에도 불구하고 유엔에 상정되어 한국에 있어서 인구비례에 의한 총선거의 실시와 미·소양군의 철수, 그리고 이를 감시하기 위한 유엔韓國臨時委員團의 파견 등이 결정되었다. 이에 따라 호주·캐나다·중국·엘살바도르·프랑스·인도·필리핀·시리아 등 8개국 대표로 구성된 유엔 한국임시위원단이 한국에 도착하였다. 그러나 소련은 이 위원단이 3·8선 북쪽으로 넘어오는 것을 거부하였고, 이에 유엔 소총회에서는 가능한 지역 내에서의 선거실시를 결의함으로써 남한 단독선거를 위한 준비가 시작되었다.

남한 단독선거가 남북의 영구적인 분단을 초래할 것을 우려한 김구·김규식은 통일정부수립을 위한 남북협상을 전개하였다.[15] 이리하여 김구·김규식 등은 남

14) 趙淳昇, 〈미국의 對 유엔 정책〉《韓國分斷史》 형성사, 1982.
15) 金學俊, 〈김구 및 김규식의 통일노선과 남북협상〉《분단국의 대화》, 동아일보사,

한 단독선거에 불참할 것을 선언하고 북한의 金日成・金科(두)奉에게 남북한정치지도자회의를 제의하였고 북한측에서 이를 수락하여 1948년 4월 평양에서 南北朝鮮諸政黨社會團體代表者連席會議가 개최되었다.[16] 그러나 이 회의는 공산주의자를 중심으로 진행되었고 통일정부를 수립할 아무런 방안도 마련하지 못하였다. 이에 남한 단독선거를 위한 유엔 한국임시위원단의 활동은 계속 진행되었고, 이승만과 한민당이 이를 적극 지지함으로써 남북협상은 실패하고 단독선거가 실시되어 결국 남북의 분단은 기정사실로서 굳어질 수밖에 없었다.[17]

1948년 5월 10일, 김구 등 남북협상파가 대거 불참한 가운데 남한 단독선거가 실시되어 이승만과 한민당 계열이 압승을 거두었다. 이어서 制憲國會가 소집되어 헌법을 제정・공포하였는데(7. 17), 여기서 결정된 정치형태는 대통령중심제에 내각책임제를 혼합한 것이었다. 이 헌법에 따라 국회에서 정・부통령 선거가 실시되어 대통령에 이승만, 부통령에 李始榮을 선출하였고(7. 20), 1948년 8월 15일 광복기념일을 맞이하여 대한민국정부의 수립을 내외에 선포하였다.

이 때 북한에서도 김일성을 수상으로 하는 이른바 조선민주주의인민공화국이 수립되었다(1948. 9). 해방 후 북한에는 조만식 등 민족주의자들 외에 네 갈래의 공산주의 세력이 대립하고 있었으니, 그것은 남한의 朴憲永 노선에 따르는 토착공산주의 세력(국내파)과 소련군을 따라서 입국한 許可而를 중심으로 한 소련파 및 김일성의 甲山派,[18] 그리고 중국 연안에서 朝鮮獨立同盟을 조직하여(1942) 활동하다가 귀국한 김두봉・무정 등 연안파들이었다. 1945년 8월 17일 조만식이 위원장이 된 평남 건국준비위원회가 평양에서 결성되었고, 곧이어 이는 평남인민정치위원회로 재편되어 소련군으로부터 평안남도의 행정권을 이양받았다. 이후 각 도・시・군・면・리 등 행정구역마다 인민위원회가 조직되었으며, 10

1979;《反外勢의 統一論理》, 형성사, 1980.

李庭植, 〈1948년의 南北協商〉《民族統一論의 展開》, 형성사, 1984.

姜英哲, 〈左右合作과 南北協商〉《국사관논총》 20, 국사편찬위원회, 1990.

李炫熙, 〈南北協商運動硏究〉《趙恒來華甲紀念 韓國史學論叢》, 아세아문화사, 1992.

徐仲錫, 〈左右合作과 南北協商〉《한국사시민강좌》 12, 일조각, 1993.

______, 《현대한국민족운동연구》(2), 역사비평사, 1996.

16) 도진순, 〈1948년 남북연석회의와 남한 민족주의세력의 동향〉《國史館論叢》 54, 국사편찬위원회, 1994.

______, 《한국민족주의와 남북관계》, 서울대출판부, 1997.

17) 金學俊, 〈韓半島分斷의 背景 및 分斷의 잠정적 固定化過程(1945～1954)에 관한 硏究〉《韓國問題와 國際政治》, 박영사, 1980.

18) 甲山派란 김일성을 우두머리로 한만 국경지대에서 게릴라전을 벌이다 시베리아로 들어가 2차대전 때 소련군에 편입된 사람들로, 그들의 전승지 갑산을 따서 이름붙인 것이다. 따라서 엄밀한 의미에서 오래 전부터 소련에 거주하면서 귀화하였던 소련파와는 구별되었다. 그러나 이들 갑산파도 결국 김일성에 의해 숙청되고 만다.

랑코프, 〈北韓政權의 形成過程과 蘇聯派의 役割〉《朴永錫華甲紀念 韓國史學論叢》 下, 1992.

월 8일에는 중앙에 北朝鮮5道人民委員會가 결성되었다가 10월 28일에 北朝鮮5道行政局으로 발족되고 역시 조만식이 책임자가 되어 민족주의자와 토착공산주의자들이 균형을 이루어 참여하였다. 그리고 11월에는 조만식을 위원장으로 하여 朝鮮民主黨이 창당되었다.[19]

그러나 김일성이 소련군의 옹호를 받아 점차 그 세력이 강화되어 소련군정이 조직한 조선공산당 北朝鮮分局의 책임비서가 되고 마침내 신탁통치 문제를 계기로 이를 반대한 조만식세력을 거세하였으며, 김두봉의 연안파와 제휴하면서 국내파도 견제·탄압하였다. 1946년 2월 김일성은 북조선임시인민위원회의 위원장이 되었고 4월에는 조선공산당 북조선분국을 정식 조선공산당으로 발족시켰으며, 8월에는 김두봉의 조선독립동맹이 개편된 신민당(1946. 2)과 합당하여 北朝鮮勞動黨을 결성하기에 이르렀다.[20] 이와 같이 김일성은 소련군의 절대적 후견 아래 소련파·연안파와 연합하면서 민족주의자와 국내공산주의자를 거세하고 북조선노동당을 바탕으로, 마침내 1948년 북한에 인민공화국을 수립하였던 것이다. 즉, 북한은 유엔총회가 유엔 감시 하의 남북한 총선거를 실시하는 것을 거부하고 단독 정부수립을 서둘러 1948년 8월 북한지역만의 人民會議 대의원을 선출하고 9월에 최고인민회의를 구성하여 9월 9일 김일성을 수상으로 한 조선민주주의인민공화국을 수립한 것이다.[21]

대한민국의 성립은 일제에 의해 침탈되었던 국권을 되찾아 주권국가로서 계승하였다는 점에 큰 의의가 있으며, 또한 그것이 민주적인 총선거를 통해서 형성되었다는 점에서 역사적인 발전을 찾을 수 있다. 그러나 북한에는 체제가 다른 공산정권의 또 하나의 정부가 수립됨으로써 통일정부의 수립에는 실패하여 남북분단이라는 민족의 비극적 현실을 극복하지 못함으로써 앞으로 민족의 통일을 달성해야 하는 힘겨운 사명이 부여되었다.

2. 6·25전야

새로 수립된 대한민국의 李承晩政權은 출범 초기부터 많은 문제를 안고 있었

19) 이승현, 〈해방직후 북한우익의 노선과 활동〉《國史館論叢》 54, 국사편찬위원회, 1994.
20) 이종석, 〈북조선공산당과 조선신민당의 북조선노동당으로의 '합당'에 관한 연구〉《國史館論叢》 54, 국사편찬위원회, 1994.
______, 《조선로동당연구》, 역사비평사, 1995.
21) 徐大肅, 〈金日成의 권력장악과정: 1945~1948〉《韓國現代史의 재조명》, 돌베개, 1982.
스칼라피노·이정식, (이홍구 옮김)《한국공산주의 운동사》 2, 돌베개, 1986.
심지연, 《朝鮮新民黨研究》, 동녘, 1988.
김용복, 〈해방후 북한인민위원회의 조직과 활동〉《解放前後史의 認識》 5, 한길사, 1989.

다. 우선 이승만정권은 과거 미군정에 의해서 온존되었던 친일세력을 그대로 이어받아 자신의 권력기반으로 삼았기 때문에 국내 정치세력들의 광범한 지지를 얻지 못하고 있었다.[22] 또한 남한의 좌익세력이 여전히 강하게 남아 제주도에서 총선거를 반대하는 폭동인 제주도 4·3사건을 일으킨 것을 비롯하여(1948. 4) 정부수립 후에도 여수·순천 사건(1948. 10)과 대구폭동사건(1948. 11)을 일으키는 등 사회의 불안을 야기시키고 있었다.

또한 이승만정권은 경제정책의 잇단 실패로 극심한 경제적 불안에 직면했으며, 특히 토지개혁을 합리적으로 추진하지 못하여 농민들의 불만이 고조되었다. 토지개혁의 문제는 이미 미군정이 이를 중시하여 몇차례 시도하였으나 지주층을 대변한 정치세력의 반대로 지연되다가 1948년 3월 입법의원의 반대에도 불구하고 新韓公社(1945.11.미군정이 옛 동양척식회사를 개편한 회사)가 관리하던 귀속농지(과거 일본인 소유지)를 유상으로 경작농민에게 분배하는 작업을 단행하였다. 그 후 이승만정권은 1949년 6월 農地改革法을 제정하여 공포하였지만 법의 내부적 모순으로 시행할 수 없었고 다시 수정작업을 거쳐 1950년 3월에야 정식 공포하였던 것이다. 그 내용은 3정보를 상한으로 하여 그 이상의 농지는 국가에서 유상으로 몰수하고, 이것을 다시 3정보의 한도 내에서 영세 농민들에게 유상으로 분배한다는 것이었다. 그러나 이 토지개혁은 삼림·임야 등 비경지가 제외되고 농지만을 대상으로 한 '農地改革'에 그쳤으며 개혁 자체가 농민이 배제된 가운데 지주층 중심으로 이루어졌으므로 소기의 목적을 달성할 수 없었던 것이다.[23]

이러한 한국의 정치적 혼란과 경제적 불안은 이승만정권에 대한 비판으로 나타났다. 1950년 5월 30일에 실시된 2대 국회의원 선거에서 이승만 지지세력이 참패를 당하고, 무소속 후보들이 대거 당선된 것은 이러한 상황에서 기인한 것이었다. 이것은 북한의 김일성정권으로 하여금 남한을 침공할 수 있는 기회로 생각케 하였다.

북한도 1948년에 인민공화국이 수립되었지만 역시 내부적으로 많은 문제를

22) 陳德奎, 〈李承晩時代 權力構造의 이해〉《1950年代의 認識》, 한길사, 1981.
임종국, 〈제1공화국과 친일세력〉《해방전후사의 인식》 2, 한길사, 1985.

23) 이 농지개혁은 한국전쟁으로 일시 중단했다가 1951년 4월 농지개혁법 시행규정으로 남한 전역에서 실시되었다.
兪仁浩, 〈해방 후 農地改革의 전개과정과 성격〉《韓國農地改革의 연구》, 백문당, 1975.
蔣尙煥, 〈農地改革과 農民〉《한국사시민강좌》 6, 일조각, 1990.
金聖昊, 〈農地改革硏究〉《國史館論叢》 25, 국사편찬위원회, 1991.
朴基赫, 〈韓國 農地改革에 관한 硏究〉《학술원논문집》 30, 1991.

안고 있었다. 북한에서는 공산주의의 정책으로 이미 1946년 3월에 토지개혁을 실시하였는데, 그것은 5정보 이상의 토지소유와 스스로 경작하지 않는 모든 토지를 국가가 무상으로 몰수하여 농민에게 무상으로 분배한 것이었다. 이러한 과정에서 공산당의 독재와 중산층 이상에 대한 탄압은 많은 북한인을 남하케 하였고 또한 공산당 내부에서의 세력다툼은 김일성으로 하여금 다른 계열에 대한 억압으로 나타났으며, 특히 박헌영과의 권력투쟁이 심화되었다. 김일성정권이 이러한 내부적 문제를 외부로 분출시킨 것이 바로 6·25전쟁이라 할 수 있다.

3. 6·25전쟁

북한은 해방 직후부터 소련의 적극적인 군사지원을 받아 소위 인민군을 창설하고 군사력을 강화시키고 있었다. 이로써 한국전쟁 발발 직전 북한의 군사력은 보병 10개 사단, 전차 242대, 항공기 211대였는데 비하여 남한의 군사력은 겨우 보병 8개 사단에 단 한대의 전차도 없었으며, 항공기는 연습기 10대에 불과하여 현격한 차이를 보이고 있었다. 이러한 때에 중국대륙이 공산화되고(1949), 미국 국무장관 애치슨은 미국의 태평양지역 방위선에서 대만과 한국을 제외한다는 이른바 애치슨라인을 공식 발표함으로써 북한의 남침야욕을 고무시켜 주었다.

마침내 북한은 1950년 6월 25일 남침을 감행하여 3일만에 서울을 함락시키고 3개월만에 경상도 일부를 제외한 전국토를 점령하였다. 이에 미국은 즉시 유엔安全保障理事會를 소집하여 북한의 남침을 침략행위로 규정하고 이를 규탄하는 한편 유엔군의 파병을 결정하였다. 이 결정에 따라 미국을 비롯한 16개국이 참전하였으며, 유엔군과 한국군이 합동으로 실시한 仁川上陸作戰(1950. 9)을 계기로 전세가 역전되었다. 이 때 국군과 유엔군은 서울을 탈환하고 북진을 계속하여 압록강까지 도달함으로써 민족의 숙원인 통일이 곧 달성될 것처럼 보였다. 그러나 10월 하순경부터 뜻하지 않은 중공군의 개입으로 전선은 다시 3·8선 부근으로 내려와 교착상태에 빠지게 되었다.

이와 같이 전쟁이 소련이나 북한의 예상과는 달리 장기전의 양상을 띠자 소련은 유엔을 통해서 휴전을 제의하기에 이르렀다. 이에 따라 1951년 7월에 개성에서 처음으로 휴전회담이 개최되었고, 2년만에 당시의 전선을 휴전선으로 하는 휴전이 성립되었다(1953. 7. 27). 이 때 한국정부는 휴전에 극력 반대였지만 결국은 미국으로부터 韓美相互安全保障條約의 체결과 장기간의 경제원조 및 한국군의 증강 등을 약속받고 이에 동의하였던 것이다.[24)]

---

24) 國防部,《韓國戰爭史》, 1977.
로버트 R. 시몬즈, 〈한국전쟁〉《韓國現代史》, 사계절, 1984.

휴전협정이 성립한 후 휴전조인 당사국인 유엔군·북한군·중공군(한국군은 불참으로 제외)으로 구성된 군사정전위원회가 판문점에 설치되고, 스위스·스웨덴·체코·폴랜드로 구성된 중립국 감시위원단도 설치되어 활동을 시작하였다. 이 휴전협정에 의하여 1954년 4월 전후 한반도의 국제정치적 해결을 위한 정치회담이 제네바에서 개최되어 서방측에서 한국과 16개 유엔군 참전국, 그리고 공산측에서 북한·중공·소련이 참가하여 정치상의 국제회의를 열었으나 양측은 의견의 차이만 남긴채 결국 결렬되고 말았다.[25]

한국전쟁은 한국의 역사상 가장 커다란 피해를 입힌 전쟁이었다. 이 전쟁으로 남북한에서 약 150만의 사망자와 360만명의 부상자가 생겼으며 산업시설과 건물·도로·교량 등이 거의 모두 파괴되어 온 국토가 초토화되었던 것이다. 그러나 이 보다도 더욱 심각한 피해는 이 전쟁으로 말미암아 민족 내부의 갈등이 심화되고 남북한의 대립이 고정되었다는 데 있었다. 전쟁 후 남북한 정부는 각기 경제재건을 통한 체제경쟁에 힘을 기울였고, 이 과정에서 독재체제가 성립되어 이제 통일은 더욱 어려운 문제로 되었던 것이다.

한국전쟁으로 인한 남한의 공업부문 피해상황 (단위 : 달러)

업 종 별	피 해 액			
	건 물 (백분비 : %)	시 설 (백분비 : %)	원자재 및 제품	계
金屬工業	414,150(26)	127,050(26)	111,650	652,850
機械工業	406,670(35)	106,078(35)	279,807	792,555
纖維工業	41,902,294(62)	50,819,450(64)	—	92,721,744
化學工業	4,730,519(35)	10,632,820(33)	49,065	15,412,404
窯業	1,428,680(25)	214,813(20)	246	1,643,739
食品工業	1,215,500(30)	378,253(30)	55	1,593,808
印刷工業	907,698(75)	1,536,447(75)	255	2,444,400
計	51,005,511(44)	63,814,911(42)	441,078	115,261,500

[자료] 金大煥, 〈1950년대 韓國經濟의 연구〉《1950年代의 認識》, 한길사, 1981, p. 169.

4. 전후의 재건과 경제불안

전재복구사업은 이미 전쟁중에 시작되었으니 유엔 한국재건단(UNKRA)이

金學俊, 《한국전쟁－원인·과정·휴전·영향－》 증보판, 박영사, 1993.
金澈凡, 〈한국전쟁의 국제적 요인〉《국사관논총》 28, 국사편찬위원회, 1991.
柳在甲, 〈6·25戰爭硏究－戰爭勃發의 對內的原因分析－〉《국사관논총》 28, 국사편찬위원회, 1991.

25) 安秉萬, 〈6·25의 國際的 영향〉《現代史를 어떻게 볼 것인가》 2, 동아일보사, 1988.

1951년부터 한국의 재건과 구호사업에 착수하였던 것이다. 이 유엔 한국재건단은 미국을 비롯한 우방 여러 나라가 출자한 자금으로 각종 시설을 복구하고 산업을 부흥시키는 데 큰 역할을 하였다.

이러한 외국원조 이외에 한국정부는 스스로의 힘으로 전재복구사업을 추진하였다. 즉, 정부는 産業復舊國債 및 産業金融債券 등을 발형하여 내자를 마련하고 산업부흥에 힘썼으므로 이에 복구사업은 급속히 진행되고 생산활동도 활발하게 재개되었다. 특히 국민생활에 필요한 소비재의 생산과 함께 재건사업에 필요한 기간산업시설도 점차 갖추어졌다. 이리하여 섬유공업, 제븐·제당업은 몇 년 사이에 국내수요를 초과할 수 있게 되었고 시멘트·비료·판유리의 생산도 증가되어 갔다.

이와 같이 전쟁 후 경제재건이 외국의 원조에 힘입어 짧은 시일 내에 이루어졌으나, 이는 많은 문제점을 내포하고 있었다 우선 소비재 위주의 경공업건설에 치중함으로써 이를 뒷받침하는 생산재부문의 공업건설이 늦어진 것이 그 하나였다. 또한 공업생산의 원료 가운데 90% 이상이 해외로부터 도입되었는데, 이것은 국토가 전쟁으로 파괴된 상황에서 불가피한 일이겠으나 그 결과 국내에서 생산될 수 있는 원자재의 개발이 상대적으로 늦어졌고 한국의 경제를 외국에 의존하는 허약한 체질로 만들어갔다.[26)]

또한 복구사업의 결과 산업시설이 개선되고 경제발전이 이룩되었으나 이승만

한은권발행고와 물가지수(1950～53)

연 월	한은권 발행고(년월말)		도매물가지수(1950년 6월=100)			
	발행고	지 수	총지수	곡 물	직 물	비 료
	백만원					
1950.6	669	100	100.0	100.0	100.0	100.0
12	2,292	343	238.8	188.1	271.2	100.0
1951.6	4,174	624	479.9	351.6	654.9	459.7
12	5,579	834	746.9	643.0	818.6	827.3
1952.6	6,695	1,001	1,476.0	2,110.1	813.5	827.3
12	10,144	1,516	1,510.6	1,793.2	1,034.0	928.7
1953.2	7,652	1,144	1,786.2	2,149.5	1,181.6	928.7

[자료] 한국은행, 《경제연감》 통계편, 1955, p. 185.

26) 金大煥, 〈1950년대 韓國經濟의 연구〉《1950年代의 認識》, 한길사, 1981.
朴贊一, 〈美國의 經濟援助의 성격과 그 경제적 귀결〉《韓國經濟의 展開過程》, 돌베개, 1981.
高承濟, 〈韓國戰爭과 美國의 經濟援助〉《韓國現代社會史의 再構成》, 일념, 1985.
노중기, 〈1950년대 한국사회에 미친 원조의 영향에 관한 고찰〉《한국사회사연구회논문집》 16, 1989.

정권의 독재화 및 일부 재벌과의 결탁은 몇몇 新興財閥을 탄생시킨 반면 국민경제를 불안하게 만들었다. 즉, 이승만정권과 결탁한 특정 재벌들은 정부로부터 특별 융자를 받고 외국의 원조에 의하여 도입된 외자를 특별 불하받는 등 각종 특혜를 받아 국민경제를 독점하였던 것이다. 이에 따라 중소기업들은 성장이 저지되었고 국민생활은 어려움을 더해갔다. 특히 심한 인플레이션에 따른 물가의 상승과 정부의 貨幣改革의 실패는 국민생활을 어렵게 하였던 것이다. 화폐개혁은 1953년 2월에 실시되었는데, 전쟁이 일어난 1950년 6월부터 이 때까지의 韓國銀行券 발행고와 물가지수의 동태를 보면 약 3년 동안에 발행고는 11배, 물가지수는 18배가 올라갔다. 이 때 화폐개혁으로 한국은행권 발행고를 상당히 수축시켰지만 물가상승은 억제하지 못하였다.

한국전쟁으로 북한이 입은 피해는 남한보다 심하였다. 유엔군의 북한점령과 전쟁 중의 미공군의 무차별폭격은 거의 모든 건물과 시설을 파괴하여 초토화되었다. 1953년 휴전이 성립되자 그 이듬해 4월 최초의 중기 經濟開發計劃인 '인민경제복구 3개년계획'(1954~1956)을 수립하고, 소련·중국의 경제원조에 힘입어 파괴된 산업시설을 재건하고자 하였다. 이에 따라 1957년 말에 이르러서는 대부분의 공산품 생산량이 전쟁 전 수준으로 회복되었고, 공업총생산액도 1953년 당시에 비해 2.8배로 성장하였다. 이 시기에는 협동농장을 비롯하여 모든 생산부문이 협동조합에 편입되어 이 때부터 북한경제는 강력한 중앙집권적 경제관리체제에 돌입하여 자유시장이나 개인적 경제활동이 통제되어 갔다.

제 2 장
韓國史의 시련

Ⅰ. 民主主義의 시련과 4月革命

1. 이승만정부의 독재화

6·25전쟁에 의한 남북한의 인명·물질적 피해는 막심하여 경제적 혼란이 초래되었을 뿐 아니라 전쟁 후 남북한은 보다 독재정치가 가심하여 민주주의의 시련에 봉착하게 되었다. 1960년대에 들어가 남한에서는 이승만정부의 독재에 따라 1960년 4월혁명이 일어나고 이어 1961년에는 5·16군사혁명이 일어나 朴正熙政權의 장기집권에 들어가게 되었으며, 북한에서도 김일성의 독재정치가 主體思想으로 공고해져 감으로써 한국사는 커다란 시련을 겪게 되었다.

한국전쟁의 혼란 중에서 이승만은 자신의 집권체제를 강화할 수 있었고 이것이 곧 독재정권으로 성장하는 계기가 되었다.[1] 전쟁 직전의 5·30선거에서 참패를 당한 이승만은 李範奭(석)의 민족청년단을 중심으로 自由黨을 조직하고(1951.11), 이를 이용하여 재집권을 획책하였다.[補] 우선 1952년 제2대 대통령선거가 임박하자 이승만은 국회에서 대통령을 선출하도록 되어있는 현행헌법으로는 자신이 재선되지 못할 것을 예상하고 대통령직선제로의 헌법개정을 위해 정치파동을 일으켰다(5·26 정치파동). 즉, 피난 수도 부산에서 공비토벌을 빙자하여 계엄령을 선포하고 자신의 개헌안에 반대하는 야당의원 47명을 체포·감금하였던 것이다(1952.5.26). 이러한 가운데 이승만정권은 대통령직선제를 골자로 한 소위 拔萃(발췌)改憲案을 만들고, 이를 국회에서 기립표결에 붙여 통과시키고 말았다(발췌개헌, 1952. 7. 4). 이로써 대통령직선제가 실시되어 총선거에서 이승만은 압승을 거두고 제2대 대통령에 당선되었다.

그 후 이승만은 종신집권을 위한 준비를 시작하였다. 우선 자유당 내부에서 막강한 민족청년단의 조직을 가진 위협적 세력인 이범석을 제거하고 대신 李起鵬체제를 성립시켰으며(1953), 1954년의 제3대 국회의원선거에서는 경찰력을 동원하여 압승을 거두었다. 이를 바탕으로 자유당은 '초대대통령에 한하여 중임

1) 韓昇洲, 〈第1共和國의 遺產〉《1950年代의 認識》, 한길사, 1981.
金道鉉, 〈1950년대의 李承晚論〉《1950年代의 認識》, 한길사, 1981.

補) 徐中錫, 〈자유당의 창당과 정치이념〉《한국사론》41·42, 서울대, 1999.
孫鳳淑, 〈自由黨의 政黨政治〉《국사관논총》 27, 국사편찬위원회, 1991.

제한을 철폐한다'는 내용의 대통령중심제 개헌안을 국회에 발의하여 표결에 들어갔다. 그 결과 총 203명 가운데 135명이 찬성하여 개헌선인 3분의 2선에 해당하는 135.3(즉 136명)에 이르지 못하였으나 사사오입의 이론을 내세워 개헌안을 통과시키고 말았다(사사오입개헌, 1954. 11. 28). 이로써 이승만은 다시 대통령선거에 출마할 수 있게 되었고, 1956년의 제3대 대통령선거에서 야당인 民主黨 후보 申翼熙의 돌연한 서거에 힘입어 투표자 수의 56%를 득표하고 당선되었다. 그러나 이 때 부통령선거에서는 자유당의 이기붕이 민주당의 張勉에게 패배하는 결과가 나타났다.

제3대 대통령선거의 결과는 이승만과 자유당에게 커다란 충격을 안겨주었다. 더욱이 1958년의 제4대 국회의원선거 결과 자유당의 의석이 줄어들게 되자 이승만은 야당을 탄압하는 등 독재화의 경향을 더욱 노골적으로 드러냈다. 즉, 1958년 1월에 소위 進步黨事件을 일으켜 曺奉岩을 처형한 것을 비롯해서 언론과 지식인을 탄압하기 위해 대공사찰의 강화와 언론통제를 내용으로 하는 국가보안법개정안을 야당의원들을 국회 지하실에 감금한 가운데 전격적으로 통과시켰다(2·4파동, 1958. 12. 24). 또한 당시 야당지였던 〈경향신문〉을 폐간시켜(1959. 4) 야당과 언론을 위협하였다.[2)]

이러한 가운데 1960년 3월에 실시된 제4대 정·부통령선거에서 이승만은 이번에도 야당 후보인 趙炳玉이 급서하는 바람에 무난히 당선될 수 있었지만, 부통령에 이기붕을 당선시키기 위해서 극심한 부정선거를 자행하였으니, 이것이 바로 3·15 부정선거였다. 이러한 독재정치와 잇단 부정선거로 인해서 이승만정권은 국민들의 지탄을 받아 4월혁명이 일어나게 되었던 것이다.

2. 김일성정권의 독재화

한편, 북한에서도 한국전쟁을 계기로 김일성의 1인 독재체제가 강화되고 있었다. 먼저, 국군과 유엔군의 반격으로 평양이 함락되고 이에 맞서 중공군이 참전할 무렵인 1950년 12월에 김일성은 평양 함락의 책임을 물어 연안파의 武亭을 숙청하였다. 계속해서 1951년 말부터는 南勞黨 계열에 대한 숙청을 시작하여 1955년에 남로당의 지도자인 朴憲永을 사형에 처함으로써 한국의 토착공산주의 세력을 완전히 제거하였다.

또한 1956년에는 소련에서 일어난 스탈린 격하운동의 영향을 받아 북한 내에서도 주로 소련파와 연안파가 중심이 되어 김일성의 1인 독재에 대한 비판이 제기되자 김일성은 최고인민회의 제2기 대의원선거를 통하여 소련파와 연안파를

2) 韓培浩, 〈「京鄕新聞」廢刊決定에 대한 연구〉《政經論叢》 23, 중앙대, 1966.

대거 숙청하고, 뒤이어 연안파의 김두봉을 숙청함으로써 확고한 1인 독재를 실현하였다. 이 때부터 북한에서는 김일성에 대한 개인숭배가 고조되고 主體思想이 강조되기 시작하였다.[3] 노동당 외에 형식적으로 조만식의 조선민주당과 1946년 민족종교인 천도교를 토대로 만든 천도교 청우당(50년 조선천도교청우당으로 확대 개칭)이 있었으나 그것은 허구적인 존재일 뿐 김일성의 노동당일당독재가 단행되었다.

또한 북한도 경제면에 있어서는 남한에서와 마찬가지로 전쟁의 피해를 복구하기 위한 경제재건운동이 일어났다. 즉, 1954년부터 1956년까지의 3개년계획에 이어 1957년부터 1961년까지의 제1차 5개년계획이 차례로 추진되었는데, 이는 모든 생산부문에 있어 전쟁 이전의 상태로 회복하는 것을 목표로 하면서 주로 중공업을 개발하여 경제구조를 재편성하고 공업화를 위한 기반을 마련하는 데 역점이 두어졌다. 농장의 집단화가 완료되고 千里馬運動이 시작된 것도 이 기간 중의 일이었다. 이리하여 1960년대의 북한의 경제력은 한국의 그것을 상회하는 결과를 초래하였다.

그러나 북한경제는 중공업의 발달과 비교하여 경공업 및 농업부문의 발전수준은 매우 낮았고, 따라서 생활필수품의 부족현상이 만연하는 가운데 일반 주민들의 생활조건은 열악함을 면하지 못하였다. 게다가 1960년대 초에는 국방력 강화의 방침이 채택되어 국방비 지출이 급증함으로써 주민의 생활은 더욱 어려워지게 되었으며, 북한경제도 1960년대 후반부터 하강되는 경향을 띠게 되었다.[4]

3. 4월혁명

몇 차례에 걸친 정·부통령선거와 국회의원선거에서 이승만의 자유당정권이 저지른 각종 부정은 민주주의의 발전을 기대하고 있던 국민들에게 커다란 실망과 분노를 안겨 주었다. 이것이 결국 3·15 부정선거를 계기로 폭발하여 독재정권에 항거하는 혁명으로 발전하였으니, 이것이 4월혁명이다.

4월혁명은 3·15선거 당일 마산에서 부정선거를 규탄하는 시민·학생들의 데모에서 비롯되었다. 이 때 경찰은 데모군중에게 발포하여 많은 희생자를 냈고, 이승만정권은 마산사건의 배후에 공산주의세력이 개입하였다고 조작하여 사태를

3) 전인용 외, 《북한의 정치》, 을유문화사, 1990.
李卜壽, 〈北韓 支配集團의 形成過程〉《한국의 사회와 문화》 17, 한국정신문화연구원, 1991.
朴彩鎔, 《北韓主體思想硏究》, 세계기아선교 출판국, 1994.

4) 스칼라피노·이정식, 《한국공산주의운동사》 3, 돌베개, 1987.
鄭相勳, 〈북한경제연구〉《한국과 국제정치》 5-2, 경남대, 1989.

수습하려 하였다. 그러나 독재정권에 대한 국민들의 반감은 곧 전국적으로 확대되었다. 서울에서는 4월 18일 高麗大 학생들의 데모에 이어 4월 19일에는 시내의 거의 모든 대학생이 부정선거와 자유당의 독재를 규탄하는 시위를 벌였다. 이에 이승만은 계엄령을 선포하는 한편 부정선거의 책임을 자유당에 전가시키고 자신은 자유당 총재직을 사임함으로써 정권을 유지하려 하였다. 그러나 4월 25일 대학교수들의 시위에 이은 학생·시민들의 하야요구가 계속되자 결국 이승만은 대통령직에서 물러나고 자유당 독재도 막을 내리게 되었다.

4월혁명은 한국전쟁 이후 반공을 구실로 독재체제를 강화시켜 온 이승만과 자유당정권에 대한 국민들의 반항에서 비롯된 것이다. 이는 한국 역사상 민중에 의하여 성공된 최초의 혁명이었으며, 이런 점에서 한말 이래 강조된 國民主權主義의 승리였다고 할 수 있다. 또한 이 4월혁명의 성공으로 한국의 민주주의는 한발 앞으로 전진하게 되었던 것이다.[5)]

4. 장면정부의 수립

4월혁명으로 자유당정권은 붕괴되고 許政을 수반으로 하는 과도정부가 들어서서 새로운 헌법의 개정과 총선거를 준비하였다. 이리하여 과도정부는 민주당이 주장해 온 兩院制와 內閣責任制를 골자로 하는 개헌안을 국회에서 통과시켰다. 이어서 국회의원 선거가 실시되어 민주당이 압승을 거둠으로써 민주당정권이 수립되었다. 이제 자유당정권에 대신하여 지금까지 반독재투쟁의 선봉이 되었던 민주당이 집권하여 제2공화국의 탄생을 보게 되었던 것이다.[6)]

그러나 국회에서 절대다수를 차지한 민주당은 곧 구파와 신파의 내부분열을 일으키기 시작하였다. 민주당 내의 신·구파는 1955년 민주당이 창당될 당시부터 있어 왔던 것으로 자유당 정권 하에서는 반독재라는 하나의 목적에서 단결할 수 있었지만 일단 정권을 장악하자 그 분열이 표면화되었던 것이다.[7)] 이리하여 내각책임제정부에서 상징적인 의미만을 가진 대통령에는 구파의 尹潽善이 큰 어

---

5) 閔錫泓, 〈四·一九精神論〉《變革時代의 韓國史》, 동평사, 1981.
姜萬吉 외, 《4월혁명론》, 한길사, 1983.
韓完相 외, 《4·19革命論》, 일월서각, 1983.
4월혁명연구소, 《한국사회변천운동과 4월혁명 1·2》, 한길사, 1990.

6) 共和國은 헌법을 기준으로 결정하여 이승만정부는 제1공화국, 다음 장면정부는 제 2공화국이 된다.

7) 민주당은 1954년의 사사오입 개헌에 반대하여 결성된 護憲同志會를 모체로 해서 결성된 정당이었다. 이 때 민주당 내에는 韓民黨에서 民主國民黨(民國黨)으로 이어가는 보수계열과 興士團·院內自由黨 계열이 섞여 있었는데, 전자가 김성수·신익희·조병옥·윤보선 등으로 대표되는 구파이고 후자가 張勉을 중심으로 하는 신파였다. 이러한 이질적 요소가 제 2공화국의 수립과 함께 당내 분열로서 표면화되었던 것이다.

려움없이 선출되었지만, 실질적인 권력자인 국무총리의 자리를 놓고 구파의 金度演과 신파의 장면이 치열한 경합을 벌인 끝에 장면이 선출되었다. 이로써 정국은 민주당 신파가 장악하여 장면 정부가 수립되고, 이에 반발한 김도연 등 구파 의원 일부가 新民黨을 만들고 민주당에서 탈당하기에 이르렀다.

민주당의 이러한 분열은 장면내각의 정치적 기반을 약화시키는 결과를 초래하였으며, 따라서 과단성있는 정치의 실행을 불가능하게 하였다. 즉, 장면정부는 4월혁명이념의 구현이나 자유당 치하에서의 각종 부정·비리에 대한 단호한 조치를 취하지 못하였던 것이다. 이에 불만을 품은 학생과 시민들은 다시 거리로 뛰쳐나와 연일 가두시위가 계속되었고, 특히 자유당 정권의 부정선거 주모자들에 대해서 법원이 가벼운 형량을 선고하자 분노한 학생들이 국회의사당을 점거하기까지 하였다. 이 때 進步黨事件으로 자취를 감췄던 혁신계 정치세력이 4월혁명 이후 다시 대두하여 통일을 내세운 이념정당으로 자리를 잡게 되고 학생들이 여기에 가세하여 남북회담을 제기하는 등 급진적인 통일방안을 주장하였다.[8)]

이러한 정치·사회적 혼란은 한편으로는 자유스런 민주정치의 실현이라는 긍정적인 면을 가지는 것이었다. 이것은 자유당 독재 하에서 싹튼 민주주의에의 열망이 과도하게 표출된 것에 지나지 않았으며, 이승만의 철저한 반공정책에 대한 반동에서 민족분단의 현실을 타개해 보려는 국민적 노력의 표현이기도 하였다. 그러나 당시 이러한 움직임을 수용·해결해 줄만한 정치세력이 존재하지 못하였고, 특히 장면정권은 대중적 기반이나 내부적 결속을 모두 결여한 상황에 놓여 있었으므로 이러한 국민들의 기대에 부응할 수 없었던 것이다.[9)]

II. 朴正熙政府의 성립과 共和黨政權

1. 5·16군사혁명

민주당 정권이 정치력의 부재로 말미암아 불만세력의 시위를 적절히 규제하지 못할 뿐 아니라 혁신계와 학생들에 의해서 제기된 통일논의에도 대응책을 마련

---

8) 金學俊, 〈제2공화국 시대의 통일논의〉《國際政治論叢》 15, 한국국제정치학회, 1975; 《反外勢의 統一理論》, 형성사, 1980.
성유보, 〈4월혁명과 통일논의〉《韓國民族主義論》 II, 창작과 비평사, 1983.

9) 車基壁, 〈4·19·過渡政府·張勉政權의 의의〉《4월혁명론》, 한길사, 1983.
김정원, 〈제2공화국의 수립과 몰락〉《1960年代》, 거름, 1984; 동개제 〈제2공화국의 성립과 실패(1960~61)〉《分斷韓國史》, 동녘, 1985.
韓昇洲, 《第2共和國과 韓國의 民主主義》, 종로서적, 1983.
이택휘, 〈민주주의 토착화의 시련〉《現代韓國政治史》, 한국정신문화연구원, 1987.

하지 못함으로써 혼란이 계속되고 있을 때, 군부에 의한 군사혁명이 일어났다(1961. 5. 16).[10] 이러한 군부의 움직임은 이미 민주당 정권 아래에서 金鍾泌 등 소위 육사 8기생에 의해서 주도되었던 整軍運動에 뿌리를 두고 있었는데, 朴正熙소장을 중심으로 한 혁명주체세력은 5월 16일 아침 서울의 주요시설을 점령하고 전국에 계엄령을 선포하여 전권을 장악하였다.[11] 이어서 이들은 軍事革命委員會의 이름으로 6개조의 혁명공약을 발표하여 반공체제를 재정비·강화할 것과 부패·구악을 일소할 것, 민생고를 해결하여 자립경제를 이룩할 것 등을 약속하였다.[12]

군사혁명위원회를 國家再建最高會議로 개칭한 주체세력은 정군작업을 통해서 군내부의 안정된 지지기반을 확보한 뒤 대대적인 정치·사회개혁을 실시하였다. 우선 모든 정당·사회단체의 해산을 명하고 장면정부의 지도자들을 체포하였으며 국가재건비상조치법을 제정하여 모든 정부 권한을 장악하였다. 또한 제2공화국 당시에 대두했던 혁신계 정당들을 반국가단체로 몰아 중심인물을 체포·처형하였고, 사회질서를 회복시키기 위해서 깡패를 체포하기도 하였다. 이러한 과감한 시책들은 독재적인 군사정치의 속성에 따른 것이었다.

그러나 민정의 재개를 요구하는 국민들의 여론과 미국의 압력으로 인해서 박정희는 민정이양 시기를 1963년 여름으로 할 것임을 발표하였다(1961. 8). 이것은 혁명공약에서 과업이 성취되면 정권을 이양하고 본연의 임무에 복귀한다는 약속을 이행함을 의미하는 것이었다. 이로부터 군사정부는 정치활동정화법을 제정하여 기존 정치인들의 정치활동을 규제하고(1962. 3), 이어 대통령직선제와 강력한 大統領中心制 및 國會單院制를 골자로 하는 새 헌법을 국민투표를 거쳐 개정·공포하였으며(1962.12), 1963년 1월 1일부터 정치활동을 허용하였다.

민정이양에 있어서 혁명세력들 사이에는 민정참여를 둘러싸고 의견이 엇갈렸는데 결국 박정희는 총선거에 출마할 것을 선언하고 그에 대한 준비를 진행하였다. 그는 1962년부터 조직작업에 착수한 민주공화당(공화당으로 약칭)을 1963년 2월에 정식 창당하고 8월의 전당대회에서 대통령후보로 지명되었다.[13] 이 때 야

10) 박정희정부 18년에 대하여는 상반된 두 가지 평가가 내려지고 있다. 하나는 무력으로 집권하여 정권의 정통성이 결여되고 혹독한 군사독재를 실시하였다는 부정적 견해이고, 또 하나는 그의 놀랄만한 경제적 성장과 국력의 신장을 무시할 수 없다는 긍정적 평가이다. 5·16을 군사혁명으로 부르느냐, 아니면 군사정변으로 부르느냐의 문제는 그 평가 여하에 의하여 붙여지는 것이다. 본서는 박정희정권 18년의 역사를 사실 그대로 서술함으로써 그 평가는 독자에게 맡기려한다.

11) 金世珍, 〈한국 군부의 성장과정과 5·16〉《1960年代》, 거름, 1984.

12) 한국군사혁명사편찬위원회, 《韓國軍事革命史》, 1963.

13) 민주공화당이 공식적으로 창당된 것은 1963년 2월이지만 이미 1962년 여름부터 조직작업이 시작된 것으로 알려지고 있다.

당은 민주당 신·구파가 여전히 분립해 있는 가운데 구파는 윤보선을 중심으로 하는 民政黨을 조직하였고, 신파는 허정의 新政黨에 가세해 있었다. 그러나 결국 총선거는 박정희와 윤보선의 대결로 압축되었으며, 여기서 박정희는 10만여표의 근소한 차이로 윤보선을 누르고 제5대 대통령에 당선되었다(1963. 10. 15). 이어 실시된 국회의원 선거(1963. 11)에서도 역시 민주공화당이 승리를 거둠으로써 군사정권의 형식이 종식되고 공화당정부가 수립되어 제3공화국의 막이 오르게 되었다.[14] 이 때 군사정부의 요인 가운데 다수가 공화당 소속으로 민정에 참여하였다.

2. 공화당정권의 한일협정과 월남파병

1963년 총선거를 통해서 출범한 공화당 정부는 곧 韓日協定 문제로 난관에 직면하였다. 당시 정부는 변모하는 세계정세에 대처하는 한편, 경제개발에 필요한 자금을 일본으로부터 들여오기 위해서 한일국교정상화를 위한 노력을 시도하였다. 그러나 한국인들의 반일감정은 아직 이를 그대로 받아들일 수 없었고, 학생·지식인·언론·종교단체·야당은 對日屈辱外交反對 汎國民鬪爭委員會를 결성하여(1964. 3) 이에 반대하였다.

이러한 대일굴욕외교에 반대하는 학생데모가 점차 격화되어 박정희정권의 타도를 부르짖는 데모로 확대되자 공화당 정부는 계엄령을 선포하여(1964. 6. 3) 다수의 학생과 언론인을 체포하였으며(6·3사태), 계엄령을 해제한 뒤에도 소위 언론파동을 일으켜 언론탄압을 계속하였다. 이에 모든 반대단체가 民衆黨이라는 단일야당을 결성하여 단결하였고(1965. 5), 반대시위 또한 빈발하였지만 공화당 정부는 결국 한일협정을 조인하였다(1965. 6 22). 그리고 그 비준안은 국회에서 야당의원들이 전원 불참한 가운데 공화당 의원들만에 의해서 통과되었다.

한일협정으로 정국이 혼란한 가운데 한편에서는 월남파병 문제가 제기되고 있었다. 즉, 정부는 당시 공산주의자들과 전쟁 중이던 월남과 韓越協定을 체결하고(1964. 10) 군대를 파견할 것을 약속하였던 것이다.[15] 이에 따라 정부는 국회의 동의를 얻어 1차로 비전투부대 2천명을 월남에 파병하였다(1965. 2). 이 때 미국은 한국군의 파월에 대한 대가로 한국군장비의 현대화와 한국에 대한 각종 경제원조를 약속하였던 것이다. 그러나 야당에서는 월남파병을 미국의 傭兵이라 하여 반대하였으며, 특히 정부에서 전투부대를 월남에 증파하려 하자 보다 적극적

金榮洙, 〈民主共和黨事前組織〉《新東亞》 1964년 11월호.

14) 김정원, 〈군정(軍政)과 제3공화국; 1961~1971〉《1960年代》, 거름, 1984; 《分斷韓國史》, 동녘, 1985.

15) 김정원, 〈Korean Participation in the Vietnam War〉《World Affairs》, 1966년 4·5·6월.

인 반대운동을 벌였다. 이는 한일협정반대와 병행하여 전개되었는데, 끝내 한일협정이 조인되고 그 비준이 국회에서 통과되자 야당의원들은 전원 의원직사퇴서를 제출하였으므로 결국 공화당의원들만이 참석한 가운데 파병동의안도 국회에서 통과되었다(1965. 8). 이에 따라 정부는 전투부대 2만명의 월남증파를 실행하였다(1966. 3).

이와 같은 공화당정부의 독재화의 경향은 민주주의의 이념에 역행하는 것으로 야당정치인은 물론 지식인·학생 등 국민 일각에서의 비판과 반항을 초래하였다. 그럼에도 불구하고 공화당정부의 경제정책은 상당한 효과를 거두어 이 정권의 정통성 확립에 일조를 하였고, 1967년에 실시된 총선거에서 박정희와 공화당이 승리하는 데 결정적으로 기여하였다.

한일협정 반대과정에서 민중당으로 통합되었던 야당은 윤보선이 新韓黨을 조직하고 독립함으로써 신한당과 민중당으로 다시 분열되었고, 총선거에서 윤보선, 兪鎭午를 각각 대통령 후보로 지명하기에 이르렀다. 그러나 민중당 후보로 지명된 유진오가 사퇴함으로써 양당은 선거직전에 가서야 통합야당인 新民黨으로 재결합할 수 있었고, 선거는 박정희와 윤보선의 재대결로 압축되었다. 1967년 5월에 실시된 선거에서 박정희는 윤보선을 100만표 이상이나 능가하는 압도적인 표차로 누르고 제6대 대통령에 당선되었고, 6월의 국회의원 선거에서도 공화당이 압승을 거두었다.

3. 3선개헌과 維新體制

재집권에 성공한 박정희는 이제 장기집권의 발판을 마련하기 위한 소위 3선개헌에 착수하였다. 당시 헌법이 대통령의 3선을 금지하고 있었기 때문에 박정희는 1971년에 있을 다음 선거에 출마할 수 없었던 것이다. 1969년 1월에 공화당이 3선개헌을 검토하고 있음을 공식발표하자 당시 정국은 혼란에 빠지게 되었다. 우선 공화당 내에서는 박정희의 유력한 후계자로 지목되었던 김종필이 이에 반발하였고, 신민당은 범국민투쟁위원회를 결성하여 대항하였으며, 학생들의 시위도 끊이지 않았다. 그러나 박정희는 이러한 반대의사를 모두 무시하고 개헌을 강행하였다. 결국 개헌안은 야당의원들이 국회 본회의장에서 철야농성을 벌이는 가운데 국회 별관에서 공화당 의원들에 의해 전격적으로 통과되었고(1969. 9), 뒤이은 국민투표에서 가결됨으로써 새 헌법으로 확정되었다(1969. 10. 17).

1971년의 대통령선거에서는 3선개헌에 따라 재출마가 가능해진 박정희가 공화당에서 입후보하였고, 신민당에서는 소위 40代旗手論에 의해서 金泳三·金大中·李哲承이 치열한 경합을 벌인 끝에 김대중이 입후보하였다. 이 선거의 결과 박정희가 53.2%의 지지를 획득하여 45.3%를 얻은 김대중을 누르고 당선되어 제7대 대통령에 취임하였다. 한편 국회의원 선거에서는 역시 공화당이 승리를 거두기는 하였지만 신민당과의 의석차는 상당히 좁혀진 것이었다.

3선개헌은 박정희정권의 독재성을 노골적으로 드러낸 것으로서 이에 대한 정치적 반발이 격심하게 일어났다. 게다가 닉슨독트린과 미군철수, 닉슨의 중공방문 등 국제상황의 변화도 박정희정권이 짊어지게 된 커다란 불안요인이었다. 더욱이 1972년 7월 4일 7·4南北共同聲明의 발표에 따라 南北調節委員會가 설치되고 남북대화가 시작되었지만 그것이 곧 난관에 부딪치자, 이에 박정희는 불안한 정국을 수습하고 장기집권을 보다 확실히 하기 위하여 조국의 평화적 통일과 소위 '한국적 민주주의'의 토착화를 내세워 '10월유신'을 단행하였다.

1972년 10월 17일 박정희는 전국에 비상계엄을 선포하고 국회해산과 정치활동의 중지를 내용으로 한는 비상조치를 단행하였다. 이리하여 비상국무회의에서 의결·공고한 유신헌법을 국민투표에 붙인 결과 90% 이상의 지지를 얻어 확정하였다(1972. 11. 21). 이어서 새 헌법에 따라 국민투표를 거쳐 統一主體國民會議를 구성하고, 여기서 단독출마한 박정희가 임기 6년의 제8대 대통령으로 선출되어 제4공화국이 출범하였다.[16)]

그러나 10월 유신은 박정희대통령이 영구집권을 노린 일종의 總統制를 방불케 하는 조치로 민주주의 발전에 역행하는 것이었으므로 유신독재에 반대하는 민주화운동이 일어나게 되었다. 이에 정부는 긴급조치를 잇달아 발표하여 유신헌법에 대한 일체의 부정·비방과 개정·폐지의 주장을 금지하기에 이르렀다. 이러한 가운데 1978년 12월에는 통일주체국민회의에서 박정희를 또 다시 대통령에 선출함으로써 영구집권의 기도가 사실화되었다. 그러나 1979년에 들어오면서 유신독재에 대한 불만이 각계에서 터져나오고 있었고, 결국 김영삼 신민당총재의 의원직 제명 사건을 계기로 부산과 마산에서 민주화를 요구하는 격렬한 시위가 일어났다(釜馬事態, 1979.10. 16). 이와 같이 정치적 불안이 있을 때 박정희가 저격당하여 서거하는 10·26사태가 발생함으로써 유신체제는 붕괴되고, 18년 간에 걸친 장기간의 박정희정권은 종말을 고하였다.

16) 같은 박정희정부지만 전기는 제3공화국이고 후기의 유신체제는 제4공화국이 된다.

III. 朴正熙政府의 經濟·外交政策

1. 경제성장정책

18년 동안의 박정희정부는 독재정치의 강행으로 국민들로부터 비난을 받고 학생데모가 계속되었으며, 특히 박정희대통령을 정점으로 하는 과격한 군인정치는 일반 민간인들의 줄기찬 반발을 받았지만, 국력을 신장하고 주체적인 민족정신을 앙양하는 데는 업적을 쌓았다. 박정희정부는 민족중흥의 대과업을 완수하고 국가발전을 이룩하기 위하여 주체적인 민족문화를 확립하려 노력하였는데, 그것은 먼저 그 근간이 되는 교육정책에서부터 출발되었다. 이리하여 1968년에는 교육에서 지향할 바 새로운 국민상이 제시된 國民敎育憲章이 제정되고, 1970년에는 人間主義·國家主義·發展主義의 방향이 정립된 장기종합교육계획이 수립되었으며, 1972년부터는 국적있는 주체성 교육이 강조되었다. 이러한 공화당 정권의 정책 중 가장 주목할 만한 것은 경제성장과 적극외교의 추진이었으니, 이로 말미암아 한국의 경제·외교는 상당한 발전을 이룩하게 되었다.

군사혁명 직후부터 박정희의 공화당정권이 시행한 여러 정책 가운데 가장 중점이 두어진 것은 경제성장정책이었다. 박정희정부는 1962년부터 네 차례에 걸친 경제개발 5개년계획을 실시하였는데, 제1차 5개년 계획은 1962～66년, 제2차 계획은 1967～71년, 제3차 계획은 1972～76년, 제4차 계획은 1977～81년으로 되어 있었다. 이러한 네 차례의 경제개발 5개년계획은 실제로 한국의 경제수준을 향상시켜 놓았고, 공화당정부의 업적 가운데 가장 큰 성과로 꼽히는 것이었다.

이 때의 경제개발정책은 몇가지 특징을 지니고 있었다. 첫째, 이전의 경제재건이 輸入代替產業의 건설에 치중하였음에 비하여 이번에는 수출주도형의 성장전략을 폈다. 한국과 같은 협소한 영역과 시장, 그리고 빈약한 자원으로서는 대외지향적인 개발전략 밖에 없다는 관점에서 제1차 계획부터 수출주도형의 산업건설을 택하였던 것이다. 둘째, 농업과 공업 간의 균형을 이루기 보다는 공업건설을 집중적으로 지원함으로써 공업의 발전이 농업부문에까지 파급되도록 하는 불균등 성장전략을 추진하였다. 공업부문 가운데서도 전략산업을 선정하여 집중적으로 육성하였는데, 1·2차 경제개발 5개년계획에서는 주로 경공업부문이, 3·4차 계획에서는 중화학공업부문이 이에 해당하였다.

셋째, 1960년대 이후의 개발전략은 종래의 민간주도형에서 벗어나 정부가 적극 관여하는 정부주도형으로 추진되었다. 이제는 정부가 금융·세제·외환 등 모든 국민경제 내부에 깊이 관여하여 시장경제의 가격이나 경제정책을 주도해 나갔던 것이다. 넷째, 1950년대에는 미국의 무상원조에 의존하였으나 1960년대 이후에는 외자도입을 적극화하여 이를 경제개발의 주된 재원으로 삼았다. 즉, 정부는 1960년에 제정된 外資導入促進法을 보완하여 외자도입운용에 관한 기본지침을 마련하고(1961), 또한 차관에 대한 지불보증에 관한 법률 등을 제정하여

외자도입상황 (단위: 100만 달러)

	1959～1977		1978		1979		계	
	확 정	도 착	확 정	도 착	확 정	도 착	확 정	도 착
차 관	13,589	9,760	4,046	2,748	2,064	2,708	19,699	15,219
외국인 투자	808	773	147	100	116	127	1,071	1,000
뱅크론	932	921	770	263	1,241	1,484	2,943	2,668
계	15,329	11,454	4,963	3,111	3,421	4,319	23,713	18,884

[자료] 경제기획원, 《經濟白書》, 1980년판.

무 역 동 향 (단위: 100만 달러)

	수출		수입	
	금 액	성장률(%)	금 액	성장률(%)
1960	33		344	
1961	41	24.2	316	−8.1
1962	55	34.1	422	33.5
1963	87	58.2	560	32.7
1964	119	36.8	404	−27.9
1965	175	47.1	463	14.6
1966	250	42.9	716	54.6
1967	320	28.0	996	39.1
1968	455	42.2	1,463	46.9
1969	623	36.9	1,824	24.7
1970	835	34.0	1,984	8.8
1971	1,068	27.9	2,394	20.7
1972	1,624	52.1	2,522	5.3
1973	3,225	98.6	4,240	68.1
1974	4,460	38.3	6,852	61.6
1975	5,081	13.9	7,274	6.2
1976	7,715	51.8	8,773	20.6
1977	10,047	30.2	10,811	23.2
1978	12,711	26.5	14,972	38.5
1979	15,056	18.4	20,339	35.8

[자료] 한국은행, 《主要經濟指標》, 1986년 1월 15일.

(1962) 외자의 적극적인 도입을 추진하였던 것이다.17)

네 차례에 걸친 경제개발 5개년계획의 결과 한국경제는 괄목할 만한 성장을 이루었다. 즉, 수출은 1960년의 3,380만 달러에서 1979년에는 150억 5,550만 달러로 격증하였고, 1인당 국민소득도 같은 기간에 81달러에서 1,662달러로 20배 이상 증가하였다. 한편 경제성장률(GNP 성장률)은 1960년부터 1969년까지는 평균 8.5%(1975년 불변시장자격 기준), 1971년부터 1979년까지는 평균 9.5%(1980년 불변시장가격 기준)를 각각 기록하였다.18) 수출상품에 있어서도 1950년대에는 광석류·해산물·기타 식품류가 대종을 이루었던 것이 1960년대에는 의류·신발·합판 등 경공업제품이 증가하였고, 1960년대 말부터는 전기·기계·동판·합성섬유 등이 유망수출품으로 등장하였으며, 1970년대에 들어오면서 점차 중화학공업 제품의 수출이 증대하였다. 수출대상국에 있어서도 미국·일본이 여전히 주종을 이루고 있었지만 점차 세계 각국으로 다변화되는 추세를 보였던 것이다.

그러나 이러한 경제성장정책의 강행은 다른 한편에서 많은 부작용을 빚어내었다. 우선 성장에만 힘을 기울인 나머지 효율적인 분배를 등한시함으로써 빈부의 간격을 심화시키고 사회계층 간의 갈등을 초래하여 수많은 사회문제의 발단이 되었다. 또한 공업 위주의 개발정책은 필연적으로 농업부문의 침제와 농촌의 낙후를 가져왔으며, 이로부터 이농 및 도시인구 집중의 현상이 나타나게 되었다. 한편 이 경제정책이 정부가 설정한 목표아래에서 모든 국가경제가 운영되는 정부주도형의 성장정책이었기 때문에 民間企業들은 자주성을 거의 상실한 채 정부에 예속되었으며, 외국자본과 외국기술에의 의존도가 높아 외채가 증가하였다. 이 밖에도 국제경제의 무역의존도가 너무 높아서 국제경제의 영향을 심하게 받아야 하는 취약점을 내포하게 되었다.19)

공업중심의 경제개발정책으로 농촌의 낙후가 현저해지고 도시와 농촌 간의 사회적·경제적 격차가 더해지기 시작하자 박정희정부는 1970년부터 농촌의 근대화를 위한 새마을운동을 전개하였다.補) 새마을운동은 自立·自助·協同의 기치

17) 국사편찬위원회 편,《韓國現代史》, 탐구당, 1982.
李承潤·洪在暎,《韓國의 經濟的 近代過程》, 광명출판사, 1975.
18) 한국은행 조사제2부,《主要經濟指標》, 1986년 1월 15일.
19) 林鍾哲,〈70년대 한국 경제발전의 평가〉《文學과 知性》1979년 11월.
______,〈官主導型 外延的 成長戰略의 成就와 限界〉《政經文化》1981년 10월호.
鄭英一,〈外向的 經濟發展과 농업정책〉《韓國經濟의 展開過程》, 돌베개, 1981.
全哲煥,〈輸出·外資主導開發의 發展論的 평가〉《韓國經濟의 展開過程》, 돌베개, 1981.
서재진,〈한국자본가계급 기구의 형성과 성격〉《한국사회사연구회논문집》16, 1989.
補) 崔吉城,〈새마을운동과 農村振興運動〉《李炫熙華甲紀念 韓國史論叢》, 1997.

아래 생활태도의 혁신과 환경개선, 그리고 소득증대를 통하여 농촌을 발전시키려는 농촌운동이었다. 이 새마을운동은 농촌에서 시작하여 도시로 확대되어 범국민적인 정신개혁운동으로 발전하였다.

2. 적극외교와 통일정책

박정희정부는 대외적으로 적극외교를 추진함으로써 한국의 국제적 지위를 향상시키는 데 주력하였다. 우선 정부는 1965년 일본과의 국교를 정상화하였는데, 이는 경제개발에 필요한 자금을 일본으로부터 들여오려는 정부의 계산과 미국의 극동전략이 일치하여 이루어진 것이었지만 외교적인 면에서 한국・미국・일본의 3국관계에 새로운 장을 열었다는 데 커다란 의의가 있었다. 또한 정부는 한일협정에 뒤이어 또 한번 국민들의 반대를 무릅쓰고 전쟁 중인 월남에 군대를 파견하였으며(1965), 이어서 미국과 韓美行政協定을 체결하였다(1966). 그리고 1970년대부터는 비동맹국가 및 비적성 공산국가와의 교섭을 통하여 실리를 추구하는 동시에 국제적 지위를 향상시켰다.

이와 같이 적극외교를 추진한 박정희정부는 북한 공산정권에 대해서도 적극적인 정책을 취하였다. 우선 정부는 북한의 무력남침에 대비하여 군사력의 강화에 힘썼다. 특히 1969년 닉슨독트린 선언에 따라 주한미군이 단계적으로 철수하자 자주국방정책을 추진하여 전차・전함・헬리콥타・중장거리 유도탄의 자체생산을 이룩하였고, 또한 장비의 현대화로 전력을 한층 강화하였다.

이러한 군사력 증강을 토대로 하여 박정희정부는 과감한 대북한 교섭을 시도하였다. 1970년 8월 15일, 박정희대통령은 북한에 대해서 통일기반의 조성을 위해 남북 간의 인위적 장벽을 단계적으로 제거할 것을 제의하는 8・15宣言을 하였다. 이는 종래의 대북한 정책에서 크게 선회한 것이었으니, 한국정부가 한반도의 유일한 합법정부라는 종래의 일관된 주장에서 탈피하여 북한정권의 존재와 협상대상으로서의 지위를 인정하고, 다음으로는 한국의 통일문제를 유엔에만 의존하던 종래의 태도를 지양하여 남북한 당사자들 간의 자주적인 해결을 모색하였다는 점에서 그러하였다. 그리고 8・15선언에서 남북한의 체제경쟁을 주장한 것은 통일문제에 있어서 한국정부의 자신감을 표현한 것이기도 하였다.

한편 북한에서는 김일성이 1960년대에 들어서 모든 정적을 제거하면서 그의 1인 독재체제를 확고히 하고 김일성사상을 당의 유일사상으로 규정하기에 이르렀다. 김일성정권은 첫째로 경제성장에 주력하여 1957년부터 1960년까지 실시된 5개년계획(1년 앞당겨 조기달성했다고 함)에서는 전후복구사업을 마무리짓고 공업화를 위한 기반을 구축하는 데 목표를 두었는데, 1961년부터 1967년에 걸친 제1차 7개년계획에서는 중공업의 발달과 함께 경공업 진흥에도 힘썼으나 이는 전면적인 경제침체로 3년 연장되었다(1970). 북한은 이어 1971~1976년의 6개년계획에서 기계공업을 중심으로 이룩한 기술혁명을 전 산업부문에 적용하고 원자재의 자급과 전력 및 광업의 개발에 역점을 두었으나 노동력의 부족과 만성적인 수송난, 석유·석탄 부족으로 인한 화학공업의 부진, 그리고 외채까지 겹쳐 사실상 실패로 끝나고 말았다. 이어 북한은 '주체화·현대화·과학화'에 기초를 둔 제2차 7개년계획(1978~1984)을 수립하여 경제건설과 국방건설, 그리고 주민생활에 필요한 공업제품과 농산물의 자립체제를 구축하는 데 목표를 두었는데 이것도 성공을 거두지 못하였다.[20]

북한은 한국전쟁 후 본격적인 경제개발에 착수한 결과 1960년대 중반까지는 남한보다 월등한 경제발전을 이룩하였다. 그러나 1970년대에 들어와 양자의 경제발전은 역전되고 말았다. 북한의 '주체사상식 자력갱생'정책에 대하여 남한의 '국제자유경제식 수출 제일주의'정책이 압승을 거두었던 것이다.

김일성정권은 휴전 직후부터 평화통일의 구호를 외치면서 남북협상을 제의해 왔다. 그것은 군대 감축과 미군철수 및 중립국 감시 하의 남북 총선거를 내세웠는데, 1960년 4·19혁명이 일어나자 南北聯邦制를 주장하였다. 그러나 북한은 강경한 반공정권인 박정희정권이 수립되자 남북협상론을 후퇴시키고 폭력통일노선으로 선회하였는데, 그것은 대한민국 내에서 자체혁명이 성공하면 그 친공인민정권과 합작하여 통일을 완결한다는 3단계혁명론이었으며, 이에 따라 1960년대 후반에 일련의 대남무력도발을 자행하였다.[21]

그러나 1971년 大韓赤十字社는 북한에 대하여 남북이산가족찾기회담을 제의하였고(1971.8.12), 북한 적십자사가 이에 동의해 옴으로써 남북대화의 전기가 마련되었다. 남북적십자회담은 1972년 8월 평양에서 제1차 본회의가 개최된 것을 시작으로 1973년 7월까지 서울과 평양을 오가면서 일곱 차례의 회담이 열렸고, 이 과정에서 정치회담으로까지 발전하는 성과를 거두었다.

적십자회담으로 협상의 길을 연 남북한 당국은 정치회담을 위한 비밀접촉 끝에 1972년 7월 4일 서울과 평양에서 동시에 7·4共同聲明을 발표하였다. 이 공

20) 이태욱 외, 《북한의 경제연구》, 을유문화사, 1990,
북한은 1987년부터 제3차 7개년계획을 실시하고 있다.
21) 극동문제연구소, 《北韓全書 1945~1980》, 1980.
趙淳昇, 〈북한의 統一政策論〉《民族統一論의 展開》, 형성사, 1984.
梁好民, 〈북한의 人民民主主義 革命路線〉《民族統一論의 展開》, 형성사, 1984.
高秉喆, 〈統一政策과 南北關係〉《北韓의 오늘과 내일》, 법문사, 1982.
申正鉉 외, 《북한의 통일정책》, 을유문화사, 1989.
김학준, 《북한 50년사》, 동아출판사, 1995.
朴彩鎔, 《北韓政治研究》, 세계아기선교출판국, 1995.

동성명은 평화통일의 3대원칙으로서 외세의 간섭없는 민주통일, 무력사용을 배제한 평화통일, 사상·이념·제도의 차이를 초월한 민족적 대단합을 내세웠으며, 통일문제를 협의하기 위한 南北調節委員會의 설치에 합의하였다. 이에 따라 남북한 직통전화가 개설되고, 판문점과 평양·서울에서 차례로 남북조절위원회 공동위원장회의가 개최되었다. 그러나 1973년 6월 23일에 한국정부가 남북한의 유엔 동시가입과 호혜평등의 원칙 하에서 도든 국가에 대한 문호개방을 주된 내용으로 하는 6·23선언을 발표하였고, 같은 날 북한측에서는 남북한이 高麗聯邦共和國의 이름으로 유엔의 단일회원국이 되자는 대안을 제시해 옴으로써 남북 사이의 대화는 난관에 봉착하였다. 결국 8월 28일에는 북한이 남북조절위원회 남한측 대표의 교체와 6·23선언의 철회를 요구하면서 대화를 중단시키기에 이르렀던 것이다.

남북 간의 대화가 결렬된 뒤에도 한국정부는 1974년 1월 북한에 대해서 남북한상호불가침협정을 제안하였으며, 8월에는 불가침협정의 체결, 남북대화의 추진, 토착인구비례에 의한 남북한 자유 총선거 실시 등 평화통일 3대원칙을 발표하였다. 그리고 1979년 1월에는 어떠한 전제조건이 없이 南北韓當局者會議를 통해 평화통일을 위한 제반 문제를 직접 토의할 것을 제안하였다.

그런데 이러한 남북회담 중에 남북한에서 모두 독재체제가 강화 정착되었음이 주목된다. 즉, 북한에서는 1972년 12월에 주체사상을 강조한 사회주의헌법을 제정하여 김일성이 주석에 취임하고 일인 독재와 개인숭배를 더욱 강화시켰으며, 남한에서는 1972년 10월에 10월유신이 단행되어 박정희 대통령의 영구집권이 기도되었던 것이다.[22] 그만큼 남북정권 사이의 통일문제는 더욱 어려워질 수밖에 없었다.

---

22) 金學俊, 〈1970년대의 통일논의－국제정치학적인 평가－〉《反外勢의 統一論理》, 형성사, 1980.
宋建鎬, 〈60·70년대의 統一論議〉《韓國民族主義論》 II, 창작과 비평사, 1983.
文益煥, 〈7·4공동성명 이후의 민족문제〉《民族·統一·解放의 論理》, 형성사, 1984.
梁好民, 〈南北共同聲明의 정치적 의미〉《民族統一論의 展開》, 형성사, 1984.
殷千基, 《韓半島 統一論》, 남지, 1994.

제 3 장
韓國社會의 발전

Ⅰ. 民主政治로의 진전

1. 全斗煥政府의 출범

1970년대 말기의 남한의 박정희 유신체제와 북한의 김일성 주체사상은 한국사로 볼 때 커다란 시련이 아닐 수 없었다. 그러나 10·26사태는 남한에서 새로운 민주정치로 진전하는 계기를 마련해 주었다. 이제 한국사는 민주사회로 발전하는 거보를 내딛게 되었던 것이다.

10·26사태로 장기간의 독재체제가 끝나면서 정치·사회적으로 커다란 혼란이 야기되었다. 유신체제의 마지막 국무총리이던 崔圭夏가 대통령에 취임하여 위기관리내각의 역할을 하였지만, 유신체제에 대한 반발로 사회 각계에서는 자율화의 요구가 증대되어 불안한 상태가 계속되었다. 이 때 박정희 대통령을 시해한 金載圭사건의 합동수사본부장이었던 전두환이 당시 육군참모총장으로 계엄사령관을 겸하고 있던 鄭昇和를 무력으로 체포하는 12·12사태가 일어나 新軍部세력이 부상하기 시작하였다. 1980년 5월 유신잔재세력의 후퇴를 요구하는 대학생들의 시위를 계기로 광주항쟁이 일어나자 신군부는 비상계엄령을 확대하여 이를 진압한 뒤 國家保衛非常對策委員會를 설치하여(1980.6.1) 신군부가 전권을 장악하였다.

8월 16일에는 최규하 대통령이 사임하고 그동안 국가보위비상대책위원회의 위원장으로서 실권을 장악하고 있었던 전두환이 통일주체국민회의에서 제11대 대통령에 선출되었다(1980.8.27). 그리고 1980년 10월 22일에는 임기 7년의 대통령단임제를 골자로 하는 새로운 헌법안이 국민투표를 거쳐 확정되었으며, 이에 따라 기존정당과 정치단체, 그리고 국회와 통일주체국민회의도 폐지되고 새로이 國家保衛立法會議가 국회의 기능을 대신하게 되었다. 1981년 1월에는 民主正義黨·民主韓國黨·民主社會黨·韓國國民黨이 차례로 창당대회를 가졌고, 2월에는 대통령선거인단 선거에 이어 선거인단에 의한 대통령 선거가 실시되어 민주정의당(약칭 민정당)의 전두환 후보가 제12대 대통령에 당선되었다(1981.2.25). 이어서 실시된 국회의원 선거에서도 민정당이 승리함으로써 민정당의 제5

공화국이 출범하게 되었다.

2. 전두환정부의 경제정책

전두환정부는 정의사회의 구현과 민주복지국가로의 발전을 국정지표로 내세웠다. 1970년대의 경제성장과 국가의 발전은 괄목할 만한 바가 있었으나 장기간의 독재체제에 따른 국민들의 민주화에 대한 열망과 함께 소득분배의 불균형에서 오는 빈부의 격차, 그리고 부유층의 사치, 황금만능주의의 사회풍조 등으로 국민의 일체감을 저해하는 요인들이 사회 곳곳에 산재해 있었다. 정부는 이러한 구체제의 부산물을 제거하고 정의로운 民主福祉國家의 건설이라는 목표를 제시하면서 새시대·새사회·새역사의 창조라는 구호 아래 과감한 체제개혁을 표방하였다.

우선 전두환정부는 경제발전을 가장 긴급한 과제로 삼고 1982년부터 새로운 경제계획을 실시하였다. 이 1980년대의 새 경제계획은 1970년대 후반기의 제4차 경제개발 5개년계획에서 양적확대정책을 추구한 것을 반성하면서 장기적인 국민경제의 발전을 도모하는 경제전략이 모색되었으니 그것은 1982년부터 86년까지의 제5차 5개년계획으로 나타나게 되었다.[1] 즉, 1980년대에는 양적성장보다도 국민경제발전의 체질을 개선하고 새로운 경제질서로의 전환을 통하여 국민경제의 장기적인 발전을 위한 기반을 다진다는 기본목표를 세워 우선 명칭부터도 종래의 '經濟開發'에서 '經濟社會開發'계획이라는 이름으로 바꾸었다. 이리하여 고도성장에 따른 부작용을 최소화하기 위하여 소득분배의 불균형을 개선하고 국민복지의 수준을 향상시키는 것에 역점을 두었다. 제4차계획의 기본이념인 '成長·능률·衡平'에 대신하여 제5차계획에서는 '安定·능률·均衡'을 제시한 것은 이제 성장보다도 안정을 추구하고 드 소득분배의 균형을 가장 큰 목표로 삼았음을 나타내는 것이었다.

이 제5차 계획은 대체적으로 보아 성공적으로 완수되었다고 하겠다. 경제성장에 있어서는 계획기간 동안 연평균 7.9%의 성장률을 달성하여 당초목표인 7.5%를 상회하였고, 이에 따라 1인당 국민총생산(GNP)도 당초의 2,226달러를 초과하여 2,300달러에 달하게 되었다. 또한 수출의 지속적인 신장과 수입증가율의 감소로 국제수지도 지금까지의 적자가 계속 축소되어 1986년을 고비로 경상수지가 흑자로 전환됨으로써 86년에는 46.2억달러 규모의 흑자를 나타나게 되었

1) 朱鶴中, 〈새로운 경제질서의 모색과 향후 한국경제에 대한 전망(1982~)〉《現代韓國經濟史》, 한국정신문화연구원, 1987.
趙 淳, 〈韓國經濟發展 四十年－그 特性과 問題點－〉《經濟論集》 27-4, 서울대, 1988.

으며, 외채도 점차 감소의 추세를 보여 1986년에는 전년에 비하여 23억달러가 줄어들었다.[2] 이리하여 전두환정부 후기에는 물가의 안정과 수출초가·경상수지흑자의 성과를 기록하기에 이르렀다.

제 5 차 경제사회발전 5개년계획 국제수지

	수 출	수 입	차 액	외 채 총 액
	(백만달러)	(백만달러)	(백만달러)	(억달러)
1982	21,853	24,251	−2.398	371
1983	24,445	26,192	−1,647	404
1984	29,245	30,631	−1,386	431
1985	30,283	31,136	−0.853	468
1986	34,714	31,584	3,130	445

3. 전두환정부의 치적

한편 제5공화국은 적극적인 외교정책을 추진하여 한국의 국제적 지위를 상승케 하였다. 그 단적인 표현이 1986년의 아시안 게임과 1988년의 올림픽의 개최국으로 결정된 사실이었다. 이러한 한국의 국제적 지위상승에는 대통령의 방문외교 및 정상초청외교가 큰 힘이 되었다. 대통령은 1981년과 1985년 두 차례에 걸쳐 미국을 방문하고, 1982년에는 아프리카, 1986년에는 유럽을 순방하여 외교적인 성과를 거두었던 것이다.

정부의 경제성장과 물가의 안정, 그리고 수출증진을 위한 정책이 비교적 성공적으로 추진되고 국제적 지위가 상승되는 속에서도 많은 문제점이 제기되었다. 정부의 부조리 척결을 위한 사회정화 노력에도 불구하고 실제로는 대통령 친인척의 비리가 자행되고 대통령 스스로가 막대한 정치자금을 조성하여 축적하였으며, 한편에서는 반체제운동이 민주화운동과 연결되어 추진됨으로써 정치적 혼란을 야기시키기에 이르렀다. 이에 대하여 정부는 자유민주주의가 국가발전의 기본이념임을 밝히고 1984년에는 그동안 학원문제 내지 체제문제와 관련하여 학원을 떠났던 학생과 교수를 복교·복직시키고 정치활동금지자에 대한 해금을 실시하였으며, 장기집권에 대한 국민의 의구심을 해소시키기 위해 전두환대통령은 헌법에 명시된 단임정신을 강조하고 1988년의 정권교체를 확인하였다.

이러한 분위기 속에서 해금된 정치인을 중심으로 1985년 1월 新韓民主黨이 창당되었으며, 12대 국회의원 선거에서는 여당인 민정당, 야당인 신한민주당·민한당·국민당 등이 선거운동을 시작하였다. 선거운동에서는 개헌문제·광주항쟁문제·외채문제·금융부정문제 등이 제기되어 국민의 관심이 고조되는 속에

2) 한국은행, 《조사통계월보》, 1988년 5월.

서 2월 12일 총선거가 실시되었다. 선거 결과 여당인 민주정의당은 계속 제1당의 의석을 확보하였지만, 제1야당이었던 민한당이 참패하고 대신 강경노선을 내걸은 신당인 신한민주당이 제1야당으로 자리를 굳히게 되었다. 이러한 선거결과는 제5공화국의 공과에 대한 국민의 여론이 반영된 것으로서 현체제의 유지에 따른 안정과 더불어 새로운 개혁을 요구하는 국민적 여망이 함께 나타난 것이었다.

제5공화국 출범 이후에도 통일에 대한 논의는 계속되었다. 정부는 평화통일의 기본방향을 유지한 채 남북대화를 위한 노력을 그치지 않았다. 1981년 1월 남북한당국 최고책임자의 상호방문을 제의한 대통령은 6월 5일 남북한 정상회담의 조속한 개최와 남북한 사회를 완전 개방할 것을 제의하였고, 다시 1982년 1월 민족화합·민족통일방안으로서 民族統一協議會를 구성하여 통일헌법을 제정하자는 제의를 하였다(1·22제의).

이러한 평화적 통일을 위한 다각적인 노력에 대한 북한은 종래의 주장이었던 고려연방제의 구성을 고집하고 미국과의 직접 교섭을 주장하면서 대화에 응하지 않고 있었다. 김일성은 1980년 10월 10일 평양에서 열린 제6차 당대회에서 남한에 대해 종래의 남북한연방국가제의 실시를 거듭주장하면서 '고려민주연방공화국'을 국호로 하는 비동맹중립국화를 제의하였다. 한편 이 당대회에서는 권력구조의 개편이 이루어졌으니, 전반적인 세대교체가 진행되는 가운데 김일성의 장남인 金正日이 권력의 핵심으로 등장하면서 김일성·김정일의 부자세습체제가 성립되었다.

그러나 한국정부는 1984년 여름 일부 지역의 수해에 대하여 구호품을 보내겠다는 북한의 제의를 수락하고, 북한의 쌀과 옷감을 적십자사를 통해 인수함으로써 남북대화의 길이 트이게 되었다. 이에 1973년 결렬되었던 남북적십자회담이 12년 만인 1985년 5월부터 서울과 평양에서 번갈아 세 차례 개최되었으며, 9월에는 이산가족 고향방문단과 예술공연단이 각각 평양과 서울을 상호 방문함으로써 분단 40년 만에 처음으로 민간인의 교류가 이루어졌다. 또한 1985년에는 전년에 이어 모두 다섯 차례의 남북경제회담이 있었고 남북국회회담의 예비접촉과 남북체육회담(스위스 로잔느) 등 활발한 남북대화가 전개되었다. 그러나 북한은 서울 올림픽의 공동개최를 요구하여 국제올림픽위원회의 주선하에 몇 차례 남북회담을 열었으나 합의를 보지 못하였고 오히려 1987년에는 대한항공기 폭파사건을 일으킴으로써 남북관계는 가장 어려운 상태에 들어가게 되었다.[3)]

3) 李相禹 외, 《북한 40년—'朝鮮民主主義人民共和國'의 특성과 변천과정—》, 을유문화사, 1988.

전두환정부는 쿠데타로 세운 군사정권임을 부정할 수 없지만 그 안에는 점차 민주정치로 넘어가는 기운이 감돌고 있었다. 본인이 박정희정권에서 태생한 신군부이고 통일주체국민회의에서 선출된 이른바 '체육관대통령'이란 점에서 그 정통성이 결여되었지만 한국헌정상 최초로 대통령단임제를 실천하였고 또 대통령직선을 약속한 6·29선언을 기획하였다는 점에 군사정권에서 민주정치로 진전하는 일보를 내딛게 된 것이다.

4. 노태우정부의 성립

제5공화국은 그 후기에 국내외로 다난한 문제를 안고 있었다. 1987년의 대통령선거를 앞두고 야당은 군정종식과 민주화를 주장하고 학생들은 반체제데모를 계속하였으며, 국제사회에서도 한국의 인권문제가 논란의 대상이 되었다. 이제 한국의 정치계는 어떤 변화가 일어나지 않을 수 없었으며 1987년은 바로 변화의 해가 되었던 것이다.

1987년 한국현대사는 커다란 전환기를 맞이하였다. 민정당정권에 대한 강경노선을 주장한 신한민주당의 金泳三·金大中系가 새로이 統一民主黨(약칭 민주당)을 창당하여 강력한 민주화운동을 전개하면서 국민여론이 격화되자 민정당 대통령후보로 지명된 노태우는 6월 29일 대통령 직선제를 골자로 한 민주화추진을 선언하기에 이르렀다(6·29 선언). 이에 따라 새로이 신헌법이 제정되고 12월 12일 직선제에 따른 대통령선거를 실시하게 되었다. 그러나 김대중계가 김영삼 총재의 통일민주당에서 탈퇴하여 새로이 平和民主黨 (약칭 평민당)을 창당하고 각각 독자 출마함에 따라 대통령선거는 민정당의 노태우후보의 승리로 돌아가고 말았다.[4)]

1988년 2월 새로 출범한 노태우정권은 4월에 실시한 국회의원총선에서 성공적인 결과를 얻지 못함으로써 정치적 난관에 봉착하였다. 즉, 이 때 집권당인 민정당이 과반수의석을 차지하는 데 실패하여 민정당 125, 평민당 70, 민주당 59, 공화당 35의 의석분포가 됨으로써 국회는 4당체제로 운영되게 되었다. 그러나 이것이 오히려 민정당의 일당독재를 막고 다당제에 따른 민주정치를 시행하는 데 좋은 계기가 되었다.

이리하여 노태우정부는 새로운 개혁정치의 의지를 표명하여 우선 군정이라는 국민여론을 불식하기 위하여 민간주도형의 민주정치를 실천하고 지역감정의 해소에 따른 국민화합의 풍토를 조성하는 데 힘쓰며 경제발전과 사회안정을 추구할 것임을 표명하였다. 또한 노태우대통령은 새로운 시대적 요청에 따라 과감한

4) 전두환정부는 제5공화국이라 하고 노태우정부는 제6공화국이라 한다.

통일정책을 제시하였으니, 그것은 1988년 7월 7일에 발표한 '민족자존과 통일번영을 위한 대통령특별선언'인 이른바 7·7선언이었다. 여기서 노태우대통령은 남북동포의 상호교류, 남북교역, 그리고 남북 대결외교의 종식 등 6개항을 제의하였으며, 이어 정부는 이산가족의 상봉, 남북학생의 상호교류를 제시하였다.

노태우정부는 경제발전에도 주력하였으니 그것은 1988년 7월 제6차 경제사회발전 5개년계획(1987~91)을 수정한 점에서 나타났다. 즉, 이 수정계획에서는 경제정책의 기조를 국민복지증진과 분배개선, 사회적 형평을 도모하는 데 역점을 두고, 5개년계획이 끝나는 1991년 말에는 1인당 국민소득을 5,500달러로 끌어올리고 수출 795억달러, 수입 765억달러로 30억달러의 무역흑자를 내며, 총외채 230억달러에 대외자산 265억달러로 오히려 35억달러의 債權國이 된다는 것이었다.

노태우정부는 1988년 가을 서울올림픽대회를 성공적으로 수행함으로써 국력신장의 획기적인 계기를 마련하였다. 비록 북한과의 공동개최가 실현되지는 못하였으나 세계 160개국이 참가한 대규모의 인류제전을 개최함으로써 대내적으로 국민의 일체감을 조성하였고, 대외적으로는 국제적인 지위를 향상시키고 특히 공산권국가와의 외교·무역면의 성과를 거둘 수 있었다. 또한 10월에 노태우대통령이 미국을 방문하여 한미 정상회담을 열고 유엔에서 연설을 함으로써 한국의 국제사회에서의 위치는 더욱 높아지게 되었다.

5. 노태우정부의 치적

노태우정부는 1989년에 내외적으로 커다란 변화를 닺이하게 되었다. 이미 80년대 중반부터 소련에서 조성된 개혁추진분위기는 고르바초프 공산당서기장의 페레스트로이카(개혁)정책으로 나타났고 이는 헝가리·폴란드 등 동유럽국가에도 파급되었는데, 89년에는 이에 이어 동독·체코·불가리아·루마니아 등 동유럽에 민주화바람의 대변혁이 휩쓸게 된 것이다. 그 해 12월에 미국·소련의 정상이 몰타회담에서 冷戰의 종식을 선언한 것은 이러한 세계적 추세의 결과였다.

이러한 공산권의 몰락과 동서냉전의 화해분위기는 그 후 급속도로 진행되었다. 1990년 2월 고르바초프는 공산당의 1당독재에 종지부를 선언하고 3월에 대통령에 취임하였으나 결국 91년 12월에는 러시아공화국 옐친대통령에 의하여 '독립국가연합'이 결성됨으로써 소련은 소멸되고 고르바초프대통령도 사임하는 큰 변혁이 일어났다. 동·서독도 90년 5월 화폐경제·사회통합협정에 대한 단일경제·사회체제로의 출발을 협정하더니 드디어 91년 10월에는 아예 동독이 서독에 흡수되는 독일통일의 결과로 귀착되었다.

이러한 세계사의 변혁은 한국의 대외관계에도 큰 변화를 초래하였다. 1989년에 동유럽의 헝가리·폴란드와 대사급외교관계를 맺었으며, 소련과도 영사관계 수립 의정서가 체결되었고 1990년에는 대사관계로 수교가 이루어졌다. 노태우대통령이 1990년 12월에 소련을 방문하고 91년 4월 고르바초프가 내한하여 한·소정상회담을 가지기에 이르렀다. 1992년 8월 韓中修交에 따른 대사관계수립의 성과는 당연한 귀결로 우리 나라 북방외교의 승리를 뜻하는 것이었다.

이와 같은 세계정세의 변화는 북한과의 관계에도 영향을 미치게 되었다. 소련 및 동유럽공산권의 몰락에도 불구하고 사회주의체제를 고수하고 개방을 거부한 북한도 1990년 7월 南北高位級會談 개최에 동의하여 9월에 제1차 총리회담이 서울에서 열리고 10월에는 제2차 회담이 평양에서 열렸으며, 91년 9월에는 남·북한이 함께 유엔에 정식 가입하고 노태우 대통령이 유엔총회에서 기조연설을 하였으며, 12월의 제5차 고위급회담에서는 '남북사이의 화해·불가침 및 교류·협력에 관한 기본합의서'에 이어 92년 8월에는 부속합의서까지 서명 채택되기에 이르렀다. 그러나 북한에서는 1991년에는 김정일이 인민군최고사령관에 추대되고 김일성이 大元帥에 뒤이어 92년에는 김정일이 원수에 진급됨으로써 군사위계조직이 강화되어 세습정리작업이 마무리되었다.

북한의 정세도 90년대에 들어 크게 변화하였다. 특히 1994년 김일성이 사망하여 그의 아들 김정일이 후계자가 되었으나 아버지와 같은 카리스마적 권위의 부족과 만성적인 경제적 빈곤은 그 지도력을 약화시켰으며, 북한과 미국의 핵합의에 따른 회의의 지연과 남북한 고위급회의의 고착은 양자의 긴장관계를 해결하지 못하고 있는 형편이다. 현재 북한에는 노동당외에 조선민주당이 81년에 개명한 조선사회민주당과 조선천도교청우당의 두 당이 있으나 이는 노동당의 꼭두각시에 불과하며 김정일의 노동당 일당독재는 북한주민의 인권을 억압하고 식량부족에 따른 기아는 그들의 처지를 더욱 어렵게 하고 있다. 그러나 나진·선봉 자유경제무역특구의 개발 등 점차적인 개방화 정책은 그들의 두꺼운 공산독재의 벽을 허물 것으로 기대된다.

60년대 남한을 압도한 북한의 경제발전은 70년대에 남한에 역전된 상황에 이르렀는데, 이는 80년대에 들어와 보다 현격한 차이를 초래하고 말았다. 남한의 경제발전계획이 성공적으로 수행된 데 반하여 북한의 경제개발계획은 제대로 달성하지 못하였기 때문이었다. 1987년부터 시작된 제3차 경제개발7개년계획도 실패로 돌아가 경제적 어려움은 더하여 갔다. 그것은 1992년도의 북한 중요 공산품 생산량이 1976년의 최종년도의 목표액에도 미치지 못한 점으로 알 수 있다. 한 예로 발전량을 보더라도 1976년 목표액이 280~300억KWH였는데 1992

년의 실제 발전량은 오히려 247억KWH로 줄어들었고, 석탄도 76년 목표액의 55~58.4%(92년)에 그치고 철강도 45~47%, 곡물은 57~61% 밖에 미치지 못하고 있는 형편으로, 오히려 90년대에는 마이너스성장을 이루고 있다. 북한의 경제적 곤란은 대외적 무역량의 감소에서도 알 수 있는데, 1978년 총무역액이 20억 여달러였는데 16년 후인 1994년에는 오히려 18억여달러로 감소하고 있는 형편이다.5)

제6공화국은 정치판도에도 커다란 변화가 이루어졌다. 1990년 2월에 집권당인 民正黨과 야당인 統一民主黨(김영삼)·共和黨(김종필)이 民主自由黨(약칭 民自黨)으로 합당함으로써 여소야대의 장애가 해결된 것이다. 이에 자극받은 야당은 김대중의 평화민주당(평민당)이 新民黨으로 개편되고 다시 91년 9월 민주당의 잔류파(李基澤)와 합당하여 새로이 民主黨을 결성함으로써 정계는 민자당과 민주당으로 나뉘게 되었다. 그러나 92년 3월 총선거에는 새로이 鄭周永의 統一國民黨이 참여함으로써 국회는 3당 체제로 바뀌었다. 90년 12월에 국회에서 지방자치제법 개정안이 의결되고 이듬해 지방의회의원선거가 실시되어 30년만에 지방자치제가 복구되게 된 것도 정치의 발전을 뜻하는 것이었다.

◇ 남북한 경제지표 비교(94년)

그 분	단 위	남 한	북 한
인 구	만명	4,445.3	2,295.3
경 상 GNP	억달러	3,769	212
1 인 당 GNP	달러	8,483	923
경 제 성 장 률	%	8.2	−1.7
무 역 총 액	억달러	1,983.6	21.1
(수 출)	억달러	960.1	8.4
(수 입)	억달러	1,023.5	12.7
총 외 채	억달러	568.5	106.6
(순외채)	억달러	103.1	−
예 산 규 모	억달러	538.2	188.8
군 사 비	억달러	130.3	56.6
석 탄 생 산	만톤	744	2,540
발 전 량	억kWh	1,650	231.1
원 유 도 입 량	만톤	7,803	91
곡 물 생 산	만톤	574.4	412.5
철 광 석 생 산	만톤	19.1	458.6
자 동 차 생 산	만대	231.2	1.0
강 철 생 산	만톤	3,374.5	172.8
시 멘 트 생 산	만톤	5,073.0	433.0
철 도 총 연 장	km	6,559	5,112
도 로 총 연 장	km	73,833	23,219
항 만 능 력	만톤	27,620	3,501

제6공화국은 경제면에서 어려움을 겪었다. 국민총생산(GNP)은 해마다 증가하고 성장률도 높은 편이었으나 수출과 수입량에서 다시 적자로 돌아서게 된 것이다. 고임금에 따른 국제경쟁력의 하락은 해외수출을 감소케 한 데 대하여 수입자유화에 따른 무분별한 수입 증가는 몇년만의 모처럼의 수출초과를 다시 수입초과로 바뀌게 한 것이다. 이것은 역시 노태우대통령의 무능에 따른 결과였으며 그의 막대한 비자금축적과도 무관하지 않았다.

5) 김학준, 〈체제 붕괴 위기감속의 북한〉《북한 50년사》, 동아출판사, 1995.

국민총생산과 성장률

	국 민 총 생 산	1인총생산	성 장 률
1989	2,112억달러	4,994달러	6.8%
1990	2,422 〃	5,659 〃	9.3%
1991	2,808 〃	6,498 〃	8.4%

수출과 수입량 (단위 ; 백만달러)

	수 출 량	수 입 량	차 액
1989	62,377	61,465	+912
1990	65,016	69,844	−4,828
1991	71,870	81,525	−9,655

[자료] 한국은행 국민계정.

이들 표에서 나타나는 바와 같이 국민총생산과 1인당총생산은 매년 증가하여 1991년에는 국민총생산(GNP) 2,808억불, 1인당 총생산이 6,498불에 올랐으나 국제수지는 89년의 수출초과에서 90년 이후 수입초과로 반전되어 91년에는 무려 96억불을 넘는 적자에 이르게 되었다. 이것은 한국경제가 무역면에서 후퇴하였음을 뜻하는 것이었다.

노태우정부는 대통령 본인이 신군부의 한 사람으로 군인출신이며 그 정치권력을 전두환의 제5공화국에서 인계받았음은 사실이지만 그는 엄연히 국민직선에 의하여 선출된 대통령이다. 이는 전두환이 통일국민회의에서 선출된 점과 다른 것으로 민주정치로 보다 일보 발전하였음을 뜻한다. 한국의 현대사회는 점차 민주주의를 향하여 진전되고 있음을 엿볼 수 있는 것이다.

II. 새 시대의 개창

1. 문민정부의 출발

1992년은 제14대 대통령선거의 해였다. 이번 대통령선거에는 모두 8명의 후보가 나섰는데, (1명은 중도 하차로 7명이 됨) 그 중 민주자유당의 金泳三, 민주당의 金大中, 통일국민당의 鄭周永이 치열한 경합 속에 각축을 벌이었다.

이번 대통령선거는 가장 공정하고 자유로운 분위기 속에서 진행되었다. 노태우 대통령은 대통령선거의 공정을 기하기 위하여 스스로 민자당 당적을 버리고 玄勝鍾을 국무총리로 하는 중립내각을 수립하였다(1992.10). 따라서 대통령선거는 관권의 개입이 없는 속에서 공정하게 진행되었는데 결국 김영삼 후보가 997

만여표로 42%의 지지를 얻어 2위의 김대중 후보를 193만여표의 큰 차로 압승을 거두었다. 이러한 김영삼 후보의 압승은 '안정 속의 개혁'을 바라는 국민의 의사를 반영한 것이었다.[6]

14대 대통령선거는 여러 면에 걸쳐 종래의 선거에 비하여 진전된 면모를 보였다. 비록 일부 金權의 문제가 제기되고 또 고질적인 지역성이 여전히 표출되었지만 그래도 중립내각에 의한 공정선거였다는 점은 큰 성과였다. 특히 선거 후 패배한 김대중·정주영 후보가 겸허히 선거에 승복하고 승리자에 축하를 전한 것은 선거문화의 성숙을 표시한 것이었다.

1993년에 새로 출범한 신정권의 역사적 의의는 자못 크다. 그것은 과거 32년간의 군인정치에서 새로운 민간인대통령이 탄생하여 文民政治가 시작되었기 때문이다.[7] 朴正熙정권은 전형적인 군사정치였으며 특히 후기의 유신체제는 군사정권의 극을 이룬 것이었다. 그 후의 전두환정권은 박정희정권의 태생물로 신군부에 의한 군사통치였지만 그는 단임대통령제를 이행하였다는 점에서 민주화로 일보 전진한 것이었다. 노태우정권은 같은 군인 출신이란 점에서 종래의 군사정치의 범주를 벗어나지 못하였으나 6·29선언에 따른 직선제에 의하여 대통령에 당선되고 재임기간 중 문민정치를 지향하였으며 특히 그 후계자를 지명제가 아닌 민주적인 경선에 따르게 하였다는 점에서 민주정치에의 길에 이바지하였다. 이리하여 새로이 자유로운 직선제에 따라 민간인 출신의 신정권이 수립된 것은 한국민주주의의 발전을 뜻하는 것이라 할 수 있다.

이러한 문민정치의 출발은 곧 정권의 정통성을 되찾은 것이었다. 종래의 군사정치는 자유로운 선거에 의한 국민의 의사보다도 무력에 따른 혁명적인 정권의 수립이라는 점에 정통성이 결여된 것이었다. 다만 노태우정권은 그가 군인출신이면서도 직선에 따라 대통령에 당선되었다는 점에서 일단 정통성 시비를 극복할 수 있었으나 이번 14대 대통령은 순수 민간인대통령이 직선에 따라 선출되었기 때문에 확실히 정통성을 확립하게 된 것이다.

2. 김영삼정부의 개혁정치

제14대 대통령선거로 김영삼이 승리하고 1993년 대통령에 취임하자 정계는 크게 변전하였다. 우선 선거에서 패배한 김대중과 정주영이 정계에서 은퇴하고 대신 李基澤이 민주당, 金東吉이 국민당의 대표로 바뀌었는데 미구에 新政黨과

6) 김영삼정부도 헌법상 노태우정부인 第6공화국의 연속이다. 따라서 현재의 김영삼정부도 第6공화국에 속한다고 하겠다.

7) 韓培浩, 〈軍事政權에서 民主政權으로〉《韓國政治變動論》, 법문사, 1994.

합당하여 新民黨으로 바뀌어 김동길·朴燦鍾이 공동대표가 되었다. 또한 여당인 민주자유당 안에서도 舊民正系의 중진들이 탈퇴하여 세력구조에 변화가 나타나 이제는 舊民主系가 민자당의 당권을 장악하여 새 정권의 주체가 된 것이다.

새로이 출범한 김영삼정권은 '변화와 개혁, 그리고 전진'의 기치를 내걸고 신한국의 창조를 위한 개혁정치에 착수하였다. 그 첫째는 민주정치의 구현이었다. 이것은 김영삼정권이 순수한 문민정부란 점에서 당연한 일이었다. 종래 정치에 깊이 관여한 안전기획부의 정치개입방지법의 입법이나 군의 정치 불개입의 태도 표명은 그 단적인 표현이었다. 청와대 앞길과 인왕산 등산길의 개방이나 청와대 모임에서의 칼국수·설렁탕 점심식사 등은 종래의 권위주의에서 벗어나 국민과 호흡을 함께하는 서민대통령의 인상을 국민들에게 안겨주었다.

둘째로 들어야 할 개혁정치는 부정·비리의 척결이었다. 종래 군사정권에서 뿌리깊게 사회 각계에 만연된 부정 부패를 과단성있게 파헤침으로써 국민들로 하여금 신뢰성을 회복케 하였다. 고위공직자의 재산공개로 부정 부패자를 인책 처벌하고 栗谷事業(무기구입사업)의 비리를 파헤치며 공무원에 대한 司正改革으로 건전한 사회기강을 확립하는 데 성공하였다. 또한 광범하게 만연된 세금착복의 공무원을 과감하게 파헤친 것도 신정부업적의 하나였다.

셋째는 새로운 신경제정책의 착수였다. 그 단적인 사업이 1993년의 금융실명제의 실시였다. 모든 금융관계를 실명으로 전환케 함으로써 사회정의의 실현과 경제의 활성화를 도모하였다. 또한 8월부터 11월에 걸쳐 개최된 대전엑스포(EXPO, 세계박람회)는 한국경제의 세계적 위상을 올리게 하였다. 이 신경제정책은 물가를 억제하고 임금을 통제하며 수출을 증진케 하여 한국경제를 한 단계 높이려는 데 목적을 두었다. 특히 亞太경제협력체(APEC)에서의 주도적 역할과 1995년부터는 새로이 세계무역기구(WTO)가 출범하고 세계시장이 일원화함에 따라 한국 수출시장은 보다 넓게 되었다.

넷째는 지방자치제의 실시에 따른 '지방화'의 추진이다. 김영삼정부는 1995년 4대 지방선거를 치러 본격적인 지방자치시대에 들어가게 되었다. 즉 이 때 광역 및 기초지역의 단체장과 의회의 지방선거가 함께 실시되었는데, 이러한 지방자치제의 실시는 종래의 중앙집권에서 벗어나 정치가 그만큼 성숙되었음을 뜻하는 것이었다.

다섯째는 외교적인 대외정책의 추진이었다. 김영삼정부는 1995년을 '세계화'의 원년으로 삼고 한국의 세계적 지위를 제고하는 데 힘쓰고 있다. 그리하여 김영삼대통령은 1995년까지 여러 차례에 걸쳐 외국순방을 거듭하여 가까운 일본·중국과 멀리 미국·캐나다·호주·동남아·유럽 여러 나라와 정상회담을 여는 업적을 쌓았는데 특히 미국에는 세번이나 방문하여 대미・대유엔 외교의 중요성을 나타냈다. 1995년 한국이 1996년부터 2년간의 유엔비상임이사국에 선출된 것도 커다란 외교적 성과였다. 1994년 북한에서 김일성 주석이 사망하고 그 아들 김정일이 후계자로 등장하였지만 양자 사이에는 '핵'둔제를 둘러싼 대립이 해소되지 않고 있으며 다만 1995년 한국의 쌀 제공이 이루어졌을 따름이다.

김영삼정부의 개혁정치는 한마디로 말하여 민주정치의 실현에 의한 '신한국의 창조'라 할 수 있다. 그는 종래의 역대 대통령과 달리 문민정부의 주인공으로 한국의 국력을 제고하는 데 전력을 기울이고 있는 것이다. 그러나 한국의 정치계는 여전히 집산을 거듭하며 변전을 거듭하는 실정이다.

우선 1995년에는 여당인 민주자유당 안에서 큰 변동이 일어났다. 민주자유당의 대표였던 김종필이 탈당하고 새로이 자유민주연합(약칭 자민련)을 창설하여 총재로 선출됨으로써 분파가 일어났다. 반면 제일 야당인 민주당은 새한국당(이종찬)과 재야세력인 통일시대국민회의(김근태)와 통합하여 그 세력을 강화하였으며, 신민당은 공동대표였던 김동길과 박찬종이 대립 끝에 함께 사퇴하여 새로이 金復東이 대표로 선출되었는데 미구에 자미련과 합방하여 이들 민주자유당・민주당・자민련이 6월의 4대 지방선거에 임하였다. 그러나 1995년의 지방선거는 지역할거의 구폐가 재현된채 영남지방의 민자당, 호남지방의 민주당, 충청지방의 자민련으로 귀착되고 특히 서울시장이 민주당의 趙淳 후보가 당선됨으로써 여당인 민자당은 참패를 당하였다. 이것은 김영삼정권에 대한 중간평가의 성격을 지닌 것으로 장차 정계의 변화가 예견되는 것이다.

결국 지방의회 선거의 결과는 또한번의 정치권의 변화를 초래하였다. 이 선거에서의 승리에 고무된 金大中이 정치에 복귀하여 민주당에서 탈당 '새정치국민회의'를 결성하고 총재에 취임, 다음 大選을 엿보기에 이른 것이다. 이에 약화된 민주당도 또한 이기택파와 救黨派로 분립하더니 결국 이기택이 물러나고 개혁신당과 합당하는 등 정계는 난맥을 거듭하기에 이르렀다. 따라서 1995년의 정계는 민자당・새정치국민회의・민주당・자민련으로 분립하고 또한 재야세력 및 소장진보세력의 정당화작업으로 정치싸움을 벌이는 결과를 초래하였다.

1995년 말에는 정치계를 뒤흔들은 일대사건이 발생하였는데 그것은 노태우・전두환 두 전대통령의 구속이다. 노태우 전대통령이 비자금문제로 구속되고 또한 전두환 전대통령도 군사반란죄로 구속된 것이다. 즉, 노태우 전대통령은 5,000억원의 정치자금을 조성하여 1,700억원을 남겼다고 밝힘으로써 그것이 여당뿐 아니라 야당에도 일부 수여된 사실이 밝혀져 이는 정치계 뿐 아니라 비자금을 준 경제계에까지 큰 영향을 끼쳐 그의 측근세력과 일부 재벌총수의 구속사태까지 몰아가고 여당과 야당은 정치자금 수수를 서로 비난하면서 정쟁으로 비화되었다. 마침내 전두환·노태우 전대통령에 대한 12·12사건과 5·18 광주민주화운동 탄압에 대한 내란죄로 사형과 중벌이 언도되어 한국의 정계를 소용돌이 속으로 몰아넣게 되었다.

이 사건으로 타격을 받은 민자당은 국민에 대한 이미지 쇄신을 위하여 민자당명을 신한국당으로 바꾸고 당의 조직체계를 개편하여 민심을 수습하고 또한 5·18특별법 제정을 공표하며 1996년의 총선에 대비토록하였으나 한국의 정치계는 이제 새로운 국면으로 접어들게 되었다.

1996년 4월에 실시된 제15대 총선에서 신한국당이 과반수의석 확보에는 실패하였지만 수도권에서의 약진에 힘입어 예상외의 성과를 거두는데 성공하였다. 이것은 야당의 분열과 정국의 안정을 희구하는 중간층의 지지를 얻었기 때문이었다. 이번에도 고질적인 지역주의가 팽배하여 결국 정계는 신한국당·국민회의·자민련의 3당체제로 굳어졌지만 이제 정치권은 정계의 개편과 함께 다음 大權구도에도 변화를 초래할 것으로 전망된다.

총선후 신한국당은 무소속 및 타당의원을 영입하여 과반수의석 확보에 성공하였고, 대외적으로 UN비상임이사국에 진출하고 2002년 월드컵 한·일공동유치에 성공하였으며 대통령의 중남미순방으로 국제적 위상이 높여졌지만 대내적으로는 수입초과에 따른 국제수지악화와 경제성장률의 하락, 그리고 물가폭등 등으로 경제적 어려움에 직면되고 또 일부 좌경화된 학생단체인 한총련사건의 폭발 및 강릉지역에 대한 북한 무장공비의 침투사건, 그리고 다음 大選을 둘러싼 정쟁으로 혼란은 더해가고 있는 형편이다.

그러나 김영삼정부의 가장 커다란 실책은 국가경제를 파탄에 떨어지게 한 것이다. 대통령의 무능은 1997년 외환위기를 빗게 하여 마침내 IMF(국제통화기금)의 외환대부를 받고 경제는 급격한 하강국면에 들게하여 많은 기업이 도산되고 막대한 실업자를 낳게한 것이다. 여기에 김영삼대통령의 아들 김현철의 이권개입과 권력남용이 부가하여 실패한 대통령이라는 낙인을 찍게 하고 급기야는 다음 대통령선거에서 집권당의 패배라는 쓰라린 결과를 초래하게 하였다.

3. 평화적인 정권교체

1997년은 15대 대통령선거의 해였다. 우선 집권당인 신한국당은 대통령후보를 경선에 의하여 선출하였는데 결국 李會昌이 후보로 뽑혔고 국민회의는 전과 같이 김대중을 추대하였으며 또한 신한국당 경선에서 패배한 이인제가 '국민신당'을 만들어 입후보하였다. 이 사이에 정당간의 이합집산이 진행되어 조순의 민주당이 한나라당에 통합되어 이회창을 밀었고 자민련의 김종필은 내각제 개헌을 전제로 김대중과 연대함으로써 15대 대선은 한나라당 이회창, 국민회의 김대중, 국민신당 이인제의 3파전으로 전개되었는데 결국 국민회의 김대중이 이회창과의 경합 끝에 승리를 거두었다.

그러나 1997년 12월은 한국경제가 가장 어려운 역경에 처한 때가 되었다. 김영삼정부의 경제정책 실패와 외환관리 실책은 결국 IMF사태를 맞이하고 만 것이다. 이로 인하여 외환의 고갈과 환율의 상승으로 한국경제는 위축되어 많은 기업이 도산되고 실업자가 양산되는 결과를 초래하여 1998년도는 −5.8%의 성장률을 기록하기에 이른 것이다.

김영삼정부 5년의 통치는 한마디로 무능과 실패의 계속이었다고 할 수 있다. 우리가 그렇게 갈망하던 문민정부였지만 그는 독선적이고 권위적이며 전시효과만을 노렸지 국력의 신장이나 경제의 발전에는 실패하였으며 이것이 곧 야당인 김대중의 당선과 IMF 사태의 원인을 제공한 것이다.

1998년 김대중정부의 출범은 우리 헌정사상 초유의 선거에 의한 정권교체라는데 그 의의가 컸다. 이것은 바로 우리 나라 민주주의의 승리이며 한국사 발전의 표징이었다. 이와 같이 한국의 역사는 일보 일보 민주주의를 향하여 부단하게 전진하였던 것이다.

김대중정부는 새로운 개혁을 시도하여 문민정부에서 '국민의 정부'라고 차별화하여 화합과 도약을 지표로 삼아 '제 2 의 건국'이란 구호 밑에 경제안정에 노력하고 있다. 그러나 김대중정부의 앞날은 결코 순탄치만은 않다. 경제적으로 IMF체제의 극복이라는 대전제가 기다리고 있고 정치적으로는 야당인 한나라당과의 대치가 국회의 정상화를 어렵게 하고 있으며, 사회적으로는 아직도 지역구도가 잔존하고 물가고와 실업자의 양산이 사회불안의 요소로 작용하고 있는 실태이다.

2,000년은 바로 21세기의 시발이며 '새 천년의 역사'가 시작되는 해이다.[8] 우리 나라는 1999년 다행히 예상 이상의 고도성장에 힘입어 IMF의 역경을 어느 정도 극복하고 실업자도 감소하게 되었다. 그리고 2000년에도 높은 경제성장을 예상하고 여당도 신선한 새 정당을 창출하여 정치적 개혁을 모색하고 있다. 이제 2,000년부터의 '새 천년의 역사'가 성장, 발전하는 것은 전적으로 우리 국민들의 사명이라 할 수 있다.

8) 車河淳, 〈21세기는 어느 해에 시작되는가?〉《歷史學報》 161, 1999. 우리 나라 서양사학의 원로인 필자는 여러 가지 문제를 고려하여 2,000년 1월 1일이 21세기의 시작으로 보는 것이 옳다고 결론지었다.

III. 韓國史의 전망

한국사는 원시사회 이후 오늘날까지 부단한 발전을 계속하여 왔다. 지금까지 우리가 살펴본 한국사는 언제나 내부적으로 끊임없이 발전의 흐름을 계속하고 있었던 것이다. 한국사를 원시사회에 이어 古代·中世·近世·近代·現代로 나누는 것도 이러한 사회발전을 전제로 한 것이었다.

종래 식민사관에서는 한국사의 특성으로 '他律性論'과 '停滯性論'을 들었다. 한국사는 스스로의 힘으로 발전하지 못하고 언제나 외부적인 타력에 의하여 작용하였고 삼국시대부터 근대에 이르는 2000년간 변화없는 정체의 사회체제를 계속해 왔다는 주장이었다. 그러나 근래의 연구는 한국사가 자체의 역사적 요인에 의하여 발전을 거듭하였다는 '自律'과 '發展'의 역사였음을 증명하고 있다. 즉, 한국의 역사는 스스로의 사회발전에 의하여 고대에서 중세로, 중세에서 근세로, 다시 근세에서 근대로 넘어갔다고 보는 것이다.

가령 한국사의 근대화가 19세기 후엽의 일본의 雲揚號事件에 따른 외부적 개항에 비롯된 것은 사실이다. 그러나 한국사는 이미 18세기 이후 근대지향적인 실학사상을 바탕으로 사회·경제적 변화가 진전되고 그것이 근대사회 성립의 기반이 되었던 것이다. 이와 같은 사실은 1945년의 광복에서도 나타난다. 한국의 해방이 제2차 세계대전에서의 연합군의 승리로 얻어진 것은 부정할 수 없는 현실이지만 그러나 해방 후 독립을 얻는 데에는 일제시대에 있어서의 온 민족의 독립운동이 커다란 힘으로 작용하였던 것이다. 다시 말하면 일제시대의 한민족의 저항이 곧 해방 후 독립의 기반을 이루었던 것이다. 이것은 한국사의 자율성과 발전성을 극명하게 표시하는 사실이 될 것이다.

이러한 한국사의 발전은 여러 부분에 걸쳐 나타났는데, 우선 그것은 지배계층의 변화에서도 찾을 수 있다. 삼국은 왕족과 고대귀족의 상층신분만이 지배층이 되었으니, 신라의 혈연적인 骨品制度가 이를 나타낸 것이었다. 그러나 고려에 들어와서는 문벌귀족이 지배층이 되었는데, 그것은 종래의 편협한 진골체제보다 개방·확대된 것이었으나 역시 문벌이 중시되는 폐쇄성을 가진 점에서 한계성을 지니고 있었다. 이에 고려의 문벌귀족사회는 무신란에 의하여 붕괴되고 權門世族이 고려 후기의 지배층이 되었지만 새로이 신흥사대부가 대두하여 조선의 兩班官僚社會를 성립시켰으니, 이것은 능력에 따라 관리가 될 수 있는 보다 진전된 형태였다. 그리고 이 양반관료사회도 조선 후기에는 점차 붕괴되고 근대에 들어와서는 개화세력의 성장에 따라 온 국민이 정치에 참여하는 민주사회로 발전하게 되었다. 이와 같이 한국사의 지배세력은 고대 이후 점차 개방되고 확대되어 갔으니 이는 한국사의 발전을 나타내는 것이었다.

또한 한국사의 발전은 사회신분면에서도 나타났다. 일반 민중의 지위가 시대가 내려옴에 따라 점진적으로 상승하여 갔던 것이다. 전술한 바 지배세력의 확대도 이에 따른 것으로, 민중의 전반적인 지위가 상승하면서 그 일부가 점차 지배층으로 전화되어 갔던 것이다. 한국사의 사회발전은 꾸준히 양인의 지위를 향상시키고 농민들의 사회경제적 지위가 상승하여 조선 후기에는 양반이 된 사람이 많았으며, 고대·고려 이래로 존재하였던 천민집단인 鄕·部曲·所는 조선에 들어와 소멸되었고, 조선 후기에 이르러서는 노비제를 붕괴케 하는 신분제도의 변화를 초래하였던 것이다.

한국사회는 또한 경제력의 상승을 계속하였다. 농경지의 확대와 농법의 개량은 신라 이래 고려·조선에 이르는 사이에 끊임없이 농업생산력을 증대시키고 조선 후기에는 廣作과 상품농경이 성행하였으며, 또한 상업과 수공업에도 새로운 변화가 일어나 상업자본의 성장이 나타났던 것이다. 이와 같은 경제적 성장은 사회변동의 토대를 이루었으며 근대사회를 개창케 하는 한국사 발전의 원동력이 되었다.

한국사는 또한 부단히 문화적인 향상을 이룩하였다. 샤머니즘을 중심으로 하는 토착적인 原始思想에다 외래의 佛敎思想과 儒敎思想, 그리고 西學思想을 수용하고 또한 토착적인 동학의 발생을 가져와 사상적인 폭을 넓혀갔으며, 또한 한문학을 중심으로 한 여러 학문의 발달과 다양한 예술의 전개는 한국문화의 수준을 높이게 하였던 것이다. 이러한 문화의 향상은 한국사의 지적 역량의 축적을 뜻하는 것으로 정신면의 발전을 가져오게 하였다.

한국사 발전의 단적인 표징은 현대에 있어서의 민주정치의 진전에서 엿볼 수 있다. 한국현대사는 해방직후의 좌우익의 대립과 남북대립에 기인한 6·25전쟁, 그 후의 이승만정부의 독재정치와 4월혁명, 그리고 5·16군사혁명 후의 군사정치와 유신체제, 신군부의 집권 등 여러 면에 걸쳐 시련을 겪었다. 그것은 표면적으로만 볼 때는 확실히 암흑의 역사라 할 수 있다. 그러나 유신체제가 10·26사태로 끝난 후 전두환정부·노태우정부가 성립하면서 점차 민주정치로 발전하여 마침내 김영삼정부의 문민정치로 귀결되었는 바 이는 민주주의의 발전을 뜻하는 것이었다. 그런 점에서 볼 때 해방 이후사는 크게 보아 국력신장의 역사였고 민주화를 위한 과정이었던 것이다.

이와 같이 한국사는 내부적으로 발전의 과정을 밟았으며, 대외적으로는 언제나 외세의 압력에 대하여 저항을 계속하여 국토를 방위하고 국권을 수호하는 데 전력을 기울였다. 한국은 대륙과 일본의 사이에 끼어 언제나 그 파도가 한국에 밀어닥쳐 거듭되는 외침을 받았지만 우리 조상들은 신명을 바쳐 국가를 지키는데 힘을 다하였다. 이렇게 보면 한국사의 특징은 곧 내부적으로 발전의 역사이고 외부적으로 국난극복의 역사라고 할 수 있을 것이다.

이와 같이 한국사는 부단한 발전을 계속하여 왔다. 미시적으로 볼 때 일시적으로 퇴보한 것 같이 보일 때도 있었지만 거시적으로 보면 언제나 발전의 과정을 밟았던 것이다. 이러한 지금까지의 발전의 역사는 앞으로의 방향을 제시하는 것이니, 한국사의 미래가 그같은 발전의 방향으로 진전될 것은 당연한 일이다.

그러나 그 발전은 저절로 이루어지는 것이 아니라 한국사의 담당자인 한국민족의 의지와 활동에 따라 발전될 수도 있고 퇴보할 수도 있으며 또한 그 발전의 속도가 달라질 수도 있는 것이다. 따라서 한국사의 미래는 전적으로 우리들 스스로의 힘에 달려있다고 할 수 있겠다.

오늘날 우리에게 맡겨진 사명은 자못 크다. 우리의 임무는 대내적으로 민주주의를 발전시키고 경제적 성장을 이룩하며 국력을 신장시켜 살기 좋은 대한민국을 만드는 것이고, 대외적으로는 제국주의의 정신적·경제적인 침략으로부터 국가와 민족을 수호하는 일이며, 나아가 남북을 통일하여 하나의 민족국가를 건설하는 것이다.[8] 우리들이 이러한 사명을 완수하기 위하여 노력한다면 한국사는 발전을 계속하여 희망찬 내일이 펼쳐질 것이 틀림없다. 이렇게 보면 한국사의 미래는 고무적이고 낙관적이라 할 수 있다.

8) 金容郁, 《韓民族의 平和統一論》, 대왕사, 1995.
金明基, 《南北韓 統一政策》, 국제문제연구소, 1995.

부 록

歷代王系表

古朝鮮

桓因 — 桓雄
‖— 檀君王儉 ······ 否王 — 準王
熊女

衛氏朝鮮

衛滿王 — △ △ — 右渠王 — 長

夫 餘

······ 始王 — 尉仇台 ······ 夫台王 ······ 尉仇台王 —
┌ 簡位居王 — 麻余王 — 依慮王 ······ 依羅王 ······ 玄 王
├ △ △ — 位 居
└ △ △ — △ △

高句麗

1. 東明聖王 — 2. 琉璃明王 ┬ 3. 大武神王 — 5. 慕 本 王
├ 4. 閔 中 王
└ 再 思 ┬ 6. 太 祖 王 (53~146)
├ 7. 次 大 王 (146~165)
└ 8. 新 大 王 (165~179) ┬ 9. 故國川王 (179~197)
└ 10. 山 上 王 (197~227) — 11. 東 川 王 (227~248)

12. 中 川 王 (248~270) — 13. 西 川 王 (270~292) ┬ 14. 峰 山 王 (292~300)
└ 咄 固 — 15. 美 川 王 (300~331) — 16. 故國原王 (331~371)

┌ 17. 小獸林王 (371~384)
└ 18. 故國壤王 (384~391) — 19. 廣開土王 (391~413) — 20. 長壽王 (413~491) — 助 多 — 21. 文咨明王 (491~519) ┬ 22. 安 藏 王 (519~531)
└ 23. 安 原 王 (531~545)

24. 陽 原 王 (545~559) — 25. 平 原 王 (559~590) ┬ 26. 嬰 陽 王 (590~618)
├ 27. 榮 留 王 (618~642)
└ 太 陽 — 28. 寶 藏 王 (642~668)

百 濟

1. 溫祚王 — 2. 多婁王 — 3. 己婁王 —

4. 蓋婁王 ┬ 5. 肖古王 — 6. 仇首王 ┬ 7. 沙伴王
　　　　　│　　　　　　　　　　　　└ 11. 比流王 (304～344) — 13. 近肖古王 (346～375) — 14. 近仇首王 (375～384) —
　　　　　└ 8. 古爾王 (234～286) — 9. 責稽王 (286～298) — 10. 汾西王 (298～304) — 12. 契王 (344～346)

┬ 15. 枕流王 (384～385) — 17. 阿莘王 (392～405) — 18. 腆支王 (405～420) — 19. 久爾辛王 (420～427) — 20. 毗有王 (427～455) —
└ 16. 辰斯王 (385～392)

21. 蓋鹵王 (455～475) ┬ 22. 文周王 (475～477) — 23. 三斤王 (477～479)
　　　　　　　　　　　└ 昆支 — 24. 東城王 (479～501) — 25. 武寧王 (501～523) — 26. 聖王 (523～554) —

┬ 27. 威德王 (554～598)
└ 28. 惠王 (598～599) — 29. 法王 (599～600) — 30. 武王 (600～641) — 31. 義慈王 (641～660)

新 羅

[朴 氏]

1. 赫居世 — 2. 南解 — 3. 儒理 ┬ 7. 逸聖 ┬ 8. 阿達羅
　　　　　　　　　　　　　　　└ 5. 婆娑 └ 6. 祇摩

[昔 氏]

4. 脫解 — 仇鄒 — 9. 伐休 ┬ 骨正 ┬ 11. 助賁 ┬ 14. 儒禮
　　　　　　　　　　　　　│　　　└ 12. 沾解 └ 乞淑 — 15. 基臨
　　　　　　　　　　　　　└ 伊買 — 10. 奈解 — 于老 — 16. 訖解

[金 氏]

閼智 ⋯ (4世) ⋯ 仇道 ┬ 13. 味鄒
　　　　　　　　　　└ 末仇 — 17. 奈勿 (356～402) ┬ 19. 訥祇 (417～458) — 20. 慈悲 (458～479) —
⋯ 大西知 — 18. 實聖 (402～417)　　　　　　　　　　└ △△ — 習寶 —

- 21. 炤知 (479～500)
- 22. 智證王 (500～514)
  - 23. 法興王 (514～540)
  - 立宗 — 24. 眞興王 (540～576)
    - 銅輪
      - 26. 眞平王 (579～632) — 27. 善德女王 (632～647)
      - 國飯 — 28. 眞德女王 (647～654)
    - 25. 眞智王 (576～579) — 龍春 — 29. 武烈王 (654～661)
- 30. 文武王 (661～681) — 31. 神文王 (681～692)
  - 32. 孝昭王 (692～702)
  - 33. 聖德王 (702～737)
    - 34. 孝成王 (737～742)
    - 35. 景德王 (742～765) — 36. 惠恭王 (765～785)
- 17. 奈勿
  - ……(10世孫) 37. 宣德王 (780～785)
  - ……(12世孫)…… 38. 元聖王 (785～798)
    - 仁謙
      - 39. 昭聖王 (798～800) — 40. 哀莊王 (800～809)
      - 41. 憲德王 (809～826)
      - 42. 興德王 (826～836)
      - 忠恭 — 44. 閔哀王 (838～839)
    - 禮英
      - 憲貞 — 43. 僖康王 (836～838) — 啓明 — 48. 景文王 (861～875)
        - 49. 憲康王 (875～886) — 52. 孝恭王 (897～912)
        - 50. 定康王 (886～887)
        - 51. 眞聖女王 (887～897)
      - [朴氏] (8. 阿達羅)…… 53. 神德王 (912～917)
        - 54. 景明王 (917～924)
        - 55. 景哀王 (924～927)
      - 均貞
        - 45. 神武王 (839) — 46. 文聖王 (839～857) …… 孝宗 — 56. 敬順王 (927～935)
        - 47. 憲安王 (857～861)

本 加 耶

(1) 金首露王 — (2) 居登王 — (3) 麻品王 — (4) 居叱彌三 — (5) 伊尸品王 — (6) 坐知王 — (7) 吹希王 —
許王后

— (8) 銍知王 — (9) 鉗知王 — (10) 仇衡王 ┬ 世 宗
├ 茂 刀
└ 茂 得

大 加 耶

(1) 伊珍阿豉王 …… (9) 異腦王 — 月光太子 …… (16) 道設智王

渤 海

┌ 1. 高 王 (698～719) — 2. 武 王 (719～737) — 3. 文 王 (737～793) ┬ 宏 臨 — 5. 成 王 (794～795)
│ └ 6. 康 王 (795～809) ┬ 7. 定 王 (809～813)
│ ├ 8. 僖 王 (813～817)
│ └ 9. 簡 王 (817～818)
│ …… 4. 王(元義) (793～794)
└ 野 勃 — △ △ — △ △ — △ △ — 10. 宣 王 (818～830) — 新 德 ┬ 11. 王(彝震) (830～857)
└ 12. 王(虔晃) (857～870) —

— 13. 王(玄錫) (870～892) — 14. 王(瑋瑎) (892～906) — 15. 王(諲譔) (906～926)

高 麗

1. 太 祖 (918～943) ┬ 2. 惠 宗 (943～945)
├ 3. 定 宗 (945～949)
├ 4. 光 宗 (949～975) — 5. 景 宗 (975～981) — 7. 穆 宗 (997～1009)
├ 戴 宗 — 6. 成 宗 (981～997)
└ 安 宗 — 8. 顯 宗 (1009～1031) ┬ 9. 德 宗 (1031～1034)
├ 10. 靖 宗 (1034～1046)
└ 11. 文 宗 (1046～1083) ┬ 12. 順 宗 (1083)
├ 13. 宣 宗 (1083～1094) — 14. 獻 宗 (1094～1095)
└ 15. 肅 宗 (1095～1105) — 16. 睿 宗 (1105～1122) —

17. 仁 宗 (1122~1146) ─ 18. 毅 宗 (1146~1170)
─ 19. 明 宗 (1170~1197) ─ 22. 康 宗 (1211~1213) ─ 23. 高 宗 (1213~1259) ─ 24. 元 宗 (1259~1274) ─ 25.忠烈王 (1274~1308)
─ 20. 神 宗 (1197~1204) ─ 21. 熙 宗 (1204~1211)

26. 忠宣王 (1298) (1308~1313) ─ 27. 忠肅王 (1313~1330) (1332~1339) ─ 28. 忠惠王 (1330~1332) (1339~1344) ─ 29. 忠穆王 (1344~1348)
─ 30. 忠定王 (1348~1351)
─ 31. 恭愍王 (1351~1374) ─ 32. 禑 王 (1374~1388) ─ 33. 昌 王 (1388~1389)
(5世) ……… 34. 恭讓王 (1389~1392)

朝 鮮

1. 太 祖 (1392~1398) ─ 2. 定 宗 (1398~1400)
─ 3. 太 宗 (1400~1418) ─ 4. 世 宗 (1418~1450) ─ 5. 文 宗 (1450~1452) ─ 6. 端 宗 (1452~1455)
─ 7. 世 祖 (1455~1468) ─ 德 宗 ─ 9. 成 宗 (1469~1494)
─ 8. 睿 宗 (1468~1469)

10. 燕山君 (1494~1506)
11. 中 宗 (1506~1544) ─ 12. 仁 宗 (1544~1545)
─ 13. 明 宗 (1545~1567)
─ 德興大院君 ─ 14. 宣 祖 (1567~1608) ─ 15. 光海君 (1608~1623)
─ 元 宗 ─ 16. 仁 祖 (1623~1649) ─ 17. 孝 宗 (1649~1659)

18. 顯 宗 (1659~1674) ─ 19. 肅 宗 (1674~1720) ─ 20. 景 宗 (1720~1724)
─ 21. 英 祖 (1724~1776) ─ 莊 祖 ─ 22. 正 祖 (1776~1800) ─ 23.純 祖 (1800~1834)
─ 恩彦君 ─ 全溪大院君
─ 恩信君 ─ 南延君

翼 宗 ─ 24. 憲 宗 (1834~1849)
25. 哲 宗 (1849~1863)
興宣大院君 ─ 26. 高 宗 (1863~1907) ─ 27. 純 宗 (1907~1910)

찾 아 보 기

[ㄷ]

[ㄹ]

[ㅅ]

[ㅇ]

[저자약력]

서울大學校 師範大學 歷史科 卒業
文學博士(서울大學校)
歷史敎育硏究會 會長
韓國史硏究會 代表幹事
國史編纂委員會 編纂委員
文敎部 國史敎育審議會 委員長 歷任
前. 서울大學校 名譽敎授

〔저　서〕
高麗政治制度史硏究(一潮閣)
韓國史要論(三英社)
韓國史의 省察(三英社)
「高麗史」의 硏究(三英社)
「高麗史」의 諸問題(三英社)
新羅官制의 性格 외 기타 論文 多數

저자와의
협의하에
인지생략

韓國史通論 [四訂版]

1986년 2월 15일 1판 발행
1989년 2월 10일 2판 발행
1993년 1월 20일 3판 발행
1996년 1월 15일 4판 1쇄 발행
2025년 7월 15일 4판 43쇄 발행

저　자 변 태 섭
발행인 고 성 익

05027
발행처 서울특별시 광진구 아차산로 335 삼영빌딩
도서출판 三 英 社
등 록 1972년 4월 27일 제2013-21호
전 화 737-1052, 734-8979
FAX 739-2386

정가 26,000원

ISBN 978-89-445-9101-3-93910